大 学 问

始 于 问 而 终 于 明

守望学术的视界

太平天国的历史和思想

王庆成 著

广西师范大学出版社
GUANGXI NORMAL UNIVERSITY PRESS
·桂林·

太平天国的历史和思想

TAIPING TIANGUO DE LISHI HE SIXIANG

图书在版编目（CIP）数据

太平天国的历史和思想 / 王庆成著. -- 桂林：广
西师范大学出版社，2025. 2. -- ISBN 978-7-5598-5016-4

Ⅰ. K254.07

中国国家版本馆 CIP 数据核字第 2024Z6P874 号

广西师范大学出版社出版发行

（广西桂林市五里店路 9 号　邮政编码：541004　）
　网址：http://www.bbtpress.com

出版人：黄轩庄

全国新华书店经销

广西广大印务有限责任公司印刷

（桂林市临桂区秧塘工业园西城大道北侧广西师范大学出版社
集团有限公司创意产业园内　邮政编码：541199）

开本：880 mm × 1 240 mm　1/32

印张：28.5　　字数：660 千

2025 年 2 月第 1 版　　2025 年 2 月第 1 次印刷

定价：128.00 元

如发现印装质量问题，影响阅读，请与出版社发行部门联系调换。

序 [*]

　　1955 年春天,在南京太平天国史料编纂委员会工作时,我接到王庆成同志来信,他问我们编纂的资料目录已经公布了两年,何以至今未见资料出版。从来信中,我知道他是一位在中共中央宣传部理论宣传处工作的青年,爱好太平天国史。我回信告诉他,经中国史学会决定,先出太平天国本身文献,反面资料暂时不宜刊出,所以未印。后来我接到通知,王庆成同志不同意这个决定,并向有关方面反映。中国史学会采纳了他的意见,太平天国反面资料得以刊行。那时候,王庆成同志作为一个青年人,对国家科学研究事业就如此关心,这使我从开始认识他就敬重他。

　　1957 年我在北京医病,他来看我,和我讨论太平天国史。从交谈中,我看出他曾对太平天国史下过功夫。我感到一个青年人能够以业余时间,刻苦钻研,坚持不懈,是十分可贵的,向他表示了我

---

[*] 本序是罗尔纲先生为本书 1985 年版所作。

1

的钦敬。1957年,他调到《新建设》杂志编辑部工作。因业务关系,我们常有联系。到1977年,他调到近代史研究所,同在一个单位,更时相切磋。我认识王庆成同志27年了。他是我认识的同志里第一个以业余研究而有卓著成就的太平天国史专家。他在中共中央宣传部理论宣传处做的是理论宣传工作,在《新建设》杂志编辑部做的是编辑工作,在1975年至1977年间还由文物出版社借调做文物工作,调到近代史研究所后,初任资料编辑室副主任,旋任政治室副主任,再升经济室主任,做的都是领导工作。这些工作,不曾妨碍他研究太平天国史,反之,给他从纵深方面开展太平天国史的研究予以培养。王庆成同志正是因为能够很好地进行理论锻炼、业务锻炼和研究锻炼而成为取得卓越的太平天国史研究成就的史学家,这是我们大家都要向他学习的。尤其是今天提倡"自学成才",他更是年轻一代的同志们学习的典型。

王庆成同志是个心细思精的人。古人说:"文如其人。"同样也可以说:"研究如其人。"王庆成同志在他的研究中充分发挥了他这个天分。他心细如发,观察入微,又能从微知著。他细微的功夫,不亚于我国古代的经师。但那些人,一般是"明足以察秋毫之末",而看不见泰山。在研究工作中,我们知道,要避免只见树木不见森林的毛病,只有很好地掌握马克思主义理论方法才能做得到。王庆成同志既"明足以察秋毫之末",又从"秋毫之末"看见了泰山。这正是他理论锻炼深到的功夫,使他超越了古人。在本书《圣神风、圣神电的历史和意义》一篇,他抓着了"圣神风""圣神电"这些别人忽视的微细地方,然而也正是反映太平天国历史事实的重大地方,进行分析,进行有关的联系,丝丝入扣地道出太平天国的重大历史,特别是后期历史,这是其中最精密的一篇。

现在,王庆成同志把二十多年来的研究成果编成《太平天国的历史和思想》一书。我学习后,发现了下列几个特点:

(一)对有关太平天国的一些重要问题提出了新的见解。例如关于洪秀全的早期思想及其发展,关于金田起义的事实和过程,关于建都问题的论争及其影响,关于太平军的编制制度,关于儒家、墨家同太平天国上帝的关系等,本书都在独立研究的基础上提出了新看法。据我研究太平天国史的体会,对历史的认识是不断深入的过程,只有不断深入,才能使太平天国史研究兴旺发达,不断发展。本书提出的许多新看法,不一定都正确,不一定都为大家所同意,但对于推动太平天国史研究的深入发展起了积极作用。这些看法,已引起了史学界的重视并产生了影响。

(二)开阔了太平天国史研究的领域,提出了一些新的问题,如宗教问题、民族问题等。特别是关于太平天国的宗教,本书有十一篇文章从不同的角度进行了分析探讨,扩大了对太平天国、对洪秀全研究的范围。关于太平天国运动的性质,我在30年代就认为是一次农民革命;后来我学习了马克思主义,认为对它的农民革命性质判断,并不是要否认太平天国宗教的存在,而是要我们用马克思主义去分析它的实质和作用。近年来,王庆成同志经常提出要开阔视野,丰富太平天国史研究的课题,本书关于太平天国宗教的研究,可说是他身体力行的结果之一。还可以提出的是,他不是单纯地就宗教谈宗教,而是力图通过对太平天国宗教的分析来认识太平天国的思想和历史,这也是他研究方法的一个特色。

(三)重视理论思维,重视学习马克思主义以指导历史研究。

研究历史必须首先搞清事实。本书有一些文章主要是对史事的稽考，还有一些论文也包含了考订史事的内容，这说明了王庆成同志对澄清史事的重视。但通观全书，许多研究课题都贯穿着重视理论分析，重视马克思主义指导作用的思想，即使在对史事的稽考中，也较多地注意事物间的联系。这是本书的一个特点，也是他的研究工作取得卓越成就的基本原因。王庆成同志近年来注意学习和总结太平天国史研究的历史经验，对太平天国史研究中的理论问题和方法问题，对于太平天国史研究如何继续前进的问题，提出了许多新见解。这些见解和他在研究工作中发挥理论思维作用的经验，都是值得重视的。

上面这三个特点，是我学习后的感受。庆成同志要我写篇序文。序文我是不敢当的，谨把我对他的一些认识，和我学习他的大著后的观感写了出来，以供同志们读本书时作一点参考。只是我识浅学疏，说得不对，敬请读者教正！

1982 年 8 月 10 日罗尔纲谨序于北京

目　录

论洪秀全的早期思想及其发展

　　洪秀全的思想，特别是他的早期思想，与太平天国革命的兴起以及它的性质、面貌，有很密切的关系。三十年来，前辈史学家范文澜同志在其《太平天国革命运动》《中国近代史》等重要著作中，以及其他研究者在各种论著中，都对洪秀全的早期思想和他发起太平天国革命的历程有所分析论述，得出了一些共同的结论，形成了一些惯常的看法。他们的成果，为后来者的继续探索，奠定了一个基础。本文就是试图在这种基础上，提出和回答这样一些问题：洪秀全究在何时和怎样转变到立志进行反清革命斗争？基督教对他的早期思想起了什么影响？他是否只是借用了"上帝"这个名词来发动革命？他的早期著作是否宣传了政治平等、经济平等思想？等等。简言之，就是试图对金田起义以前洪秀全的思想基础作一研究。

　　对历史的正确认识来之不易。客观上，它受到历史资料的限制；主观上，研究者除了认识能力有高下，视野还不免受到社会各种因素的影响。因而,对历史的认识,总是一个过程。本文对洪秀全早期思想中一些问题的探讨,并不是为了标新立异,而是希望能对这种认识过程的前进有所助益。

一、1843 年以前的洪秀全及其思想

洪秀全于嘉庆十八年十二月初十日(1814 年 1 月 1 日)[①]出生于广东花县一个农民家庭,自幼接受了中国封建社会的传统文化教育。据同他"巷里相接"的族弟洪仁玕的忆述:"童年的洪秀全学习能力发展很突出,七岁入塾读书。五六年间,他已学过并能背诵'四书'、'五经'、古文和《孝经》;后来他自读了'中国历史'和中国文学的一些较奇特的书。所有这些,他初读以后,即能了解。"[②]由于他的学业优良,家庭对他寄予了极大的期望:"很快,他得到了老师和亲属的喜爱,他们以他的才学而骄傲,确信他将及时取得功名,甚至成为翰林——皇帝就是从翰林院选拔高级官员的,这样,整个家族也将因他的高位而得到荣耀。"[③]

大约从十六岁以后直到三十一岁,即从 1828 年至 1843 年的十五年间,洪秀全的经历主要是两项:应科举,做塾师。这是中国封

[①] 许多历史资料都用阴历纪时,而且往往纪月而不纪日,如勉强以公历推算,反不准确。为区别起见,本书凡以汉字标年月日者,指阴历;凡以阿拉伯数字标年月日者,均指公历。嘉庆十八年大致相当于公元 1813 年,所以用公历来计算洪秀全虚岁时,都以 1813 年起算。

[②] 《太平天国起义记》第二节,见《太平天国》,第 6 册,"中国近代史料丛刊"本,上海,上海人民出版社,1957。据燕京大学图书馆 1935 年重印的 1854 年英文原本 *The Visions of Hung-Siu-Tshuen and Origin of the Kwangsi Insurrection* 校改了译文。

[③] 《太平天国起义记》第二节。据英文原本校改了译文。

建社会中一般读书人的寻常经历。

在这十几年间，洪秀全应科举的具体情况究竟怎样？这方面的历史资料不很充分。据洪仁玕忆述：

> 洪秀全的家庭对他的文才抱有很高的期待。在早年，约在仅有十六岁时，洪秀全就带着实现这种期待的希望，开始参加在广州的考试。
>
> 县考时，秀全的名字在榜上总是名列前茅，但他从未能得中秀才。①

按照清朝的制度，童生考秀才，须经过县、府、院三级考试。县考要试五场，第一场被录取，即有府试的资格；但只有终场时的第一名才称为"案首"，"院试时相沿取以入学"②。洪秀全十六岁那次应试，县考虽"名列前茅"，但看来并不是"案首"，这一年的府试或院试，他失败了。

洪秀全十六岁应试不中，即在家参加辅助劳动，不久受聘为塾师。其后，又有继续应试之记录：

> 1836 年，秀全二十三岁时，他再次去广州应试。
>
> 下一年，1837 年，他再次去省城应考。开始时，其名字在榜的前列，但后来又在榜的后列。③

---

① 《太平天国起义记》第三节。据英文原本校改了译文。
② 商衍鎏：《清代科举考试述录》，北京，生活·读书·新知三联书店，1958，第 5 页。
③ 《太平天国起义记》第三节。据英文原本校改了译文。

落第的童生再次应考,每次都要从第一级考试——县考做起。① 洪秀全这两次去省城前,必然又经历了县一级考试的磨炼。在府试中,第一场录取就可以应院试。院试主要是两场,一正试一复试。这里说洪秀全开始时名在前列,后来又在后列而落第,看来是院试未能通过。

在1837年这次落第后,洪秀全连续卧病四十多天。病后,"此时他仍再赴广州应试,并跟过去一样,在距本乡八哩的一所学校里任教师数年"②。洪仁玕在后来的"自述"中曾概述洪秀全应考之事说,洪秀全"十二三岁经史诗文无不博览。自此时至三十一岁,每场榜名高列,惟道试不售,多有抱恨"。洪秀全三十一岁,正是1843年,这是洪秀全的最后一次应试。③

这些记录说明,洪秀全在1843年以前曾多次参加清朝的科举

① 只有经院试取为佾生者(略相当于备取生),下次应试可免县、府两级考试而径直参加院试。参见章中如:《清代考试制度》,上海,黎明书局,1931。

② 《太平天国起义记》第四节。据英文原本校改了译文。

③ 参见《太平天国》,第2册,第847页。道试即院试,清代各省学政原称学道。洪秀全最后一次应考是在哪一年,另有不同的说法。[新西兰]麦沾恩著、胡簪云译《中华最早的布道者梁发》(上海,广学会,1931)一书第十四章说,洪秀全在1847年第三次府试落榜后去拜访罗孝全(I. J. Roberts)。经查 G. H. McNeur , *China's First Preacher Liang-Fa* 原文,"第三次"应作"又一次"。又,萧一山《清代通史》引台北"故宫博物院"所藏洪仁玕另一份供词,中有洪秀全"考到三十四五岁"之句,洪秀全三十五岁为1847年。据此,洪秀全似于1847年春又一次应考。但洪秀全1847年春去广州系应召去罗孝全处学道,洪仁玕陪同前往,洪仁玕在1852年向韩山文(Theodore Hamberg)的述词完全没有提到此次去广州有应考之事。本文从1843年为最后一次应考之说。

考试。洪仁玕明确提到洪秀全去广州应府、院的考试就有四次①，而在每次去广州以前，他又须先在花县应考。人们知道，科举考试制度是中国封建统治阶级选拔人才以巩固其统治的一种方法。它提供了一种可能性，使社会中下层的少数知识分子得以跻入统治者的行列，因而众多的知识分子深深地被这一制度所牢笼。洪秀全多次参加了这种考试，这一基本的经历，表明了这段时期的洪秀全不可能有推翻清朝、矢志革命的思想。

然而，也有历史资料记载了洪秀全1837年广州应考落第回家途中作了这样一首诗：

> 龙潜海角恐惊天，暂且偷闲跃在渊。
> 等待风云齐聚会，飞腾六合定乾坤。②

还说洪秀全在这次回家以后于病中作了这样一首诗：

> 手握乾坤杀伐权，斩邪留正解民悬。
> 眼通西北江山外，声振东南日月边。

---

① 洪仁玕的这些叙述，也有值得进一步推究之处，如据清朝定制，童试三年两考，丑、未、辰、戌年为岁考，寅、申、巳、亥年为科考。1836年为丙申年，是科考年；而1837年丁酉，并非岁考年。因而有人认为不存在洪秀全1837年去广州应考之事。但实际上是有例外情况的。如遇有"恩科"时，就会以岁考作科考，乡试后再举行一次科考。所以广州在丁酉年有一次童试，并非不可能之事。国外有学者在论说洪秀全不可能1836、1837两年接连去广州应考时说，这"显违三年一次定例"。按此实有误解。三年一次是乡试，童生考秀才是三年两次。

② 《洪仁玕自述》，见《太平天国》，第2册，第848页。

展爪似嫌云路小,腾身何怕汉程偏!

风雷鼓舞三千浪,易象飞龙定在天。①

　　这些诗句,充满了洪秀全对于清朝统治的反抗情绪和胸怀大志、要成就帝王之业的抱负。它们往往被认为是洪秀全产生反清革命思想的起始。

　　但是,如果我们正视洪秀全本人的上述实际经历,对于资料中的这种记载和据以作出的论断,不能不提出怀疑。

　　研究洪秀全的这些诗句,首先必须注意它们的来源和被公布时的环境。人们知道,洪秀全在 1837 年落第回家的病中有过种种异象异梦。我们没有理由认为这是假装的。② 但另一方面,我们可以确定,在洪秀全立志发动革命以后,在太平天国立国以后,对于这次卧病和病中所见异象的记述,就有了许多附加的成分,大大地夸大了它的事实和意义。关于洪秀全在 1837 年病前和病中的上述两首诗,其真实性极可能受了后来突出神化洪秀全的异梦异象这种政治作用的影响。事实上,被认为属于洪秀全早期的某些言论、思想,由于后来的政治需要而被改动、增添,以致脱离事实真相、前后互有矛盾的事例,不在少数。例如,洪仁玕在 1852 年的记述说,洪秀全在 1845—1846 年时曾得奇梦,梦见红日在其手中,醒后乃作"五百年临真日出,那般爝火敢争光"等八句诗。③ 这个梦和这首

————————————

① 《太平天国起义记》第三节。

② 如果说洪秀全在 1837 年已有意装病以宣传符瑞受命一套,那就不能解释此后为什么还去考清朝的秀才。

③ 参见《太平天国起义记》第七节。

诗的政治作用是显然的。根据下面要研究的洪秀全在 1845—1846 年的基本思想,他不大可能在这个时期写这样的诗,洪仁玕 1852 年的这段记述已很不可信。然而不仅如此,洪仁玕后来在 1861 年所著《钦定英杰归真》一书中又进一步把此诗的写作时间提前到 1843 年洪秀全未拜上帝之时,并将首句"五百年临真日出"改为"天下太平真日出"①。这当然更不可信。又如,《太平天国起义记》《太平天日》都说洪秀全 1837 年卧病凡四十余日,"自三月初一日升天,至送下凡时约四十余日"。但《钦定英杰归真》却说三月初四日鸟语喧哗、阴雨放晴,洪秀全吟"鸟向晓兮必如我,太平天子事事可"一诗,霍然病愈;而另一种太平天国的官书《王长次兄亲目亲耳共证福音书》又是另一种说法,洪秀全三月初一日子时升天,越两日下凡,复于初三、四日升天大战妖魔。这些升天、下凡的神话暂且不论,但所谓洪秀全在三月初四日写"太平天子事事可"一诗,却由此可见破绽,实为子虚乌有之事。这篇《王长次兄亲目亲耳共证福音书》还记录了洪秀全 1837 年病中所唱的《十全大吉诗》十首。诗有许多隐语,至今我们还不能全部解释,但其中包括叫人民敬信上帝、洪秀全是真命天子的意思,是很清楚的。我们姑不论一个人在狂病中能否清楚地念出十首诗而被别人听得明白、记得确切,就是以诗的内容来说,这时洪秀全还没有接触基督教,还没有"看明天书",怎么可能教人去信仰上帝?所谓 1837 年唱这十首诗,分明也是后来的编造。

这些事例说明,历史研究者在利用这类涉及洪秀全早期思想

① 《太平天国》,第 2 册,第 573 页。"五百年临真日出",有继承朱元璋事业之意,改字后就完全掩盖了这一点。

的材料时,应该十分谨慎。对于前述所谓洪秀全在 1837 年就写了那两首"龙潜"诗、"斩邪留正"诗的说法,也应作如是观。诚然,对于一个熟读经史、热衷功名的人来说,屡试不售的打击是巨大的①,发出不平之鸣以至某种愤激之声是可能的。洪秀全如果当时的确有过这类诗句,其内容和词句与今天所见的这些诗句也必然有所差异。②

　　洪秀全在 1837 年不可能形成推翻清朝统治的革命思想,这不仅可根据他在这段时期的基本经历,而且也可根据他这年病中的其他言行看出。就在洪仁玕说他写了"龙潜"诗回家后,他的病发作了,他以为死日将至,对他的父母家人说:"我的日子屈指可数

---

① 屡试不售无疑在洪秀全以及洪仁玕身上造成极大的精神创伤。后来,洪秀全刚刚起义开国,就在永安弹丸之地举行考试,建都天京后对科举考试极为重视,洪仁玕到天京的当年就举行"会试"等等,都可以看作补偿这种创伤的反映。

② 洪秀全在 1837 年病中作"斩邪留正"诗一事,见于《太平天国起义记》一书。人们说,《太平天国起义记》是瑞典传教士韩山文根据洪仁玕在 1852 年的叙述和材料写成的,此时洪仁玕在香港,未参加太平天国革命,他只是客观地转述昔年亲耳听到的洪秀全讲述异梦的经过,并无神化洪秀全之意,因而《太平天国起义记》所记是可靠的。这似乎忽略了事情的发展变化过程。洪秀全 1837 年异梦的真正情况是一回事,金田起义前夕洪秀全为了发动起义的需要发展夸张了异梦的情节又是一回事。如下文将要讨论的,洪秀全在 1848 年冬"诏明"《太平天日》的故事,这个故事已经大不同于 1837 年的异梦了。洪秀全、冯云山、洪仁玕这时都在花县,经常见面商谈有半年之久。如果强调洪仁玕只是"客观"转述,不会"神化"洪秀全,那么,这个客观中必已包括了洪秀全的"主观"。至于说这首诗至迟在 1854 年已有流传,这与所讨论的 1837 年是否有这首诗并无关系。如果说有关,那倒是恰恰否定了这首诗是 1837 年病中所作,因为传抄者注说,这是"真主"洪秀全在花县水口庙题壁的律诗(参见萧一山编:《太平天国诏谕》,北平,国立北平研究院总办事处出版课,1935)。总之,《太平天国起义记》是重要史料,研究洪秀全的早期思想和活动必须充分利用它,但重要史料、第一手史料所记并不一定都是历史的真实,并不一定都可靠,否则,我们的任务就轻松多了。

了,我的生命快完结了。父母呵,你们对我的爱,我的回报是多么糟呵!我再也不能去获取功名以显扬你们了!"①这番话表达了洪秀全对不能成就功名以光耀父母的惭愧和遗恨,哪里有同时写出"龙潜"诗等诗的思想基础呢?②

二、开始拜上帝并非开始革命

1843 年洪秀全最后一次应试落第以后,阅读了梁发的《劝世良言》,这是他接触基督教的开始。

关于洪秀全同基督教的最初接触,曾有研究者强调郭士立(K. F. A. Gützlaff)的作用。郭士立是普鲁士传教士,1831 年来华,曾参与英国侵华活动。《南京条约》签订后,1844 年,他在香港建立了一个中国人的宗教团体,名叫"汉会",利用"汉会"成员深入内地传教,散发《圣经》和其他宗教宣传品。③ 到 1850 年,郭士立的"汉会"所散发的《圣经》已遍及除甘肃以外的中国其他各省。④ 由于郭士立在 19 世纪 40 年代这种广泛的活动,因而关于郭士立同洪秀

① 《太平天国起义记》第三节。据英文原本校改了译文。
② 《洪仁玕自述》说"龙潜"诗是洪秀全 1837 年落第回家在船中所作。但《太平天国起义记》中洪仁玕曾提到洪秀全此次落第是雇轿回家。有人认为这与在舟吟诗之说有矛盾,因而把"龙潜"诗的写作时间放在 1843 年落第时。其实,就研究洪秀全早期思想发展的角度来看,"龙潜"诗的写作时间即使推迟至 1843 年,也是与这段时期洪秀全的基本思想、基本活动相矛盾。这样字句的"龙潜"诗,很可能出现于洪秀全做了天下真主以后以说明其"潜龙"时期志向。
③ 参见 E. P. Boardman,*Christian Influence upon the Ideology of the Taiping Rebellion*,1952,p. 43。
④ 参见 K. S. Latourette,*A History of Christian Missions in China*,1929,p. 253。

全、冯云山等人的关系，早在太平天国革命初起时就有许多传闻。如罗孝全在1852年的一篇报道中提到："有人谓郭士笠先生的一位信徒已投入军中，但吾未想到此即洪秀全氏，更不以为其人已为革命领袖。"①英国公使文翰1853年春访问天京后的报告中说，太平天国"所习者确系故郭士笠博士之团体所印行之传道小册子"②。近人有著作甚至说，洪秀全曾从郭士立学道，正式加入基督教③；冯云山可能曾从郭士立受洗④。应该说，关于洪秀全以及冯云山本人同郭士立的这种关系，是缺乏可靠根据的。郭士立的"汉会"成员或他们的联系者后来有参加"拜上帝会"的，郭士立译的《圣经》和写的传道书后来也有传入太平天国的，这是需要另行研究的问题。关于洪秀全同基督教的关系，他接触最早、早期思想所受影响最大的，可以确定，并不是郭士立或郭士立的作品，而是梁发的《劝世良言》。

梁发是广东高明县人，乾隆五十三年（1788）生，幼年读过村塾，青年时做雕版工人，印刷英国传教士马礼逊等译的《圣经》，后来受洗入教，被立为传教士。在19世纪前半叶，基督教的新旧教派都力图更深地进入中国。一些到中国来的外国传教士，主观动机可能各不相同，客观上却总是配合殖民主义势力的入侵。梁发同外国传教士关系密切。但他在英国侵略者大量输入鸦片的时期，曾写过一篇《鸦片速改文》，"劝人戒除吸食鸦片的恶习，语极痛

---

① 《洪秀全革命之真相》，见《太平天国》，第6册，第824页。
② 《英国政府蓝皮书中之太平天国史料》，见《太平天国》，第6册，第896页。
③ 参见王治心：《中国基督教史纲》，上海，青年协会书局，1940，第165页。
④ 参见 P. Clarke, *The Coming of God to Kwangsi*, 1973。

切"①。从宗教信仰上说,他夹杂有中国传统的佛、道信仰的残余,但是一个虔诚的基督教新教教徒,诚挚地迷信基督教的虚幻说教,也可以说他是受毒害的误入歧途者。②

《劝世良言》是梁发所写的宣传基督教教义的书,初刊于1832年。全书九卷,包括九种小册子,但也有分为四卷、三卷者。它并不是系统地宣讲《新约》《旧约》,而只是在六十几个互不连贯的小节中,摘引《新旧约》的某些片段,加以中国化的敷衍,反复宣传拜上帝、敬耶稣、反对拜偶像邪神和天堂永乐、地狱永苦等教条,是一本浅薄的传道书。

就是这样一本书,对洪秀全却产生了巨大影响。洪秀全是1836年在广州应考时得到这本书的③,但当时只略加浏览,未予置意。1843年夏,洪秀全的表兄李敬芳借读后,认为此书内容奇极,

---

① 《中华最早的布道者梁发》,第97页。

② 梁发有一段话表明了自己的心理状态:"神天上帝仁爱垂怜世人之极,而凡得知斯大道者,该凛然遵从之矣。而犹有积恶不肯猛然醒悟者……即被拘入地狱之中,永受苦祸矣。若遭看这苦祸者,甚难之至,哀痛之极也。盖世上算为最惨苦之刑罚,亦不能形容万分之一。因地狱的痛苦,没有了期之日。是以在生前不能回头改恶者,不如莫为人,宁可预早自受石磨慢慢磨死,免得死后更要多受几十倍地狱之苦刑也。……今照经书奥义,略述此地狱永罚之大意,余心甚惶恐,下笔辣然,毛骨震动,忽生无限之忧,诚愿亦被自己恶欲所害,恐一时迷惑,复犯罪恶,岂不是将来亦要受此永罚哉!孰能可救之也?"见《劝世良言》卷二。凡本书以下所引《劝世良言》,均据1832年原刻本的影印本。

③ 洪秀全在哪一年得到《劝世良言》,是长期有争论的问题。《中华最早的布道者梁发》引用梁发本人的叙述,称梁发曾于1833年秋广州举行乡试时去贡院向士子散发传道书。有学者根据这一点和梁发于1836—1837年间不在广州而在新加坡,断定洪秀全在广州得到《劝世良言》不是1836年而是1833年。按洪秀全未中秀才,自不可能参加乡试,且洪秀全得到《劝世良言》也不必直接得自梁发。这个问题对本文并不重要,这里不详加讨论。

大异于中国经书。于是洪秀全细心阅读,产生了更强烈的反应。从此,洪秀全开始拜上帝、敬耶稣、不拜偶像,洪秀全生涯中的一个新的阶段开始了。

有一种习惯的看法认为,1843年开始拜上帝,标志着洪秀全从事太平天国革命准备工作的开始。

还有一种看法认为,洪秀全虽然读了《劝世良言》,但并没有接受梁发的宣传,而只是从《劝世良言》中借用了"上帝"这个权威,作为宣传革命、组织群众的工具。

对太平天国历史的这两种认识是否正确,我们应该以洪秀全读《劝世良言》后的实际活动和言论来作验证。洪秀全和李敬芳读《劝世良言》后,有何作为呢?据洪仁玕的叙述,洪秀全"觉得已获得上天堂之真路和永生快乐之希望,甚为欢喜"。他们按书中所言,自行施洗;他们向上帝祈祷,答应不拜邪神,不行邪事,遵行天诚;他们以水灌顶,说:"洗尽罪恶,弃旧新生";洪秀全还写了一首诗:

> 吾侪罪恶实滔天,幸赖耶稣代赎全。
> 勿信邪魔遵圣诫,惟崇上帝力心田。
> 天堂荣显人宜慕,地狱幽沉我亦怜。
> 及早回头归正果,免将方寸俗情牵。①

这是一首道道地地的宗教忏悔诗,没有任何革命的意味。

---

① 《太平天国起义记》第四节。

洪秀全、李敬芳都是普通的农村士子,他们有什么"滔天的罪恶"? 这无非是《劝世良言》所宣传的那一套:人类始祖受了蛇魔诱惑,干犯天律,以致后世之人一脱娘胎就有恶根,迷了本性,不知崇敬上帝,而专去敬拜邪神,犯有大罪,上帝遣爱子耶稣为世人赎罪。这首诗是洪秀全接受了梁发宣传的一个证明。①

洪秀全信拜上帝后,首先向他的亲友"宣讲拜偶像之罪恶及信拜真神上帝之要",说服了他的父母兄嫂侄辈和彭姓友人等,特别是他的至好冯云山、洪仁玕同拜上帝,为他们施洗。此时洪秀全又作一诗:

神天之外更无神,何故愚顽假作真。

只为本心浑失却,焉能超出在凡尘。

洪仁玕亦步原韵和诗一首:

---

① 梁发有一段他如何信拜上帝的"夫子自道"。他说,米怜牧师告诉他,世人迷惑于拜偶像,不知拜上帝,大获罪于天条。而敬拜上帝、敬信耶稣赎罪之恩而领受洗礼者,可得诸罪之赦,可获灵魂之救。"我遂问米先生领受洗礼之意何解? 米先生曰:'洗礼者,以清水一些,洒于头上或身上,内意是洗去人所有罪恶之污,可领圣神风感化其心,令其自领洗礼之后,爱善恨恶,改旧样而为新人之意。'……我听了米先生讲完各道理毕,复再问曰:'我如今固知系有罪恶之人,而我之罪恶焉能求得赦呢?'米先生曰:'你若诚心敬信耶稣而领受洗礼者,则耶稣所受之苦难而死,如若代你受犯罪恶之刑罚一般,神天上帝看耶稣代赎罪之功劳,亦肯赦你的罪过,算你为神天上帝之良民。'……于是我……就与米先生揖别,回到小房里静坐,默想道,我是有罪过之人,若不倚赖耶稣代赎罪之功劳,而我的罪过怎能求得神天上帝白白赦免乎? 且信耶稣之道理,莫说算为神天上帝之良民,得享死后天堂之福,就是死后不用落地狱受永苦,则侥幸之至矣。"(见《劝世良言》卷六)洪秀全的忏悔诗与梁发这段自白,没有多少区别。

全能天父是为神,木刻泥团枉认真。

幸赖耶稣来救世,吾侪及早脱凡尘。①

　　洪秀全对亲友的宣传和他们的诗句,完全没有超出《劝世良言》的内容范围。

　　冯云山、洪仁玕后来先后成为太平天国革命的重要领导人,洪秀全、冯云山、洪仁玕三人拜上帝,往往被作为"拜上帝会"这个"革命组织"的肇始。其实,拜上帝而形成为一个组织,是后来的事,是冯云山在广西紫荆山区做宣传组织工作而创建的。至于洪秀全当时宣传拜上帝,并没有形成组织,更不是发展革命同志。这从他的活动和诗句就看得很清楚。可以补充证明这一点的是,洪秀全最亲密的伙伴洪仁玕,这时还继续希望中秀才,还正在继续参加清朝的科举考试,一直到 1849 年或 1850 年。② 当然,洪秀全不是洪仁玕,他们两人思想的发展有所不同。但洪秀全在 1843 年宣传拜上帝时,主要的对象包括了当时正在追求清朝功名的人,这就说明,洪秀全所物色的是信拜上帝的人,而不是反清的革命者。当时洪秀全对《劝世良言》所宣传的教条,并不是出于假意的利用,而是出于真诚的迷信,这可从洪仁玕所记述的下列几件事得到印证:

　　洪秀全对《劝世良言》这本书十分珍重。"他很尊崇此书。如

---

① 《太平天国起义记》第五节。

② 《洪仁玕自述》:"现年四十三岁,广东花县人。自幼读书,至二十八九岁,经考五科不售。"洪仁玕二十八、二十九岁为 1849、1850 年。又据萧一山引台湾所藏洪仁玕另一份供词说:"八岁读书,二十二岁以后训蒙,考过四五届,未曾进学。"

有人欲借读,必严戒其切勿窃自改窜或妄加符号,因为'里面写着神爷火华之言乃正'。"

　　洪秀全热烈地维护书中所宣传的教条。一次,他与一温姓秀才谈论《劝世良言》所载之"真道",温姓秀才不信,并表示要纠正书中的错误。洪秀全大怒,不顾温姓秀才已杀鸡备饭招待,拂袖而去。

　　洪秀全深为相信书中所宣传的一些神话故事。"读至洪水泛滥,所多马城之毁灭和末日审判,他们充满了恐怖,不知道这些可怕的灾劫是否还要再来。"①如此等等。

　　这些情况,同洪秀全并不接受《劝世良言》的宣传而仅仅从那里借用了一个"上帝"的论断,是格格不入,甚至完全矛盾的。

　　这里需要提到"反孔"。太平天国革命具有"反孔"的特色,这件事,在中国近代史和思想史上应该有分析地给予积极的评价。但太平天国的反孔斗争有它的发展过程。以1843年的情况而论,洪秀全拜上帝以后,"将偶像扫除,并将塾中孔子牌位弃去"。随后,又将洪仁玕、冯云山二人"书塾中之偶像尽行除去"②。"弃去"(abandon)而不是什么"捣毁""砸烂"。同时被弃去的还有其他偶像,包括"馆中所立孔子、文昌,家中所立灶君、牛猪门户来龙之妖魔"③,这正说明洪秀全信从了《劝世良言》关于不得拜一切偶像的宣传。《劝世良言》对儒、释、道都有批判,但对儒家留有余地。这对洪秀全、洪仁玕的思想始终发生影响。洪秀全在1843年弃去孔

①《太平天国起义记》第五节。据英文原本校改了译文。
②《太平天国起义记》第五节。
③ 洪仁玕:《洪秀全来历》,见《太平天国》,第2册,第690页。

子牌位,是基于宗教信仰的行动。这一行动同太平天国和洪秀全本人后来的反孔斗争是有联系的,可以说,它是洪秀全思想异端的开始,但不是反清革命的标志。

洪秀全并不是作为一般的宗教皈依者而接受了《劝世良言》的宣传。他认为,他通过这本奇书而受到了上帝的启示,担负着宣传拜上帝、斥偶像以救世的使命。洪秀全所以产生这种奇特的自我认识,从个人的根源来说,是同他 1837 年卧病时的异梦异象密切相关的。他在 1836 年得《劝世良言》时曾大略浏览其内容。他在异梦异象中所见的一些人物、事件,可能就是他在浏览此书时关于神天上帝、耶稣、天堂、地狱这些片断含糊的印象的再现。他把病中的这种幻象同幻象所由产生的本源——《劝世良言》对照比附,因而错误地"大觉大悟,如梦初醒",认为自己的灵魂曾经升天,见过上帝,"确信梦象与全书均为真理,而他自己确为上帝所派以拯救天下——即中国,以使回到敬拜真神上帝之路者"①。太平天国后来出版的《太平天日》说,洪秀全"将此书所说反复细勘,因想起天酉年(即丁酉年,1837)升天及下天所见所为之情,一一与此书所说互相印证,若合符节。……主此时如梦初觉"②。异梦异象是一种虚幻的经验,但在生长于落后愚昧的社会而又对科场绝望的洪秀全身上,虚幻的经验产生了实际作用,他由此而确信自己是传布上帝真理的使者。

这里可以附带讨论洪秀全的"斩妖剑"和诗。据《太平天国起义记》,洪秀全于 1843 年开始信拜上帝并与洪仁玕等写忏悔诗的

---

① 《太平天国起义记》第五节。
② 《太平天国》,第 2 册,第 642 页。

同时，又同李敬芳继续研究《劝世良言》，制"斩妖剑"两柄，各佩其一，并且同声朗诵"手持三尺定山河，四海为家共饮和"①这一首诗。"手持三尺定山河"云云，是不是一首"反诗"，表示要实行反清武装起义？这需要联系当时洪秀全的救主意识来理解。洪秀全把自己梦幻中的经验同《劝世良言》对照联系起来，以为自己就是上帝的使者，担负着扫除魔鬼妖邪使中国重归上帝真道、实现天下太平的任务。这首诗可以理解为在表达这种宗教救世的旨向。对诗中"东南西北敦皇极，日月星辰奏凯歌"等句，解诗者如果不受洪秀全后来实行了政治革命这一事实的影响，那么，可以认为诗句只是说上帝的真道要普及全世界。至于手持三尺剑这一武装形象，与这种旨向也不矛盾。《劝世良言》卷九引述《新约全书·以弗所》篇第六章："汝等当因救主且厥德之力，坚毅，执着神之全军器，以能立住敌魔鬼之诡计。……是故汝等当持神之全武器，以能敌于恶日。"这是说，要拿着圣灵的宝剑斩妖。持剑斩妖伏魔，这也是中国的传统。还可以指出的是，与洪秀全同佩剑、同唱"手持三尺定山河"的李敬芳，从来没有留下参加革命活动的记录。始终未见他成为一个革命者。我们没有任何材料可以说明李敬芳在 1843 年或 1843 年以后有反清革命的思想和活动。② 这样一个人物，在读了《劝世良言》后就突然唱起"反诗"而此后又不见任何关于革命的言

---

① 《太平天国起义记》第五节。

② 据简又文记载的传说，李敬芳的孙子在洪秀全建国后曾去天京，一说还没有到达就怀疑洪秀全在幻梦中升天时所见到的不是真上帝而是魔鬼，因而折返香港，后为巴色会传教士；一说到了天京因受排挤返回香港为传教士（参见简又文：《太平天国典制通考》下册，香港，简氏猛进书屋，1958，第 1659 页）。无论上述传说是否可信，这已经是李敬芳及其家庭同太平天国的因缘的唯一材料。

行,是不可思议的。从李敬芳,我们也可以了解开始拜上帝并非开始革命,"手持三尺定山河"并非反清起义的反诗。

关于洪秀全接受《劝世良言》的宣传并且产生救主的自我意识,我们还需要从更广泛的范围来探究其原因。受过多次科场失意打击的洪秀全,正在怨愤怅惘之时,《劝世良言》一开始的一段宣传,无疑对他有很大的吸引力。书中说:

> 近来之世代,士农工商、上下人等,各用自己之意,做出无数神佛之像而拜求之……诚为可笑,亦实可怜。即如儒、释、道三教,各处人尊重者,即如儒教亦有偏向虚妄也,所以把文昌、魁星二像立为神而敬之,欲求其保庇睿智广开、快进才能、考试联捷高中之意。然中国之人,大率为儒教读书者,亦必立此二像奉拜之,各人亦都求其保佑中举中进士点翰林出身做官治民矣,何故各人都系同拜此两像,而有些少年读书考试,乃至七十八十岁,尚不能进黉门为秀才呢?难道他不是年年亦拜这两个神像吗?何故不保佑他高中呵?①

洪秀全的父母是淳朴而愚昧的偶像崇拜者。他们望子成名心切,求拜文昌、魁星是极可能的事。但文昌、魁星并没有保佑他们的爱子成名,梁发的这种宣传自然切中了洪秀全的心病。熟读经史的洪秀全屡试不售,这可能是清朝科场黑暗的反映,是一种社会的弊病。梁发用宗教歪曲地解释这种社会弊病的根源,而洪秀全

---

① 《劝世良言》卷一。

则由此而对当时腐败没落的社会进一步产生了疑问。

中国的封建社会发展到清朝嘉道之时,已经濒临它的末期。封建地主阶级同农民阶级的对立,和朝政腐败、海内虚耗等政治上、经济上的根本矛盾,使许多有识之士忧心忡忡。与这些根本矛盾相关的是,不公平、不正义的种种邪恶腐朽现象充斥了社会的各个角落,散发出污秽的臭气,呈现出尔虞我诈、以暴凌弱、刻薄虚伪、骄奢淫逸等丑态。一些拘谨迂腐的读书人叹息社会堕落了:风俗浮浇,伦常相渎,刀笔自矜,买文幸进,烟馆、赌场林立。[①] 著名的思想家龚自珍深刻地指出,由于贫富之不均,社会之矛盾,社会成了大欺小、强凌弱的大商场:贩卖奇装异服,贩卖古怪玩物,贩卖鸦片毒品,男人买官求爵,女人卖淫,还有人冒充圣贤贩卖仁义,所有这些"商贩",都力图吞并弱小者。[②] "广东多宝之乡,吏治至芜,舶市之所,人心至浇。"[③]这一类矛盾和弊病,表现得尤为淋漓尽致。

这类矛盾和弊病,从来会引起社会的不同反应。有的政治家寄希望于君圣相贤,改革朝政。有的思想家如稍早的颜元、李塨以及当时的龚自珍等触及产生这类弊病的本原而在改变田制方面提出方案,而道德家、宗教家则别有对问题的认识,企图用他们各自的办法来振衰起敝,挽救世界。

恩格斯曾指出,宗教并不都是骗子手的捏造。基督教产生于被压迫者的运动,包含了社会的弱者对于强者的抗议。从它产生的历史背景来看,它也是弱者对于堕落的时代和社会的一种解救

---

① 参见李召棠:《乱后记所记》,见《近代史资料》总 34 号。

② 参见《平均篇》,见《龚自珍全集》,上海,上海人民出版社,1975,第 79 页。

③ 包世臣:《致广东按察姚中丞书》,见《安吴四种》卷三十五。

方案。这种方案,尽管包含着某些原始共产主义的要求,但总的说来,它是消极的,只是许诺一个美好的彼岸世界。因此,马克思说宗教既是被压迫生灵的叹息,又是人民的鸦片。

基督教有它自己的演变历史。从 4 世纪成为罗马帝国的国教以来,它早已是官方的统治工具。在梁发的《劝世良言》中,已经很少有表现弱者抗议的痕迹。但梁发为了从中国传统的意识形态中夺取阵地,很通俗有力地揭露了中国社会的一部分弊病:"现在之人遂生出无数的恶端,致世界大变,颠倒乾坤,变乱纲常,以恶为善,甚至把善者反以为恶。因人之心,日夜歇息之间,所有思想图谋、言行举动,专在于奸淫邪恶、诡诈欺骗、强暴凌虐之事,满于胸中,行在世界之上矣。"①而这些问题,非但不能依靠中国的传统信仰来解决,反而正是它们所产生的。梁发宣传了一套中国人所不熟悉的故事,许诺人们只要拜上帝,就可以纯洁灵魂,消除邪恶,世界清平。

由于自身的前途受到窒息而对旧的世界、旧的信仰产生失望、怀疑的洪秀全,所遇到的正是这样一种新的说教。

洪秀全接受了这种新的说教,相信这就是真理。为着这个真理,他作出了巨大的自我牺牲,把自己的情操升华到一个新的境界:抛弃功名仕进的道路,为着"反对世上之陋俗"、拯救一个邪恶的社会而去诚心诚意地做一名宣传上帝福音的使者。当然,历史早已证明,这并不是一条真理之路。

---

① 《劝世良言》卷二。

三、《百正歌》《原道救世歌》《原道醒世训》的思想内容

1844 年春,洪秀全、冯云山等以极大的热忱离开本乡去广东外县和广西传教。他们出游了八个月后,冯云山独自到广西桂平紫荆山区活动,而洪秀全则从广西贵县回到了家乡,在 1845—1846 年两年中留在家乡继续教书,继续传道。

洪秀全这次出游和回家以后的活动,是不是以传教为名行宣传革命、组织革命之实? 这个问题,我们不能臆测,不能根据某种先入之见去影射附会。我们应该以事实为准,进行分析。

在这八个月中,洪秀全等向群众宣传什么呢? 据洪仁玕叙述和太平天国官书记载,他们一路上"到处宣传新道,教人以敬拜独一真神上帝耶和华,上帝遣其圣子下凡救赎世间罪孽教道"。他们在瑶族地区得一江姓塾师皈依新教,因与瑶族人语言不通,只留下几本手写的小册子给江塾师以分散于人。到广西贵县赐谷村洪秀全表兄家后,"时写劝人拜天父上主皇上帝诏传送人",也作口头宣传,"将拜上帝信耶稣之道理为众宣讲",皈依受洗者逾百人。①

洪秀全等住在贵县表兄家数月,"主(洪秀全)见表兄家苦,甚难过意,适与南王(冯云山)到田寮,语言有拂逆,主即回赐谷村,与南王冯云山、洪仁球、恤王洪仁正等议回东",结果,冯云山等先走,但冯到浔州府城(桂平)后,因"专心致意于传教事业,决不回粤而留在广西",而洪秀全则随后回到了花县家乡。②

① 参见《太平天国起义记》《太平天日》。
② 参见《太平天国起义记》《太平天日》。

从这些记载来看，洪秀全等这次去广东外县和广西，所宣讲的并没有超越《劝世良言》的范围。谁都承认，《劝世良言》不是一本革命的书；相反，它实际上是一本教人不革命的书。这样，洪秀全这次出游，怎能是宣传革命或起到了宣传革命的效果呢？如果说他是去宣传革命，有什么材料证明他宣传了《劝世良言》所没有的、具有革命反抗意识的内容呢？显然，这样的材料是不存在的。

洪秀全和冯云山在赐谷村分手，常被解释为有计划的革命分工：冯云山到山区去深入组织群众，洪秀全则回到家乡去充实革命理论。但从以上引述的太平天国方面的记载看，这样的解释只能是人们的想象。如果他们这种由于偶然原因的分手，真的意味着有计划地分头准备革命，那么，他们分手以后整整三年不通音讯、不交流各自分工准备的情况，是不可思议的。事实是，不但洪秀全、冯云山直到三年以后才重新相逢，而且洪秀全在重逢前几天才打听到冯云山是在紫荆山区安身。

太平天国文献中有"乃始周游，唤醒英雄"①的话，这是叙述1844年洪秀全、冯云山出游的事。这是不是表明出游是为了唤醒反清志士？不然。洪秀全所说的"英雄"，并不是人们所理解的"草莽英雄"。他曾自书联句说："道实难知，何怪庸夫俗子；人非易取，惟求豪杰英雄。"但什么是豪杰英雄？他说："养成正大一途，即为豪杰；脱尽习气二字，便是英雄。"②他又说：

　　天上真神一上帝，凡人行错总无知。泥团木石将头磕，问

---

① 《御制千字诏》，见《太平天国》，第 2 册，第 410 页。
② 《洪秀全来历》，见《太平天国》，第 2 册，第 689、690 页。

尔灵心失几时？……上古君民遵上帝，英雄速破鬼门关。……看尔原非菩萨子，因何不愿转天堂。[1]

他还说："无所不为因赌起，英雄何苦陷迷乡。……如今多少英雄汉，多被烟枪自打伤。"[2]可见，洪秀全所说的"英雄"，是指能遵信上帝真道、摆脱世间陋俗习气之人；"唤醒英雄"意谓唤醒被迷惑的人们走上正道，就是宣传上帝教导使人皈依之意。

洪秀全游广西时和回花县家乡以后，写有许多文章。游广西时就作有《原□□经》《劝世真文》《百正歌》《改邪归正》等，据说共有五十余帙。[3] 这些作品多数已散佚，幸而其中几种主要的如《百正歌》《原道救世歌》《原道醒世训》等已保存下来。它们为研究洪秀全游广西、回家乡的三年间的思想，提供了最直接的资料。

我们先看《百正歌》。这是写于 1844 年游广西时的宣传材料。这首五百字的诗歌，充满了儒家的色彩，只有"能正可享天堂福，不正终归地狱境"等少数几句反映了他对《劝世良言》思想的运用。这是不足为怪的，因为洪秀全这时接受陌生的上帝刚刚一年，而古老的孔子在他头脑中已盘踞了二十多年。这篇诗歌广泛征引中国的历史典故，宣传"正"这样一种道德观念，要求君臣、父子、夫妇、男女和富人、贵人各色人等，悉由"正道"行事，反对"不正"的言行。什么叫作"正"？洪秀全没有正面回答，只是列举了一些为儒家所推崇的古圣先贤如尧、舜、禹、稷、周文、孔丘等，说他们是君正、臣

---

① 《天条书》，见《太平天国》，第 1 册，第 80 页。
② 《原道救世歌》，见《太平天国》，第 1 册，第 89、90 页。
③ 《洪秀全来历》，见《太平天国》，第 2 册，第 689 页。

正、父正、子正的典范,而桀、纣、齐襄公、楚平王等由于贪色、淫妹、纳媳、纵妻等男女关系上的不正而受到各自应有的惩罚。"正"与"不正"是国家兴衰、个人祸福的根源。对于统治者,"身不正民从所好,身能正民从所令"。对于一般人,"身不正祸因恶积,身能正福缘善庆"。"真正民安国定,真正邪谋远避"。这是洪秀全关于正心诚意修身齐家治国平天下一套道理的通俗宣传。虽然它反映了洪秀全对社会上某些丑恶现象的批判,是有积极意义的,但确实没有任何一点反清反封建的革命色彩。

写于1845年的《原道救世歌》,是洪秀全早期思想研究中最受重视也最被误解的材料之一。

它说些什么呢?

它首先宣传的是,天父上帝是中外古今共同的独一真神,所有人等应该只拜上帝,不拜邪神。

它的主要篇幅是,较《百正歌》更为具体地提出"正道"的典范和反对"六不正"的要求,就是要反对淫、忤父母、行杀害、为盗贼、为巫觋、赌博以及吸洋烟、饮酒、看风水、相命等。

它以历史上的"正人"如夏禹、伯夷、叔齐、周文、孔丘、颜回、杨震等人为例,宣传孝顺、忠厚、廉耻、非礼四勿、贫富有命等行为准则。

它糅合了基督教和儒家的思想、用语,苦口婆心地劝世人拜上帝,学正人,捐妄念。如诗歌的题名所示,这是当时的洪秀全为了拯救邪恶社会的"救世"方案。这个方案,也没有任何反对现存统治秩序的革命倾向。

《原道救世歌》有这样一些话:"天父上帝人人共,天人一家自古传。……天人一气理无二，何得君王私自专？上帝当拜，人人所同。""普天之下皆兄弟"，"上帝视之皆亦子"。这些，往往被认为是洪秀全在反对封建等级制度，宣传政治平等的革命思想和民主思想。

其实，并非如此。人人都应当拜上帝，这是《劝世良言》宣传中的一个基本点。它说，神天上帝是天地人一切万国的共同造化者，是全世界一切人之大父。洪秀全用中国的经史加以解释补充，说中国古代也同外国一样是人人同拜上帝的，只是在秦始皇嬴政以后才离开了这条正路。"天父上帝人人共，天人一家自古传"是《劝世良言》要旨的中国化，实际别无新意。

关于"天人一气理无二，何得君王私自专"两句，如果正视《原道救世歌》全文的意思，本来就很难得出洪秀全是在宣传反封建的政治平等思想的结论。现在我们看一看它同《劝世良言》的关系，它的真正含义就会更加清楚。《劝世良言》卷三说：

> 或有人说云：神天上帝乃系天地人万物之大主，至尊至圣之神，民人百姓系微贱污秽之物，不敢奉拜。本是君王及各大官员等该敬该拜的，庶民人等不能拜之，有此理乎？盖天地人万物之大主，乃系万国万类人之大父母，自君王至庶民，该当尊敬崇拜的，不分贵贱尊卑，惟分善恶诚心与不诚心而已。

《劝世良言》卷七引述了使人不敢拜上帝的"蒙昧"之见：

> 谁不知孰敢拜求天耶？做了天子才敢祭天，做诸侯才敢

祭社稷,人间一个小民百姓,焉能日日朝夕拜求神天上帝乎?
这是越礼犯分,大不合理之事。

《劝世良言》反复申明上帝人人当拜,斥责君主才能拜、小民不
敢拜之说是"蒙昧之人"的"妄言","其罪真无穷之至也"。

用不着解释,"何得君王私自专"之句,只是梁发的宣传的翻
版。它是基于宗教信条的理论,谈不到在政治上对封建君主有什
么冒犯。

关于"普天之下皆兄弟"和"上帝视之皆赤子"之句,首先需要
联系它的上下句来分析。它们的上下文是这样的:

> 第三不正行杀害,自戕同类罪之魁。
> 普天之下皆兄弟,灵魂同是自天来。
> 上帝视之皆赤子,人自相残甚恻哀。
> ……
> 嗜杀人民为草寇,到底岂能免祸灾?
> 白起项羽终自刎,黄巢李闯安在哉!

这些话,在政治上全然没有反抗精神,它们绝不会成为一种革
命的理论基础,这是极为清楚的。而洪秀全之所以反对行杀害,是
因为他认为人人都是上帝所造,灵魂都是上帝所赐,人人都是同
类,都是上帝的子女。洪秀全的这种理论,实际上也是渊源于梁发
的宣传:

且世界上万国之人,在世人而论,虽有上下尊卑贵贱之分,但在天上神父面前,以万国男女之人,就如其子女一般。

且天地虽大,万类人物虽多,在神天上帝看来,不过如一家人耳。

在神父之前,不论异民与如大之人,有受损割之人与未受损割之人,蛮夷与西氏亚之人,奴仆与家主各人,都不分别……故在世界之上,则以四海之内皆兄弟一般,并无各国之别,独由基督耶稣之恩……以全世界之人皆一家也。①

这种说教,是承认人在宗教上有同拜上帝的权利和义务,但并不否定人在世俗上有贵贱等级之分。梁发这样,洪秀全也是这样。洪秀全在《原道救世歌》中有这样两句:"开辟真神惟上帝,无分贵贱拜宜虔。"后来又具体解释说,对于上帝,"君长是其能子,善正是其肖子,庶民是其愚子,强暴是其顽子,如谓君长方拜得皇上帝,且问家中父母难道单是长子方孝顺得父母乎?"②这些同梁发的思想不是如出一辙吗?

一方面,人人都是上帝的子女,都应该、都可以拜上帝;另一方面,人人又各有贵贱善恶的区别。这哪有什么政治平等的思想和反封建等级制度的精神呢?

我们要记得恩格斯关于平等观念的精辟分析。他说:

一切人,作为人来说,都有某些共同点,在这些共同点所

---

① 《劝世良言》卷三、九。
② 《天条书》,见《太平天国》,第1册,第73页。

27

及的范围内,他们是平等的,这样的观念自然是非常古老的。但是现代的平等要求与此完全不同;这种平等要求更应当是从人的这种共同特性中,从人就他们是人而言的这种平等中引伸出这样的要求:一切人,或至少是一个国家的一切公民,或一个社会的一切成员,都应当有平等的政治地位和社会地位。①

恩格斯专门分析了基督教的平等观念:

　　基督教只承认一切人的一种平等,即原罪的平等……此外,基督教至多还承认上帝的选民的平等,但是这种平等只是在开始时才被强调过。②

　　恩格斯还指出,近代的平等思想是同人权问题一起提出的。③ 洪秀全承认一切人原罪的平等,因而也承认一切人拜上帝的平等,但他从来没有承认过社会一切成员有平等的政治地位和社会地位。在《原道救世歌》中,在洪秀全的一切著作、太平天国的一切文献中,根本找不出这种平等思想的影子。如果相信洪秀全已经提出了这种平等思想,并且竟成了太平天国革命的理论基础,那我们就无法解释洪秀全和太平天国的历史,也不能解释太平天国

---

① 恩格斯:《反杜林论》,见《马克思恩格斯选集》,第 2 版,第 3 卷,北京,人民出版社,1995,第 444 页。
② 恩格斯:《反杜林论》,见《马克思恩格斯选集》,第 2 版,第 3 卷,第 445 页。
③ 参见恩格斯:《反杜林论》,见《马克思恩格斯选集》,第 2 版,第 3 卷,第 447 页。

迄今的一百多年历史。

这里也就涉及了洪秀全的另一篇写于 1845 年的重要作品《原道醒世训》。

《原道醒世训》谴责"世道乖离""人心浇薄",批判国家之间、省府县乡里各地区之间、族姓之间相凌相夺相斗相杀的现象。洪秀全认为天下男女都是兄弟姐妹,不应有此疆彼界之私、尔吞我并之念,而应该实行唐虞三代之世天下有无相恤、患难相救、夜不闭户、路不拾遗、男女别途、选举上德的"天下为公"的大道。

洪秀全这些思想,反映了他对社会的认识,是他对社会的批判和对社会进行改造的设想。洪秀全在《原道救世歌》中所提出的,主要是对每个人的道德、宗教要求,而这里却对整个社会提出了要求,提出了把凌夺斗杀之世改造为公平正直之世的要求。这是洪秀全思想的深化和发展。

我们应该积极地评价洪秀全思想的这种发展和《原道醒世训》的价值,同时也要科学地分析它实际具有的意义和高度。

《原道醒世训》涉及社会的内容较多,直接关于宗教的内容较少。但从这篇论文的理论渊源来看,它在很大程度上仍受梁发所给予的基督教教义的影响。《原道醒世训》认为,皇上帝是天下凡间一切国家一切地区一切族姓的一切人类之共父,人们迷失了这本源,产生了种种罪恶;要寻找、认识这个根本,认识天下的男女都是兄弟姐妹,实现天下一家,共享太平。如前面已经征引,这种普天之下的人类都是上帝的子女,都是兄弟,都是一家人的思想,正是梁发在《劝世良言》中多次宣传的。

《原道醒世训》除了受到《劝世良言》的直接影响,还不能排除有些思想间接受了它的影响。大家知道，原始基督教最初具有反映被压迫者财产公有要求的内容，几经演变，这种痕迹在《新旧约》中都已淡薄。《劝世良言》是一本劝人信上帝的书，它的宣传的性质已完全不同于原始基督教了，但它所引用的一部分《圣经》，毕竟仍保留有少量的惩富济贫、济危扶困的思想和内容。例如，它引述《旧约·以赛亚书》所载上帝要求恤孤怜寡的话说："休作恶，学行善，寻正道，审理受屈者，以公道待无父辈，护助寡妇之事也。"又如，它引用《新约·马太福音》篇所载耶稣对富人的要求说："尔若果要守全律，则可去卖了尔凡所有之产，而将卖产业之银施舍给予贫穷之人。"还有，它引述了上帝要求对饥贫者分饼分衣；引述了上帝谴责富贵人不给割禾工人以工钱；引述了上帝谴责打贫人、勒索工人的行为。① 梁发本人则宣传，如果人人都信道，那就可以"君政臣忠，父慈子孝，官清民乐，永享太平之福，将见夜不闭户、道不拾遗的清平好世界矣"②。所有这些在神学宣传中涉及的世俗问题，在当时中国社会中，不但存在，而且也为洪秀全所耳闻目睹。这些言辞触发、影响洪秀全憧憬有无相恤、患难相救、夜不闭户、路不拾遗的"大同"社会，是有可能的。但洪秀全在这方面毕竟与梁发有很大不同。梁发主要是劝诫贫者安贫、富者慕义而获得精神的解决，而洪秀全却是积极地要求一个公平正直的社会。这是他对《劝世良言》的突破，也是对自己的《原道救世歌》所宣传的安贫乐命思想的突破。当然，在洪秀全后来的和太平天国的一些文献中，要求贫富各安所安的思想仍有很大影响。这是需要另外探讨的问题，

---

① 参见《劝世良言》卷一、二、六、五。
②《劝世良言》卷七。

这里不论。

但是,洪秀全在突破《劝世良言》的地方,所进入的是中国古老理想的迷宫。"天下为公"的"大道",是在我国私有制和阶级社会弊病丛生之际,人们对于传说中的古代社会所作的理想化的描绘。它是我国优秀的思想遗产,在我国社会的不同阶段都曾被一些有志救世的思想家称引。称引这种思想的不同思想家,他们思想的时代属性和阶级属性,是需要根据他们的其他言行和社会关系来作分析的。例如,说孙中山是近代伟大的民主主义者,当然不是根据他憧憬和希图实现这一古老理想。产生于古代的这种"大同"理想,本身不可能包含属于近代的社会政治观念。洪秀全突破了《劝世良言》的浅陋说教,但他的目光没有也不可能转向未来,因为未来在那时还是那样的朦胧;他只能转向过去,把救世的热情倾注于他所熟知的理想化了的过去。洪秀全在《原道醒世训》中称引了古老的理想,但并没有提出任何新观念。因而我们没有根据认为洪秀全在这里宣布了经济平等的思想。恩格斯早就说明,近代平等要求的产生是与近代阶级关系的新构成相联系的,经济平等的思想甚至只有近代无产阶级才能提出。[1] 他还指出,早期基督教中曾有过的某种财产公有观念,也是由于受迫害者的团结所造成的,而不是来源于真正的平等观念。[2] 根据恩格斯分析思想观念时所使用的科学的历史唯物主义方法,说《原道醒世训》宣传了经济平等,至少是缺乏说服力的。

我们要称赞洪秀全的《原道醒世训》在思想境界上较之《原道

---

[1] 参见恩格斯:《反杜林论》,见《马克思恩格斯选集》,第2版,第3卷,第445页。
[2] 参见恩格斯:《反杜林论》,见《马克思恩格斯选集》,第2版,第3卷,第445页。

救世歌》的进步，但也不能忽略它们的共同点，这就是它们都没有任何的推翻清朝封建统治的革命倾向。《原道醒世训》把相凌相夺相斗相杀的原因，归之于"世道乖离，人心浇薄，所爱所憎，一出于私"，归之于人们"见小故其量小"。它认为，"量大则福大，而人亦与之俱大；量小则福小，而人亦与之俱小"。当时之世，量小的小人太多了，世道人心堕落了。它呼吁天下凡间的兄弟姐妹"跳出邪魔之鬼门，循行上帝之真道，时凛天威，力遵天诫，相与淑身淑世，相与正己正人，相与作中流之砥柱，相与挽已倒之狂澜，行见天下一家，共享太平"。这就是认为实现"大道"的途径在于人心的修养。洪秀全在全文之末还有八句总结性的诗：

> 上帝原来是老亲，水源木本急寻真。
> 量宽异国皆同国，心好天人亦世人。
> 兽畜相残还不义，乡邻互杀断非仁。
> 天生天养和为贵，各自相安享太平。

在这里，我们不但看不到那时的洪秀全有什么反抗的和革命的意识，而且还看到，刚刚突破了《劝世良言》束缚的洪秀全，又回到了它的牢笼，一种比较深邃的救世思想，又变成了浅陋的宗教、道德说教。

四、重游广西和走上反清革命道路

1847 年春，在花县家乡蛰居了两年多的洪秀全，来到了广州，在美国牧师罗孝全那里前后待了约四个月。

罗孝全是美国浸信会传教士,先在香港做郭士立的帮手,1845年后进入广州开设礼拜堂传教。洪秀全去罗孝全处目的是什么?做了些什么? 据罗孝全的报告,洪秀全偕同洪仁玕到罗孝全处,"宣称意欲学习基督教道"。洪秀全在那里"研究《圣经》,听受功课",并将他获得《劝世良言》的经过和病中的异梦异象以及他写的论文,都向罗孝全作了陈述。洪秀全曾请求受洗,但因罗孝全的两名黄姓助手设计排斥而未果。①

洪秀全自 1843 年从梁发那里接受了上帝,开始了通过拜上帝改造世道人心的救世宣传。但关于这个上帝的知识,他知道首先是从外国传入的。现在,有人告诉他,外国的传教士正在广州宣传"真道",还告诉他,他所读的《劝世良言》与教堂所宣讲的相符②,他自然很诚意地前去学习,以验证和深化自己关于上帝的知识。他在罗孝全那里首次阅读了《旧约》和《新约》。罗孝全自己编注有几种传道书:《救世主耶稣新遗诏书》,这是罗孝全对《新约》马可福音译本作了注的小册子;《耶稣圣书》四小册;《真理之教》一小册;《问答俗话》一小册。③ 这些书,洪秀全也可能读了。洪秀全对于在广州的"学道"似乎是满意的,所以有受洗的请求。

受洗因故不成,洪秀全决计重游广西,于 1847 年七月在紫荆山区会见了冯云山。这是洪秀全的人生道路发生转折——转变为反

---

① 参见《洪秀全革命之真相》,见《太平天国》,第 6 册,第 824 页;《太平天国起义记》第七节。

② 参见《太平天国起义记》第七节。

③ 参见 E. P. Boardman, *Christian Influence upon the Ideology of the Taiping Rebellion*, pp. 144–145。

清的农民革命领袖的开始。

冯云山是洪秀全的密友。自 1843 年拜上帝、1844 年同洪秀全到广西以后,就独自在桂平紫荆山扎根,通过替人做工、担泥和教书塾,熟悉了当地人民,在那里深入传播拜上帝的道理。由于冯云山深入群众之中,他的传教活动在两三年内竟造就了一个相当可观的组织——会众遍及广西数县且人数超过两千的"拜上帝会"。

冯云山在拜上帝前后和初到广西山区时的思想、志向如何,由于他没有留下著作和缺乏其他切实的资料,已难详考。历史记载说明,他在广西向一般群众所作的宣传,也是拜上帝、除偶像之类简单的信条,但允许"不独不拜偶像,且时常侮弄偶像"①,对传统秩序似乎采取较为激烈的态度。冯云山"家道殷实",而自愿"去国离乡,抛妻弃子",在广西山区"数年之间,仆仆风尘,几经劳瘁","历尽艰辛,坚耐到底"②,是一个胸怀大志而坚忍不拔的人。据李秀成的了解,在太平天国的领袖中,"谋立创国者,出南王之谋,前做事者,皆南王也"③。但他从什么时候开始产生反清革命的意图,文献阙如,已难确指。

充满着救世、醒世愿望的洪秀全,几年来在家乡苦口婆心对世人的劝诫,只获得寥落的反应,也不能阻挡世风之日下。现在,他的好友冯云山竟已取得这样巨大的成功,造就了一个几千人的拜上帝的组织,并且人人尊奉着迄未识面的"洪先生",这使他充满了喜悦。他对于这个腐败邪恶的社会久已不满,而且久已抱有受了

---

① 《太平天日》,见《太平天国》,第 2 册,第 648 页。
② 《天情道理书》,见《太平天国》,第 1 册,第 371 页。
③ 《忠王李秀成自述》,影印本,北京,中华书局,1963。

上帝委派扫除妖邪使天下复归上帝真道的救世主意识。现在他来到广西山区,救世主的自我意识进一步发展到打江山的帝王抱负,发展到准备推翻这个腐败邪恶社会的统治者的状态。他到紫荆山一个多月后,就同冯云山等"写奏章,求天父上主皇上帝选择险固所在栖身焉"①,这表明了他们需要密议人事的隐蔽处所,也反映了洪秀全正在酝酿确立反清革命斗争的道路。

洪秀全从一名宣传福音的上帝使者,而秘密地成为酝酿革命斗争的领袖,这是一个巨大的转变,自然需要有主客观的条件。

在洪秀全的主观思想方面,上文已经分析,洪秀全在1843年开始拜上帝,并未确立反清革命的政治态度;但另一方面,他在这一时期的思想却的确包含了一些新的因素。洪秀全接受了一个"上帝"。他的这个"上帝"是中西合璧的上帝,对于中国的既有传统,毕竟包含了"异端"的成分;他基于"上帝"的教义而把孔子同其他偶像一起抛弃,也毕竟是对现存秩序的触犯。异端思想往往被统治者认为是危险的思想。它虽不一定都是革命的思想,但总包含着对传统意识形态的触犯或背离,因而异端思想的宣传者在一定条件下有可能起而反抗现存的统治秩序。洪秀全不是一般的上帝信徒,他自以为是曾在上帝面前亲自接受其命令来反对世上之陋俗的救世主,尽管这本是一种悲天悯人的宗教意识,但确是"危险"的异端意识。洪秀全不是一般地拜上帝、去偶像,而是同时不满于当时的腐败社会,憧憬天下为公的大同理想。尽管当时他只是想通过改造世道人心来拯救世界,但不满和憧憬本身就包含了同当

---

① 《太平天日》,见《太平天国》,第2册,第648页。

时现实社会的矛盾,因而它们也孕育着反抗这种现实社会的胚胎。洪秀全思想中的所有这些异端因素和积极因素,包含了进一步发展成为革命思想的可能。因此,对于洪秀全,从对社会邪恶的批判,到对邪恶社会的反抗,并不存在不可逾越的障碍。

洪秀全来到广西以后,当时广西阶级斗争的形势为他实现由此及彼的转变提供了条件。广西地处中国南陲,清朝的统治更为腐败而无力,人民屡起反抗,素称"多盗之乡"。鸦片战争以后,"粤东水陆撤勇,逸盗或潜入梧、浔江面行劫,或迳出南、太边境掳掠,勾结本省土匪及各省游匪,水陆横行,势渐鸱张。至道光二十七八年间,楚匪之雷再浩、李元发两次阑入粤境,土匪陈亚溃等相继滋事,小之开角打单,大之攻城劫狱,浸成燎原之势"①。大致自1847年起,广西以及湖南、广东等地的天地会群众武装起义,如风起云涌。尤其是广西,以"土匪"滋事的方式表现出来的阶级斗争烽火,几乎燃遍了全省。以紫荆山所在的浔州府来说,"愚无知者,每铤而走险。当初不过三五成群,拦路抢劫⋯⋯继则纠众焚杀。自道光二十八年,贵县土匪聚党数百,掠殷户子弟勒赎⋯⋯浔州、梧州、南宁诸村市,滋扰无虚日,官军屡击不利"②。封建统治阶级为了对付这种烽烟四起的动乱局面,竭力倡办地方性的大小团练。下层人民和各种形式的起义势力为一方,封建官府和地主团练为另一方,阶级对垒日益尖锐。这种形势在客观上也不能不促使拜上帝会走向革命。当时只是拜上帝会一般会友的李秀成,是这样理解

---

① 严正基:《论粤西贼情兵事始末》,见《太平天国史料丛编简辑》,第2册,北京,中华书局,1962,第3页。
② 谭熙龄:《桂平历年群盗事迹》,同治《浔州府志》卷二十七。

拜上帝会在激烈的阶级斗争中的成长过程的："自教人拜上帝之时，数年未见动静。自道光二十七八年之上下，广西贼盗四起，扰乱城镇，各居户多有团练。团练与拜上帝之人，两有分别。拜上帝人与拜上帝人一和(伙)，团练与团练一和(伙)，各争自气，各逞自强，因而逼起。"①这种现实的阶级斗争，也必然把早已对邪恶社会表示不满的洪秀全推向前列，使他能从群众斗争中吸取力量，去领导和发动一场反清武装革命。

洪秀全实现这种转变的具体事实和过程，还有待于进一步的研究。如从思想文献方面来考察，反映洪秀全实现这种转变的最可注意的材料，是《原道觉世训》，特别是《太平天日》。

《原道觉世训》是一篇未能确切判明其写作年份的重要文献，一般被误以为写于 1845—1846 年，实际上应写于 1847—1848 年。流传的《太平天国起义记》中译本说："一八四五、一八四六两年，秀全留在家中……在此期间，彼曾作数篇文章……如《百正歌》《原道救世歌》《原道醒世训》《原道觉世训》《改邪归正》等篇。"这是认为《原道觉世训》与《原道救世歌》等同时写作的根据。但实际上这是译文疏忽造成的误解，据《太平天国起义记》1854 年英文原本的重印本所记，洪秀全在 1845—1846 年所写作品的书名并不包括三篇

---

① 《忠王李秀成自述》，影印本。

《原道》,而只有两篇。①《原道觉世训》出现了《劝世良言》所没提
到的"旧遗诏书"等名词,而译名为《旧遗诏书》的《旧约》,是洪秀
全 1847 年春夏在罗孝全处才见到的,因此,《原道觉世训》的写作

---

① 《太平天国起义记》英文原本记洪秀全在 1845—1846 年所写作品的题名是:"An
Ode of the Hundred Correct Things","An Essay on the Origin of Virtue, for
Awakening of the Age","Further Exhortation for Awakening of the Age","Alter the
Corrupt and Turn to Correct"。在翻译上,除《百正歌》《改邪归正》意思确切外,其
余的,直译当为《原道醒世论》《醒世再劝谕》。影印的《太平天日》记述乙巳年
(1845)洪秀全"作《原道救世诏》《原道救世训》","救世训"的"救"字,应为"醒"
的误刻,因为收在《太平诏书》中的洪秀全的几篇论文,接着《原道救世歌》的是
《原道醒世训》,并没有《原道救世训》。把这些材料参照起来,《太平天国起义记》
所述《百正歌》《改邪归正》以外的两种书,应是《原道救世歌》《原道醒世训》。至
少,它只说了两种,而不是中译本所说的三种。

必在洪秀全去罗孝全处学道以后。① 同时,《原道觉世训》首次提出了"阎罗妖""四方头红眼睛""东海龙妖"等概念,这些用语不见于洪秀全1845年写的《原道救世歌》《原道醒世训》,而同见于1848

---

① 《历史研究》1963年第1期沈元《洪秀全和太平天国革命》一文已经指出了《原道觉世训》可能写于1848年。这个结论是有理的。但该文认为洪秀全在广州所读的《新旧遗书》是郭士立译本,太平天国建国后印行的《新旧遗诏书》也是郭士立译本,据此来查考《原道觉世训》中关于摩西"十诫"的叙述,关于"挪亚"等名称的引用,都与太平天国印行的《旧遗诏书》相同,从而判断《原道觉世训》系写于洪秀全1847年读到郭士立译的《新旧约》以后,这样论证,反觉迂曲而不确切。因为洪秀全在广州读到的《新旧约》和太平天国后来印行的《新旧约》是否都是郭士立的译本,仍然是一个有待证明的问题。国外学者,较早如E. P. Boardman,最近如P. Clarke,通过某些字句的对照比较,对此作了肯定的回答。但P. Clarke自己又引述了罗孝全的话,罗孝全曾宣布他确实没有用过郭士立的译本,因而我们不能证实洪秀全在罗孝全处所读到的是郭译《圣经》。至于太平天国后来印行的《新旧约》的来源,虽然E. P. Boardman和P. Clarke都作了比较对照而肯定为据自郭译本,但据夏萧同志早年在不列颠博物院图书馆所作的校勘,太平天国印行的《新遗诏圣书》系据道光十九年(1839)刊行的马礼逊译本,《旧遗诏圣书》系据道光二十六年(1846)宁波华花圣经书房刊本,都不是郭士立译本。现在国内没有这些材料可供我们直接进行校勘研究,因而我们不能肯定地把郭士立译的《新旧约》《原道觉世训》,太平天国印行的《新旧约》都挂起钩来,进行比照,从而论证《原道觉世训》的写作时间。目前,为了确定《原道觉世训》的写作时间,最直接的依据,就是《太平天日》说洪秀全1847年在罗孝全处才读到"《旧遗诏圣书》《前遗诏圣书》",不管这是否郭士立的译本,这两种书名是《劝世良言》没有提到的,是洪秀全此前不知道的。《原道觉世训》既然出现了"旧遗诏书"这一书名,它的写作必应在洪秀全广州学道以后。需要进一步考虑的是,现在见到的《原道觉世训》最早的是太平天国壬子二年即1852年的刻本,是否《原道觉世训》原来并没有"旧遗诏书"字样,是1852年付刻时作了修改补充才出现的? 这需要联系《原道觉世训》的改正本来考虑。对《原道觉世训》的大量修改是在1853年,1852年刻本有对儒家的很多征引,这应是洪秀全思想原貌的反映。特别是洪秀全在1851年已下令除天父天兄外禁用"圣"字,但1852年刻本中多次出现"圣人""前圣"等词,这更应该是原貌的反映。如果1852年付刻时修改了原稿,加上了"旧遗诏书"字样,洪秀全不会不删去"圣人"等词。

年冬宣布的《太平天日》，这也说明它的写作时间可能与《太平天日》相近。

《原道觉世训》不是一篇社会政治论文，而仍然是一篇宗教宣传作品。它加强宣传了上帝创造世界、主宰世界的说教，说人的生死祸福、衣物器用悉由上帝所主所赐，自然界的日月星辰雷电风雨和山原川泽飞潜动植，也都是上帝功能的表现。它从上帝对人的权能、恩德方面，论证人人当拜上帝，不拜上帝是犯反天之罪。这些宣传，在内容上、表述上都仍受着《劝世良言》的直接影响。[1]

但另一方面，《原道觉世训》却鲜明地提出了上帝的对立面，以"阎罗妖"为各种妖魔邪神的集中代表，尖锐地批判"阎罗妖注生死邪说"，指出："阎罗妖乃是老蛇妖鬼也，最作怪多变，迷惑缠捉凡间人灵魂，天下凡间我们兄弟姐妹所当共击灭之惟恐不速也。"在这方面，它超越了《劝世良言》所给予的宗教素材和思想倾向，不但创造了"阎罗妖"这一邪神代表，而且通篇文章中真神和邪神的对立

---

[1] 如《劝世良言》说："或有人说：神天上帝不能管理世界若大之事，致要各神佛菩萨帮理，如君王要众大臣管理国事一般。……夫混沌未开，乾坤已定，神天上帝乃自无而化生天地万物类者，岂有不能管理全世界之事乎？……况且神天上帝力系纯灵，无所不知，无所不在，无所不能，非君王可比之也。盖君王者，虽系至尊至贵之人，不能无所不知，又不能无所不在，故要众大臣帮理之。神天上帝乃无所不知，无所不在，无所不能，自永远至永远之真神，不须助之之者也。"《原道觉世训》也引"执拗者"的话"皇上帝需菩萨帮助如君王须官府辅治"而加以批驳。又如《劝世良言》宣传上帝之大恩而当拜之说："但自己自生出世，日日得神天上帝养育之，保佑之，又供给各般日用之需，一呼一吸，时刻不离，自始至终，都系神天上帝庇祐，才得生活于世，这样的大恩，日日受之不已，尚且不肯崇敬造化天地人万物之主为神，乃说所有日用诸般之物，系自己本事赚银来买的，或说是某菩萨神佛保佑所赐的，遂去酬谢敬神佛的恩，昧此大德，罪恶无穷之极"，是"叛逆神天大帝之大恶。"《原道觉世训》叙述上帝之权能恩德和世人不拜上帝是反天之罪，亦大略如此。

十分鲜明,对邪神的批判十分严厉,这是《原道救世歌》和《原道醒世训》所没有的一个特色。此外,它从尊上帝、反邪神的立场出发,抨击了前代帝王信邪神的错误,并且指出只有上帝才能称帝,人间君主不得僭越称帝,表现了对人间君主的"不敬"和批判。从这些方面,我们可以认为,这篇宗教历史论文,是洪秀全的政治态度与清朝统治者日益对抗的曲折反映。①

仍然需要指出的是,《原道觉世训》虽然反映了洪秀全走上反清道路的政治态度,但在社会政治思想上并未提出什么新见解。《原道觉世训》中有"天地之中人为贵,万物之中人为灵"之句,把这解释为洪秀全宣传反封建的人本主义思想,是断章取义的误解。因为这两句话之后紧接着说:"人何贵?人何灵?皇上帝子女也。贵乎不贵,灵乎不灵。木石泥团纸画各偶像,物也。人贵于物灵于物者也,何不自贵而贵于物乎?何不自灵而灵于物乎?"这里是说上帝的子女既贵又灵,不应去拜偶像邪神。而且,洪秀全的这些思想、言辞,也不是自己的发明,而是直接根据《劝世良言》。② 它在理论上源于宗教教义,与反封建、人本主义是风马牛不相及的。

更明显地反映洪秀全反清革命态度的思想材料是《太平天日》。《太平天日》主要叙述洪秀全丁酉年(1837)升天受命即病中

① 太平天国后来把"阎罗妖"直接同清朝统治者挂起钩来:"胡虏目为妖人者何?蛇魔阎罗妖邪鬼也,鞑靼妖胡惟此敬拜,故当今以妖人目胡虏也。"(《奉天讨胡檄》)但没有根据说洪秀全在写《原道觉世训》时已以"阎罗妖"影射清朝皇帝。须知洪秀全的这些宣传品当时分发的对象多系下层的缺乏文化的人民,他不会不了解这种曲折的影射产生不了什么效果。我们只应从作品的本来意义上而不能立足于洪秀全是在影射的假设上去分析作者的思想。

② 《劝世良言》卷一、三、四中多处说到,人因禀有上帝付之之正气而"最为贵""最活灵",是"万物之灵",人如不尊拜上帝,"岂能称得人为万物之灵哉"。

异梦的事,以及他读了《劝世良言》因而敬拜上帝和 1844 年、1847 年两次去广西的情形。它在 1862 年即太平天国建国后十二年才正式出版,但标明"此书诏明于戊申年冬",也就是说,书的内容已在 1848 年冬由洪秀全宣布。1848 年冬宣布的和 1862 年出版的,某些情节可能有所异同,如关于洪仁玕的情节在出版时可能有夸大,但基本的内容应是大致相同的,因此我们仍可以利用 1862 年正式出版中的主要内容来研究洪秀全 1848 年冬的思想。

1848 年冬洪秀全宣布《太平天日》的背景,是拜上帝会与当地封建官绅的矛盾尖锐化。1847 年冬,桂平秀才王作新起团练拘捕冯云山,会友卢六等在狱牺牲,拜上帝会与地方反动势力的斗争日益激烈。1848 年冬,脱险的冯云山和洪秀全几经路途相左,终于在广东花县相会。在家乡,关于拜上帝会的活动,他们有过多次商议:

> 冯云山之本乡在秀全本村之北约五六里。全境多山,甚利于牧牛,各村人均放牛于野外。秀全在家时辄牵牛到山野外,用助其长兄。彼即在山野间常与云山及密友会见,每次系于先一日预约在某山头相会。在此秀全常与其众信徒及友人谈论广西拜上帝会事。①

《太平天日》既诏明于 1848 年冬,可以判断,它的内容就是洪秀全、冯云山在家乡密商筹议时确定的。

① 《太平天国起义记》第八节。

《太平天日》没有提出什么政治号召，但它关于洪秀全异梦异象的宣传，却有不少值得注意之点。简言之，洪秀全、冯云山这时基本上完成了关于异梦异象的创作，制造了一个有头有尾的宗教性的也是政治性的神话。

前面已说过，异梦异象，当初并非洪秀全的捏造，而是他病中实有的幻觉。洪秀全最初经验的异梦异象究竟是些什么，后来又怎样被有意地附会增添，研究这个过程有一定困难，主要是由于有关洪秀全异象最初内容的那些记载，也大都是太平天国起义后所写，都在不同程度上附着了有意增加的部分。从洪秀全本人的作品来看，他在1845年所写的《原道救世歌》有"予魂曾获升天堂，所言确据无荒唐"之句，是作为应拜上帝、应行正道的一种证据而被提到的。这件事，没有描述，也不突出。1847年春，洪秀全在广州曾向罗孝全陈说"病中所见之异象"。据罗孝全的报告，"在述其异梦时，彼之所言，实令我莫名其妙，迄今仍未明其究从何处而得此种意见，以彼对于《圣经》之知识无多也"。① 罗孝全的态度只是不信，而没有斥责，这说明洪秀全当时陈述的，并不像他在1848年所宣布的那样，尤其不可能有洪秀全是天父次子的内容。现在，1848年冬，经过洪秀全、冯云山的创造，异梦异象变成了洪秀全升天受命的故事，包括了天父在天上向洪秀全指点凡间妖魔迷害人情状，洪秀全在天上战逐妖魔情状，天父天兄批判孔丘情状，天父差洪秀全下凡代天父理事救醒世人情状，等等。

洪秀全在1848年冬宣布的这个神话，在宗教上、政治上、思想

① 《洪秀全革命之真相》，见《太平天国》，第6册，第824页。

上有许多特色。这里我们只分析其反映洪秀全政治态度的两个主要之点。

在宗教方面，它不但在内容情节上，超出了《劝世良言》或《新旧约》所提供的一切素材，而且在理论观念上，也与一般的基督教教义不同，从世俗的意义上赋予了上帝以完全的人格。在洪秀全此前的著作中，包括在《原道觉世训》中，上帝的人格观念有时是不明显的，而且常常与中国的"天"混同，有时是"主宰"之意，有时是"自然"之意，以致有人据此而误解洪秀全的宗教思想属于泛神论。但从《太平天日》来看，洪秀全的上帝完全人格化、人伦化了。一个有妻有子有意志特别是有无限权能的上帝，亲自差遣洪秀全下凡间，给予诛灭妖魔、唤醒世人的任务，而且告诉他："凡有烦难，有朕（指上帝）作主。"洪秀全创造这样一个上帝和他受命于上帝的故事，不仅是他已经决心革命以创帝王之业的标志，而且是他为了准备这一事业而号召迷信的群众的需要。如果说，洪秀全从西方基督教中借了一个上帝来作为发动太平天国革命的工具，那么，这种"借用"只是从 1848 年才开始，而不是读梁发《劝世良言》后就开始的。这是一种名副其实的"借用"，正如中国历史上的符瑞图谶、篝火狐鸣的传统一样。当然，洪秀全对上帝并不只是"借用"，而且也有信仰，这种复杂情况在他的后期思想里表现得更突出，这里不论。

洪秀全在《太平天日》中不但赋予上帝以人格，而且赋予自己的人格以神性。这不但为任何传教士的教条所不许，而且也超出了洪秀全自己此前的著作。天上有天父上主皇上帝，主宰天下凡间的一切。救世主耶稣是天父的长子，而洪秀全则是天父的次子，屡受天父的教导,深得天母的慈爱,在天上有妻有子,快活无穷。天兄耶稣是受天父的差遣下凡拯救世人的,洪秀全也是由天父嘱咐在天上大战妖魔并受差遣下凡作世间之真主。洪秀全赋予自己以天父次子的神性,对于动员拜上帝会信徒去从事一项打江山的事业,在当时条件下自然能起很大的作用。而且,考虑到1848年的春天和秋天,已经发生杨秀清、萧朝贵代上帝和耶稣传言的事,确定洪秀全作为上帝次子并曾亲自上天受命的神性,也是处理当时内部关系所需要的。

这里需要附带申论的是,有的研究者认为《劝世良言》通常只称耶稣为"上帝之子"或"圣子"而绝少称"独生之子",是洪秀全误以为他可以自居上帝次子的原因。① 其实,《劝世良言》提到耶稣为上帝独子,并非绝少,而是屡见。② 洪秀全以上帝次子自居,绝非由于对教义的误解,而是他在1848年冬已经有意地按照政治上的需要来附会异梦了,已经不受《劝世良言》的范围约束了。

洪秀全与冯云山于1849年夏返回广西桂平后,革命斗争的准备工作加速进行。1850年,洪秀全写诗表述自己的胸怀:

> 近世烟氛大不同,知天有意启英雄。
>
> 神州被陷从难陷,上帝当崇毕竟崇。
>
> 明主敲诗曾咏菊,汉皇置酒尚歌风。

---

① 参见简又文:《太平天国典制通考》下册,第1701页。

② "盖神爱世界之人,致赐己独子,使凡信之者,不致沈忘"(卷二);"盖神爱世,致赐己独子降世"(卷五);"即因神遣厥独生子进世间"(卷七)。

古来事业由人做,黑雾收残一鉴中。①

洪秀全推许了朱元璋、刘邦。按照他在《原道觉世训》中提出的原则,他本应贬称世间之主为"王",但在这里和这时,他称他们为"主"为"皇",透露了他对他们的真正景慕。他经历了追求个人功名和用宗教、道德救世的曲折过程,终于走上了刘邦、朱元璋的道路,也就是代表农民推翻现存封建统治的革命道路。

五、余论

马克思说过:"相当长的时期以来,人们一直用迷信来说明历史,而我们现在是用历史来说明迷信。"②太平天国的英雄们的确总是用迷信来说明他们自己的历史,而太平天国的研究者则必须用历史来剖析他们的迷信。

洪秀全之所以成为太平天国革命的领袖,当然不是神的意志的实现,而只是人的觉悟的发展。

认识洪秀全的思想和道路的发展过程,对于理解洪秀全思想资料中的一些矛盾现象,可能会有助益。

例如,《太平天国起义记》中有这样一段话:"洪秀全常夸赞基督教之教理,且曰:过于忍耐或谦卑,殊不适用于今时,盖将无以管镇邪恶之世也。"这往往被用来说明洪秀全读了《劝世良言》后对基

---

① 《太平天国起义记》第十节。
② 马克思:《论犹太人问题》,见《马克思恩格斯全集》,第1版,第1卷,北京,人民出版社,1956,第425页。

督教的批判,说明他把殖民者的上帝"改造"成了革命者的上帝。这是对洪秀全思想发展阶段的混淆。洪仁玕没有记洪秀全说这段话的时间,但它不可能是洪秀全拜上帝的初期所说。洪秀全读《劝世良言》后所写的《原道救世歌》《原道醒世训》等宣传的是"忠厚可师","乐夫天命","天生天养和为贵,各自相安享太平",其要求忍耐和谦卑,也是十分突出的。洪秀全反对过于忍耐和谦卑以管镇邪恶之世的言论,从他的思想发展过程来看,必应在1847年或1848年以后。

洪秀全反清革命立场的确立,实现于1847年以后。与此相联系的是,他对以前自己曾宣传的某些思想观点,也有所修正补充和发展。这方面的变化,虽然主要反映在金田起义后的思想资料中,但可以认为,这种修正补充必然经历了一个过程。

例如,在《原道救世歌》《原道醒世训》等作品中,洪秀全强调不行杀害,说:"人自相残甚恻哀","兽畜相残还不义,乡邻互杀断非仁"。而在《太平天日》中,特别在金田起义以后所写的许多文书和著作中,他却强调了斩邪留正,杀妖杀有罪。

又如,在《原道救世歌》《原道醒世训》等作品中,洪秀全要求人们知命安贫、富贵浮云,强调人格和心灵的修养,而天堂只是灵魂享福的地方。但他在后来却创造了允诺肉体享福的"小天堂",在那里,可以丰衣足食,"最小最卑尽绸缎,男着龙袍女插花"。

尤其值得注意的是,洪秀全修正了总的救世蓝图。在《原道救世歌》《原道醒世训》中,如前所述,洪秀全提倡的是淑人淑世、正己正人、捐妄念、脱俗缘,以各自相安而共享太平。而在后来的《天朝田亩制度》中,洪秀全提出有田同耕、有饭同食、有衣同穿,"天下人人不受私,物物归上主,则主有所运用,天下大家处处平匀,人人饱暖矣。此乃天父上主皇上帝特命太平真主救世旨意也"。从《原道救世歌》的"救世"到《天朝田亩制度》的"救世",这是一个巨大的改变。

指出洪秀全思想的这些发展,并不是否定《原道救世歌》等早期作品的意义。它们不可能发动农民起来革命,但它们(以及其他思想资料)一旦与农民革命相结合,就使太平天国不只是一次攻城夺地的战争行动,而具有了社会改造运动的色彩——尽管不是要把中国改造为一个近代化社会。

洪秀全思想中的这些变化,并不是他原先就没有的平等观念的发展,而只是体现了发动农民进行革命斗争的要求。列宁曾说:"平等思想在反对旧的专制制度,尤其是反对旧的农奴主大土地占有制的斗争中是最革命的思想。"①史学工作者根据列宁的这一观点充分评价《天朝田亩制度》的革命性,这是完全正确的。但列宁在这里所说的平等思想,正如他接着说明的,是指农民平均地产的思想。"平均主义的根源是个体农民的思想方式,是平分一切财富的心理,是原始的农民'共产主义'的心理。"②实质为平均主义的平等要求,在中国农民战争的历史上有着久远的传统,并且也正如恩格斯所说,这样的观念是非常古老的,但它们从未包含一切公民都有平等的政治地位和社会地位的内容。《天朝田亩制度》所设计

---

① 《社会民主党在1905—1907年俄国第一次革命中的土地纲领》,见《列宁全集》,第2版,第16卷,北京,人民出版社,1988,第203页。

② 《和德国作家艾米尔·路德维希的谈话》,见《斯大林全集》,第1版,第13卷,北京,人民出版社,1956,第105页。

的,是一个平均主义的和一切政治经济权力归于"主"的专制社会。它与近代的平等观念不相容,而适应于中国封建社会中穷苦农民的利益和思想。洪秀全原先所宣传的不杀、忍让、安贫乐命、不要贪图尘世享受等思想,不会有利于酝酿农民的反抗斗争,不可能替农民的反抗斗争奠定理论基础;而斩邪留正、允诺农民以一定的物质利益,才能发动农民起来进行一场革命。洪秀全之所以成为农民革命的领袖,正是由于他修改补充了原先的某些思想,转而采取了某些适合于农民战争的利益和需要的观念。这充分说明,太平天国革命的根源在于社会上的阶级斗争,而不是宗教教义。《劝世良言》只把洪秀全变为福音宣传者,而阶级斗争才把洪秀全推向创建新国家的政治革命。

1979 年 8—9 月

"拜上帝会"释论

　　在许多历史论著和历史教科书中，凡是讲到太平天国革命的，差不多都会提到"拜上帝会"。但我们对"拜上帝会"的了解还是很少、很不清楚；近来还有根本不存在"拜上帝会"之说。本文提出有关"拜上帝会"的几个问题，并进行一些探讨。

一、"拜上帝会"是存在的

　　关于"拜上帝会"，现在我们能见到的主要历史资料是瑞典人韩山文著、简又文译的《太平天国起义记》。我们主要是根据它才得以知道太平天国起义前有"拜上帝会"并加以称述的。

　　韩山文（1819—1854）是基督教传教士，1847年受巴色会派遣到中国，在广东东南部香港、新安等处传教。上述《太平天国起义记》是他根据洪仁玕提供的材料写出的。洪仁玕是洪秀全的族弟和最早的信徒之一，他虽然没有参加洪秀全、冯云山等在广西的活动,但洪秀全在 1848—1849 年自广西回到广东期间,常同他在一起谈论广西的事。金田起义后,洪仁玕去广西附义失败,辗转逃到香港,于 1852 年 4 月 26 日由族人洪亚生(Hung Asen)介绍,在香港与韩山文相识,1853 年 9 月 20 日由韩山文为之施洗,1854 年 5 月由韩山文资助去南京,但没有到达。① 韩山文与洪仁玕有较密切的关系。洪仁玕向韩山文提供了他所了解的太平天国起义前后的情况。这本书就是根据洪仁玕所提供的材料写出的,甚至可以说是根据洪仁玕所提供的材料译出的。② 这本书于 1854 年首次以英文出版于香港,原书名直译为《洪秀全之异梦及广西乱事之始原》,简又文中译本改题为《太平天国起义记》。

据《太平天国起义记》,太平天国起义前有"拜上帝会"的组织。它在叙述有很多人信仰上帝以后说:

> 此等新教徒即自立一会结集礼拜,未几,远近驰名,而成为"拜上帝会"。③

这是关于"拜上帝会"的主要史料来源,历来为许多论著所引据。但近来有学者对这段话的译文提出了疑问,认为韩山文的原文并未说他们"自立一会",因而也说不上有一个称为"拜上帝会"

---

① 洪、韩关系,参考 Carl T. Smith, *Notes on Friends and Relatives of Taiping Leaders*(1977)并《太平天国起义记》译序中引用的韩山文信。

② 韩山文 1854 年 5 月给教会的报告说:"我为洪(仁玕)和他的朋友已花了不少钱,为了不使教会负担此款,我已将他的叙述译成英文并写成一本小书,现在已将印行。"据 Carl T. Smith, *Notes on Friends and Relatives of Taiping Leaders* 引用。

③ 《太平天国起义记》,见《太平天国》,第 6 册,第 853 页。

的组织。韩山文书的这一段英文原文是这样的：

> They formed congregations among themselves, gathering together for religious worship, and became soon extensively known under the name of "The Congregation of the worshippers of God".①

简又文的译文的确有值得商榷之处。关键似乎在于对"Congregation"的理解。"Congregation"在这里并非泛指"人群""集会"，而是指宗教团体、宗教集体。在基督教《圣经》中，"Congregation"常译为"会众"，但也译为"会"，意为这些教徒所形成的集体、全体。② 所以，韩山文书中上述一段原文，据我的理解，似可试译为：

> 他们自己成立了一些宗教团体，聚集在一起进行宗教礼拜，很快就以"拜上帝会"之名闻名远近。

"Congregation"是指一个"会"，一个宗教团体，这不仅从它的字义上，而且还可以从韩山文书的其他叙述上找到证据。

韩山文的书虽然是用英文出版的，但对某些词句和诗歌，书中

---

① 参见 1935 年燕京大学图书馆重印本韩山文原书。据简又文译序称，此书为香港 1854 年原本影印本。

② 关于"Congregation"，*Webster's New International Dictionary* 的几种释义中有一义为："基督徒全体，或某一特定地区信徒的一种有组织的团体。" *New Practical Standard Dictionary* 释义中有："一个宗教集体、团体或教派。"

除译成英文外,还印上了原来的汉字。"拜上帝会"就印有汉字原文,英译为"The Congregation of the worshippers of God"(引号原有)。可见对"Congregation",韩山文并不是作为一般的"人群""集会"等名词来使用,而是作为汉文"拜上帝会"之"会"这一个词的对译。

韩山文书中使用"Congregation"还有多处。如第七节,"所有入会者"(All who joined the Congregation);第九节,洪秀全回花县谈论"在广西的会"(the Congregation at Kwangsi),杨秀清"入会"(joined the Congregation),"这个会的创立者"(the founder of this Congregation);第十节,遵守"会规"(rules of Congregation),等等。所有这些都说明,把韩山文书中使用的"Congregation"一词一般地释为"人群""汇集"从而认为当时不存在一个团体、一个组织,是扞格难通的;相反,我们从字义和书的内容来考察,当时的确存在一个拜上帝者的团体,拜上帝者的"会",即"拜上帝会"。

"拜上帝会"之名究竟是他们的自称还是当时地主阶级加于这批拜上帝者的称呼?韩山文说拜上帝者的宗教团体以"拜上帝会"之名闻名远近,这句话可以理解为"拜上帝会"是信徒们的自称,而不能证明这是别人或地主阶级加之于他们的称呼。我们不妨参考一下去太平天国访问过的几名外国人的记载和理解。密迪乐(T. T. Meadows)说,他们建立的会以"拜上帝会"(the Society of God-worshippers)之名而被远近周知;费熙邦(E. G. Fishbourne)说,他们原先满足于"上帝会"(the Society of God)的名称;伟烈亚力

(Alexander Wylie) 说他们建立了"拜上帝会"(the Society of God-worshippers)。① 显然,这些当时的外国人都以为"拜上帝会"就是洪秀全、冯云山所组织的团体的名称。同治十三年(1874)《浔州府志》卷二十七谭熙龄《紫荆事略》一文说,洪、冯等"煽惑愚民","而上帝会之名流播间阎";又说在金田起义前夕,"流贼蜂起","顾向之从贼者,类皆自逸去,而拜上帝会则必家属子女俱,产业贱售"。他在《桂平历年群盗事迹》中又说,洪、冯等"以符篆惑众,倡拜上帝会"。谭熙龄将"拜上帝会"之"拜"字理解为"参加",以为拜上帝会即参加上帝会。他的记述都不能表明上帝会这个名称是他加诸洪、冯等人的,相反,倒都可以理解为是洪、冯的自称。金田起义前,桂平紫荆山区鹏隘山李进富参加"拜上帝会",起义后不久被俘,供词中说,"三十年(1850)八月内与哥子同去拜尚弟会"。供词是清吏所录,故将"上帝会"改为"尚弟会",但从这里并不能看出这不是李进富自己的称呼。他还多次提到"拜会""会内人数"等字句②,更进一步证明当时确有一个"会"。金田起义后,清钦差大臣赛尚阿的翼长、广西按察使姚莹在 1851 年 8—9 月间写信给胡林翼,说:"此次粤贼情形本分两种,一为会匪,乃广东人,习天主教传染而来,其党沿及粤西、湖南、贵州各省……粤西现在名为上帝会,实即天主教之会也。"③就"粤西现在名为上帝会"一句的文义来说,理解为这是粤西"会匪"自己的名称,比之理解为这是姚莹所加

---

① 参见 T. T. Meadows, *The Chinese and Their Rebellions*, 1856, p. 85；E. G. Fishbourne, *Impressions of China*, 1854, p. 57。

② 参见《李进富供词》,原藏英国伦敦公共档案局,见《太平天国文献史料集》,北京,中国社会科学出版社,1982。

③ 《中复堂遗稿》卷五,《复贵州黎平府胡》。

予的称呼,是更为恰当的。

从以上种种看,"拜上帝会"的存在是一个历史事实,否认这个组织或它的名称,是缺乏根据的。

二、"拜上帝会"的创建者和存在时间

洪秀全在多次应试落第后,1843年读梁发的《劝世良言》,开始信仰上帝,并感服了冯云山、洪仁玕等最初的信徒。于是人们以为这是"拜上帝会"的创始,洪秀全在这时建立了"拜上帝会"的第一个小组。"拜上帝会"是洪秀全在1843年创立的,这是较普遍的说法。

拜上帝一直是洪秀全和太平天国的宗教信仰。洪秀全在后期迷溺于宗教,严重脱离实际,宗教世界观对他起了很大的消极作用。于是又有太平天国的失败即"拜上帝会"的破灭之说。这是认为"拜上帝会"与太平天国相始终。

这两种说法并没有根据——没有一种历史资料说洪秀全在1843年建立了"拜上帝会",说太平天国直到失败时还存在着"拜上帝会"。推原这两种说法的来由,似乎都在于把拜上帝的信仰和活动等同于"拜上帝会",有这种信仰和活动就有"拜上帝会"存在。因而,有人就直接认为,"拜上帝会"就是太平天国的上帝教。

但"拜上帝会"是"会",是拜上帝者的组织或团体,在逻辑上、事实上,都是不能与拜上帝的信仰和活动完全等同的。

《太平天国起义记》第四、五、六节很详细地叙述了1843年洪秀全、李敬芳读《劝世良言》后"大觉大悟"、自行洗礼和洪秀全随后

感服冯云山、洪仁玕等人的情况;叙述了1844年洪秀全、冯云山等外出传教,在广西贵县受洗者逾百人和洪仁玕在广东清远传教受洗者五六十人的情况,但始终未提及此时有"拜上帝会"。

《太平天国起义记》接着讲洪秀全自贵县回花县,冯云山不回广东而到广西浔州府紫荆山,这时说:

> 云山在紫荆山地区数年,以巨大的热诚传教,获得成功,有很多人,甚至全姓全族的人,受了洗礼。他们自己成立了一些宗教团体,聚集在一起进行宗教礼拜,很快就以"拜上帝会"之名闻名远近。①

可见,"拜上帝会"的出现是冯云山在紫荆山工作的成果。这时,洪秀全远在广东。

《太平天国起义记》第九节还明确地说冯云山是"拜上帝会"的"创立者"(founder)。考虑到这本书的材料是洪仁玕提供的,我们确实可以相信,冯云山创立"拜上帝会"是事实,而不是掠洪秀全之美的溢美之词。但冯云山拜上帝的信仰直接得自洪秀全,冯云山同洪秀全有密切的友谊,他独自在广西传教时一定会述及洪秀全的启示和宗教经验,因而使洪秀全在"拜上帝会"中早已遥享权威②,并使洪秀全在1847年来到紫荆山后成为"拜上帝会"的首领。

---

① 《太平天国起义记》第六节。据英文原本校改了译文。

② 参见《忠王李秀成自述》:"在家之时,并未悉有天王之事,到处皆悉有洪先生而已,到处人人恭敬,是以数县之人多有敬拜上帝者此也。自教人拜上帝之时,数年未见动静。自道光廿七八年之上下,广西贼盗四起……因而逼起。"揣其文意,道光二十七八年以前已到处知悉洪先生。

《太平天国起义记》说:"虽然冯云山原是这个会的创立者,但人人都承认洪的优越地位,没有谁能像他那样实施权威,在众多的各类人中实行严格的纪律。"①在这个意义上,我们也可以说,"拜上帝会"是由洪秀全、冯云山共同创立的。

　　韩山文记"拜上帝会"建立于已有很多信徒之时,但未写明具体年份。冯云山于1844年夏与洪秀全分手自广西贵县去桂平,"与张永绣留滞浔州月余,后至古林张家。乙巳年(1845)南王寓紫荆山高坑冲张家,南王时将此情教导人,间有信从真道焉"②。这时冯云山到紫荆山落脚不久,活动的成绩不大,倾心归服的不过十人左右。③ 第二年,"丙午年(1846),南王寓黄泥冲曾玉珍家,南王亦时将此情教导人。曾玉珍子曾沄正颇有信德见识,一闻此情,即回心在天父上主皇上帝面前悔罪,遵守天条"④。曾家是紫荆山内有地位的客家富户,父子均从冯云山信上帝,并且热心发展教徒:"曾沄正四处代传此情,大有功力,故人多溯醒也。"⑤这一年大概有了较大的发展。次年即1847年夏,洪秀全自广东再去广西,在贵县表兄家"得知云山在过去两年中在紫荆山教书,并得知由于他的工作,已有很多人皈依上帝。秀全赶紧去访问在那里的新团体"⑥。这是说,当洪秀全1847年夏再到广西时,"拜上帝会"已经存在了。这样,我们可以大致认为,"拜上帝会"是在1846年建立的,或者

① 《太平天国起义记》第九节。据英文原本校改了译文。
② 《太平天日》,见《太平天国》,第2册,第645页。
③ 参见《太平天国起义记》第六节。
④ 《太平天日》,见《太平天国》,第2册,第645页。
⑤ 《太平天日》,见《太平天国》,第2册,第648页。
⑥ 《太平天国起义记》第七节。据英文原本校改了译文。

说,它建立于 1846 年至 1847 年夏以前的一段时间内。

"拜上帝会"是拜上帝者的团体,是一个宗教团体。"拜上帝会"是金田起义的核心力量,所以它也是一个政治团体。它是否一开始就同时具有政治性质,这同我们对洪秀全早期革命思想形成过程和太平天国革命兴起过程的理解有关。但无论如何,"拜上帝"始终是"拜上帝会"要求于它的会员的必备条件,是这个团体区别于当时广西社会中其他人群和组织的特征。因此,在广西,在冯云山建立了"拜上帝会"后,"拜上帝"和"拜上帝会"就有了不可分的联系,也可以说在那个时期,"入会"就是"入教",就是"拜上帝"。

在一个社区中,一部分人因其信仰与周围其他人不同以至受到排斥、引起矛盾因而自行成立一个团体,这是很自然的。洪秀全、冯云山等的起义准备活动处在秘密状态时,以"拜上帝"为标志把群众组织在一个"拜上帝会"中,也是很必要的。但到金田起义时,他们从秘密状态转为公开行动,"拜上帝"成了太平天国旗帜下所有人的共同准则。在太平天国社会中,至少在理论上、原则上,人人都要信拜上帝,因而在这样的社会中拜上帝者成立一个团体,已经没有必要了。同时,洪秀全为了发动起义之需要,将群众另按军、师、旅、卒、两的系统加以编组,这种组织方式逐步发展完善,也必然会取代原有的"拜上帝会"。述及太平天国金田起义以后历史的文书文件没有提到"拜上帝会",可以认为"拜上帝会"在金田起义以后已逐渐消失,"拜上帝会"只存在于从冯云山建会到金田起义前后的几年时间内。

曾到天京访问的英国船长费熙邦这样理解"拜上帝会"和"太

平天国"的关系:

> 起初,当他们的目标只不过是宗教的时候,他们满足于
> "上帝会"的简单名称,但当他们决定驱逐可恨的满洲君主和
> 铲除妖魔制度,使整个国家组成为一个"太平"帝国时,他们采
> 用了"太平天国"的名称。[①]

后期参加太平天国革命的英国志士吟唎(Augustus Frederick
Lindley)说,在永安时期,"太平天国"代替了"拜上帝会":

> 洪秀全转移兵力,攻克永安。他的部下在这里拥戴他为
> 皇帝。……他封他们四人为南王、东王、西王和北王……自此
> 以后,废弃拜上帝会的名称,建新朝代号为太平天国。[②]

根据他们的理解,太平天国建国以后,就取消了"拜上帝会"。
因为"拜上帝会"的存在时间不长,以及在它的存在期间"入会"和
"入教"几乎意义相同,所以除韩山文的书以外,太平天国后来追溯
其早期历史的文献也就只谈到洪、冯如何劝人信拜上帝而没有如
何劝人"入会"的字句了。

---

① E. G. Fishbourne, *Impressions of China*, p. 57.
② [英]吟唎著,王维周译:《太平天国革命亲历记》,北京,中华书局,1961,第39页。

三、"拜上帝会"宗教的源头

讨论"拜上帝会"宗教的源头,可以包括两方面,一是教义的思想渊源,二是与外国基督教接触的原始事实。这里主要谈后一方面。

太平天国起义前,在宗教上与洪秀全、冯云山最有关系的,是梁发和罗孝全。

梁发是广东高明县人,原做雕版印刷工,1816 年受洗为基督徒,后被立为传教士。他所写的《劝世良言》,是洪秀全宗教知识最初的和基本的来源。《太平天国起义记》记述,洪秀全在 1843 年潜心细读此书,把六年前病中的幻梦与此书内容结合起来,遂大觉大悟,如梦初醒,自觉已获得上天堂之真路和永生快乐之希望,认为此书是上天特赐给他的,从此开始了生命的新阶段。洪仁玕、韩山文叙述的洪秀全的这一经历,为太平天国的官书《太平天日》所完全证实。《太平天日》记洪秀全 1837 年病幻中升天时上帝对他说:"尔下去凡间,还有几年不醒。但不醒亦不怕,后有一部书畀尔,对明此情。既对明此情,尔即照这一部书行,则无差矣。"洪秀全将《劝世良言》"反复细勘""如梦初觉",乃作感悟悔罪诗。洪秀全对《劝世良言》的重视,《劝世良言》对洪秀全产生宗教信仰之重要,明确记载于太平天国的文献中。冯云山、洪仁玕都是由此而信拜上帝的。洪秀全、冯云山在第二年(1844)春就"出游天下,将此情教导世人",先到达广西贵县,继而冯云山一人深入桂平紫荆山。可以看出,冯云山在紫荆山组织"拜上帝会",《劝世良言》即其宗教知识的来源。不仅如此,《劝世良言》甚至可能是"拜上帝会"这一名称的来源。《劝世良言》卷二:"天国二字有两样解法:一样指天堂永乐之福……一样指地上凡敬信救世主耶稣众人聚拜神天上帝之公会也。"邓嗣禹认为,"拜上帝会"的名称就可以看作这后一句话的缩写。

洪秀全于道光二十七年(1847)二月初偕洪仁玕到广州,从美国浸信会传教士罗孝全学道三个多月。《太平天日》说洪秀全"与花旗番罗孝铨共处数月。主历将《旧遗诏圣书》《前遗诏圣书》细览"。洪秀全至此始得读《旧约》《新约》。在此期间,洪秀全还可能读过罗孝全编写的一些传道书。他离开罗孝全处即去广西,找到了冯云山。他所新获得的宗教知识必然对业已成立的"拜上帝会"产生影响,丰富它在宗教方面的内容。《太平天国起义记》记载"拜上帝会"的仪式中有唱赞美诗一项,即得自罗孝全处。"拜上帝会"宗教的源头是梁发、罗孝全,这是信而有据的。

但近年来有一种新的看法,认为洪秀全或冯云山同郭士立有过接触,这对"拜上帝会"有着重要影响。

郭士立是普鲁士传教士,受荷兰布道会派遣于 1827 年到东南亚,1831 年起在中国沿海航行传教,鸦片战争中任英国官员的翻译和中文秘书,在帝国主义侵华史上是一个大有关系的人物。他在19 世纪 40 年代初着手建立名为"汉会"的独立于既有教会之外的中国教徒团体,利用他们深入中国内地传教。这种传教方法与当时其他外国传教士不同,以其尽量适应中国习俗,利用中国教徒,据说在华南取得了较大的成功。据"汉会"自己的报告,1845 年有会员 210 人,1849 年有会员 1800 人,1846 年在华南有 13 处活动的点,1848 年在广西有 6 处活动的点:桂林、柳州、梧州、浔州(桂平)、南宁、太平。

太平天国起义后,据当时一些外国人的访问报告和报道,曾从郭士立受洗的不少"汉会"成员参加过"拜上帝会",他们甚至"经常出入郭士立家,听他谈话"。特别是报道说冯云山也是"汉会"成员,他在 1847 年或 1848 年在香港同郭士立在一起,从郭士立受洗,郭士立通过"汉会"的中介,在"建立拜上帝会方面起过非常重要的作用"。有的外国研究者根据这些报道认为,"拜上帝会"与西方基督教之间,除梁发的《劝世良言》和罗孝全以外,还有第三个接触点,这就是郭士立及其"汉会";在"拜上帝会"核心中,"汉会"以及从"汉会"得来的思想影响最为强烈。①

这是一个重要的但我们现在还难以证实的问题,特别是冯云山和郭士立的关系。既然"汉会"在 19 世纪 40 年代有这样多的会员,并且桂平还是它的活动点之一,"汉会"一些成员参加"拜上帝会"是十分可能的。随同英国公使文翰访问天京的费熙邦船长报道说,镇守镇江的罗大纲、吴如孝曾在广州帮助修建一座小教堂,暗示说他们是"汉会"成员。② 对于他们的这一经历,我们过去从中文史料中并无所知。以罗大纲而论,我们历来知道他原是天地会系统的,金田起义时参加太平军,不仅不知道他与外国传教士有什么关系,而且也认为他没有参加过"拜上帝会"。关于吴如孝,

① 参见 P. Clarke, *The Coming of God to Kwangsi*, 中译文见《太平天国史译丛》,第 1 辑。
② 据 P. Clarke 前引文注称,除费熙邦外,还有船队另一成员斯普拉特中尉(Lt. Sprat)和后来以所谓"奥斯本舰队"著名的奥斯本(S. Osborn),都谈到罗大纲、吴如孝曾是"汉会"成员。

《贼情汇纂》说他"初为洋商司会计",费熙邦等的报道也超出了这一范围。但根据最近发表的罗大纲、吴如孝致"大英国文武公卿"的照会原件,他们早年确曾认识一些外国人,在广州共建礼拜堂,共拜耶稣。① 这就是一个值得重视和研究的事实,尽管目前我们在这方面所了解的资料不足,难以具体论列。至于冯云山同郭士立,《太平天国起义记》《太平天日》等文献从未出现过郭士立的名字②,当然更没有提到他们有过传道受洗的关系。郭士立的"汉会"建立于1844年。根据太平天国方面文献所记冯云山的行踪,他从1844年春起即去广西,直到1848年夏被拘出狱后回广东找洪秀全,整整四年都在广西,没有记载曾去别的地方。至1848年冬,洪秀全回花县,两人又在一起。难道冯云山在洪秀全回到花县前的几个月中曾去香港见郭士立并受洗吗?③ 太平天国起义后冯云山之弟冯亚戌被清朝官吏拘捕,供述冯云山道光二十四年(1844)后的行踪,说他在"道光二十四、五、六年(1844—1846)在本省城往来抄写蓝本","二十七年回家闲住到五月间前往广西地方",道光二十九年(1849)十月回家,十一月复去广西。这与《太平天国起义记》《太平天日》等文献所记冯云山的活动有很大不同,显然是为了

---

① 参见齐钟久:《罗大纲、吴如孝致英使文翰的照会》,载《文物》1979年第8期。照会中说:"况回首当年,某等偕百麦、义律、文景诸公在广东建礼拜堂,共释(?)天兄耶稣。""释"字疑误。但原件照片太小,制版模糊,难以辨识。据此信英译本的回译,"释"应为"拜"。这份照会早经简又文回译,但在原件发表后才引起我的重视。

② 据费熙邦说,郭士立为中国人所知的名字是卢斯立。但太平天国文献中也未见此名字。

③ 费熙邦报道说:"冯云山除一个短时期外,一直在广西同洪秀全巡回传教直至革命开始,在此短时期中,据说他去拜访了郭士立。"见 *Impressions of China*, p. 55。但也是疑似之词,并无确实根据。

应付清吏而对冯云山在广西的活动有所隐瞒,但就在这份行踪表中也没有去香港的踪影。因此,就冯云山"拜上帝会"与郭士立有关的看法而论,只能认为是不可信的,至少是根据不足的。

四、"拜上帝会"宗教要旨

冯云山建立"拜上帝会"时,"凡入会者皆毁除偶像而拜上帝"。拜上帝、除偶像,这是入会的基本条件,也是"拜上帝会"教义的主要之点。太平天国的宗教在十几年中有不少变化发展,但"拜上帝、除偶像"这一点是在洪秀全、冯云山初读《劝世良言》时和在"拜上帝会"时期就已确立并始终不变的。

基督教是对古代犹太教的革新和继承。犹太教以耶和华为上帝,为独一真神。古犹太人幻想上帝派遣"弥赛亚"降临,做他们的"复国救主"。基督教也奉耶和华为上帝,但以为耶稣即"弥赛亚",即"基督",即救世主,耶稣体现了上帝。所以,基督教是以基督为中心的,他们的上帝观与古犹太教不同,是耶稣的上帝观。但梁发《劝世良言》一书却承袭了不少犹太教的上帝观,即以上帝为主体,耶稣的活动只是这种上帝观体系中的一个环节。①

洪秀全、冯云山完全接受了梁发的观点。"拜上帝会"是名副其实的"拜上帝教",是以上帝为中心而不是以基督为中心;耶稣的地位受到尊崇,但并不突出。我们试看洪秀全的《原道救世歌》等早期作品,强调上帝是独一真神和拜上帝、不拜邪神的必要,而对

---

① 参见简又文:《太平天国典制通考·宗教考》。

耶稣甚至没有提到。

巴色会1868年6月的一份传教杂志记述了广东清远人李正高的一些事迹。据报道,洪秀全曾在李正高的外祖父家任教,李正高的父亲是洪秀全的好朋友,李正高自己也常同洪秀全谈论宗教问题。报道没有说李正高父亲的名字,他很可能就是最先读《劝世良言》并与洪秀全同佩"斩妖剑"的李敬芳。报道中有这样一段:

> 洪秀全同李正高特别讨论了禁肉食和禁拜偶像的好处。正高记得洪常常谈到上帝战胜魔鬼的权力。他也谈到过耶稣,是天兄,宽恕人的罪恶,但这不是洪的思想中的主要题目。

李正高后来自己认为,他对基督的信念,得到了一种"歪曲的观点"。"在洪秀全的影响下,他了解了关于上帝的权能和偶像虚妄的教导,但没有了解罪和通过基督恕罪。"①

冯云山创立"拜上帝会"的宗教知识直接来自洪秀全,因而"拜上帝会"也突出上帝而缺乏基督的观念。如前所述,"拜上帝会"入会的基本条件就是拜上帝、弃偶像。《太平天国起义记》记述"拜上帝会"入会受洗的仪式,受洗者在读忏悔书并焚化以达上帝神鉴以后,须同意"不拜邪神,不行邪事,谨遵天条"三点,无一涉及耶稣基督,也表明了这一点。

"拜上帝会"入会入教条件中有"遵守天条"一项。太平天国的所谓天条,即《旧约》中所记上帝授予摩西的十条戒律。《劝世良

---

① Carl T. Smith, *Notes on Friends and Relatives of Taiping Leaders*.

言》提到此事，"神天上帝在山岭降下十条圣训，授予摩西"，但并未具体列出十条圣训的内容，而只是在不同的章节中提到了上帝的戒律，也没有"天条"之名。

"拜上帝会"从何时起有了"天条"之名和十款天条的内容、文字？据某些太平天国文献，"天条"之名似乎很早就出现了。《太平天国起义记》说，洪秀全、李敬芳读《劝世良言》后自行施洗，向上帝许愿"恪守天条"；《太平天日》记洪秀全全家向上帝悔罪，"遵守天条"，这是 1843 年的事，《太平天日》记曾沄正回心悔罪，"遵守天条"，这是 1846 年的事。但这都是对前事的叙述，不能肯定这就是当时的语言。据《太平天国起义记》和《太平天日》引载的洪秀全在1843 年和 1844 年的两首宗教诗，诗中有"圣诫""上帝诫条"字样，并未称为"天条"，这可以说明洪秀全当时只知道《劝世良言》零星告诉他的上帝之诫，太平天国文献中叙述他们那时已许愿遵守"天条"，应是把后来才明确的事情加之于前事。

"天条"之名的出现和十款天条的形成，比较可信的是在洪秀全去罗孝全处学道以后。洪秀全 1847 年春在罗孝全处读了《旧约全书》和其他传道书，才有可能完整地了解"十诫"。太平天国立国后印行的十款天条的文字，据国外对照研究，与罗孝全编印的传道书所载相近，系以罗书为蓝本。1847 年秋，洪秀全捣毁甘王庙，在壁上题诗，斥责甘王"打死母亲干国法，欺瞒上帝犯天条"，又写"天条"贴壁晓谕人民，冯云山也题诗于壁，有"请从土壁读天条"之句。① 其后不久，冯云山被捕，"拜上帝会"弟兄具禀申辩，并附呈

---

① 洪秀全的诗，《太平天国起义记》和《太平天日》都引载。冯云山的诗，载于《太平天日》。

"十天条"以求县官审查。① 可见洪秀全、冯云山关于十条上帝戒律的完整知识和"天条"之称都始于此时。"拜上帝会"入会条件中有"遵守天条"一项,这似应出现于1847年洪秀全到广西以后。当然,在此以前,冯云山从《劝世良言》中知道了一些上帝戒律,也必然会以此要求会众。这样看来,《金陵癸甲纪事略》说"十天条"是冯云山所造,至少不很确切。十款天条的完整知识,应是洪秀全读《旧约》以后才有的。"天条"之名究竟是洪秀全还是冯云山所创,则难以确定。

五、"拜上帝会"教义的中国化

只拜独一真神上帝、不拜一切别神的宗教来自外国,它与中国的传统文化有很多差异。自明代以来,一些来中国传教的天主教徒,力图适应中国的文化来传播他们的宗教,但屡起屡蹶,即有成功也大致限于士大夫的范围。19世纪30年代以后,新教即基督教的传教士随着外国侵略势力纷至沓来,但他们初时收效甚微,中国民众对他们的宗教宣传有很大的反对情绪。梁廷枏在1844年写《耶稣教难入中土说》,认为基督教违反圣贤之彝训,与中国的典章制度和传统礼俗格格不入,因此,他断定基督教在中国决难传播。②

但是,洪秀全、冯云山根据从西方传教士那里得到的宗教观念而建立的"拜上帝会"却取得了成功,在几年之间形成了拥有几千

---

① 参见《太平天国起义记》第七节。
② 梁廷枏原书我未见。此处转据黄彦同志的论文:《从社会历史条件考察太平天国宗教形式的产生》,打印本,1979。

名信徒的大组织,并且利用这个组织掀起了一场轰轰烈烈的革命运动,这是什么原因? 观察这个问题的基本方法当然在于透过宗教的现象而发现阶级斗争的本质,从阶级关系、阶级斗争的形势方面认识洪秀全、冯云山通过宗教宣传诱导农民起来反抗封建统治的本质。但是,认识这一本质并不等于否认现象的存在。"拜上帝会"要求会员拜上帝、弃偶像,这是客观上存在的事实,它为什么被这一部分人民接受而不是格格不入呢? 这仍然是需要具体解释的问题。

这可以从多方面来作研究说明。从一个方面来看,这是由于洪秀全、冯云山所建立的"拜上帝会",宗教上虽然渊源于西方,但已经大大中国化了,它适应了中国人,特别是中国下层人民的需要。太平天国宗教如何和在什么程度上中国化的问题,需要另作研究,这里只略谈与"拜上帝会"时期有关的几点。

首先是关于"上帝"。犹太教和基督教奉"耶和华"为"神",这是"独一真神"。从明代以来,西方传教士常借用中国经书上所说的"上帝"来称这位神,但这只是名称的袭用,并非在宗教观念上同意中国经书上的"上帝"就等于他们所说的"独一真神"。① 但洪秀全、冯云山则不同。他们不仅征引中国的经书说西方的"神"即中国的"上帝",而且还认为"上帝"即"天"。洪秀全在"拜上帝会"时期的作品多次表明了这一点。如《原道救世歌》《原道觉世训》论证人的灵魂都从上帝的一元之气以出,以"天命谓之性""天生蒸民""天降下民"为证,都是以"天"指上帝。"五行万物天造化,岂有别

---

① 中国的"上帝"被认为是众神之一,地位较高。18 世纪初天主教罗马教皇曾禁止用"上帝"称呼他们的神。

神宰其中","此皆上帝之灵妙,天恩能报得光荣","不正天所恶,能正天所亲","聚党横行天不佑","死生灾病皆天定"等,也都是以"天"指上帝。"盘古以下至三代,君民一体敬皇天",这是以"皇天"为上帝;"一丝一缕荷上帝,一饮一食赖天公",这是以"天公"为上帝;"人苟本心还不失,自知呼吸赖苍穹",这是以"苍穹"为上帝;"孝亲即是孝天帝",这是以"天帝"为上帝,等等。这些实际上也都是以"天"为上帝。可以很清楚地看出,在洪秀全的观念中,"天"与"上帝""独一真神"等同,至少可以混用。

冯云山的宗教知识直接来自洪秀全。他在紫荆山立"拜上帝会",没有留下什么著作供我们研究他的上帝观,但他被王作新拘捕后的呈诉书却有片断保留下来,我们可以从中了解一个大概。他的呈诉书以"遵旨敬天","只因遵旨教人敬天,不意被人诬控"自辩,并引述中国诗书二十余条,说明"一切上帝当拜"①。可见,冯云山建立"拜上帝会"时所作的宗教宣传,同洪秀全完全一样,也是"天"同"上帝"混用的。

把西方基督教的"神"同中国经书上的"上帝"混同起来,这对于向受到儒家文化影响的中国人作宣传,可能是有利的;而把西方基督教的"神"同中国的"天"混同起来,则不仅对于有文化的人,而且对于向各阶层人民作宣传都有利。"天"的观念在中国的哲学上和宗教上使用极为广泛。"天"的观念为各种民间宗教所共有,而且为各类人民所习闻。在中国民间有很大势力的各种主要的形形色色的神,都在天上,天总是被旧时代广大的下层人民看作自己命

① 方玉润:《星烈日记》,见《太平天国史料丛编简辑》,第3册,北京,中华书局,1962,第83页。

运的主宰。敬天拜天的观念是极易被他们接受的。"拜上帝会"要求会员拜上帝、除偶像,在除偶像这一点上同中国民间的宗教和习俗有很大冲突,但在拜上帝这一点上,却以上帝和"天"混同而消除了或减轻了人们对上帝的生疏感。

"拜上帝会"的宗教仪式更掺入了不少中国民间宗教的因素。《太平天国起义记》记载,信徒入会受洗时,桌上点明灯两盏,供清茶三杯。这实际上是点香烛、供牲馔的变形。入会者朗读忏悔书后用火焚化以达上帝鉴察,这不仅相当于中国古代的祀,而且也和道教焚化青词相似。这些都是中国民间所习见而易于接受的。

冯云山被捕后,"拜上帝会"内部出现了杨秀清、萧朝贵假托上帝、耶稣附体传言,后为洪秀全所承认,这是中国旧有的迷信与拜上帝教结合的突出表现。这种现象的出现,和洪秀全后来自称上帝次子一样,都是出于政治上的需要,出于有意的利用。但他们所以要利用这样的方式来固结人心,也说明了这种方式在当地民众中影响之深厚。

洪秀全、冯云山在阅读《劝世良言》时认为它大异于中国经书,决心接受它来改革中国当时的陋习。拜上帝当然也是宗教,是一种谬妄的世界观,但只拜独一真神,排除其他一切神怪偶像,比起一举一动都受多神信仰和各种迷信恶习控制的情况,不能不说具有积极的意义。但中国传统的宗教文化树大根深,它不仅充塞于社会,而且也盘踞在洪秀全、冯云山自己的头脑中。他们不可能不受它的影响。这使他们减除了传播拜上帝教的阻力,但与此同时,他们要竭力排除的各种神怪成分也就不知不觉地深入到了拜上帝会之中。

六、"拜上帝会"的祈祷文

宗教,包括基督教,是一种解脱之道。基督教认为世界罪恶的根源在于人的内心的堕落,解救方案重在忏悔罪恶,以使灵魂得救。洪秀全的思想,太平天国的宗教,都包含了这种内容。以洪秀全早期的思想来说,他谴责"争求世界的物质而忘却天堂的东西",要求"除去求名求利之心"①,重在精神道德之修养。他说:"敬拜皇上帝则为皇上帝子女,生前皇上帝看顾,死后魂升天堂,永远在天上享福,何等快活威风?"②虽然提到了"生前皇上帝看顾",但皇上帝能看顾什么,要求皇上帝看顾什么,在这里仍然是含糊的。

但是,在"拜上帝会"的宗教活动中,我们却看到了对这些问题的某种回答。

"拜上帝会"新入会者要宣读忏悔书,受洗后领取各种祈祷文,于早晚和进膳时诵念。这些忏悔书和祈祷文的内容是什么?《太平天国起义记》说:"这些祈祷文的大多数,虽稍有增改,均已载于南京的《天条书》中。"③这样,我们基本上可以用《天条书》中的内容来进行考察。

《天条书》中所载的"悔罪奏章"即忏悔书说:

　　　　自今真心悔改,不拜邪神,不行邪事,遵守天条。恳求天

---

① 《太平天国起义记》第八节。
② 《原道觉世训》,见《太平天国》,第 1 册,第 97 页。
③ 《太平天国起义记》第七节。据英文原本校改了译文。

父皇上帝时赐圣神风,化恶心,永不准妖魔迷蒙,时时看顾,永不准妖魔侵害,日日有衣有食,无灾无难,今世见平安,升天见永福。

早晚祈祷文说:

祈祷天父皇上帝,恩怜救护,时赐圣神风,化恶心,永不准妖魔迷蒙,时时看顾,永不准妖魔侵害。

食饭祈祷文说:

感谢天父皇上帝,祝福日日有衣有食,无灾无难,久得升天。

灾病祈祷文说:

恳求天父皇上帝,恩怜救护,灾病速退,身体复安。倘有妖魔侵害,恳求天父皇上帝,大发天威,严将妖魔诛灭。

此外还有喜、丧、动土等的祈祷文,恳求上帝祝福,"家中吉庆,万事胜意","家中大小,个个安康,百无禁忌,怪魔遁藏,万事胜意,大吉大昌"①。

---

① 均见《天条书》,初刻本,见《太平天国印书》,影印本,南京,江苏人民出版社,1979。

　　我们不能确切指明这些祈祷文的内容和文字与"拜上帝会"时期的有什么具体的差异，但可以参考其他资料来作比较。金田起义前夕参加"拜上帝会"的李进富的供词说："每日食饭，口念感谢上帝有衣有食二句。"①李秀成在供词中回忆说，洪秀全"劝世人敬拜上帝，劝人修善，云若世人肯拜上帝者，无灾无〔难〕，不拜上帝者，蛇虎伤人"；洪秀全"密教世人敬拜上帝，将此蛇虎咬人、除灾病，惑教世人"②。这些叙述虽然简略，但拜上帝得有衣有食、无灾无病，却与《天条书》所载祈祷文的要求完全相符，可以证明这些祈祷文的内容与"拜上帝会"时期的相同。

　　这就说明，"拜上帝会"的宗教并不仅仅以一个虚无缥缈的上帝君临于会员，而且也以一个能够满足多种现实要求的上帝来吸引各方面的人民。

　　"拜上帝会"要求会员只拜上帝，不拜邪神。但邪神，即各种佛道迷信陋俗，在旧时代的中国社会是根深蒂固的。其所以如此，一方面固然是由于封建统治阶级的有意提倡，另一方面也是由于它们适应了处在阶级压迫和自然力压迫之下而不能掌握自己命运的人民的需要。对于在现实生活中不能达到的要求和难以捉摸的希望，他们幻想着各种超自然的力量能够给予满足和解答。他们向各种神怪及其代理人——迷信职业者要求消灾、除病、趋吉、避凶、求子、求寿、求事、求功名、求发财等。佛道迷信之所以能够在民间长期存在，实在是由于它们和人民的现实生活有着这样一种虚妄的结合，而不仅是由于它们允诺信徒可以死后超升。"拜上帝会"

①《李进富供词》，见《太平天国文献史料集》。
②《忠王李秀成自述》，影印本。

73

要罢斥邪神,就必须代替它们。梁发的《劝世良言》虽然宣传上帝是"造化天地人万物之大主",是"管理全世界富贵荣华之神",但说得很不具体,着重宣传的仍是人的灵魂的得救。"拜上帝会"的会员有一些地主富户,但大多数是"农夫之家""寒苦之家"。他们处在愚昧落后的时代,关心自己死后的灵魂能否升天是常有的,但温饱和平安却是现实生活更为经常、更为迫切的问题。"拜上帝会"的悔罪书、祈祷文包含了这样丰富的现实生活内容,这正反映了和符合了社会上很多人的日常愿望,并使得"拜上帝会"的上帝具备了替代一切邪神的功能。

没有材料说明这些悔罪书和祈祷文的作者是洪秀全还是冯云山。前面提到的关于李正高的报道中说,李正高曾从洪秀全受洗,他的祈祷文也是洪秀全教给的,他到香港后经过三个月的重新教育才再受洗于韩山文。看来洪秀全制作过祈祷文,当然这并不能证明李正高得到的祈祷文与"拜上帝会"的相同。撇开作者的问题,就"拜上帝会"而论,它把拜上帝的信仰与群众的日常愿望结合起来,这就为它自己的发展找到了一条途径,并为日后把群众引向为实现这些愿望而向封建统治者进行斗争的道路,奠定了有利的基础。

1980 年 2 月

金田起义记

——关于它的准备、实现和日期诸问题

金田起义是太平天国革命的开始，是历史上的重大事件。关于它的准备和过程中的一些问题，几十年来，罗尔纲同志作过很多考证研究，为后来者认识这一段历史作出了贡献；简又文在其《太平天国全史》中也有《金田起义记》专章。但由于文献残缺，记载分歧，理解互异，这些问题仍有进一步探索的余地。

本文是对金田起义的准备和过程的探讨。其中有对这一历史过程的叙述和分析，有对这一过程中某些问题的考证和研究。仍以"金田起义记"为题，而内容则有所异同，以示旧题新作之意。全文共分八段，即：

一、关于拜上帝会与王作新斗争的事实，认为其结果并不是王作新和地方封建势力的胜利；

二、冯云山事件时拜上帝会的危机主要来自内部一些人各搞神灵附体传言而引起的矛盾，杨秀清在斗争中取得了胜利，是拜上

帝会内各种力量消长之一大转折；

三、探讨拜上帝会领导核心和基本群众队伍的形成，分析穷苦人民和客家人在拜上帝会中占多数的原因；

四、分析拜上帝会在起义前面临的几种社会力量：封建官府、地方团练、"盗匪"，认为广西封建统治的软弱是拜上帝会起义的极大有利条件；

五、关于金田起义实现过程的事实，认为被称为金田起义史上第一件大事的李殿元封锁花洲山人村，是不存在的；

六、关于金田起义的"日期"，认为金田起义包括了洪秀全通知各地会众会集金田以后所进行的一系列活动和斗争，是指发生于一段时期内的事，而不是指发生于某一天的事，因而不可能指明某一天是金田起义日；

七、关于起义时期人数、给养来源和称王建国等问题的研究考证，并认为"米饭主"制度与太平天国的圣库制迥不相同，没有渊源关系；

八、关于太平军在大黄江口、武宣东乡、象州中坪等地盘旋战斗的事实，认为这一过程是金田起义的继续。

文中所有这些看法和其他论述，都希望得到批评指正。

一

关于金田起义的爆发，久有一种说法，认为是由于清朝地方官吏对拜上帝会压迫过甚而临时发动的。其最初的根据主要来自洪仁玕。他说:"本不欲反,无奈官兵侵害,不得已而相抗也。"①又说:"初时并无举行革命之计划,但因官与兵之压迫及残害为吾人所不能屈伏,并无别路可走故耳。"②但洪仁玕这一说法,与他自己对韩山文的述词不符,在那里,他说:"他(洪秀全)早已制定了他的计划,并准备好了承受其后果,只等适当的时刻到来,就采取决定性的一步。"③金田起义前洪秀全的许多活动都表明,所谓起义是临时激变之说,看来是不确实的,一些学者的研究已作了很好的辨明。关于金田起义缘由的另一种说法是,洪秀全在1843年应试落第后即蓄反清革命之志,经七八年之筹划准备而实现了起义。从太平天国始终以上帝教立国而洪秀全之始拜上帝和宣传上帝教起于1843年这一点来说,也可以认为太平天国起义始源于1843年;但这里说的是反清武装革命,从太平天国革命是一场农民革命斗争的角度来说,洪秀全在政治方面为起义所作的准备却不是从1843年而是从1847年以后才开始的,因为在此以前洪秀全本人还没有确立革命造反的思想。④ 所以,关于金田起义的准备,这里从1847年谈起。

洪秀全于道光二十七年六月初十(1847年7月21日)第二次去广西。他在罗孝全处学道受洗不成而直接从广州出发,于七月十七日在紫荆山见到冯云山,获知了拜上帝会发展的情况。一个多月后,"主(洪秀全)与南王冯云山、曾沄正、曾玉景、曾观澜等

①《洪秀全来历》,见《太平天国》,第2册,第689页。
②《洪秀全革命之真相》,见《太平天国》,第6册,第822页。
③《太平天国起义记》第十节,此处译文,据英文原本重译。
④ 关于这一问题,参看本书《论洪秀全的早期思想及其发展》一文。

写奏章,求天父上主皇上帝选择险固处所栖身焉"①。这至少对洪秀全、冯云山来说,是他们酝酿反清斗争的一个标志。洪秀全随即由大冲曾家移居于形势险固的高坑冲卢六家。②

洪秀全等在此后进行的宣传独拜上帝、不事偶像的活动,明显具有政治色彩和政治作用。在此以前,洪秀全在家乡也宣传拜上帝,但只限于不事偶像,除去偶像,包括灶君、门神和孔子牌位。他与冯云山分手后回到花县的两三年间,未见有捣毁花县的神像寺庙的记载;在八坳教书时早晚都要经过水口庙,但从未毁打神像。然而这一次重游广西并选择了险固处所安身以后,紧接着就兴师动众前赴象州打甘王庙,这是异乎寻常的举动。

"甘王"是桂东南著名的神道。据说五代十国时期象州古车村有甘陆其人,从征南汉有功,其佃甘佃"家饶好施",生前都有法术,善决吉凶,能为祸福,死后为人所祀,但被合二而一,称甘王庙。③ 甘王庙在浔州府城、桂平县弩滩、紫荆山马河所在都有,而以本籍象州甘王庙较为显赫。这里的甘王威力大,为人畏服,曾附灵于一少年身上强迫州官给予龙袍,而这位甘王又有许多恶行:"生

---

① 《太平天日》,见《太平天国》,第 2 册,第 648 页。

② "高坑冲在紫荆山西南部,东、西、南三面都是大山,冲口向北。从冲口北行三里,就是蒙冲;西进七里,就是大冲;北越山岭,可通黄泥冲。南越'瑶老界',就是鹏隘山。冲槽曲折狭窄,林菁茂密,形势远比大冲、黄泥冲固险。"见广西师范学院史地系 72 级:《太平天国起义几个问题的调查》,载《文物》1975 年第 1 期。

③ 参见中国社会科学院近代史研究所藏《浔州府志》卷三十《艺文志》之郑献甫等撰《甘王庙碑记》,油印翻刻本。美国国会图书馆藏有这部《浔州府志》原刻本,未署编者姓名及刊刻年份,但从《例言》《职官表》《大事记》可以判断,此志系光绪十七年(1891)起任知府的夏敬颐主持编纂,刊印于光绪二十二年(1896)以后。本书以下引用,均称光绪《浔州府志》。

时极信风水堪舆之说。曾有一风水先生为其择得一好穴,但同时谓如用血葬,全家必得大福。此人于是回家杀死其母而葬之于此穴中,藉谋自身及子孙之后福。彼又尝逼其姊与一下贱浪子通奸。彼又最爱听淫荡歌曲。"①这一切都触犯拜上帝会的宗教道德信条。于是洪秀全决定擒贼擒王②,破象州甘王庙以立上帝教之威,于10月26日偕同冯云山、卢六、曾沄正等到象州捣毁其偶像,撕烂其袍服,打破其香炉祭器,写十天条贴于壁,并题诗于壁:

> 题诗草檄斥甘妖,该灭该诛罪不饶。
> 打死母亲干国法,欺瞒上帝犯天条。
> 迷缠妇女雷当劈,害累人民火定烧。
> 作速潜藏归地狱,腥身岂得挂龙袍。③

冯云山也题诗一首:

> 奉天讨伐此甘妖,恶孽昭彰罪莫逃。
> 迫我弟妹诚敬拜,诱吾弟妹乐歌谣。
> 生身父母谁人打,敝首邪尸自我抛。
> 该处人民如害怕,请从土壁读天条。④

---

① 《太平天国起义记》第七节,见《太平天国》,第6册,第859页。
② 紫荆山内的甘王庙近在咫尺,洪秀全并未去捣毁。《重修紫荆马河镇灵宫甘王庙碑记》称:"迨咸丰贼乱,庙貌倾圮,过往彷徨。"这是说因战乱而致倾圮,并非捣毁。这也可见去象州打甘王庙是经过选择的。
③ 《太平天国起义记》第七节,见《太平天国》,第6册,第860页。
④ 《太平天日》,见《太平天国》,第2册,第650页。

洪秀全等打毁甘王庙后，象州人悬赏缉拿犯事者，但甘王的神灵却附在一童子身上说："这些人是纯正的，你们不可能伤害他们，你们只须重修我的神像便了事吧。"①于是就取消赏格，不敢追究此事。显然，所谓童子附身，很可能出于洪秀全等的安排。

接着，洪秀全等又毁除了紫荆山内的雷庙及田心水、花雷水一带的社坛。社坛，即土地庙，在当地极普遍。所谓雷神，陈姓，广东海康人，也是华南一大神道。②

洪秀全打毁甘王庙和这些神像的激烈活动，起了一定的动员群众的作用。迷信鬼神是当时人民的普遍现象，是他们生活的一部分。他们所熟悉的被他们敬畏信服的鬼神，甚至连州县官也害怕，忽然被捣毁，被制服，这必然会引起不同的反应。有些人看到他们的神道并不灵验，就会把敬畏信服之心移向另一个更高明、更有力的神——拜上帝会的独一真神；而且，洪秀全、冯云山所宣传的独一真神也具有若干中国化、民间化的特点，在一定程度上能够适应和满足这些迷信的人民的精神上的需要。③ 这样就使拜上帝会信心大增，信誉日起，信徒日众，渐渐成为地方上的一大势力。另一方面，这种惊世骇俗的举动也必然会引起一些人的不满和反对，造成拜上帝会活动的困难。但群众中赞成和反对两种态度的分化，是事态得以发展所必需的。它使矛盾逐步激化，使拜上帝会

---

① 《太平天国起义记》第七节。译文据英文原本作了修订。
② "神姓陈氏，名文玉，海康人，唐时为海康刺史，有功德于民，民祠祀勿衰。"不无意思的是，洪秀全打了雷庙，而洪秀全的远祖洪迈曾为雷神加封。见姚福均：《铸鼎余闻》卷一，《雷庙、雷神》。
③ 这一问题已在本书《"拜上帝会"释论》一文中论述。

和反拜上帝会双方势力的分野日益分明,这在客观上是进行一次武装起义必不可缺的过程,是起着有利于发动革命的作用的。

捣毁偶像等活动果然引起了轩然大波。这就是道光二十七年(1847)十一月发生的当地绅士王作新捕捉冯云山的事件。王作新是紫荆山石人村人,与其堂兄王大作都有秀才的功名,颇有田产。冯云山初到紫荆山教书传教时,曾与其有往来。当洪秀全、冯云山大张旗鼓捣毁神像后,王作新率领一些人捕捉了冯云山,但被拜上帝会教徒卢六等夺回。王作新先后控之于江口巡检司和桂平县。其向桂平县的呈控书说:

> 道光二十七年十二月,桂平县紫荆山生员王大作等,为结盟藉拜上帝妖书,践踏社稷神明,乞恩严拿究办事。缘曾玉珍窝接妖匪至家教习,业经两载,迷惑乡民,结盟聚会,约有数千人。要从西番旧遗诏书,不从清朝法律。胆敢将左右两水(紫荆山内水分左右)社稷神明践踏,香炉破碎。某等闻此异事,邀集乡民耆老四处观查,委实不差。至十一月二十一日,齐集乡民,捉获妖匪冯云山同至庙中,交保正曾祖光领下解官。讵料妖匪党曾亚孙、卢六等抢去,冤屈无伸,只得联名禀叩,伏乞严拿正办,俾神明泄愤,士民安居,则沾恩无既。[1]

王作新等代表着地主阶级和传统封建势力向拜上帝会发动进攻,拜上帝会抢回了被王作新拘捕的冯云山,这使双方发生了短兵

---

[1] 方玉润:《星烈日记》,据桂平知县李孟群著《鹤唳篇》节录,见《太平天国史料丛编简辑》,第 3 册,第 82—83 页。

相接的冲突。王作新于是向封建衙门呈诉，请求支持，而奇特的是桂平县知县王烈却严厉地驳斥了王作新。知县的批示是：

> 阅呈殊属昏谬。该生等身列胶庠，应知条教，如果事有实迹，则当密为呈禀，何得辄以争踏社坛之故，捏饰大题架控。是否挟嫌滋累，亟应彻底根究。候即严提两造人证质讯，确情办理，以遏习风而肃功令。①

桂平县知县之所以采取这一态度，一方面是由于洪秀全、冯云山虽然以打毁偶像的激烈行动来动员和积聚力量，但当时终究只是在宣传拜上帝的范围内行动，即所谓"要从西番旧遗诏书"。而对于拜上帝，当时清朝政府根据外国传教士的要求，已经明令弛禁。至于所控的"不从清朝法律"，王作新并未能举出确实证据；另一方面，当时清朝官场腐败颟顸，官吏只顾搜刮，其他一切都以敷衍放任为主，宁可大事化小，小事化了，不愿辖境内发生重大事故，所以桂平县知县也不愿王作新多事。关于这一点同太平天国兴起的关系，下文还要论及。

桂平县知县要"严提两造人证质讯"，于是江口巡检司于十二

---

① 方玉润：《星烈日记》，据桂平知县李孟群著《鹤唳篇》节录，见《太平天国史料丛编简辑》，第 3 册，第 82—83 页。

月二十七日差传冯云山、卢六到案解县。① 冯云山也先后向江口巡检司和桂平县提出了申诉：

> 具诉童生冯云山，系广东广州府花县民籍，为遵旨敬天，不犯不法，乞究索诈诬控事。……一切上帝当拜，古今大典，观广东礼拜堂悬挂两广大宪奏章并皇上准行御批移文可查。二十四年冬，某到紫荆山探表兄卢六，次年设教高坑冲，又次年设馆曾玉珍家，又次年复馆。只因遵旨教人敬天，不意被人诬控。某谨将唐虞三代书句开列，伏乞鉴察。②

冯云山避开了打毁偶像之事，着重从合法的宗教宣传方面进行了巧妙的辩护。王作新起获缴官的"冯云山抄书一本"，知县认为"内有'耶稣'二字，系西洋天主教书"，"尚无违悖字句"③。冯云山已被解送到县，但原告王作新却屡传不到。这是由于在拜上帝会已有相当的势力而知县又不支持他的情况下，他只好外出躲避，

---

① 据同治《浔州府志》、民国《武宣县志》等分别记载，王作新十一月二十一日首次捉拿冯云山时，有洪秀全在内，但洪逸去；王作新十二月十二日再次捉拿冯、洪、曾、卢四人送江口巡检司而该司只解冯、卢二人到县。按据太平天国起义后清朝方面追查此案的结果，王作新并无第二次捉人之事，冯云山、卢六是江口巡检司差传到案解县的。这应是执行桂平县知县"严提两造人证质讯"之批示。

② 方玉润：《星烈日记》，见《太平天国史料丛编简辑》，第3册，第83页。

③ 中国第一历史档案馆藏《邹鸣鹤奏审拟失察冯云山案件官员折》，见《太平天国文献史料集》。另周天爵奏"抄书"作"会簿"。在现存的太平天国早期出版物中，《原道觉世训》《天条书》均有"耶稣"字样。但《原道觉世训》中有"他是何人，敢然称帝"之句，虽非专对清帝而发，也构成了对帝王的不敬。所以这本被抄缴到官的书，可能就是《天条书》写本。据《太平天国起义记》，冯、卢被拘后，拜上帝会弟兄曾将十天条呈送县官，请求秉公审查。

不敢出庭。但不幸的是,卢六在羁押中病故了,冯云山乃于道光二十八年四月二十八日(1848年5月30日)向浔州府控诉:"为恃袊横嚼架题寻害,号宪严牌饬县提讯,以雪无辜事。"①浔州府知府顾元凯批示:"冯云山因何讦讼送解到县,桂平县立查案讯明,分别究释具报,慎勿稽延滋累。"②这对于冯云山也是有利的。继任桂平县知县的贾柱判定冯云山"并无为匪不法"情事,以无业游荡之名将冯云山押解回广东花县原籍。③ 但冯云山却在途中说服了两名解差信仰上帝教,一起回到了紫荆山。

　　当冯云山被羁押时,拜上帝会弟兄曾捐款集资营救,他们称为"科炭"④。捐款者都登记在册,后来太平天国定都天京后追叙"科炭"之功,对捐款者都予升官。当时发起"科炭"的是被王作新控为

---

① 冯云山解县和向浔州府呈控日期,均据《邹鸣鹤奏审拟失察冯云山案件官员折》。
② 方玉润:《星烈日记》,见《太平天国史料丛编简辑》,第3册,第83页。
③ 据顾颉刚先生生前告知,他曾听他的祖父说,桂平县把抓到的冯云山送到府里,顾元凯看冯是个读书人,以教书为生,谅不致成造反之大事,便把他放了(顾颉刚先生和顾元凯同出一房,顾元凯十一世,顾颉刚先生十六世)。从这一口碑可以推知,桂平县知县把冯云山解送回籍,也是顾元凯的意见。
④ "科炭"之名,一般均认为是因为拜上帝会弟兄多为种山烧炭者而得称,光绪《浔州府志》亦称敛炭徒钱谓之科炭。但《贼情汇纂》卷十二《杂载》说:"凡盗首犯罪,大众敛钱经营调护,谓之科炭。其义无他,言雪中送炭也。"(《太平天国》,第3册,第317页)

冯云山窝主的曾玉珍弟兄和做过讼师的黄玉崑。① 他们用这笔钱在衙门打点使用,对案件的发展也起了作用。

冯云山事件前后经半年多,它使拜上帝会遭受了一些损失,如得力的骨干分子卢六就在羁押中被折磨致死。但总的说来,在这一事件中拜上帝会并未遭到严重挫败。王作新弟兄在事件后"三载仳离居莫定"②,不敢在家居住,显然是害怕拜上帝会寻仇报复,而当冯云山在解送回籍途中脱归紫荆山后,也无人再敢向他挑衅或再向官府报告。这两点都说明了拜上帝会的势力已相当强大,压倒了王作新。在拜上帝会方面,当事件发生时,会众起先出力抢脱,后来又纷纷捐款营救,冯云山脱归紫荆山,会众"十分欢喜,即杀牛宰马,献祭上帝,以谢天恩"③,也表明了拜上帝会仍有活动的能力和信心。

洪秀全于道光二十七年(1847)十一月初旬由曾玉璟陪同去贵县赐谷村,但大约在获悉事件发生后就回到紫荆山。冯云山的呈诉书说:"一切上帝当拜,古今大典,观广东礼拜堂悬挂两广大宪奏章并皇上准行御批移文可查。"这几句很值得注意。清政府应法国

---

① 光绪《浔州府志》称"科炭"的发起者是曾玉珩,《贼情汇纂》称黄玉崑敛钱资其费用,《邹鸣鹤奏审拟失察冯云山案件官员折》则说"曾玉珍扬言欲买托绅耆衙役保放",但又说实际上"并无贿纵情弊"。或认为曾家是财主,后来又没有参加金田起义,不会冒风险营救冯云山,并据《太平天国野史》说,桂平县将冯云山"罪以图逆,拟凌迟",于是杨秀清利用天父下凡,号召"科炭",救出冯云山。按《太平天国野史》所谓"拟凌迟"云云,纯属子虚。洪秀全于太平天国戊午八年(1858)给英使额尔金的诏旨中有"天父下凡救出南"之句,这是后来的附会,在当时,并无任何记载述及天父下凡与冯云山之脱走有何关系。
② 王大作:《忧时感事抒怀》(壬子),见《近代史资料》1979 年第 4 期。
③ 《太平天国起义记》第七节,见《太平天国》,第 6 册,第 862 页。

要求释天主教禁,系由两广总督耆英于道光二十四年(1844)十二月奏准,道光二十六年(1846)正月同意公开出示晓谕①,只有在此以后广东礼拜堂才可能悬挂弛禁的文件。而冯云山的行踪,据他自己的呈诉书和《太平天日》《太平天国起义记》等文献,从1844年春自广东来广西后,几年间都在广西,未回过广东,不可能见到广州礼拜堂悬挂的准许传教的文书②;而新从广州罗孝全教堂来的洪秀全却一定已经见到。所以冯云山的呈诉书大约是洪秀全从贵县赶回紫荆山后两人共同写的。

冯云山在被押期间,洪秀全于1848年3月初离开紫荆山,于3月下旬到了广州,拟向两广总督耆英申诉营救冯云山事,因为耆英是传教弛禁的经办人,洪秀全期望耆英给予帮助。但耆英刚已离粤内调,没有结果③。当时,起义的条件尚未成熟,尚处在少数人密谋的阶段,在这种情况下,洪秀全利用清政府的法令向清朝官员申诉求援,这是不得不然的事。

冯云山在遣送回籍途中脱归紫荆山的日期未见记载,推测总在道光二十八年(1848)六七月。得知洪秀全为营救他而去广东,冯云山随后也就去广东,同正从广东返回广西的洪秀全在途中相

---

① 参见《筹办夷务始末》(道光朝)卷七十四,第6册,第2951—2955页。

② 金田起义后,冯云山之弟冯戊科在家被捕,其供词中谈到冯云山在1844—1847年的行踪,多不可信。见本书《英国发现的太平天国新史料及其价值》一文。

③ 参见《太平天国起义记》第七节。洪秀全离紫荆山和到广州的日期,据T. T. Meadows, *The Chinese and Their Rebellions*,第97页。又据曾去天京访问的费熙邦船长报道,洪秀全去广州曾期望争取外国传教士的同情和帮助,由于耆英内召,据说还想去香港以获得英国总督的帮助,后因听说英国官员不会相信他关于内地存在着一个教徒团体的话而作罢。还报道说,洪秀全这次在广州罗孝全家住了两三个月。见E. G. Fishbourne, *Impressions of China*, p. 54。

左。于是洪秀全又从紫荆山回到广东,二人终于在花县见面。[①] 他们风尘仆仆来往于广西、广东,原因在于拜上帝会内发生的一些事亟须他们见面商量。这主要是杨秀清上帝附体传言的事。这件事对以后发动起义,对整个太平天国,都有着重大影响。

二

上帝降附在杨秀清身上,杨秀清代上帝传言之事,发生在戊申年(道光二十八年,1848)三月。太平天国后来的文献多次提到这件事,并规定三月初三日为"爷降节"。这时,冯云山在桂平被押,洪秀全为营救冯云山正在广州。但不久,冯云山脱归紫荆山及洪秀全因营救不成回紫荆山,当然都知道此事。而这是一件大事,是拜上帝会前所未有的。

拜上帝会本来是以拜上帝、去偶像为基本信条的。洪秀全、冯云山在早期宣传中,强调上帝是独一真神,反对其他一切神怪。除洪秀全自以为丁酉年(1837)病中所见就是上帝授命他在世间宣传福音这一幻觉故事以外,一切人神交通、人鬼交通的传统迷信都在排斥之列,洪秀全在1845年写的《原道救世歌》就以"巫觋"为第五不正,斥之为邪术惑众。但从1847年夏洪秀全第二次到广西并决

---

① 郭廷以《太平天国史事日志》(上海,商务印书馆,1946)于冯云山脱归事未系日期,系连带叙述,置于阴历四月以前,这显然太早。冯云山向浔州府申诉是在阴历四月二十八日,顾元凯批示"慎勿稽延滋累",其解送回籍,估计不会拖得太久。解送回籍时,行不几里,解差就皈服了上帝教,所以冯云山脱归紫荆山的日期也约略相当于桂平县处分此事的日期。罗尔纲同志《太平天国史稿》推算说,冯云山是九月被遣送的,似失之太迟,当是由于罗先生当时尚未得见冯云山向浔州府申诉日期。

志革命后,情况有了变化。当时广西的习俗,鬼神附体传言的迷信很流行。洪秀全等为在当地立足生根,不可能不受这种迷信的影响,并且出于政治上的目的,他们也有意地利用了这种迷信。打毁甘王庙后发生的神灵在童子身上附体,要当地人不得伤害洪、冯,就可能属于这种情况。在迷信流行的条件下,他们既要利用它,不可避免地,别人也会利用它。

杨秀清假上帝附体传言之事,人们多认为起了巩固拜上帝会的作用,认为当时拜上帝会由于受到王作新的打击,冯云山被押,会众陷于动摇紊乱的危机,杨秀清乃假托上帝下凡传言,拜上帝会才得以团结和稳定。但这样的论断并不符合事实。

首先是王作新的活动并未对拜上帝会造成致命威胁。府县衙门并不支持他,甚至是对他不利的,所以金田起义后王作新向周天爵呈控此事,周天爵调阅案卷,认为府县"皂白不分",批词"可谓无人心"。同时,就本地实力而论,王作新固然是一大势力,曾玉珍也是族大人众的有身家者,而且拜上帝会又是一个有组织的实体,王作新虽然有力量捕人,拜上帝会也敢于把人抢回,势力并不稍弱。所以,在这场斗争中,拜上帝会虽遇到了困难,但仍能有力地进行活动:"在此期中,广西各兄弟自愿筹集巨金数百串钱——以救冯、卢两友,并入禀为其所传之真理声辩,附呈所信之十诫以求县官秉公审查。"①由于这种种情况,所谓拜上帝会由于王作新的打击而陷于瓦解动摇的危机云云,是缺乏事实根据的。

上述论断之所以不符合实际,还由于它不符合所根据的文献

---

① 《太平天国起义记》第七节,见《太平天国》,第6册,第861页。

资料的原意。关于这件事,被人们普遍作为依据的是洪仁玕所述的《太平天国起义记》。现在我们为避免断章取义,看它说了些什么:

> 秀全与云山既回到紫荆山,会众兄弟热烈欢迎。此时二人闻悉当其回粤时,拜上帝会中屡有奇事发生,因而在兄弟中生出纠纷及有分裂之象。缘当众人下跪祈祷时,忽有人跌在地上不省人事,全身出汗。在此昏迷情状之下,其人似乎有神附体,口出劝诫或责骂或预说未来之事。其言常是模糊,听不清楚,或则为韵语。①

关于杨秀清等的附体传言,它说:

> 杨本为极贫穷之人,但其入会则非常热心及诚恳。在会中,彼忽生哑病,两月内不能言语,会众均觉奇异,以为是不祥之兆,但后来复能言语,嗣后有神附体传言,比别人为多。每次代天父上帝传言时,严厉肃穆,责人之罪恶,常指个人而宣传其丑行。彼又劝人为善及预言未来,或号令人应如何做法。其言辞大概留极深刻之印象于会众。萧朝贵则以耶稣之名传言,而其言则比秀清之言较为和蔼。黄氏有族人出言反对耶

---

① 《太平天国》,第6册,第866页。译文有稍欠准确处。如"忽有人跌在地上不省人事"句,应作"这一人或那一人突然昏迷在地"。"其言常是模糊"句,应作"这些话往往是晦涩难懂的,通常是韵语"。又,前已说明,洪、冯十月在花县见面时,必已知道这些奇事,此处说他们在次年回紫荆山后才闻悉,是不正确的。

稣教训，且引人离道，此人即被逐出拜上帝会，其言即被定为假的，为魔鬼附身而说的。①

根据这些记载，我们本应认为，如果说当时拜上帝会有危机的话，那也主要不是由于王作新等的进攻，而是来自内部，是由于内部有杨秀清、萧朝贵、黄姓和其他一些人都搞神灵附体，都假神灵之名义说话，因而在内部产生了纠纷和分裂。可以说，这种迷信行为在初时非但不是巩固拜上帝会的手段，反而是拜上帝会分裂动乱的原因。很明显，很多人搞这种神灵附体，在宗教上，是中国民间旧有的宗教迷信大量掺入拜上帝会的表现；在政治上，是拜上帝会内部各种派别和势力争夺领导权的反映。当时拜上帝会对耶稣的知识极少，从洪秀全起就不甚了了，从教义上认识何者为上帝之教导，何者为耶稣之教导，是极不可能的，所谓黄姓族人"反对耶稣教训"，应是指他的传言反对了萧朝贵以耶稣名义的传言。这显然不是教义的分歧，而是现实的斗争。在斗争中，黄姓失败了。萧朝贵与杨秀清联合，逐出了黄姓。杨秀清以上帝的名义传言，以他的机智多谋，使其传言在会众中留下了深刻的印象，逐渐取得了凌驾于其他传言者之上的地位。现存的太平天国文献保存了一条己酉年（1849）三月十六日杨秀清在贵县传天父上主皇上帝的话："高老山山令遵正，十字有一笔祈祈。"②"高老"指上帝，"山山"即"出"

---

① 《太平天国》，第 6 册，第 866 页。黄姓"引人离道"句，应译为"使许多人走入迷途"。简又文在其《太平天国全史》（香港，简氏猛进书屋，1962）中引述这一段时，译作黄姓"带了些人离开拜上帝会"，似较其原译更离开原意。而且据下文，此人是被"逐出"而不是自己"离开"拜上帝会的。

② 《天命诏旨书》，见《太平天国》，第 1 册，第 59 页。

字,"十字有一笔"即"千"字,意谓上帝出令,千祈遵守。杨秀清能去贵县发号施令而不只限于紫荆山,说明他在拜上帝会内部的斗争中已经取得胜利,他的权威已经树立了。

在冯云山事件期间,拜上帝会内有不少人搞神灵附体,因而造成混乱,除杨秀清、萧朝贵和黄姓以外,还有些什么人,黄姓和其他人各假托什么神灵,此中详情,因资料阙如,现已不得而知。但这件事和黄姓在斗争中被作为妖人驱逐,其实在太平天国后来的官书中也是有痕迹可寻的。《天情道理书》关于天父初次下凡之事说:

> 且说乎(平)在山,戊申岁三月,天父大开天恩,亲身下凡,出头作主,托东王金口,教导兄弟姊妹,乃衾天下万郭人民,此乃天父义怒,固已差天王降生为天下万郭真主……而天父又大发仁慈,不忍凡间人民尽遭病死,故特差东王下凡,代世人赎之。东王赎病之时……甚至口哑耳聋,以一己之身,赎众人之病……当其时,真道兄弟姊妹多被妖人恐吓,若非天父下凡,教导作主,恐伊等心无定见,安得不忘却真道,差入鬼路乎?[1]

这里说杨秀清先是"口哑耳聋",继而天父降托教导作主,与前引《太平天国起义记》所记完全相同。对照起来,这里所说的"妖人","多被妖人恐吓","忘却真道,差入鬼路",也绝不是指被王作

---

[1]《太平天国》,第1册,第365—366页。

91

新或封建官府恐吓以致发生动摇，而是指黄姓和黄姓魔鬼附体、反对"耶稣教训"、引诱弟兄走入迷途一事。

太平天国的《三字经》也提到了这件事："戊申岁，子烦愁，皇上帝，乃出头，率耶稣，同下凡……散邪谋，威权显。"①所谓"散邪谋"，也就是指杨秀清、萧朝贵战胜黄姓之事。

拜上帝会一些人各搞神灵附体造成了紊乱，但在紊乱之中杨秀清逐步树立起权威，这可以说对拜上帝会的巩固起了积极的作用。

洪秀全和冯云山留在广东直到道光二十九年（1849）五月。他们在这段时期中的活动是很值得深入探讨的，可惜资料极少。《太平天国起义记》说：

> 秀全在家时辄牵牛到山野外，用助其长兄。彼即在山野间常与云山及密友会见，每次系于先一日预约在某山头相会。在此秀全常与其众信徒及友人谈论广西拜上帝会事。彼已于前赴广州时得获《新旧遗诏圣书》，此时辄对众人选读经文，且谆谆劝告人真心信仰真理，许多在野外牧牛之小孩均围绕洪冯二人而倾耳听其教训。②

洪仁玕在这里记述的似乎都是生活上、宗教上的表面活动，但其中提到洪秀全常常谈及广西拜上帝会事，这必然包括已经发生的许多人搞神灵附体的奇事。在拜上帝会内部有一些人能代神灵

---

① 《太平天国》，第 1 册，第 227 页。
② 《太平天国》，第 6 册，第 865 页。

传言,特别是杨秀清、萧朝贵能代上帝、耶稣传言,意味着在某些场合杨、萧的权威超越了洪秀全。但如果迷信的群众正在接受这一事实而洪、冯予以拒绝或完全不承认各种神灵附体,又将在会内引起新的混乱。洪秀全、冯云山大约经过反复的考虑,决定接受这一事实,而同时又决定将洪秀全丁酉年(1837)升天幻象加以丰富夸张,宣告洪秀全是上帝之子、耶稣之弟,是亲受上帝之派遣下凡作真命天子的。这就是戊申年即1848年冬"诏明"的《太平天日》一书的主要内容。

丁酉年升天的幻象在洪秀全精神上起过很大作用。他把这一幻觉与《劝世良言》相印证,误以为这一幻觉确是他的实际经验,由此而启发了他宣传上帝教的极大热情。那时他对上帝教只有虔诚的信仰。但当制作《太平天日》时,他有意增加了这一幻觉的内容,使之成为一个完整的故事,并说自己是上帝所封的"太平天王大道君王全"。《太平天日》的产生,一方面是由于动员拜上帝会群众为着拥护真命天子起来造反的需要。在经历了与王作新等短兵相接的斗争后,为起义而作准备需要加强加紧,《太平天日》明显具有这样的政治作用和实用意义。另一方面,制作《太平天日》也是为了应付拜上帝会的内部问题。尽管杨秀清、萧朝贵在天父天兄附体时能够代天父天兄发言,但现在洪秀全声明自己是天父的儿子,是天父亲自命令下凡拯救世人而为人间之主的,这自然具有更为优越的地位。

洪秀全、冯云山回到紫荆山。洪秀全审阅了一年多来拜上帝会中一些人神灵附体传言的记录,他肯定杨秀清、萧朝贵代天父上帝和天兄耶稣的传言是真的①,同时也肯定了杨秀清先前对其他一些传言者的判断②。自此,杨秀清、萧朝贵正式取得了这种地位和权力。这是拜上帝会内部力量变化的一大转折。

杨秀清参加拜上帝会的年份无明确记载。《太平天国起义记》在讲到会员超过两千且其数日增时,举出其中有卢兴四(Loo-Shing-Sze)、卢六、曾亚顺、石达开、杨秀清、萧朝贵,又说萧妻杨云娇为会中著名女教徒。卢六自是较早的教徒,而其他一些人入会却颇有先后。如杨云娇就不是较早的会员。她自言在丁酉年(1837)卧病时曾灵魂升天,闻一老人对她说:"十年以后将有一人来自东方,教你拜上帝,要真心顺从。"这当然是一个别有作用的神话,但说明了杨云娇之信拜上帝当在1847年洪秀全第二次到广西以后。杨秀清入会后虽然热心而真诚,但直到冯云山事件以前并无事迹可记,洪秀全、冯云山同他也并无密切的关系。杨秀清是紫荆山人,但直到发生冯云山事件时,洪秀全、冯云山在紫荆山的活动记载中都未见杨秀清参加:

向上帝祷告选择险固处所栖身的,有洪秀全、冯云山、曾沄正、

① 据《太平天国起义记》第八节:"被洪秀全确认是真的神言中,最重要的是杨秀清、萧朝贵的神言。"(译文据英文原本重译)似乎除杨、萧而外,洪秀全所确认的,还有其他。此中情况现已不得而知。

② 参见《太平天国起义记》:"秀全乃按真理以审察各条而判辨各人之言孰真孰假。如此,乃证明杨秀清之言谓:'此等辞句一部分是由上帝而来,一部分是从魔鬼而来的。'"(《太平天国》,第6册,第866页)这段话曾被误解为洪秀全判断杨秀清的传言一部分来自上帝,一部分来自魔鬼。这是译文不够明确而造成的误解。这段话应译为:"洪秀全根据教义审察和宣布这些神言一部分是真的,一部分是假的。这样,也就肯定了杨秀清早已宣布过的它们'有一些来自上帝,有一些来自魔鬼'。"

曾玉璟、曾观澜；

所选择的险固处所是卢六所在的村；

去象州捣毁甘王庙的，是洪秀全、冯云山、曾沄正、卢六、陈利；

陪同洪秀全去贵县赐谷村的，是曾玉璟；

王作新拘捕冯云山时，拜上帝会山头抢夺的，是曾亚顺、卢六；

冯云山被押时，发动会众捐款营救的，是曾玉珍（或曾玉珩）、黄玉崑。

由此可以看出，洪秀全、冯云山当时最接近的人是卢六和曾家父子弟兄。这并不奇怪。冯云山是由于卢六和曾玉珍家而得以在紫荆山传道生根的，而卢六和曾家父子确也很早就成了冯云山的信徒、拜上帝会的积极分子。洪秀全初到紫荆山，冯云山是他唯一的旧友，因而自然要依靠冯云山所接近的人。

洪秀全在冯云山被押桂平后，曾做诗以抒怀：

安得真兄真弟兮，共布大道于海滨？

安得同心同德兮，时同笑傲乎天真？

安得义胆忠肝兮，同安宇宙于太平？

东西南北兮，同予者何人？

云龙风虎兮，聚会者何辰？

天道不谄兮，上帝岂无亲！

始终一德兮，何日得腾身？①

---

① 《太平天国》，第6册，第861页。

　　这首诗流露了洪秀全在当时唯一的亲密同志冯云山被捕后的怅惘之情和寂寞之感。这也从侧面说明，在此时，杨秀清同他并没有密切的关系。

　　从1848年春天和秋天杨秀清、萧朝贵先后开始代天父天兄传言，特别是从1849年夏洪秀全回到紫荆山承认他们的这种地位以后，杨秀清等才异军突起，获得了拜上帝会相当大的领导权，因而与洪秀全、冯云山有了密切的关系。此后，在拜上帝会内部居于发号施令地位的，实际上有：作为教主的洪秀全，作为拜上帝会开创者的冯云山，作为天父天兄代言人的杨秀清、萧朝贵。包括洪、冯、杨、萧和韦昌辉、石达开、秦日纲、胡以晄等人的领导层逐渐形成，大约也在此时，曾家在拜上帝会的势力则相对后退，在领导层中未有曾家一人。

　　曾家是在乾隆年间从广东嘉应州迁到桂平紫荆山的客家人。开山祖曾良亨初到桂平，囊无分文，到第四代曾玉珍时，全族人丁繁盛，各有田产屋宇，境况已颇富裕。曾玉珍家对拜上帝会的开创是有贡献的。冯云山在他家教读数年，他的儿子曾沄正、侄子曾观澜、堂弟曾玉璟都曾是拜上帝会的积极分子。但他们一大家人在后来太平天国起义中的事迹都不显。曾玉璟曾从征至永安，在回家搬取家眷时被捕杀于桂平，是为太平天国革命而牺牲的战士。① 曾玉珍之叔曾开锦"随洪秀全赴金陵，其后不详"②。曾玉珍

---

① 参见《大冲曾氏家谱》。
② 广西省太平天国文史调查团：《太平天国起义调查报告》，北京，生活·读书·新知三联书店，1956，第90页。

之同族弟兄曾玉珩随征至南京,其后也无所闻。① 金田起义后,清方奏报太平军头目中有曾三秀,据报是武宣东乡人,似与曾玉珍家族无关。曾玉珍之子曾沄正在早期是极活跃的青年:"曾玉珍子曾沄正颇有见识信德,一闻此情,即回心在天父上主皇上帝面前悔罪,遵守天条。他却信得真,不独不拜偶像,且时常侮弄偶像,人以为颠,他亦无猜疑焉。""曾沄正四处代传此情,大有功力。"②但后来在太平军中却不闻其人。据说,金田起义时,"玉珍公为斯文中人,未去","(二弟)玉瑢、(三弟)玉琠及玉珍长子观恒、观光均入伍焉。惟曾氏叔侄诸人只随军出至江口墟,即折回本村,因不喜欢太平男女分隔之军律云。"③如果确是这样,曾家一些人似乎缺少真正参加革命的坚韧性。他们在拜上帝会中地位的后退,应该说是有利于积极准备革命密谋的。

三

领导核心和基本群众队伍的形成,是发动武装起义的重要条件。

关于领导核心,李秀成说:"所知事者,欲立国者,深远图为者,皆东王杨秀清、西王萧朝贵、南王冯云山、北王韦昌辉、翼王石达开、天官丞相秦日昌,六人深知。除此六人以外,并未有人知到

① 参见简又文:《金田之游及其他》,上海,商务印书馆,1946,第 25 页。
② 《太平天日》,见《太平天国》,第 2 册,第 645、648 页。
③ 简又文:《金田之游及其他》,第 25 页。

(道)天王欲立江山之事,其各不知。"①这是基本的情况,但随着起义准备工作的进展,了解这种意图的人当然还会增加。就李秀成所述及的几个人来说,洪、冯、杨、萧、韦、石六人是更内层的核心,而秦日纲等则不在内。

关于洪、冯、杨、萧、韦、石六人,史有结为异姓兄弟之说。这是中国民间和江湖上结义聚盟的传统方式,但具有上帝教的特色,即六人都假托为上帝的儿子。时人记载说:

> 谓耶稣为天父之第一子,天贼为第二子,南贼为第三子,东贼为第四子,北贼为第五子,西贼妇杨(洪)宣娇为第六女,翼贼为第七子。②

或以为洪宣娇排列为天父第六女不足信,应是萧朝贵行五,韦昌辉行六。太平天国文献也有统称六人为兄弟者:

> 自我兄弟五人(杨、萧、冯、韦、石)赖蒙天恩主恩,授封为王,恭承天父亲命,下凡辅定真主。
>
> 天兄是天父之太子,天王是天父之第二子也。③
>
> 朕同胞等皆是亲承帝命下凡,顶天父天兄纲常者。④

---

① 《忠王李秀成自述》,影印本。
② 谢介鹤:《金陵癸甲纪事略》,见《太平天国》,第4册,第652页。
③ 《太平救世歌》,见《太平天国》,第1册,第241—242、242—243页。
④ 《天父下凡诏书二》,见《太平天国》,第1册,第48—49页。"朕同胞等"指洪、杨、萧、冯、韦、石六人。

　　这是说,他们五人也是天父上帝的儿子,受命下凡来辅佐二兄洪秀全的。这里似乎并没有洪宣娇的地位。实际上,洪、冯六人既要假托上帝之子结为弟兄,但萧又是洪的妹婿,所以只好以洪宣娇为上帝之女而又称萧为"帝婿""贵妹夫",这种伦理名分上的错乱,也不暇深究了。

　　这六人的弟兄次序和起义后的职位次序是不一致的。在弟兄次序方面,是洪、冯、杨、萧、韦(或韦、萧)、石。这种次序是以年齿还是以入会先后排列,很难确定。以冯、杨、石的弟兄次序而论,两说都可通。至于职位次序,起义时杨、萧就在冯云山之前了,永安封王又进一步确定了杨、萧、冯、韦、石的次序。①

　　这个六人核心集团的形成,应在道光二十九年(1849)五月洪秀全、冯云山自广东回到紫荆山以后。在冯云山事件以前,极不可能已有这样的核心。不然,虽然洪、冯离开了紫荆山,拜上帝会内必不至于发生各借神灵附体来争夺领导权之事。而且,杨秀清、萧朝贵的地位被洪秀全承认,也是在此以后。至于他们六人都称为上帝之子,可能还要更晚一些。洪秀全扩大上帝的"家庭",说自己是上帝次子,这是对西方基督教教义之一大改变。洪秀全回到紫荆山,承认杨、萧为天父天兄的代言人,这使洪、冯、杨、萧结合在一起,但从代言人进而为天父之子,进一步扩大上帝的家庭,这大概

---

① 太平天国自永安封王以后,天王洪秀全以下,其地位顺序自应为东王杨、西王萧、南王冯、北王韦、翼王石。但在永安封王以前,他们五人都统称王爷,其职位,杨秀清为中军主将,又称军师,自应居首。其余的主将,按照前后左右的次序和左辅高于右弼的例证,其地位顺序似为萧(前军主将)、冯(后军主将)、石(左军主将)、韦(右军主将)。但封王时,韦昌辉封北王,高于石达开。

已是起义前夕之事了。①

形成这样的六人核心，当然不是偶然的。

洪秀全是上帝教的创始者。广西拜上帝会虽然不是他实际建立的，但冯云山在建会时宣扬了洪秀全和他丁酉年（1837）升天的故事，因而广西的会众人人都知道他，使他在会中早已享有很高的威信。后起的李秀成回忆他在起义前所闻知的情况说："有一日天王忽病，此是丁酉年之病，死去七日还魂。自还魂之后，俱讲天话，凡间之话少言。劝世人敬拜上帝，劝人修善……每村每处皆悉有洪先生而已，到处人人恭敬。"②洪仁玕叙述洪秀全在拜上帝会中的地位说："人人都承认洪的优越地位，没有谁能像他那样实施权威，在众多的各类人中实行严格的纪律。"③尤其是，他同冯云山首先秘密筹议革命大事。洪秀全之成为拜上帝会密谋起义的首领是必然的。

冯云山是拜上帝会的实际创立者。他家住广东花县禾落地村，距官禄埗仅数里，家境富裕，少读经史，是洪秀全的密友。自信拜上帝以后，为传教和密谋革命大事，在广西辛勤工作几年如一日。"历山河之险阻，尝风雨之艰难，去国离乡，抛妻弃子，数年之间，仆仆风尘，几经劳瘁。"④他是拜上帝会密谋大事的灵魂人物：

---

① 洪秀全在太平天国辛开元年（1851）七月十九日茶地诏旨中称杨秀清等为"胞"，这是现存的太平天国文献中洪、杨等以弟兄相称的最早记录。"胞"之一词后期扩大至于陈玉成、李秀成等，其意义似与早期不同。

② 《忠王李秀成自述》，影印本。

③ 《太平天国起义记》第九节。据英文原本校改了译文。

④ 《天情道理书》，见《太平天国》，第1册，第371页。

"前六人之中，谋立创国者，出南王之谋，前做事者，皆南王也。"①冯云山当然是这个核心的中坚分子。

杨秀清是紫荆山内鹏隘山（又作平隘山，太平天国官书多写作平在山）新村人。原籍广东嘉应州，迁到广西桂平紫荆山已有数代。幼失父母，家境贫困。太平天国官书上说他"生长深山之中，五岁失怙，九岁失恃，零丁孤苦，困厄难堪"②，是至贫至苦之人。

萧朝贵原籍武宣，后移居鹏隘山，与杨秀清比邻而居。"僻处山隅，自耕而食，自蚕而衣，其境之逆，遇之啬，难以枚举"③，也是寒苦之家。萧朝贵之妻杨云娇是拜上帝会之活跃分子，会中有"男学冯云山，女学杨云娇"之说。洪秀全之妹宣娇后来嫁给萧朝贵，萧、洪之间增加了密切关系。④

杨秀清、萧朝贵都是紫荆山人，而紫荆山是拜上帝会的发祥地和主要基地。紫荆山在桂平县之西北，周围五百余里，北连平南、永安诸山，西通武宣、象州界。层峦叠嶂，丘陵丛杂，中包村庄田地，有汉、壮、瑶居民数千人，而以汉族的客家人居多。由于地少山多，山内很多贫苦人民以种山烧炭为业。直至今天，山区内还遗留有数以百计的当年烧炭的炭窑。杨秀清本人即以种山烧炭为生，萧朝贵也是"在家种田种山为业"。他们同山区内大多数会众有密切的联系。尤其是杨秀清，虽然家境贫寒，"而庐中常款接侠徒，以

---

① 《忠王李秀成自述》，影印本。
② 《天情道理书》，见《太平天国》，第1册，第370—371页。
③ 《天情道理书》，见《太平天国》，第1册，第370—371页。
④ 萧朝贵之妻后来何以是洪宣娇，历有不同的猜测。或以为杨云娇去世，洪秀全以妹嫁萧为继妻。钟文典《试说洪宣娇》（《广西师院学报》1980年第1期）以为洪宣娇即杨云娇，后由洪秀全认为义妹而改姓洪，称洪宣娇。

卖炭钱负竹筒入市沽酒,归而飨客。道上,时引声浩歌,有掉臂天门之概"①,是富于社会阅历和有组织才能的人,因而能够逐渐成为紫荆山会众的首领。杨秀清、萧朝贵成为密谋起义的核心分子,实际上也反映了他们作为紫荆山会众代表的实力身份。

韦昌辉是金田人,其先世从广东迁来。金田是离县城五十里的小村,地处紫荆山麓,当紫荆山出风门坳进入平原地区的边缘。韦昌辉之父韦元玠颇有田产,韦昌辉本人是"监生",在起义时还是二十几岁的青年。为人机敏,有见机灵变之才。他参加拜上帝会约在1848年。入会后,以家产资助革命,"不惜家产,恭膺帝命,同扶真主"②,其家族中也多有参加拜上帝会者,对起义的准备和实现很有贡献,因而也隐然成为拜上帝会中的一大势力。

贵县西北有龙山山区,也是拜上帝会的基地之一。它是由龙头、鹿班、平天、三义、白花、六乌诸山连接而成的一个布袋形山区,富于银矿,山内居民多习采矿。"道光年间……逆匪冯云山遂由大墟入北山里龙山中,潜到开矿之处,纠串匪徒拜会。"③石达开的故里奇石墟那帮村就在这个山区的东北。石达开先世从广东迁来,其本人"家富读书,文武备足",是有才能的年轻人,起义时还不到二十岁。石达开在山村里是露头角的人物,有轻财好义的名声。他之所以成为核心集团之一员,除了由于不惜家产资助革命,还由于他是山区客家人的代表人物。

参加太平天国起义密谋的秦日纲,也是贵县人。"在家与人做

---

① 民国《桂平县志》卷四十一。
② 《天情道理书》,见《太平天国》,第 1 册,第 372 页。
③ 光绪《贵县志》卷六。

工,并无是乜才情,忠勇信义可有。"①他可能就是矿工,也是贵县会众的领袖人物。

平南县的鹏化山区是拜上帝会的又一据点。"鹏化山区在平南县城的西北部,位于紫荆山的左翼,是由鹏化、麒麟、罗恒、东皇、八峒和大同东西的诸山连结而成的一个长方形山区。"这里拜上帝会的主要领袖人物是胡以晃。胡以晃是鹏化山区内花洲山人村人,是一名武生,富有田产,任侠好交游。入会以后,他还负有联络永安山区会众之责。胡以晃同洪秀全、冯云山关系密切,但没有成为最内层的核心分子。

除了桂平紫荆山区、贵县龙山山区和平南鹏化山区,19 世纪 40 年代末,拜上帝会在其他许多地方也有很多会员。

如象州。紫荆山西越瑶山即象州境。"象之瑶山麓石龙村谭要常过山,遂通洪逆,回象私传其教,煽诱乡愚,乡中人入会殆千计。"②后来做到夏官正丞相的何震川就是象州新寨村人,他原是一名秀才,参加了金田起义。

如武宣。武宣与桂平毗邻,其部分地区即在紫荆山,山之西麓即武宣之东乡。东乡、三里等地有不少拜上帝会会员。

如藤县。藤县北部之大黎山区与平南鹏化山区相邻,这里也有不少拜上帝会会员,李秀成即其中之一。

如陆川。陆川县之下堡、博白县之车田和广东石城县之石角、化州之平定堡等两粤毗连之处,和陆川附城及县北,拜上帝会会员

---

① 《忠王李秀成自述》,影印本。
② 覃元苏:《象州乱略记》,见《太平天国革命时期广西农民起义资料》上册,北京,中华书局,1962,第 130 页。

甚众,声势日大。陆川赖九和后来闻名的博白黄文金,是他们的领袖人物。

又如广东信宜的大寮山区,这里有凌十八、凌二十八弟兄接受洪秀全的宣传,建立拜上帝会组织,会员也很多。

在遍布于广西东南部以及同广东毗连地区的拜上帝会组织中,必有许多活动分子,后来成为金田起义的骨干。但由于史料阙佚,我们对此所知极少。太平天国庚申十年(1860),幼主奉洪秀全命发布封赏勋旧的诏书,说:

> 平在山勋旧俱升封义爵。黄为政封为天朝九门御林开朝王亲烈天义。吉能胜封为天朝九门御林开朝王宗殉天义。杨茂云、杨有庆俱升封义爵。杨兆安、林凤祥、梁奥琛、刘子居、李世光、林大居、赖培英、黄玉崑、黄期陞,黄玉琇、钟芳礼、黄文安、魏超成等俱升封义爵,令吏部排衔。至一切勋旧,赏或不及,表们细查奏封也。①

开列的人物并不都是平在山人,所谓"平在山勋旧",应是指拜上帝会和起义准备时期有功的老兄弟。他们之中有些人在太平天国建国以后也很著名,但在起义以前的活动多不可考。其中略有事迹可记者如:

黄为正,即王为正,广西贵县赐谷村人,洪秀全之表侄。洪秀全、冯云山1844年初游广西就住在他家。洪秀全1847年第二次到

---

① 北京大学文科研究所、北京图书馆编:《太平天国史料》,北京,开明书店,1950,第105页。

广西,由贵县去紫荆山会见冯云山,即由为正伴随;途中洪秀全在九仙庙题壁,也由为正捧砚。王为正"随天贼南贼往来平塞山,诱惑愚顽者"①,是拜上帝会的积极宣传者。②

黄玉崑,即王玉崑,广西桂平大黄江人。曾为讼师,为营救冯云山出过力。③

钟芳礼,广西人。"居乡贸易钱米,天贼屡至其家,芳礼献钱米"④,在物质上资助拜上帝会活动。

魏超成,广西人,杨秀清一族的姻亲。曾到陆川、博白宣传上帝教。"系广西起事十八人内一火夫"⑤。

其他如林凤祥,广西桂平白沙人,后为太平天国名将;黄文安,广西人,建天京后曾为殿前丞相,总理铸钱;黄期陞,广西人,后期曾任真神殿大学士。但他们在拜上帝会时期的活动和贡献,已无可考见。

除上述"平在山勋旧"中的人以外,起义前稍有事迹可述者还有:

卢贤拔,广西人,通文墨,"在集镇时称通品,能写名帖,书券

---

① 《金陵癸甲纪事略》,见《太平天国》,第4册,第674页。

② 据《太平天国起义记》第十节,起义前拜上帝会一弟兄名 Wang-ngi,在县城被王作新捉入狱中致死。此 Wang-ngi 简又文初译为"黄毅",是不错的,后来却改译为"王为正",不知何所据。王为正在建天京后曾为殿前丞相,副理机匠,见《金陵癸甲纪事略》。

③ 黄玉崑后封侯,曾主江西军务。

④ 《金陵癸甲纪事略》,见《太平天国》,第4册,第674页。建天京后,钟芳礼为恩赏丞相,总理机匠营。

⑤ 余一鳌:《见闻录》,见《太平天国史料丛编简辑》,第2册,第122页。魏超成后期曾为庐江守将,封循王。

约"①,曾参加写作《天条书》等,会中称为"卢先生"。建天京后封侯,参加删改六经。

曾水源,广西武宣人,农村塾师,系冯云山邀约入会,在会中司笔札。后曾任天官丞相。

曾钊扬,曾水源族侄,也是农村塾师,在会中司笔札。建天京后任删改六经事。

罗芯芬,广东嘉应州人,后流寓广西,起义前为韦昌辉司会计。建天京后曾任地官又正丞相。

黄启芳,广西博白人,通文墨,起义前在韦昌辉家教读。建天京后曾任春官丞相。

蒙得恩,广西平南鹏化里马铃村人。庚戌年(1850)二月与子时雍入会,曾去平在山见洪秀全接受教导指引。后为赞王。

其他如李开芳、曾天养、朱锡琨、黄益芸、黄再兴、曾锦谦、周胜坤、宾福寿、何潮元、吴如孝、梁立泰、吉志元、傅学贤、赖文光等太平天国后来的著名人物,都曾参加金田起义,他们必也对拜上帝会的活动作出了贡献。

拜上帝会通过分布在各地的领袖人物和骨干分子,联系着数以千计的会员。这些拜上帝会的信徒,包括了广泛的社会成分。

他们之中的大多数是穷苦人民。李秀成回忆上帝教的传布和信从者情况说:

> 天王是广东花县人氏,上到广西寻(浔)州、桂平、武宣、象

---

① 张汝南:《金陵省难纪略》,见《太平天国》,第4册,第719页。

洲(州)、腾(藤)县、陆川、博白,具星罗数千里。天王常在深山内藏,密教世人敬拜上帝……是以一人传十,以十传百,百传千,千传万,数县之人亦有从之者,亦有不从。每村或百家或数十家之中,或有三五家肯从,或有十家八家肯从,亦有读书明白之士子不从。从者俱是农夫之家、寒苦之家。①

李秀成说的情况当然不是绝对的,参加拜上帝会的,也有一些有地位有财产的人和"读书"人。《太平天国起义记》述拜上帝会在1847年以后的发展情况时就说:"有势力的和有秀才、举人功名的人,连同他们家族的很多人都入了会。"②但会众中的大多数是贫寒的农家和下层人民,这是可以肯定的。

参加拜上帝会的,客家人占了很大比例。"拜上帝会教徒多数为客家人。"③所谓客家,是历史上我国汉族人民向南方迁移运动中形成的有着特殊固定语音系统的集团。在广西,客家人又称"来人",主要是指明清以来自广东嘉应州等客家聚居区移去的人,以区别于土著居民——土人。洪秀全的先人是从广东嘉应州移居花县的客家。冯云山也是客家。洪秀全、冯云山到广西宣传上帝教的媒介如曾玉珍、卢六以及杨秀清等都是客家。他们活动的地区有很多客家人。

为什么拜上帝会中贫苦人民和客家人占多数?

对于拜上帝会信徒中有很多贫苦农民的问题,人们认为这是

---

① 《忠王李秀成自述》,影印本。
② 《太平天国》,第6册,第858页。据英文原本校改了译文。
③ 《太平天国》,第6册,第870页。

由于拜上帝会是反封建的革命组织,穷苦农民具有最鲜明的反封建要求,因而他们自然成为拜上帝会的主体,这是农民反抗地主阶级统治的证据和表现。这样的理解虽然不错,但却不具体,不准确。在研究这个问题时,我们要考虑这样的事实,就是拜上帝会的性质有一个演化的过程,它在成立之初,是一个拜上帝者的团体,而不是一个革命造反的团体。后来筹划反清起义,也只是在洪秀全、冯云山、杨秀清等少数领导核心中酝酿,大多数会众是不了解的,即李秀成所说,"除此六人以外,并未有人知到(道)天王欲立江山之事"。这一点,即使认为拜上帝会的性质没有演化的过程,也是一个不能否认的事实。所以,在 1850 年以前拜上帝会的发展中,尤其是在 1847 年、1848 年以前,大多数人并不是由于明确认识到拜上帝会是一个反抗清朝封建统治的革命机关而入会的,至少我们找不出人们是出于这样的目的而入会的证据。这样,对于拜上帝会中的大多数人为什么是贫苦农民的问题,还需要有另外的补充解释。这就是,我们应该考虑宗教同贫苦人民的关系问题。

恩格斯说:"一切宗教都不过是支配着人们日常生活的外部力量在人们头脑中的幻想的反映,在这种反映中,人间的力量采取了超人间的力量的形式。"①历史上的人们认为社会力量和自然力量一样,都是自己无法索解的异己力量,因而幻想他们受着在自己以外的各种神道的统治。这是普遍的社会现象。

贫苦农民是被剥削被压迫的阶级。他们受地主、高利贷者、封建官府的欺凌,又由于缺少生产和生活的资源,对于自然力量如

---

① 恩格斯:《反杜林论》,见《马克思恩格斯选集》,第 2 版,第 3 卷,第 666 页。

水、火、虫、风等的控制和侵袭,更是处于弱者的地位。他们在生活中随时随地都可能遭到突如其来的不幸,遭受各种灾难、破产,甚至毁灭。所以,宗教在他们当中实具有最深厚的根源。正如列宁所说,"宗教偏见的最深刻的根源是穷困和愚昧"[1];"被剥削阶级由于没有力量同剥削者进行斗争,必然会产生对死后的幸福生活的憧憬,正如野蛮人由于没有力量同大自然搏斗而产生对上帝、魔鬼、奇迹等的信仰一样"[2]。在中国历史上,佛教、道教以及各种迷信之长期流行,穷困无告的落后的人民向形形色色的鬼神诉说自己的不幸,祈求自己的幸福,寄托自己的愤怒、抗议、哀叹和希望,就是由这种社会原因决定的。

拜上帝会的宗教宣传并没有直接号召推翻清朝封建统治,更没有指出穷苦人民受折磨压抑的真正原因。但它指出了中国原有的神佛偶像是魔鬼,是祸害之源,而只有信仰它所宣传的上帝,遵奉上帝的戒条,才能免除人们的恐惧,给予人们以幸福,给予世界以安宁。对于千百年来把命运寄托于各种神道迷信的人民,对于迫切希望改善境遇但极少能获得改善的人民,上帝教是一种颇为新鲜的说教。它既大异于中国的经书,又不同于中国的神道,是很有一些吸引力的。李秀成回忆当年为什么信仰上帝教的情况说:

(洪秀全)劝世人敬拜上帝,劝人修善,云若世人肯拜上帝

---

[1]《在全俄女工第一次代表大会上的演说》,见《列宁全集》,第 2 版,第 35 卷,北京,人民出版社,1985,第 181 页。

[2]《社会主义和宗教》,见《列宁全集》,第 2 版,第 12 卷,北京,人民出版社,1987,第 131 页。

者,无灾无〔难〕,不拜上帝者,蛇虎伤人。敬上帝者不得拜别神,拜别神者有罪。故世人拜过上帝之后,具不敢拜别神。为世民者具是怕死之人,云蛇虎咬人,何人不怕,故而从之。①

李秀成的叙述自然过于简单,过于把信从者的心理被动化了,但他指出拜上帝得以无灾无难,这正是贫苦人民的最普遍的希望。洪秀全的几篇早期作品虽然没有号召反抗封建统治,但它们谴斥社会的邪恶现象,而在这种邪恶世界中,最大的受害者是穷苦人民;它们憧憬太平盛世,而穷苦人民也憧憬在未来的太平盛世中能有自己平安幸福之一席。这些都是拜上帝会能够吸引穷苦人民的重要原因。②

拜上帝会中有众多的客家人,这也不是偶然的。广西是多民族聚居的地区,客家人和外省人的迁入是长期的历史现象。"粤西幅员辽阔,纵横三四千里……通计土著十之三四,柳、庆、桂、平四郡,楚南垦荒贸易者多,粤东间有民人,亦略相等,闽省差少。梧、浔、南、镇、玉等府州,半与东境毗连,垦荒贸易占籍者多东人,闽人间亦有之。"③拜上帝会兴起之地浔州府各属,就是客家人聚居、杂居的地方,所谓"来人浔境皆有"即是;紫荆山的居民更是以从广东迁来的客家人居多。

迁到广西的客家人多是在原地艰于谋生的穷苦人民。他们"男女俱勤农事,不惮辛劳,故春耕秋获,较之他田获利倍多。居积

①《忠王李秀成自述》,影印本。
② 关于这一问题,可参阅本书《"拜上帝会"释论》一文。
③ 严正基:《论粤西贼情兵事始末》,见《太平天国史料丛编简辑》,第2册,第3页。

之家有田者咸愿批与耕种"①。这是当地原有居民的佃户。当然，经过几代人以后，其中也有一些人变成了富农或地主。

在当时的历史条件下，客家人和土人在经济上是有矛盾的，主要是在生产力低下的私有制社会中，土人已开垦了较好的较易耕作的土地，后来的客家人一般处于不利的地位，这成了某些地方客家人和土人斗争的重要原因。② 客家人和土人在自己的内部都存在着阶级的划分和阶级的矛盾，但由于这种利害冲突，由于客家人和土人在习俗、语言等方面的差异，又往往形成以客家、土著相区别的不同社会集团，引起了许多以客土之争的面貌呈现的冲突，在广西历史上即所谓"来土斗争"。土人地主利用宗族关系和地域关系力图把土人农民包括在土人集团之内；某些共同的习俗和信仰，包括共同的偶像崇拜和迷信方式，就是他们加强这种团结的纽带。客家人是后来者，他们有强烈的团体意识，但他们不可能加入当地原有的宗族社会，往往处于比较孤立的地位。他们同当地原有的偶像崇拜和迷信方式的联系也较浅，因而较易于接受一种新的信仰。拜上帝会的宗旨是，只要信奉上帝，不事偶像，遵守戒条，不分男女老幼贵贱，都予接受，并不是狭隘的客家人组织。但由于它的首领人物是客家人，活动地区多客家人，客家人的地位较易于接受新宗教，所以拜上帝会中有很多客家人信徒。

---

① 同治《浔州府志》卷四，《风俗》。
② 最著者为广西贺县客家人于1854年的斗争。他们在告示中说："照得尔土著绅耆士民，籍贺数百年，占尽良田美宅。兄弟等僻处偏隅，众寡不敌，或为批田重租，或为捐银入籍，种种恶焰，受辱难禁。"见［日］佐佐木正哉编：《清末秘密结社资料》，东京，1970，第240页。

　　许多穷苦人民，包括客家人，最初是抱着避祸得福和改善自己境遇的希望加入拜上帝会的。把这样的希望寄托于上帝，这本是幻想。但洪秀全的上帝教既是一种宗教，也是一种组织。拜上帝会既然把众多的贫苦人民吸引了进来，而它的领导者又有着利用这个组织从事一场革命斗争的意图，因而随着这个组织的逐步政治化、革命化，许多人也会同时升华自己的思想，把避祸得福的希望转变为改变自己地位的实际行动。组织化是他们实现这种转变的外部条件，而其内在的根据，主要在于他们本来是穷苦人民、下层人民，巨大的社会变动在客观上符合他们的利益。当然，并不是所有的拜上帝的信徒都能实现这种转变，其中确有不少人没有参与金田起义和以后的革命，但多数人在现实的阶级斗争和社会冲突中，逐步实现了从上帝的信徒到革命造反者的转变，或者说，实现了从单纯的上帝信徒到兼为革命造反者的转变。

四

　　19世纪40年代，拜上帝会在广西面临与三种社会力量的斗争：封建官府、地方团练、"盗匪"（即天地会系统的下层人民）。拜上帝会是在这样的条件下和同他们的复杂矛盾中准备自己的起义的。

　　18世纪以后，清朝封建统治日益暴露危机。地主阶级的土地兼并加剧，对农民的剥削更甚。封建国家同人民的关系，由于赋税加重、政治腐败而对立日益尖锐。鸦片战争失败，外国资本主义入侵，激化了这些矛盾，使社会更趋动荡。这些矛盾是当时中国普遍性的问题,是 19 世纪中叶遍及各地的农民起义的基础。而这些矛盾在广西的具体表现和广西在 19 世纪中叶的社会政治状况,对于太平天国革命的爆发是非常有利的。

广西在清代是比较落后的边远省份,生产水平较低,自然力对人的经济生活影响巨大。"粤西地势如建瓴,旬日不雨即旱竭。"①统治者虽然"劝民修堤塘,造龙骨车,开荫井,设井筒架"②,但只是官样文章,并无实效。人民的遭遇仍然是"高田愁雨少,低田愁雨多,日与天较量,天高将奈何"③。以桂平县为例,"黔郁两江面狭岸高,春夏水涨辄溢。早造将登,洪波忽至,半岁辛勤尽付流湍。或十日不雨,则龟裂满郭。七八月之间,苗益槁矣。故三年之耕,恒不足供两年之食,甚或一年之耕不能酬一春之种"④。

在这种自然力威胁下的农民,更要遭受地主阶级和封建官府的剥削和压榨。金田起义前夕桂平的一名地主文人形象地描写了广西封建势力的残暴和剥削:

> 八百苗疆亭甲差,散为官司三十六。
>
> 队队狐行而虎威,村村骑马又食肉。
>
> 骑马食肉锄头钱,锄到七锄噫可怜。
>
> (土人锄地有谚云:一锄供官二锄吏,三锄甲差
>
> 四皂隶,五锄六锄头人把事,七锄锄到自家。)

---

① 《清史稿》卷三七九,《赵慎畛传》。
② 《清史稿》卷三七九,《赵慎畛传》。
③ 黄体正:《带江园诗草》卷一,见《太平天国革命时期广西农民起义资料》上册,第41 页。
④ 民国《桂平县志》卷二十九。

郁郁箐林成黑地,漫漫烟瘴无青天。

农民的处境是:

六月新债催,十月新租急。
两造谷穰穰,终岁无一粒。①

以桂平县来说,稍晚于太平天国时期的情况是:"田多为富室所有……(佃户)岁晚供所获之半于田主……租或短供,易佃之声立至。"②在地主阶级和封建官府剥削下,农民常年在饥饿线上挣扎。

农民是勤劳而又分散落后的阶级。在封建统治比较有力的时期,由于封建政治和封建意识形态的强烈钳制,虽然也身受压迫和剥削,矛盾却不表现为大规模的斗争。其甚焉者,"农民伏处田野,畏官府如神明,不幸遇灾,有坐而待殍而已"③。这在封建文人笔下,就表现为"士尚文学,民勤稼穑""土风质朴,人心悫谨"的承平之世。广西除清康熙年间平定三藩时的战争外,一百多年未有大的动乱,就是由于这种情况。

但这种小康局面,到19世纪初叶已经难以维持了。嘉庆年间,广西开始流行"结拜天地会"。天地会原是清初以"反清复明"

---

① 黄体正:《带江园诗草》卷四、一,见《太平天国革命时期广西农民起义资料》上册,第41页。
② 民国《桂平县志》卷二十九。
③ 王庆云:《熙朝纪政》卷一,《纪赈贷》。

为宗旨的汉族民族主义的秘密组织,但清中叶以后在广西日益发展的天地会,其主要的活动内容是互助互济和"结伙抢劫""劫富济贫",反映出一部分下层人民已不愿俯首听凭宰割,他们要起来与封建统治实行某种对抗。嘉庆末年,广西"宜山会匪廖五桂、蓝耀青分踞新旧两墟,纠众分党,伪立名目,勒索殷户"①,并揭发"地方官横行讹诈剥削良民"以为号召。广西巡抚赵慎畛镇压了廖五桂等,他在任内拿获的"盗犯会匪"有一千七百余人之多。

广西统治者在道光元年颁发的《乡约条规》充分地反映了地主阶级对"世风不古"和社会矛盾尖锐的忡忡忧心。它列举当时广西社会的三十多条"积弊",要求人民继续按照封建道德和封建法律生活:孝顺父母,尊敬兄弟,和睦族邻,不要赌博、奸淫、打架、结交匪人等,并要求有田业资本者待佃户、债户、铺户及邻舍贫苦之人"不可刻薄,更不可重利盘剥",借以缓和矛盾。而尤为着重的是,它严禁结拜天地会和穷民做贼,对此反复譬喻威胁:"结拜添弟会,是第一件大犯法的事。好好的百姓,进了添弟会,便是朝廷罪人。如今处处访查会匪,断断不能遮瞒。"②他们一方面用刀剑,一方面用说教,幻想挽救已经开始动荡的社会秩序。但是,鸦片战争的某些后果却进一步冲击了这种秩序。

鸦片战争并没有马上引起中国经济形态的改变,并没有马上引起新的社会力量的出现,它的直接的后果是老问题严重化,是清朝统治力量削弱和统治不稳定加剧。在广西,更表现为游民、"盗

---

① 《清史稿》卷三七九,《赵慎畛传》。
② 《乡约条规》,道光元年刻本,见《太平天国革命时期广西农民起义资料》上册,第18—26页。

匪"等冲击社会稳定的势力大大加强。曾参与对抗太平天国起义的广西右江道严正基论述这一形势说：

> 自嗼夷滋事以来，粤东水陆撤勇，逸盗或潜入梧、浔江面行劫，或逩出南、太边境掳掠，勾结本省土匪及各省游匪，水陆横行，势渐鸱张。至道光二十七八年间，楚匪之雷再浩、李元发两次阑入粤境，土匪陈亚溃等相继滋事，小之开角打单，大之攻城劫狱，浸成燎原之势。①

太平天国起义时在籍办团练的翰林院侍讲龙启瑞所论大略相同：

> 盖自道光二十一年后，夷务起粤东，粤西邻省毗连，地方大吏于梧州办理防堵。事平后，丁壮失业，狡黠之徒，相聚为盗，烟贩盐枭之属，从而附和。又外郡地多山场旷土，向招粤东客民佃种，数世后其徒益繁，客主强弱互易，其桀者或倡为西洋天主教以蛊惑愚民。②

金田起义时两广总督徐广缙指陈广西动乱的原因，也追溯了广东的水手、纤夫失业无所依归从而进入广西和无业之民前往广

---

① 《论粤西贼情兵事始末》，见《太平天国史料丛编简辑》，第 2 册，第 3 页。
② 《经德堂文集》卷二，《粤西团练辑略序》。

西耕种所引起的后果。① 他们都认为,由于裁撤兵勇,丁壮失业,激化了广西的动乱。龙启瑞还把太平天国起义之得以发动,同鸦片战争后广西的形势联系起来,这是符合实际的。道光年间,特别是道光后期,广西的人民反抗和社会动荡愈演愈烈;大致上道光初年至道光二十七八年以前,人民的斗争主要表现为结会拜盟,抢劫殷户,而在此后则发展到攻城夺地,杀官劫狱。我们从下面的简略事实中可以看出大概的趋势。

道光八年(1828),融县"匪乱初起"。

道光十年(1830),浔州大旱,"土贼林某倡乱,劫掠四境"。

道光十五年至十六年(1835—1836),桂平"会匪蠢动,聚众且千余人",以分谷为号召,乡民闻风而集。

道光十八年(1838),桂平大黄江"游匪出没","土匪""游匪"互争雄长,官司疲于奔命。

道光二十一年(1841),越南贡使船在桂平石咀河被劫。

道光二十二年(1842),归顺"天地会匪初乱"。

道光二十四年(1844),田州八角山土客械斗,宾州"土匪"五百余人应之,路经县城,无敢问者。

道光二十五年(1845),广东龙门协副将赴任,座船过贵县瓦塘江口被劫。藤县邓立奇称"平地王",钟敏和称"高山王",在赤水墟聚党起事,"始而乘夜截抢,继而白昼横行","官兵不能捡制"。

道光二十六年(1846),桂平李观保聚党"劫掠浔州河中",继与

---

① 参见《徐广缙奏闵正凤畏蒽无能并广西文武上下相蒙工于讳饰折》,英国伦敦公共档案局藏件。

罗亚丙、任文丙、刘亚鸟、陈亚贵等联络,为广西"艇匪"之始。

道光二十七年(1847),湖南新宁瑶民雷再浩与广西全州李世德等立棒棒会起事,张八等率众攻扑平乐府城。广西各府县"土匪乘机窃发",桂林、平乐、浔州各属"土匪"至是活动大增。梧州张烂颈木聚党以"劫富济贫"为号召,在梧州、浔州地面活动。容县冯六在自良墟起事,"打家劫舍,包江食水"。贵县徐亚云在瓦塘"啸聚匪类",截劫船只,河道为之不通。阳朔董光寿起事,攻扑县城。

道光二十八年(1848),天保县黄维业、黄天宋起事,杀知县沈毓寅。彭亚富率党数百攻破上思州城,"劫掠财物一空",复入衙劫印,土官黄济以银二千两赎印。大头羊张钊、大鲤鱼田芳等聚党于浔、梧江上,劫掠商贩,当局者被迫招张钊等巡河,商贾求其保护。武宣陈亚贵联合陈香晚率党起事,攻劫修仁、荔浦,并到宾州、桂平活动。

道光二十九年(1849),李沅发起事,攻陷湖南新宁,杀署知县万鼎恩,毁衙署、监狱,后入广西兴安、灵川、永福等县活动,所在响应。武宣区振祖率党张"顺天行道"旗,至象州"劫掠"。陈亚贵等"伙劫象州大乐韦泰山,大获钱布,于丰元界散给党与",事后匿入桂平紫荆山。张嘉祥在横州百合墟竖"劫富救贫"旗,遣党四出,勒富户财物。继在贵县覃塘,"张贴伪示,纠人入伙",至宾州杀清参将段炳南等。张嘉祥起事于道光二十六年(1846),中经失败,本年复起。容县"游匪冒称饥民",千百成群,向殷户强索钱米。

道光三十年(1850),七月,陈亚贵等攻入修仁、荔浦两县城。八月,贵县徐亚云聚众五千余人陷迁江县城。任文炳与梁阿长大掠平南,"浔、梧两府沿江,艇贼纵横,水道不通"。九月,贵县莫十五聚党万余,"焚劫"十村一市。"土匪"入贺县境,副将、都司闻风逃窜,知县愁急自尽。①

其他小股活动和各股忽此忽彼、忽起忽落的情形,难以尽举。大致广西"盗匪"活动到道光三十年夏秋,以陈亚贵等一度攻占荔浦、修仁、迁江县城为标志,达到了一个高潮。咸丰皇帝的师傅杜受田综合各地的报告,概述道光三十年夏秋广西地方动乱的情况说:

> 粤西贼匪为患,自道光初年,各府州县已有结盟联会匪徒,隐成党与,私逞强梁。逮至道光二十五六年间,左、右两江及府江接境广东等处,盗风滋炽,行旅戒途……(道光三十年)七月间,遽至修仁、荔浦县城,相继为贼攻破肆掠。……于是宁明、迁江、永康、明江、龙州、馗纛龙等州县厅营所在陷失。贼匪多至数十股,每股各有渠魁。……众率(脱"千"字)余人以至数千人者不等。所有被害之处,如迁江一县三被贼掠,县官令民括尽财物,与贼求和。上林县官被执勒赎。武缘县官,贼至自裁。来宾官吏逃亡,监狱尽脱。藤县城守自缢,知县被伤。柳州逼近府城都咸堡地方,贼至与官接战,杀死武员八人,兵丁数百。太平知府王彦和被贼逼死。龙州同知王淑元父子殉城。此皆去年(道光三十年)夏秋间事。自是以来,贼视攻城剽邑几如反手。②

_____

① 以上均据各地方志及《太平天国革命时期广西农民起义资料》。
② 中国第一历史档案馆藏《杜受田奏两广各地举事情形单》,见《太平天国文献史料集》。

由于这样的局势，道光三十年(1850)秋广西庆远、南宁、柳州、平乐、浔州、梧州、思恩各府的举人、秀才、典当商等数十人向都察院呈诉称，"逆匪横行，延及七府一州"，要求清政府派兵镇压，以保他们的身家性命。

这些起义者的情况自然是千差万别的。他们有的坚持斗争到底，有的接受招安，时起时降。他们主要从事"劫掠"。有的虽以"替天行道""顺天行道""劫富济贫"为号召，但大都没有推翻清朝、建立新朝的政治意识。尽管如此，他们的活动都在不同程度上削弱、打击了清朝在广西的统治秩序。

正在密谋起义的拜上帝会同这些纷繁的"盗匪"活动没有联系，主要原因是拜上帝会的政治思想主张同这些起义势力很不相同。洪秀全认为，天地会的最初宗旨"反清复明"，时经两百年以后已经不合时宜，应当开创新朝，而不应以恢复明室为号召。而且演变到当时，天地会"新入会者必须拜魔鬼邪神及发三十六誓，又以刀加其颈而迫其献财为会用"，与拜上帝会的宗教信条大相违背，所以洪秀全对这些起义势力采取严厉的批判态度。但这些起义力量实际上是拜上帝会的同盟军。他们打击了封建秩序，吸引了清朝统治者的注意力，这对拜上帝会的崛起是十分有利的条件；他们之中被官兵击散的人，也多在舍弃旧习皈依新教的条件下投奔拜上帝会，壮大了拜上帝会的力量。

广西封建统治势力是拜上帝会和其他起义力量共同的对立面。这一势力，在封建统治者自身日益腐朽和人民不断打击之下而愈益削弱。关于统治者的腐败，嘉庆初年，封建文人之有识者曾慨乎言之:"盖人才至今日,销磨殆尽矣。以模棱为晓事,以软弱为良图,以钻营为进取之阶,以苟且为服官之计。由此道者,莫不各得其所欲而去,衣钵相承,牢结不可解。"中央的部院大臣"皆云多一事不如少一事",在外的督抚,"其贤者斤斤自守,不肖者亟亟营私",既贪酷又委靡。① 这种普遍的情况,在广西更有突出的表现。

首先是一省最高统治者的腐败。自道光十六年(1836)起任巡抚的梁章钜,以名士风流自命,以游山赋诗饮酒为乐,对政务放任不问,"于地方惩办盗案之员,目为俗吏,或加之摈斥"②。道光二十六年(1846)起任巡抚五年的郑祖琛,从知县升到巡抚,经历了四十多年,是"世故太深、周旋过甚"的老官僚。在他任内,广西各地各股起义者杀死清兵,包括守备、千总等军官至少一千多人,而向上呈报的不过千百分之一。军官被杀都以病故上报,其目的就是向上粉饰太平以容身固宠。郑祖琛又有"佛子"之称,"每逢决囚,必为之经醮祈福,或将行决之犯擅行释回"。郑祖琛这种统治术,当然不是对人民有什么好感,而是封建统治者极端腐朽颠顶的表现。

时人对于民变蜂起的动荡情况,曾站在统治者的立场加以探讨总结。有人认为原因在于州县官无权,"州县之职不重,奸民不可消也"③;而有人以广西的情况为例,认为问题在于督抚,督抚"不肯担代处分,又乐以容忍欺饰为事……大抵容身固宠,视疆场若无与,苟及吾身幸无事,他日自有执其咎者。又上之则有宰相风

① 参见《清史稿》卷三五六,《洪亮吉传》。
② 严正基:《论粤西贼情兵事始末》,见《太平天国史料丛编简辑》,第 2 册,第 6 页。
③ 梅曾亮:《上汪尚书书》,见《皇朝经世文续编》卷二十四,《吏政七》。

示意旨,谓水旱盗贼不当以时入告,上烦圣虑,国家经费有常,不许以毫发细故辄请动用。……为督抚者类皆儒生寒素,夙昔援引迁擢,不能不藉助于宰相,如不谘而后行,则事必不成而有碍,是以受戒,莫敢复言"①。这就淋漓尽致地描绘了广西封建官僚上下欺蒙的精神状态。

当然不仅如此。郑祖琛等既工于粉饰,州县官自然上行下效。贵县是个大县富县,知县杨惠曾复任,"随来京账之客,三五成群,只知催粮填债,盗贼置若罔闻。往往有解贼来城,贼已放而解贼之人尚押候查粮者。由是,贼无忌惮"②。天保是个小县穷县,知县沈毓寅被起义者所杀,题绝命词云:"案重如山,事急如火。私帐无所借贷,公项无可挪移。"只好一死了之。③ 所有这些大小官僚,上起巡抚,下至州县,对人民的贪酷剥削是一致的,在镇压人民起义方面"玩忽职守",无能为力,也大都是一致的。金田起义后继任广西巡抚的周天爵、邹鸣鹤都哀叹广西吏治废弛,"稀见罕闻,至此已极",先后报告说,"检阅卷宗,咨询舆论,如各属详报命盗并上控提审各案,藉以人证难齐、屡催未解者,竟有五百八十余起之多。仓库交代,正署迭更,未据造报详咨者,亦积至二百数十起。驿站则限行五六百里,公文因马少夫疲,率多稽迟,计日行不过百里。此外事多延误,而缉捕之废弛尤甚"④。

广西封建统治腐朽,意味着封建国家机器废弛失灵。它激化

---

① 龙启瑞:《经德堂文集》卷三,《上梅伯言先生书》。

② 光绪《贵县志》卷六。

③ 参见《广西昭忠录》卷一。

④ 中国第一历史档案馆藏《邹鸣鹤奏广西吏治积弊已深折》,见《太平天国文献史料集》。

了人民的反抗斗争,也掩护和壮大了人民的反抗斗争。周天爵描述说,"民控抢劫奸淫,如诉诸木偶","知官府之不足恃也,亦遂靡然而从贼","百姓益无所恃而从贼众"①。可以说,道光末年广西下层人民的反抗斗争是在几乎没有镇压力量的环境中发展的。这是拜上帝会的起义密谋得以从容准备的重要有利条件。②

在广西社会动荡而官府力量疲软之时,地主阶级中一些人乃寄希望于办团练维持统治秩序。嘉道之际,广西就已"编查户册,实行团练",但只是虚应故事,实际上并无成效。其主要原因之一是办团练需要当地的地主富商出钱,而他们当时还不愿意解囊。约在道光二十一年(1841),桂平县乡绅黄体正叹息:"算来最好惟团练,众志何时练得成?"注云:"署县袁公屡到里中效率,无如众心不一,振作甚难。"又称:"余与袁公商行保甲团练时,有讥其迂者。"③道光二十七八年以后,起义势力风起云涌,各州县村镇地主商人感到威胁,才开始较积极地举办团练。到金田起义时,所谓"粤西团练,遍于外郡",连省城桂林也成立了团局,并由广西统治者委派官员总理通省团务,团练成为地主阶级正规国家机器以外的一大势力。④

所谓团练,其内容和形式各有不同之理解。或以为团就是实

---

① 中国第一历史档案馆藏《周天爵奏广西情形及韦源玠起事缘由折》,见《太平天国文献史料集》。
② 金田起义后,两广总督徐广缙指责广西当局软弱腐败,称广东之"盗贼"潜逃广西"如入无人之境",甚至呼朋引类,成群结队,趋之如鹜。
③ 黄体正:《带江园诗草》卷六,见《太平天国革命时期广西农民起义资料》上册,第41页。
④ 至咸丰元年末,广西全省六十三厅州县,团练已成者有四十余处,每县团丁数千人至一二万人不等。见《剿平粤匪方略》卷十,邹鸣鹤奏,咸丰二年正月初十日。

行保甲,练则必须制器械,训练丁壮;或以为保甲是团练之初步;或以为团练为保甲之活动内容。但总而言之,团练就是官兵以外的在本乡本地的"民兵",由地方乡绅统率,其主要任务在维持治安,对付"盗匪"。这种武力一般不用封建国家出钱维持,而是由当地殷富资助并强迫人民出资负担。在封建国家的正规军队严重腐朽和兵员不足的情况下,团练往往受到封建官府的提倡,以对付人民的反抗起义。但封建官府对于这种武力不是没有担心的。主要是这种武力有可能成为官府以外的又一政权,侵害官府的政治经济权益。"以百里之地,数十团之多,而统于一团长……于是不畏守令,不纳赋税,不供力役,不遵条约……于是团练与官吏势若仇雠,隐若敌国。"①这是统治阶级内部的尖锐矛盾。以广西的实际情况说,办理团练的结果,有的"挟制地方官以鱼肉乡民",有的"自相雄长,生事忿争",有的"名为团练实通贼者",甚或"率其党羽,公然为盗"②,故在金田起义时期就有"团练亦贼"之说。但在总体上,团练的利益同官府是一致的。尤其是在道光末年,人民起义和社会动乱的风暴严重威胁着地主阶级的共同利益,富家绅士举办各式团练很卖力气。道光末年多股人民起义旋起旋灭,其失败者,团练大都起了作用。如融县廪生萧启藩倡办南江团练,抗李沅发起义军,"亲冒矢石,冲锋陷阵"。李沅发之弟沅富为另一处团练所获杀。陈亚贵起义,多次与团练打仗,最后在桂平武平里石龙墟遭团练截击,被团长廪生黎建勋俘杀。藤县邓立奇起义数年,最后也被团练会同官兵俘杀。等等事例,不胜枚举。故清朝统治者总结道

---

① 王应孚:《团练论》,见《皇朝经世文续编》卷八十一,《兵政七》。
② 朱谂孙:《广西团练事宜·团练说》。

光末年与广西"群盗"的斗争,称"其芟夷撕灭大小以数十计,比其讫事,恒得力于民间之团练"①。

团练是拜上帝会在酝酿起义期间所遭遇的直接对手。颟顸的封建官府远离山村,并未觉察拜上帝会的意图,"官兵搜捕匪徒亦向不干涉宗教,亦无有怀疑教徒之宗教聚集者"②。但本地的团练是地头蛇,他们与拜上帝会杂处民间,接触较多。拜上帝会反对偶像、崇拜上帝的活动,与以传统封建思想为指导的团练,自然格格不入。双方在政治上、思想上各异其趣,就不可避免地发生冲突。冯云山被拘捕,是拜上帝会与团练的首次斗争。据周天爵、邹鸣鹤事后审讯失察人员的报告,王作新系"协同保甲将冯云山拿获,交保正曾光祖送官",但地方府县志书又有称王作新起团练拘获冯云山,并称王作新为"团绅"者。实际上,乡村中的保甲都有壮丁,以备查缉、擒拿、解送诸役,这可以说是团练的一种形式。所以,拜上帝会与王作新的冲突,也就是拜上帝会与团练的斗争。李秀成叙述那时的情况说:

> 自道光二十七八年之上下,广西贼盗四起,扰乱城镇,各居户多有团练。团练与拜上帝之人两有分别。拜上帝人与拜上帝人一和(伙),团练与团练一和(伙),各争自气,各逞自强,因而逼起。起事之时,团练与拜上帝之人一村逼一村,同村亦有,故而聚集。③

---

① 龙启瑞:《经德堂文集》卷二,《粤西团练辑略序》。
② 《太平天国起义记》第十节,见《太平天国》,第6册,第868页。
③ 《忠王李秀成自述》,影印本。

这种斗争,在性质上无疑是阶级斗争,是地主与农民的斗争,但在表现形式上却很可能具有农村械斗的外观,表现为各自争气逞强。双方斗争的具体事例,现已不能详知了。洪仁玕在被俘后曾回忆了金田起义时期的一次事件:

> 因当时拜菩萨者忌恶拜上帝毁其所立偶像,因各攻迫,日聚日众。凡有攻仗,皆有天助神奇。贵县白沙兄弟被山尾村抢去耕牛,十余兄弟迫(追)杀至该村大胜,该村人演戏旺其菩萨,又看戏人自惊,该村数千家,从无人敢欺者,被十人打胜。①

这件事,他在早年叙述中更为详细,但说事情发生在金田,并说:"拜上帝会教徒多数为客家人,凶勇勤劳,因此少数人敢向多逾数倍之本地人进攻,虽后者有官兵为助而常占胜利。"②

洪仁玕没有参与金田起义,但他两次回忆都讲到这次冲突,显然这是当时洪秀全和拜上帝会津津乐道之事,因而给他留下了深刻的印象。这件事看来包含了多种矛盾,除了细小事故,还有宗教、民族的矛盾,又表现了两个村庄的械斗。从本地人村庄有官兵支持这一点来看,这一斗争可能也就是李秀成所说的拜上帝会与团练冲突中之一例。

团练是拜上帝会最初的最直接的敌人,团练的反动面目给他们留下了深刻的印象,所以起义后就张贴布告,指团练为"妖团"。

---

① 《洪仁玕自述》,见《太平天国》,第 2 册,第 850 页。
② 《太平天国起义记》第十节,见《太平天国》,第 6 册,第 870 页。

拜上帝会同团练的斗争,无论表现为什么形式,都增加了拜上帝会成员同仇敌忾的意识。这对于拜上帝会走向武装起义是十分有利的。

五

道光三十年(1850),洪秀全等决定发动起义。当时广西的"盗匪"活动正趋于高潮,是发动起义的有利条件。在拜上帝会内部,在杨秀清、萧朝贵取得代上帝、耶稣传言的地位和洪秀全自称上帝次子以后,又发生了一些事情,加强了拜上帝会人心的固结。道光二十九年(1849),洪秀全宣布,上帝已给他启示,"人将瘟疫,宜信者得救"①。第二年果然发生疫病,而在紫荆山山中,恰恰是拜会最盛的田心、花雷二水死人最少。② 洪秀全大概懂得一些医道,能治疗一些疾病。③ "韦(昌辉)妻病危,医药罔效,洪逆治之立愈,因此二人交情更密。"④这样,洪秀全在众人心目中成为"能驱鬼逐怪","能令哑者开口、疯瘫怪疾信而即愈"⑤的奇人,乡民奉之若神,闻风信从。其间又有神灵附体于童子降言说:"三八廿一,禾乃玉食,人坐一土,作尔民极。"前三句隐含洪秀全三字,意即洪秀全为民之

---

① 《洪秀全来历》,见《太平天国》,第 2 册,第 689 页。
② 据 1980 年 6 月紫荆公社凌育椿同志在调查座谈会上的发言。
③ 洪秀全之族弟洪仁玕通医,族婶杨氏"善小儿科,四乡共羡"。又据研究,由于迷信所产生的心理作用,巫医以巫术治病也能产生疗效。
④ 半窝居士:《粤寇起事记实》,见《太平天国史料丛编简辑》,第 1 册,北京,中华书局,1961,第 4 页。
⑤ 《洪仁玕自述》,见《太平天国》,第 2 册,第 850 页。

主。这显然是临起义时有意制造的神话,但在那时,这种神话也会提高会众起来革命造反的信心。

洪秀全等领导核心决定发动起义的计划,大约在道光三十年春传达给拜上帝会的一些骨干分子。后来成为太平天国重要干部的赞王蒙得恩、幼赞王蒙时雍父子,是这年二月参加拜上帝会的,随后谒见洪秀全,面受机宜。蒙时雍后来回忆此事说:

> 窃自庚戌年二月敬拜天父上帝耶稣,为日无几,即随先父到平在山面觐真圣主天王天颜,仰蒙面诏教导,指引甚属精详。侄与先父从此格外信实认真,去邪崇正。其时令甚严肃,不准轻泄机关,故此不敢轻与人言。①

拜上帝早已是一件公开的事,所谓"不准轻泄机关",自是涉及起义的意图和计划。还值得注意的是,这时洪秀全在平在山,而平在山是杨秀清、萧朝贵居址所在。很可能,洪、冯、杨、萧等在平在山密商了发动起义的计划,并向各地的重要骨干传达和动员,蒙时雍父子虽入会不久,但因是平南一方的积极分子,所以也与闻其事。

与此同时,洪秀全于道光三十年五月派江隆昌和王盛爵、侯昌伯去花县搬取他的家庭亲属来广西。洪秀全说,这是因为上帝给过他以下的默示:

---

① 《蒙时雍家书》,见《太平天国》,第2册,第754页。

在道光三十年,我将遣大灾降世,凡信仰坚定不移者将得救,凡不信者将有瘟疫。过了八月以后,有田无人耕,有屋无人住。因此之故,当召汝之家人和亲属至此。①

他在去年宣布将有瘟疫以后,今年又宣布"有田无人耕,有屋无人住"。后来果然在八月贵县发生大规模的来土斗争,造成许多人无家可归,被认为应验了他的预言。② 其实,洪秀全的这一预言应是泛指的,并非专指浔州府属,不然就没有搬取家属的理由;所谓贵县的来土斗争应验了他的预言,也只是事后的附会。他宣布这段话,并不意味着要在八月发动起义③,但他在五月派人接家属来广西,则说明发动起义的步骤此时正在进行中了④。

太平天国起义是由一系列的活动和斗争联结成的一个过程。关于这个过程,太平天国的文献和清方资料都没有明确完整的记载,今天已不大可能完全理清。我们需要的是探索和说明这一过程的主要事实。

洪仁玕在叙述来土斗争中遭难的村民等人投奔拜上帝会的情

---

① 《太平天国起义记》第九节,见《太平天国》,第 6 册,第 867 页。"有田无人耕",原译作"有田不能耕",此据英文原本及《洪秀全来历》改。

② 参见《洪秀全来历》,见《太平天国》,第 2 册,第 689 页。

③ 按照洪秀全和太平天国的语言和观念,起义是援救天下生灵之事,不大可能用田园荒芜的景象同起义联系起来以暗示起义。

④ 近有论者认为上帝给洪秀全以这些默示,意即杨秀清以天父附体的形式给予洪秀全这些指示,进而以此作为金田起义系由杨秀清布置发动而非洪秀全布置发动之根据。这是误解。洪仁玕叙述这件事,是说上帝给洪秀全的"默示"(revelation),也就是上帝的启示。默示是基督教的宗教术语,是指上帝直接向人显示真理。在拜上帝会和太平天国,洪秀全得上帝默示和杨秀清天父附体,都是同上帝交通、传达上帝意旨的形式。

况时说:

> 如今有大群的人,不仅来自遭难的村庄,而且来自被清朝官兵击散的匪党,男女老幼,携带财产,来加入拜上帝会,情况就和以前不同了。同官吏的决裂和冲突势不可免。秀全明慧的眼光早已见到这一切,他的预言至此已经实现,他早已制定了他的计划,并准备好了承受其后果,只等适当的时刻到来,就实行决定性的一步。①

洪秀全的"决定性的一步"是指什么呢?我们可以从洪仁玕的另一段叙述中得到解答:

> 是时秀全向各地区的所有拜上帝会组织发出通知,要它们会集于一处。前此一些时候,拜上帝教徒已感到有必要联合在一起以共同防卫,对付他们的敌人。他们已将田产房屋变卖,易为现款,交给公库,每人的衣食都由这笔钱支付,平均享用。他们共同享有一切的情况,使他们的人数大为增加,他们也就此准备好了一旦召唤就放弃他们的家园。那样的时刻现在到来了。他们关心着自己和家庭的安全,群集到洪秀全的旗下,他们相信洪秀全是上天派来作他们的首领的。②

从这段话中,我们可以获知关于起义的两点重要事实:洪秀全

---

① 《太平天国起义记》第十节。译文据英文原本作了修改。
② 《太平天国起义记》第十节。译文据英文原本作了修改。

计划中的"决定性的一步",就是召唤教徒放弃家园到一处去会集;在洪秀全实行这一步以前,已有教徒联合在一起实行公库共享制度。

在洪秀全通知会集金田以前,一些教徒已经联合、聚集在一起,这是当时当地阶级斗争和社会冲突所引起的结果。

拜上帝会与地主团练、传统的封建迷信势力的政治斗争、宗教斗争日益激化,必然使他们感到有联合一体以保卫自己的必要。前已引述的李秀成、洪仁玕自述说,团练与拜上帝之人,互相攻迫,"因而聚集";清方资料也记载,"乡团与会匪各树旗鼓,争为雄长,至令蠢丑屯聚日繁"①。这都可以说明会众在同敌对势力的冲突中加强了自身的聚集和联合。

这种聚集和联合也出于处理同各股起义势力关系的需要。拜上帝会对被清兵打散的起义者采取有条件收容的方针。由于宗教政治信仰之不同和这些起义者的游动劫掠习气,拜上帝者联合在一起才具有戒备、收容和保卫自己的力量。

当时的来土斗争也可能是促使教徒联合聚集的一个原因。贵县大规模的来土械斗,并不只发生于道光三十年(1850)八月,而是早从道光二十九年(1849)起就已开始了。② 在冲突中失败了的客家人往往寻找拜上帝会的庇护,拜上帝会的同情显然也在客家人方面,这就使它在一定程度上卷入了这场斗争,因而有必要联合在一起以保卫自己。

---

① 杜文澜:《平定粤寇纪略》卷一,见《太平天国资料汇编》,第1册,北京,中华书局,1980,第2页。
② 《石达开自述》,见《太平天国》,第2册,第780页。

　　这时的聚集和联合,并不包括全体会众,也不包括有拜上帝会的所有地区,而只是在某些地区的一部分会众中实行。① 这些聚集和联合虽是当时客观形势造成的不得不然的结果,但这样的大事一定会得到首领的同意和指导。可以说,这应是洪秀全计划中的一部分。但这时的聚集和联合,其形式和性质同中国传统的在乱世中结寨自保相似,没有提出和实行同清朝官方对抗,也不曾与清朝官方发生冲突,因此,它仍然处于太平天国起义的准备阶段。

　　洪秀全接着通知各地教徒到金田集中,这就是"决定性的一步"。从这以后,拜上帝会的活动进入了新的阶段,如下文将要分析的,具有了同清朝官方全面对抗的性质。简言之,这是太平天国起义过程的开始。

　　洪秀全向各地会众发出到金田会集的通知,其时间已不能确知。洪仁玕叙述此事,置于道光三十年十一月发生的事件以后而冠以"此时"字样,但根据后来成为太平天国高级干部的梁立泰的家册,他是"桂平县白沙墟人,庚戌年七月在金田入营"②,说明洪秀全要会众到金田集中的通知必在七月以前已经发出。联系到前已述及的这年二月以后不久洪秀全同蒙得恩父子的谈话,五月洪秀全派人去花县搬取家属,可以推想,洪秀全的通知系在道光三十年五月前后发出。

　　洪秀全的通知是派人传送的③,而各县各地途程有远近,各地

---

① 这从洪秀全下达会集金田的通知后,很多地方的会众仍然需要相当长的时间来聚集就可以推知。

② 《贼情汇纂》卷四,见《太平天国》,第 3 册,第 126 页。

③ 《忠王李秀成自述》(影印本):"此时我在家,知到(道)金田起义之信,有拜上帝人传到家中,后未前去,仍言(然)在家。"可知所传之信是到金田会集之信。

拜上帝会首领聚集本地会众然后再去金田集中也有难有易。有的人比较积极迅速地参加了,有的不愿参加或来不及参加,也有本来不是拜上帝会的,但在聚集过程中参加了拜上帝会,加入了前去金田集中的行列。在本地聚集和前往金田的过程中,有的较顺利,有的要冲破地主团练和清方兵勇的截击。由于这种种情况,各地拜上帝会会众到达金田的时间很不相同。大约至迟从道光三十年(1850)七月开始,在四五个月的时间内,数以千计的起义队伍,为着反抗封建统治势力,坚信上帝保佑他们的事业,扶老携幼,络绎不绝地从四面八方奔向金田集中。这是中国农民战争史上的奇观。

各地聚集会众向金田进发的情况,现在能了解的,不很具体,也详略不一。紫荆山是拜上帝会的发源地。在动员聚集会众下山的过程中,有大黄江巡检入山讹诈乡民,这更激起了会众的愤怒和起而行动的决心。[1] 这一过程不是一天完成的,其间还吸收了很多新会员,扩大了队伍。如在八月,一天之中就有鹏隘山李进富兄弟二人和杨晚兄弟六人合家连男带女十七八人参加拜上帝会,随后下山到金田集中。[2] 金田韦昌辉家昼夜铸造武器,"竖旗集党",为大本营之所在。

贵县方面的队伍到达金田较早。七月,石达开回到龙山、奇石

---

[1] 参见光绪《浔州府志》卷五十六,《纪事》。其中说,大黄江巡检入山讹诈乡民不遂,冯云山因而激怒其党下山起义。罗尔纲同志以为金田起义系预定计划,激变之说不足信据。以金田起义为临时激变之说,确是不对的。但起义系预定计划,是指洪秀全等领导人早有起义密谋并在事先有所安排准备,这并不排斥利用封建势力的欺压行为以激发群众起来行动。

[2] 参见《李进富供词》,见《太平天国文献史料集》。

等地招集会众,当月十三日就取道六乌山口到贵县、桂平交界的大镇白沙墟驻屯了一个多月,在那里立辕门,开炉铸炮,同时继续招集、扩充队伍,然后到达金田。这支队伍在出发前曾遭到熊姓、刘姓地主团练的拦截,但战斗规模不大。当时广西当局正在查办贵县来土械斗案,地方团练不敢随便过问,因而途中麻烦较少。① 贵县龙山的一部分矿工并没有在这支队伍中,而在十一月底另股会集于金田。②

陆川等地的队伍经历了紧张的战斗。八月,陆川拜上帝会首领赖九率众到玉林州以南四十里的水车江地方,杀败了前来"剿办"的玉林州知州的练勇。"赖九本意欲多结党与,作大队赴紫荆山。至是连日为勇练牵绊,恐争持日久,前途愈阻,遂移往龙安墟,不敢入村,惟在山谷停宿,声言借路,向乡人租借器用造饭。次日早,即趋蒲塘。州壮及博、北各勇亦追至力击,贼且拒且走,忙奔大洋。"③大洋,即桂平大洋墟,在郁江之南。十月十八日,赖九到大洋,当晚即有已到金田的拜上帝会队伍赶来接应。与练勇战斗,互有伤亡。赖九的队伍在二十日前后从上游渡江,到达金田。④

博白县的部分会众参加了陆川的队伍,另一部分从玉林州白马江出桂平大洋墟,经大莫村到桂平南岸之定子桥、旱雷岭,十一

---

① 参见民国《贵县志》、民国《桂平县志》、《太平天国起义调查报告》。前述白沙墟人梁立泰在七月就到金田入营。历史资料中未记有七月到达金田的大股队伍;梁立泰可能就是石达开七月到白沙墟后先行派往金田者。
② 参见梁廉夫:《潜斋见闻随笔》,见《近代史资料》1955 年第 1 期;光绪《浔州府志》。
③ 光绪《玉林州志》卷十八。
④ 参见中国第一历史档案馆藏《郑祖琛等奏郁林等股前往金田并张必禄病故折》,见《太平天国文献史料集》。

月底从牛儿岭渡江,到达金田。①

象州石龙村拜上帝会首领谭要于八月初一日宰杀牲口,祭拜上帝,聚集会众。"有不从者,奔大乐告司汛,司汛以兵团骤至。谭要拒守,兵团不敢近。"但谭要聚集会众的计划也颇受影响。当晚,谭要率众进入紫荆山。②

广东信宜的拜上帝会队伍由凌十八率领,转战千里,始终未能到达金田。凌十八曾在广西平南以种蓝为生,道光二十九年(1849)在广西参加拜上帝会,三十年正月在信宜县其家乡附近大寨等地聚集了数百人,至七月,渐聚渐众,置办军器,与前来攻剿之团练战斗,杀乡勇数十人。咸丰元年(1851)正月,凌十八率党向广西进发,先后进攻陆川、玉林、博白等州县城不克,乃于四月初五日回转广东,后在罗定州罗镜墟被清军消灭。③ 凌十八在途中贪攻城池,未能把握会集金田这一主要目标,其所带队伍纪律也不严明,所以后来太平天国对他采取批判的态度。但他进入广西后,沿途战斗,吸引了部分清军力量,在这一点上对太平军初期的战事也起了一定的配合作用。

广西平南拜上帝会向金田集中的过程中,经历了激烈的战斗,它直接引向了起义的高潮。

平南拜上帝会以胡以晃为首,于九月十三日开始聚集会众到鹏化山区内的花洲。山内会众的聚集经历了一些时间,花黄水一

---

① 参见光绪《浔州府志》卷五十六,《纪事》。
② 参见覃元苏:《象州乱略记》,见《太平天国革命时期广西农民起义资料》上册,第130页。
③ 参见光绪《玉林州志》,[日]佐佐木正哉编:《清末秘密结社资料》。

带的蒙时雍等是于九月十八日去花洲的。当时,洪秀全和冯云山正隐藏在胡以晃家,所以,花洲的活动可以说是在他们指挥下进行的。

在花洲聚集会众的过程中,胡以晃等同平南和鹏化山内的地主团练打过几仗。蒙时雍回忆说,他到花洲后,"十月初一日打大仗"①;清方也有记载说,"十月,胡以晃由花洲攻思旺"②。十月初一日的"大仗"和"十月"进攻思旺是否一件事,打仗的对象是谁,都没有其他记载可以参证。但在十一月初一日却有"打大仗"的具体记录:

> 八峒武生胡以珖亦聚党于鹏化花洲相应。十一月朔,知县倪涛督率兵壮并惠政等里团瑶丁,围剿逆党于花洲,兵败,阵亡练丁四十八人,瑶丁八人。③

接着,胡以晃还向山内花良村的地主团练进攻:"(十一月)二十日,逆焚花良村团长陈宗淮家。"④

这些战斗,说明了在花洲的起义过程中拜上帝会与地主团练斗争的激烈。两天后,十一月二十二日,在金田的杨秀清派出队伍,由蒙得恩带领,于二十四日晨向驻防于思旺墟的清浔州协副将李殿元军进攻,杀秦川巡检张镛等人,获得全胜。这是拜上帝会起

---

① 《蒙时雍家书》,见《太平天国》,第 2 册,第 755 页。
② 《广西昭忠录》卷一,《张镛传》。
③ 光绪《平南县志》卷十八。光绪《浔州府志》所记略同。
④ 光绪《平南县志》卷十八。光绪《浔州府志》所记略同。

义者第一次与清朝正规军大规模交战。关于这次战斗,清方报告说:

> 十一月二十四日黎明,有贼匪三千余人由金田过五洞蜂拥而来,先将守卡及探信兵壮杀散。该副将李殿元等及平南县知县倪涛……各督弁兵壮勇,分路开炮轰击……贼匪旋分三股扑回……兵勇力不能御,退至官村堵截,贼匪拥进思旺墟。①

李殿元逃到平南县城,在思旺墟防御的巡检张镛和桂平、平南的两名团首被杀。金田来的队伍和花洲会众会合,第二天迎接洪秀全由思旺去金田。胡以晃带领一路队伍于二十七日进攻罗掩村,杀团长覃展成等,然后到达金田。

思旺墟一战,被称为"迎主之战"和太平天国起义史上的第一件大事。它之所以被特别强调,据说是由于它包含着有关太平天国革命生死存亡的严重事件:花洲团营开始后不久,清吏即已侦知洪秀全隐藏在山人村,于是李殿元即来思旺墟驻防,围困封锁山人村的出路。胡以晃十月初一日攻打思旺墟未能冲破清军封锁,杨秀清闻讯派人马营救洪秀全去金田,才使革命事业免遭扼杀。

这一说法近四十年来已为我们所共同接受。但对历史的认识总是没有止境的。由于新资料的发现和理解之不同,现在可以说:这一说法中的若干重要环节是大可存疑的。由于这一事件在我们

---

① 中国第一历史档案馆藏《劳崇光等奏进攻金田失利伊克坦布等战死折》,见《太平天国文献史料集》。

过去认识中所占的重要地位，这里不能不稍作考证分析。

首先是在道光三十年(1850)九月十三日花洲团营开始后到十月初一日以前的期间，清方官吏是否已经知道洪秀全、冯云山为拜上帝会的革命领袖并侦知他们密藏在胡以晃家的问题。

如前所述，清朝方面对拜上帝会的革命密谋本是毫无所知的。道光三十年夏秋，陈亚贵等一度攻陷修仁、荔浦县城，引起清廷的恐慌，林则徐被起用为钦差大臣前来镇压，其目标都是在广西蔓延已久而在此时达到高潮的天地会起义者。但到九、十月间，金田韦昌辉家已经竖旗举事，前述从贵县经白沙墟、从象州越紫荆山、从陆川经大洋墟等向金田集中的会众，都已先后到达，有的在这一过程中与官兵、团练发生了冲突和战斗。这时，平南花洲又开始大规模聚集会众。这样，广西当局才逐渐得知在原有的"匪徒"以外，又有新的"匪徒"活动。道光三十年十一月初五日，广西巡抚郑祖琛向皇帝报告说：

> 查桂平县之金田村、白沙、大洋，并平南县属之鹏化、花洲一带及玉林州属，现据该州县禀报，均有匪徒纠聚，人数众多。①

这是金田村和拜上帝会的活动首次出现在清朝官方文书中，迄今所见，以前的官方记录从未提到过金田、花洲等地有"匪徒"活动之事。而且就是在这个时候，清朝官员也不知道这是与天地会

---

① 中国第一历史档案馆藏《郑祖琛等奏捕获钟亚春并进剿金田等处折》，见《太平天国文献史料集》。

不同的拜上帝会,更不知道洪秀全、冯云山是它的领袖。清方将帅确知洪、冯的地位是以后的事。至于洪秀全密藏于山人村胡以晃家,李秀成说"并无一人得知",因此,说九月间已被清吏侦知,也是难以相信的。

当然,郑祖琛是根据州县的禀报得知金田、花洲等地的活动而于十一月初五日向皇帝报告的。州县官获知金田、花洲等处的拜上帝会活动必然要早一些,所以陆川、平南等处拜上帝会的活动都曾遭到州县官率领的团练壮勇的拦截进攻。但这里说的是九月间清吏侦知洪、冯之所在因而李殿元去思旺墟布防封锁的问题。李殿元是浔州协副将,是清方浔州府正规军队绿营的长官,这不是州县官所能调遣的。即使桂平、平南的知县很快就获知了九月中旬开始在花洲团营的活动,也不可能在旬日之内调派一支正规军到思旺墟去布防封锁。

更重要的是考察清军对付拜上帝会的军事部署和李殿元本人的活动行踪。

清朝广西当局派出正规军对付拜上帝会始于郑祖琛向皇帝报告金田、花洲等地有"匪徒"活动之时。他从梧州派出署抚标中军参将成安带兵勇五百人驰赴平南一带"相机剿捕";又要正在贵县的署臬司杨彤如派出抚标游击成保、知县恩龄带兵勇一千余名由贵县折赴桂平;并命浔州府知府顾元凯、桂平县知县李孟群、平南县知县倪涛等"多雇壮勇,协同官兵迅速剿捕"。清廷起用的前来广西镇压各股地方起义的前任提督张必禄刚到柳州,郑祖琛要他带领正从贵州调来的署总兵周凤岐和绿营兵"驰赴桂平、平南相度机宜,督饬剿办"①。

郑祖琛这些部署是十一月初五日上报皇帝的,实际部署是在什么时候呢? 郑奏中有"正在调派间,适张必禄到柳州"之语。按张必禄系于十月二十五日到柳州,所以郑祖琛派兵"剿办"桂平、平南的拜上帝会的部署,时间是在十月下旬。老朽的张必禄于十一月初七日从柳州到桂平,当晚病死,督带贵州兵和广西兵勇的职任便由周凤岐负责。

由此可见,郑祖琛派出军队对付拜上帝会系在平南花洲团营开始后一个多月,其中也没有李殿元。

李殿元在九、十月正在追捕陈亚贵。陈亚贵于七月间一度攻占修仁、荔浦两城,退出后,遭清军阻击,受到损失,进入浔州府境。郑祖琛九月二十六日奏称:"修仁、荔浦大股贼匪窜入武宣之三里墟,经副将李殿元带兵进剿,匪首陈亚溃率党渡河。"②十月初六日又奏称:"修仁、荔浦大伙首匪逃至宾州交界地方……匪首陈亚溃乘间逃窜,副将李殿元、同知吴德徵购线侦捕……将逆首陈亚溃捡获。"③可见九月和十月初李殿元是在武宣三里墟和桂平紫荆山同陈亚贵作战,当然不可能在九月中下旬到平南思旺墟去布防封锁。

李殿元之去平南,是接替郑祖琛署任巡抚的劳崇光派出的。一份于道光三十年(1850)十二月二十七日具奏的奏稿说:

---

① 中国第一历史档案馆藏《郑祖琛等奏捕获钟亚春并进剿金田等处折》,见《太平天国文献史料集》。

② 《剿平粤匪方略》卷二,庚戌年十月初八日。具奏日九月二十六日,据韩品峥、方久忠《陈亚贵事迹考略》一文。

③ 《剿平粤匪方略》卷二,庚戌年十月十七日。具奏日十月初六日,据韩品峥、方久忠《陈亚贵事迹考略》一文。

广西桂平县属之金田村屯聚会匪多人,先经署广西抚臣劳咨会副将李殿元等带兵驰抵思旺墟驻扎。①

劳崇光本人奏报稍详:

浔州桂平县属之金田村,有会匪屯聚,人数众多,经贵州署总兵官周凤岐等督带黔兵二千名及本省兵勇分投防剿,前经奏闻在案,查金田下通平南,恐贼匪被桂平官兵进剿,从下游窜越,当派副将李殿元、署游击宋煜、署都司陶玉德等,督带兵壮驰往,择要安营,实力堵剿。兹据该副将等禀报,先后驰抵平南之思旺墟驻扎。②

此奏于李殿元系何人派出,似不够明确,但结合前面一份奏稿,在思旺墟驻扎之李殿元系据劳崇光的命令行事,实属毫无疑义。郑祖琛系十月二十四日被明令革职,劳崇光于十一月十五日

① 英国伦敦公共档案局藏。奏稿没有具奏人姓名,察其内容,应为当时广西的统帅或两广总督所奏。《李文恭公奏议》没有此奏,李星沅关于思旺墟之战,只在参革李殿元等的附片中附带提到。查哈佛大学东亚研究中心出版的《清代广东省档案指南》(David Pong, *A Critical Guide to the Kwangtung Provincial Archives*)载,英国伦敦公共档案局有一份两广总督徐广缙关于广西桂平堵剿太平军的报告,共5页,日期为1851年1月28日,原编号为F.O.682/391/3(36)。我所见到的这份"奏稿"的伦敦公共档案局复印本,也是5页,第1页封面有"道光三十年十二月二十七日具奏由驿三百里"字样,即1851年1月28日,编号F.O.682/391,均相符,唯以下几个数码复印不清晰。据此,这份"奏稿"基本上可以断定是徐广缙所奏。
② 中国第一历史档案馆藏《劳崇光等奏进攻金田失利伊克坦布等战死折》,见《太平天国文献史料集》。

接印署事。① 所以劳崇光作为署理广西巡抚派出李殿元等必在十一月十五日后。这样，所谓九月下旬李殿元就在思旺墟布防封锁，自然是不可能有的事。

李殿元选择思旺墟地方驻扎，也是不奇怪的事，并不是由于侦知洪秀全密藏在山人村而去封锁出路。思旺墟南距花洲约四十五里，平南县秦川巡检司驻此，是联结平南、桂平的交通要地。劳崇光是为防备金田会众"下窜"平南而派李殿元等去"择要"安营的，李殿元到思旺墟驻扎，这是通常的军事布置。

在李殿元到达以前，思旺墟可能曾有平南县地方壮勇团练的封锁。十一月初一日平南知县倪涛进犯花洲，但遭到惨败。这一次战斗，清方只有平南地方壮勇和团练参加而没有正规军，也是此时李殿元尚未到思旺墟的一个旁证。

根据以上种种，所谓由于李殿元封锁围困而造成严重问题，实属大可怀疑之事。山人村之困可能是存在的，但除了《太平天国起义记》，我们现在找不到其他记载来印证或丰富它的事实。②

杨秀清从金田发人马去思旺墟迎接洪秀全和花洲会众，从军事上来看是一件寻常的事。李殿元虽然不中用，但他进驻思旺，毕竟是在桂平、平南之间打入了一个楔子。此时金田已集中了大多

---

① 参见中国第一历史档案馆藏《劳崇光奏接印日期并筹剿情形折》，见《太平天国文献史料集》。

② 洪、冯被围困于山人村事，除《太平天国起义记》外，不见于清朝方面和太平天国方面的其他记载。李秀成、洪仁玕自述都谈到金田发人马去花洲迎秀全到金田，但丝毫没有去解救围困之意。《太平天国起义记》的说法只是一般地谈到被清军围困。后来把它与其他一些记载连接起来，形成李殿元封锁思旺、胡以晃打大仗不能突破、杨秀清发兵迎救这样的故事，这就可能离开了事实。

数起义队伍,派人拔掉这个楔子以接应花洲会众,这不一定具有什么特别的意义。陆川会众去金田时,金田就曾派队伍到大洋墟接应,这在上文已经谈到了。①

思旺墟之战的胜利和洪秀全到了金田,使会众士气大振,而在清朝方面则是受了一次打击。驻在浔州负责军事的周凤岐于十一月二十九日派贵州清江协副将伊克坦布、署松桃协副将清长带贵州兵为中路,以候补知府刘继祖、桂平县知县李孟群带壮勇团练为左右路,向金田进攻。正在这时,博白的拜上帝会会众数百人和贵县龙山矿区的部分矿工、贵县在来土斗争中失败的客家人到了金田,使起义军力量大增,胆气更壮。据清方报告,清军未到金田,"该匪即蜂拥而出,分股抵敌,人数约有万余","有手执红巾数贼,披发持剑,口念邪咒,率匪众拼死直扑。匪众装束与壮练如一,壮练惊溃。副将伊克坦布亲督官兵奋勇力战……往来冲击,立时阵亡"②。

根据地方志书文献,这次战斗的地点在金田村东南数里的鸡潭、望鳌岭、蔡村,伊克坦布是在策马逃跑时跌落蔡村江桥,被起义战士赶上杀死的。起义军乘胜追击,周凤岐亲来抵抗,且战且退,拒战至一日一夜,才得以逃回桂平县城。

这一战,清方损兵三百,副将大员阵亡,是拜上帝会起义过程

① 也可能洪秀全这时出于某些原因不愿主动前去金田,一直到杨秀清派人去迎接。如果考虑到洪秀全、冯云山在金田团营期间不在金田而去花洲,杨秀清在此期间忽又口哑耳聋直到十月初一日才复开金口的怪病,这种可能似乎不无蛛丝马迹可寻。当然,这只是一种推测。

② 中国第一历史档案馆藏《劳崇光等奏进攻金田失利伊克坦布等战死折》,见《太平天国文献史料集》。

中所进行的最大战斗和所获的最大胜利。几天以后，十二月上旬，洪秀全在金田向起义会众发布五条命令：

一、遵条命；

二、别男行女行；

三、秋毫莫犯；

四、公心和傩，各遵头目约束；

五、同心合力，不得临阵退缩。

这意味着到达金田的各路起义群众，已经组成为统一的纪律严明的大军了。十二月初十日，即公元 1851 年 1 月 11 日，起义军庆祝洪秀全的三十八岁诞辰和起义的胜利，太平天国的革命战争开始了一个新的阶段。

六

太平天国官书上多次提到金田起义，但从未标明具体的日期。五十年来，学者提出和研究金田起义的日期问题，有各种不同的说法。金田起义的日期是道光三十年十二月初十日洪秀全生日那一天，即 1851 年 1 月 11 日，这种说法，较长时期来为国内外研究者所接受。近年来，认为金田起义的日期是道光三十年十月初一日，即 1850 年 11 月 4 日的看法又重新提出，并且提出了新的论证。金田起义的日期再次成为争论的问题。

但是，这两种说法似乎都难以令人信服。

金田起义发生于道光三十年十二月初十日之说，是从太平天国方面的文献记载来论证的。它的主要根据是洪仁玕以及李秀成的自述。洪仁玕说："此时天王在花洲胡以晄家驻跸，乃大会各队，齐到花洲，迎接圣驾合到金田，恭祝万寿起义。"根据这段话，金田起义的日期被认为就是洪秀全"万寿"日那一天，即十二月初十日。旧本《忠王李秀成自述》又有"道光三十年六月，金田、花洲、陆川、博白、白沙不约同日起义"之句，这句话被解释为洪秀全在六月下"总动员令"。六月总动员，十二月初十日在金田起义，是这种说法原来的要点。

但李秀成自述的原稿影印本问世以后，人们发现，"道光三十年六月"句原作"道光三十年十月"，"六月"是曾国藩篡改的。这样，起义日期为十二月初十日之说有了一些新的解释："总动员"的时间改为五月，李秀成"十月同日起义"之句是指十月初一日在金田大团营，然后十二月初十日起义。

但十二月初十日之说及其几点新解释，看来存在着一些困难。

所谓五月动员，其根据大概是洪秀全五月派人回广东接家属。然而，"总动员"和接家属，不能说一定都发生在同一月份，完全可能稍有前后。①

把李秀成"十月同日起义"一句解释为十月初一日金田大团营，尤其难以成立。

所谓十月初一日在金田大团营，于史无征。认为十月初一日

---

① 《忠王李秀成自述》原稿写作十月同日起义，这是并无关碍忌讳的问题，曾国藩何以把十月改为六月？是否他了解洪秀全下令团营是在六月而予以改动的？没有根据，书此以志疑。

在金田大团营的唯一依据，是太平天国《天情道理书》中这样一句话："及至金田团营，时维十月初一日，天父大显权能，使东王忽然复开金口。"但这句话的意思是说在金田团营期间的十月初一日那天，东王复开金口；而不是说金田团营在十月初一日。

所谓团营，就是聚集起义群众。《天情道理书》叙述周锡能事件说：

> 辛开年五月驻扎新寨，时有博白县周锡能禀奏东王，禀称博白真道兄弟姐妹，因团营之时一时仓卒，未得齐来，恳求东王恩准回乡再为团集。①

可见"团营"就是"团集"。《天父下凡诏书》也称周锡能回去"团集""团接"兄弟。② 所以"金田团营"，就是把各路起义者聚集到金田，而不可能指在金田的群众举行操练、演习、会集这一类活动。既然这样，"团营"就不是在一天之中就能实现的事，尤其是"金田团营"，远近不同的起义者经历不同的行程或斗争到达金田，必然需要一个过程。即以"花洲团营"来说，九月十三日花洲团营，蒙时雍等于九月十八日由花黄水之紫薇村起行赴花洲，也不是一天之内就实现了的；九月十三日是在花洲团营开始之日，其实现必经过一段时日。

由此看来，所谓十月初一日在金田大团营的说法，不但不符合上引《天情道理书》那段话的原意，而且于事理也窒碍难通。十月

---

① 《太平天国》，第 1 册，第 376—377 页。
② 参见《太平天国》，第 1 册，第 11 页。

初一日以前,贵县的石达开大股和象州的谭要一股等,早已到金田聚集了,它不可能是金田团营的开始日;十月初一日时,陆川、博白、花洲等地的大队人马还没有到金田,它也不可能是金田团营的实现日。这样,怎么说得上十月初一日是金田团营的日期呢?

退一步说,即使十月初一日金田有过"大团营",也不能认为李秀成的这句话就是指这次"大团营"。因为李秀成所说包括了金田、花洲、陆川、博白、白沙等地的起义者,而十月初一日那天,花洲、陆川、博白的人都未到达金田。

根据以上的分析辩证,可以看出,把洪仁玕的话肯定地理解为金田起义的日期是十二月初十日,又要把它同李秀成的话统一起来,那是难得圆满的。而且,留有供词谈到金田起义日期问题的太平天国将领,还有赖文光。赖文光自述说,"庚戌年秋倡义金田"。赖文光是参加过金田起义的人,何以他的话与洪仁玕不同?太平天国三位领导人谈金田起义日期有三种不同的说法,这就是一个需要深入考虑的问题。

现在再看金田起义日期是道光三十年十月初一日的说法。这种说法在文献资料上的主要根据,是《天情道理书》上的几段话。这几段话的意思和意义,下面将要进行分析。为便于读者判断,把它录在下面:

> 迨庚戌(道光三十年,1850)四月间,东王一旦忽又口哑耳聋……皆私议东王几成病废,以致有不知尊敬东王,反为亵渎东王。及至金田团营,时维十月初一日,天父大显权能,使东王忽然复开金口,耳聪目明,心灵手巧,掌理天国军务,乃奄天

下弟妹，此又可见天父权能，试人心肠之凭据也。即金田起义之始，天父欲试我们弟妹心肠，默使粮草暂时短少，东王、西王诰谕众弟妹概行食粥，以示节省。时有大头妖在江口，全无一点真心，藉名敬拜上帝，于沿江一带地方滋扰虐害……我们兄弟间有不知天父权能凭据者……贪一时之衣食，几为所诱。蒙天兄下凡，唤醒弟妹，指出大头妖乃是贼匪，实非真心敬拜上帝之人……未几而大头妖果然叛逆。我们兄弟幸已释迷返悟，未受大害，且旋将妖党概行剿灭。……此又可见天兄大显权能之凭据也。①

十月初一日起义说认为，这些话明确地指出十月初一日是"金田起义之始"。它也把"及至金田团营，时维十月初一日……东王忽然复开金口"这一句理解为十月初一日金田团营，又把"及至金田团营，时维十月初一日……即金田起义之始"这几句连读，从而认为太平天国自己的文献已确指十月初一日为金田起义的日期。

但《天情道理书》中的这些话显然不能作这样的理解。"及至金田团营"一句，上文已经说过，它不是说十月初一日金田团营，而是说在金田团营期间的十月初一日，东王复开金口。至于"即金田起义之始"句，"即"字义为"当""在"，而且这一句以下是叙述另一件事，它不得与"时维十月初一日"连读从而确定十月初一日为起义日，似乎是更为明显的。

持十月初一日起义说者还从事理方面提出论证。他们认为，

---

① 《太平天国》，第 1 册，第 366—368 页。

起义日应是打第一枪的日子,十月初一日花洲"打大仗",而十二月初十日金田及各处均无战斗,这是起义日期为十月初一日之一证。但是,这个第一枪既然是在花洲打响的,为何太平天国屡称金田起义而不称花洲起义?可见太平天国并不以在哪里打第一枪作为起义的标志。如果说,不管太平天国如何看,作为今天的历史工作者的认识,应该以打第一枪的日子作为起义日,那么,在花洲以前,陆川等地的起义会众早已与清方兵勇进行了战斗,打响了枪声,何以不以那些日子作为起义的日期呢?可见根据这样的理解以确定十月初一日为起义日,也是扞格难通的。

持十月初一日起义说者又从史事方面进行论证。他们认为,据前已引录的《天情道理书》叙述,在"金田起义之始",太平军缺粮吃粥,大头羊张钊在江口墟借名敬拜上帝滋扰,弟兄有受其诱惑者,天兄下凡提醒张钊是坏人,未几张钊果然叛逆;而根据李星沅的奏报,张钊叛降清军是在道光三十年冬月即十一月,这就是说,十一月已经是"金田起义之始"了,这是金田起义日期不得在十二月初十日而应在十月初一日之又一证据。

这样提出问题是有益的,开阔了我们研究金田起义日期问题的思路。但就具体结论来说,似乎仍难成立。这里我们首先略考察张钊降清的事实和日期。

张钊是道光末年活跃于广西浔、梧江面的著名艇匪,反复无

常,专事劫掠。① 金田起义期间,他投奔过拜上帝会。李秀成记其事说:

> 金田之东王发人马来花洲接天王到金田会集矣。到金田,有大头杨、大里鱼、罗大纲三人在大黄江口为贼,即入金田投军。该大头杨到金田见拜上帝之人不甚强庄(壮),非是立事之人,故未投也,后投清朝向提台。至罗大纲,与大头杨两不相和,后罗大纲投之。②

李秀成在自述中旁注说明,这件事是他入营后罗大纲亲自告诉他的。这段纪事没有提到具体日期,但据文中提到的史事推算,张钊等投奔金田似在十一月下旬以后。

张钊向清方表示输诚,大约也与此同时。清钦差大臣李星沅曾追叙其事说,张钊、田芳于"上年(道光三十年)冬月先后赴营投诚",但向荣"均令杀贼自赎,再行核准"③。由此可见,张钊等虽曾于道光三十年十一月向清方投诚,但并未在当时得到核准。张钊是首鼠两端的人,他的这番举动或者是脚踏两只船,同时向拜上帝会和向清方输诚;或者是先投拜上帝会,因不如意而立即转投清方。无论何种情况,由于清方还没有完全接纳他,他依然打着拜上

---

① 道光二十八年(1848)张钊曾受地方招抚,但劫掠如故。他在投诚禀稿中自称:"非行劫掠,无以营生,不抗王师,何以保命……屡欲自新,洗涤虎狼之性;久图安乐,愿归父母之邦。"([日]佐佐木正哉编:《清末秘密结社资料》)他叛降清朝后,劫掠之性不改,又与"会匪"暗通,虽很出力与太平军为敌,终为清统治者所杀。
② 《忠王李秀成自述》,影印本。
③ 《李文恭公奏议》卷二十一,《会奏查覆现在贼首股数并请调云贵官兵折子》。

帝会的旗号在江口墟搞劫掠。十二月初五日,李星沅致函向荣:
"据浔州探报,贼匪大头羊等现在大黄江一带排船安炮,河道梗
塞。"①初六日又函称:"大黄江金田村均离浔州不远,我兵未免牵
制,必以牵制之法施之两处贼匪,使其畏首畏尾,互相猜疑,方能得
手。"②可见直到此时,张钊虽已去投诚过,但仍被清方看作"贼
匪",与金田相提并论。直到十二月中旬,张钊向江口墟的太平军
公然开火打仗,才真正成为清朝的鹰犬,暴露了他"果然叛逆"的真
面目。③

据上所述,张钊降清虽在道光三十年(1850)十一月,但他"果
然叛逆"的面目却到十二月中旬才暴露。从张钊"叛逆"的时间来
推断,起义日应为十月初一日而不得为十二月初十日,似乎并无说
服力。

还需要进一步考虑的是,即使肯定了张钊"叛逆"的时间是在
十一月,也不能帮助我们确切判断金田起义的日期。因为"金田起
义之始"这一用语是比较笼统的,它并不是一个明确的日期观念。
关于张钊"叛逆"的时间,我们可以另外找到说他在十一月底已同

① 《李文恭公文集》卷九。
② 《李文恭公文集》卷九。
③ 李星沅十二月初八日致向荣信有"大黄江一股如何接待,并望筹之"之语;初十日
致向荣信有"大头羊等如果归心,随同出力,即可令冲头阵";十七日致向荣信:"再
刘守寸所收之人(按:即指张钊)是否真心出力? ⋯⋯外间传闻异词,此间未能悬
断。"凡此均可看出,清方并未认为他已实心投降。十二月十八日,李星沅"致杨中
觊廉访"说:"(太平军)闻在本黄江与大头羊开仗,此亦因利乘便之时。"二十一日
致向荣:"大黄江彼此相持,似可因利乘便。"二十一日致劳崇光:"金田会匪⋯⋯且
踞大黄江墟,以毒攻毒,尚无小效。"(以上均见《李文恭公文集》卷九)从十二月中
旬起,张钊以实际行动表明他愿"杀贼自效"。

拜上帝会打仗的记载。两广总督徐广缙曾奏称,张钊、田芳、侯志、关钜等经劳崇光准其投诚,"旋经候补知府刘继祖督率在金田剿捕会匪,毙贼一百余名"①。这一仗就是十一月二十九日伊克坦布进攻金田之役。我们假设这一说法是符合实际的,张钊确已在十一月份内完全叛变②,那也难以由此而证明金田起义究竟发生在哪一天。《天情道理书》中提到的在"金田起义之始"发生的事,除张钊叛变以外,还有因缺粮而一概吃粥的事,我们可以查考一下"概行食粥"发生在什么时候。据清方于咸丰元年(1851)正月二十日报告,此时起义军已有粮食紧张的情况,"连日探闻该逆现在情形,人众粮少,其心更狠更急,是以各处饱掠,惟粮是务"③。向荣于是"拔营佛子岗,断思旺墟贼之粮道。贼本口粮将绝,经佛子一梗,日食两碗稀粥。用是,二月初五日舍命来拼,直围大营"④。由此可知,太平军"概行食粥"是咸丰元年正月中下旬在大黄江口后期的事。张钊叛逆发生在道光三十年(1850)十二月(或十一月),吃粥的事发生在次年正月中下旬,太平天国官书把这两件事联在一起,都写作"金田起义之始"的事,可见我们不可能从中找到金田起义究竟发生于哪一天的具体答案。它既不能表明金田起义发生在十月初一日,也不能表明金田起义发生在十二月初十日。

---

① 《剿平粤匪方略》卷三,咸丰元年三月二十八日。

② 徐广缙此奏的真确性是可以怀疑的。如果十一月二十九日张钊等已经打仗立功,身在广西的钦差大臣李星沅自不致在十二月初五、六日尚以之与金田相提并论,称为"贼匪"。

③ 中国第一历史档案馆藏《周天爵奏接印日期及韦源玠屯踞大黄江情形折》,见《太平天国文献史料集》。

④ 见《周天爵致赛尚阿信》,咸丰元年四月二十五日。

金田起义的日期问题,无论是十二月初十日说或十月初一日起义说,都经过专家的长期研究,但如上文辩证的,它们的论据都存在着难通难解的弱点。这是什么原因呢? 我认为,这不是由于他们的研究不精深,而是由于他们提出的问题——金田起义究竟发生于哪一天,是不可能解决的,是不存在答案的。

这就是说,金田起义不是只发生于某一天的事,因而我们不可能确指金田起义发生在哪一天。

从事理而言,任何事物的发生、灭亡都有其时间的标志。但这种时间的标志,并不总是以日、以二十四小时为尺度的。一个人体的新生命的出现,可以从脱离母体起算而确知其诞生时日,但一个新社会的出现,如资本主义之代替封建主义,过程就复杂得多。在客观上和我们的主观认识上,资本主义的出现也应该有时间的标志,但这是一个过程,我们很难说某一天就是资本主义的发生日。

人民起义是一种政治军事活动,当然没有那样复杂。但起义也有不同的形式和内容,因而发生起义的时间标志也并不总是以日、以二十四小时作为尺度的。辛亥武昌起义,10 月 10 日晚工程营的枪声就是它的标志;俄国十月革命时期的彼得格勒起义,11 月 7 日阿芙乐尔号巡洋舰的炮声就是它的标志。这是一类情况。但也有一些起义,并不是只由一时一地的事件组成的。例如辛亥年因四川保路风潮引起的保路同志军起义,从 8 月筹划起义到 9 月进攻成都到随后攻略各州县,历时数月。① 对于这样形式的起义,我们就不能说它发生于某一天。除非后世为了某种原因确定这个过

---

① 参见章开沅、林增平主编:《辛亥革命史》中册,北京,人民出版社,1980。

程中的某一天作为它的起义纪念日——但这是另外性质的问题。

我认为金田起义正属于这类情况。金田起义是发生在大约道光三十年(1850)夏到冬十二月初的一个过程,包括了一系列的活动和斗争,因而我们不可能指明它只发生于某一天。

研究太平天国起义前的历史,我们可以看到,无论洪秀全等领袖人物早有何种革命意识,早有何种起义准备,就拜上帝会全体的活动而论,在洪秀全通知各地会众到金田集中以前和以后,却有明显的性质上的不同。这一通知,标志着拜上帝会的历史从由少数人密谋准备起义的阶段进入了由多数人公开实行起义的阶段。洪秀全本人就把这一通知看作他的计划中的决定性步骤。通知以后,各地拜上帝会纷纷聚集会众并向金田会合。这一过程中的拜上帝会,具有了作为一个独立于清朝封建政权以外的武装革命团体的性质。它不但与封建官府和法律相对抗,而且多次与封建军队兵戎相见。他们在金田"竖旗集党";他们在一些地方"立辕门,开炉铸炮";他们在一些地方与官兵打仗,有的在战斗中杀死清方兵勇数百人之多,还杀了清朝的文武命官。这些活动在上文已经提到。这里可以补充的是,他们还自行封官设职。据《洪仁玕自述》,洪秀全将各地拜上帝会队伍"俱立首领,偏(编)以军帅、师帅、旅帅以下等爵"①。梁立泰家册记梁立泰七月到金田入营,八月封两司马,九月升旅帅。② 而封官设职是树立政治统治的标志。所有这些在洪秀全通知以后在金田和在其他各地发生的"竖旗集党"、开炉铸炮、封官设职、武装斗争、杀官杀将等,无一不具有起义的性

① 《太平天国》,第 2 册,第 850 页。
② 参见《太平天国》,第 3 册,第 126 页。

质,无一不可以称为起义。但由于金田是所有这些活动的中心地,由于所有这些活动都围绕着一个预定的要求,就是把分散在各地的起义队伍会集在金田,在那里进行统一编组,统一行动,所以这个起义过程,在太平天国被总称为"金田起义"。它包括了洪秀全通知以后各地拜上帝会的活动和斗争,包括了白沙起义、花洲起义、陆川起义、象州石龙起义等。它大致开始于七月间贵县会众从龙山会集于白沙然后到达金田的斗争活动①,经历了几个月,至十二月初各地各路起义群众基本上会集到金田,标志着起义已经胜利实现。

如果把金田起义只理解为某一天在金田发生的事情,那么,在这一天以前和在金田以外所进行的许多斗争,其中包括多次流血战斗,就都不能被看作起义了,而这是不能令人信服的。如果把金田起义理解为以金田为中心的包括各地拜上帝会的活动和斗争,那也就不存在金田起义发生于哪一天的问题,不存在金田起义究竟发生于十二月初十日还是十月初一日的问题。

或者说,作为今天的历史工作者,我们可以把金田起义理解为包括各县各地斗争的一个过程,但太平天国自己的看法如何呢?他们是否只把这个过程中的某一件事看作金田起义的标志,或者只把在金田发生的事看作金田起义,因而我们仍然可以、仍然需要找出某一天是金田起义的日期呢?

这样,我们需要进一步考察。

太平天国的官书如《建天京于金陵论》《太平救世歌》《天情道

---

① 在洪秀全通知以后,现存记载中各地会众起义以此次为最早。

理书》《行军总要》《天父诗》《醒世文》等,太平天国领导人和将领的文书如洪仁玕、李秀成、赖文光、赖裕新、李世贤等的自述、布告,都提到过起义或金田起义。除洪仁玕、李秀成等的自述中的某些话已被作为研究日期问题的资料以外,大多数关于起义或金田起义的文句是被作为太平天国革命进程的起点来提及的,如"自金田起义以来""自粤西起义以来",不涉及时间和意义问题。但也有一些文献中的提法,显示了太平天国自己对起义和金田起义的理解。

如太平天国戊午八年(1858)刻印的《醒世文》中有这样两句:"溯自广西倡大义,金田各处起天兵。"①所谓"金田各处",自然是金田和其他各处之意。太平天国认为,金田和其他各处的斗争,都是广西倡义的一部分。

又如《忠王李秀成自述》,除了说"十月金田、花洲、六(陆)川、博白、白沙不约同日起义",还说,"此时我在家,知到(道)金田起义之信";又说,"花洲山人村起义处所隔大黎我家中七八十里","起义之处与我家两隔七八十里"。这里不说"不约同日起义"作何解释,只说李秀成的用语。李秀成说了几个地方同日起义,但又以"金田起义"来概括代表它们;说了"金田起义",但又说了"花洲山人村起义"。可见,在李秀成的观念中,"金田起义"也不是只包括在金田一地发生的事。

以上是太平天国和它的领导人对金田起义或起义的地域范围的理解。下面再看他们对起义的时间范围的理解。

《天情道理书》说:"又举广州罗镜墟一班兄弟不能坚耐、不能

---

① 《太平天国》,第 2 册,第 504 页。

和傩者言之。我们起义之时,伊等亦来,遵天父天兄圣旨回去团营,亦是同拜上帝,共扶真主。"①广州罗镜墟一班兄弟,即指信宜凌十八等。道光三十年(1850)凌十八从广西回广东有两次,一次是正月,一次是七月。② 正月、二月发动团营,似乎过早,与广西各地的团营不一致;七月在大寮与团练兵勇有激烈战斗,凌十八团营时间一般认为应在七月。这样,根据《天情道理书》的这段话,凌十八在道光三十年七月从广西回去时,太平天国已称为"我们起义之时"了。

同一本《天情道理书》还讲到"金田起义之始"发生的"概行食粥"和张钊叛变两件事,这两件事上文已经考明发生于道光三十年十一、十二月和次年正月。这说明,道光三十年末和次年年初也可以被称为"金田起义之始"。

这样看来,在太平天国官方的观念中,"金田起义"的时间范围是相当宽的,道光三十年七月被称为"起义之时",直到年底和次年年初还被称为"金田起义之始",包括了半年时间。

了解了太平天国关于金田起义的地域范围和时间范围的观念,我们就可以理解太平天国的官方文献为什么从来没有提到金田起义发生于哪一天,因为他们本来就不认为这是指某一地某一天发生的事。

在金田起义研究中,人们大都认为团营和起义、金田团营和金田起义是两件事,认为先是团营,然后起义,力图分别确定它们的

---

① 《太平天国》,第 2 册,第 386 页。
② 凌十八正月、七月都从广西回去,此据信宜怀乡司巡检陈荣的禀稿和叶名琛奏稿,均见[日]佐佐木正哉编:《清末秘密结社资料》。

具体日期。本文认为金田起义包括了各地会众会集到金田的过程中的一系列活动和斗争，自然也认为团营就是起义，金田起义就是金田团营。"团营"和"起义"这两个词，是对这同一过程从不同角度所作的概括。从这一过程中会众所实现的地位和地理变动来说，他们要离开家园聚集于一处，成为革命大军中之一员，这可以称为"团营"，也就是"团集"；从这一过程中会众活动的政治性质来说，又可以称为"起义"。太平天国用语中确有团营、起义两个不同的词，但实际上是一回事，是指同一过程，因而也可以认为是同义语。

例如蒙时雍家书称九月十三日开始在花洲聚集会众为"花洲团营"，而这件事在前已引述的《忠王李秀成自述》中就称为"起义"，称为"花洲山人村起义"。这说明，起义、团营在他们心目中并无区别。

特别能够说明这一点的是洪秀全亲撰的《御制千字诏》。它的下半段历数丁酉年（1837）升天直到建都天京的重要事迹，其中有"癸卯斯载，如晦如曙"等句，即讲了他在 1843 年读《劝世良言》和同冯云山出游广西之事；有"甫届戊申，孰降苍穹"等句，讲了杨秀清、萧朝贵天父天兄附体传言之事；有永安突围，"益阳桥浮"，"洞庭早驱"，"皖省直进"，一直讲到"舆驻建康"。在这样的历史过程的叙述中，洪秀全不可能不讲到金田起义。值得重视的是，在应该讲到起义或金田起义的地方，却没有"起义"或"金田起义"字样的文句，而只有"团营鏖战，仗剑挥刀"两句。这说明，洪秀全认为"团营鏖战"就是起义。

确认团营、起义在金田起义历史上是指同一过程的两个词，可以帮助我们理解某些太平天国的文献资料；反之，就会引起难以索解的困难。如《天情道理书》称道光三十年（1850）七月叫凌十八回去团营之时为"我们起义之时"，但随后又说"及至金田团营，时维十月初一日……东王忽然复开金口"。如认为团营、起义是两回事，先团营后起义，那么，这里的语句却是先起义后团营，不是不可理解了吗？

团营就是起义，金田起义包括了各地会众的团营和他们会集金田的斗争，这样理解也可以对历史资料中关于金田起义日期问题何以有各不相同的记载，给予一种可能的解释。

关于金田起义的日期问题，在当时或稍后的中外记载中就有多种说法。太平天国方面，洪仁玕、李秀成、赖文光的说法各不相同，前面已提到了。清朝方面，早期参与镇压太平军的广西右江道严正基说，道光三十年十月洪秀全"起事金田"；地方志书如光绪《浔州府志》说，道光三十年四月"红巾贼倡乱于桂平金田"；《平桂纪略》说，道光三十年六月金田村洪秀全"作乱"。这些记载为研究金田起义日期的论著所常用，这里不必一一详引。总之，四月、六月、八月、九月、十月、十一月各说都有。

我们往往从这些不同的记述中去考证哪一种说法可以作为金田起义发生的日期。但我们可以这样设想一下，如果金田起义确切地发生于某一月某一天，何以太平天国人士和熟悉情况的其他人士会有这样多的不同说法呢？难道一定是其中只有一种说法是对的，其他说法都是错记或妄说吗？

如果认为金田起义不是发生于某一天的事，而是由一系列的活动和斗争联结成的一个过程，那就可以考虑，这些不同的说法除了确属妄说者,可能是由于它们各自触及了这个过程中的某一件事,因而造成了记载的歧异。

例如赖文光所说的庚戌年(1850)秋倡义于金田的话。很可能是由于这年秋天起义团营达到高潮,赖文光本人也适于此时到达金田,所以他用这样的言辞来概述金田起义。

又如李秀成所说金田、花洲、博白、陆川等地在十月不约同日起义的话。查考这几个地方的实际情况,并没有同日团营起义的记载,因而人们认为这是他的错记。但李秀成接着又有这样的话:"此之天机变化多端,实不详周。"似乎当时曾有宗教性的具有神秘色彩的活动。他可能是把起义过程中的这一神秘活动当作起义的标志。至于其他人士,他们所记的,可能也是见闻所及的某一件事,如有的可能把在韦昌辉家"竖旗"看作"倡乱"之期,有的可能把某地会众到达金田的某次热烈场面看作起义,有的可能把拜上帝会的某次武装斗争看作起事之始,如此等等。

也有一些常被引用的说法,实际上所指并不是金田起义的日期问题,但被我们误作为金田起义日期问题的考证研究对象。

例如密迪乐的说法。密迪乐在其所著《中国人及其革命》(*The Chinese and Their Rebellions*)中提到的 1850 年 10 月上旬,被当作金田起义日期问题之一说。

密迪乐在金田起义时期曾任英国驻广州副领事,勤于搜集当时两广动乱情况的消息,1853 年又曾去天京访问。他的说法似乎值得重视。但密迪乐提到的这一日期,实际上并不是对"金田起义"发生在哪一天这样性质的问题的回答。

密迪乐认为,洪秀全发动反清革命是不得已的,也就是说是受清吏迫害而临时激变的。他引述韩山文的《洪秀全之异梦及广西乱事之始原》(即《太平天国起义记》)一书中的许多段落,引述了洪秀全、冯云山隐藏于山区朋友家里被清吏侦知而遭封锁和杨秀清前去迎救,引证了洪秀全发出通知要各地教徒会集于一处和各地教徒扶老携幼聚集在洪秀全旗下的记载,以证明他的看法。然后,他说:

> 无论从革命军的出版物、韩山文先生的书,或是从北京的京报,我都不能发现刚才叙述的那些事件的确实日期;但对所有这三种材料中的事实加以比较,表明它们发生在大约 1850 年 10 月初。所以,迄今已经奋斗了五年以驱逐满族和建立太平新朝的宗教—政治革命,是在 1850 月 10 月开始的。[①]

可见,密迪乐说的是洪秀全等因受迫害而从宗教革新转变为政治斗争的时间问题,是指洪秀全隐藏于山人村和各地教徒根据洪秀全的通知而向一处会集等事件的时间问题,而不是指人们所讨论的金田起义发生在哪一天的问题。密迪乐关于革命是由迫害而临时激发之说是不正确的,他关于激发之时发生的一些事件的日期,由于所见材料不足,判断为 10 月初也不准确;但他看出了这些事件的政治革命性质,这对于我们不把金田起义只理解为一日一地之事,倒是可供参考的。

又如白伦(L. Brine)的《中国的太平革命》(*The Taiping*

---

① T. T. Meadows, *The Chinese and Their Rebellions*, pp. 143–144.

Rebellion in China)一书中的说法,也被作为金田起义日期问题之一说。实际上,白伦所举的日期也不是对金田起义发生在哪一天这样性质的问题的回答。白伦在书中同样引述了《太平天国起义记》中关于洪秀全通知各地会众到一处会集直到洪秀全占领了一个富裕的市镇(江口墟)这一段,然后说:

> 占领这一市镇,是首次公然反抗官吏的权力和首次对军队实行正规的抵抗,所以,可以被看作太平革命的开始。其日期很难确定;但是,根据当时的京报和韩山文的书所提到的一些日期判断,它一定发生在大约 1850 年 11 月或 12 月,或 1851年 1 月初。[1]

可见,白伦所说的日期是推测起义军占领江口墟的日期。他研究的是太平革命开始的时间,而他判断这一点的根据是对清朝官吏和军队的对抗。这种研究方法也可供参考,但由于他不了解起义军在占领江口墟以前已同清军对抗的许多具体事实,不了解起义军占领江口墟的具体时间,因此他判断太平天国革命开始的时间并不准确。显然,他的说法并不能回答金田起义究竟发生在哪一天的问题。

研究金田起义的日期问题包括两方面。一是它的事实方面,即就客观事实而论,金田起义是否发生于某一天? 金田起义是发生于某一天的事,还是发生于某一段时间内的事? 在这方面,上文

---

[1] L. Brine, *The Taiping Rebellion in China*, 1862, p. 112.

已经试图反复说明,金田起义是指一段时间内的活动和斗争,因而不存在发生于某一天的"日期"问题。

研究金田起义日期问题的另一方面,是它的"法理"方面。这是不很恰当的借用词,意指金田起义的当事者太平天国方面对于日期问题的观点或规定。这就是,金田起义的事实固然是不只发生于某一天,但太平天国当局是否只取其中某一天的事以之代表金田起义呢?是否有一个起义的纪念日或宣布日呢?在问题的这一方面,上文已经考察了太平天国文书文献中对于金田起义的提法和理解,它们把金田起义延伸为一段时间内的活动,这在事实上表明了太平天国并没有这样的起义纪念日或起义宣布日。

认为有这样的宣布日的唯一根据,仍是《洪仁玕自述》中的"恭祝万寿起义"一句话。把洪仁玕的这句话解释为十二月初十日是起义宣布日,这是十二月初十日起义说的新近的发展。但这句话中,"恭祝万寿"的意思是明确的,而"恭祝起义"却不一定能理解为宣布起义。洪仁玕在说"恭祝万寿起义"一句以前,已说到了"金田起义之始"的多次斗争,"恭祝起义"理解为庆祝起义的胜利或实现,不是更恰当一些吗?如果真有过这样的宣布日或纪念日,太平天国人员在叙述金田起义而又涉及日期问题时,必然要以这个宣布日或纪念日为准。而事实是,洪仁玕、李秀成、赖文光的说法各不相同。一方面肯定有这样的宣布日,而另一方面又认为李秀成、赖文光这样的太平天国重要人物不知道或忘记了这个日期,那是不可思议的。由于十二月初十日只是庆祝了洪秀全的生日和起义的胜利实现,并不是法理上的起义宣布日或纪念日,且庆祝生日和庆祝胜利的事是以后也常有的,因而李秀成、赖文光都没有提到它,都没有把它当作金田起义的日期,这样解释可能是更合理的。

当然,金田起义并不是发生于某一天,太平天国并没有一个起义宣布日或起义纪念日,这并不妨碍后人确定某一天作为纪念金田起义的日子。这是不同的问题。既然在起义过程中有过在洪秀全生日那天庆祝起义胜利的事,我们把这一天作为后人纪念金田起义的日子是完全可以的——只要不把这个纪念日当作金田起义的发生日。

七

从道光三十年(1850)七月到十二月初的近半年时间,各地拜上帝会会众高举义旗,纷纷会集金田。在这段时间中,金田究竟聚集了多少起义群众? 换句话说,金田起义时究竟有多少人? 这个问题,现在只有不完整的情况可资稽考。

据民国《贵县志》《桂平县志》,贵县石达开原聚集了一千多人,在白沙墟驻屯月余,扩充至四千人而至金田。

贵县有另股矿工和在来土械斗中失败的"来人"一起归附金田。他们的人数,据民国《贵县志》,共为三千余人。[1] 大抵这些矿工也是来人,参加了当时的来土斗争[2],所以光绪《浔州府志》中所说归附金田的三千多来人,应已包括这些矿工在内。

---

[1] 光绪《浔州府志》未提到矿工,只说"来人"归附金田者为三千余人。参见中国社会科学研究院近代史研究所藏《浔州府志》,油印翻刻本。

[2] 《潜斋见闻随笔》:"三十年土来械斗,败后,矿徒恶类,半随会匪而去。"又说县北龙头等山银矿,"深山穷谷,居住俱系来人,三十年土来械斗,败后,多随会匪而去"。

赖九率领的陆川、玉林、博白的起义者,《洪仁玕自述》和民国《陆川县志》但称有数千人。光绪《玉林州志》说陆川、博白"匪党"五六千,在玉林州水车江附近乡村,又有相当扩充。这样推算,其总数应在六千人以上。

据光绪《浔州府志》和民国《贵县志》,在赖九的队伍之外,博白另有数百人到达金田。《李进富供词》说,"小的知博白有三百多人",可能就是指这数百名博白教徒。

象州石龙村谭要发展的会员"殆千计",但聚集赴金田时,匆促间并未招集全部。他带去金田的大约为数百人。《洪仁玕自述》说象州有数千人到金田。如果这样,则应包括象州其他地方团营起义的人,其情况今已失载。

关于紫荆山和金田附近聚义的人数,简又文以为:"紫荆鹏隘山一带之会众共有三千余人,入伍至少二千。"①所谓"紫荆鹏隘山一带之会众共有三千余人"之说,别无所征,似据自他译的《太平天国起义记》:"在此患难中彼等央求拜上帝会教徒之庇护。此时拜上帝会教徒人数约有三千,散居于各县。"②这段话确是我们经常利用的。但查对韩山文书的原意却不是这样。原文作:

In this distress they sought refuge among the worshippers of God, who at that time lived dispersed in several districts, in congregations counting from one to three hundred individuals.

---

① 简又文:《太平天国全史》上册,第205页。
② 《太平天国》,第6册,第868页。

它的意思是："在此患难中，他们（指失败了的客家人）在拜上帝者中间寻得了庇护，那时拜上帝者散居在几个县份，组成了一些团体，其人数从一百至三百不等。"可见关于"教徒人数约有三千"之说纯系误译，如把这一句译文作为紫荆山教徒的人数，更不妥当。但简又文说紫荆山一带有两千人入伍，可能不错。光绪《浔州府志》称紫荆山和金田竖旗集党仅得三百余人。但金田村韦昌辉一族赴义的就有一百多人。① 根据前引《李进富供词》，鹏隘山中在八月的一天就有十七八人参加起义。从这两例推测，所谓紫荆山、金田聚义者仅三百余人之说，必不可信。三百余人或是指三百余户，则连同男妇老幼约两千人，容或近似得之。

平南花洲团营人数无记载可考。《李进富供词》说："花洲有三百多人，王、卢、曾姓最多……均能打得仗的。"三百余人既指壮丁，则全股连同老弱似应在千人以上。其他各地团营起义到达金田的情况，均失载无考。光绪《浔州府志》称有桂平苏十九一股勾客民依附洪秀全，未记人数。又罗大纲等在道光三十年（1850）冬投效金田，其队伍似应仍在大黄江而未去金田，人数亦不详。

各地拜上帝会带领去金田的起义队伍人数，有的出于推测和估算，有的在历史资料中虽有记载，但可能有失实处，还有些地方连这样的记载和数字也没有，因此，金田起义的总人数似不可能以加法得之。清钦差大臣李星沅在咸丰元年（1851）二月十一日即金

---

① 《太平天国起义记》说，"单是韦政就带来了他的家族约一千人"。按韦家系从广东迁来，先到平南，后分支到桂平，五房各居一乡，金田韦姓乃第三房之后，起义前金田韦姓约二百人。一千人之数如可信，当包括桂平、平南各房合计。以金田村而论，简又文《金田之游及其他》说韦家与义者有一百多人，似较可信。

田起义后不久奏称："确探贼中强寇以及裹胁男妇，总在二万内外。"①《李进富供词》也说："大约男妇二万多人起首，能打仗的有三千人。"参考各地赴义人数的一些记载，两万人左右之数，可能是比较符合实际情况的。

金田村在当时是一百多户六百人口的村落，两万人都集中到这样的小村，是不可能的。所谓洪秀全通知各地起义会众到金田集中，并不只是指金田村一地。李星沅在道光三十年（1850）十二月初五日给向荣的信中说："府城对岸又有金田村尚弟会另股贼匪纠结十二村为患，号称万数。"②可见会集金田的起义者系分驻于以金田村为中心的十几个村落。

金田村位于紫荆山的南麓，村后有犀牛岭，上有古营盘和草场，可作练兵之地。金田村背靠紫荆山，而向东南直到大黄江口，则是一片纵长二十多里的平原，其间村落环布，土地肥沃，粮产丰富。从金田村南行八里就是新墟，又称"大宣墟"，是水陆交通相当便利的商业集镇。在金田起义过程中，拜上帝会的势力曾控制新墟，要求民间开枲互市③，这自然是为了解决粮食给养问题。

两万人的给养，是个大问题。起义军依靠打劫附近反动绅富和会众贡献财产以解决给养的来源和财源，而以实行公库共享的办法在内部进行分配。

---

① 《李文恭公奏议》卷二十一，《会奏查覆现在贼首股数并请调云贵官兵折子》。
② 《李文恭公文集》卷九。
③ 光绪《浔州府志》卷五十六："采册云，贼党既众，勒（新墟）民间开枲，互市如常。"又据民国《武宣县志》，起义队伍于十月十四日曾"移屯新墟"。

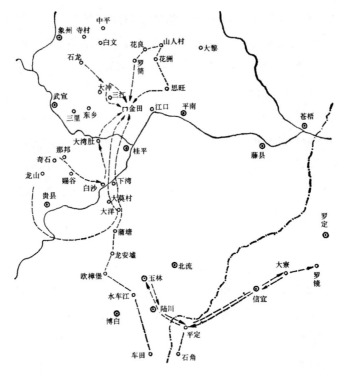

金田起义路线示意图 *

---

* 1.图中的虚线箭头,表示各地起义群众向金田会集的路线。

2.本图所标出的地名,参考了同治《广西全省地舆图说》、光绪《广西舆地全图》、《广西图》(1915—1917)等以及一些现代的地图。其中少数地名在各种地图中均未标出,本图系根据有关方志所提到的方位大致标示。

3.在到达金田的各路群众中,据光绪《浔州府志》,有一路是来土斗争中失败的来人,会合了博白教徒数百人,"聚玉林白马江,出桂平大洋墟,径大莫村,屯定子桥、旱雷岭",于离桂平县城三十余里之牛儿岭渡江到金田。经查《玉林州志》,没有找到名为白马江的地名或河流,在《桂平县志》中也没有找到牛儿岭的地名。所以这一路群众前去金田的路线,所能确定的只是大洋墟、大莫村两个点。其中,大莫村系根据《桂平县志》记大洋墟、大莫村都在上都里而标示。定子桥即在大莫村,系通大洋墟之桥梁。

关于打劫反动绅富,清方资料中有这样的记载:

> 金田贼势渐蔓延,搜括附近绅富无噍类。①
> 金田会匪日肆披猖,竟敢焚掠勒赎。②
> 洪秀全倡乱,所过富室一空,掘土数尺。③
> 当逆焰初张时,所过粤西州邑,搜刮赀粮,每遇富室巨家,必掘土三尺。④

这是太平天国"打先锋"的开端,在当时是获取给养的重要来源。

在起义初始,会众贡献自己的财物,具有重大的作用和意义。拜上帝会大多数会员是寒苦之人,但也有一些富有之家。无论贫富,起义时大都全家从军,变卖了自己的房屋田产献给拜上帝会。这具有政治上经济上的双重意义。在政治上,穷苦之家的财产本极微薄,但这一行动表明了起义群众义无反顾、与团体同生共死的关系,使起义军内部有极大的团结力。在经济上,会众捐献产业,特别是一些富裕户的捐献,也帮助解决了起义初期的给养问题。

捐献家产为起义费用的,较著者有韦昌辉、石达开。太平天国官书上称他们出身"富厚之家","不惜家产,恭膺帝命,同扶真主"⑤。清方的记载说韦昌辉"献银数万入伙",石达开"献贼十数

---

① 光绪《浔州府志》卷五十六。
② 《李文恭公文集》卷九,《粤西军书·劳辛阶中丞》,道光三十年十二月二十一日。
③ 《贼情汇纂》卷一,见《太平天国》,第 3 册,第 47 页。
④ 《贼情汇纂》卷十,见《太平天国》,第 3 册,第 271 页。
⑤ 《天情道理书》,见《太平天国》,第 1 册,第 371—372 页。

万金入伙"①,根据韦昌辉家庭只是当地的一般地主、石达开家庭只是小地主或富农的实际情况,捐献的数字显然被夸大了,但他们倾家赴义则是确定的事实。此外还有周胜坤,"家本富有,素业质库",起义时"馨家以献",吴可亿"素业质库,家饶资财",起义时"举室从贼"②。

会众捐献的财产和打劫反动绅富所得的财物,统由一公共机关掌管,全体会众的衣食按平均分配的原则从这里取给。这种办法在部分会众联合在一起以御公敌的时期就已经实行了,在团营起义时成为全体人员的准则。这就是后来成为太平天国特色之一的圣库制度的开始。这一制度要求在起义队伍中实行人无私财和公有均分。它在起义初期起了很大作用。它有利于保障供给和保障团体对于个人的控制,有利于加强会众的团结互助和发扬斗争精神。同时,会众获得衣食的保证,因而使许多穷苦人民"因食而随",有利于扩大起义队伍。这一制度在起义时期雷厉风行地实行了。起义群众若不遵守同衣同食的规定,即予驱逐。张钊等人来投奔时,拜上帝会派人到他们队伍中去宣讲上帝教,其中有一人接受了巨金馈赠而不上缴,结果被处死刑。

这种公库共享制度,适应了起义战争的需要。但后来太平天国试图长期坚持这种制度并试图把它扩大至全社会,说明洪秀全等初时实行这种制度并不仅仅是为了适应起义需要的权宜之计,而是他们的一贯思想。这是有着较深刻的社会原因和思想渊源

①《贼情汇纂》卷一,见《太平天国》,第3册,第48页。
②《贼情汇纂》卷二,见《太平天国》,第3册,第60—67页。

的。谋求温饱是封建制度剥削压迫下的穷苦人民的基本要求,这种要求在封建社会中到处不能实现,正是社会矛盾和动乱的基本原因。洪秀全触及了这一基本的社会问题,实行公库共享制度以保障人们的温饱,是他的社会思想的核心,是他的救世方案。洪秀全的思想吸收了中国古代的不少文化遗产,而关于公库共享制度的思想,还可能包括从《圣经》中吸取的养料。这一切说明,拜上帝会起义实行公库共享制度并非偶然,而是太平天国运动独特的社会政策和意识形态的一部分。

拜上帝会的公库共享制度同当时广西天地会起义者中的"米饭主"的关系,曾引起人们的重视,有人相继提出过一些看法。有的认为"米饭主"就是"管吃饭",是为了解决穷苦人的吃饭问题而出现的,它也实行财物归公的办法,所以"米饭主"与拜上帝会的公库共享制度相似,有的还以为拜上帝会的公库共享制度是"米饭主"的继承发展。

其实,这两者是完全不同的事物。

广西地方文献关于 19 世纪 40 年代以后的社会动乱情况的记载中,屡有"米饭主"的名称出现。先于拜上帝会起义的著名的陈亚贵,"道光二十九年八月叛扰(武宣)东乡……以刘观先为米饭主"①。这个刘观先是地方团练首领。河池韦世尧等"素为股匪米饭主",他在道光三十年冬与天河韦玉麟等劫庆远各属。② 韦世尧是当地天地会的首领。平乐杨西安"称连义堂,有众数万……为米

---

① 光绪《浔州府志》卷五十六。
② 《堂匪总录》卷三。

饭主"①。北流凌二妹,"土匪外匪倚为米饭主,二妹亦恃股匪为援,据巢固守"②。凌二妹、杨西安都是地方起义者中的一大势力。关于"米饭主"和依附"米饭主"者的关系,缺乏概括性的材料可供征引,但从片断记载中仍可见其梗概。如:

> 张贵和,桂平县人,与马皮贼首黄十一、张士贵、黎软,土匪韦七、黄狗二、李村、廖社养互相纠结。凡出劫,贵和坐分其所得,当时所号米饭主也。③
>
> 黄昭观,柳城冲脉人,貌充团长,实贼也。坐地分赃,为米饭主。④

在概述当时广西"盗匪"情况的资料中,还有这样的记载:

> 先议劫掠之所至而瓜分其所得……外匪至则供给其所食,借以保其家,且欲绪余其所劫掠……是为米饭主,即堂匪也。⑤
>
> 其招纳亡命负隅抗拒者,为土贼;或创立堂号,阳若乡团而阴为贼盗米饭主,则曰堂匪。⑥

---

① 《堂匪总录》卷二。
② 《堂匪总录》卷八。
③ 《堂匪总录》卷九。
④ 《堂匪总录》卷二。
⑤ 《堂匪总录》叙。
⑥ 民国《苍梧县志》,见《太平天国革命时期广西农民起义资料》下册,第395页。

可见,所谓"米饭主",就是当时一些起义者的后台、首领,其本人可能就是有力量的大股起义的首领,也可能是雄视一方的土豪、团首。他要招待、供给依附他的起义者,但可以分得他们打劫到的财物。双方并没有将所得财物归公分配、服从指挥的关系,更与解决贫民吃饭问题无关。"米饭主"与拜上帝会的公库共享制度,性质与形式均不同,它们之间也不可能有渊源继承关系。

起义的两万男妇到达金田,洪秀全等把他们编组成一支统一的军队。其编组方式,首先是"别男行女行"。编组队伍,行军作战,当然需要男女分编,但此时的"别男行女行",不止如此,而是实行"男女有别,虽夫妇不许相见"①。起义首领很严厉地实行这一点,将十天条中"不许奸淫"一条适用于分别编组的夫妇,犯者斩首。他们向将士宣告,这是打江山、创大业所必需的,将来江山一统,仍然家庭团聚。这一创始于金田起义时期的制度,一直维持了四年左右,到太平天国甲寅四年(1854)秋,才因群情反对而准许恢复家庭。

军队的编制系统系仿照《周礼》的制度,以五人为伍,五伍为两,四两为卒,五卒为旅,五旅为师,五师为军,全军官兵应为13156人。当然,事实上并不满额,只是编制如此。各级首领依次称军帅(初称军长)、师帅、旅帅、卒长、两司马、伍长。

各地起义者系一乡一村一县集结而到金田。按照制度,编组军队时,各县的人都要分为五旗,如"太平广西贵县黄旗""太平广西桂平黄旗""太平广西贵县红旗""太平广西平南红旗"等,然后

---

① 《洪仁玕自述》,见《太平天国》,第2册,第850页。

以不同色的旗为单位,分编为五军。这样,每一军中就有各个县的但属于同一旗色的起义群众。

以上是战兵的编组方式,女营的编组也大概如此。

编组军队当然要设立各级首领。随着人数增多,各级骨干升职加官,职位也必然逐渐增多。上文已经提到,梁立泰七月入营,八月封两司马,九月升旅帅。关于当时封官设职的情况,时人有这样一段记述:

> 顾向之从贼(指所谓"流贼")者,类皆自逸去,而拜上帝会则必家属子女俱,产业贱售。或问其故,则曰:"我太守也,我将军也,岂汝辈耕田翁耶!"其妻妾亦笑谓戚邻曰:"我夫人也,我恭人也,岂汝辈村妇女耶!"闻者嗤其狂而不能止。①

从内容、文字来看,这是金田起义时期的情况。所谓太守、将军、夫人、恭人,肯定是记述者对太平天国的官职称谓很生疏而按自己熟知的名目写的。记述者是以嘲讽的态度写这些事的,所以这段话并不能正确反映拜上帝会的人卖了家业奔赴金田时的政治意识,但它有助于说明洪秀全等对起义者遍封官职的情况。

起义者的政治军事建制,在道光三十年十二月初十日庆祝起义胜利前后,有了重要的发展。这就是建立太平天国国号,洪秀全称天王,杨秀清等分任五军主将。

关于太平天国建国号和洪秀全称天王的时间,太平天国的官

---

① 谭熙龄:《紫荆事略》,同治《浔州府志》卷二十七。

方文献没有留下明确记载。洪仁玕被俘后的自述和早年的《太平天国起义记》都谈到这一问题,但互不相同。《洪仁玕自述》说:"合到金田,恭祝万寿起义,正号太平天国元年,封立幼主。"①这是说,在庆祝洪秀全生日和起义胜利之时,建太平天国国号,以明年为元年,其中说到封立幼主,则洪秀全也必于同时称天王。《太平天国起义记》则说:"洪秀全在永安即帝位,改国号为太平天国。"②

清朝官方人士编撰的《平定粤寇纪略》卷一说,"咸丰元年辛亥正月,洪秀全等僭伪王号于大黄江",但《附记一》却说:"先踞永安州,僭伪号为太平天国,称天王。"③地方志书也有说洪秀全系在永安建国称王者:"初踞永安,僭号太平天国,称天王。"④这两种说法究竟哪一说较可信呢?

清钦差大臣李星沅于道光三十年十二月初二日到达桂林,于初五日具奏称:

> 浔州府之大黄江现有贼匪结夥,排船伺劫。桂平之金田村另有会匪聚集,号称万余,并帖伪示诱胁。⑤

十二月二十日他到达柳州后又奏称:

> 广西贼势披猖,各自为党。如浔州府桂平县之金田村贼

---

① 《太平天国》,第 2 册,第 850 页。
② 《太平天国》,第 6 册,第 873 页。
③ 《太平天国资料汇编》,第 1 册,第 301 页。
④ 光绪《浔州府志》卷五十六。
⑤ 《李文恭公奏议》卷二十一,《恭报驰抵粤西即赴柳州暂驻筹剿折子》。

首韦正、洪秀全等私结尚弟会，擅帖伪号伪示，招集游匪万余，肆行不法。①

这两段报告的内容大致相同，前奏所称的"帖伪示"，可能就是后奏所说的"帖伪号伪示"。如果这样，起义军在十二月初五日以前已有"伪号"并到处张贴布告了。如果两者有别，那也至迟至十二月中旬已有"伪号"了。

所谓"伪号"，就是"僭号"。十二月二十日李星沅在上奏的同时，写信给湖南巡抚骆秉章说："桂平金田村一股，结会僭号，聚众万余。"②"僭号"意指洪秀全称王，但也可能指既建国号又称天王。根据这些报告，我们可以说，在十二月中上旬，洪秀全已称天王，并可能同时建立了太平天国国号。

太平天国国号不是在攻克永安以后才建立的，这可以有确切的证明。咸丰元年（1851）在广西曾做继任钦差大臣赛尚阿翼长的姚莹，在一封信中说："粤西现在名为上帝会……自号真太平天国，称有王号，设有文武伪职。"③这封信说道，"是以六七月来，数见捷胜，贼势大衰……现为官兵四面堵剿，逃入紫荆山中"，可推定信写于咸丰元年七八月。

姚莹在另一封信中说："金田逆贼最为强黠……自称太平天国，以耶稣为皇兄，僭称王号，留发改服。"④信中有"节相以六月四

---

① 《李文恭公奏议》卷二十一，《会奏筹剿金田逆匪恳调提镇大员协剿折子》。
② 《李文恭公文集》卷九。
③ 《中复堂遗稿》卷五，《复贵州黎平府胡》。
④ 《中复堂遗稿》卷五，《致江苏巡抚扬》。

日抵粤,壁垒一新,三月以来,数破其众,贼势大挫,退伏深山……复为我兵夺其险隘数处,痛焚巢穴,贼已穷蹙,死守三数村庄,计日可以成擒"等语,可以推定该信写于向荣夺占猪仔峡、风门坳以后,即八月上旬,所以称"三月以来",是以六、七、八三月首尾合计。

这两封信都是太平军攻占永安(咸丰元年闰八月初一日)以前写的,不是事后的追记。两信都说太平军自称太平天国,可以确证太平天国的国号在永安以前已为敌方所周知了。此外,赛尚阿等在九月下旬奏称,"金田逆匪自称太平天国,确有历次所获犯供及伪衣伪印可凭"[①],具奏日虽在太平军克永安以后,但其语意则在说明"金田逆匪"确已早称"太平天国"。

这样看来,太平天国国号建于永安之说是不确的。在庆祝起义胜利前后,洪秀全称天王,建国号极可能也在同时。

杨秀清等领导核心在始义时封何职位,也无明确记载。太平天国辛开元年(1851)七月十九日在茶地时的天王诏旨称杨秀清的官衔为中军主将,萧朝贵为前军主将,冯云山为后军主将,韦昌辉为右军主将,石达开为左军主将。考太平天国在金田起义期间即分设前后左右中五军,其首领称前军长、后军长、左军长、中军长、右军长。五军长是负一军责任的军官,而五军主将,顾名思义,应是分别管领五军的方面领导人,至少其名号具有这样的意义。五军长设立于金田起义时期,如朱锡琨之封为右军长在庚戌年(1850)十二月,推测五军主将之设立,很可能也在这个时候。而且,洪秀全既在庆祝起义胜利前后称天王,杨秀清等也自应同时有

---

① 《剿平粤匪方略》卷九,咸丰元年十月初五日。

职位名号。

洪秀全辛开元年七月十九日茶地诏旨但称杨秀清等的职位为主将，似乎当时尚未有军师的职位。但此后不久，八月十六日咸丰上谕据赛尚阿奏称，"伪军师杨秀清遍贴伪示，编造妖言，逼胁愚民"①，则此时杨秀清已称军师，并以他的名义晓示人民了。杨秀清领袖群伦的地位，在金田起义前后是逐步发展的，到永安封东王节制各王，只是进一步确立而已。

八

庆祝金田起义胜利后的半年多中，即从庚戌年十二月十二日到辛亥年（1851）八月，太平军与清朝军队在桂平县大黄江口，武宣县东乡、三里墟，象州中坪、新寨和桂平紫荆山、新墟等地迂回作战。这一时期的战斗，从太平天国方面说，在一定意义上是金田起义的继续。这里主要从这一角度来考察问题。

江口墟，位于浔江与其支流大黄江交汇处，是一大商业重镇，东距金田村二十余里，北距浔州府城约五十里。太平军自 1851 年 1 月 13 日（即道光三十年十二月十二日）占领江口墟，至 3 月 10 日撤离，历时近两个月。在此期间，太平军共占领了二十几个村，包括金田、花洲、江口墟在内。所谓"贼巢倚山近江，内接平南花洲，纵横数十里，各口均藏枪炮，掘有陷坑"②，有相当的声势和布置。

---

① 《清文宗实录》卷四十，第 1 页。
② 《李文恭公奏议》卷二十一，《缕陈慎密筹剿金田逆匪事宜并奉到钦差大臣关防日期片子》。

这时清朝方面对付太平军的主要将帅是李星沅、向荣。李星沅是道光三十年十一月以钦差大臣身份来广西镇压到处蔓延的起义活动的;向荣于八月调任广西提督,负全省军事责任。李星沅到广西后,才知道"金田会匪"是清朝统治的主要威胁,他在十二月二十日即1851年1月21日的奏报,使清政府首次知道"金田贼首韦正、洪秀全"的名字。李星沅认为"金田村一股宜先用全力攻之,此股一破,余皆瓦解"①,要求向荣速战;向荣也认为太平军是最大的劲敌,非寻常盗贼可比,但他认为不能大题小做,需要调集几万重兵,因此不主张速战。在李星沅催促下,他同江口墟的太平军勉强打过几仗。1851年2月18日,向荣率兵将一万余人发动水陆进攻,但被太平军击败,阵亡守备、千总、把总等军官多人。3月5日、7日,双方又有战斗,互有胜负。3月10日,太平军退出江口墟,经紫荆山于12日到武宣东乡,占领了东乡、三里墟、东岭、台村等东西六七十里的地区。

太平军为什么从金田东出江口墟?在江口墟停留近两月,虽有几次战斗,但向荣并未占着便宜,何以又退出江口墟而去武宣东乡?

江口墟是物产丰富的商业市镇。太平军占江口墟时,洪秀全住在附近石头脚陈姓商人地主大宅里,此人每年有上百万斤的租谷收入。太平军起义之初占领这些地方,对于打劫绅富、补充军实是有利的。这可能是他们去江口墟的一个原因。

江口墟又是水陆交通便利的地方。水道下达平南、梧州,可到

---

① 《李文恭公文集》卷九,《粤西军书·向欣然提军》,道光三十年十二月初六日。

广州;上通桂平、武宣,可到柳州、桂林。有的研究者认为,太平军从金田东出江口墟,有直下广州或上溯桂林的意图。

太平军初起时的战略目标并不明确和统一①,当时他们有这种意图,并不是不可能的。但去广州或桂林、柳州,必须拥有船只,而太平军在金田时并没有多少船只。他们去江口墟的一个重要目的,应该是去收编罗大纲等的队伍。

江口墟早有属于天地会系统的"艇匪"在水面活动,大头羊张钊、大鲤鱼田芳和罗大纲等就是其中的渠魁。前已叙及,张钊、田芳、罗大纲等曾往金田投奔拜上帝会,其中只有罗大纲真心归附,张钊、田芳不愿接受拜上帝会的严格纪律,转而投效清军。但太平军去江口墟之时,罗大纲固已归顺,张钊等也还只是暗中向清军输诚,并未公开背叛,仍打着拜上帝会的旗号。太平军之所以迅速东出江口墟,正是为了将这支队伍收归己用。

但太平军一到江口墟,遇到的情况却与预期相反,张钊等不但没有迎接大军,反而同太平军发生激烈的战斗。原因当然不是太平军排斥他们②,而是张钊等早已投诚叛变,急于"杀贼自赎",向清朝统治者表明心迹。这样,太平军到江口墟首先遇见的敌人不是清军,而是原已表示归顺的张钊。

张钊所带的是"艇匪",是水上部队,太平军与之开仗,必须也有船只。从金田到江口墟,当年可循紫水、蔡村江水道,但水面较

---

① 参见本书《太平军内部对建都问题的论争及其影响》一文。
② 郭廷以《太平天国史事日志》以为萧朝贵是排斥张钊等最有力的人,似无根据。萧朝贵托天兄下凡提醒弟兄警惕张钊,应是张钊等本身的劣迹造成的。

小,不比江口墟。太平军在金田时,原只有一些篳筏①;但到十二月十五日即 1851 年 1 月 16 日,李星沅已得报,在大黄江的太平军"且有船可渡,水路任其所之"②,并能在江面与张钊交战了。这时他们所拥有的船只,必来自原属于真心归顺的罗大纲所部。

太平军在江口墟收集了罗大纲的队伍,也招收了附近的其他起义人民。李星沅报道说:"以毒攻毒尚无小效而附近胁从亦多"③,"闻又有蒶洞股匪入伙,贼党益滋。"④太平军到江口墟后,实力有所扩充。但张钊从此成为凶恶的敌人。清军统帅命令张钊的水勇扼守江口墟水面,限制了太平军在水路的活动范围。3 月上旬的几次交战中,张钊的水勇为清军立了功,予太平军以一定的杀伤。这样,假使太平军曾有过到江口墟收集水师并由水路行动的目标,这时也遇到了很大困难。由于清军切断粮道,军粮极度紧张,太平军于是放弃江口墟,循着他们熟悉的道路,翻越紫荆山而到了武宣东乡。

太平军在武宣东乡的主要敌手是李星沅和在前敌的署广西巡抚周天爵、广西提督向荣。六十多天内,主要的战斗有两次。3 月 19 日,向荣、周天爵和太平军战于东乡以西的台村、云湖之间,清军大败。4 月 3 日,清军分路进攻台村、东岭、三里墟,洪秀全、冯云山连夜从东乡调兵迎敌,亲身督战,清军又失败,太平军也有伤亡。周天爵不敢再言进攻,乃创所谓"坐战"之法,意在坐困。

---

① 参见《李文恭公文集》卷九,《粤西军书·杨中贶廉访》,道光三十年十二月十八日。
② 《李文恭公文集》卷九,《粤西军书·杨中贶廉访》,道光三十年十二月二十日。
③ 《李文恭公文集》卷九,《粤西军书·劳辛陔中丞》,道光三十年十二月二十一日。
④ 《李文恭公文集》卷十,《粤西军书·向欣然提军》,道光三十年十二月二十六日。

　　3 月 23 日,即太平天国辛开元年(清咸丰元年,1851)二月二十一日,据载洪秀全在东乡有举行登极之事。关于这次登极,太平天国己未九年(1859)十月初七日的天王诏旨中说"二月二十一日是太兄暨朕登极节",同年十月十四日诏旨又说:"二月念一哥登极,亦朕登极人间和。"①洪秀全在九年以后把这一天规定为耶稣和他的登极节,其中耶稣登极,不知所指何事;洪秀全本人登极,也未见于其他记载。洪秀全称天王应在其庆祝生日和起义胜利之前后,这时如曾在东乡登极,大概是举行正式的仪式。

　　太平军在武宣东乡期间,曾向西进攻黔江的两处渡口:武宣旧县之江口墟、勒马。据清方估计这是为了去迎接正在进攻玉林州城的凌十八一股。清方以张钊统领的七百水勇防江,张钊卖力战斗,太平军受了一些损失。凌十八也没有前来会合之意,仍在玉林恋战,不久退回广东。

　　"东乡向称贼薮。"太平军在东乡一带两个多月,招集了不少拜上帝会会员。前已引述,《忠王李秀成自述》说:"移营上武宣东乡、三里,招齐拜上帝之人,招齐武宣之人。"东乡一带人民附从太平军的情况是相当热烈的。周天爵 3 月 14 日到武宣,扎营于云湖村之岭,与三里墟人声相闻。16 日,他到营地,"见营外村庄与官兵莫(漠)不相属。孰知其不去者,六七十村皆贼也"②。4 月 11 日,李星沅奏称,"闻东乡七十余村复多被诱逼胁,以致贼焰越张"③。可

---

① 《太平天国》,第 1 册,第 206—208 页。
② 《致周二南书》,见《太平天国史料丛编简辑》,第 6 册,北京,中华书局,1963,第 4 页。
③ 《李文恭公奏议》卷二十二,《会奏请旨迅赐简放总统将军督同剿办片子》。

见东乡一带人民附义之踊跃。

太平军在武宣东乡时军事上虽未遇到大的困难,给养却成了严重的问题,主要是缺少食盐,致使战士不能维持健康,造成死亡。[①] 4 月 29 日,太平军派出一支奇兵,从东乡突然返回紫荆山到桂平新墟,"掠盐而去,他无所取"[②],暂时缓和了困难。

5 月 16 日,太平军撤离武宣,向北进入象州境,陆续占领了象州东南部靠近桂平、平南的寺村、中坪、新寨等一片村庄,在这一带又停留了五十天。太平军在象州一个多月,也招集了拜上帝会的弟兄。《忠王李秀成自述》说,太平军在武宣招齐人马后,"又上象洲(州)招齐拜上帝人马"。金田起义时,象州石龙村谭要赴义时有部分人来不及参加。石龙村在洪秀全所驻的新寨村之西南,太平军在象州招集弟兄,必然包括这部分人在内。在这期间,太平军因"博白真道兄弟姐妹因团营之时一时仓促,未得齐来",就派人"回乡再为团集"[③]。这虽然不是在象州招集弟兄,也可以概见在象州时,招集弟兄确是他们心目中的一项任务。

太平军在象州境内同清军打过几仗。这时,李星沅早已在武宣病死,续派的钦差大臣赛尚阿还未到广西,原以总督衔在武宣专办军务的周天爵,因太平军从武宣突入象州而受到革去总督衔的处分,被令回桂林暂署巡抚,随后又召还北京。在象州境与太平军

---

① 《李进富供词》:"东乡米谷眼下并不缺少,惟缺少食盐。在东乡死有百余人,小的也因没盐食十几日,精神甚觉疲乏。"
② 光绪《浔州府志》卷五十六。又《李进富供词》:"后来拾得有盐,头子传令这是天助的,大家通赞上帝,加三叩头……二十八日(按:即 4 月 29 日)他们出来抢盐,果然顺当。"
③ 《天情道理书》,见《太平天国》,第 1 册,第 377 页。

相持的,主要是向荣和新调到广西帮办军务的广州副都统乌兰泰。向荣、乌兰泰所部兵勇共约一万四千人,远比太平军的战兵人数多,但缺乏斗志,没有多大战斗力。6月9日,太平军在梁山村以七名勇士攻陷贵州威宁镇营盘,清兵千人溃逃;太平军同时壅流设伏,斩清参将、游击以下两百多人。据当时地方人士记载,向荣、乌兰泰"皆去贼十里内外。每数日,贼来攻营,官队半道迎击,罔不北,有跪受贼刃者";周天爵部数千人"欲攻其后,逆党前迎,直犯周师,兵败数十里不能驻"。[①] 不过,太平军粮米无多,火药不足,并且又遇到缺盐的问题。6月,太平军派人回紫荆山探听虚实,7月2日就撤出象州,经武宣东乡回到桂平紫荆山和金田、新墟一带。

太平军自道光三十年十二月即1851年1月自紫荆山、金田东出大黄江口,然后又越紫荆山到武宣东乡,再到象州中坪,然后又折经东乡回到紫荆山和金田,迂回半年,回到了老地方。这样做的原因和目的何在呢?

人们一般认为,金田起义后,太平军由于受到清军的围剿压迫,到处进路不通,因而只好回旋打转。

解释这一问题,我们需要稍稍涉及这一时期双方的力量对比。

金田起义时,太平军全体约为两万人,战兵三千人。经过半年,从象州回师金田时,总数增加到约三万人,战兵近五千人;而清朝的兵勇共有一万几千人,战员人数超过太平军几倍。太平军深感兵力不足,在江口墟时,曾"女办(扮)男妆(装)"出战,也就是动员妇女出战。兵力是清军的优势之一。

[①] 覃元苏:《象州乱略记》,见《太平天国革命时期广西农民起义资料》上册,第169页。

清军的武器、火药齐备充足。乌兰泰到营后,所携火器多而且精。太平军却相形见绌,兵器、火药不足,在江口墟时,有的以竹篙为枪①,在象州时,"铅弹稀少,至有用铜钱者"②。

清军所占地域广大,无粮尽之患,而太平军在江口墟、东乡、中坪都发生过缺粮缺盐的困难。

在士气方面则有不同的情况。清方将帅都承认,"官兵大半心寒","遇贼奔北"。周天爵告诉他的朋友,他在武宣带兵勇两百名出战,"我兵一百名,如见鹯之雀;一百勇,如裹足之羊,无一动者。我手刃二人,光淮用箭射杀二人,亦无应者。撼山易、撼岳家军难,不意如此"③。除了兵勇缺乏斗志,还有将帅不和,李星沅、周天爵、向荣和其他镇将都有矛盾。在太平军方面,却如初生之犊,保持着团结战斗的锐气。清方统帅曾称太平军"视死如归","死党累千盈万,固结甚坚","所有军前临阵生捉及地方拿获奸细,加以刑拷,竟不知所畏惧及哀求免死情状,奉其天父天兄邪谬之说,至死不移"④。这样的描述是夸大了。太平军内部也不是没有"临阵退缩"的,被俘后也有"乞求恩典"的,特别是在形势困难时,不同心同德,甚至想开小差的情况,都有发生。但总的来说,太平军的士气和战斗力远胜于清军,这是可以肯定的。

由于双方具有这些优劣不同的因素,太平军在这半年的战斗中,一方面遇到了很大困难,如每到一处,清军就竭力包围、进攻,

① 参见《李进富供词》,见《太平天国文献史料集》。
② 《剿平粤匪方略》卷五,咸丰元年六月初一日,周天爵等奏。
③ 《致周二南书》,见《太平天国史料丛编简辑》,第6册,第4页。
④ 《赛尚阿等奏洪秀全并非朱九涛广西亦无李丹折》,英国伦敦公共档案局抄件。

断绝粮道,因而不能不避实就虚,盘旋转进;但另一方面,他们在军事上受到的压力是有限的,清军并没有能力给太平军以致命打击。赛尚阿在1851年7月到广西后,也就是在太平军从象州回师紫荆山、金田后,向皇帝报告这半年的战事说:"冯云山、洪秀全等一股……由金田而东乡,由东乡而庙旺,由庙旺而中坪、寺村,屡次奏牍,但言穷蹙思窜,其实该匪定期捉夫,从容而走,官兵壁上环观,竟有无可如何之势。"①赛尚阿这些话,可能有夸大前任无能并为自己预留地步的用意,但不会纯属虚构。所以,从双方战守的实际力量看,我们可以认为,太平军这半年的迂回历程并不完全是被动的,并不完全是由于受到清军的压力而不得不盲目流动。看来他们有着一定的主动性,其所以在那些地方回旋,是有着前去招集人员的目标的。

金田起义的过程就是各地起义群众会集到金田的过程。金田起义在1851年1月初基本上胜利实现,但还有一些地方的拜上帝会兄弟因各种原因没有到达金田。在此后半年的战斗中,他们继续完成金田起义时没有完全完成的招集人员的任务,从这一角度说,这一时期仍可看作金田起义的继续。

太平军从象州回到金田,前队驻于新墟、莫村等地,后队分布于紫荆山内茶地、花雷、大坪等村,并分兵把守后路的双髻山、猪仔峡等险要之地。太平军回到这里,稍作休整,并将原来的五军扩编为十军。但在这时,清朝增调了兵力,向太平军发动进攻,使太平军遭到了起义以来最大的威胁。

---

① 中国第一历史档案馆藏《赛尚阿奏拟先全力攻剿冯云山、洪秀全再行分兵折》,见《太平天国文献史料集》。

　　清方的部署是,在前队,由乌兰泰和几名总兵分东西两路进攻新墟;在后路,由向荣和都统巴清德进攻紫荆山后的要隘猪仔峡、双髻山。太平军同乌兰泰的战斗,互有胜负;猪仔峡、双髻山却在8月11日被向荣占领了,山内洪秀全等驻扎的茶地各村就暴露在敌前。8月15日,洪秀全在茶地下令转移,以萧朝贵、石达开开通前路,以杨秀清护中,以冯云山、韦昌辉押后,要求将士不惊慌,努力护持老幼男女病伤。洪秀全等转移到了莫村。但此后不久,紫荆山前的要隘风门坳于8月28日又被向荣攻占,使太平军完全丧失了紫荆山而被压缩在西起古林、金田,东至新墟、莫村只十里左右的狭小地区,一时全军陷于恐慌和危机之中。

　　9月11日,太平军撤离金田、新墟,于夜间破围而出,进入平南鹏化山区,在思旺墟附近的官村大败来追的向荣。这一战,给了太平军以转进的充裕时间和顺利条件。他们在思旺墟又招集了曾经入会的数百名弟兄。接着进入平南、藤县交界的山区,在藤县大黎里停留五天,吸收附近拜上帝会的弟兄参军,李秀成也在其中。9月25日,太平军顺利地占领了永安州城,开始了太平天国建国史上的新时期。

1981 年

壬子二年太平军进攻长沙之役

太平天国壬子二年(清咸丰二年,1852)太平军进攻长沙之役,是太平天国起义史上的一次重大战役,战事的经过比较曲折,且其持续的时间长达八十一天,远远超过了桂林、武昌、南京诸役。这次战役的事实和太平军的战略,有许多值得阐明分析的地方,同时,通过一些具体的分析考察,也可使我们在评论历史事件和历史人物时有比较可靠的依据。本文所涉及的只是长沙之役中的一部分问题,不妥之处,请大家指正。

一、太平军进攻长沙之役的事实

太平天国壬子二年的长沙之役,历时长达八十一天,太平军和清军的作战部署、攻守形势又多错综变化,而过去史籍并无系统记载,所以关于长沙之役的事实,需要经过一番探究稽考。现分以下数事述之。

（一）太平军进攻长沙的决策和形势

1852 年 6 月太平军离开广西进入湖南之时，由于进行了历时三十二天的进攻桂林之战和在全州、永州（今零陵）之间的蓑衣渡遭到江忠源的伏击，实力有相当大的损失，南王冯云山阵亡。6 月 9 日，太平军到达湖南南部的永州城外，因阻于湘江潇水，只能隔江炮轰，未能破城。这时的形势相当局促。但到 6 月 12 日太平军自永州南下克复道州以后，情况便大大改观。太平军旁略永明、江华，在道州驻屯了将近两月，大量补充了部队武器，获得了休息整顿的机会。随后大军东向，连克宁远、嘉禾、蓝山、桂阳，于 8 月 17 日攻占了湖南东南部的要邑郴州。在这两个多月的胜利进军过程中，太平军的实力大为增强，湖南和广东原有的起义军和到道州、郴州等地参加太平军队伍的革命群众，前后达到五万人，于是战斗力量增长了几倍。①

郴州是湖南省的东南门户。"地颇丰腴，市廛屯聚"，南经宜章可入广东，北面则水陆两路可通长沙。太平军攻占了这个地方，实力军备大有扩充，又在旬日之间连克数城，声势大振，使清朝反动派极为惊慌。湖南的地方官看到形势不妙，在太平军克复道州以后不久，就把原来调去广西的湖南兵星夜调回本省，又奏请清廷下谕，抽调四川、贵州、江西、陕西、河南、福建等省的绿营防兵各数千

---

① 关于太平军在各时期的人数，记载莫衷一是，最为纷杂。此处五万人之数，据《忠王李秀成自述》；太平军原有人数，则从《贼情汇纂》卷十一《老贼》：在道州时全军男女妇孺共五万余人，能战者不满万人。以此事与下文所论有关，故附记资料来源于此。

向湖南增援。但这些部队大部分都不能迅速赶到湖南。在太平军攻占郴州之前,清兵除了在湘南和太平军相持的和春一军,在湖南腹地的兵力相当空虚。至7月28日,长沙的防兵只有一千数百名。南面屏障长沙的是湖广总督出驻督师的要地衡州(今衡阳),在7月16日,也只有兵勇两千余名。①

　　在这种形势下,太平天国的最高领导人洪秀全、杨秀清等决定从郴州乘虚进攻长沙。从郴州经耒水、湘江北达衡州、长沙,是比较便利的,但由于敌人早将河面船只撤去,水路行军已有困难,太平军乃决定从陆路走耒水、湘江之东,经永兴、安仁、攸县等地发动进攻。

　　进攻长沙,在当时是在太平军既定计划内的具有战略意义的重大行动(说详后文)。但洪秀全和杨秀清却把这一个重大任务只交给自告奋勇的西王萧朝贵统率李开芳、吉文元等少数部队去担负,主力仍旧留在郴州,并不作为后续部队继续踵进。这种作战部署,在我们探索了长沙之役的实际经历以后,不能不说是一个很大的失策,只是由于在战事后期及时调整了部署,才取得了胜利的结果。

(二)萧朝贵偏师进攻长沙

　　萧朝贵在太平军中的地位仅次于洪、杨,以勇猛刚强著称,金田起义后不久,即与石达开同任前敌指挥。但这次单独受命进攻长沙,部下李开芳、吉文元虽也是著名战将,兵力却只有一千几百

---

① 《剿平粤匪方略》卷十四,壬子二年六月初五甲申裔采奏及六月十七丙申骆秉章奏。

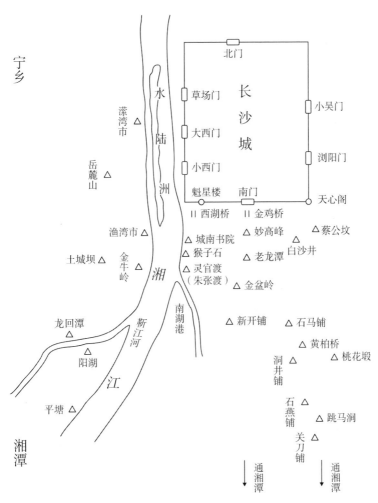

太平军进攻长沙之役地理示意图*

---

* 本示意图系参考乾隆《长沙府志》、同治《长沙县志》、光绪《善化县志》中有关舆图及《湖南分县详图》(1917)制成。其中有几处地名,因上述地图均未标出,只能根据方志中提到的方位酌予标示,可能不准确,希望读者指正。

人,仅占当时太平军全军战士总数的一小部分。① 以这样一支一千多人的部队,担负攻取湖南长沙的重大任务,兵力是单薄的。但由于部队作战勇敢和敌人一时措手不及,战役初期仍取得了胜利。

萧朝贵等于 8 月 26 日从郴州出发,旬日之间连克永兴、安仁、攸县、茶陵、醴陵,一路得到当地起义群众的帮助,并未遇到抵抗。有记载说:

> (萧朝贵)过永兴,知县温德宣死之。先是安仁有斋匪李书办严拿不获,至是导贼于十三日(8 月 27 日)破安仁,知县走避。十九日抵攸,知县郭世闾先数日走,贼至,城空无人焉。署醴陵拔贡知县栗国善亦闻风早避至省,贼至醴陵,醴亦无人。缘此文报中绝,贼行五六百里无一兵一勇与之面者。……河北镇王家琳以重兵堵安仁,听贼过而不顾。②

9 月 11 日,萧朝贵自醴陵进至离长沙城南约十里的石马铺。刚刚从陕西调来驻守在石马铺的西安镇绿营两千余人突然被袭,全军溃败,总兵福诚、副将尹培立等均毙命。招募的浏阳乡勇五百,纷然逃散。守城南七里金盆岭的沅州协副将朱瀚也仓皇逃命,萧朝贵尽得朱营的枪炮器械。敌人长沙城外的防线在太平军的突

---

① 萧朝贵自郴州出发进攻长沙的人数,或作七百余人,见李滨《中兴别记》卷四;或作两千人,见《贼情汇纂》卷十一《老贼》。此据九月初四辛亥赛尚阿等奏,见《剿平粤匪方略》卷十八。无论采取何说,萧之兵力仅当太平军老战士的四五分之一以下,当太平军全军人数的十几分之一,可无疑义。
② 佚名:《粤匪犯湖南纪略》,见《太平天国史料丛编简辑》,第 1 册,第 63 页。又,清方记载均诬太平军为"贼"或"匪",本文引用时,均仍旧,不加引号。

袭下全部崩溃,萧朝贵遂立即进抵长沙南门外的妙高峰等地,占领了城南的坚固民房和城边西湖桥、金鸡桥等处,开始攻城。

长沙城中的敌人没有料到太平军从间道来攻,情况十分狼狈,有记载说:

> 城中料寇当从耒、衡正道来,民走报寇至,怒其无公文,执将斩之。石马铺屯将……溃散……溃军或走城中,巡抚方巡城,乃遽还,塞南门,然犹不知何军溃败。①
>
> 城有卖浆者,方食,弹碎其碗,城中始大哗贼至。②

敌人的城防力量,虽然经过了一两个月的惨淡经营,但当时也还很薄弱:

> 于时省城兵力单薄,城垣抽段修补,自天心阁抵白鹤观,未及兴工而贼至。③
>
> (8月14日)以罗绕典治军长沙,料兵唯二千余人,练勇三千余人。……寇至之日,城中兵勇八千余。④

敌人守城的指挥能力也很差,没有一员有作战经验的将领,本省提督鲍起豹"以(善化)县城隍定湘王灵迹素著,拟迎镇南城……

① 王闿运:《湘军志》卷一,《湖南防守篇》。
② 李滨:《中兴别记》卷四。
③ 佚名:《粤匪犯湖南纪略》,见《太平天国史料丛编简辑》,第1册,第63页。
④ 王闿运:《湘军志》卷一,《湖南防守篇》。太平军薄长沙之初,敌人的城防兵力,《中兴别记》作四千人,光绪《善化县志》记当时绿营兵数为二千四百人。

邑侯王葆生乃肃神舆登城楼,与鲍起豹轮值谨守"①。对这样的敌人,在敌方援兵未抵以前,如果太平军大队踵至,破城并不是很困难的。但萧朝贵的"死党"只有一千余人,在茶陵虽然扩大了队伍,也仍只有三千余人。太平军进攻较大的城市,每采取环营围攻的办法②,但萧朝贵兵力单薄,攻城只限于南城一隅。自9月12日至17日,萧朝贵率部昼夜进攻,枪炮火箭如密雨流星。敌兵在城上密排炮台,发炮还击。这几天双方的攻防情势,据参与长沙之役的清将江忠源的概括:"各城防堵虽不尽如法,然贼势尚单,逼攻不甚紧急。"③这说明敌人的防守是有弱点可乘的,但萧朝贵由于兵力太单,所发动的进攻,事实上还不能予敌人以致命的威胁。在这几天之中,萧朝贵自己在一次战斗中,不幸中炮,身受重伤(不久死去),战事受到了挫折。

(三)洪秀全、杨秀清离郴北上及其行程

萧朝贵重伤以后,其部属即具禀向在郴州的洪秀全、杨秀清报告。有人认为,萧朝贵因攻城不克曾向郴州请援,杨秀清为了挫抑萧朝贵的倔强之性,不肯发兵,直到萧朝贵身死以后才离郴北上。如果事实如此,则问题已经不属于军事决策得失的范围了。但这种看法系采自野乘,其中有偏见和猜测成分,难以视为信史,这里可以不论。然而洪秀全和杨秀清在萧朝贵轻骑北上以后,留驻郴

---

① 光绪《善化县志》卷三十三,《兵难》。
② 参见《贼情汇纂》卷四《营垒》的分析。后来太平军主力开到长沙仍未能环城围攻,则是由于敌人援军云集,城外要地均已有敌垒棋布之故。
③ 《金陵兵事汇略》卷一,《江忠源答刘霞仙书》。

州过久,大军并未继续踊进,直到长沙前线来报战事受挫,萧朝贵重伤以后,方才率领全军离郴,这却是明显的事实。《忠王李秀成自述》说:"西王到长沙攻打,那时天王同东王尚在郴州,西王在南门外中炮身死后,李开芳具禀回郴,天王同东王移营来长沙。"①他们从郴州起程之时,已在萧朝贵离郴以后的一个月。其行程与日期,据敌方统帅部的情报,可汇列如下:

9月25日(或24日),洪、杨率大队离郴州。

9月27日,抵永兴。

9月30日以前,至安仁。

10月4日以前,至茶陵。

10月4日夜,赴攸县、醴陵。②

10月5—6日,太平军主力部队的前锋抵长沙南门外,与萧朝贵部会合。③

方志所载亦可参证。同治《安仁县志》云:

> 八月,秀全党杨秀清拥秀全经过邑南龙海塘、江口洲、安平司、樟桥等处,自十四日(9月27日)起至二十六日(10月9日)始尽。④

同治《醴陵县志》云:

① 罗尔纲:《忠王李秀成自传原稿笺证》(增订本),北京,中华书局,1957,第150页。
② 参见《剿平粤匪方略》卷十八,九月初四辛亥及九月初十丁巳赛尚阿、程矞采奏。
③ 参见《张大司马奏稿·带兵援省接印任事折》;《剿平粤匪方略》卷十八,九月初四辛亥罗绕典等奏。
④ 同治《安仁县志》卷十六,《事纪·兵燹》。

八月二十四日(10月7日)洪秀全率大队仍由茶、攸陷醴陵，据二日，走长沙，与诸贼会于省城南。①

佚名《粤匪犯湖南纪略》记其事云："八月十五日，逆首伪太平王大股自郴州起身……二十二至二十八日(10月5日至11日)陆续全到，悉踞南城外我未成之土城。"与方志及奏报基本上均相符合，可见洪、杨本人及主力到达长沙，系在10月11日左右。

(四)清军增援和攻守易势情况

洪秀全与杨秀清大队离郴北上，并未遇到重大的阻力。负责在郴州"堵剿"的总兵李瑞等，只敢"蹑之而行"。清湖广总督程矞采竟公然以"紧接跟追"入奏，实是可笑之怪事。但洪秀全等大队虽然到达长沙城外，长沙战场上的形势这时已同萧朝贵开始薄城时的情况不同了。

首先是敌人已经抽调了大量的兵力增援。长沙城中遭萧朝贵突袭以后，帮办湖南军务的前湖北巡抚罗绕典、卸任湖南巡抚骆秉章、湖南提督鲍起豹即飞咨钦差大臣赛尚阿和赴湖南"会剿"的两广总督徐广缙，要求速派大军应援，同时还要求驻在岳州的湖北提督火速带兵赴援，又沿途迎提前经清廷下谕从各省调来湖南的部队，截取去长沙增援。赛尚阿等迭奉咸丰的严旨，虽然不敢亲去长沙(赛尚阿后于10月21日到长沙)，但的确抽调了大量兵力去长

---

① 同治《醴陵县志》卷六，《武备·兵事》。

沙增援。在洪秀全、杨秀清到达长沙以前,敌人增援的情况可稽索者大致如下:

9月18日,楚雄协副将邓绍良率精锐九百人到长沙。

9月18日前后,江西九江营一千人到长沙(此军先到永州,于9月4日经赛尚阿饬令赴长沙)。

9月22日、23日,凤凰厅同知贾亨晋及永绥协副将瞿腾龙部兵勇两千人到长沙。瞿本人已先期兼程入城。

9月24日(或25日),河北镇王家琳率兵一千人到长沙。

9月26日,绥靖镇和春、镇远镇秦定三等率大军到长沙。和春统下江忠源一军达一千五百人。

9月25日前,都统衔头等侍卫开隆阿等率兵七百余到长沙。

9月30日前,赛尚阿等拨兵一千到长沙。

10月6日,新任湖南巡抚张亮基所统之兵两千余到长沙。①

连同招募的乡勇,长沙城内外敌人的兵力,在战事的后期,据最少的估计也达到了五万人。② 如以五万人计,剔除在十月上旬以后到达长沙增援的李瑞、福兴等军的人数,则洪、杨到达长沙时的清军兵力,也应有三万余人,较萧朝贵初攻长沙时,增加了三四倍。

在这段时期内,敌人的指挥力量也有所加强。9月16日、10月6日,新任湖南布政使潘铎、新任湖南巡抚张亮基先后到长沙,缒城而入。"张亮基、潘铎喜拊循,日赍酒肉饼粥犒守陴士……城中人

---

① 参见《剿平粤匪方略》卷十七、十八有关各奏;潘颐福《东华续录》咸丰十六;光绪《善化县志》卷三十三;《江忠源答刘霞仙书》。

② 参见王定安:《湘军记》卷一,《粤湘战守篇》。《粤匪犯湖南纪略》《骆秉章年谱》作六万余,光绪《善化县志》作十余万。

人自奋。"①张亮基入城时还带去火药两万余斤，子弹两万余发，城内的军火因而比较充裕。原在桂林称病的广西提督向荣也星驰赴援，于10月2日到达长沙。这个同太平军作战已有近两年经验的反动将领，即被赛尚阿赋以统领四川、河南、陕西等省清兵的重责。他到达长沙后，立即以五千斤大炮置于城东南天心阁最高处，向太平军轰击（向荣到达以前，无人敢用）。太平军制高阵地被毁，伤亡颇大。此时，长沙城内一帮办大臣，两巡抚，两提督，城内外总兵、副将、道府以下数以十计，一时反动头目蜂聚蚁集，为太平军起义近两年以来历次战役所未有。

敌人援军到达以后，即抢占要害之地，加强了城防，布置的重点尤其在南城和东城；在西门以至迄无战事的北门也派兵驻守，更于城外各营盘之间挖掘长壕互相连接。这对于后来战事的发展很有关系。如江忠源于9月26日到长沙后，即率本部一千五百人抢据城东南天心阁附近的蔡公坟高地筑垒布防，萧朝贵所部太平军起兵来夺，江忠源以前队抵抗、后队筑垒的办法死命挣扎，结果筑成了营垒，以后和春的大军就驻屯在这里，和在白沙井的太平军紧紧相逼。后来太平军大队虽然到达，但攻城基本上仍只限于城南一隅，未能同时在长沙东门外大举进攻，立定脚跟，很大的原因就在于这个要害之地已被敌人先期抢占。②

---

① 王定安：《湘军记》卷一，《粤湘战守篇》。

② 赵烈文《能静居士日记》十二，咸丰十一年十二月辛丑（见《太平天国史料丛编简辑》，第3册，第211页）："南老言，壬子七月，贼至长沙，江烈忠以绅士带勇助守。……忠烈出城与争地，遂据浏阳门外之天星阁扎营。……长沙不陷，实赖此也。"

萧朝贵攻城之初,虽然兵力不厚,但主动权操在太平军手中,敌人除"登陴守御"以外,没有力量认真出城反击。到了敌人援军渐集而太平军大队未到之时,情况起了变化。9月18日,太平军用大炮轰击南门,乘势扑城,已经将要得手,适逢敌人首批援军邓绍良率部到达,终于未能破城。自此以后,9月19日、20日、21日、22日、23日、26日、28日、30日和10月3日,敌邓绍良、瞿腾龙、和春、王家琳、秦定三、江忠源等连日出队进攻太平军,烧毁太平军在南门外所占民房及哨棚多处。尤其是10月3日一仗,敌分三路进攻,气势颇为嚣张。虽然敌方奏报的战绩大部分出于虚夸,但从太平军在这些战斗中大多"负固不出""踞巢不出""坚壁不出"的情况看来,他们由于主力未曾踵至,攻城部队已被迫处于守势。敌人则争取了时间,因援军四集而渐操主动,这却是明显的事实。①

(五)太平军主力到达长沙以后的进攻战和胜负

洪秀全、杨秀清率领大队到达长沙以后,在南门外连营十里,士气、实力大为提高,攻守情况又为之一变。10月5日,太平军大队的前锋从醴陵赶到长沙,就立即发动进攻,直扑前述城东南的要地蔡公坟。敌人派和春、秦定三、江忠源等抵拒反击,被太平军打败,参将任大贵阵毙,副将德安受伤,江忠源被矛伤右腿落马,几乎毙命。这是太平军援军到达长沙后双方的第一次接触,太平军得到了胜利,但并未能够攻克蔡公坟高地。

10月11日左右洪秀全、杨秀清亲到长沙以后,决定发动猛攻。

---

① 参见《剿平粤匪方略》卷十七、十八有关各奏。

他们考虑到敌人在南城布防较强，又考虑敌人在城东南楔入的蔡公坟营地不易拔除，所以只能从小路绕道进攻东门，乃于10月14日派出精锐六七千人由妙高峰绕至浏阳门、小吴门，分三路进攻。敌人闻讯，也分三路迎敌。这一次重大战斗，太平军失败了。其失败的具体原因和经过，有的史籍根据敌人的奏报来叙述，但如细绎奏报文辞，实颇有可疑之处。敌城防统兵大员的奏报叙述其事说：

> 初二日（10月14日），贼匪六七千人突由妙高峰绕至浏阳门外校场，分三路进扑各营，当派楚南官兵并县丞严正圻、同知贾亨晋、知府江忠源各带兵勇迎击，秦定三带队从中攻截。臣向荣选派城内精兵二百余名、侍卫开隆阿带领川兵协剿。该匪正在分扑营墙，和春驰至，上下横截，立毙贼匪多名，复三面夹攻，该匪纷纷倒地，兵勇乘势从贼尸踊过，刀矛相接，该匪死伤枕藉，见势不敌，即由校场东首败去。正在紧追，贼忽总聚一处，回头猛攻，我军奋力开放枪炮，继以刀矛，又毙数十人，贼乃奔窜。是日自卯至申六时之久，计毙贼匪四五百名，生擒十五名。①

奏中所说"正在紧追，贼忽总聚一处，回头猛攻"，其情颇可深究，因为这种战术，乃太平军常用的阵法，屡能克敌制胜，为敌人所畏惧。《贼情汇纂》说：

---

① 《剿平粤匪方略》卷十八，九月十五壬戌罗绕典等奏。

贼中散卒,无不知伏地阵者。但遇官军追剿,至山穷水阻之地,忽一旗偃,千旗皆偃,瞬息万人数千人皆贴伏于地,寂不闻声。我军急追,突见前面渺无一贼,无不诧异徘徊,疑神疑鬼,贼贴伏约半炊之顷,忽一旗立,千旗齐立,万人数千人,风涌潮奔,呼声雷吼,转面急趋,以扑我兵。我兵……其不转胜为败者鲜矣!此阵用于长沙,用于南昌、武昌,亦人所共见者。

又说,"伏地阵且能反败为胜,故屡用之,不更其法"①。由此可知,太平军先行败退,敌兵紧追时,忽又总聚一处,回头猛攻,实系太平军伏地阵之应用,且《贼情汇纂》已说明这种阵法曾"用于长沙",所以更无疑义。太平军应用伏地阵,通常总能取得胜利,但这一次却伤亡数百人,成为太平军进攻长沙之役中最大的败仗②,原因究竟何在?这一问题,根据光绪《善化县志》所载,基本上可得解释:

九月初一日,洪逆大股果全数窜省,势甚汹涌。初二日由间道攻扑小吴门、浏阳门营,官兵迎击,追奔至陈家垅,截杀无数。时常、马、王、李四镇分带官兵并参将德某、守备张国梁等统带捷勇潮勇仁勇由郴尾追,一路骚扰至跳马涧,住宿不进。向军门羽檄飞催,始于初三日至桃花段、洞井铺、井湾、黄柏桥等处地方,分营结垒,宰杀猪羊,拆毁民屋,乡民逃走一

---

① 《贼情汇纂》卷四,《伪军制上》,见《太平天国》,第3册,第117、127—131页。
② 此次太平军遭受较大伤亡当系事实。自此次战斗以后,太平军进攻长沙即不再以正面强攻为主,而改用挖地道的办法。

空。……贼乘我军之猝至也，半夜中途埋伏，黎明分三路扑
营。我军初至，未敢出战，俱于营内施放枪炮。贼乃由黄柏桥
伪败至井湾，意待追赶伏截。不料井湾我军扎有一营，枪炮齐
施，前后受敌，而各营大队乘势追杀，由桃花段追至颜家冲，毙
贼四百余人，生擒长发五十七名，就地枭示。自贼逆窜省屡有
攻战，惟此次全获胜仗。①

长沙之役发生战斗的地方大都在善化县境内，光绪《善化县
志》虽然也是地主阶级所修，但叙事比较详明，曲为掩饰之处较少。
这一段记载中所述李瑞、常禄等进营长沙南郊的日期和事实，和敌
人统帅部所奏均相符合，所记应是可信的。从这段记载来看，太平
军进攻浏阳门之战和进攻常禄、李瑞等营盘之战，基本上是两次战
斗，在浏阳门之战中，容或受了挫折，但重大的伤亡却发生在后一
次战斗。太平军采用伏地阵的战术，诱敌来赶，不料因为未曾查明
敌情，诱敌设伏之处碰巧有敌人的大兵驻扎，由于这一意外的情
况，太平军反而前后受敌，以致失利。敌人防守长沙的统兵大员将
此两次战斗混在一起入奏，以至于有人认为太平军系在浏阳门一
战中受挫。如果这样的解释不误，则可知此次太平军使用伏地阵
反而遭挫，系有意外情况之发生。

(六)太平军改变作战计划,分军渡湘

10 月 14 日和 15 日两次战斗失利以后，洪秀全、杨秀清等决定

---

① 光绪《善化县志》卷三十三，《兵难》。

改变局部作战部署,一方面仍然继续正面进攻长沙,但以挖地道轰城的战术为主;另一方面派遣石达开为统帅,分军渡湘水而西,另外开辟一个战场。

太平天国的领袖作出分军渡湘而西的决策,当时是十分重要、十分必要的。10 月 14 日、15 日战斗以后,咸丰皇帝大为兴奋,迭次降旨,要求统兵大员"乘此攻剿得手之时,激励将弁,合力歼擒……勿留余孽";要求趁此"大兵云集……贼屯聚一处,并力围攻,以期一鼓歼除,为捣穴擒渠之计"①,野心很大。敌人在长沙城外东、南两面的布防,有的与太平军营地紧邻相裹,有的犬牙交错,有的还形成反包围的形势,如 10 月 15 日战后,李瑞、常禄的部队立即进驻石马铺,后来又推进到金盆岭,紧拊太平军城南阵地之背。有记载认为,当时太平军顿兵坚城,背水为营,前后均受清兵包围,从兵法上说已经陷于绝地。② 这种估计,没有看到太平军当时仍处于攻势的一面,自然不免过于夸大太平军的困难。但是太平军如果仍然株守于城南一隅,形势并不有利,这却是没有疑问的。这时的困难,是连太平天国本身的记载也都承认的事实,如蒙时雍后来追述其事说:"因未攻破而敌者作怪,围困我们。"③同时,太平军大队屯于一处,粮食和油盐的补给发生了很大的困难。在这种情况下,太平军如果要继续进攻长沙,必须要有一个后卫的阵地。如果要从长沙撤围,更必须要突出一个缺口,作为转进的基地。当时,长沙

① 潘颐福:《东华续录》咸丰十七,九月十五日壬戌谕内阁,十月二日己卯谕军机大臣等。
② 参见《咄咄录·贼围长沙》。
③ 《幼赞王蒙时雍家书》,见《太平天国》,第 2 册,第 755 页。

城的东、南两路均有敌人重兵防守,只有湘水西岸,敌人的兵力较弱,而西部地区不仅油盐米谷富饶,而且有大路北通常德,南达宝庆,有广阔的回旋余地。所以,太平军在久攻长沙、主客形势渐易的不利条件下,采取分军渡湘的决策,对太平军的发展命运实有极大的关系。而湘水西岸战场的得失胜负,对长沙战役的结局,也就有决定性的影响了。

敌人对于河西地区的重要性也并非没有认识。江忠源曾向湖南巡抚张亮基建议说:"贼尽聚南门外,西阻江岸,东自天心阁迤南至新开铺,皆官军壁垒,此固自趋绝地,惟贼所掳民船尚多,时沿江掠食,虑其渡江筑垒,徐图他窜,请以一军西渡扼土墙头龙回潭之要,渐逼渐进,驱其归巢,可尽歼也。"[1]张亮基很同意这个意见,但是没有办法执行。敌人的内部是分崩离析的,负有最高统帅责任的赛尚阿、徐广缙此时仍远驻衡州,城内的统兵大员各不相下,不能集中使用力量,这也就是敌人的兵力虽然已经大大增加,但他们并不能占到什么便宜的重大原因之一。尤其是敌人的主要将领向荣与张亮基不和(数月前,张亮基在云南巡抚任内曾上奏弹劾向荣"夸诈冒功,饰智欺人"),不理睬张亮基的意见。有记载述其事曰:

> 亮基……议以一军驻土墙头龙回潭,扼贼西窜,而城内两巡抚、一帮办、两提督,城外十总兵,莫相统率,令出多梗。亮基乃白赛尚阿檄向荣赴西路督战。[2]

---

[1] 《江忠烈公行状》。

[2] 光绪《湖南通志》卷八十九,《武备十二·兵事四》。

张亮基要求向荣速赴河西扼守,向荣根本不予理会。张亮基以利害要挟他,向荣向张亮基发泄怨气说:"身是已革提督,贼从此窜,不任咎也。"①他后来虽然接受赛尚阿的命令渡湘作战,又凶狠地尽他的反动本分,但这一次却丧失了时机,因为石达开的部队已经迅速地控制了河西的要害地区。

(七)石达开渡湘西进的成就和水陆洲战斗的胜利

石达开率部渡河是在 10 月 17 日,即浏阳门和井湾战事失利之后的两日,这说明洪秀全、杨秀清等的决策和石达开的行动是非常果断和迅速的。敌人的奏报曾及其事,而其他官私文献所载尤详:

> 贼复遣其党石达开渡湘而西,筑数大垒,兼掠阳湖晚稻供贼粮。②

> (九月)壬子,是夜晚分股渡南湖港,筑垒龙回潭,又渡见家河(即靳江河)而南,踞阳湖村③。

> (初五,10 月 17 日)贼诡由朱张渡过河分屯靳江河市铺屋,并搭造浮桥,往来如织。初六日延扰及象鼻坝龙回潭等处,而洋湖晚稻正熟,亦资寇粮矣。初七日分扰岳麓、金牛岭,焚劫漤湾市,向军门遂移营河西以扼之④。

> 初三四日,当事计贼将窜,差令箭循河谕各船只远避,奈

---

① 《江忠烈公行状》。
② 《江忠烈公行状》。
③ 李滨:《中兴别记》卷四。
④ 光绪《善化县志》卷三十三,《兵难》。

靳江一带枯船渔舟先为所掳,故贼得畅行无阻。①

石达开渡湘以后,控制了上述龙回潭等要害之地,以粮食接济城南大军。在水面上,一方面配置大批木簰船只和炮船,既利运输,又能作战;另一方面又用船搭成浮桥,联络东西两岸,控制了东西数十里的阵地。从此,进攻长沙的太平军就不再局处于城南一隅。

湘水以西位于长沙城西南十五里的龙回潭,是军事和交通的要地,有大路西北通宁乡抵常德,西南达湘潭至宝庆。常德的地主阶级闻知石达开率部西渡,"一日数惊,惶恐迁徙"。太平军控制了这片地区,无论能否攻克长沙,其"漫然不可复制"之势,实际已成定局。所以咸丰皇帝闻讯后极为着急,迭次严令徐广缙等"必须将西岸之贼痛加剿洗",必须"将窜赴西岸之贼先行剿洗"②。敌人见局势严重,除由向荣亲赴河西督战外,不得不抽调总兵常存率兵两千屯河西,并屡从城南派马龙、邓绍良、张国梁等前来会攻。在衡州逗留不进的钦差大臣徐广缙也赶忙派提督福兴带绿营兵两千、潮勇六千余来河西"会剿"。这时驻湘潭的已革钦差大臣赛尚阿,竟亲自出马,督率知府朱启仁所带潮勇三千人来进攻阳湖一带的石达开部,这是赛尚阿受任为钦差大臣一年多以来从来没有过的事。石达开率部西渡之初,兵力只有两三千人,自10月17日渡河以后,于20日、21日、25日、27日、28日、29日、30日,迭次击败来

---

① 光绪《善化县志》卷三十三,《兵难》。

② 潘颐福:《东华续录》咸丰十七,九月十九日丙寅及二十二日已巳谕军机大臣等。

犯的敌兵。敌人除烧毁民房以外,一无所得。此外,河西的太平军还于 24 日、25 日配合河东部队出击,东西声势联络,东岸太平军也向西岸增兵筑垒,扩大阵地。在这种形势下,受任"专剿河西之贼"的向荣,愤而亲自出马,于 10 月 30 日亲率"劲卒"三千余人,进犯河西战场上太平军的重要据点水陆洲。

长沙以西的湘江水面,宽达七里余,水陆洲(古称橘洲)即在湘江中间,分江水为东、西两股,洲东系湘江正流,洲西水面较小,也可通舟。水陆洲南北数里,形如匹练,南与牛头洲紧接相连,正是联络东西岸的要地。河西地区的要隘如土墙头、龙回潭既被太平军控制,敌军屡攻不能得手,向荣乃决意大举进攻水陆洲,企图楔入东西两岸的太平军中间,截断太平军的联络。这一次军事行动是凶狠恶毒的,但其结果却是石达开的部队大败向荣。王定安记其事说:

> 荣欲夺水陆洲,古所称橘洲也。四面环水,或以险绝谏,荣易之。甫渡,贼绕洲尾袭其后,部卒三千皆溃。①

左宗棠、郭嵩焘记其事尤详:

> (石达开)之渡西岸也,留贼屯洲尾为声援。向公拟先剿之,九月十九日亲率劲卒三千余,由西岸渡江至洲北,整队而进。贼尽匿洲南树林中,时出零骑诱官军。向公督所部放枪

---

① 王定安:《湘军记》卷一,《粤湘战守篇》。

击贼,贼走避林中,徐从林旁出,斜抄官军后,官军初为林木所蔽,不及觉,比贼帜微露,则疾趋如风,官军惊溃,健将游击萧逢春、都司姬圣脉战殁,士卒死者千余,向公与河北镇总兵王代琳(应为王家琳)骑善马得免。城上诸军望见,为之夺气。①

水陆洲一战是太平军进攻长沙的八十一天战斗中所获得的最大的胜仗。敌人溃败的情形,除上引记载外,《忠王李秀成自述》、《洪仁玕自述》、光绪《善化县志》、光绪《湖南通志》等所记大略相同,而敌方统帅向主子的报告却含糊其辞,多方掩饰真相。② 但事实是,自这一次战斗以后直到 11 月 30 日太平军撤长沙之围的一个月中间,除了 11 月 7 日有张国梁、朱启仁小股"会攻浮桥河面"进行骚扰,向荣再也不敢在河西战场进行战斗。巡抚张亮基愤甚,拟亲自督兵渡河赴龙回潭攻打石达开,后又借口巡抚出城会动摇人心,终未敢实行。太平军长沙之战持续两月余,在敌人的重兵反包围中仍能全师撤围转进,开辟新的天地,重要的原因在于分军渡湘的方针十分正确,而河西战场之所以能够稳如磐石,实以水陆洲一战为首功。

---

① 《江忠烈公行状》。

② 《剿平粤匪方略》卷十八载,十月初二(11 月 13 日)赛尚阿等奏称,水陆洲之战,向荣亲督官兵渡河,"该匪先从树林出贼数百拒敌,总兵马龙亲率兵勇开放枪炮,毙贼多名。该匪不能抵敌,即时败回。复从林内拥出贼千余人,经总兵王家琳督率官兵横冲而出,贼匪纷纷倒地,仍望林内奔回,我军连烧贼踞村房数处"。此处所谓"横冲而出""纷纷倒地",实极尽含混掩饰之能事。

（八）太平军挖掘地道续攻长沙

石达开率部渡湘以后，洪秀全、杨秀清除督率大军在城南抵拒敌人的进攻以外，在主动攻城方面，改以挖掘地道为主要战术。道州、郴州一带有大量煤矿工人投效太平军，挖地道系其长技。太平军挖掘地道的情况与敌人的对策，据光绪《善化县志》记载说：

> 贼连日夜于魁星楼城外金鸡桥挨城一带攻凿地道。城内穴地埋大缸瓮，令瞽者伏听，于闻锄镬声处迎掘冲破，灌以秽水，熏以毒烟。但虑防不胜防，向军门复派邓副将所辖镇篁兵、瞿腾龙所带兵勇入城游巡，以备不虞。①

在后期的长沙战役中，太平军挖地道几十余次，虽大多数被敌人采取上述办法所破，但挖掘成功，火药迸发，城濒于破者亦有四次：

10月30日，太平军开挖地道，轰陷南城。敌人人心惊惶，长沙协副将自行摘去顶戴，藏匿于民房，其所部兵丁，脱去号褂，抛弃满街。②

11月10日，太平军于南城西边挖地道轰城，城身轰裂四五丈。太平军乘势扑城，呼声震天。此时城内敌人慌张奔逃，势如鼎沸，兵勇也纷纷脱去号褂往北城逃窜。但由于敌副将邓绍良等督兵在缺口拼死抵抗，太平军未能破城。

---

① 光绪《善化县志》卷三十三，《兵难》。
② 参见《曾文正公全集·奏稿》卷二，《请将副将清德交刑部治罪片》。

　　11 月 13 日,长沙南月城外地雷迸发,尘雾迷漫,太平军乘势冲杀,但不巧遇着逆风,烟火不向敌人,敌总兵和春及江忠源等拼命抵拒,太平军未能破城。

　　11 月 29 日,长沙南城被地雷轰塌八丈余,太平军大队抢城,敌副将瞿腾龙等率众反扑,未能破城。太平军退出缺口后,敌人乘势追击,但太平军早有准备,伏兵炮发,杀伤敌人百余名。[①]

(九)太平军安全移营转进

　　此时,太平军进攻长沙已经长达八十天之久,军中的粮食虽然得到河西的接济,但是所控制的地区究属有限,究难长期支持数万之众。十一月间,洪秀全在长沙南门外制造了玉玺。太平天国领导集团乃决定乘此士气振奋和水陆洲战后敌军丧胆的时机,移营撤长沙之围,另图发展,于 11 月 30 日夜全军冒雨渡河,与石达开部会合转进。太平军为了保证安全撤围,一方面派人假意向敌人告密,声称太平军正对准天心阁挖掘地道,使城内敌人惶然戒备,不复注意城外太平军的行动[②];另一方面又于全军渡河以后,派出小队向湘潭方向南行,迷惑敌人,大队则西北向直趋宁乡、益阳、岳州,开始了进攻武昌的新阶段。

　　太平军撤围之时,长沙城内外的敌人并未发觉,在河西直冲广西提督福兴的营盘时,福兴也根本不敢过问。第二天,长沙的反动头目发现太平军已经转进,一方面庆幸自己保全了首领;另一方面又无耻地捏造战绩,欺骗主子,奏称什么由于官兵四面围截,翼王

---

① 参见《张大司马奏稿》、光绪《善化县志》、《粤匪犯湖南纪略》。
② 参见《江忠烈公行状》。

"石大凯"亦经"奸毙"云云。① 但这一番鬼话不久就被主子拆穿了。两个月后，咸丰皇帝见到向荣的奏报上又有石达开的名字，就亲笔向奴才提出质问："何又有石达开？是否即系石大凯？"②

二、太平军进攻长沙之役之检讨

综观太平军进攻长沙八十一天战斗的事实，我们可以检讨这次军事行动的得失。

(一)进攻长沙决策的正确性及初期军事部署之失当

要分析这种得失，我们首先要弄明白，进攻长沙是当时太平军既定计划范围以内的行动，还是偶然的、节外生枝的行动？有人根据某些记载，认为太平军在1852年6月克复道州以后，内部曾对今后的行动方向问题有过争论：一部分人主张从道州越都庞岭到灌阳，仍回广西，而杨秀清则主张"直前冲击，循江而东，略城堡，舍要害，专意金陵"，这条路线得到洪秀全的赞同而被确定为太平天国全军的战略原则。这个争论可能是有过的，然而，在道州是否确定了"略城堡，舍要害，专意金陵"的原则，却还不能只根据一两种记载就下断语。关于太平军从什么时候起确定"以金陵为家"的思想

---

① 参见潘颐福：《东华续录》咸丰十七，十一月初九日己酉谕内阁录罗绕典等奏；《张·大司马奏稿·兵团沿途截杀窜贼片》；《太平天国史料》"中外记载"之二《大事记》载徐广缙奏。又，《粤氛纪事》卷二："据奏称，官兵四路围截，奸其坐轿之逆首伪翼王石大凯及夺获太平印，皆张虚捷也。"
② 《向荣奏稿》卷一，《进攻武昌贼营并筹办各情形折朱批》，见《太平天国》，第7册，第28页。

的问题,文字资料中有颇多不同的记载,这里不能详论,但我们如果撇开各种传闻之辞,从太平军的实际作战过程来考察,就可以看出这样的明显事实:太平军在广西进攻桂林三十二天,在湖南进攻长沙八十一天,都是在攻城不克以后始撤围转进,而自攻克武昌沿江东下以后,则直捣南京,沿江之地皆弃而不守。这说明"专意金陵"的思想,实自1852年底或1853年初以后始确定下来。太平军在攻克武昌以后,内部对于今后的动向仍有分歧意见和争论。据被敌人所俘的太平军战士自述,当时杨秀清主张自武昌东下南京,而"女贼卞三娘"则主张"取道荆襄入河南踞中原",由于争论剧烈,卞三娘"愤言不用,遂他走"①。李秀成在自述中所谓"欲取河南为家"②,即反映了当时太平军中确曾有这种主张以及确曾有过这种分歧。自武昌东下以后,这种分歧还未最后解决。李秀成说,攻克南京时,"天王与东王尚是计及分军镇守江南,天王心欲结往河南,欲取得河南为业"③。由于杨秀清不同意,才确定以金陵为家。④ 由此

① 李滨:《中兴别记》卷五。又见《盾鼻随闻录》卷二,《楚寇纪略》。

② 《忠王李秀成自传原稿笺证》(增订本)作"欲取湖南为家",此据《忠王李秀成自述》影印本校改。按李秀成此句前后文为:"攻城(长沙)未下,计及移营,欲由益阳县靠洞庭湖边而到常德,欲取河南为家。到益阳忽抢得民舟数千,后而改作顺流而下……直下湖北。"就文辞内容看,当时太平军尚在湖南境内,要去河南,还隔着一个湖北省,曾国藩以意度之,将李秀成亲书"河"字窜改为"湖"。"欲取河南为家"一句,可能是太平军长沙解围以后的打算,也可能是指攻克武昌后内部争论中的一种倾向,由于李秀成叙事匆忙,前后次序有所错乱。

③ "天王心欲结往河南,欲取得河南为业"句,《忠王李秀成自传原稿笺证》(增订本)作"欲往河南,取河南为业",此据《忠王李秀成自述》影印本校改。

④ 《金陵癸甲新乐府·天下凡》:"或言天王思迁河南都,变妖当扑臀之肤,否则天王斫头颅。"(《太平天国》,第4册,第736页)据此,定都天京以后,路线的争执,仍未结束。

可见,太平军在道州时,并没有最后确定"略城堡,舍要害"直趋南京之事。我们在评论太平军进攻长沙的决策是否正确时,首先不应该以事实上不存在的"专意金陵"的既定标准,来非议它是一种节外生枝的行动。

进攻长沙不但不是偶然的行动,而且还可以说是当时的既定目标。太平军退出全州时,就准备从湘江顺流而下直取长沙,只是因为在全州、永州之间的蓑衣渡受到挫折,才未能实现。后自永州折而南克道州时,清廷估计太平军仍要东北攻长沙。[①] 后来太平军攻占郴州,清廷的判断和太平军被俘人员的自述,都表明太平军的目的在于直扑长沙。[②] 太平军在进攻长沙以前就已经显露出来的这种计划,说明进攻长沙,并不是临时的过境性质的行动。

太平军确定进攻长沙,当时是有它的理由的。比起广西,湖南的物力要富裕一些,可以支持大军的作战。1852 年前后的数年间,湖南各府州县遍地是群众起义的火焰。1847 年新宁有雷再浩起义,乾州有苗民的武装抗租斗争。1849 年新宁有李沅发起义。1851 年宜章有王萧氏等起义,桂阳有朱幅隆等起义。1852 年郴州有刘代伟等起义,浏阳有周国虞、攸县有谢友百、巴陵有晏仲武的起兵。1853 年初曾国藩开始办理团练之时,长沙、宝庆、辰州、岳州、澧州、永州、衡州、桂阳州等各府州所属各县,到处都是"成群结党,啸聚山谷"的起义群众。太平军如果在长沙立定脚跟,必可大大促进当地武装起义的发展,扩大革命力量,而当地起义群众也不

---

① 参见潘颐福:《东华续录》咸丰十六,七月初三日辛亥谕内阁。
② 参见潘颐福:《东华续录》咸丰十六,七月廿四日壬申谕军机大臣等。又《剿平粤匪方略》卷十五,常大淳奏。

致此起彼落,被清廷及地主团练各个击破。从长沙旁略四川、湖北,进一步取河南为家,命师北伐,也有相当有利的条件。总之,太平军当时如果在湖南取得了胜利,以后的战事可能出现若干不同的局面。我们在分析长沙之役的得失时,对太平军决定进攻长沙这一决策的性质和合理性,是应当首先加以阐明的。

然而这样一次重大的军事行动,结果并不十分圆满。在这八十一天的战斗中,太平军的战术胜利是重大的,杀伤敌兵数千名,阵毙敌总兵以下十余人。但太平军自己的损失,特别是参加首义的基本队伍的伤亡,也较以前历次战役为大。这主要是由于太平天国的领导集团在湘南道、郴一带取得军事胜利后,产生了轻敌思想,初时仅以轻骑强攻长沙所造成的。① 由此而致洪秀全、杨秀清在具体部署进攻长沙的计划时,仅以萧朝贵一军来执行这次任务,失去了良好的时机,这是我们从上述八十一天战事的具体经过中,可以看得清楚的事情。过去有人论长沙之役关系太平军以后命运甚巨,其言曰:"西王初抵长沙,城中兵力甚薄,四门无备,易攻也。……满军援师四集,身殉国乱,长沙未下,使曾、胡等人得有根据地以亡汉祀,惜哉!"②这类议论,不能从根本上分析太平天国革命成败的原因,且多从种族关系立论,原不可取。但是,历史事变的偶然因素是存在的。当时曾国藩正丁忧在籍,近在湘乡,咸丰还不曾命令他帮办湖南全省团防事务,无权无势,湘乡办理团练的只

---

① 《贼情汇纂》卷十一《老贼》:"(太平军基本队伍)惟以长沙为易与,心轻之,敢于尝试,故殄毙之数较他处为多。"(《太平天国》,第3册,第291页)
② 汉公:《太平天国战史》,上海,中华书局,1911。

是他的父亲曾麟书及赵玉班、刘月槎等一班地头蛇,局面很小。① 太平军当时如能完成攻取长沙的任务,即使曾国藩等幸免于死,但以后他组织湘军成为太平天国死敌的局面,可能有若干的改变,这也是可以推测的事情。② 如前所述,攻取长沙之重要性与可能性如彼,而其未能达到既定目标又如此,这个失策,自不能不说主要是由洪、杨等在初时的军事部署失当,仅以萧朝贵偏师进攻而主力不陆续踵进所造成的。

(二)洪秀全、杨秀清驻屯郴州过久非有客观必要辨

或者说,洪秀全、杨秀清等在萧朝贵一军北上以后仍留驻郴州达一月之久,实有客观上之必要,难以视之为失策。其理由为当时在郴州新招部队很多,此等人难当大敌,需要休整;同时,清军增援长沙的部队皆系从郴州前线调去,如无萧朝贵之偏师北进,则清军必不撤郴州之围,而郴围不解,则太平军主力北上步履艰难,必须突围苦战,难期迅速。这些都是我们阐述长沙之役的事实和检讨长沙之役的得失所应涉及的问题,需要在这里稍加分析。

太平军离桂入湘以后,由于蓑衣渡一战的挫折和进攻永州不克,实力减损,处境困难。即以粮食而论,有记载说,至道州时"已三日不得食"③。所以太平军攻克道州以后需要相当时间的休整补充,是有其理由的。但太平军攻克郴州时的情况已和初入道州时

---

① 参见陈湜:《病榻述旧录》。
② 后来湖南成为敌人镇压太平天国出兵筹饷的重要基地,许瑶光《谈浙》卷一写道:"咸丰二年,粤贼扑长沙不破,天留以为恢复东南之本也。"
③ 张曜孙:《楚寇纪略》,见《太平天国史料丛编简辑》,第1册,第71页。

大不相同。太平军在道州休整两月的结果是，部队大大扩充，营伍大大整肃，军械大大增加，粮秣大大丰富，其实力较初入湘时已不可同日而语。① 太平军在这种情况下攻克了郴州，我们看不出有在郴州长期驻屯的客观必要性。道州的休整和郴州的驻屯是难以相提并论的。太平军在道州、郴州所扩大的队伍，并不是毫无作战经验的平民，而主要是当地原有的武装起义群众，即地主阶级所诬蔑的"土匪"，他们并不一定需要长期的整训才能行军作战。事实是，萧朝贵突袭长沙的一军中就有郴州的"新兄弟"数百人："萧朝贵之扑长沙也，郴匪曾以数百人为乡导，前驱攻城陷阵，皆殊死斗。"②可见在郴州因新队伍多故需休整之说，根据是不足的。

至于清方长沙援师的来源和所谓郴州之围的情况究竟如何，更须稍加探讨。萧朝贵一军进薄长沙以后，在郴州与洪秀全、杨秀清相持的清方和春统下的部队被陆续调去长沙增援，成为长沙之役中清方的主力之一，其人数约为清方援师的二分之一，确系事实。但清方援师的来源，实包括三个方面。首先驰抵长沙的邓绍良、贾亨晋及开隆阿等，都是清方从攸、醴一带和衡州防线派出。另有一部分军队，如来自江西九江营的绿营、张亮基所统兵勇、徐广缙派出福兴所统的兵勇等，系征调自外省或本省其他地方，均与郴围无关。而自郴州派出的军队也有不同的情况。如和春、秦定三、江忠源一军系于9月26日到达长沙，而常禄、李瑞、经文岱、张国梁、德亮所统部队则仍留在郴州外围，系在洪、杨率太平军主力离郴以后，于10月15日始抵长沙近郊，并非萧朝贵一攻长沙，郴州

① 参见《盾鼻随闻录》卷二，《楚寇纪略》，见《太平天国》，第4册。
② 《贼情汇纂》卷十一，《新贼》，见《太平天国》，第3册，第294页。

的清军即全部撤走去长沙增援。

更重要的是所谓郴州之围究竟曾否使太平军步履艰难、行动难期迅速的问题。如果郴州的清军曾予太平军以重大压力，非萧朝贵偏师北进吸引清军应援长沙，太平军主力难以顺利北出，那么，洪、杨之留驻郴州而不继续踔进，就可以说是有客观的理由而难以失策视之了。① 然而，实际的情况却并不是这样。

太平军在道州、郴州时，与之相持的敌方主将都是和春。和春所统带的兵勇原有一万五千余人，后来益以张国梁一军，当在两万人左右，其实力未可小视。但当时太平军和清军的攻守之势和后来长沙之役中的情况有所不同。当时太平军兵力集中，在道州时，则集结于道州旁及江华、永明，在郴州时则以郴州为中心而分占永兴，力量雄厚，转动裕如，实操主动地位。而和春的部队，此时系负"追剿堵截"的责任，处处陷于被动。同时，和春直接统领和受其节制的部队中，有的战斗力较强，如江忠源、张国梁所部，有的则战斗力极弱，如刘长清、李瑞所部。敌军的这种地位，决定了他们在道州和郴州时，并未能予太平军以重大的威胁。如在道州时，和春的幕客也承认，"和镇驰抵道州，连日进攻，未能得手"②。而太平军自道州进攻郴州时，据敌人夸大了的官方奏报，和春也只能"带兵跟追"，沿途所截杀的不过"数十名""一二百名"③而已，而另据私家记载，则是"率相去百十里不敢近，行则尾之"④。太平军在郴州

---

① 如此，则萧朝贵之进攻长沙就只具有策略上的性质，类似所谓"围魏救赵"之计。但据本文所述，事实并非如此。

② 萧盛远：《粤匪纪略》，见《太平天国史料丛编简辑》，第 1 册，第 26 页。

③ 《剿平粤匪方略》卷十五。

④ 佚名：《粤匪犯湖南纪略》，见《太平天国史料丛编简辑》，第 1 册，第 63 页。

时,和春虽然屯驻州城外围,但并未能作重大的正面进攻,更不用说合围"堵剿"了。考萧朝贵自郴州轻骑北进,系在8月26日。而据赛尚阿、程矞采奏,在9月5日以前,和春的大军只驻扎在郴州西南的狮子岭,赛尚阿等判断"现在军情应以东北堵剿尤为紧要",命令和春改变部署,和春始于9月5日督兵至陈家楼安营,当郴州东北太平军趋长沙之前路,另派湘黔兵勇及潮勇当东路,总兵王锦绣当西路,总兵经文岱当南路。① 所以,即使假定和春所统部队战斗力之强足以使太平军行动困难,但敌人在郴州城外东西南北四面均驻兵"堵剿"以前,原只蚁聚于西南一隅,太平军可以无拦阻地从容从东北方向进军长沙,有充裕的时间可以利用——距萧朝贵出发以后有十天的时间,距克复郴州以后有十九天的时间。如果洪秀全、杨秀清在作出了攻取长沙的决策以后,在兵力上也有正确的部署,在萧朝贵偏师北上以后,主力不株守郴州一隅而陆续踵进,实可以阔步前进而绝无步履艰难、突围苦战之事可言。

即或退若干步撇开上述的确定事实不论,假定洪秀全、杨秀清等受到了清军的压力而不能迅速脱身,那么,萧朝贵进薄长沙以后的六天,和春、秦定三、江忠源等即分郴州的军队应援长沙,郴州之围的压力应大大减轻,洪秀全、杨秀清何以不在此时及时率大队离郴北上? 证诸以后太平军离郴时的情况,留屯郴州、永兴外围的李瑞、常禄等,是绝不能阻止太平军进军的。而洪秀全、杨秀清不在此时,而必待萧朝贵一军受挫的消息到达以后,即在所谓的郴州之围已大大减轻压力之后的七八天,始率大队前去长沙,可见洪秀

---

① 参见《剿平粤匪方略》卷十六,八月十二庚寅赛尚阿、程矞采奏。

全、杨秀清的行止迟速,与所谓的郴州之围了无干系,实为确凿无疑。

就洪、杨先派出萧朝贵偏师北进一事本身来说,其策略原是成功的,它使敌人一时摸不清太平军的动向,不敢轻动,而太平军则因此而有更加灵活转进之可能。故李滨承认,此时"兵家奇正之法,悉以予贼"①。洪、杨部署上的失当,不在于派出萧朝贵偏师北进,而在于派出萧朝贵之后,未将郴州的主力继续或陆续踵进,致失去攻克长沙的较好时机。而根据以上的辩证,其主力留驻郴州过久,在客观上并无必要的理由。这种部署上的失当,对既定任务的完成,影响是很大的,是我们在检讨太平军长沙之役的得失时所应予指出分析的。

(三)分军渡湘显示着太平军军事水平的提高

但到长沙之役的后期,太平军的军事水平有了很大的提高。在太平军久攻长沙不克以后,敌人最希望的是太平军仍然局处于城南一隅,幻想"聚而歼之","一鼓荡平",最害怕的是太平军"溃围流窜","滋蔓他方"。这从敌人的许多上谕、奏报和私人记载中,可以看得很明白。而太平军所采取的,正好就是敌人最害怕的办法。洪秀全、杨秀清率大队到达长沙,在两次进攻战以后,一方面改以挖掘地道的战术继续攻城,坚持达月余之久,显示出攻取长沙、争取实现既定目标的决心;另一方面又迅速分军渡湘,为大军屯驻南城,继续进攻长沙,开辟后卫阵地,打出了缺口,为撤围转进

---

① 李滨:《中兴别记》卷四。

作了准备,乃由战事中期的渐陷被动而改变为进退裕如的主动地位,始立于不败之境。这些事实,前文中已加阐明。太平军攻取长沙的既定任务虽未完成,但后期战役中的这些成就和在湘西战场上的重大军事胜利,成了开创以后的"翻然不可复制"局面的新起点,这尤其是我们在检讨长沙之役的得失时所应予以充分估计的。

1963 年

太平军内部对建都问题的论争及其影响

太平天国于 1853 年 3 月攻占南京，在此建都，称为天京，迄今已一百二十五年。

太平天国建都南京的决策是怎样形成的？他们本身的文献没有谈过这个问题。有些历史记载和有关论著则以为建都南京、取江南为家是太平军起义之初的既定决策，以后两年的战史就是为了这一决策的实现。但是，我们细考历史，却可以看到，攻取南京并不是起义之初就明确了的目标。这一目标的确定，是随着战事的发展，经过长期酝酿、热烈论争的结果。它是太平军将士的战略眼光逐步提高的产物，同时又是他们内部保守思想的反映。本文试图对太平天国在南京建都立业这一决策的形成过程及其影响，作一初步的研究。

一、太平军出广西前后进取计划的变化和怀土重迁观念的克服

太平军起义之初就有进取江南的意图："官军与之战,动曰:行将取江南矣,岂畏尔官军耶?"①但这只是太平军内部部分人的思想,并未形成全军上下统一的战略计划。太平军起义于广西东南一隅,距江南有千山万水之遥。在起义以后将近一年半的时间内,他们都在广西境内作战;前八个月,还在桂平、武宣、象州、平南与优势的清军相持。我们从这一时期太平军的实际活动中,看不到以上的战略意识有深刻的反映;相反,他们当时的实际视野主要还是局限于广西一隅。他们在攻克永安以后的活动,明显地说明了这一点。

太平军是在 1851 年 9 月 25 日攻克永安的。这是他们起义以后首次占领州县城池的胜利。令人注目的是,他们在这里留驻达六个半月之久。为什么在这里长期停留?休整补充,不可能需要半年多的时间。由于敌人的牵制而不得脱身?这也不是事实。太平军克永安后,清军虽尾追而至,但直到这一年年底的三个多月里,清军的进攻软弱无力,并没有形成包围,如果太平军取江南的计划当时已很明确,完全可以在适当休整后从容转移,而实际上,他们是在次年之春清方加强了攻势,自己处于"粮草殆尽,红粉亦无"的危急情况下才不得不撤离永安。这些情况说明,太平军占领

---

① 同治《浔州府志》卷二十七,谭熙龄《紫荆事略》。

永安,不是一次过境性的行动;他们在永安停留六个半月,也难以认为是去南京建都立业这样一个"预定计划"的需要。他们之所以在永安久驻,应该是别有原因。

这个原因是什么? 历史资料中没有直接答案,但太平军在永安期间的重要活动,仍可给我们提供一些信息。

首先是他们在这里封王建制。太平军起义后,即以杨秀清、萧朝贵、冯云山、韦昌辉、石达开为五军主将,并以杨、萧、冯、韦为左辅、右弼、前导、后护四军师,统率于天王洪秀全。克永安后两个多月,体制为之一变,杨秀清、萧朝贵等五人分封为东、西、南、北、翼五王,而西王及其以下俱受东王杨秀清节制。① 清方记载说:"及攻陷永安州,始署伪官,颁条教,有本章、禀奏、诰谕、诫谕诸名色。"②全军有了丞相、检点、指挥、将军、侍卫、总制等各级官员,也有了与官制相适应的冠服制度。

其次,太平军在永安开始了"制礼作乐"。洪秀全封卢贤拔为"左掌朝仪,职同将军",由他草拟"设官分职,定礼作乐"诸事,规定了洪秀全"后宫称娘娘""军师妻呼称王娘"等一套礼仪制度;刊印了《太平礼制》及其他多种书籍;颁行了太平天国的历法;实行了太平天国的第一次科考。

太平军在永安期间,采取了这样多的重要措施,可以说,他们的政治体制在这时已大致完备了。这就可能使人们提出这样一个

---

① 这是太平天国体制的巨大变化,必然要在内部关系上经历相当的酝酿和调整,吸引着领导人的精力和时间。太平军在永安长期停留,或与解决内部的这一问题也有关系。

② 《贼情汇纂》卷七,《伪文告上》,见《太平天国》,第3册,第189页。

问题:他们是否有过在永安建都立业的意图?

对这个问题作出肯定的答案,根据是不足的。当时的永安州是个"蕞尔小邑",僻处南疆,谈不上有夺取全国政权的战略意义。设想在这里建立一个起义农民的王朝,以后来太平天国的发展规模来看,似乎是不可思议的事。但是我们必须具体地考虑当时起义农民的历史情况,至少我们可以把起义农民的眼光看作一种有变化的因素。永安虽小,但对长期在荒村小镇盘桓的不少起义农民来说,已经是一个巨大的世界。太平军在永安所控制的,除州城外,只东平里一里七十余村共约四百平方里之地①,他们不也分封了管治东方、西方、南方、北方的东、西、南、北诸王,并且期待着"万方万国万来朝"了吗? 这种情况正是起义农民初兴阶段视野狭隘

---

① 参见钟文典:《太平军在永安》,北京,生活·读书·新知三联书店,1962,第42、78页。

的反映。①

太平军自永安突围以后,即从间道直扑广西省城桂林。这一行动是太平天国领导人在撤出永安前所作的决策:"壬子岁,时在永安州。……三月,天父大显权能,命我们弟妹同扶真主,攻取桂林。"②太平军"以吕公车、方桌、云梯蛇行匍伏,百道攻之"③,达三

---

① 洪秀全在永安期间的诏旨,有两次提到"小天堂",这同本文所讨论的问题颇有关系。一次说,战士的功罪要逐层上报,"俟到小天堂,以定官职高低",时在克永安后五十五天;又一次是升封战士将领,"上到小天堂,凡一概同打江山功勋等臣,大则封丞相、检点、指挥、将军、侍卫,至小亦军帅职,累代世袭",时在克永安后七十二天。太平天国的"小天堂"有两种含义:一是泛指太平天国或天朝的所在地。洪秀全《钦定旧前遗诏圣书批解》:"神国在天,是上帝大天堂,天上三十三天是也;神国在地,是上帝小天堂,天朝是也。"洪秀全在攻克永安以前茶地移营之时所颁的诏旨,有"总要个个保齐,同见小天堂威风"之句,这里的"小天堂",应是泛指天朝。郭廷以认为,上述诏旨中"俟到小天堂"之句,也是泛指天朝、天王所在的地方。"小天堂"的另一种含义是指天京所在的地方,即具体指南京。如《天情道理书》:"兹蒙天恩……同到小天堂,得受荣光。"这里的"到小天堂",就是"到南京"的同义语。《平定粤匪纪略》附记三:"在永安时言至金陵为登天堂,许夫妇团聚。"据此,以"小天堂"指南京,似乎在永安时已开始。这是可能的。因为取江南为业的思想,在部分领导人和群众中是早已存在的。但也有可能,《平定粤匪纪略》的记载是后来南京确实成为"小天堂"以后的附会。所以,对于上述诏旨中的"俟到小天堂"等句,似可以有三种解释:一是说,将士们的功劳申报到朝廷,即予封赏;二是说,到了南京即予封赏;三是说,以后到了小天堂即予封赏,但未明确小天堂究在何处。如属后二者,则表明洪秀全并不以为永安是久驻之地。但这两通诏旨发布后,太平军并没有去"小天堂"的实际行动。相反,他们继续在永安留驻了四个多月,实行了封王建制等前已述及的各种措施,而且此后的诏旨也未见再提"上到小天堂"之事。这至少说明,当时"上到小天堂"的计划是不明确的。

② 《天情道理书》。又,《蒙时雍家书》:"至壬子年二月时,荷蒙天父天兄下凡大作主张,打破敌卡而出……直打桂林省。"可见太平军攻打桂林,出于领导层的事先计划。见《太平天国》,第1册,368页;第2册,755页。

③ 《贼情汇纂》卷十一,《老贼》,见《太平天国》,第3册,第290页。

十二天,未能破城,杨秀清"即令暂行解围,别作良图,以谋进取"①。接着他们破兴安、全州,进入湖南境,占领道州等地,在湘桂之交休整和扩编队伍,徜徉两个月。这一过程说明太平军这时并没有一个固定的进取目标。撤桂林之围时所说的"良谋"迄未明确下来,但这时他们对今后的动向却有过一次十分重要的讨论:

> 群贼怀土重迁,欲由灌阳而归,仍扰广西。秀清独谓非计,曰:已骑虎背,岂容复有顾恋? 今日上策,莫如舍粤不顾,直前冲击,循江而东,略城堡,舍要害,专意金陵,据为根本,然后遣将四出,分扰南北,即不成事,黄河以南,我可有已。洪逆等深然之。②

这一场关系太平天国今后前途的重大讨论并非偶然。在起义农民的队伍中克服怀土重迁的观念,需要一个过程。永安仍在广西境内,但对来自桂平等地的不少起义农民来说已经是外府外州了,因而太平天国领导人需要对难以"背井离乡"的人进行思想教育。③ 现在当革命推进到外省之际,又发生了南王冯云山不幸牺牲

---

① 《天情道理书》,见《太平天国》,第 1 册,第 368 页。

② 《贼情汇纂》卷十一,《老贼》。又卷一所载杨秀清事迹也可参证。《盾鼻随闻录》还记载太平军在出广西、入湖南前后对今后动向有过两次讨论,与《贼情汇纂》所记事实主体相似,时地也都相近,唯人物、情节稍有出入和错误。或者即是一事,或者几次讨论都有过,性质都是是否退回广西的问题。参见《太平天国》,第 3 册,第 290—291、46 页;第 4 册,第 359、362 页。

③ 太平军在永安时,杨秀清假借天父名义作下列诗句劝勉将士:"万万儿小别家庭,离乡立志做忠臣。前未勤王当虎豹,今知有主可成人。"《天命诏旨书》,见《太平天国》,第 1 册,第 62 页。

的事件。冯云山是诱导群众开创立国大计的核心人物,他的牺牲必然对全军产生影响。在这个时候和这种条件下,群众中出现南归家乡的意见,则更是可以理解的。[①] 但南归广西,在当时来说,就意味着不可能打击清朝统治的要害,意味着放弃夺取全国政权而与活跃在广西各地的许多股堂会起义者为伍。太平军克服了这种倾向,表明他们的政治觉悟和战略思想已有所提高。

二、长沙之役和"取河南为家"的战略思想的提出

1852 年 8 月,太平军从湘东南郴州出发,开始北攻长沙。这是迄今为止太平天国起义史上为进攻一个城市历时最长的一次战役,达八十一天之久。

太平军攻取长沙,是在湘桂之交讨论今后动向时决定的。这次讨论,如前所述,主要是打消了一些人南归广西的念头,洪秀全所"深然之"的也正是这一点。至于所谓"略城堡,舍要害,专意金陵"的方针,实际上并未确立。他们在这次讨论后对长沙实行了持久的攻城战,就是证明。

攻取长沙的决定比起南归广西是一大进步。当时的湖南同广西一样有很好的革命形势。太平军如能在长沙立定脚跟,必可大大促进全省反清斗争的发展,扩大革命的力量。从长沙旁略川、鄂,进一步问鼎中原,形势也较广西有利。但是,这一次重要的战

---

① 太平天国领导人在起义之先已有立国之筹划,但对在何处立国和立国规模的设想必有一个发展过程。这种立国大计未必为广大将士所了解,因而在起义初期出现了上述矛盾。

役,结果却不理想。太平军攻城八十一天,牺牲了英勇善战的西王萧朝贵和较多的老战士,在敌人逐渐形成反包围的形势下被迫撤围。之所以造成这种结果,原因在于太平天国领导人在决策进攻长沙以后,缺乏周密的作战部署。太平军经在湘南的休整扩编,战兵已达五万人。[1] 但萧朝贵只有一千几百人进攻长沙[2],大军仍留在湘南。当时,清朝统治者着重于长沙南面衡州的防守。萧朝贵灵活地避过衡州之敌而由永兴、安仁、攸县、醴陵一路疾进,沿途虽有扩充,兵力究竟单薄,不能破城。萧朝贵在攻城的次日(9月12日)中炮重伤,不久去世。洪、杨得到萧朝贵重伤的告急信后,始率大部队离郴州北上。当萧朝贵突袭长沙之时,敌人兵微将寡,十分惊惶。但当洪、杨到达长沙城外时,清军援师四集,兵力已增至三万余人,不久更增至五万人以上,反动头目蜂聚蚁集,防守力量已大大加强。太平军虽多次猛攻,都不能得手。

"阵无锋,非孟贲之勇也敢将而进者,不知兵之至也。……阵无后,非巧士敢将而进者,不知兵之情者。故有锋有后,相信不动,敌人必走。"[3]古代兵家曾说明了战争中前锋后卫必须互相配合的道理。长沙之战,萧朝贵前锋猛进以后,洪、杨的大部队滞留郴州不进,不曾起到后卫作用,以致影响战略目标的完成,这不能不是一个失策。但洪秀全、杨秀清在大军攻城不能得手,敌人反而渐成反包围态势的不利局面下,于被动中创造主动,"遣其党石达开渡

---

[1] 参见《忠王李秀成自述》,影印本。
[2] 参见咸丰二年九月初四赛尚阿等奏,见《剿平粤匪方略》卷十八。
[3] 《孙膑兵法·势备》。

湘而西"①,控制了龙回潭一带要害之地,并于水陆洲一战大败向荣,保证了大军顺利转移。这是太平军的战略战术思想在实际锻炼中得到提高的表现。

太平天国领导人在长沙撤围前夕,讨论了今后的行动计划,有过到南京或到四川等各种方案②,而尤可注意的是首先提出了"取河南为家"的战略思想。李秀成记其事说:

> 攻城(长沙)未下,计及移营,欲由益阳县靠洞庭湖边而到常德,欲取河南为家。③

这时太平军主要是步兵。到南京的建议由于缺少船只而被搁置了,他们从长沙转移的路线,预定是由宁乡经益阳而常德。常德位于湖南北部,与河南隔着湖北省。他们"欲取河南为家"的具体计划如何,今已不得而知,但这一思想的提出,却反映了太平军领导人直逼清朝统治中心和"问鼎中原"意识的加强。

1852年11月30日太平军按计划撤离长沙,在经宁乡到达益阳时,意外地得到了几千艘民船。这使太平军的行军作战条件有了改变,因而他们就变更了原定的进军路线,从湘阴临资口而入洞庭湖,克岳州不守,于1853年1月12日攻占了武昌。

变更从益阳到常德的路线,改为从益阳回军顺流而下武昌,并

---

① 《江忠烈公行状》。
② 参见《粤匪起手根由》,见《太平天国史料》,北京,中华书局,1955,第459页。按此件述及的人物、情节多有欠准确处,但当时太平军的动向却可概见。
③ 《忠王李秀成自述》,影印本。曾国藩将"河南"妄改为"湖南"。

不意味着"取江南为家"计划的确立和"取河南为家"战略的放弃。"湖北居天下之冲,西连秦蜀,东控吴会,南入湘粤,北达中原,四战之国也。"今后的战略意向如何,太平军在武昌面临着新的抉择。

三、"略城堡,舍要害,专意金陵"方针的确立和"取河南为家"主张的数度被否定

太平军在武昌驻守了二十八天。在此期间,传说有钱江其人上书洪秀全,劝说洪秀全勿眷恋武昌,勿西进川陕,应该东取南京。对于钱江与太平天国的关系,罗尔纲先生曾有详细的考订,纠正了传闻的谬误,认为并无钱江上书之事。但在太平军方面,当时守武昌、入中原、进川陕、取南京等种种动向,却并非子虚乌有,而是有过各种建议、计划和争论,有的并且还有相应的实际活动。

先看向西发展。太平军在长沙撤围之前,已有入川之议。克武昌后,仍有人主张西取四川为根据地:

> 及武昌陷,荼毒之余,悉被裹胁。杨秀清出广西全州时,已有窥窬江宁之计。石达开劝令先行入川,再图四扰,杨逆不从。[①]

在实际活动方面,太平军克武昌后,曾分军占领汉阳以西六十里的蔡甸[②],并有过西取荆州的大规模计划和准备。清朝官员在太

---

① 江左明心道人:《发逆初记》,见《太平天国》,第 4 册,第 458 页。
② 《剿平粤匪方略》卷二十四,咸丰三年正月初九日陆应毅奏。

平军克武昌后二十天曾就此向咸丰帝报告：

> 拿获奸细金登进、姚义漳等供称，贼目罗大纲使来荆郡窥探情形，约定正月初旬由仙桃镇一带来荆，大队由金口走外江到荆。①

这项计划后来没有实行，当是太平军内部最后否定了西进之议的结果。四川民殷物富，易守难攻，虽利于割据，但距离清朝统治中心遥远，没有其他地区的配合，在这里建立根据地是不利于夺取全国政权的。这种主张当时确应予以否定。

在太平军内部争论较剧的，是北进还是东下，也就是取道襄樊入据中原，还是顺流而下直取南京。

当太平军进入湖北境内时，进取河南和江南这两种可能性在外面都有所流传："贼此时纷纷下扰北省。有自贼中出者供称：贼决计北窜，有遂扰河南之说，有由江南进扰之说。"②进取江南的意见由来已久，但在过去的两年中，它没有能够成为太平军付诸实践的计划。在湖南益阳得到大批船只并继而攻克武昌后，沿江东下、进取江南成为一个现实可行的方案，成为太平军内部一种强有力的主张。但武昌系四战之地，根据历史的经验，由襄樊北向河南，"取河南为家"，进而推翻清朝统治，也是太平军内部的有力意见。在太平军克武昌前后，清方官员关于太平军动向的情报互有差异，前后不一，如湖北巡抚常大淳当太平军初攻武昌时的奏报中有"该

---

① 《剿平粤匪方略》卷二十二，咸丰二年十二月二十四日台涌、官文等奏。
② 佚名：《粤匪犯湖南纪略》，见《太平天国史料丛编简辑》，第1册，第66页。

匪早有直窜南京之说"①一语;派有情报人员在湖北探访消息的河南巡抚陆应毂在太平军克武昌后约半个月的奏报中说,"探报贼匪有窥伺荆襄之意"②,地方志书中则径记太平军"谋由襄樊北犯"③;而当太平军撤离武昌顺流而下的前夕,陆应毂又奏报太平军即将"分三路东下,水陆并进"④。凡此种种不同的情报,正反映了太平军内部的不同意见而表露在外的不同动向,以及最后统一于顺流而取南京的计划。关于太平军在内部统一意见和步调的这个过程,有记载概述其略曰:

> 洪秀全既陷武昌,有众五十万,掠民船数万,与杨秀清等议所向。或言据武昌为伪都,遣兵道襄樊,北犯中原。或言金陵府饶财富,宜踞为根本,徐图进取,杨秀清主之,遂决意东。⑤

事实上,这两种意见的争论是很激烈的,可说是各不相下,最后由杨秀清用天父下凡的手段才做了裁决:

> 女贼卞三娘,凶悍绝伦,女兵千余,俱广西大脚婆。……向洪逆献计,由襄樊一路直取河南,进据中原心腹。杨秀清觊觎江浙财富之区,欲由长江径取江宁为巢穴,争论不绝。秀清

---

① 《剿平粤匪方略》卷二十,常大淳奏。
② 陆应毂此奏《剿平粤匪方略》失载,此据咸丰二年十二月二十八日上谕,见王先谦:《东华续录》。
③ 《湖北通志》卷七十一,《武备志九·兵事五》。
④ 《剿平粤匪方略》卷二十三,陆应毂奏。
⑤ 王定安:《湘军记》卷三,《规复湖北篇》。

遂托天父降凡,令其直犯江南。卞三娘因其言不用,率领女兵
自回广西,不知所终。①

太平军在武昌争议的结果,对此后的战局发展有很大影响。
在此以前,他们在广西、湖南境内,随着军事流动,硬攻了几个重要
城市,反映了当时战略目标的不固定。而当杨秀清裁决采取东下
的决策以后,太平军顺流而下,破九江、安庆等府城,都弃而不守,
迅速推进到南京城下,取得了攻克南京的胜利。从这种情况来看,
"略城堡,舍要害,专意金陵"的方针,只是在这时才真正确定下来,
并得到了实行。②

---

① 《盾鼻随闻录》卷二,见《太平天国》,第 4 册,第 367 页。李滨《中兴别记》所记略
同,不知是否同出一源。

② 清朝官员太常寺少卿雷以诚当太平军初攻武昌之时给咸丰的奏疏中说:"风闻伪
示有定都金陵之语。"这句话曾被认为太平军在进攻武昌以前早已决定建都金陵,
并已将此决策布告在外,传檄远近,为众周知。其实这是不确实的。雷以诚当时
远在北京,未预军务,他自己也明说这是"风闻"之语。这个"风闻"之语不但与实
际情况矛盾,而且也与清朝方面其他记载不符。当时清方三江两湖河南督抚和统
兵大员的奏报,都未提到太平军有过这种将定都金陵的告示。特别是清方的钦差
大臣向荣从太平军初攻武昌的第三天就赶到城外十余里的白木岭,此后始终在前
敌与太平军相持,他的奏报也从未提到过此事。因此他在太平军克武昌后十七天
筹划"防堵"事宜时,认为上游下游均应注意,"其隔江之北路,尤关紧要……倘贼
北窜,难资抵御"。当太平军已决定东下、撤离武昌的前两天,向荣见太平军将辎
重物资搬入船内,于是出于己意判断太平军"断不肯舍水就陆",但并不清楚太平
军将沿着水路到哪里去,所以仍说"下游之九江、上游之荆襄及岳州回窜之路,在
在均关紧要"。向荣的这种种部署,证明太平军并没有传檄远近、为众周知的将定
都金陵的布告。此外,太平军在撤出武昌沿江东下的前夕,故意分出一部分船只
和兵力进向上游,作为声东击西之计。(以上均参见《向荣奏稿》卷一,见《太平天
国》,第 7 册)他们之所以可能使用这种办法来迷惑敌人,也足以反证他们在事先
并未将东取南京之事"布告周知"。

"专意金陵"的主张虽然得到了胜利,但建都河南的意见并未消失。尤其是因为"专意金陵"的主张是杨秀清用天父下凡的独断方式而确立的,并未真正统一内部的认识,因而当太平军攻克了南京,主要领导人还未入城之时,原先争论的问题又被重新提出:

> 破由仪凤门,开道破城而进……此时天王与东王上(尚)是计及分军镇守江南,天王心欲结①往河南,欲取得河南为业。后有一老年湖南水手,大声扬言,亲裹东王,不可往河南,云河南河水小而无粮,敌困不能救解。尔今得江南,有长江之殓(险),又有舟只万千,又何必往河南?……后东王复想,见这老水手之言……故而改从,后即未往,移天王驾入南京,后改为天京。②

这一具体的记载,使我们明确地了解洪秀全是主张建都河南、取河南为业的,虽然攻下了南京,他还是主张分军镇守,大军直趋中原,把革命战争推向北方。当时,太平军已拥有数以十万计的水陆战兵,这样做是可能的。但是,洪秀全的主张并未实行,杨秀清"移天王驾入南京",随即宣布南京为天京,后来只是派遣了一支由林凤祥、李开芳、吉文元率领的部队北伐。

尽管如此,洪秀全并没有放弃自己的意见,甚至在建都南京以后,还主张迁都河南。当时在南京的一个地主分子马寿龄在一首

① "心欲结",据罗尔纲先生告知,系广西白话,"坚持要""一定要"之意。"结"读如"鸽"。曾国藩妄删"结"字。
② 《忠王李秀成自述》,影印本。《粤寇起事记实》等所记大略相同。

乐府诗中提到了这件事:

> 朝名天,国名天,京名天,尽人假托天无言。蛊惑愚人恐
> 不足,惊传天父来凡间。……或言天王思迁河南都,变妖当扑
> 臀之肤,否则天王斫头颅。①

马寿龄,安徽当涂人,住在南京城中直至1854年初夏。他激烈
反对太平天国,曾参与张继庚等的反革命密谋,侦察了太平天国的
许多情况,他的《金陵癸甲新乐府》五十首所记,大都是亲历目睹之
事。以上这段纪事诗,除诬蔑诽谤之词外,是可信的。② 当然,洪秀
全提出迁都河南的具体情况,我们已不得而知了。1854年初夏以
前,林凤祥等的北伐军尚未失败,洪秀全可能是出于支援北伐的需
要而主张将革命战争的基地推向河南。但此事由于杨秀清的反对
也未能实现。自此以后,太平天国关于建都问题的论争始告结束。

四、《建天京于金陵论》所说明的问题

建都南京论的主要代表是杨秀清。他曾多次提出或采纳这种
主张,并且反对了其他意见。洪秀全在攻克南京前后曾两次提出
取河南为业,是建都河南论的主张者。但在关于其他几次讨论的
历史记载中,洪秀全却似乎赞同杨秀清的主张;他在永安发布的诏

---

① 马寿龄:《金陵癸甲新乐府·天下凡》,见《太平天国》,第4册,第736页。
② 这首诗所记的另一件事是说杨秀清要天王府女官去东王府享福并要杖责洪秀全。
　此事及诗中夹注的人名均见太平天国颁行的《天父下凡诏书》。

旨还有"俟到小天堂"之句。如果诏旨中的"小天堂"确是指南京的话,这可能是洪秀全在长沙战役以后改变了他曾赞同的建都江南的意见,转而主张取河南为家;也可能是由于杨秀清具有代天父传言的奇特地位,因而洪秀全的某些言论只是被动地反映了杨秀清的意见。如前所述,洪秀全在克南京前后,是不同意建都南京的,但在建都后的正式文献上却记载着"天王降诏,咨于群臣",来庆祝"建都既成,天下大定",并且由洪秀全旨准颁行一部《建天京于金陵论》。这是洪秀全的诏旨所反映的是杨秀清的意志的一个典型例子。《建天京于金陵论》中邓辅廷的一篇文章有这样的话:"谨以我天父上帝于建义之初,即面示我主以小天堂之处……于是我天王亲承帝谓,承破竹之势,直至金陵,即大宝于兹。"[1]这段话说明,太平天国在起义之初,"天父上帝"就向洪秀全指出了金陵是"小天堂"。这应是杨秀清以天父降凡的方式对洪秀全所作的指示。[2] 因此,洪秀全在永安发布的关于"小天堂"的诏书,可能只是复述了天父即杨秀清的意见。[3]

《建天京于金陵论》是太平天国建都南京以后不久刊行的一部文集,共收集同名短文四十一篇。文章的作者有的曾参与了金田起义,有的虽然不明其早期经历,但从文章内容看,也是了解太平

---

[1] 《太平天国》,第1册,第272页。据中国社会科学院近代史研究所藏《建天京于金陵论》戊午原刻本校改了个别文字。

[2] 记洪秀全丁酉年(1837)"升天"事的《太平天日》未记有"天父"面示"小天堂"之事。太平天国早期也未出现洪秀全自己以"做梦"的方式来宣布"天父"意志的事例。因此这时的"天父面示",应即是杨秀清的"天父降凡"。

[3] 从这一背景来看,太平军在武昌时杨秀清和卞三娘的论争,很可能也有洪秀全在内。卞三娘不是一个举足轻重的人物,仅仅她与杨秀清的分歧,是不大可能"争论不绝",以至于需要"天父降凡"来作裁决的。

军首义历史的。这些文章一致赞美金陵形势之胜，肯定金陵是理想的建都之地，内容大同小异，看起来似是"官样文章"，但实际上是有所为而作的宣传品。其中有几篇文章的内容，启示了这一点：

> 金陵为天下一大都会，虽地势稍下，而紫金山高凌云表，城内各山，亦不平衡，此天父预设，所以待我天王来登大宝也。外此若河南为天下之中，四达之地，土厚水深，而要不若天京雄踞东南，足以壮天威而成王业者也。
>
> 夫天下之形势，湖北、河南、金陵皆为天下之中。然湖北、河南皆有水患，惟金陵地势崇隆……为适中之地，宜建天京者也。①

联系到以上所述太平军内部关于建都问题论争的历史，这些论述无可怀疑地证明了建都南京不是一个预定的无争议的计划——不然，在实现了这个无争议的预定计划以后，就不可能提出河南（还包括湖北）不宜建都的问题，也没有必要来宣传南京胜于河南的主张。由此我们可以认识到，这部《建天京于金陵论》中的文章看起来虽较单调枯燥，实际上却反映了太平军起义史上一场未经公开宣传的内部论争。它是为了给建都南京的主张作辩护的，是为了给历时已久的建都之争作总结。

---

① 《太平天国》，第1册，第254、261页。两文作者分别为袁名杰、沈世祁。沈世祁文中还提到了湖北，说湖北不如金陵，不宜建都。对照《湘军记》关于"或言踞武昌为伪都，遣兵道襄樊，北犯中原"的记载，可以判断太平军内部确有在武昌建都的意见。

这部书,对于建都江南优胜论究竟提出了些什么论点呢?归结起来,它们主要是从地理上、人文上赞美金陵虎踞龙盘、楚尾吴头、城郭坚厚、仓库充实、人物充盈、百货骈臻,因而是"天造地设,少二寡双"的理想建都之地。诚然,金陵是南中国的重镇,六朝以来就是东南一大都会,起义农民经过两年多的战斗而占领这一城市是值得歌颂的。但它们没有同样地实事求是地来分析建都河南的优缺点,相反,在议论中却不乏一些不切实际的褒贬之词。如有的文章认为河南不若金陵雄踞东南,但承认金陵"地势稍下",而有的却说"湖北、河南皆有水患",不若金陵"地势崇隆",这显然互相矛盾。又如,有的说金陵"雄踞东南,虎视西北",其实,"虎视西北"是谈不上的。有的说金陵"东瞻沧海之雄",有的却又说金陵"北接岱宗,西临沧海",不知何所据而云然。这些议论,分明带有很大的任意性和片面性,它们之不能真正说服建都河南论者,是很显然的。这,也许是"天父下凡"这种解决矛盾的独断方式在文风上的反映吧!

《建天京于金陵论》这部书的宣传价值虽然并不出色,但对我们今天研究太平天国的历史却颇为重要。它不仅透露了太平天国内部关于建都问题论争的消息,而且还有助于我们了解建天京于金陵论者的战略思想所在。这个论争,看起来似乎是哪个地方在地理上更适宜于太平天国建都,但实际上不只是一个地理问题,而主要是同怎样夺取全国政权的设想联系在一起的。作者们尽管列举了很多条来说明建都于金陵的优点,但没有一个人从是否有利于彻底推翻清朝反动统治的角度来立论。他们着眼的是南部中国,夺取全国政权的意识却很淡薄,甚至可以说根本不存在。例如有些文章强调在南京建都有长江天堑之险,这显然是着眼于划江自守。还有的文章认为,建都金陵,"出可以战,处可以守","且带甲百万,粟支拾年。国家有事,遣大将征之,西通川广,东望浙闽,仁者无敌,立见金瓯永固矣。国家无事,名山大川,生滋浩繁,共享上帝真福,诚天京之雄也"①。当太平天国建都南京之时,向荣率清兵跟踵而至,屯兵于南京城外。在刀光剑影烽火连天之中而说什么"国家无事",这无疑只是少数人脱离实际的梦话,不可能是太平天国广大将士的思想。但"国家有事"之时,他们所想到的也只是川广浙闽,这却说明了建都于金陵论者战略上侧重于南中国的思想。

建天京于金陵和在战略上侧重于南中国,这两者对太平天国来说是密切相关的。因为,对于他们来说,天京不仅是首都,而且也是天堂。太平天国领导人在起义之初就多次向群众宣讲过到"小天堂"享福的情景。这反映了备受剥削和压迫的劳动人民渴望推翻封建统治,夺取封建统治者的财富。但很明显,这种巨大的革命性是同保守性互为表里的。他们宣布金陵就是"小天堂",有利于一些人保守思想的滋长,在军事上也造成了必须致力于争夺南中国的需要。太平军自武昌东下之时,实行"略城堡,舍要害"之策,所破之地都弃而不守,因而建都南京之日却并非南方底定之时。为了保障天京,为了保障"小天堂"之为"小天堂",必须重新回师西征,大力经营长江流域,这是势所必然的。在经济上,建天京于金陵论者注意于"小天堂"的粮食供应,指出"江西安庆等省,顺

---

① 《建天京于金陵论》叶春森文,见《太平天国》,第1册,第254页。

流而下,运粮亦甚便易。至浙江、江苏,其地更近,尤为迅速"①。太平军"以安徽、湖北、江西为大供给所,其注意上游,若婴儿之仰乳哺"②,他们为了保障"小天堂"的经济需要,兵力主要盘旋于这一带,也是势所必然的。这种情况,使他们不可能用主要的力量去打击清朝反动统治的心脏。他们中的不少人也模糊了甚至忘记了这样做的必要性。

杨秀清在太平军初出广西时,反对了群众中怀土重迁的错误倾向,把起义者的眼光引向一个较宽广的天地,引向到南京建都立业,这是他对太平天国革命的贡献。但这一成就同时也包含了它的局限。到达"小天堂"以后,踌躇满志的思想相当泛滥,杨秀清、洪秀全都不例外。这个可以不论。从军事战略方面来说,杨秀清当然不像有些建天京于金陵论者那样丧失了夺取全国政权的意识,但他既然不同意洪秀全的主张而把天京确定在金陵,此后的军事行动就不能不受致力于争夺南中国的制约。从他据以考虑建天京于金陵的理由来看,其保守性是明显的。所谓河南水小而无粮,金陵有长江之险,太平军的水营将士提出这些问题是可以理解的,但领导人据此而拒绝把自己的战略基地推向北方,却未免偏于消极和迁就现状。北方的作战条件和南方有些不同。在北方平原地区,清朝反动派的马队也可能发挥它的"威力"。但是,太平军初起时也并没有什么"土营""水营",都是随着战争的发展而创建起来,进入中原又何尝不能建立自己的马队? 所谓南人不惯食麦,其实

① 《建天京于金陵论》沈世祁文,见《太平天国》,第 1 册,第 261 页。
② 《贼情汇纂》卷十,《掳劫》,见《太平天国》,第 3 册,第 272 页。

两广战士与三江两湖人的生活习惯也不尽相同,何况把革命推向北方,革命队伍岂无北人参加? 凡此种种,究其实质,都是没有把夺取全国政权作为第一位的目标来考虑。洪秀全说过,"我争中国,欲想全图"①。如果真正从这一个夺取全国政权的宏图来着想,把自己的战略基地推向河南,冒一点"水小而无粮"、同敌人的马队作战的风险,眼光不是要较胜一筹吗?

太平天国建都金陵后派出的以林凤祥等为首的北伐军,曾取得辉煌的战绩,一直挺进到天津城下,使清朝统治者惊惶万状。他们的确建立了自己的马队,的确吸引了众多的河南、山东等地人民参加队伍。这支部队的经历,证明了太平军是能够在北方地带作战的,证明了分军镇守江南并派大军挺进中原这一战略主张是可行的、正确的。如果实行了这种主张,北伐就不至于处于偏师深入的境地,清朝统治者巢穴的陷落是十分可能的事。② 但太平天国的北伐终于失败了。其所以失败,是与建天京于金陵的战略主张和思想状态相关联的。毛泽东同志说过,战略问题是关于战争全局性的问题,没有全局在胸,是不会真的投下一着好棋子的。③ 没有正确树立夺取全国政权的全局思想,而投下一着偏师北伐的棋子,这不是真正成熟的进取精神的表现,而是一着幼稚的险棋、笨棋。

---

① 《忠王李秀成自述》,影印本。

② 攻占清朝统治者的巢穴,当然不等于太平天国夺取全国政权的实现。这取决于许多条件。其中,从军事上来说,太平军的流动作战方式和只攻一点而沿途地区都弃而不守的战略,是他们自己方面的致命弱点。本文只是从建天京于金陵这种主张的保守性来论述它可能产生的影响,其他均未涉及。

③ 参见《中国革命战争的战略问题》,见《毛泽东选集》,第2版,第1卷,北京,人民出版社,1991,第175页。

因为，既然建天京于金陵，就必然需要着重经营南方，这一任务全未解决而同时派军北伐，就使北伐军没有广阔的后方为依托，不能不成为冒险深入的孤军。① 同时，投这着棋本身虽然似乎并不保守，但这着棋子的命运却不能不受制约于建天京于金陵的战略思想。当北伐军从天津退守待援之时，太平天国既由于建天京于金陵而必然要致力于争夺长江上游的战斗而不可能派出素质较高的增援部队，又由于建天京于金陵所反映的保守倾向的滋长而影响了增援的决心和勇气。像秦日纲这样的高级将领甚至以"北路官军甚多，兵单难往"为借口而拒绝接受增援北伐军的职任，天京的领导也听之任之，不了了之，致使仍然在河北、山东坚守待援的北伐军完全陷于绝境。

太平天国建都金陵、遣军北伐以后，洪秀全曾发布诏旨，宣布贬直隶省为罪隶省，"俟灭妖后方复其名为北燕"。太平天国的一些官员因而撰写、编次了一部《贬妖穴为罪隶论》的文集。它是《建天京于金陵论》的姐妹篇。在这部文集中，有的作者表现出对北伐意义的较深理解，指出"直隶省地本中国"，谴责清朝统治者在那里"任赌任吹"，"好利好货"，"剥削民财，竭尽民力"，"种田地之人即为胡虏之家奴"，认为北伐就是要"伐暴救民，犁其廷而锄其穴"。但另有一些人却对北伐之举掉以轻心和漠然视之。金陵刚刚建都，他们就说，"方今真主灭妖，十去八九"，"妖不思退出中原，犹守直隶"，"尚不知将沙漠之地速献王师"，轻率幼稚之情跃然纸上。

---

① 朱元璋建都金陵而统一中国，是首先平定了南方，有了稳固的基地，然后先取山东，移兵两河，再取元都。他在既定南方以后还反对直捣元都，悬军深入。对比之下，太平天国偏师北伐的决策，其幼稚是显而易见的。

他们缺乏"犁廷扫穴"、夺取全国政权的观念,简直把直隶省排除在视野之外,说什么这是"沙瘴之区","罪奴之地",甚至说"至于妖穴,取之不足以安人民,弃之不足以伸武勇"①。当北伐正在进行之时,这种言论居然见之于太平天国颁行的文献,岂非咄咄怪事!这种言论,同前面已经引述的某些建天京于金陵论者当"国家有事"之时所想到的也只是南中国而根本忽视了北中国存在的思想状态是一致的。由于天京内部不同程度地存在着这类思想,可以说,当英勇的北伐军出发之时,它的失败命运就已经决定了。

错误的战略指导使太平天国从充满胜利希望的顶巅盘旋而下。此后,在他们经营南中国的艰苦斗争岁月里,孤军北伐、"覆没忠勇兵将不少"②的惨重教训虽仍被铭记在一些人的心里,但他们光复中原的雄心,却只能从秦日纲、胡以晃的"燕王""豫王"的旧封号中依稀看到了。

五、后记

这篇文章原写于 1964 年秋冬。那时,我在学习太平天国史的过程中产生一个疑问:人们都认为太平军初起时就确立了建都南京的目标,并且把起义后两年多的战斗看作实现这个目标的过程;既然这样,太平军在广西、湖南、湖北为什么要长期硬攻一些城市,情况不利才撤围或突围他走呢?文章初稿只是对这一问题作了初步研究以后的答案,主要集中在论说太平军起义后并没有一个明

---

① 《贬妖穴为罪隶论》吴焕文,见《太平天国》,第 1 册,第 297 页。
② 《洪仁玕自述》,见《太平天国》,第 2 册,第 851 页。

确统一的进取目标,内部存在着几种不同意见的争论,洪秀全主张去河南而杨秀清主张去南京,《建天京于金陵论》反映了这些争论。文章得到了几位前辈学者的鼓励。特别是罗尔纲同志,表示完全同意文中的结论,并且细致地帮助解决了文中几处资料的出处问题。他还建议这篇文章即行发表,并说:他从 1958 年起即已改变从前在《钱江考》一文中提出的建都天京为预定的说法;读到影印的《忠王李秀成自述》后所写的各文稿,就完全肯定了天王主张建都河南、东王主张建都南京这一历史事实。他希望我在发表时加注说明,以免日后如有争论时有同志引述他昔年的看法。罗尔纲同志著作等身而认真持重,他在当年给我的信中所提到的各文稿,迄今还未出版问世,所以我在这里仍需要按照他的嘱咐作以上的简单说明。

这篇文章由于种种原因而搁置了十几年,到 1978 年才在作了修改补充后在《历史研究》1978 年第 6 期发表。现在收入本书的就是《历史研究》的发表稿。这篇发表稿除了包括 1964 年初稿的内容,还增加补充了关于太平军初期战略思想变化的一些解释和建都天京对北伐和战争全局影响的一些分析。这些看法都不成熟,希望以后仍有机会进一步研究,以便修正错误,较深入地认识太平天国历史上的这些重要问题。

文章发表后的次年,1979 年 5 月,在南京举行了太平天国史学术讨论会,澳籍学者黄宇和先生的论文《太平军初起是北上还是东进的问题初探》对广西时期的太平军动向提出了洪秀全主张进军广东而杨秀清主张北上湖南的见解,还认为太平军之所以在永安待上半年之久,可能是因为洪秀全、杨秀清、洪大全三足鼎立,与争论北上还是东进的问题有关。洪秀全主张进军广东这一看法的依据，是太平军战士李进富的供词。关于李进富供词和供词中的这一问题，我在本书《英国发现的太平天国新史料及其价值》中已作了介绍，看来这种可能性还需要进一步的证明。黄先生认为太平军从永安突围时原拟由昭平而梧州而广东，即实行洪秀全的主张，但在突围中被杨秀清暗中改变路线。这一有趣见解的根据，黄先生说是洪大全供词和李秀成供词。洪大全供词说，永安突围时，"我们原想由古束去昭平、梧州，逃上广东的"①。但李秀成的说法其实和洪大全不同。李秀成供词说，永安突围杀败追兵后，"东王传令，不行招（昭）平、平乐，由小路过牛角瑶山，出马岭上六塘、高田，围困桂林"②。可见杨秀清所改变的是走昭平、平乐这一条路，而不是走昭平、梧州这一条路。平乐在昭平以北，梧州在南，两种说法是南辕而北辙的。这样，当然也很难说杨秀清偷改洪秀全、洪大全的路线的问题了。但黄先生的论文提出永安的滞留可能同路线问题争议不决有关，这是有启发性的见解。他的所有这些见解的出发点是，初起的太平军并没有一个明确固定的战略目标，关于这一点，我当然赞同他的看法。

对太平天国战争史和战略思想的研究是不容易的。它可能流于烦琐，失去大体，也可能失之空泛，迹近猜测。我们不要假设、猜测，但需要也应该作出力求符合实际的分析。以太平天国建都南京同北伐失败是否有关系这些问题来说，不分析，就不会有回答。

北伐失败对太平天国的意义是不能低估的。太平天国后来的

---

① 《洪大全自述》，见《太平天国》，第 2 册，第 779 页。
② 《忠王李秀成自述》，影印本。

进程证明,这是他们攻取北京唯一的一次机会,此后再也没有这样的机会。从夺取全国政权的目标来看,北伐的失败无论如何不能说只是战术失败,不是战略失败——除非认为太平天国并没有这个目标,本来就不想统一全中国。

太平天国北伐的具体目标是攻取北京,这是无可怀疑的。东王杨秀清给林凤祥等的诰谕就说明了这一点①,这要比其他一切资料的说法可信得多。当然,攻克北京,不等于夺取了全国政权,不等于北方地区归入太平天国版图。我在 1978 年文中就已谈到这一点。影响这一点的一个重要原因,在于他们的流动作战方式。这个问题,终太平天国之世都存在。只是经过了十几年的血的教训,侍王李世贤在天京失陷后才在漳州总结了这一教训,当然为时已晚。② 说攻取北京不等于夺取全国政权,这是对的。但这不等于说,失去攻取北京的机会是一件无足轻重的事。否则,一切军事得失就没有意义可言了。

就攻取北京这一具体目标来说,北伐并不是注定要失败的。清朝统治者肯定要在北京顽抗,研究他们准备顽抗的部署和动向是必要的。但这是问题的一面。这一面不能否定另一面,即由于太平军的胜利和北伐,北京人心动摇,异常恐慌,使太平军有可能攻取北京。早在 1853 年春太平军初下江南时,北京的皇帝、官僚、商人已经惊慌失措。黄辅辰的《戴经堂日钞》对此有淋漓尽致的目

---

① 诰谕中说,已封前来送信的彭福兴等为监军,要林凤祥等"至到北京之日,即与监军袍帽,光宠其身"。见《太平天国文书汇编》,北京,中华书局,1979,第 175—176 页。

② 李世贤 1865 年 2 月在漳州会见英国驻厦门领事的谈话的报道,见英国伦敦公共档案局,F.O.17/425。

击记录。① 后来当北伐军进入河南以后,二十余名北京各衙门的小
京官纷纷请假回原籍广东。据广州英国领事馆报道,他们所传出
的消息说,北京城中非常紊乱,人心惊惶;由于山西票号老板撤出
北京,白银短缺,日常必需品也很缺乏;如太平军打到北京附近,京
中已备有八百辆车马运载皇帝和后宫去关外。② 同黄辅辰的实录
联系起来,这样的消息完全可能是实在的。

但太平军没有到达北京城下就失败了。失败的原因无疑很
多。或说北伐军的兵力并不缺乏,失败的原因在于缺粮。由此看
来,北伐失败似乎与是否偏师无关。兵力不缺,恐怕不确实。如果
这样,何须天京增援呢? 缺粮是军事失利、困守一隅造成的,这正
说明了兵力不足、没有后方是其中的一个原因。

北伐军在战术上、行军路线上有错误,导致他们不能攻占北
京。这可能是确实的。但这样的解释并不能否定当时太平天国领
导重南轻北战略思想的错误。林凤祥、李开芳等都是太平军的勇
将,但没有担任过独当一面的统帅,军事上有错误是不奇怪的(这
里都撇开了政治方面的问题)。问题在于,有统帅经验的太平诸王
为什么不去领导他们少犯错误呢? 根据当时英国外交官的报道和
观察,有人认为太平军斗争的结果全靠这支北伐军的成败而定,而
这支北伐军的显著特点,是没有太平军的王级将领或重要人物。
我们可以对比一下,建都天京后西征,太平天国很快就派出石达开
这样的重要和得力人物去调度指挥,根据这一事实,他们究竟首先

---

① 参见《太平天国资料》,北京,科学出版社,1959,第41—66页。
② 参见英国伦敦公共档案局,F.O.228/157,巴夏礼的报告。

重视哪一条战线？这与建天京于金陵有没有关系？

太平军兴以来，直到建都天京，没有打过大仗硬仗，是以摧枯拉朽之势前进，这在一定程度上是事实。但这不等于说，太平军的胜利是由于清军没有出动主力，清军的主力还保存着。在1853年的时候，清军究竟有多少主力，究竟有多大的遏制太平军攻取北京的力量，这需要具体分析。一个简单的事实是，后来的历史证明太平军的劲敌是曾国藩的湘军，而这个力量在1853年尚未出现。此外，我们也不妨参考英国外交官在1853年春天一种经过仔细研究的估计，它的大意说，北京朝廷深知实际情况以及清军官兵懦弱无能和种种恶行，但深感无力挽救局面。没有军饷，没有训练的军队和能干的将帅去作战，清军将毫无希望取得最后胜利。咸丰皇帝感到无法在全国成立一支有作战能力的军队。[①] 这样的估计也许并不完全符合实际。但如果说，1853年时清军的确还有主力，并且布置在北京附近，那反倒不是进一步证明偏师北伐的错误，恰恰证明全军北伐的必要，而不足以证明北伐的不必要。而这一切，归结起来，似乎都同定都天京的指导思想有关，都同在战略思想上对北伐的重视程度有关。以上这些零星补充的想法是否合理可取，当然需要进一步的研究来作验证。

1982 年 4 月

---

① 参见英国伦敦公共档案局，F.O.17/200，阿礼国给文翰的信。

《太平军目》和太平天国军制

　　《太平军目》是太平天国最早刊刻的书籍之一，是研究太平天国军制和历史的重要资料。现从分析《太平军目》的版本方面着手，试说几个问题。

一、《太平军目》的版本

　　我们今天常见的《太平军目》，是萧一山于20世纪30年代从伦敦不列颠博物院图书馆东方部所藏原刻本影抄的，编入了《太平天国丛书》第一集；新中国成立后，中国史学会主编的"中国近代史资料丛刊"《太平天国》据以排印。这一种《太平军目》封面题"太平天国壬子二年新刻"，但卷首所列的"旨准颁行诏书总目"共有十五部，最末一部是太平天国癸好三年（1853）新刻的《太平救世歌》。考《太平救世歌》的内容，已反映了太平天国癸好三年十一月二十日天父下凡之事①，其付刻应在这一年十二月后。所以，伦敦本《太平军目》虽署"二年新刻"，但实际上应是太平天国甲寅四年（1854）初的续刻续印本。

国外除伦敦藏本外，英国剑桥大学图书馆、法国巴黎国家图书馆、德国柏林国家图书馆均有收藏。据王重民记述，这几种《太平军目》封面都写"太平天国壬子二年新刻"，内容与叶数都与伦敦本同。② 可惜的是，他没有说明各本卷首的"旨准书目"，我们未能推知它们的实际刻印年份。

1952 年，国内在杭州发现一册《太平军目》，罗尔纲同志主编的《太平天国印书》据以影印。此册《太平军目》缺封面，内容、叶数均同伦敦本，但有四个字与伦敦本互有正误。对照杭州本和伦敦本的首尾几叶③，从字体字样上也可以发现有某些差异。它们应是不同的刻本。《太平天国印书》没有印此书卷首的"旨准书目"。据罗尔纲同志所写跋语，这一种《太平军目》卷首所列"旨准书目"为十

---

① 《太平救世歌》中说："臣如有过，请训于君。君恩未至，亦宜奏明。君有微恙，请安宜诚。君恩免见，臣道须存。"按十一月二十日天父下凡，杨秀清因细故要杖责洪秀全，两天后，杨秀清为缓和此事，特"登朝恭请御安"，说了一些君臣之道，其内容和文字多与《太平救世歌》中上述一段相似。杨秀清编撰刻印《太平救世歌》，实包含有进一步缓和矛盾、表明心迹之用意。

② 参见王重民《记巴黎国家图书馆所藏太平天国文献》《记普鲁士国立图书馆所藏太平天国文献》《记剑桥大学图书馆所藏太平天国文献》三文，均见《图书与图书馆论丛》，上海，世界出版社，1949。

③ 萧一山自伦敦传回的《太平军目》，只首尾十二页摄影，其余系摹抄。

三部,则最后一部应是"太平天国癸好三年镌刻"的《三字经》。①《三字经》刻于太平天国癸好三年(1853)早期,英使文翰1853年4月到天京访问时就得到了此书。可以推知,杭州本稍早于伦敦本,是太平天国癸好三年续刻本。

在伦敦本、杭州本以前,《太平军目》另有一种刻本,虽未传世,但我们可以略知其一些情况。张德坚《贼情汇纂》卷四《伪军目军册》说:

> 曾刊伪《太平军目》一册,以一军为例,全刻五百两司马,前列军帅、旅帅、师帅,后列卒长,每一卒长之下,列两司马四人,尚无东西南北之分及刚强伍长、冲锋伍卒诸名色。

《贼情汇纂》卷五《旗帜器械》还摹录了《太平军目》内所绘的两司马旗图,旗上所写为"太平广西平南上上黄旗前营前前壹卒长两司马"。从两司马之未冠东南西北来看,这一旗图就是摹自上述那种《太平军目》的。

而现在我们所见的伦敦本、杭州本,两司马都有东南西北之分,伍长、伍卒都有名色,所绘两司马旗图上的字也不同,写的是"太平广西博白黄旗前营前壹东两司马"。可见,《贼情汇纂》所引述的这一种《太平军目》,较早于伦敦本、杭州本。这里姑称为"汇

---

① 据罗尔纲同志跋,《太平天国印书》中的《太平军目》系据杭州本影印,该本所列"旨准书目"共十三部。但《太平天国印书》中所印《太平军目》的"旨准书目"却有十五部,与伦敦本同,可见《太平天国印书》中《太平军目》的"旨准书目"不是杭州本而是伦敦本的。

篡引述本"。

张德坚未记此本刊刻年份。根据下文对此本和伦敦本、杭州本军旗上所写的字的分析,似可推知它刻印于太平天国壬子二年(1852)。

伦敦本、杭州本所绘各级旗帜上写有"太平广西贵县黄旗""太平广西桂平黄旗"等字样,一共包括了如下一些地名:广西贵县、平南、桂平、苍梧、武宣、博白,广东归善,湖南道州。令人注目的是,它们包括了金田起义时期有大批群众参加的首义各县,包括了太平军打出广西后首次有大批群众参军的道州(广东归善是惠州府首县,它与太平军有何因缘尚不清楚)。出现写有这些地名的军旗,应是这些县的人民较多地参加了太平军这一事实的反映。军旗上写的地名固然属于举例性质,但如果没有一定的事实为基础,他们不可能在举例中提到这些地名。不能设想,太平军尚在广西战斗的阶段就已经计划好他们出广西后要行经道州并已预知那里会有大批群众参军。所以,军旗上的这些地名,应该是反映了自金田起义组成军队直到湖南道州扩军的历程。

而汇纂引述本的军旗上也出现了这些地名。《贼情汇纂》引述说,"其刊于伪《太平军目》中有太平广西平南、桂平、贵县、道州上上黄旗等字样"①。既然这一种《太平军目》军旗上也写有道州字样,它的刊刻必不能晚于太平军壬子二年五月占领道州之时。另一方面,续刻于太平天国癸好三年的杭州本已对汇纂引述本有了若干修改,如两司马分东南西北、伍长伍卒有名色等。因此,汇纂

---

① 《贼情汇纂》卷五,《旗帜器械》,见《太平天国》,第 3 册,第 143 页。

引述本大致不可能刻于太平天国癸好三年,应是在太平天国壬子二年内所刻。

在汇纂引述本以前,在金田起义后不久,太平天国还有一种《太平军目》。周天爵在 1851 年 4 月中旬写给湖北巡抚的一封信中,报道他当时在武宣与太平军作战的情况并说俘获了一本"叙述一军编制之逆书"。此信抄本为英国驻广州副领事密迪乐派往北京的一名中国人在行经武昌时得到并于 1851 年 6 月 25 日寄交密迪乐,密迪乐将它译成英文。现回译该信有关部分如下:

> 三月十九日、四月六日,均有战斗,由于我军怯懦,叛军并未受创。……洪秀全乃一夷人,娴于古代兵法。其战始则寂寂,忽而少出,既而多出,又继而大至。彼辄以一败而易二胜,深悉孙膑三驷之法。日前得叙述一军编制之逆书一册,与《周礼·司马》法同。一师有师帅,一旅有旅帅。[①]

这是最早的《太平军目》,应刻于太平天国辛开元年(1851)春,可能是太平天国最早的印书。这里姑称为"武宣本"。

张德坚记汇纂引述本说,"满纸皆卒长两司马字样,不知其军制者,无不开卷茫然。嗣俘得续改军目,眉目较前清楚,因于旱营各举二军、水营各举一军,著之于篇"[②]。萧一山和罗尔纲同志以为

---

① T. T. Meadows, *The Chinese and Their Rebellions*, p. 156. 又,当时湖北巡抚为龚裕。
② 《贼情汇纂》卷四,《伪军目军册》,见《太平天国》,第 3 册,第 122 页。

张德坚所见的"续改军目"就是我们今天所见的伦敦本。[①] 这是可能的。在伦敦本以后,是否还有续刻《太平军目》,现在未曾发现,也未见记载。这样,我们今天所见所知的《太平军目》共有四种:武宣本(太平天国辛开元年春)、汇纂引述本(太平天国壬子二年)、杭州本(太平天国癸好三年)、伦敦本(太平天国甲寅四年初)。

二、武宣本《太平军目》内容的推测和各本异同

伦敦本、杭州本,均可据影印本研究其内容,汇纂引述本亦可从《贼情汇纂》中略窥其异同之点。关于武宣本,周天爵信中谈了一些情况,可供分析研究。兹回译其有关句如下:

> 日前得叙述一军编制之逆书一册,……一军凡一万三千二百七十人,较古制一军超出百人以上。逆匪按《禹贡》九级等差之制,分为九军。该逆书专述洪大元帅之第一军,书末载明,所有其他九军悉按此编制。该逆书现已呈送军机处矣。[②]

周天爵说太平军一军为 13270 人。杭州本、伦敦本均载:"军帅管五个师帅,共管一万三千一百二十五人。"与武宣本异。关于

---

① 参见罗尔纲:《太平天国现存经籍考》见《太平天国史料考释集》,北京,生活·读书·新知三联书店,1956;萧一山:《太平天国丛书》,第 1 集,台北,中华丛书委员会,1956。

② T. T. Meadows, *The Chinese and Their Rebellions*, p.156.周天爵说这本《太平军目》已呈送军机处,我们期望将来能从中国第一历史档案馆所存档案中发现。

太平军一军的编制人数,《太平军目》书中的计算是有错误的。一军分五师,一师分五旅,一旅分五卒,一卒分四两,一两分五伍,每伍伍长一人,伍卒四人,每军伍长、伍卒 12500 人,军帅至两司马各级军官 656 人,共应为 13156 人。如用《太平军目》的句式表示,应作:"军帅管五个师帅,共管一万三千一百五十五人。"《太平军目》漏计五名师帅,二十五名旅帅。这一技术性错误在《太平军目》中长期未予改正,说明太平军一军的实际编制,从未达到满员,所以也从未发现实际问题而加以纠正。关于周天爵一军为 13270 人之说,未见其他任何记载足资印证。密迪乐认为,这或者是由于周天爵所得到的刻本有错误,或者是那时的编制同两年后在南京的情况有某些小差别。在南京时,一军人数与古制相同,即官兵共13125 人。按密迪乐所说在南京时的情况,当是据他随文翰访问天京时所见《太平军目》中写的人数而言,并非根据当时一军的实有人数。

周天爵说太平军按《禹贡》九级等差之制分为九军(Their forces are divided into nine armies in accordance with the system of nine degrees in the "Tribute" of Yu),这很费解。太平军初起时究有几军,下文还要讨论。问题是《禹贡》九级等差之制与太平军编制有怎样的联系。按《禹贡》是《尚书》中的篇目。《史记·夏本纪》云"禹乃行相地宜所有以贡",《禹贡》即据九州之地理物产以定各州土田和贡赋之等差,其中规定:冀州,厥田唯中中,厥赋唯上上;兖州,田中下,赋下下;青州,田上下,赋中上;徐州,田上中,赋中中;扬州,田下下,赋下上;荆州,田下中,赋上下;豫州,田中上,赋上中;梁州,田下上,赋下中;雍州,田上上,赋中下。周天爵说太平军按《禹贡》九级等差之制分为九军,这必是他所见的《太平军目》中的军队编制有上上、上中、上下等的划分。按张德坚所见《太平军目》,即汇纂引述本的两司马军旗上写有"太平广西平南上上黄旗"字样,又有"太平广西平南桂平贵县道州上上黄旗"字样。可以推测,周天爵所见《太平军目》中图绘的军旗,必也写有"上上"字样。在编列顺序上,既有上上,自应有上中、上下、中上以至下下。这样他才认为太平军编制是按《禹贡》九级等差之制,是分为九军的。

由于周天爵所见的《太平军目》系以"上上"举例,而"上上"是上中下九等的首位,所以他又认为《太平军目》是专讲第一军编制的。至于他说第一军系洪大元帅自将,这一说法于史无征。据他信中的文义,这句话也非引自《太平军目》原文。周天爵在武宣时,并不真正了解太平军内部的编制官制情况,他的《致周二南书》也称"贼大元帅洪泉、冯云山"[1],故所称洪大元帅自将第一军云云,应是出于周天爵本人的推测。

关于武宣本《太平军目》的内容,除了根据周天爵的信考见以上几点,还可以根据伦敦本、杭州本来作进一步的推测。

伦敦本列举了一军的编制旗帜。在首先图说"太平广西贵县黄旗军帅"旗以后,说"'太平广西黄旗'六个字,一军皆同一样写"。这一句说明,这一军都是由广西人组成的。但伦敦本接着图说这个军所属师帅的旗帜,却是"太平广东归善黄旗";接着图说的所属旅帅的旗帜,又有"太平湖南道州黄旗"。这又说明,这个军并

---

[1]《太平天国史料丛编简辑》,第 6 册,第 5 页。

不只是由广西人组成。这是明显的矛盾。这一矛盾似乎可以这样来解释：太平天国早期刊刻《太平军目》时，太平军基本上是广西人，《太平军目》所举例的一个军的编制和旗帜，都属于广西各县，所以在书上刻了"'太平广西黄旗'六个字，一军皆同一样写"的字句；太平军出湖南后，在道州有大批群众参军，军队组成有了新的情况。这样，在太平天国壬子二年（1852）夏以后的新刻本中，就改了几个师旅帅旗帜上的地名，但对前刻本中"'太平广西黄旗'六个字，一军皆同一样写"一句，却遗漏了修改。

太平天国印书出现这种疏忽是可能的。太平天国刻书种类不少，版本尤其繁多，又多在戎马倥偬之中刻成，所以不免粗糙。考察太平天国的各种印书，不难发现类似情况。以《太平军目》来说，除了前述一军人数计算错误，还可以举出其他疏忽错误的例子。

如据汇纂引述本，即太平天国壬子二年初夏后的刻本，太平军两司马尚无东西南北之分。但据《贼情汇纂》所录梁立泰家册，梁立泰在庚戌年（1850）七月已封"前营长东两司马"；又据《贼情汇纂》卷二黄再兴传，黄再兴在"庚戌倡乱"时封为"东两司马"。可见早在金田起义时期，两司马已有东西南北之分。太平天国壬子二年的《太平军目》中两司马不分东西南北，显然是编写或刻版时的疏忽。

又如伦敦本、杭州本《太平军目》最后说："此军举广西平南黄旗示例，余外各处各等各色皆仿此类设。"这句话很难解说。书中图说的旗帜有五面，列出的地名有八处，"广西平南黄旗"只是后营师帅旗，军帅旗上写的是"广西贵县黄旗"，何得称"此军举广西平南黄旗示例"？如以军帅旗为代表，"平南"应是"贵县"之误。此外,关于"各处各等各色"的提法,《太平军目》开始就说"旗分五色","各处""各色"可以理解,"各等"似乎又是早年刻本中九级等差之制取消后删削不净所遗留的痕迹。

根据这样的考虑,"'太平广西黄旗'六个字,一军皆同一样写"这句话,应是遗存下来的武宣本中的原话。

这样,我们可以对所见所知的四种《太平军目》的内容异同之点表示如下:

名称	刻印年份	内容异同	其他
武宣本	太平天国辛开元年春	旗分五色,旗上各系地名,地名均广西各县,地名之上加有"上上"字样	每军作13270人
汇纂引述本	太平天国壬子二年夏以后	旗分五色,旗上各系地名,并有"上上"字样。地名有平南、贵县、桂平、道州。两司马不分东西南北,伍长伍卒无名色	每军作13125人
杭州本	太平天国癸好三年	旗分五色,旗上各系地名,无"上上"字样。地名有广西贵县、平南、武宣、桂平、博白、苍梧和广东归善,湖南道州。两司马分东西南北,伍长伍卒均有名色	同上
伦敦本	太平天国甲寅四年初	同上	同上

三、初期太平军的编制方式

根据对各本《太平军目》的考察,"旗分五色,各系地名"是它们的一个共同点,虽然在较早刻本中还有"上上"字样,意味着有上中下九等之分,但"旗分五色,各系地名"这一特点是各本始终共有的。①

"旗分五色,各系地名"的原则对太平军的编制起着什么作用呢?

在金田起义过程中,各地起义者到达金田即予编组。《洪仁玕自述》:"天王劳心,即将博白、贵县、象州、金田、花州(洲)如来扶主等队,俱立首领,偏以军帅、师帅、旅帅以下等爵。"②梁立泰家册记他到金田入营后,庚戌年(1850)七月为两司马,八月升旅帅。这都说明,在金田起义过程中,洪秀全等就仿照《周礼》以军师旅卒两的系统把群众编组成军了。

参加起义的群众是一村一乡一县集中起来到达金田的。洪秀全等是否按照地域原则来编组队伍,即是否将各县的人自行编成一军一师? 这一问题,历史资料中没有明确直接的记载,但时人和今人却都有肯定的答案。

《贼情汇纂》卷五《旗帜器械》摹有太平军两司马旗帜的图式,并写有一段说明。以其有关本问题的讨论,照录如下:

---

① 太平天国军队的实际旗色,需另行研究,这里只讨论《太平军目》规定的原则。
② 《太平天国》,第 2 册,第 850 页。

太平广西平南上上黄旗

前营前前登卒长

两司马

伪《太平军目》内旗图

此贼初起两司马黄旗也,长阔二尺五寸。其刊于伪《太平军目》中有:太平广西平南桂平贵县道州上上黄旗等字样。盖其始虏得一州一邑人民,皆籍为一军,以旗标别,各系地名。嗣所扰之处渐多,五方杂处,凑集成军,难于区分,此制故废。此旗乃贼旗滥觞,特列于众旗之前云。①

张德坚根据他对《太平军目》中旗图的理解,认为太平军初起时是以一州一县人民为一军的。据此,今人的一些专门论著也以为金田起义时期军队的编组系以地域为单位,是将一个县参加革命的群众集中编组于一师一军。

如果我们直接来研究《太平军目》,就可以知道这样的理解和看法是值得商榷的。

我们已经知道,各本《太平军目》的旗帜上都写有地名,其中主要包括了金田起义首义县份桂平、贵县、平南、武宣、博白等县的县名,在早期刊本即更接近金田起义时期的刊本中,县名之上还有"上上"两字,意味着划分为上中下九等。《太平军目》又规定"旗分五色",并举黄旗为例。其他各色没有说明,我们假设它们就是太平天国常用的青白红黑。这样,根据《太平军目》所规定的原则,

---

① 《太平天国》,第 3 册,第 143 页。

金田起义时期的太平军旗式可以有如下各种：

太平广西贵县上上黄旗

太平广西贵县上中黄旗

太平广西贵县上下黄旗直至下下黄旗

太平广西贵县上上青旗

太平广西贵县上中青旗

太平广西贵县上下青旗直至下下青旗

太平广西贵县上上白旗

太平广西贵县上中白旗

太平广西贵县上下白旗直至下下白旗

……

其他各县也都如此。每县有五种旗色，每色又分上中下九等，即每县可以有四十五种旗式。

当然，金田起义时期太平军的旗式事实上不可能这样繁复，旗帜上写有"上上"字样，只意味着他们套用《禹贡》九级等差之制的意向，实际上未必将各县各旗都分成了九等。即使这样，即使只以他们已经图示出的"上上"这一等为例，金田起义时期太平军的旗式也可有如下各种：

太平广西贵县上上黄旗

太平广西贵县上上青旗

太平广西贵县上上白旗

太平广西贵县上上红旗

太平广西贵县上上黑旗

太平广西桂平上上黄旗

太平广西桂平上上青旗

太平广西桂平上上白旗

太平广西桂平上上红旗

太平广西桂平上上黑旗

太平广西平南上上黄旗

太平广西平南上上青旗

太平广西平南上上白旗

太平广西平南上上红旗

太平广西平南上上黑旗

……

这就可以看出，张德坚所说的太平军初起时"一州一邑人民皆籍为一军，以旗标别，各系地名"的说法是不通的。如果一县之人编为一军，那就要包括黄青白红黑五色旗，不可能"以旗标别"；如果"以旗标别"，即黄青白红黑各旗各自编为一军，那就会包括各县之人中的一部分，谈不到一县之人编为一军。

有的根据张德坚的上述说法，又根据《太平军目》中最后说的"此军以广西平南黄旗为例"一句，认为在金田起义时期，"广西平南黄旗"就是一军。但这样解释，意味着一州一邑之人不是编为一个军而是至少要编为五个军。以平南为例，就要有"广西平南上上黄旗"军、"广西平南上上青旗"军、"广西平南上上白旗"军、"广西平南上上红旗"军、"广西平南上上黑旗"军。太平军初起时至少有几十个军。当然,这不是事实。同时,把"此军以广西平南黄旗为例"一句理解为广西平南黄旗就是一军,也完全不符合《太平军目》本身的原意。

我们已经了解,各本《太平军目》都有"旗分五色,各系地名"的共同点;其不同处在于早期刊本在地名上有"上上"两字,表明划分九级的意向,武宣本所举的地名应都是广西所属。武宣本虽然没有保存下来,但由于我们已推知了前后刊本的异同,在研究与其共同点有关的问题时,我们仍然可以利用杭州本、伦敦本来说明早期的情况。杭州本、伦敦本《太平军目》图示一军的编制,首先列出和图绘了军帅旗,接着列出所属的师帅、旅帅、卒长、两司马,并各绘它们的一面旗帜。为便于读者研究判断,今把其中从军帅到两司马的旗帜和编组系统简要引录于下,旗图均照绘,旅帅以下的名目则予以简化(见本书第264页图)。

从这一图式可以看出,这一军全属"旗分五色"中的黄旗,军帅属于广西贵县黄旗(在武宣本中,应属于广西贵县上上黄旗,本文下同)。但这不是说,这一军全由广西贵县黄旗组成。它所属的五名师帅,分属广东归善黄旗、广西平南黄旗、广西桂平黄旗、广西苍梧黄旗(根据上文推断,在武宣本中,这个广东归善黄旗应是广西另一县份的黄旗)。广东归善黄旗前营师帅所属的五名旅帅,图说中有一名旅帅明确标明属于湖南道州黄旗(这在武宣本中也应属于广西另一县的黄旗)。其他四名旅帅以及"广西平南黄旗后营师帅"等所属的二十名旅帅,均未图示旗帜,但这并不重要,重要的是我们从已有的图说中可以知道,"广东归善黄旗前营师帅"统下的

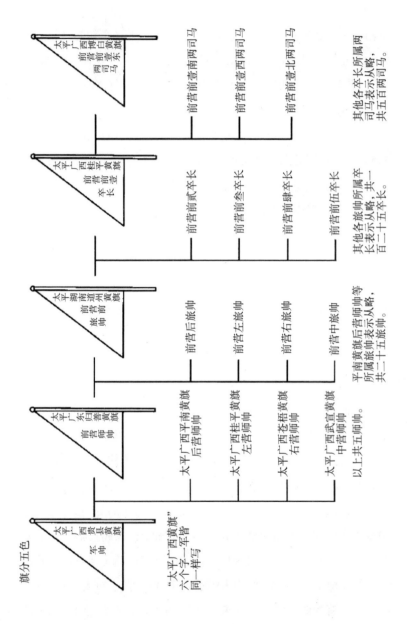

旗分五色

"太平广西黄旗"
六个字一军皆
同一样写

太平
广西
贵县
黄旗
军帅

太平广西平南黄旗
后营师帅
太平广西桂平黄旗
左营师帅
太平广西苍梧黄旗
右营师帅
太平广西武宣黄旗
中营师帅

以上共五师帅。

太平
广东
归善
黄旗
前营
师帅

前营后旅帅
前营左旅帅
前营右旅帅
前营中旅帅

平南黄旗后营师帅
所属旅帅表示从略，
共二十五旅帅。

太平
湖南
道州
黄旗
前营
前旅帅

前营前贰卒长
前营前叁卒长
前营前肆卒长
前营前伍卒长

其他各旅帅所属卒
长表示从略，共一
百二十五卒长。

太平
广西
桂平
黄旗
前营
前卒
长壹

前营前壹南两司马
前营前壹西两司马
前营前壹北两司马

其他各卒长所属两
司马表示从略，
共五百两司马。

太平
广西
博白
黄旗
前营
前壹
两司
马东

旅帅,不属于广东归善黄旗,而是属于其他地方的黄旗。以下卒长、两司马的旗帜,也说明了同样的问题。

这样,我们一方面可以判明所谓太平军初起时以一州一县编为一军或一军一师的说法不符合当时太平军的实际编制,另一方面也可以推知一些当时洪秀全等将起义者编制成军的具体做法。当时起义者是一村一乡一县集中起来到达金田的。起义者多属农民,他们背井离乡参加革命,但不可避免地有着传统的家乡地域观念。把一个县的人用旗色编列起来,标出他们所属的县份,是适应了这种家乡地域观念的要求。同时,起义者原由一村一乡一县的大小头目带领而来,用旗色按县编列,使他们在一定的范围内仍然保留着原有的统率关系,在起义之初也是很必要的。但洪秀全等在按照军师旅卒两的系统编制军队时,并不采用按县编军编师的方式,而是按照旗色的区分将各县之人混合编制。照《太平军目》所举的图例,这一军都属黄旗,但军帅以下的五名师帅分属五县,这是明确的;师帅以下的旅帅、卒长的旗帜虽未遍举,但与上级所属的县份并不相同,至少并不是清一色,这也是明确的。中下级单位可能系由一县的人组成,但就全军而言,实行的却是各县混合编制。

这是比较高明的编组方式。它在一定程度上满足了家乡地域观念,一定程度上照顾了原有的各村各乡的统率关系,避免了按县份编成一军一师。而如果按县份编制一军一师,如出现贵县军、桂平师这样的地区军事单位,那在起义军中既易分畛域,也不利于起义首领对军队的领导。

军队的编制方法是太平天国的特创制度,对革命战争的胜利起过很大作用。清朝统治者咒骂太平天国，但不得不承认太平军"旋败旋炽，仍未见其穷蹙，所恃无他，盖始定军目，不衍于法，有以启之也"①。这一军队编制制度，是在起义之初就制定了的，"军目兵册，实关军制，闻各渠魁造逆之始，即先定此制，先立此册"②。据说冯云山就是最初的《太平军目》的作者："（冯云山）造伪书惑众，愚顽信为神……忽见所造《十天条》、伪《太平军目》、伪《太平礼制》、《天父诏书》，皆谓如此奇才，向非天生，何以至此。"③从现在所见的《太平军目》军旗上写的太平广西某县某旗字样来推测，这应是明定"太平天国"国号以前的旧制的遗存。这也是军目军制创始较早的一个旁证。冯云山苦心孤诣经营革命，设计了这样一种照顾地域但又从根本上避免按县编制军队的办法，不能不说这是他对太平天国革命的又一贡献。

四、初期太平军的军数

太平天国起义初期共编为几个军？这是无直接史料可据而需要探讨的问题。

郭廷以《太平天国史事日志》1851 年 3 月 19 日条："时天王部分十军，一说九军。"这一说法的根据大概就是上文已经回译引述的周天爵致湖北巡抚龚裕的信。这封信说，太平军分为九军；又说，《太平军目》系举第一军为例，书末注明，其余九军悉按此编设。

---

① 《贼情汇纂》卷四，《伪军目军册》，见《太平天国》，第 3 册，第 119 页。
② 《贼情汇纂》卷四，《伪军目军册》，见《太平天国》，第 3 册，第 118 页。
③ 《金陵癸甲纪事略》附《粤逆名目略》，见《太平天国》，第 4 册，第 669 页。

这封信实际上有两个说法:九军,十军(第一军加其余九军)。

但周天爵之说是根据推测而不是根据实际的情报。

太平军在桂平、武宣时期,清方统兵将帅如李星沅、周天爵对太平军内部的情况所知很少而不准确,如周天爵在武宣时尚不知洪秀全为天王而称之为大元帅,又称之为军师①,如李星沅当太平军已自大黄江口越紫荆山去武宣时,尚不知太平军有军师旅卒两之编制,而仅知太平军"二十五人为一旗"②。那时他们不可能有关于太平军分为几军的确实情报。九军之说,如上文所分析的,必是周天爵从所见的《太平军目》所绘旗帜中有太平广西某县"上上"黄旗字样,认为太平军是按《禹贡》九级等差之制编组而作出的推测。同时,他既说太平军分九军,又说《太平军目》书末注明其余九军悉按第一军编设,显然也有矛盾。各本《太平军目》均未说明太平军共分几军。汇纂引述本不会有这个数字,所以张德坚在《贼情汇纂》中未能说明太平军初起时之军数。杭州本、伦敦本《太平军目》最后只说"此军举广西平南黄旗示例,余外各处各等各色皆仿此类设",并未说余外若干军皆仿此类设。由此推断,周天爵说"其余九军"悉按第一军编设云云,其余九军之"九军"二字,也必非武宣本《太平军目》之原文而是他本人的推测之词。

此外,上文也已经提到,初期太平军的各县各色旗帜上写有"上上"字样,只意味着他们套用《禹贡》九级等差之制的意向,未必在实际上已真有这样的划分,而如果按意向而言,旗分五色,每色旗帜分九等,那就应该有四十五军,也不是周天爵所理解的九军。

---

① 周天爵:《致周二南书》,见《太平天国史料丛编简辑》,第 6 册,第 5 页。
② 《李文恭公奏议》卷二十一,《会奏查覆现在贼首股数并请调云贵官兵折子》。

所以,周天爵之说不足以成为太平军在初起时编军数目之根据。

《太平军目》说,"旗分五色",接着举例的是一军都属黄旗的军帅。但这位军帅的旗帜上只注明旗色而没有番号(如同后来的旗帜上写前一军、后二军之类)。这就可以推想,在金田起义时期,全军只编以旗色相区别的五个军。

这一推想从清方资料中似可得到一些印证。

《贼情汇纂》卷三"总说":"先是贼起金田,自伪王以下,仅有军长、侍卫诸名色。"①所谓"军长"之职位,为各种太平天国史料所不载。《贼情汇纂》卷三《伪官表》中有一条"昔有今废伪官名目"说:

> 前军长、后军长、左军长、右军长、中军长,此贼倡乱之初所立名色,至茶地皆改为军帅。②

关于这一节《伪官表》,张德坚注称:"《伪官表》皆采自伪文告、伪官簿及诸家记述、《贼情集要》(《贼情汇纂》初稿本),合程奉璜所说分晰考订。百头千绪,丝毫讹误即与伪制不合,凡七易稿。"③它所说的前军长等五军长之名至茶地废去,改为军帅,言之凿凿,必有所据,应该可信。它列举了前后左右中五军军长的官称,而不是笼统地说"军长,后改军帅",这也使人们可以这样理解:

① 《太平天国》,第 3 册,第 77 页。
② 《太平天国》,第 3 册,第 99 页。
③ 《太平天国》,第 3 册,第 99 页。

起义之初只有五名军长。如果把它与《太平军目》联系起来，"旗分五色"，很可能就是相当于前后左右中，例如中军就是黄旗，后军就是红旗……由于前后左右中五军相当于五种旗色，因此在最初的军旗上，军一级的旗帜就可以不写明前军后军等番号了。

金田起义初期分设前后左右中五军和五军长，这从《贼情汇纂》卷二《剧贼事略》中可以得到一定的证明。

"伪夏官又副丞相曾锦谦"条下说："在金田时，封为左军长。"

"伪剿胡侯朱锡琨"条下说："庚戌十二月，贼在金田时，封为右军长。"

黄成德名下注："伪后军长。其时尚无诸伪官号。乃金田老贼，在桂平县病死。"①

这三条记载都明确地说在金田时有过左军长、右军长、后军长。② 既然在金田时有过左军长、右军长、后军长，其时必然还有前军长、中军长，这是没有疑问的。这样，其时太平军必有前军、后军、左军、右军、中军的编制，这也应是无疑的。

金田起义初期太平军以前后左右中编军，从敌人的战报中也可约略看到一些消息。

咸丰元年（太平天国辛开元年，1851）五月初十日，清军由象州庙旺向寺村进攻，"杀毙骑马伪中军先锋一名，伪后军伙党一名"③。五月二十六日，太平军与清军交战，据向荣报告，"伪右军

---

① 《太平天国》，第3册，第60、54、73页。
② "伪补天侯李俊良"条下说："贼在桂平茶地时，封为中军长"。这与五军长至茶地皆改军帅，时、地有矛盾。如李俊良做过中军长，时间应在茶地以前。
③ 《剿平粤匪方略》卷五，周天爵、乌兰泰、向荣奏，六月初一日。

先锋方标立时歼毙"①。六月二十七日,太平军已回师桂平,乌兰泰等进攻新墟,"夺得大炮十三尊,俱有太平左右军字号"②。这都表明,当时太平军系分编为左军、右军、中军、后军、前军。

太平天国习惯于用前后左右中、东南西北中、青黄红白黑、金木水火土这些序列来编组队伍、厘定制度。太平天国壬子二年(1852)冬,太平军初立水营,建天京后正式建军,起初即分为前后左右中五军。③ 嗣后虽屡有扩充,但仍保留前后左右中的序列和系统。太平天国乙荣五年(1855)刊刻的《行军总要》关于"水路号令"说:

> 譬如五大军,亦均以锣声为号:前军一点锣,后军二点锣,左军三点锣,右军四点锣,中军五点锣;一军至十军,均以梆声为号:如前一军则用一点锣、一点梆;前二军则用一点锣、二点梆……后一军则用二点锣、一点梆,后二军则用二点锣、二点梆……④

太平天国的水师后来虽然发展了,但其初始的基础是前后左右中"五大军"。《行军总要》的"陆路号令"的规定与水路相同,前一军至前十军均用一点锣,后一军至后十军均用二点锣……其梆

---

① 《剿平粤匪方略》卷五,赛尚阿奏,六月二十日。
② 中国第一历史档案馆藏《赛尚阿奏合击新墟猪仔峡获胜详情折》,见《太平天国文献史料集》。
③ 参见《贼情汇纂》卷五,《伪军制下·水营》,见《太平天国》,第3册,第141页。
④ 《太平天国》,第2册,第419页。

声则与军的数列相应,虽未用"五大军"之语归纳,但以"水路号令"之例推之,其初始的基础也是前后左右中"五大军"。

太平天国设五军时,各军的首长应就是前军长、后军长、左军长、右军长、中军长。太平天国初起时以杨秀清、萧朝贵、冯云山、韦昌辉、石达开五位高级领导人为中、前、后、右、左五军主将。五军主将职位始设的年月难以详考,但辛亥年(1851)七月十九日洪秀全诏旨已用这些职衔称呼他们,他们之成为五军主将自不会晚于此时。如果与初设五军和五军长同时,以他们五人的重要地位,绝不会只负一个军的实际责任;所谓中军主将、前军主将等,应该是在中军长、前军长等之上领导一方的统率者,也可能是如同东王管治东方各国、西王管治西方各国那样,是一种具有象征意义的职位名号。前军长、后军长等五军长在太平军初起阶段官制简单、层次较少的时候虽然也是高级军官,但他们只是相当于军帅的一个军的首领,这一点似乎是没有疑问的。[①]

五军长的地位不能与五军主将混同,五军长是实际负责五个军的首长。既然这样,在有五军长的职位存在的期间,似乎也就排除了除这五军以外还同时存在其他番号的军如左一军、右二军的可能。有了左军长,就不会同时有左一军长、左二军长。

张德坚说左军长等五军长的名号是太平军在茶地时废除而改称军帅的。恰好我们今天还能见到洪秀全于辛亥年七月十九日在

---

① 简又文《太平天国典制通考》将前军长、后军长等误认为就是前军主将、后军主将等,又将《贼情汇纂》说各军长"至茶地皆改为军帅"句误读为"至茶地皆改为军师",以至认为到茶地才开始设立军师。这样的误解导致对太平天国的军制官制得出不同的结论。其实,查对五军长的人选,就可以知道他们是不得与五军主将相提并论的。

茶地发的一份诏旨,其中安排移营破围的兵力布置说:

> 前军主将贵妹夫、左军主将达胞同统戊一监军、前一军
> 帅、前二军帅、左一军帅、左二军帅,开通前路;中军主将清胞
> 统土一总制、中一军帅、中二军帅及前选侍卫二十名护中;右
> 军主将正胞、后军主将山胞同统右一军帅、右二军帅、后一军
> 帅、后二军帅压后。①

这一份诏旨说明,在茶地时,军的首领确已称为军帅;在茶地时,太平军的全部编制为十军,即前后左右中各分两军。

废五军长名号,皆改为军帅是在茶地时期,而洪秀全的诏旨说明在茶地时有了十军帅,这不就可以推测太平军之由五军扩充为十军也正是在茶地时期吗?

查考《贼情汇纂》中一些人的事略,出现十个军的番号而又标明具体年月的,有朱锡琨,"辛亥七月,贼至桂平茶地,升戊一监军,带中一军"②。有张维昆,"辛亥六月,封为前一军典硝"③。辛亥年六月,太平军已到茶地。这些记载,与上文认为太平军在金田时分编五军到茶地才扩充为十军的推定是不矛盾的,是吻合的。

这样的推定当然也有某些资料上的障碍。《贼情汇纂》记载了另外一些人早期的军职,如称罗大纲"初封左二军军帅",余廷璋

---

① 《天命诏旨书》,见《太平天国》,第 1 册,第 64 页。
② 《太平天国》,第 3 册,第 54 页。"带中一军"之"中"字有误。据上引洪秀全在茶地的诏旨,戊一监军在萧朝贵、石达开统下,而萧、石所统的是前、左军。
③ 《太平天国》,第 3 册,第 67 页。

"庚戌年洪逆等倡乱,随之入伙,封为左二军正典圣粮",特别是记黄再兴"庚戌倡乱,为后二军前营左一东两司马,辛亥二月升卒长"①。似乎左二军、后二军这些番号在金田起义时就已经存在,但罗大纲、余廷璋等的封职时间,在记载中是不明确不具体的,并没有指明确定年月。《贼情汇纂》记杨秀清、萧朝贵,都称"金田倡乱,封秀清为正军师东王"或"金田倡乱,封为西王"②,而五王之封实际上是在永安时期。显然,这类记载所指的时间都是笼统的。但记黄再兴在辛亥年二月以前封为后二军的两司马,这里出现后二军的番号是有具体时间的,这对本文的判断是一个难以解释的疑问。但在存在"后军长""左军长"的同时,又有后二军长、左二军长(左二军军帅),这似乎更是明显的矛盾。因此,是否可以认为黄再兴任两司马时期职衔中的"后二军"三字是《贼情汇纂》编者误加的呢? 这里姑作为一种假设以待日后更多的证明。

五、"九级等差"和"各系地名"制的消失

在武宣本、汇纂引述本《太平军目》中,旗帜上的地名均标"上上"的序列,周天爵理解为这是依据《禹贡》九级等差之制。这是可能的。太平天国洪秀全、冯云山等领导人都熟读古代经书,他们制定的制度颇多以古代的经书为蓝本。但划分九级等差只是他们的一种意向,实际上并未真有九等划分,所以我们在记载中只见有"上上"这一种序列,而从未见到有其他八种序列出现。这种序列

①《太平天国》,第 3 册,第 60、71、57 页。
②《太平天国》,第 3 册,第 45、47 页。

标志,除了表明洪秀全等的某种拟古意向,对队伍编组似未起实际作用。

军旗上各系地名的制度,其意义有所不同。它反映了太平军初起时期的地域性质和地域观念,对领导人编组队伍有着一定程度的制约作用。

但这两种标志,后来都废除了。其突破首先起于水营。

太平天国初起时并无水营。金田起义时归服的罗大纲虽然原主要在水面活动,但太平军撤离大黄江口以后长期在山区陆地作战,他的部属也都舍水就陆。1852 年秋冬,太平军在益阳、岳州得到了大批民船。1853 年初从武昌水陆东下南京,船只和水手的队伍更有了很大发展,太平军的船队乃成为一支独立的水师。唐正财由典水匠而升为指挥,提督水营事务。水营同陆营一样,也是按照军师旅卒两的系统编制,初分五军,每军以军帅统领。但水手的来源与金田起义时军队的组成情况不同。金田起义主要是由拜上帝会活动的一些县份的群众参加而发动的,所以起义军的籍贯组成必定较单纯而集中,那时有着在旗帜上各系地名和在编组军队时适当照顾地区原则的必要性。而后来在三江两湖招收的船户则不同,原在水面讨生活的船户视来往贸迁为寻常事,他们必不可能都来自一县或几个县。所以,太平天国在建立水营这一种新兵种时,已没有必要和可能标明它的某一军事单位的地域组成。

向荣的奏报中保存了说明这一问题的一条重要资料。咸丰三年(太平天国癸好三年,1853)八月初八日,清军水师同太平军水师在镇江江面交战,"轰沉贼船十余只,毙贼无算,捞获黄旗二面,上

书'太平水营前二前四北上上黄旗两司马'等字"①。这是太平军
水营前二军前营师帅□四卒长属下北两司马的旗帜。② 这面旗帜
上还保留着"上上"的序列标志，但已不列地名。而根据这一年续
刻的杭州本《太平军目》，"上上"字样虽已废除，地名则还保存。可
见，在太平军还没有正式规定普遍废除各系地名的初制以前，水师
已经在事实上首先突破这一制度了。

其实，就实际的情况来说，从太平天国壬子二年（1852）秋冬以
至太平天国癸好三年（1853）春太平天国建都天京以后，太平军陆
营的组成情况也有了很大的变化，迥不同于初期大多由广西各县
群众所组成。太平军在道州两个月，"整顿军容，补益队伍"，道州
人参军很多，其后有郴州挖煤矿徒刘代伟之党参加，经两湖而下江
南，陆续有江河南北的大批人民加入。即使在地域构成这一点上，
太平天国革命也越来越摆脱了它的地区局限而成为全国性的运
动。我们试从太平天国建都天京以后的一个"两"的情况来看。这
个"两"的番号是"前十三军前营前前一东"，全"两"包括正副两司
马、书使、牌尾共三十人。正司马是一位参加过金田起义的青年战
士，广西桂平新墟人，太平天国壬子二年底太平军初占武昌时封为
前一军的两司马；副司马于此时在武昌参军，建都天京后到前一军
做这位正司马的副手。以后由于扩军，他们二人又调到新建的前
十三军做正副司马。这一"两"三十人中，除正司马是青年老战士
外，其余全是太平天国壬子二年十月以后参军的，计十月一人，十

---

① 《向荣奏稿》卷四，《进攻金陵南门折》，见《太平天国》，第7册，第202页。
② 番号名称可能有脱字。但也可能由于水营每军编制不足，这个番号的意思是指前
   二军前二卒长属下的北两司马。

一月一人,十二月四人,太平天国癸好三年一、二月十二人,五、六月五人,九月以后及不明月份者六人;其籍贯包括湖北、湖南、广东、广西、安徽、江西、河南、陕西八省十六府二十三县。① 这一典型的材料表明,从太平天国癸好三年初以后,太平军开始大量地由来自五湖四海的人组成,在军队编制上保留地域区别已经完全是多余的了。

但太平军的主要部分陆营,毕竟是从金田起义的队伍发展而来的,金田起义时营制的传统依然保有它的影响。在旗帜上各标地名这种初起时的惯例,当后来已被事实突破时,仍然并未迅速改变②。这大概就是直到太平天国甲寅四年(1854)初刻印的《太平军目》在旗帜上仍然写有地名的原因。

从《太平军目》规定的制度而言,由于我们今天没有发现太平天国甲寅四年初以后的《太平军目》刻本,因此难以判断从什么时候起取消了在旗帜上各标地名之初制。但从太平军实际的情况来说,似乎从太平天国癸好三年起就逐渐有了一些改变。按照初制,各级旗帜都只以"太平"二字起首而没有"太平天国"的国名全称,如石达开的旗帜上写"太平左军主将翼王石",师帅旗上写"太平广西平南黄旗后营师帅",直到太平天国癸好三年八月上述一面水营两司马旗帜,也还是写"太平水营"等字样。但在这一年底,太平军克复庐州,民人目击胡以晃的旗帜上写的是"太平天国春官丞相功

---

① 参见《贼情汇纂》卷四,《伪兵册》,见《太平天国》,第 3 册,第 124—126 页。
② 如直到清军攻克南京时,一面两司马的旗帜上还写着"太平上上广西黄旗"。参见孙亦恬《金陵被难记》,见《太平天国史料丛编简辑》,第 5 册,第 78 页。

勋加一等胡"①,这似乎可算一个变化。及至太平天国甲寅四年
(1854)、乙荣五年(1855)清方张德坚编《贼情汇纂》,他们所实际
见到的太平天国的旗帜,与杭州本、伦敦本《太平军目》所绘已有不
同,既没有了"上上"的序列,也没有了地名旗色的标志,并且统一
以国号"太平天国"四字起首了,如两司马旗写作"太平天国前一军
前营前前一东两司马",师帅旗写作"太平天国前一军前营师
帅"②。这时,他们的旗帜已经完全消除了初起时的地域性的痕迹,
适应于作为一个全国性运动的需要了;而且,这一改变无疑也有利
于加强集中统一的领导。

1981 年 10 月

---

① 《蒙难述钞》,见《太平天国》,第 5 册,第 67 页。
② 《贼情汇纂》卷五,《伪正职官旗图》,见《太平天国》,第 3 册,第 144—147 页。

太平天国的"旗制"

　　这里所说的"旗制",主要是指旗色运用问题。关于太平天国的旗色运用,我们了解很少,但对太平天国某些重大问题的判断评价,却往往与此有关。如以为太平天国的旗帜是黄旗,因而以为黄旗和花旗的区别就是太平军和加入太平军的广东天地会起义军的区别所在,就是一例。但太平天国的旗帜是否都是黄旗呢? 这一前提,事实上还需要研究。

　　我在阅读资料和研究史事的过程中,感到"旗制"问题同太平天国的历史和思想颇有关系,有待于认真探讨和稽考。但目前我对它的理解还很少很浅,下面几段笔记只是提出一些问题,以供批评指正和进一步共同研究。

一、"旗"的意义

　　《天朝田亩制度》在叙述保举制度时说:"凡天下每岁一举,以

补诸官之缺。"每一年,两司马要从伍卒中挑选能遵条命及力农者向上保举,逐级审核上报,直到天王。然后:

> 天王降旨,调选天下各军所举,为某旗,或师帅,或旅帅,或卒长、两司马、伍长。①

这段话中的"为某旗"是什么意思呢?

太平天国的各级职官都有写明名衔的旗帜。这里的"为某旗"三字中的"旗",不可能指这种旗帜所代表的职官;因为这种旗帜的代表者可以上至东王,下至两司马。如果理解为指他们,那等于说这三个字无所指。

我以为,这段话意味着"旗"是太平天国编组社会的单位。这是与太平天国关于旗色的规定有关的。

关于太平天国的旗色,历史资料多记太平天国的旗帜是黄旗。描写战斗,每有"黄旗蔽野"之类的语句;清方铺叙战绩,常称俘获黄旗数十百面。《贼情汇纂》图绘的太平天国各级职官的旗帜,也都是黄旗。所以,太平天国的旗帜是黄旗,成了我们通常的观念。

但是,太平天国本身的文献却有"旗分五色"的规定。《太平军目》开头就说"旗分五色"。《太平军目》图绘的一军旗帜虽然都是黄旗,但书末却有这样一句:"此军举广西平南黄旗示例,余外各处各等各色皆仿此类设。"可见,《太平军目》图绘的黄旗,只是举例,此外还有其他各色的旗。

---

① 《太平天国》,第1册,第324页。"各军所举"下加逗号,系据萧一山《太平天国丛书》影印原刻本。

洪秀全所熟悉的《礼记·礼运》篇有五行四时十二月、五色六章十二衣之句。所谓五行，即金木水火土；所谓四时，即春夏秋冬；所谓五色，即青红黄白黑。青红黄白黑，自古以来就被认为是五种正色，并被认为与五方相应。太平天国以天下一统为目标，"天下"在他们的观念中就是东南西北中、前后左右中、青红黄白黑这些序列的总和。他们分封前后左右中五军主将，分封东西南北翼五王，分青红黄白黑五旗，都是他们包举囊括天下的象征。在他们的意识中，天下军民的归属，不可能越出东南西北中、前后左右中、青红黄白黑这些序列的范围。太平天国初起时，分设前后左右中五军，可能系直接与"旗分五色"对应。[①] 后来，军队日益扩充，前后左右中各军分别扩编为若干军，如左一军、左二军、右一军、右四军等。但从"旗分五色"的原则来看，无论扩编为多少军，它们都应按照某种序列（如按照前后左右中的序列），分属于相应的旗。这就是说，按照《太平军目》关于"旗分五色"的规定，太平天国的所有军队，至少在理论上都应归属于青红黄白黑五色旗中相应的旗。

《天朝田亩制度》的社会组织方法是与军队相同的，所有人民也都按照军师旅卒两伍的体制加以编组。《天朝田亩制度》没有提到"旗分五色"，很可能它的作者已把"旗分五色"作为不言自明的前提，认为所有按照军师旅卒两伍编组起来的人民自然要分属于五旗中的某一旗，因而不加说明地写下了"为某旗"的词句。

这样，《天朝田亩制度》中的这句话，我们似乎可以这样理解：各军逐级保举上来的伍卒即普通人民，由天王调选他们去某旗即

---

① 参见本书《〈太平军目〉和太平天国军制》一文。

青红黄白黑五旗中的某一旗去当师帅、旅帅、卒长、两司马或伍长。

太平天国文献提到"旗"的,还有《行军总要》。《行军总要》关于点兵号令的规定有这样的话:

> 凡点营盘之兵,总要令其除看守大炮并守营盘之兵,或一二旗,或三四旗,足守方可点来。然各军首领官某营盘要多少人守营守炮,仍有几旗兵可以听令,务必预先禀明(佐将)。

《行军总要》关于行军号令的规定还说:

> 行军须分为前中后三队。如出师之时,先要派定某官统带某军为前队先锋,某官统带某军为后队押后,自为佐将者统带某军居中队,其余老弱被伤能人,各后军分,一旗还一旗,陆续行走。……(如后队遇敌),前队中队官兵……各各速即扎定,各执军装,一旗还一旗,听后队诛妖如何情景。①

这里的"旗",显然是军队中的一个单位。它与《天朝田亩制度》中"为某旗"之"旗"是否意思相同呢?似乎不同。

《天朝田亩制度》中"为某旗"之"旗",上文解释,是与"旗分五色"相联系的。与"旗分五色"相联系的"旗",其数量单位不能超过五,至多只能有五种旗。当五旗与五军相应时,旗就等于军,军队扩充了,每一种旗就应代表"一路军",如黄旗代表中一军至中三

---

① 《太平天国》,第 2 册,第 417、425 页。

军,红旗代表前一军至前四军等。固然,在同一种旗色之下,军是这种旗色,旅也是这种旗色,旗色相同而单位的大小可以不同,但《天朝田亩制度》中"为某旗"之"旗",所代表的必应是军或"一路军",因为被保举者所授之官有师帅。而《行军总要》所说的"旗",其数量词显然可以超过五,而且不可能指"军"这样的大单位。《行军总要》规定某营盘要多少人守营守炮,几旗人可以听令出战,由"各军首领官"安排禀明佐将,它所说的"旗"自然是在军之下。一名佐将带领的队伍可以有若干军、若干师,但不管有多少军、师,如按旗色划分,他至多只能带五种旗色的队伍。上述《行军总要》所说的"旗",如果是"旗分五色"之"旗",佐将至多只有五旗人;然而,当佐将点兵杀敌时,留守营盘大炮的兵就要一二旗、三四旗,可见他所带的兵是远远超过三四旗的。

太平天国军制中没有"旗"这一级,《行军总要》所说的"旗"是指什么呢?

清朝方面在太平军初起时曾报道说:

> 节据禀报犯供,(太平军)二十五人为一旗,共二百八十五旗,亦有供称三百旗,并有供称一千营者。①

根据太平天国的文献、制度,二十五人为一"两",并不称为一"旗"。但太平天国各级将领职官之有旗帜,自"两"的长官两司马始。因此,"旗"可能是"两"这一级军事单位的别称、俗称。上述

---

① 《李文恭公奏议》卷二十一,《会奏查覆现在贼首股数并请调云贵官兵折子》。

《行军总要》中的"几旗兵"等句,或即是"几两兵"的意思。①

这样看来,我们似乎可以初步认为,根据《太平军目》《天朝田亩制度》《行军总要》,在太平天国的观念中,"旗"是社会和军队的单位。它有两种含义:一与"旗分五色"相联系,即是以旗色统属人群的序列;一是指"两"这样的具体军事单位。

"旗分五色"的制度并没有在太平天国地区的人民中间实施。从有关设立军帅、师帅等各级乡官的资料中,见不到分立五旗的记载。② 在军队中,这一制度虽不是毫无踪影,但也晦而不明。然而,这些实际情况至少并不能否定太平天国有以旗色统属人民和军队的观念。他们存在这种观念,《太平军目》《天朝田亩制度》《行军总要》就是证明。

以旗色统属人群和以"旗"为一种单位,在当时是普遍的,太平天国创始人有这样的观念是不奇怪的。

清朝初制就以"旗"为组织社会和军队的单位。清太祖努尔哈赤先设黄红蓝白四旗,后增镶黄、镶红、镶蓝、镶白四旗,共设八旗,以统辖所有的满、蒙古、汉军之众。建立清朝后,汉人虽不编入旗,但八旗、绿旗的存在是众所熟知的。

---

① 《行军总要》还有这样的话,在筑营立寨时,佐将应将"某旗兵筑几阔几长"分派明确。这里的"某旗兵",可以解释为"一旗兵""三旗兵"即"一两兵""三两兵"。这样,"某"是一、二、三、四的代称;但在这里,"某旗兵"解释为"红旗兵""青旗兵"等也似乎可通。这样,"某"就是青红黄白黑的代称。

② 《金陵癸甲纪事略》记天京初期情况说:"次日传伪令,凡姊妹俱要赴小营听讲道理……至则分四色旗,令有夫与子在城内者,立黄旗下。其夫与子打先锋远出者,立红旗下。孀妇处女立白旗下。其夫与子变妖逃走者,立黑旗下。……各照所立旗色造册。"(《太平天国》,第4册,第664页)这只是临时的分类编组,与本文所讨论的问题不同。

清前期兴起的天地会也有自己的旗色制度。根据天地会的传说历史,它的五房兄弟在被迫分散时,立有五色旗号,以黄红赤白青五色旗分别代表五房,以作为日后记认的凭证。五色旗意味着天地会全体。太平天国时期清朝官员所访闻的情况和所得到的图,也都说明了这一点。

太平天国时期的广东天地会还以"旗"作为起义军的基层单位。起义军各部都有很多"旗",各旗以数目编号,每旗二十一人,设旗头,其上又有大旗头、总旗头。[①]

太平天国时期的捻军也旗分五色,以黄白红蓝黑五色旗帜来编组、区分各路起义军。其基层称为小旗。在五色总旗之下或之外,还有各种镶边旗或杂色杂花旗。

在太平天国的敌人湘军中,"旗"也是一种编制单位。在《湘军志》《湘军记》中,湘军的编制分营、哨、队各级。但实际上,王鑫、刘长佑、张运兰、蒋益澧等人所部,都有旗的编制,其规模约相当于营。"旗"以前后左右或一二三四为序列,但也有以五色为序列并有新老之分,如老青旗、新红旗等。

在太平天国时期,"旗"之作为一种军队单位,其规模大小、人数多少是无定的。广东天地会以二十一人为一旗,与之对立的乡绅武装大致也是以数十人为一旗。[②] 捻军的旗,无论总旗、小旗,人数都无定。湘军的旗为三百人。苗沛霖诱骗陈玉成,声称可以出

---

① 佐佐木正哉编的《清末秘密结社资料》中有一些广东天地会起义军战士的供词,都称同旗有二十一人,可见其人数是明确固定的。

② 赵沅英《红兵纪事》记新会三江乡地主乡绅商议各乡互救办法,称大乡出十余旗,小乡出数旗,每旗救兵至,酬谢酒一石,肉十斤。参见《近代史资料》1955 年第 3 期。

兵四旗,每旗三十万人,帮助攻打开封。① 胡林翼报道太平天国丙辰六年(1856)武昌的战斗,称太平军出兵东门和小龟山各十余旗。② 他所说的"旗"或者意为"队",十余旗即为十余队;或者就是指旗帜,十余旗就是指有十几面旗帜的一支队伍。如属后者,胡林翼所说的十余旗太平军的"旗",其所指正与《行军总要》中所说的"几旗兵"的"旗"相同。

从以上的简略叙述中可以看出,在当时,以旗色区分队伍,以旗作为规模大小不等的军队单位的名称,是非常普遍的。③

太平天国关于社会制度的设想多有仿古的成分,例如以军师旅卒两伍编组人民和军队就来自《周礼》。但无论怎样拟古,当时社会中普遍存在的习惯做法,对他们不会不产生影响。《太平军目》《天朝田亩制度》《行军总要》等关于旗色和旗的提法,表明了这种影响。他们采用了古老的"两"作为军队的一级单位,同时又接受了当时流行的"旗"的名称。后来,原来作为别称使用的"旗",在石达开的队伍中又成了正式的建制、正式的名称。石达开1859年进入湖南时,部队建制就以"旗"作为约略相当于军的单位,每旗一万人,其部众或说有十旗,或说有六旗;后来,又军、旗并存,有中旗、后旗、中一旗等番号。这似乎表明了当时的社会惯例的影响已在扩大。

---

① 参见《被掳纪略》,见《太平天国资料》,第210页。这个故事未必完全真确,但这里只是考察当时人对"旗"的观念。

② 参见《胡林翼全集·奏议》卷七,《陈奏官军连日获胜情形疏》。

③ 稍早于太平天国的川楚白莲教起义,不是以五色旗而是以五色编组区分队伍,如王聪儿、姚之富等为黄号,高均德等为白号。其色号,或称有黄青白蓝绿,或称有青黄红蓝,或称有黄蓝白黑。咸同间贵州反清起义,也有红白黄青等各号。

二、旗色的运用

洪秀全在永安分封五王的诏旨说：

> 今特诏封左辅正军师为东王，管治东方各国；褒封右弼又
> 正军师为西王，管治西方各国；褒封前导副军师为南王，管治
> 南方各国；褒封后护又副军师为北王，管治北方各国；又褒封
> 达胞为翼王，羽翼天朝。

根据《贼情汇纂》所绘的旗图和其他记载，东王的旗帜是黄心
绿边，西王的黄心白边，南王的黄心红边，北王的黄心黑边，翼王的
黄心蓝边。

关于这些旗帜的边色，《贼情汇纂》说："用五色镶边，以分别东
西南北。"[1]《金陵杂记》更具体解释说：

> 缘杨逆统下诸人，本系黄背心绿边，旗帜亦然。以为伪东
> 王东方属木青色，故皆用绿边也。……韦逆系伪北王……旗
> 帜数十对皆黄心黑边，听使诸人皆黄背心黑边，以为北方属
> 水，故衣服皆用黑边也。石逆伪翼王左军主将……旗帜背心
> 衣服皆用蓝边，以为左属东，故杨逆用绿，石逆用蓝，又系东方
> 中之分别也。[2]

---

[1]《太平天国》，第 3 册，第 179 页。
[2]《太平天国》，第 4 册，第 638 页。

从这一解释可知,太平天国将代表东方的青色分为绿蓝二色,它们是东王、左军主将翼王的旗色。青白红黑是东西南北四王的旗色。由此推断,黄色应代表位于中央的天朝。《贼情汇纂》遍绘自东王至两司马的旗帜,唯独没有天王的旗帜。但洪秀全应是有旗帜的。《金陵杂记》说,"洪逆之旗约长方一丈内外"①。从天王统下的号衣为全黄无边而诸王统下的号衣皆镶各色边的事例来看,洪秀全的旗色当是纯黄。

东西南北四王的旗帜不是青白红黑四色旗,而是以黄心镶各色边以示意,这可能是因为,他们认为四王只是管治四方,其本身仍居中央天朝。虽然如此,五色代表五方的意义是明白的。太平天国的号令旗有明确的制度,即以五色旗帜表示五方,以作为调兵遣将、传达命令的工具。《行军总要》规定:

> 凡镇守城池及营盘,四方派有兵士筑营镇守,必要立五色大旗按五方分立,俾知杀妖往向:东方用大青旗为号,五色小旗五条;西方用大白旗为号,五色小旗五条;南方用大红旗为号,五色小旗五条;北方用大乌旗为号,五色小旗五条;中央则五色大旗俱齐,五色小三角旗亦齐。五方俱听中央号令,各方所设小三角旗以为杀妖点兵所用。

其调兵办法是,如东方有敌兵来,即由东方营盘摆动大青旗,

---

① 《太平天国》,第 4 册,第 617 页。

并擂鼓角,传至中央,中央即挂起大青旗,使西南北三方都知道东方有敌情;如需调西方之兵去东方助战,即在大青旗之上加挂一条三角小白旗,如需调南方之兵,则加挂小红旗。以此类推。①

这种以不同旗色代表东南西北中五个方位以调兵遣将的办法,在天京始终实行。在前期,"贼于城中设望楼甚多……各楼遍贴伪示云,如遇东方兵来,则于楼上麾青旗,南方兵来麾红旗,西方兵来麾白旗,北方兵来麾乌旗,即黑旗;如须城内之兵出城帮同拒敌则麾黄旗。"②在后期,"王师(清军)既复雨花台后,时有兵勇出队。如兵薄东城,城中谯楼上举青旗;薄南门,举红旗;薄西门,举白旗;薄北门,举黑旗。大吹鼓角,促各馆牌面上城"③。

五色旗帜除了表示东南西北中,还用来表示前后左右中。《行军总要》关于水路号令的规定说:

> 凡船只开行水面,必须号令分明,方能易于认识。如佐将统领各军兵船,皆当均匀分为三队行走,佐将船居中,即以自己大旗悬挂桅上为号;前队兵船桅上均挂三角红旗为号,中队兵船桅上均挂三角黄旗为号,后队兵船桅上均挂三角乌旗为号。无论何军何船,归入前队则用红旗,归入中队则用黄旗,

---

① 参见《太平天国》,第 2 册,第 420—421 页。又《贼情汇纂》卷八《伪律诸条禁》并有以红旗、黑旗分别表示水路来犯之敌或旱路来犯之敌的规定,见《太平天国》,第 3 册,第 229 页。

② 《金陵杂记》,见《太平天国》,第 4 册,第 631 页。又《金陵省难记略》《乙丙日记》所记略同。

③ 《金陵纪事诗》注,见《太平天国史料丛编简辑》,第 6 册,第 404 页。

归入后队则用乌旗。①

根据这一规定,红旗代表前队,黄旗代表中队,黑旗代表后队,那么,青、白旗应代表左、右。这样的旗色序列如与杨、萧、冯、韦的旗色对照,与他们作为左辅右弼前导后护四军师的方位一致,但与他们作为中前后右四军主将的方位不一致。

太平天国的旗帜除了用以代表方位因而有各色旗帜,仪卫旗也有多色旗帜。太平天国高级官员出行都有盛大仪仗,其中旗帜很多。《贼情汇纂》记杨秀清仪仗中的旗帜有:绿边黄心绣龙长方旗二十对,同上色绣正方旗二十对,同上色绣蜈蚣旗二十对,又参护背令旗、骑对马约数十对。② 从这里看,仪卫旗的旗色是与职衔旗一致的。《金陵省难纪略》说:"东贼出门旗帜无数,北贼黑镶边蜈蚣旗八,翼贼绿镶蜈蚣旗八,伪丞相伪检点伪国宗俱银红镶蜈蚣旗四。"③所记虽较简略,也说明仪卫旗与职衔旗旗色一致。

但另一些关于太平天国仪卫旗的报道,与这一规则并不都符合。太平天国癸好三年(1853)冬,太平军克复庐州,民人周邦福目击胡以晃等入城的情况:"伪丞相面前执事,系杏黄绸蜈蚣旗,上绣二龙戏珠,此旗十对;又方旗五对,白心红边,中嵌黑白相间太极图。又有丈高黄布旗十对,既阔而大,上写'太平天国春官丞相功勋加一等胡'伪衔字样。……后头所跟皆是贼的伪官……有四五十人一样打扮,皆骑马,手执蓝绸旗,用杪杆撑着,人执一杆,坐在

---

① 《太平天国》,第2册,第418页。
② 参见《太平天国》,第3册,第179页。
③ 《太平天国》,第4册,第715页。

马上。又来伪官指挥一个,面前方旗四对,白心红边,又杏黄绸蜈蚣旗八对,又黄布大旗八对。又阔又大,上书'太平天国十九指挥功勋加一等'伪衔。"①这一段具体的记述进一步证明仪卫旗中的蜈蚣旗与职衔旗旗色一致;但几对方旗却是白心红边,不同于杨秀清仪仗中方旗也与职衔旗旗色一致。杨秀清的随从中有数十对骑马背令旗的参护;胡以晃的四五十名随从大概也是参护,但骑马执蓝旗。白心红边旗、蓝旗的意义如何,我们还不得而知。

汀州曹大观《寇汀纪略》记石达开所属"石国宗"的旗色十分复杂。石国宗有"护将"五百名,蓝旗红边;"护旗"五队,各队旗帜为五色镶边;以下侯相、承宣、检点、指挥各有队旗一条,"护旗四方",护旗分别为红心白边旗、红旗、乌旗白边等。又记"水营三百六十一正将军"郭姓的队旗为黄心红边,"护旗四方,黄旗不用边"②。其中说各级官员都有"护旗四方"似乎与周邦福所记胡以晃等的方旗相似,应是仪卫旗。只是其旗色的规则,更难理解。

太平天国还有两种督战旗。一种是杨秀清发给各带兵将领的,黄绸心,绿绸火焰边,上写"东王有令,专斩临阵退缩"。另一种由各军总制自制,上写"胜旗",也用以督战,其旗色未据载明。③ 根据东王发给的督战旗与东王旗色一致之例,各军自制的督战旗,也必与各军旗色一致。

根据以上所述,我们可以说,太平天国确有多色旗帜。以五王旗、水陆号令旗而论,旗色的不同表示了方位的不同。

---

① 《蒙难述钞》,见《太平天国》,第 5 册,第 67 页。

② 《太平天国》,第 6 册,第 808、813 页。

③ 参见《贼情汇纂》卷五,见《太平天国》,第 3 册,第 148 页。

太平天国以旗帜多著称。号令旗主要用于城池、营垒的防守，仪卫旗只是为较高级的将领官员所拥有，它们在太平天国旗帜中不会占很大比重。太平天国旗帜之多，主要是由于从两司马这样的基层军官起，以至各种杂职典官，都有自己的职衔旗。而关于这种旗帜，《贼情汇纂》中的记载和图示都是黄色——东西南北翼王有五色镶边，指挥以上有水红色镶边。这是以为太平天国旗帜都是黄旗的重要依据。但《贼情汇纂》的记载是否完全准确，需要加以验证，其办法就是考察清方将帅和其他人士关于所见所获太平天国旗帜情况的报告。他们的报告大多没有记明所见所获的旗帜上是否写有什么职衔，但在行军中、野战中见到或俘获的旗帜，基本上应该是这种旗帜。《贼情汇纂》说，太平天国一军就有六百五十六面旗帜，此外更有总制、将军、监军、各典官的旗帜，"故官军与贼接仗，恒觉贼旗之多也"①。接仗时所见的旗帜多为职衔旗，是可以大致肯定的。

下面就按这一办法作简略的考察。太平军旗帜是黄旗的记载很多，所以重点在于考察非黄旗的事例。

三、太平天国前期军中旗色

金田起义初期，关于太平天国旗帜的资料虽然较少，但其中颇有多色旗的记载。

蔡村江之战是起义之始的最大战斗，当清军进击时，"有手执

---

① 《太平天国》，第3册，第143页。

红巾数贼……率匪众拼死直扑"①。

稍后,清军进攻大黄江口,"将身穿红袍贼首及手执蓝旗贼目一人轰毙倒地"②。

太平军在武宣东乡时,周天爵令兵勇至东岭村诱敌,"该匪各执五色大旗扛抬枪炮分三股前来抗拒"③。

太平军自武宣北入象州境,主动进攻清兵,"由鳌村、马鞍山沿山而来……各执红旗白旗,四面扑营攻打"④。太平军自象州回师桂平,乌兰泰等进攻新墟,俘获太平军"黄旗五、蓝心红边龙旗一"⑤。

在起义初期李星沅任清方钦差大臣的四个月中,奏报军情时提到太平军旗色的凡三次:蓝旗、五色大旗、黄旗各一次。此外,他还奏报夺获刘八一股的"蓝旗一枝""蓝旗二枝",并"炮毙骑马贼一人,背插红旗,书有将军头张二五"⑥。刘八系凌十八之党。凌十八参加拜上帝会起义后,在玉林州与清兵战斗,旗帜是红旗。⑦ 凌十八终于未能同太平军大队会合,其活动后来曾被太平天国批评,

---

① 中国第一历史档案馆藏《劳崇光等奏进攻金田失利伊克坦布等战死折》,见《太平天国文献史料集》。

② 《李文恭公奏议》卷二十一,《会奏官兵进剿金田逆匪两次大胜折子》。

③ 《李文恭公奏议》卷二十二,《会奏添派将堵剿武宣东乡逆匪情形折子》。

④ 中国第一历史档案馆藏《周天爵奏黔兵接仗获胜折》,见《太平天国文献史料集》。

⑤ 中国第一历史档案馆藏《赛尚阿奏合击新墟猪仔峡获胜详情折》,见《太平天国文献史料集》。

⑥ 《李文恭公奏议》卷二十二,《附奏各土司州县缉捕匪徒片子》《附奏剿捕玉林博白两属股匪片子》。

⑦ 光绪《玉林州志》卷十八,"贼排阵来迎,装妖作怪,列红旗,喧鼓乐","贼先伏各坡塍,列红旗到窑岭接仗。镇兵炮战良久,倒其红旗两面"。

他和刘八的旗色情况,我们可以不论。仅以上述在金田、东乡、新墟等处活动的太平军的旗色看,就有黄蓝红白诸色旗和"五色大旗",这是同"旗分五色"的规定相符合的。

如果实行"旗分五色"的制度,我们可以设想,与五方相应的五色旗帜的军队,系由天王和五王或由五王分领。这样的设想得不到一以贯之的资料证明,但并非丝毫无所印证。《盾鼻随闻录》说,当太平军出广西入湖南之际,有青旗、红旗、白旗、黄旗、黑旗各一队;又说,太平军进攻南京时,"伪翼王石达开青旗贼、伪北王韦镇黑旗贼俱到,分队攻城"①。关于《盾鼻随闻录》的编者,罗尔纲同志已考定是汪堃,并指出汪堃当太平天国壬子二年至乙荣五年(1852—1855)年间在四川任道员,并未目击躬亲太平天国之事。他编撰这本书的目的,是诬蔑太平天国以诋毁他的仇家何绍基。这些看法是很正确的。但这并不意味着这本书的一切记载都出于捏造,其中不少资料系汪堃所编辑,而不是出于他的写作。如卷八的无名氏《独秀峰题壁》和上元生员吴家桢《金陵纪事杂咏》,就是当时当地人的纪事诗而被汪堃编入《盾鼻随闻录》。《金陵纪事杂咏》诗注,"陆建瀛仅有两舟逃回,青旗贼从后追赶"②,这是颇可印证"伪翼王石达开青旗贼"之说的。

定都天京后,太平天国举行西征北伐。据清方探报,西征军中有"黑旗贼"③。《盾鼻随闻录》卷四《豫寇纪略》说,北伐军中,"林凤祥用红旗,吉文元用蓝旗,李开芳用白旗,另有黑旗贼首,年三十

① 《太平天国》,第4册,第361、374—375页。
② 《太平天国》,第4册,第422页。
③ 《近代史资料》1955年第3期,第10页。

余岁,不知姓名……围怀庆府,红旗贼先到"①。这些记载虽无其他确切印证,但太平天国北伐军的旗帜除黄旗外,确有其他旗色。如《大学士讷尔经额恩善奏陈前队接战获胜情形折》报告在怀庆附近的战斗说:

> 瞥见隔河树林内,有穿红衣贼目率领贼匪约数百人,手执大黄旗并红白二色旗帜,直扑河岸。②

又,托明阿等奏称,咸丰三年(1853)六月二十八日的汜水之战,清方夺获"伪总都督军黄白大纛六杆";陆应毂奏称,咸丰三年八月二十六日武安知县遇见"贼匪数十(应为'千'),分执五色旗帜,蜂拥而来,官兵即放枪炮,轰毙贼匪百余人"③。

在天京附近,《向荣奏稿》十二卷叙述交战中见到、夺获、轰倒太平天国黄旗有六十余次,但也有几次提到太平天国的其他旗帜:

咸丰六年(1856)三月初三日《更换张国梁为统兵大员连克顾家坝一带贼垒卡折》:"鏖仗逾时,有执蓝旗贼目往来指挥,甚为凶悍,经……砍毙,夺获大方蓝旗。"

咸丰六年三月二十六日《克复浦口江浦二城折》:"鏖仗两时……复斩悍贼一名,力夺大方蓝旗一杆。"

咸丰六年五月十五日《驰援镇江获胜全股逆众遁回金陵折》:"分投拦剿,歼斩多人,并击毙执绿旗贼目一名。"

---

① 《太平天国》,第 4 册,第 386—387 页。
② 《粤匪杂录》,见《太平天国史料丛编简辑》,第 5 册,第 27 页。
③ 《忆昭楼时事汇编》,见《太平天国史料丛编简辑》,第 5 册,第 208、338 页。

向荣奏报还几次提到太平军船队的旗帜:

咸丰二年(1852)十二月二十一日《复奏武昌失守筹备堵剿情形折》称,太平军克武昌后,以"三千余人乘船三四百只,上插五色旗帜,诈称奴才差人赴下游运粮,于十一日到黄州府及武昌县滋扰"。(按:五色旗帜并非假冒向荣旗帜,向荣的旗帜是黑旗。)

咸丰五年(1855)四月初四日《师船进剿三山江面贼艭获胜折》称,三月二十六日清军水师夺获"五色旗五十桨七丈余长大快蟹船一只","三色旗四十二桨七丈长大快蟹船一只","五色旗大拖船一只","击碎五色旗大贼船一只"。

咸丰五年十二月二十五日《芜湖水师截剿获胜情形折》称,十二日夺获"三色旗炮船一只"①。

据向荣报道,清军在地面战斗中见到的太平军旗帜绝大多数是黄旗,偶尔出现蓝旗、绿旗;在水上战斗中,太平军船舰的旗帜是五色旗、三色旗,这似乎是水师船队的专用旗。清方探报也说,西征军水师进入湖南,"其龙阳、益阳交界之羊河脑约有贼船千余只,俱插五色旗号,头船黄旗,上书'正破长沙带破荆州'八字"②。但同时又有互异的记载。太平天国壬子二年(1852)冬从岳州到武昌的水路上,或说洪秀全的座船遍插黄旗,"余船均有号旗,五色杂错"③;或说"黄旗大小列艨艟","贼旗尽黄色"④。到天京后在上关下关聚集的船队,据说"备打仗者插黄旗,头目船插红旗,妇女船

① 以上分见《太平天国》,第 8 册,第 589、608、628 页;第 7 册,第 17 页;第 8 册,第 465、555 页。
②《近代史资料》1955 年第 3 期,第 12 页。
③《盾鼻随闻录》,见《太平天国》,第 4 册,第 365 页。
④《鄂城纪事诗》,见《太平天国资料》,第 32 页。

黑旗,其余辎重银米各船旗色不一"①。来自曾国藩湘军水师的报道,也与向荣节制的红单船水师所见所知情况不同。咸丰四年(1854)三月二十日曾国藩报告:"贼在汉阳管水军者系伪翼王之兄弟,贼中称为国宗兄,其船旗以绣花呢别之。其有洋炮之船,以白旗别之。"②其他船旗如何,没有提到。准此而言,太平军到达靖港的船队,"后有大船一只,上插白旗"③,应是洋炮船。不久,湘军水师攻陷岳州,曾国藩称"逆船三四百号全军覆没",获得的战利品有"红旗、号褂、风帽三捆"④。这些分歧的记载,只能使我们了解太平军水师并非只有黄旗,但难以从中判明它的旗制。

目击者的记录是更值得重视的。咸丰六年(1856)正月,赵烈文到江西南康曾国藩大营。十七日,太平军来挑战。他记载说:

> 贼来挑战,与孝登垒望之。白旗二、黄旗数十出林中,火炮轰然去里许。⑤

二月初十日,他在樟树镇彭玉麟营地,记见闻说:

> 望堤上贼帜甚多,皆青白二色,盖贼近用五色旗以乱我军,不纯用黄赤也。⑥

---

① 祁寯藻:《访问贼匪情形单》,见《太平天国》,第7册,第103页。
② 《曾文正公全集·奏稿》卷二,《探明前路贼踪片》。
③ 《近代史资料》1955年第3期,第12页。
④ 《曾文正公全集·奏稿》卷三,《水师克复岳州南省已无贼踪折》。
⑤ 《落花春雨巢日记》,见《太平天国史料丛编简辑》,第3册,第57页。
⑥ 《落花春雨巢日记》,见《太平天国史料丛编简辑》,第3册,第61页。

从金田起义之初就同太平军对敌的李孟群,在乙卯年(1855)初太平军二克武昌后写的《上曾骆二宪禀》中说:

> (太平军)旗帜衣帽,不尽用黄,杂以青红二色。①

赵烈文记载了两次所见旗色。他和李孟群又都概括地谈到了太平天国的旗色情况。他们都证明太平天国军队中有着多色旗帜。当然,从他们的语气来看,黄旗或绿旗、红旗是多数。至于五色旗的始用则并不在咸丰四、五、六年(1854—1856),如上文所述,金田起义之初早就有各色旗帜了。

方玉润记太平天国丁巳七年(1857)五月目击陈玉成部和清军交战的情况尤为生动具体:

> 贼酋伪成天豫陈玉成……率众十余万人来围(湖北)黄梅诸营。……余与镇军各登望楼观战……须臾见高岭火箭齐飞,喷筒乱放,鸳鸯旗一气直上,贼营火起。……贼见我军尚有两队列田垅间,恐截其后,遂调蓝旗白边一旅,先来接应……复调其小黄旗、金黄旗、五色旗、蓝花旗更番接阵,每一队退,则一队进,毫不错乱。②

---

① 方玉润:《星烈日记》引录,见《太平天国史料丛编简辑》,第 3 册,第 88 页。
② 方玉润:《星烈日记》战形,乙巳五月二十日,见《太平天国史料丛编简辑》,第 3 册,第 121 页。

在考察太平天国丙辰六年(1856)以后的旗色问题时,需要注意到太平天国六、七年以后捻军同太平军联合和太平天国乙荣五年(1855)冬以后广东天地会起义军在江西加入太平军这两个因素。前已提到,捻军是旗分五色并有各种杂色杂花旗的。方玉润所记的这次战斗,据胡林翼奏报发生在五月十二日。[①] 胡林翼报告说,"此次悍贼伪豫天侯陈玉成由桐城率三万余众,又裹胁皖省饥民数万,并力上窜"。又说,"北岸之贼目为陈玉成、李寿成,勾结皖省捻匪饥民,号称十万,自四月以来由宿松、太湖、英山、霍山分犯蕲州、黄梅、广济、罗田边界"[②]。因此,方玉润所记的这次战斗,太平军中或有捻军在内,所见的旗帜或者不都是太平军的旗帜。捻军同太平军联合作战的范围,主要在淮南皖中和长江以北的皖鄂毗连地区,从未到达江南。这一限制,有助于我们在考察太平天国后期旗色时,了解何者没有捻军的影响,何者可能有捻军的影响。

广东天地会起义军的问题稍复杂一些。他们在太平天国乙荣五年冬于江西加入太平军后,在清方资料中被称为"花旗"。"花旗"的活动范围很广,遍于江南浙闽皖赣粤各省,石达开、李秀成、李世贤等各部都有,天京失陷后仍继续在闽粤战斗。因此,"花旗"究竟是怎么回事,究竟是怎样的旗色,对于考察太平天国丙辰六年以后的旗制旗色问题,是至关重要的。例如,如果"花旗"是各色旗的概称而不是指某一种颜色的旗,那么,即使关于后期太平军的资料中有多种旗色的记载,也难以辨别它们是太平军本来的旗帜,还

---

① 参见《胡林翼全集·奏议》卷十八,《各路官军剿办皖贼获胜疏》。
② 《胡林翼全集·奏议》卷十七、十八,《皖贼上犯官军援剿获胜疏》《奏陈九江长围困贼迭次大胜及水师深入失利旋复获胜疏》。

是后加入的广东天地会起义军的"花旗"。

四、关于"花旗"

太平天国甲寅四年(1854)五月,广东天地会大起义。经过一年多的战斗,起义军一部分进入广西,一部分经湖南、江西而加入太平军。关于他们在江西参加太平天国的情况,曾国藩在咸丰六年二月二十一日报告说:

> 金陵逆匪由湖北通城入江境者,以伪翼王石达开为首。……粤东另股土匪由湖南茶陵等处入江境者,以周培春人数为最多;又有贼目葛耀明、陈宁、邓象、卢纬等均于瑞州投入石逆大股之中;贼目关志江、陈植槐等均于临江投入石逆大股之中;贼目王义潮、刘梦熊分屯吉安、泰和,亦已与石逆合并为一。①

这一批广东天地会起义军,据认为就是太平天国队伍中的"花旗"。1864年春当侍王李世贤分股入赣时,清两广总督毛鸿宾奏报太平军动向并回溯前事说:

> 探报金陵逆贼伪侍王分大股上窜,其前队广东花旗股匪已由浙绕越江西之广丰、玉山,渐及抚州、建昌地界,获贼供称

① 《曾文正公全集·奏稿》卷七,《会筹各路堵剿情形折》。

该逆有回窜粤东之意。查咸丰六年广东红匪大股数十万人窜
扰吉安等处,会石达开至临江勾结其众,另编花旗股匪,肆扰
多年。①

毛鸿宾指明"广东红匪"即广东天地会起义军进入江西后,加
入了太平天国,由石达开另编为"花旗"。他所说的年份不准确,咸
丰六年应为咸丰五年冬。

这些"花旗"当石达开脱离天京进入湖南、广西之时,多未随行
而自行活动于江西、广东等地。太平天国辛酉十一年(1861)李秀
成进军江西、湖北后,他们又多加入李秀成部。左宗棠于同治二年
(1863)二月报告皖南军情说,皖南太平军有三股,"一为花旗贼,此
股系广东无赖匪徒,前年由广东、湖南、江西入浙皖者也"②。应即
指此。

"花旗"究竟是怎样的旗帜? 咸丰八年(1858)八月二十三日刘
长佑报告与石达开部作战情况说:

> 据生擒贼供,石姓伪大小国宗及余姓伪经略由浦城、崇安
> 会合邵武之贼约数万人,一出黄土关,一窜泰宁、建宁,意将再
> 图抚、建等语。查此股贼目系李、林、周、谭各姓,均属广匪。
> 连日擒斩各贼,广匪亦居大半,旗帜多花色,即贼中所谓花贼
> 子,其为抚、建窜贼无疑。③

---

① 《剿平粤匪方略》卷三百六十九,甲子年三月二十八日。
② 《左文襄公奏疏》初编卷八,《奏报富阳皖南两路获胜情形折》。
③ 《刘武慎公遗书》卷十九,《禀牍二·禀着中丞迎剿广贼获胜》。

所谓"旗帜多花色",应是指他们的每面旗帜中有多种颜色,而不是指他们有多种颜色的旗帜。同治三年(1864)二月十二日沈葆桢奏称,太平军由遂安入玉山,"第一股多花旗,系黄逆部,第二股多黄旗,系侍逆部"①。另一些历史资料如陈坤《粤东剿匪纪略》、朱用孚《摩盾余谈》也屡称江西、福建、广东的太平军分黄旗、花旗两股。这都表明,"花旗"是一种花色的旗,而不是红白青黄黑各色旗的总称;不然,花旗和黄旗就不成为可以互相区别的两个名词、两种旗色了。

可以更确切地证明这一点的是曾国藩的一份奏报。曾国藩报告咸丰十一年(1861)正月初八日在他的祁门老营附近同太平军交战情况说:

> 初八日辰刻……我军行至距祁二十里之石门桥,贼已距桥不远……白旗之匪拥至桥外田垄。……桥外山岗黄旗、黑旗、花旗诸逆分三大股……白旗之贼径由田垄猛扑而前。②

这一段话不但证明太平天国军队中有各种旗色,而且也证明花旗是与白旗、黄旗、黑旗相区别的一种单独的旗色。

了解花旗是在红黄青白黑各色旗以外的一种花色旗,对于探明花旗的来由也有帮助。

前引用毛鸿宾的奏报说,石达开在临江"勾结"广东天地会起

---

① 《剿平粤匪方略》卷三百六十三。
② 《曾文正公全集·奏稿》卷十三,《逆匪分犯大赤大洪二岭迎剿获胜折》。

义军,"另编花旗股匪"。或以为毛鸿宾这一说法是错的:花旗是广东天地会原来用的旗帜,并非石达开所给;石达开没有把加入的广东天地会起义军改编,使他们得以保存原来的旗帜,产生了很大的恶果。但这种论断是值得商榷的,因为它与事实不符。

广东天地会起义军原来用的旗帜并不是花旗。他们主要用红旗,间用黄旗等,但从未用花旗。

参与镇压起义的赵沅英《红兵纪事》说:"匪即□□□□树红旗。……红旗既树,四面土妖皆应。……乡亦树红旗矣。"①又光绪《四会县志》称:"咸丰四年甲寅之岁,自六月二十日陈开倡乱于佛山,烽烟四起,遍竖红旗相响应。"②

起义初期,清广州协外委冯国光报告交战情况说,闰七月初五日,由坭城进攻横江桥,"夺得大红旗、小红旗十七枝"③。

咸丰四年(1854)八月十四日,新会解围,"各堡之树红旗者,尽转而白";咸丰五年(1855)正月初五日,清军攻破官窑,"获红旗、军械无算"④。

咸丰四年十月十一日,清方团练与惠州天地会首领翟火姑战于河源县半坑,"夺其赤帜、辎重、良马"⑤。

咸丰四年十月,"粤东贼洪英堂等寇(蓝山)县城";十二日,"贼哨至城西,竖大红旗于社稷坛"⑥。

① 《近代史资料》1955年第3期,第95页。
② 光绪《四会县志》卷十,《杂事志·前事》。
③ [日]佐佐木正哉编:《清末秘密结社资料》,第36页。
④ 光绪《广州府志》卷八十二,《前事略八》。
⑤ 同治《河源县志》卷十二,《纪事》。
⑥ 民国《蓝山县图志》卷七,《事纪中》。

咸丰四年八月，广东天地会起义军由乐昌、乳源入湖南宜章，被宜章团练夺获大红旗一面、小红旗四十余面；其由连州星子市进攻湖南临武县者，被夺获"黄伞黄旗数十件"，又大黄旗四十余面，洪胜堂印一颗。①

咸丰五年(1855)秋，进入湖南的广东天地会起义军在郴州、桂阳、茶陵、兴宁、安仁等地活动，联合了许多本地的起义者。他们在战斗中被清军夺获的旗帜，据骆秉章报告，有红旗、黄旗和"各色旗帜"。②

这样看来，广东天地会起义军在江西加入太平天国以前，原用旗帜并非花旗，是可以肯定的。因而，他们加入太平天国后使用"花旗"，也只能是太平天国所授予的旗色。

太平天国把这一批新来者另编为花旗，是可以理解的。这一批新加入者人数相当多，有称十余万者，至少也有两三万。他们的加入，增强了太平军的力量，这是太平天国所欢迎和需要的。他们自湖南茶陵而入江西永新、安福、分宜、万载，与从湖北通城进入江西的石达开在新昌县相遇。同治《分宜县志》称："咸丰五年十月十七日，粤东贼葛、卢、陈、周、王五头目自安福窜分，号为洪兵。越二日，窜万载、新昌，与发逆合。"③据《粤匪起手根由》，双方系在江西"望宅"(万载)会合，广东天地会头目有周春、李鸿藻、陈寿、陈容、翟元帅、刘元帅，俱被石达开封为指挥之职④。但据同治《新昌县

① 参见《骆文忠公奏稿》卷一，《两广贼匪同时犯界各路均获胜仗折》。
② 参见《骆文忠公奏稿》卷三，《永兴、茶陵失守分路剿办情形折》《南路诸军叠胜同日克复茶陵、桂阳两州折》。
③ 同治《分宜县志》卷五，《武备》。
④ 参见《太平天国史料》，第461页。

志》,广东天地会之加入是小有曲折的。"时翼众十余万,与广匪十余万相持不下,欲相击,上高人严守和说广匪降翼,二威大振,随分陷袁、临、吉诸郡,全省震动。"①无论怎样,这是两批素质、训练、作风互有差异的队伍。这样的队伍成批地加入太平天国,不同于随时吸收的小股人员,确有其特殊性。太平天国原有五种旗色,对一批有特殊性的新来者,在原有五种旗色之外另立一种旗色,是可以理解的。另编为花旗,并不是说花旗是自行其是、无所统属的,在江西就统辖于胡以晃。编为花旗,也不会只是石达开个人的决定,这从石达开脱离天京以后由天京统率的队伍中仍有花旗存在就可以了解。花旗之与原有的太平天国部队有一定的矛盾,不是由于旗色之不同,而是由于素质、思想、作风之不同,这种矛盾从开始就存在并已有暴露了。②

五、后期军中多色旗举例

了解了花旗是太平天国另立的一种旗色,是指一种花色旗,考察太平天国丙辰六年(1856)以后太平军旗色的问题也就不致引起歧解。

总的来看,从历史资料中所见到的后期太平军旗色情况,与前期大略相同,即以记黄色者为大多数,但记其他旗色者也颇不少。

---

① 同治《新昌县志》卷八,《团练》。
② 曾国藩在咸丰六年(1856)就以这一点向林启容进行挑拨:"江西各府,广东新附之贼居多,外虽归顺,心实猜忌。如周、邓、洪、卢诸人甚不愿受尔等之约束。"《曾文正公全集·杂著》卷二,《谕贼目林启容》。

最突出的,除上文已经引述的太平天国辛西十一年(1861)正月太平军白旗、黄旗、黑旗、花旗四队在祁门与清军的战斗外,更有咸丰六年(1856)八月初一日江西瑞州城外的一次交战,与战的太平军六色旗俱全。曾国藩报告这次战斗说:

> 八月初一日,伪指挥黄姓纠集临江、奉新、安义、武宁、义宁各处逆党,并合(瑞州)城内大股,号称四万,四路拥至。旗分五色,排列山岗。黄旗一股对我湘营,红旗一股对我宝营,白旗、蓝旗二股对我省兵五营,青旗及杂色镶旗一股伏在树林之间。……另有青旗一股,从东北数里外风驰雨骤而来,截我军之后路。……我军一齐冲击,而贼势浩大,前者已歼,后者不退,黄旗已却,红旗又至,青旗一股更为凶悍。……讯据生擒贼供,号称四万,实二万余人,广贼数千,极为骁悍,本日被杀约计千余。①

在这一战中,太平军"旗分五色":黄红白蓝青;此外的"杂色镶旗",大概是"广贼数千"的旗帜,也就是"花旗"。

其他一些有关太平军中存在多色旗的记载都没有这样完整典型。为节省篇幅,下面只予简单列表举例。资料来源是曾国藩、胡林翼、左宗棠、骆秉章、刘长佑、刘坤一、王鑫等人的奏疏、禀报和其他人的纪事、笔记,不复一一注明。

---

① 《曾文正公全集·奏稿》卷八,《围攻瑞州收复靖安安义二县折》。

年月	旗色事实摘要
咸丰六年二月	清军占萍乡，"毙红旗贼目一名"，夺获"护天豫胡大黄旗、伪将军杨大黄旗及总制、旅帅、军帅、师帅等黄旗红旗白旗共八十余件"
咸丰六年四月	太平军由江西入湖南浏阳界，被夺获大红旗一、大黄旗二，小黄旗二
咸丰六年五月	清军进攻袁州，"毙一执青旗贼目"，获黄旗九面
咸丰六年五月	清军与天京派援江西万载的援军战，获大黄旗、红旗二十七面
咸丰六年五月	清军在攸县界获大小黄、红旗五十四面
咸丰六年七月	石达开上援武昌，鲁家巷之战被清军夺获"各色大旗二百余面"
咸丰六年十月	清军与援袁州之瑞、临、吉太平军战，夺获大小红、黄旗帜三百十一面
咸丰六年十月	清军进攻建昌，"毙红旗贼目一人"
咸丰七年	石达开部殿右四检点刘远达攻汀州，"黑白旗帜塞满道路"
咸丰七年二月	临江之战，太平军"列阵二十余里，五色旗帜遍布四野"，清军夺获大黄旗二十一面，中黄旗十七面，大红旗三十四面
咸丰七年三月	临江又战，清军得大绸白旗五面，大绸蓝旗九面，大绸黄旗三面，中黄旗九面，中白旗十三面，中蓝旗七面，小黄旗二十一面。又，龙虎大旗九面，大黄旗三十一面，大白旗二十七面，大蓝旗三十五面，中黄旗六十七面，先锋旗二十九面

续表

年月	旗色事实摘要
咸丰七年五月	新淦之战,"广贼七八百人多执五色方旗前来接应",清军获大小黄旗五面,白旗三面
咸丰七年五月	九江围城中太平军出战,清军夺获"黄、红、杂色旗一百五十余面"
咸丰七年五月	吉安水东之战,清军夺获"各色旗帜无数"
咸丰七年闰五月	藤田之战,太平军"各色旗帜漫山遍野",战后清军"收焚各色大旗四千余面"
咸丰八年三月	抚州太平军"五色旗帜纷披",清军获"大小旗帜八十五面,内红绸旗更多"
咸丰八年十二月	清军进攻景德镇,太平军"白旗飘漾,数十骑出站河岸"
咸丰九年二月	清军进攻信丰,万余太平军"各执五色旗前来抄截"
咸丰九年三月	清军在新宁与石达开部余宰制战,夺获大小黄、蓝旗三十一面
咸丰九年四月	清军在宝庆、娘山与石达开部傅检点等战,获大小黄、蓝旗九十七面,又"大小各色旗帜"三百面和四百七十面。又在新宁、武冈等处夺获"大小各色旗帜"五百七十面、二百七十余面、四百余面
咸丰九年五月	石达开进攻宝庆,"五色旗帜遍布林间","执红旗二贼为劈山炮轰毙"
咸丰九年七月	石达开解宝庆围到东安,清军获先锋大红旗一面
咸丰十年正月	清军进攻太湖,太平军"黄盖红旗,弥山漫谷",清军"击毙黄旗花旗悍贼数十名"

年月	旗色事实摘要
咸丰十年四月	在无锡,太平军"五色旗帜,风驰而来"
咸丰十年四月	在吴江,太平军"自北而南,旌旗五色灿烂","闻黑旗贼过吴江"
咸丰十年五月	"长发一队,手执红旗利刃",到吴江同里
咸丰十年八月	太平军进入常熟,"旗帜五色,红者居多"。到王市,"红旗长枪,一片通红"
咸丰十一年六月	太平军在江西德兴交战,"所余红旗一股,仍向浙江开化华埠窜逸"
咸丰十一月六月	清军攻随州,夺各色旗帜十三面
同治元年三月	清军在荻港旧县"斩红旗悍目十余名"
同治元年九月	清军进攻龙游,获红绸蜈蚣形画龙旗二百三十余面
同治四年	汪海洋之前锋胡瞎子,"旗色衣甲,尽用赤色,望之如火"

除了以上诸例,值得单独一提的是关于李世贤旗的报道。在清方所见所获的旗帜中,明确指明是将领职衔旗的较少,指明是高级将领的尤少。这些被指明为将领旗帜的,据报都是黄旗,这也增强了太平天国旗帜只是黄旗的印象。清方得到过一面侍王李世贤旗,这可能是他们得到的职位最高的一面将领旗。但这面旗帜却是红旗。左宗棠同治四年(1865)三月二十九日《缉获通贼洋匪解沪讯办折》:

二月二十八日,(已革金门游击)陈允彩在白水营见一小哨船挂帆而来……当率舟师追击,跃过彼船,生搉长发贼谢应泷一名,洋人三名,搜获太平天国侍王李红绸大旗一面。①

侍王旗为红旗,这与《贼情汇纂》记诸王侯的旗帜为黄旗的初制不同。

六、几点推测

太平天国的旗色资料极为分散,以上所举仅是局部例证,已觉十分分歧复杂。我们可以从中了解太平天国除黄旗以外的确还有多色旗帜,但似乎难以从中找出他们的旗色制度的具体规则。

《太平军目》可能是太平天国最早编撰的书籍,咸丰元年(1851)春清方已经得到。②《太平军目》中有"旗分五色"的规定;同时,在道光三十年(1850)十一月底的蔡村江之战至咸丰元年(1851)六月的新塘之战的半年多战斗中,清军见到的太平军旗帜有红、蓝、白、黄诸色旗和五色旗,此外还有蓝心红边龙旗。由此似可推想,"旗分五色"的制度在初起时已付诸实施。

从"旗分五色"和太平天国初起时设五军、封五王等制度来看,可以推测他们有过以五王统领五方、五色的想法。如果这样,各色旗军队应该分属各王统率。历史资料中有韦昌辉黑旗军、石达开青旗军的记载,是与这样的推测相符的。但这样的记载出现很少,其他许多关于不同旗色的记载,并未说明它们的主人是谁,而且我

---

① 《左文襄公奏疏》初编卷二十一。
② 参见本书《〈太平军目〉和太平天国军制》。

们也并不能确切知道太平天国军队上下之间统属关系的具体情况。因而,这样的推测实际上仍是难以证实。从所见的后期情况看,主将、统帅的旗色不必与所属队伍一致,即主将、统帅属下的军队可以有多种旗色。九江的主将是林启容,但九江城中出战之军被清军夺获的有黄、红、杂色旗。① 汪海洋被称为黄旗,而其骁将胡瞎子却是红旗。② 咸丰十一年(1861)正月初八日祁门石门桥之战,据曾国藩说,与战的太平军是右军主将刘官芳部下③,而有六种旗色。这说明,旗色只有序列的意义,而不是统属的标志。林启容、刘官芳、汪海洋等各人属下都有红旗,但各支红旗之间,显然并无统属的关系。这是后期的情况,初期是否不同呢? 太平天国兴起后,队伍发展很快,南、西二王先后牺牲;内乱以后重立五军主将,但不久,各种番号林立,将领的独立性和权力增大。由于这些情况,假定初期有过五王分统五色的拟想或实际,到后来也不能没有若干的变化。

实行"旗分五色"制度的必要事实,是实际上确有五种旗色的军队。这一点,从本文所举的一些事例可以得到证明。但在太平天国的各色旗中,何以黄旗独多? 认为太平天国只用黄旗,这不是事实,但历史记载所见的黄旗远较他色旗多,确是事实。这是什么原因?

这是难以解释的问题。

---

① 《胡林翼全集·奏议》卷十八,《奏陈九江长围困贼迭次大胜及水师深入失利旋复获胜疏》。

② 参见朱用孚:《摩盾余谈》,见《太平天国史料丛编简辑》,第 1 册,第 118 页。

③ 参见《曾文正公全集·家书》卷七,咸丰十一年二月十九日致沅弟。

观念上的矛盾可能是造成虽然旗分五色但是独多黄旗的原因。前文已经提到,以五色标分部伍在当时是相当普遍的。但五色对于白莲教、天地会、捻军,似乎都只是序列的标记,其中并无突出的上下之分。即使在捻军,张洛行以盟主而领黄旗,黄色对于其他诸色,其意义也略如一二三四、甲乙丙丁。而太平天国则不然。太平天国采用五色、五方等观念,以之作为编制队伍的方法。从这一方面、这一角度来看,黄红青白黑五色同一二三四五、前后左右中、金木水火土、春夏秋冬、甲乙丙丁等具有同样的作用和意义,黄只是五色之首,正如春只是四时之首一样。但另一方面,五色之中的黄色在太平天国又有特殊的尊贵地位。太平天国的仪卫服制都以黄为尊,职官的朝帽以黄边的宽狭表示官职之尊卑,黄盖黄伞黄背心均是尊贵者的服饰仪仗,因而在天京居住过的地主文人有"贼尚黄"的记载。① 五色与五方五行相应,是我国古老的观念。黄是代表中央的正色,尤其在封建社会的儒家典籍中,黄色为土地和社稷之代表,也是中央和帝王的象征。太平天国曾出告示,以红黄二色为贵重之物,不准无官之人僭用②;又规定官员乘坐之轿依官职大小,以黄红绿蓝黑五色为等差③。这说明,太平天国对于五色给予了等级差别的意义。黄色作为五色中的序列之一和作为尊贵的标志,其性质和作用是有区别的。太平天国一方面以黄色作为"旗分五色"的五色之一,另一方面又以黄色作为中央天朝的代表,作

---

① 参见《金陵省难纪略》,见《太平天国》,第 4 册,第 713 页。
② 参见《佐天侯陈承瑢告官员兵士人等恪遵定制晓谕》,见《太平天国文书汇编》,第90 页。
③ 参见《贼情汇纂》卷六,见《太平天国》,第 3 册,第 179 页。

为尊贵者的象征,这两种观念在实施上就会产生矛盾。太平天国虽然"旗分五色"但又独多黄旗,可能就体现着这种矛盾。当然,这只是推想。这样的矛盾如何表现于他们的制度,也缺少实际的资料。

七、附记朱洪英旗帜

朱洪英,天地会头领之一。咸丰二年(1852)八月与胡有禄同起事于南宁,咸丰四、五年间活跃于广西湖南之交,有众数万。咸丰五年(1855)八月十二日,胡有禄失败被俘。据骆秉章奏报,其供词中称:

> (胡有禄)系广西武宣人。其兄胡有福于道光二十七年与逆贼罗大纲攻扑广西阳朔县城,被官兵捡斩。该逆是时即与罗大纲认识。今年二月,罗大纲有信嘱其前往会合,故下令蓄发,自称定南王,以便号召党与。又有朱洪英,即朱声洪,自号镇南王,与该逆契好。

骆秉章还报告说:"永州府揭其伪示赍呈,书'升平天国定南王吴镇南王朱'。"[1]是时朱洪英、胡有禄已建有"升平天国"国号。

罗大纲原系天地会而参加拜上帝会者。太平天国通过他而联络胡有禄、朱洪英,是十分可能的。这段供词情节具体,基本可信。

---

[1]《骆文忠公奏稿》卷三,《东安窜贼分扑祁阳新宁官军大捷生捡首逆折》。

但这样的联络,供词中说明系始于咸丰五年二月罗大纲来信。

在此以前,咸丰四年(1854)九月,朱洪英自广西灌阳进攻湖南道州,同管带湘勇的王鑫等激战。战后,骆秉章奏报所获战利品说:

> 夺获镶黄大旗一面,太平后营龙凤旗一面,伪太平天国将军刘大黄旗一面,公义堂旗、太平后营旗、朱洪英大黄旗共数十面。①

公义堂是朱洪英所立堂号。公义堂旗、朱洪英旗,意思明确。"太平后营旗""太平天国将军刘大黄旗"被认为都是太平天国旗帜,因而据以得出重要的结论:在朱洪英起义军里,太平天国派有人员进行联络策动。其实,朱洪英部队中如果确有太平天国的旗帜,所说明的问题不仅如此。它说明太平天国之与朱洪英、胡有禄联络,不始于罗大纲,不仅有罗大纲去信,而且还早派有代表,甚至还有队伍。这似乎是一件重大的历史事实。

但骆秉章的这段话是不准确的。

骆秉章的奏报系根据前敌将领王鑫的禀报。王鑫禀报的原文是这样的:

> 夺获红镶黄心旗右营九杆二十长旗五杆二十长旗、太平后营龙凤旗、刘将军大黄旗、公义堂朱洪英戳记黄旗、太平后

---

① 《骆文忠公奏稿》卷一,《两广贼匪同时犯界各路均获胜仗折》。

营旗、前营先锋旗及清字令字等旗约数十竖。①

上引王鑫禀报的第一行，"二十长旗"指什么，大概骆秉章也看不明白，奏报中删略了。但"刘将军大黄旗"等词句是明白清楚的，根本没有"太平天国"字样。这当然是骆秉章所加。此外骆秉章还将"公义堂朱洪英戳记黄旗"改为朱洪英旗、公义堂旗两种。

这样看来，朱洪英队伍中并没有"太平天国将军刘"的旗帜。

至于"太平后营旗""前营先锋旗"，也不能证明是太平天国的旗号。朱洪英系"奉太平天德伪号"，"揭太平天德字于帜"②。天德自是当时天地会流行的称号，而广西堂会起义者以太平为号者也不止一家。朱洪英以"太平天德"为号，正表明了他属于天地会起义的系统。③ 他们的部众也习惯以前后左右分营。朱洪英、胡有禄的右营有都统陈可三、前营有都统何文华。④ 咸丰六年（1856）朱洪英在湖南永明失败，其党陈永秀、黄金亮仍分为五营：黄金亮中营、陈永秀左营、卢维新右营、郭二嫂前营、廖四嫂后营。⑤ 王鑫所获的"太平后营旗"应该是朱洪英所部的后营旗，即"太平天德"的后营旗，而不是太平天国的后营旗。

骆秉章之窜改王鑫原禀而以夺获太平天国将军旗入告，是为

① 《王壮武公遗集》卷二，《湘勇回援道州苦战解围并请奖恤以昭激劝禀》。
② 《股匪总录》卷二，《广西昭忠录》卷二。
③ 洪大全即焦亮，自称天德王。朱洪英同洪大全之妻许月桂、洪大全之弟焦三及其妻许香桂，同活动于湘桂边境，有密切关系。朱洪英之以"太平天德"为号，或与此有关。
④ 参见《骆文忠公奏稿》卷三，《东安窜贼分扑祁阳新宁官军大捷生捦首逆折》。
⑤ 参见《股匪总录》卷二。

了强调当时湘南的战斗和他获得的胜利的重要性。骆秉章对于两
广督抚之"徒以驱贼出境为事"表示不满,他向皇帝申诉,湖南一省
"兼支五省之寇",担子很重,因之功劳当然也很大。朱洪英等的战
斗力,显然不如太平天国的节制之师,而骆秉章总要声明"窜陷东
安一股阴鸷凶悍,实与金陵巨贼无殊","其犷悍之状不亚金田初起
之逆"。1854—1855 年间,太平天国声势浩大,处于鼎盛时期,两广
湖南的天地会以应援太平天国为名活动是可能的,太平天国也通
过罗大纲来联络他们,但他们未必确有加入太平天国的实际计划。
朱洪英是靠近广西的湖南边境县东安渌埠头人,咸丰四、五、六年
他的活动不出湘桂交界数县。王鑫说朱洪英"由灌阳来攻道州实
欲由永州直下接应南京大股……其自称朱洪英称太平后军,盖为
此也"[1]。这实在有点为了自我夸张而望文生义。朱洪英之称"太
平后军"是当时天地会的通常做法,并不是表示要支援洪秀全;至
于"太平后营",也不表明是太平天国的后援,因为还有前左右中
营。不过,为了挟太平天国与朱洪英的关系以自重,王鑫只是作了
些夸张的推测,而骆秉章却捏造了事实,是尤为等而下之的。

　　至少,我们可以说,王鑫所夺获的朱洪英的旗帜中没有"太平
天国将军刘大黄旗",因而由此作出的推论也就失去了根据。

　　王鑫所获旗帜有几种注明是黄旗,这说明黄旗并非太平天国
专用。上文已大略考查了广东天地会起义以红旗为主,间有黄旗
等旗色。朱洪英部众的旗色也大致相似。根据骆秉章、王鑫的奏
稿、禀报,被清军夺获的朱洪英部的旗帜,黄红白各色都有,而以黄

---

[1]《王壮武公遗集》卷二,《道州解围后探贼图窜江华卷甲疾趋先据县城大获全
　　胜禀》。

红居多。当时天地会系统或白莲教系统的起义,使用黄旗并不是少见的。咸丰三年(1853)湖南安仁"会匪滋事",被夺获的旗帜就是大黄旗。① 咸丰四年(1854)五月,与广东毗连的湖南蓝山县有黄红白三教起义,被夺获的旗帜有大黄旗三面,上书"后汉仁义礼智信左营及先锋字样"②。这大概不是天地会,更与太平天国无关,但也用黄旗,可能还用红旗、白旗。

1982 年

---

① 《曾文正公全集·批牍》卷一,《批前广西知州张牧、署茶陵州会禀》。
② 《王壮武公遗集》卷一,《剿办蓝山宁溪司所土匪获胜禀》。

儒家、墨家和洪秀全的"上帝"

一

西方基督教的"God",同中国原有的"上帝"实际并不相当。基督教是承袭犹太教的,它的"God"名为耶和华,被认为是独一的神,而不是群神之上的最高的神。明清之际来华的罗马宗耶稣会传教士曾用"上帝"一词来称呼他们的"God",19世纪前半叶来华的改正宗即新教传教士也用"神天上帝""上帝""皇上帝"这些词来称"God"。在他们,实际上只是名词的借用,并不是在"上帝"之外还承认别的神。① "天上地下,惟有耶和华他是神,除他以外,再无别神。"②

洪秀全1843年初次细读的梁发所著的《劝世良言》,主要是用

---

① 18世纪初,罗马教皇格来孟十一世曾下令禁用"上帝"作为"God"的译名,因此,天主教乃称"God"为"天主"。
② 《旧约·申命记》第五章三十九节。

"神天上帝"这个词来称"God"的,间亦使用"天父""大主""上帝"这些词。梁发竭力宣传"神天上帝"是独一真神,"神天上帝"之爱子救世主耶稣降生代世人赎罪,反对佛教、道教所崇拜的各种神仙菩萨和"邪术异端"。洪秀全接受了这一切,从此信拜"上帝",企图用宗教和道德的力量改造世道人心,改造腐败的社会。1847年他再次去广西后,又把宗教同农民的斗争结合起来,酝酿和发动了金田起义。

在洪秀全思想的发展过程中和在太平天国的历史上,他们的上帝观是有某些变化的。以洪秀全初读《劝世良言》以后的思想而论,他在1844年、1845年和1847—1848年间所写的《百正歌》《原道救世歌》《原道醒世训》《原道觉世训》,即后来以《太平诏书》之名汇集出版的几篇文章,在宗教思想上大体没有越出梁发的范围,很多段落甚至整段沿用了梁发的论点和文字。他所作出的一个重要的改变或发展,是认为梁发所说的这位"神天上帝",就是中国古代的"上帝";中国古代是君民共拜这位"神天上帝"的,证据在于中国古代经书中有很多关于敬拜"上帝"的记载。

为什么洪秀全会认为梁发所宣传的"神天上帝"就是中国古代的"上帝"呢?

存在着一种解释,认为这是洪秀全假托古人和借用外国神以号召革命的需要。然而,如果当时洪秀全认为中国古代的"上帝"可以号召革命,他何不单独打出中国"上帝"的旗号而要拉一个"神天上帝"来使它们合二为一呢?而且,当时的洪秀全果真利用这一点来号召革命了吗?梁发的"神天上帝"自然不是革命的,因而不可能用它来号召革命;《太平诏书》中的中国古代的"上帝",除了成篇较晚的《原道觉世训》中有较鲜明的与妖魔对立的色彩因而可以理解为具有一定的反抗意识，其他都是要求人的行为合乎"正道"，以实现"天下太平"，要求人们只信拜"上帝"以享天堂之福，不拜邪神以免地狱之苦。洪秀全当时笔下的"上帝"很难说是革命的鼓动者。

所以，洪秀全在《太平诏书》中把西方的"神天上帝"等同于中国古代的"上帝"的原因，似乎还应该从别的方面来寻找。并非洪秀全明明知道它们不是一回事，但为了革命需要把它们说成一回事①；而是洪秀全在那时的主观认识上就曾以为它们是一回事。

二

首先需要考虑的是，梁发的《劝世良言》可能引起洪秀全对中国历史的某些联想。梁发少年时期读过《三字经》和"四书五经"，对中国古代的文化典籍有过一定的涉猎。② 他后来成为虔诚的基督徒，写了一些传道小书，但马礼逊认为他的著作杂有中国的"异教色彩"。主要的是，他有时引用中国儒家典籍中的名词、术语、典故来解释基督教教义。例如他宣传"神天上帝"所造的亚当、夏娃被蛇魔诱惑以前，"性本全善"，就征引说："故曰：'人之初，性本善。'"又如他认为如果人人敬信真经圣道，不但可获长治久安，且能使奸诈之徒悔改前非，"正所谓'道之以德，齐之以礼'也"。又如他说，人之所以异乎万物，是因为能"合乎中庸之正，依乎真道而

①　说成一回事何以就能号召革命，也是费解的。
②　参见《中华最早的布道者梁发》。

行"，"言忠信，行笃敬，虽蛮陌之邦亦要慎行之矣"。他还用"秦火尚不能焚三代之书，党锢且不能灭名臣之迹"这样的历史典故，来论证"神天上帝"之真道虽遭毁谤而终必晦而复明，如此等等。《劝世良言》中引用的这些中国历史的、哲学的典故，虽然是零星的，并不系统，但对于熟读中国经史的洪秀全，却很可能是一种触媒，引起他把"神天上帝"同中国历史联系起来的联想。

尤其是，梁发还征引中国的经书来论证"神天上帝"的权威。他说："造化天地人万物之大主、自然而然之神，赫明普照，鉴察贤愚，报应不爽。"①这是借用和融合了《诗·大雅》中的"明明在下，赫赫在上"一章和"皇矣上帝，临下有赫"一章，以说明"神天上帝"无所不照的权威。他又说："'作善降之百祥，作不善降之百殃'，报应昭然，人所共知。"②这是《尚书·伊训》中的话："惟上帝不常，作善降之百祥，作不善降之百殃。"意谓"上帝"因人之善恶而降赐福祸。梁发直接或间接地用关于中国"上帝"的典故来表达"神天上帝"的威权，这对洪秀全不可能不产生影响。《天条书》就完整地引用了梁发片断引用的上述《尚书》中的话，来证明古代的中国和"番国"都是拜上帝的③；《太平诏书》中的《原道觉世训》也师承梁发，说"皇上帝审判世人，阴骘下民，临下有赫"，后来洪秀全还把"明明

①《劝世良言》卷一，《真传救世文·论元始创造男女二人违犯天条大律引灾难入世界》。
②《劝世良言》卷二，《崇真辟邪论·论救世主耶稣降世之意》。
③ 参见《天条书》，初刻本，见《太平天国印书》，影印本，第1册。按《太平天国印书》第1册《天条书》初刻本和第4册《天条书》重刻本，在编辑或出版时互有错乱。

赫赫"四字刻入他儿子的玉玺中,以表明上帝的威灵。①

梁发在书中论证不应信拜各种神佛菩萨时,还提出了历史的根据。他说:

> 盖世人之心以拜各神佛菩萨为好事、善事,而这道理却论拜这神佛为悖逆之事,故世人不独不肯信从,必以之为异端邪教之道理。乃不肯追思上古初开之世,那有如此多般神佛?不过系各代人之愚意,彼此所立,代代越发加增,以致如今之世代,处各地方,则设立无数神佛菩萨之像,都系人手用泥木纸画之工,而做成偶像安立之,那有一毫灵应在其内?②

这一段话的意思被洪秀全完全接受了。不仅如此,他进一步根据这一思路"稽考古今","追思上古初开之世"。他认为或"发现"中国古代是信拜"上帝"的,梁发这段话似不能不说具有提示的作用。

洪秀全何以认为梁发的"神天上帝"就是中国古代的"上帝",更需要联系他当时的思想状态来考察。当时,洪秀全对腐败邪恶的社会是不满的。不仅他个人的科场失意引起了他的怨愤,而且社会上种种"不正"的现象使他感叹世风之日下。他在苦闷之中追索着救世返正之道。而在这时,他读了梁发的《劝世良言》。梁发书中讲了许多当时的洪秀全所不熟悉的外国神话,但梁发的书中

---

① 幼主玉玺全文:"太平天国玉玺。皇上帝基督带真主幼主作主。明明赫赫。天子万年。福禄寿喜。天下太平。万方来朝。"
② 《劝世良言》卷八,《真经格言·论人在世界之上要分别善恶而行》。

曾把信拜"神天上帝"同中国人熟悉的"清平好世界"联系起来。他说：

> 神天上帝乃系万王之王，万国之主。宇宙之内，万国之人，自国王以至于庶民，皆在其掌握之中。凡敢抗拒其之旨意者，怎能逃脱其不罚汝之罪乎？……倘若全国之人，遵信而行者，贫者守分而心常安，富者慕善义，心亦常乐，上不违逆神天上帝之旨，下不干犯王章法度……君政臣忠，父慈子孝，官清民乐，永享太平之福，将见夜不闭户、道不拾遗的清平好世界矣。①

洪秀全当时也正追求着一个理想世界。从洪秀全接受梁发宣传后所写的几篇文章来看，他提出的劝世救世主张在宗教方面基本上承袭梁发的一套，而社会伦理思想却有很大成分系来自中国古圣先贤的嘉言懿行和政治理想，表明他在读《劝世良言》前后向中国历史和中国传统文化寻求思想营养的努力。其中较突出的是他对尧、舜、禹、稷、汤、文、武、孔、孟这些人物的道德事功的推崇，和对于儒家所描写的唐虞三代之世"天下为公"的大同世界的向往。这一理想的境界高于梁发的"清平好世界"，但也颇有共同之处。梁发宣传说，只要人人信仰"神天上帝"，就会有"夜不闭户、道不拾遗的清平好世界"。洪秀全在追索理想社会的努力中发现，中国已经失去的大同世界，也是同崇拜"上帝"联在一起的。他把三

---

① 《劝世良言》卷七，《安危获福篇·论真经圣道福音宣传到该地凡有人不肯接受者应当之祸》。

代盛世同信拜"上帝"联系起来,这虽然是对历史的错误解释,但并不是没有根据,因为在有关唐虞三代史事的古代典籍中,的确存在一个活动着的"上帝"。近代学者认为,尧、舜时期和夏代是中国历史的传说时代,殷才是开始有史的时代;根据"卜辞",殷代开始有"至上神"的观念,起初称为"帝",后来称为"上帝",殷周之际以后又称为"天"。① 这是当代学者根据新的资料对历史进行新的研究后得出的认识。洪秀全当然不可能作这样的研究,在他所读到的典籍中,唐虞三代都是事迹昭彰的太平时代,从尧舜之时起,至上神"上帝"或"天"就具有崇高的地位。如尧舜禅让,舜摄位时,先"肆类于上帝",即祭告"上帝"。② 鲧的作为不符"天"意,遭到失败被殛死;禹虔诚祀"天","天"赐予洪范九畴。③ 商汤"上帝是祗。帝命式于九围"④,就是说因崇敬"上帝"而得天下。周文王"小心翼翼,昭事上帝,聿怀多福"。武王伐纣,众人勉励他:"上帝临女,无贰尔心。"⑤尧、舜、禹、稷、汤、文、武这些缔造盛世的人物,都是敬拜上帝、得到上帝的保佑的。"上帝"赏善罚恶,明察秋毫。如桀、纣是因作恶而得罪于"上帝"。周公受谤被冤,"天大雷电以风,禾尽偃,大木斯拔"。成王悔悟后,"天乃雨反风,禾则尽起"⑥。不仅政治和人事如此,生产和生活也仰赖于"上帝"。如,"思文后稷,克

---

① 参见郭沫若:《先秦天道观之进展》,上海,商务印书馆,1936。

② 参见《尚书·舜典》。

③ 参见《尚书·洪范》。

④ 《诗·商颂·长发》。

⑤ 《诗·大雅·大明》。

⑥ 《尚书·金滕》。

配彼天……帝命率育，无此疆尔界，陈常于时夏"①。这是说因后稷体"上帝"之心，承"上帝"的恩惠而得以养育普天下人民。"明昭上帝，迄用康年，命我众人，庤乃钱镈，奄观铚艾"②。这是说"上帝"恩赐丰年，乃命众人整治农具。总之，根据这些儒家经书，中国古代的确存在一位有意志、有好恶的神，能发号施令，主宰一切自然和人事，以至有的学者认为它与犹太教所信奉的"God"并无两样，和以色列民族的神完全一致。③

既然在有关唐虞三代的典籍中记载着这样一位与犹太教的耶和华十分相像的"上帝"，洪秀全把梁发所说的"神天上帝"同这位"上帝"等同起来，那是完全不奇怪的。④

三

还值得指出的是，洪秀全的思想看来也受到了墨子的影响，而墨子所说的"天"，俨然是又一位基督教的"God"。这是洪秀全把"神天上帝"看作中国古代的"上帝"或"天"的一个原因。

---

① 《诗·周颂·思文》。

② 《诗·周颂·臣工》。

③ 王治心《中国宗教思想史大纲》："当时所承认的天，与犹太教所承认的上帝，原无两样。"梁启超《先秦政治思想史》："古代之天，纯为有意识的人格神……与希伯来《旧约全书》所言酷相类。"郭沫若《先秦天道观之进展》："殷人的至上神……和以色列民族的神是完全一致的。"郭沫若是根据对卜辞的研究而得出这一结论的，但古代文献中显示的"上帝"的形象与从卜辞中所见并不矛盾。

④ 可以补充指出的是，洪秀全所熟悉的《尚书》，除了用"上帝""天"这些词称"至上神"外，也用了"神天"一词（见《尚书·多方》），这对于洪秀全把梁发的"神天上帝"看作中国的"上帝"，可能也是有影响的。

墨子生当春秋战国之交,他认为当时社会的弊病和祸害是:

> 今若国之与国相攻,家之与家相篡,人之与人相贼,君臣不惠忠,父子不慈孝,兄弟不和调,此则天下之害也。①

这些祸害缘何而起?墨子认为,这是由于人们只爱自己,不爱别人:

> 今诸侯独知爱其国,不爱人之国,是以不惮举其国以攻人之国。今家主独知爱其家而不爱人之家,是以不惮举其家以篡人之家。今人独知爱其身,不爱人之身,是以不惮举其身以贼人之身。……天下之人皆不相爱,强必执弱(孙诒让按:此下疑脱"众必劫寡"四字),富必侮贫,贵必傲贱,诈必欺愚。凡天下祸篡怨恨,其所以起者,以不相爱生也。②

这是墨子对春秋战国之际社会矛盾的认识。看来,洪秀全在探讨他的时代的社会弊病时,曾从这一历史遗产和思想资料中受到启发。他认为,当时的问题也在于以爱此国而憎彼国,以爱此省此府此县而憎彼省彼府彼县,以爱此乡此里此姓而憎彼乡彼里彼姓,造成"相陵相夺相斗相杀而沦胥以亡"。其原因何在呢?洪秀全在《原道醒世训》中说,在于"所爱所憎,一出于私",在于"同国则爱之,异国则憎之","同省同府同县则爱之,异省异府异县则憎

---

① 孙诒让:《墨子间诂》卷四,《兼爱中》。
② 孙诒让:《墨子间诂》卷四,《兼爱中》。

之","同乡同里同姓则爱之,异乡异里异姓则憎之"。

可以认为,他们所看到的各自时代的社会弊病和对这种弊病的诊断,是很相似的。

墨子所提供的处方是"兼爱"。既然问题是由只爱自国自家自身造成的,解决的办法就是要"兼相爱",就是要"视人之国若视其国,视人之家若视其家,视人之身若视其身",使诸侯、家主、人与人都相爱。他说,"天下之人皆相爱,〔则〕强不执弱,众不劫寡,富不侮贫,贵不敖贱,诈不欺愚。凡天下祸篡怨恨,可使毋起者,以相爱生也"。墨子认为,"兼爱"是可以实行的;禹、汤、文、武的事业就是实行"兼爱"的典范。①

洪秀全也找到了类似的答案。洪秀全推崇尧、舜、禹、稷、汤、文、武、孔、孟,认为他们的事业功德就在于不分此土彼土、此民彼民、此国彼国、此邦彼邦,也就是能够视此如彼,视天下为一家;认为如果恢复到这样,就可把"陵夺斗杀之世"变为"强不犯弱,众不暴寡,智不诈愚,勇不苦怯之世"②。

不能不说,他们的见解在内容和文字上都有共同之处。

洪秀全解决社会矛盾的方案较墨子多出的一点是,他认为,要做到不爱此憎彼,就要认识彼此都为"上帝"生养保佑;"上帝"是天下凡间一切人之大共之父。这就是,他从根本上找出了彼此相爱的根据:"上帝原来是老亲。"这是墨子没有直接提出的。洪秀全吸取了墨子的兼爱学说以观察和解决他所感知的社会矛盾,同时又据梁发的宣传赋予这种解决方法以神圣的依据:既然人人都是上

---

① 参见孙诒让:《墨子间诂》卷四,《兼爱中》。
② 《原道醒世训》,见《太平天国》,第1册,第92页。

帝所生所养,都是兄弟姐妹,彼此应该相亲相爱而不要相憎相斗,自然也就是必需的了。

墨子的解决方案中虽然没有提出"上帝",但他是强烈地崇信"上帝"的,这就是"天"。春秋战国之时,由于社会的变化和动乱,民间已有对"上帝"和"天道"产生怀疑的。思想家中老庄一派否定古代的有意志的"天",把它解释为"自然"和"道";孔子也主要把"天"看作自然界的理法;而墨子则仍认为"天"是有人格、有意志的至上神。所以,比较而言,墨子实可称为宗教家。墨子的"天"是主宰一切、无所不包的,生死祸福都在它的掌握之中,无可逃避。他说:"若处家得罪于家长,犹有邻家所避逃之。……处国得罪于国君,犹有邻国所避逃之","今人皆处天下而事天,得罪于天,将无所以避逃之者矣。"①他认为,日月星辰、春秋冬夏、雪霜雨露,都是"天"的作用;五谷熟,六畜遂,灾疾戾疫凶饥不至,都是"天"的恩惠。他把"天"赋予了一定的"父道"观念,认为"天"是厚爱于民的,不仅使五谷六畜生长,使民得食,而且兼爱天下之人,"兼爱"就是"天"的意志。他以天爱人和父爱子相比,说父亲爱儿子,儿子长大而无报于父,天下人就会责备儿子不仁不祥,"今夫天兼天下而爱之,撷遂万物以利之……然独无报夫天,而不知其为不仁不祥也"②。有报于"天",就是要敬"天",顺"天"。唐虞三代的"圣王之治",就是由于上尊天,下爱人,顺"天"之意而兼爱天下,结果尧、舜、禹、汤、文、武自己得以"贵为天子,富有天下","百姓皆得暖衣

---

① 孙诒让:《墨子间诂》卷七,《天志上下》。
② 孙诒让:《墨子间诂》卷七,《天志中》。

饱食,便宁无忧"。桀、纣、幽、厉因不肯事上帝,逆天之意而被"天"所弃。①

由此种种来看,墨子的"天"是一位有人格、有意志、主宰一切、赏善罚恶的神。它与基督教的"God",包括梁发的"神天上帝"是相似的。洪秀全以为一切日月星辰、雷电风雨、山原川泽、飞潜动植和桑麻禾麦豆菽都是上帝之功能,这是承袭于梁发《劝世良言》的,也与墨子的"天"完全一致。梁发、洪秀全都要求人们报答"神天上帝"的养育保佑之恩,与墨子要求有报于"天"相同。基督教宣传上帝爱人,洪秀全憧憬博施济众、天下一家,与墨子以兼爱为"天志"相同。

墨子是既尊天又事鬼的。人死为鬼,是中国古代通常的观念。墨子认为,鬼能赏贤罚暴,报应因果,所以除尊天以外还应事鬼。事鬼与基督教的一神信仰是矛盾的,因为尊天事鬼实际上是多神崇拜,只是以"天"为最高的神。但人死为鬼之说与基督教的灵魂不死说却有相通之处。墨子曾征引《诗经》中"文王陟降,在帝左右"一句论证说:"若鬼神无有,则文王既死,彼岂能在帝左右哉!"②洪秀全也用《诗经》中这句话的意思论证说,因为周文王、孔子都是"正人",所以他们死后的灵魂能在上帝左右:"周文孔丘身能正,陟降灵魂在帝旁。"③两者实有异曲同工之妙。洪秀全承认"鬼"的存在,但他没有接受"事鬼"之说。在洪秀全看来,"鬼"主要是和"魔鬼"相联系的,"鬼"经常是"魔鬼""妖魔"的另一称呼。

---

① 孙诒让:《墨子间诂》卷七,《天志中》。
② 孙诒让:《墨子间诂》卷八,《明鬼下》。
③ 《原道救世歌》,见《太平天国》,第 1 册,第 90 页。

只有在《百正歌》中,洪秀全似乎没有把鬼明确地看作打击、贬斥的对象。《百正歌》中有这样的话:"真正鬼服人钦,真正民安国定。"

洪秀全的思想是否与墨家有渊源关系,是有待于注意的一个新问题。洪秀全没有直接称引过墨子,但他关于当时社会弊病的分析和解救的办法,如上文所述,同墨子的"兼爱"理论在思想上和用语上似乎都有继承的痕迹。而墨子所说的"天"又颇与基督教的"God"相似,这就可能让洪秀全认为"神天上帝"就是中国的"天"、中国的"上帝"。

四

从中国的宗教和宗教思想发展的历史来看,大致上先秦时代是比较单纯的天、祖崇拜,秦汉以后渐进入复杂的多种迷信时期。秦皇汉武迷信方士,以后佛教传入、道教兴起,各种神仙菩萨泛滥流行。作为殷、周时代至上神的"上帝",随着周王室力量的衰落,可能还有阴阳五行说的影响,遂渐化生成为"五帝"。在历史记载上,东周初年秦襄公始通诸侯,"祠上帝西畤",这时他所祭祀的"上帝"已又称"白帝"①,这大概是因西方主白而有的名称。后来逐渐增祠青帝、黄帝、赤帝,至汉高祖又增祠黑帝。这时,"上帝"虽化生为五,但仍统称"上帝",仍有最高神的地位。到了汉武帝,"太一"成了最高的天神,"五帝"变成了"太一"的辅佐。② 以后,"上帝"之名虽还存在,但混杂于多种多样的神佛之中,其面貌已模糊不清,

---

① 《史记·秦本纪》。
② 参见《史记·封禅书》。

其地位也已与三代时崇拜的"上帝"颇不相同了。洪秀全憧憬三代盛世，认为那时的君民臣等是崇拜"上帝"的。秦始皇"开神仙怪事之厉阶"，愈演愈烈，致使世人"多惘然不识皇上帝，悍然不畏皇上帝"，世风人心日益沉沦。他对此十分感慨，对秦以后的各种神佛怪诞之说及其倡导者的谴责不遗余力，如指责秦始皇遣方士入海求仙，汉文帝以为"上帝"有五，汉武帝祠"太一"，汉宣帝求"金马碧鸡"，汉明帝求佛法，汉桓帝祠老聃，梁武帝舍身，唐宪宗迎佛骨，宋徽宗称"上帝"为玉皇大帝等。由于中国的宗教和宗教思想在秦汉以前和以后的确有很大的差异变化，洪秀全的指责，应该说大体上还是符合历史实际的，他的感慨是基于他的认识而发的。

基督教的"神天上帝"是独一的神。洪秀全在开始信仰上帝后，是接受了一神论的。他说过，"开辟真神惟上帝"，"天父上主皇上帝以外皆非神也"①。中国古代的"上帝"虽然受到禹、汤、文、武这些盛世圣王的崇拜，终究并非独一的神。人们当时的信念中，除天神以外，还有地祇、人神、鬼怪。洪秀全认为这些都是"邪神"；古代崇拜"上帝"是主要的，崇拜这些"邪神"则是支流；"邪神崇拜"正是后世迷信神佛之滥觞。

"邪神"的观念是洪秀全和太平天国经常运用的，但这并非他们所独有。只要存在宗教和宗教的斗争，就会有"真神"和"邪神"的区别和矛盾。耶和华原来也只是古代犹太人各部落信奉的诸神

---

① 《原道救世歌》《天命诏旨书》，见《太平天国》，第 1 册，第 87、67 页。事实上，洪秀全和太平天国并未坚持一神论。他不理解或不采取西方基督教的"三位一体"说，因而上帝、耶稣事实上是两位神。此外又有"天妈""天嫂"和东、西、南王的在天之灵，它们都对洪秀全、对人间发生着作用。

之一,后来逐渐成为古犹太人的保护神,成为他们崇拜的唯一的神。耶和华对他们的第一条要求就是:"除了我以外,你不可有别的神。"①耶和华自称是"忌邪者"。他成为独一真神,其他的神自在排斥之列,成为"异神""邪神"②。所以,独一神的存在与异神、邪神这些观念的存在不但不矛盾,而且正是互为表里的。中国古代的"上帝"与其他神并没有互相排斥的关系,但"上帝"的地位突出。洪秀全认为当时是以崇拜"上帝"为主而杂有"邪神",这是可以自圆其说的。

洪秀全对于先秦时代存在的各种神怪之事,以"三代时颇杂有邪神"一语概括,而对两件事则单独提出加以指斥。其一是"九黎初信妖魔,祸延三苗效尤"。这是《国语·楚语》记载的传说故事:少昊之时,"九黎"乱德。民和神的关系乱了,人人都可以当巫觋,以致神不降福,祸灾渐生。经颛顼加以整顿后,"三苗"又效"九黎"所为,复经尧加以纠正。其二是"用人为尸之错"。"尸"就是神像,就是以活人作为神像加以祭拜;甚至祭祖的时候,让孙子作为祖父的"尸",由父亲向他祭拜。这是先秦时代的礼制。据杜佑说,在周以前,对天地宗庙社稷的一切祭享,都要立"尸"。③ 巫觋和偶像是基督教和《劝世良言》竭力反对的。大概是由于这个原因,洪秀全

---

① 十诫第一条,见《旧约·出埃及记》第二十章第三节。
② 《旧约·出埃及记》第三十四章第十四节:"不可敬拜别神,因为耶和华是忌邪的上帝,名为忌邪者。"
③ 《通典》卷四十八,《礼八·吉七》。

在概括地指斥"邪神"时,特别举出"九黎乱德"和"用人为尸"加以批判。① 但是,他认为,总的说来这些邪神邪事在中国古代不居主要地位,所以他说:"历考中国史册,自盘古至三代,君民一体皆敬拜皇上帝也。坏自少昊时九黎初信妖魔,祸延三苗效尤,三代时颇杂有邪神及有用人为尸之错,然君民一体皆敬拜皇上帝仍如故也。"②

梁发曾说:"盖吾等之救如今比初信之际已越近。夜已退,日将到矣。"③洪秀全在感叹古代的大同世界"于今尚何望哉"之时,也因对"上帝"的发现而兴奋地说:"于今夜退而日升矣!"④希望世人"跳出邪魔之鬼门,循行上帝之真道,时凛天威,力遵天诫,相与淑身淑世,相与正己正人",以达到"天下一家,共享太平"⑤。梁发说的"夜退日升",是指个人因"道德"完善而得救,而洪秀全说的"夜退日升"则是指由"正己正人"进而实现一个"公平正直之世",这是明显的不同。洪秀全后来所以能成为农民革命领导人,从个人因素来说,这正是一个重要的内在根据。

1981 年

---

① 据《国语·楚语》中的故事,"九黎乱德"以前,"民神不杂",但神明也能下降于聪明智能之人,降于男曰觋,降于女曰巫;到"九黎乱德"之时,则是人人都当巫觋,民和神搞混乱了。从这里看,洪秀全对巫觋的批判似乎是不彻底的。
② 《原道觉世训》,见《太平天国》,第1册,第96页。
③ 《劝世良言》卷五,《〈圣经〉杂论·罗马篇第十三章全旨》。
④ 《原道醒世训》,见《太平天国》,第1册,第92页。
⑤ 《原道醒世训》,见《太平天国》,第1册,第92页。

太平天国的"天"和"上帝"

太平天国以"天"称呼"上帝"和作为与"上帝"意义相同的词，是频繁的，一贯的。他们也用"皇天""天公"等词称"上帝"，不过次数较少。

"天"之作为"上帝"的同义词，在中国古代文献中屡见不鲜。洪秀全之所以以"天"称他信奉的"上帝"，必然从中受到启发。[①] 还需要指出的是，《劝世良言》虽然没有说"天"就是"上帝"，但在行文论述中多次以"天"字等同于"神天上帝"，如说人之灵性"自天而出"，救世真经圣理"原出于天"，人行悖逆之事为"获罪于天"、抗违"天之奥旨"，上帝火烧所多马、我摩拉两城恶人为"天刑罚于恶人"，等等。这对洪秀全也有影响，他写的《原道救世歌》第一句"道之大原出于天"，不仅来自董仲舒，而且显然也来自梁发。

---

① 参见本书《儒家、墨家和洪秀全的"上帝"》《太平天国对"上帝"的称谓及其来源》两文。

太平天国比梁发在更明确的意义上以"天"为"上帝"。在很多文献中，他们以"天"和"上帝"两词互换使用。如：

他们认为，"远而番国是皇上帝生养保佑，近而中国亦然"①，即中外人等都是上帝生养的。与此同时，他们也说"天生天养和为贵"②，"救一切天生天养"③等，这里的"天"自然就是指"上帝"。

他们认为，天地山水人物和水火草木金铁都是上帝造的，同时又说"五行万物天造化"④，这后一个"天"自然也是指"上帝"。

他们说洪秀全是"上帝"差遣下凡作真主的，同时也说"天遣我主为天王"⑤，这个"天"也是指"上帝"。

太平天国以"天"为"上帝"的确定性，最明显地表现在"上帝"附体于杨秀清时说的一句话："天就是我。"⑥

太平天国也广泛地以"天"作为形容词使用，如天恩、天条、天国、天朝、天京、天兵天将等，这里的"天"，大体上也都是指"上帝"。

但"天"在中国思想文化传统中是极为活跃的，它除了有主宰神的意义，还有其他许多含义。因而太平天国的"天"，其实际意义有时并不是指"上帝"。或者说，他们主观上要以"天"来代表"上帝"，但在使用"天"字的过程中却表达了另外一种意义。这种情况特别明显地反映出中国的传统观念对他们的潜在影响。

如太平天国以"皇天"称"上帝"，以"大而无外谓之皇"来解

---

① 《原道醒世训》，见《太平天国》，第 1 册，第 92 页。
② 《原道醒世训》，见《太平天国》，第 1 册，第 92 页。
③ 《颁行诏书·救一切天生天养檄》，见《太平天国》，第 1 册，第 164 页。
④ 《原道救世歌》，见《太平天国》，第 1 册，第 87 页。
⑤ 《太平救世歌》，见《太平天国》，第 1 册，第 244 页。
⑥ 《天父下凡诏书一》，见《太平天国》，第 1 册，第 11 页。

释。"皇天",意为"大天",相当于《劝世良言》所说的"大主"。"皇
天"一词在《尚书》许多篇章中虽然也指"天",即一位主宰神,但在
中国其他文献中和民间,更常与"后土"合用,称"皇天后土",以指
天地。① 天地是中国人过去崇拜的对象,还具有代表阴阳的神秘色
彩,被视为万物之始源。拜天地会诗中就有"一拜天为父,二拜地
为母"之句。这种观念与基督教、与太平天国宗教是不合的。因基
督教以"上帝"为创造者,作为物质的天地是被造之物。太平天国
宣传拜天祭天,其原意也是拜祭作为"上帝"之"天",作为唯一主宰
之"天";他们明确反对拜地祭地②,反对"天地"并列,反对以"天
地"和以"皇天后土"称"上帝"③。但由于他们以"皇天"称"上
帝",而"皇天后土"和"天地"并列的观念在中国民间根深蒂固,因
而他们有时也不自觉地以"天地"为"上帝",事实上背离了教义。④

太平天国以"天"为上帝的同时又发挥"天"作为主宰神以外的
意义,最明显地表现于洪秀全、秦日纲等的一篇关于颂赞"上帝"、
基督和列王的文献中。

太平天国癸好三年(1853)十一月洪秀全以杨秀清为圣神风、

---

① 如《左传·僖公十五年》:"君履后土而戴皇天,皇天后土,实闻君之言。"
② 洪秀全在《原道觉世训》中批判汉宣帝"祠后土",以为是从秦始皇开端的背叛"上
帝"的行为之一。从这里可以看出太平天国与天地会思想的差异。
③ 英国传教士麦都思(W. H. Medhurst)所作而由太平天国旨准颁行的《天理要论》
说:"天地有形得见,有穷有尽,上帝在天中,无始无终,不升天者不得见之。……
天地乃受造之物,所造之者上帝也。可见天地与上帝不同,故以天地称上帝,又大
错也。皇天后土以称上帝,亦未尽善。因皇及后指男女双辰(神),然上帝独一真
神,无数目之算,无男女之分,所以此名切不可用也。"
④《贬妖穴为罪隶论》秦子论论文:"且天地之所生者为人,而异乎人则为妖。"(《太
平天国》,第1册,第293页)

劝慰师后,下诏旨说,他以前上高天(指 1837 年的梦幻)之时,上帝告诉他,他和杨秀清等各王,"皆系天父派定,上应天象,凡属万国人民,均宜赞颂,以报天恩"。于是顶天侯秦日纲等乃上颂说:"天父天兄亲命我主降凡救世,暨东王列王辅佐朝纲。其奉命降生,悉本乎天象。天父天兄主宰乎上,我主天王及列王承命宰治于下。恭维我主天王是日光之照临,万方普察,我东王列王是风云雨雷电光之敷布,化洽群生。"他们遵旨撰写的赞美词如下:

> 赞美上帝为天圣父是爷爷独一真神
>
> 赞美天兄为救世主是圣主舍命代人
>
> 赞美东王为圣神风是圣灵赎病救人
>
> 赞美西王为雨师是高天贵人
>
> 赞美南王为云师是高天正人
>
> 赞美北王为雷师是高天仁人
>
> 赞美翼王为电师是高天义人[1]

　　赞美词遗漏了洪秀全本人。洪秀全早已被称为"日"[2],这一篇赞颂词则是全面地提出洪秀全等"上应天象"的问题,以洪秀全为日、杨秀清为风、萧朝贵为雨、冯云山为云、韦昌辉为雷、石达开为电(秦日纲、胡以晃封王后,又分别为霜、露),与天父天兄同为颂

---

[1] 《秦日纲等颂赞》,见《太平天国史料》,第 136—137 页。

[2] 《天父下凡诏书一》:"今天父皇上帝在此,尔主天王日头又在此。"(《太平天国》,第 1 册,第 12 页)

赞对象,这与基督教的观念是完全不同的。基督教经典上也常提到"天",但其实际意义是指天体,是指日月星辰。基督教以为这些都是"上帝"所创造和指挥的,并不以之为神,并且批判崇拜这些天象是崇拜异神。① 但在中国古代,崇拜日月星辰风雨雷电是崇拜天的具体化和补充。《周礼》规定大宗伯之职掌有"以禋祀祀昊天上帝,以实柴祀日月星辰,以槱燎祀司中、司命、风师、雨师"②。对这一礼法如何具体解释,古来的注疏家众说纷纭。撇开各种烦琐的问题,它的大意只是说,礼官要祭天祭上帝,同时要祭日月星辰和其他一些星宿。这对于以"天"为上帝的洪秀全之所以同时又崇拜各种天象,是一种思想上的渊源。在中国古代,天象又被认为同人事有密切的关系。所谓"天垂象,见吉凶"③,古代的学术家、政治家总是把天象和它的变化同人事联系起来,到了董仲舒而发展成为较完备的天人感应学说。中国古代的学术在很大程度上包括了占星术,各种天象被认为在人事上各有所主,如"日者天子之象",代表世上一切阳的方面,为"众阳之精";"月者天地之阴",是臣、子、妇、弟等的代表,又特指为女主或帝后。这样就有所谓梦日入怀、梦月入怀以为人君后妃兆头的说法,更有所谓本命星、文曲星、武曲星和其他星宿下凡这些民间迷信的流行。洪秀全从以"天"为"上帝"开始,到以自己和杨秀清等上应日风雷电等天象,到后来进

---

① 参见《旧约·耶利米书》第十章第二节及《列王纪下》第十七章第十六、十七节,第二十三章第五节。参考《圣经百科全书·文艺部》天文学、观星术。
② 《周礼注疏》卷十八。
③ 《周易正义》卷七。

一步称太平天国的"天兵天将"是"星宿降世为人"①,都可以使我们看到他头脑中的上帝耶和华,是如何地与中国的文化和宗教迷信相结合的了。

1981 年

---

① 《钦定旧前遗诏圣书批解·马太传福音书卷一》第二十四章、《圣人约翰天启之传》第六章,见《太平天国史料》,第 78、86 页。

太平天国对"上帝"的称谓及其来源

    太平天国用以称上帝的词很多,有上帝、皇上帝、天父、上主等。这些称谓的来源怎样呢,美国学者濮友真曾将太平天国对上帝的称谓同 19 世纪四五十年代和以前的各种《圣经》译本的上帝译名作对照,据以考察外国基督教同太平天国的接触和影响。他认为,太平天国以"皇上帝"称上帝,是从郭士立 1847 年修订的《圣经》译本中借用的。他指出,太平天国印行的《出埃及记》第六章第二节"上帝亦谓摩西云:我乃皇上帝",《创世传》第二章第四节"当日上主皇上帝创造天地",都与郭士立的《圣经》译本的字句完全相同。① 简又文更据此以为,洪秀全是在见到郭士立的《圣经》译本中有"皇上帝"的称谓后,才形成他的中国化上帝观的。②

    太平天国印行的《圣经》是否据自郭士立的译本,我们现在找

---

① 参见 E. P. Boardman, *Christian Influence upon the Ideology of the Taiping Rebellion*, pp. 55–56。

② 参见简又文:《太平天国典制通考》,第 1753—1754 页。

不到郭士立译本以供直接研究,但就"皇上帝"这些名称是否从郭士立译本中借用的问题来说,我们的考察似乎应该注意到这些词在太平天国文献中出现的时间。洪秀全和太平天国的上帝确实是中国化的①,但这一中国化并非由于郭士立《圣经》译本的启发,而是在洪秀全读《劝世良言》把梁发的上帝和中国古代的上帝等同起来的时候就已开始了。太平天国对上帝的称谓,有不少就来源于中国的经书和《劝世良言》。下面,试将洪秀全和太平天国著作中曾予引用的中国古代文献中用以称至上神的词,《劝世良言》中用以称上帝的词,太平天国文献中用以称上帝的词,分别列表,以资研究。

<h3 style="text-align:center">太平天国曾予引用的中国古代文献用以称至上神的词</h3>

名词	出处
帝	《诗经》等
上帝	《诗经》《尚书》等
皇上帝	《尚书·汤诰》《诗经·大雅·皇矣》《诗经·周颂·执竞》
天	《诗经》《尚书》等
皇天	《尚书·召诰》等
神天	《尚书·多方》

---

① 参见本书《儒家、墨家和洪秀全的"上帝"》《"拜上帝会"释论》两文。

《劝世良言》用以称上帝的词

名词	始见卷篇
神爷火华	卷一,论元始创造男女二人引灾难入世界圣经创世篇三章全旨
神	同上
神天上帝	卷一,论世人迷惑于各神佛菩萨之类
天父	同上
神父	卷一,圣经马窦第五章至六章七章
主	同上
真神	卷二,论救世主耶稣降世之意
上主	卷三,论救世主耶稣降生代赎罪救世人之来历
神天	卷五,论灵魂生命贵于珍宝美物
天	卷二,圣经若翰福音篇第三章论复生之义
圣神	卷六,圣经以弗所篇第五章
万军神主	卷七,论信救世主福音真经圣道亦受许多艰难乃入神之国
神主	卷八,论苍天厚地及万物于世尽日被火烧毁
上帝	卷八,圣经创世历代书第四章全旨

太平天国文献中对上帝的名称

名词	始见年份	出处
上帝	1843	洪秀全读《劝世良言》后的悔改诗,见《太平天国起义记》
神天	1843	洪秀全诗,见同上

名词	始见年份	出处
天父	1843	洪仁玕诗,见同上
天	1845	《原道救世歌》
皇天	1845	同上
天公	1845	同上
苍穹	1845	同上
天帝	1845	同上
帝	1845	同上
天父上帝	1845	同上
皇上帝	1845	《原道醒世训》
真神		洪秀全诗联,见《太平天国起义记》
天圣父		礼拜颂赞,见《天条书》
劜爷	1851	杀黄以镇诏
神爷	1851	《洪秀全封五王诏》
天父上主皇上帝	1851	同上
爷	1851	同上
天父皇上帝	1851—1852	《奉天诛妖檄》
上主皇上帝	1851—1852	同上
天亚爷	1853	《天父下凡诏书》二
上皇	1854	杨秀清诗,见《天情道理书》
圣神	1854	同上
圣父	1854	《御制千字诏》

名词	始见年份	出处
皇帝		不准称皇帝诏,见《贼情汇纂》卷七
圣父亲	1858	《赐英国全权特使额尔金诏》
父皇	1858	同上
爷爷	1858	同上
上主	1858	同上
老父	1859	封干王诏
天父圣神皇上帝		洪仁玕制祈祷文
神父	1861	洪秀全诏
亚爸	1861	同上

这几个名词表是粗略的、不完备的。但从中可以大致看出,太平天国用以称上帝的许多主要名词,实来源于中国的古代文献和《劝世良言》。其中,如"上帝""神天""天"等词,同见于中国古代文献和《劝世良言》;"皇天""帝""皇上帝"等词见于中国古代文献;"天父""上主""真神""圣神""神父"等词见于《劝世良言》。其他一些词如"天公"等与"天"相类,"上皇""皇帝"等与"帝"相类,使用这些词的思想渊源自是中国的;"玘爷""神爷""圣父"等与"神父""天父"的意义相似,"老父""父皇"等包含有上帝是洪秀全之父的特殊含义,这些词来自西方基督教和太平天国宗教的教义,就名称来说,大都出于太平天国的独创。

濮友真和简又文特别注意于"皇上帝"一词的来源,但从上表可以看出,太平天国的这个常用词早在洪秀全1845年所写的《原道醒世训》中就出现了，当然不可能是洪秀全读了郭士立的1847年《圣经》译本后才借用的。《原道醒世训》写于1845年，这见于《太平天日》和韩山文的《太平天国起义记》。我们现在见到的《原道醒世训》初刻本是1852年刻印的，它与1845年的原作是否有差异，是应该另行考虑和研究的问题。如果只就同本文有关的"皇上帝"一词来说，那么，可以认为"皇上帝"一词在1845年的原作中就已使用，并不是原作写的是"上帝"，洪秀全见到郭士立的译名后才在刻本中改为"皇上帝"的。因为在《原道醒世训》初刻本中，既用了"皇上帝"，也用了"上帝"，这可以说明洪秀全并没有改动它们以使它们统一于一个词。

名词称谓的来源在一定程度上表示着思想的来源。"上帝"是太平天国宗教的中心观念。洪秀全和太平天国对上帝的信仰受到西方基督教的很大影响。1847年洪秀全去广州在罗孝全处第一次读到基督教《圣经》，使他的宗教知识有了丰富和发展，但洪秀全拜上帝观念的形成是在此以前，是在1843年读梁发《劝世良言》的时候。那时，追求着拯救社会之道的洪秀全从《劝世良言》中接受了一个上帝。从那时起生长在洪秀全心中的上帝，一方面是外国的，对他而言是陌生的，因为《劝世良言》中有不少他所不知道的外国故事；另一方面又是中国的，是他所熟悉的，因为中国古代经书上也有上帝。中国文化是在他的心田中生长的上帝的土壤。《劝世良言》和中国古代文献是洪秀全的上帝观念和对上帝的称谓的重要来源。

《劝世良言》用以称上帝的词，以"神天上帝""神天"最多，"上帝"一词只出现两次，在书中极不显著。洪秀全（以及洪仁玕）的早年作品中以"天父""真神"等词称上帝,显然直接来自《劝世良言》;他以"上帝""天"这些词称上帝,则表明了《劝世良言》和中国古代经书对他的混合影响。《劝世良言》没有使用"皇上帝"一词,但中国经书早有这个词,在洪秀全和太平天国屡予引用的《尚书》《诗经》等书中,就有"惟皇上帝""皇矣上帝""上帝是皇"等。洪秀全自然不必等到 1847 年才从郭士立那里辗转接受中国古代经书的影响,他早已直接从中国古代经书中找出了"皇上帝""上帝"和"天",把它们同《劝世良言》的"神天上帝""天父"等混合起来了。洪秀全在 1845 年使用"皇上帝"一词后,还径直使用过"惟皇上帝"的词句。① 太平天国的一篇文章中开宗明义就说,"皇矣上帝,神真无二也";又说,"上帝是皇,其真实谁能过乎是哉"②。洪仁玕解释太平天国贬称前代帝王的原因时说,"一是僭皇矣上帝之尊也"③。这都可以看出太平天国用"皇上帝"称呼上帝,是直接渊源于中国古代文献的。太平天国还用一些复合词称上帝,如天父皇上帝、上主皇上帝、天父上主皇上帝、天父上帝、天父圣神皇上帝,如果我们了解了其中各个单词的来源,就可以看出这些复合词显然是《劝世良言》和中国古代经书的综合,它们显示出太平天国的上帝正是一位中西合璧的上帝。

1980 年

---

① 参见《御制千字诏》,见《太平天国》,第 2 册,第 409 页。
② 《真神独一皇上帝(制艺)》,见《太平天国》,第 2 册,第 693 页。
③ 洪仁玕:《钦定英杰归真》,见《太平天国》,第 2 册,第 572 页。

太平天国的一神论——一帝论

　　太平天国用以称上帝的各种名词,大都各有其字面的和意识形态上的含义,代表了太平天国从不同的角度对上帝的看法。如天父、魂父等词重在反映上帝同世人的父亲关系;父皇、老父等词显示了上帝同洪秀全的特殊家庭关系;真神、圣神等词侧重于说明上帝是真正的神。但所有这些词又都是指上帝的,它们有着共同的含义,共同地指一位创造、主宰天地万物人类的神,指一位至高无上的独一的神。这是太平天国关于上帝的基本观念。下面简单分析他们的这一观念,主要讨论他们的一神论的某些特点。

一

　　太平天国的上帝首先是一位"创造者",天地、万物、人类都是他创造的。基督教《旧约·创世记》一开始就说"起初上帝创造天地",接着造出各种生命,又"照着自己的形象造人"。洪秀全最初

346

读到的《劝世良言》引用、宣传了这一神话,他和太平天国接受了基督教的这一基本信仰。他们郑重地刻印《旧约》此篇并将其改名为《创世传》作为官方出版物颁行。[①] 在太平天国自己方面,从洪秀全写作的《原道救世歌》起,直到《三字经》《幼学诗》《御制千字诏》等普及读物和《天条书》《奉天讨胡檄》《奉天诛妖救世安民檄》等章程文告,都有上帝创造天地万物人类的内容。杨秀清的《太平救世歌》则以较通俗明白的语言宣传了这一点:

> 本军师尝考天地未启之初,其象昏冥,一无所有。仰蒙天父上主皇上帝大开天恩,大展权能,六日造成天地山海人物,于是乾坤定焉,日月生焉,星辰布焉。光明为昼,昏黑为夜,昼夜循环,万古相继,以成其生生不已于地者,万物俱备,皆所以济人生之用,则天父上主皇上帝之有恩德于世人者既深且厚,报答难尽者矣。

这一段话说了上帝在六天之内造成了天地山海人物和万物,使人类得以生生不已,它的主要材料无疑来自《旧约·创世记》。但从中我们可以发现,太平天国宗教的创世说也有着中国文化的影子,这就是盘古开天辟地的传说。基督教的神话是上帝创造天地,中国的神话是盘古开天辟地,两者不同而有相似处。洪秀全曾

---

① 1853 年 4 月英使文翰访问天京,得到了太平天国刻印的《创世传》前 28 章,封面系黄色,与他书异。

用"开辟真神惟上帝"这样的词句来说明创造世界的只有上帝[①]，杨秀清的《太平救世歌》又用了"天地未启之初"这样的词句来说明上帝创世以前的情况，都透露出他们头脑中沉积着盘古开天辟地的传说，有意无意地把他们熟悉的中国神话附加到所接受的外国新神话上面去。但盘古开天辟地与上帝创造天地事实上是有矛盾的。盘古是在天地之中，把混沌如鸡蛋的天地辟开；上帝则是在天地之先，天地系他所造。[②] 所以，太平天国认为，盘古不可能是上帝，而是上帝所造的人的始祖。洪仁玕认真考虑过古代历史问题，认为中国古代历史之所以缺少最早的记录，大概是由于伏羲之前的人草莱初辟，为开荒求生存忙了一二代，没有携带创世宗谱，只记得祖父说过最始创的初人名曰"亚盘"，后人以为最古，给他加个"古"字，遂称为盘古氏。[③] 中国传说中的初人是盘古，外国《圣经》中记载的初人叫亚坦（亚当），太平天国认为这二人必是同一人，于是他们称上帝所造的最早的人为"坦盘"。[④]

上帝造成了天地万物，万物的运行活动也由上帝主宰，这才成为一个有秩序的世界。洪秀全说：

[①] 《原道救世歌》，见《太平天国》，第 1 册，第 87 页。

[②] 基督教和太平天国都强调了上帝创造天地和上帝在天地之先。但基督教经典中关于上帝创造天地的故事也有矛盾：一方面说天地山水万物人类是上帝所造，另一方面又说上帝在造天造地造人之前在大地和水面上空运行。基督教的创世说是虚构的、非科学的，所以免不了种种矛盾。雅罗斯拉夫斯基《〈圣经〉是怎样一部书》对这类矛盾有很好的分析和揭露。

[③] 《钦定军次实录·论创世真经》，见《太平天国》，第 2 册，第 610 页。

[④] 以盘古与亚当合一，并不只有太平天国的洪秀全、洪仁玕。清末民初的一位天主教主教曾著论云：盘古知天地之高下，造化之事理，为万民之始祖，"盘古氏殆即亚当其人欤！"见《续理窟》卷上，《盘古论》。

暄以日兮润以雨,动以雷兮散以风,此皆上帝之灵妙。

又说:

仰观夫天,一切日月星辰雷雨风云莫非皇上帝之灵妙;俯察夫地,一切山原川泽飞潜动植莫非皇上帝之功能。①

这些看法,似乎在说上帝显示于自然现象之中,曾被理解为一种泛神论观点。其实不然。洪秀全的意思是,日月星辰雷雨风云等现象都是由上帝主宰管理的,所以才能各得其所。太平天国旨准颁行的《天理要论》说:

若日月之循环,星辰之繁衍,转动流行,昼夜不止。若无上帝扶持管理,则何能如此哉!

洪仁玕有诗:

东西南北,永定无移。春夏秋冬,变化灵奇。谁为主宰?上帝是依。②

这些正是对洪秀全上述看法的注释,万物之流动有序正是由

① 《原道救世歌》《原道觉世训》,见《太平天国》,第 1 册,第 87、94 页。
② 《钦定军次实录》,见《太平天国》,第 2 册,第 613 页。

于有一位上帝的主宰管理。

上帝主宰管理世界,更在于他握有主宰人类生死祸福的权力。"死生有命,富贵在天",就表示着人的生死富贵都由上帝决定。上帝能连降四十昼夜大雨,使洪水横流,世人沉没;也能使商汤由侯而王,使周文三分天下有其二,至其子周武遂得天下。太平天国关于上帝对人的权力的看法,集中表现于杨秀清天父下凡时说的这样一句话:

> 尔知我天父上帝要人生则生,要人死则死,是天上地下之大主宰么?①

二

创造主宰世界的上帝是无所不能至高无上的。太平天国认为,上帝、皇上帝这些名词的每一个字都包含着这种意义。他们说:

> 天父上主皇上帝无所不知,无所不能,无所不在,样样上,又无一人非其所生所养,才是上,才是帝。②
> 大而无外谓之皇,超乎万权谓之上,主宰天地人万物谓

---

① 《天父下凡诏书一》,见《太平天国》,第 1 册,第 13 页。
② 《天命诏旨书·洪秀全封五王诏》,见《太平天国》,第 1 册,第 67 页。

之帝①。

这位无所不能至高无上的上帝,是真正的神、唯一的神,太平天国称为独一真神。他们多次说,"真神独一"、"胥知真神只独一"②、"天父上主皇上帝才是真神"③,很明确地宣布上帝是唯一的神。

以上帝为独一的神,是犹太教、基督教的共同特点。犹太教、基督教都是一神教,即只承认一个神的存在并只崇拜这一个神。太平天国接受上帝为独一的神,是同激烈的反异教斗争结合在一起的。中国本来有各种各样的神:佛教有如来、观音、金刚、罗汉等;道教有玉皇大帝、元始天尊、太上老君、王母娘娘等;还有众多的分不清是佛是道的杂神。太平天国认为这一切都是假神、邪神,只有上帝才是唯一的真神。他们的《天条书》第二条"不好拜邪神"注说:"皇上帝曰:'除我外不可有别神也。'故皇上帝以外,皆是邪神迷惑害累世人者,断不可拜。"太平天国的一神论,是同反对异教邪神互为表里的。

犹太教、基督教、太平天国的上帝教都以上帝为独一的神,但它们的一神论却颇有差异。古代犹太人原是信仰多神的,摩西创立犹太教,奉耶和华为唯一的神,排斥偶像异神;在耶稣创立基督教以后,犹太教不承认耶稣是上帝之子,不承认耶稣是他们所期待的"弥赛亚"。犹太教是这样来确立他们的一神论的。

---

① 洪仁玕:《钦定英杰归真》,见《太平天国》,第 2 册,第 572 页。

② 《太平救世歌》,见《太平天国》,第 1 册,第 243 页。

③ 《天命诏旨书·洪秀全封五王诏》,见《太平天国》,第 1 册,第 67 页。

　　基督教从犹太教继承耶和华为上帝，为唯一的神。但耶稣是他们的教祖，是教徒信仰中的"弥赛亚"，即基督、救世主。在基督教的形成发展过程中，耶稣从历史上的人演变成为神，成为又一个被崇拜的对象。这就产生了上帝和耶稣的关系问题，如何维持一神论的问题。基督教神学形成了"三位一体"的理论来解决这一问题。所谓"三位一体"，就是认为上帝只有一个，但有三个"位格"，即圣父、圣子、圣灵。圣父是独一上帝、全能的父，创造有形无形万物的主。圣子在万世之先，为父所生，万物都借他受造，他为救世人，取肉身成为世人，并且受死、复活、升天，这就是耶稣基督。圣灵是"从父子出来"赐予世人以精神、生命的主。这三个"位格"能各自活动，相互区别，但在本性和实体上毫无差异，是同体同质同性的，都是上帝。粗略来说，基督也是上帝，基督就是上帝，基督和上帝是同一的。这是一种玄妙的神学理论。基督教神学家承认，"三位一体之道，乃奥妙中的奥妙，神乎其神，究不可以言喻者。"①基督教通过这种玄妙理论贯彻了一神主义。

　　太平天国的上帝教也以耶和华为独一真神，排斥异教诸神，这与犹太教有共同之处。但上帝教在很大程度上来源于基督教，承认耶稣是基督、救世主、圣子，因而是他们所崇拜的又一位神。上帝教没有像西方基督教那样去探讨耶稣的神性人性问题，耶稣基督是否也是创造主的问题，只是在事实上把耶稣基督作为第二位的崇拜对象。他们笔下的耶稣是从天而降的超自然力量，一直在帮助上帝指导他们的事业。他们总是以天父、天兄并提，以天父、

---

① 贾玉铭:《神道学》，第2册，南京，灵光报社，1931，第276页。

天兄作为他们祈祷、恳求、依靠的对象。这样,上帝教也像基督教那样存在着如何解释一神论的问题。

基督教以"三位一体"来支持一神论,但太平天国不理解、不同意这种理论。他们说,耶稣基督是上帝的儿子,不是上帝,基督和上帝不是同一的。洪秀全强烈反对把基督看作上帝,反复证明上帝自上帝,基督自基督。他对《圣经》作了很多批注,说"分明上帝是上帝,基督是基督",又说"上帝是上主,是说天父上主乃上帝,非是说基督是上帝",又说"太兄明诏止一太主,后徒因何误解基督即上帝?信如尔解,则是有二上帝矣",如此等等。他对《新旧约》的全部批解,其中心就是批驳"三位一体",批驳基督和上帝同一之说。

洪秀全、太平天国也采用"一体"一词,承认上帝、基督是"一体"的;但这不是"三位一体"之"一体",而是父子一体、兄弟一体之"一体",是指血统联系、伦理关系。洪秀全说:"子由父生,原本一体合一,但父自父,子自子,一而二二而一者也。"[1]上帝和基督父子虽为"一体",但仍然上帝自上帝,基督自基督。在这个问题上,洪仁玕表达过某些折中的观点,说:"盖上帝为爷,以示包涵万象,基督为子,以示显身指点。"似乎有由基督体现上帝的意思。但他接着又说:"合父子一脉之至亲,盖子亦是由父身中出也,岂不是一体一脉哉!"[2]仍然回到父自父,子自子,父子只是血统上的一体一

---

① 《钦定旧前遗诏圣书批解·约翰上书》第五章,见《太平天国史料》,第85页。

② 《资政新篇》。据《北华捷报》发表的外国传教士在访问洪仁玕以后的报道,洪仁玕所编写的《资政新篇》曾由洪秀全亲自修订。洪仁玕原有上帝是无形的观点,发表时被洪秀全删去。见 P. Clarke and J. S. Gregory eds., *Western Reports on the Taiping*, p. 244。

脉的观点。

洪秀全坚持上帝和基督不是合一的,是两个实体,但他并不以为这违反了一神论,甚至以为这正是维护了一神论。原来太平天国主张独一神,并不意味着他们只承认和信仰一个超自然的灵体——如果从信仰一个灵体还是多个灵体来区别一神论和多神论,他们实际上是多神论者。太平天国坚持独一神,在他们所信仰的灵体中,只承认其中一个为"神",为"帝",只有其中一个可以有"神"的称号,"帝"的称号,这就是万能的上帝。其他的灵体,即使是耶稣,也不能称"帝"称"神"。这并非由于太平天国不信不拜耶稣,而是由于太平天国认为"帝""神"只能有一个,耶稣是帝之子、神之子,其他的灵体,例如"天兵天将",则是"帝""神"的臣佐。这是由不容紊乱的"名分"决定的。

"名分"观念在太平天国宗教中有重要的地位。他们禁止世人妄题皇上帝"爷火华"之名,认为这是"犯分干名",是大不敬的。洪仁发、洪仁达追记洪秀全 1837 年"升天"时的话说:"君不君,臣不臣,父不父,子不子,夫不夫,妇不妇,总要君君、臣臣、父父、子子、夫夫、妇妇。"[1]这是洪秀全为神人两界规定的秩序。既然上帝是父,耶稣是子,他们就不应该是同体的,不应该是敌体的。洪秀全反复引证说,"哥明诏父大于主","哥明说上帝独一","哥亦明说神独一"[2],意在借重《圣经》中的某些话把它们解释为耶稣自己说过不得将他同上帝并列。他说,"上帝独一至尊,基督是上帝太

---

① 《王长次兄亲目亲耳共证福音书》,见《太平天国》,第 2 册,第 515 页。
② 太平天国辛酉十一年(1861)二月十九日诏,见英国伦敦公共档案局藏抄件。

子……若泥解基督即上帝,则是有别帝矣,使太兄心何安?"①洪秀全的结论是,"视子如父","敬哥如爷",但上帝独尊,基督次尊:"天上真神一上帝,全敬上帝福无边。……神爷皇上帝独尊,基督次尊不待声。"②

这样看来,太平天国主张独一神,其实际含义是主张独一帝,是主张上帝独尊、上帝至尊。太平天国的一神论,实际上是一帝论。

由此我们可以更加具体地理解太平天国禁止前代帝王称帝的意义。"帝"在古代本是指至上神的,后来才推演及于人间君主。③洪秀全恢复古义,认为帝是唯一的、至高无上的,只有上帝才能称帝;他自己不称帝,人间君王不得称帝,连耶稣也不能僭越。反过来,人间君王虽不准称帝,但仍承认他们可以称王;耶稣虽不是帝,但仍居次尊地位,是他们的崇拜对象。

以一神论为一帝论,这是当时中国社会的政治伦理观念在太平天国宗教中的反映。宗教是远离物质经济基础的思想体系,但它并不是与生活无关;相反,它是"支配着人们日常生活的外部力量在人们头脑中的幻想的反映,在这种反映中,人间的力量采取了超人间力量的形式"④。在当时的中国社会,作为人间支配力量的皇帝是"国家的最高存在",三纲五常维系着社会的结构和皇帝在

---

① 《钦定旧前遗诏圣书批解·约翰上书》第五章,见《太平天国史料》,第85页。
② 《长谢爷哥福久长诏》,见《太平天国文书汇编》,第54页。
③ 参见郭沫若:《青铜时代》,北京,人民出版社,1954;侯外庐等:《中国思想通史》,北京,人民出版社,1950—1959。
④ 恩格斯:《反杜林论》,见《马克思恩格斯选集》,第2版,第3卷,第666页。

这个结构顶端的地位。太平天国的上帝就是这个最高存在的幻影。洪秀全说，上帝、基督都是下过凡的，"一下凡间而名份定矣"，"上天下凡总是一样"①，可见他的宗教思想同世俗伦理是何等合拍！当然，这并非太平天国宗教独有，中国的其他宗教也颇有类似情况。黑格尔说，中国没有"精神的宗教"，"中国的宗教非我们所谓的宗教"②。从太平天国宗教来说，太平天国宗教同西方基督教的差别，的确是巨大的。

1981 年

① 《钦定旧前遗诏圣书批解·约翰上书》第五章，见《太平天国史料》，第 85 页。
② ［德］黑格尔：《历史哲学》，北京，商务印书馆，1963，第 211、214 页。

太平天国的天堂、地狱和赏善罚恶

许多宗教的至上神都有监督人类行为、赏善罚恶的权能。基督教的上帝赏善罚恶的主要方式，是让人死后的灵魂到天堂享福或者入地狱受苦。太平天国宗教的天堂、地狱也是上帝赏善罚恶的工具。但太平天国的天堂、地狱观和上帝执行赏罚的方式颇有一些自己的特点。现分别几个问题简说如下。

一

洪秀全在1843年信仰上帝之初的悔改诗中说："勿信邪魔遵圣诫，惟崇上帝力心田。天堂荣显人宜慕，地狱幽沉我亦怜。"不久，他拒绝族老要他写歌颂菩萨偶像的对联，又说："天堂地狱严分路，何敢糊涂过此生。"①他表示坚决信仰上帝，不信邪神，认为能否

---

① 《太平天国起义记》第四、六节。

这样做,是上天堂还是下地狱的分界。

洪秀全虽然坚决反对他称之为邪教的佛教、道教,但他和太平天国关于天堂、地狱的观念,却正是从中汲取了资料。他们的"三十三天""十八重地狱"的说法,显然与佛教有密切关系。

佛教的天,有欲界六天,其上为色界十七天(或十八天),再上为无色界四天。所谓"三十三天",是欲界六天之一,是梵文"叨利天"的意译,据说位于须弥山顶,它的四方又各有八天,共三十三天。"三十三天"和欲界其他五天都存在食欲和淫欲,在佛教诸天中是低层低境界的天。洪秀全将这个"三十三天"引进了太平天国宗教的天堂。《太平天日》描写洪秀全被上帝接上高天,上帝告诉他,"高天三十三天亦闯有妖魔矣";洪秀全在天上战逐妖魔,"三十三天逐层战下",到"凡间这重天"时,砍了无数妖魔。他将"三十三天"理解为天有三十三层,"三十三天"即最上层,为上帝居住之天堂。

洪秀全和太平天国虽把佛教的"三十三天"引入上帝教,但他们并不认为"三十三天"的观念是从邪教来的。基督教《新约》中有"第三层天"的说法①,他们可能由此认为,天确有多层,"三十三天"之说不仅不违背基督教的教义,而且是他们的一个发现或创造。1854 年,他们曾就这一点向英国人提出三个问题:

> 尔各国拜上帝拜耶稣咁久,有人识得天上有几多重天否?
> 尔各国拜上帝拜耶稣咁久,有人识得天上重重天都一样

---

① 《哥林多后书》第十二章第二节:"我认识一个在基督里的人,他前十四年被提到第三层天上去。"

高否?

　　尔各国拜上帝拜耶稣咁久,有人识得天上头顶重天是何样否?①

　　太平天国向英国人提出问题,并不是请教,而是考问,以表明他们比外国人更了解上帝。他们对这些问题有自己的答案,并认为是符合上帝的天情道理的。

　　"十八重地狱"在基督教并无踪影,它完全是佛教的说法。基督教《新约》中的地狱是罪人的灵魂受永罚之处,又称为无底坑、火湖,内有不死之虫咬、有不灭之火烧。梁发《劝世良言》宣传地狱中的痛苦,说"世上算为最惨苦的刑罚,亦不能形容万分之一",但远不如中国流行的"十八重地狱"的情景那么具体。佛教的地狱究竟有多少,说法不一。有八大地狱、十六小地狱之说。有阎罗王之臣佐十八人分领十八地狱之说。曾被洪秀全痛加驳斥的《玉历记》说,"十八重地狱"系"入八重地狱"之误。它说,阴间十殿有八大地狱即八重地狱,此外还有一百二十八小狱,加上血污池、枉死城共一百三十八狱。但"十八重地狱"之说比较流行普遍。无论何种说法,各地狱分别有泥犁、刀山、沸沙、沸屎、镬汤、剥皮、刀锯、铁磨等酷刑,以惩治罪鬼。"十八重地狱"的种种可怕情状,当时的民间是熟知的。洪秀全把它和"三十三天"引进太平天国的宗教,以加重宣传遵信上帝的必要。这一方面说明中国旧有民间宗教对洪秀全和太平天国的影响;另一方面也说明他们善于利用既有的宗教资

---

① 《麦华陀等1854年6月访问天京文件辑录》,见《太平天国史译丛》,第1辑,北京,中华书局,1981。

料,使上帝教中国化。

二

　　天堂、地狱是人死后灵魂享福或受罚之所。那么,享福或受罚的标准是什么呢？据宗教史家的研究,最初的标准是宗教的,即看他生前是否遵守宗教礼节,是否敬神信神等,至于"死后是苦是乐,全靠生前的道德欠缺不欠缺,这是较晚时期才有的说法"①。太平天国的标准是双重的,既是宗教的,也是道德的。太平天国认为,不信上帝而信邪神,这是犯了叛天之大罪,灵魂必入地狱；信上帝不信邪神,灵魂可入天堂。这一观念,集中地反映在洪秀全所写的两副联句中：

　　　　遵天条,拜真神,分手时天堂易上；泥地俗,信魔鬼,尽头处地狱难逃。

　　　　溺信邪神,即为邪神卒奴,生时惹鬼所缠,死时被鬼所捉；敬拜上帝,便是上帝子女,来处从天而降,去处向天而升。②

　　但此外还有道德的标准,即凡是善人、正人、道德高尚者,灵魂可升天堂,反之将入地狱。洪秀全在《原道救世歌》中说："周文孔丘身能正,陟降灵魂在帝旁。"他在《百正歌》中举出了历史上很多正人和不正的人,说"能正可享天堂福,不正终归地狱境"。正和不

---

① [美]摩尔著,江绍原译：《宗教的出生与成长》,上海,商务印书馆,1926,第133页。
② 《洪秀全来历》《天条书》,见《太平天国》,第2册,第689页；第1册,第80页。

正的分界、上天堂或下地狱的分界，都不关乎是否拜上帝，而在于对君臣父子之道和女色的态度。洪仁玕在《钦定军次实录·辟邪崇正论》中说，只要能遏欲存理，守而行之，他保证能进天上大天堂。凡此种种都说明，在太平天国宗教中，人在道德上是否完善，是灵魂能否升入天堂的又一标准。当然，太平天国的宗教和道德是统一的。他们认为，上帝于世人有恩，不信上帝是忘恩背叛，是最大的不道德；另一方面，他们的许多道德准则被认为是上帝的教导，脱离这些准则，也等于背叛上帝。

上帝审判死后的灵魂让它们或升天堂或入地狱，这种赏善罚恶的方式，在宗教史上是逐步形成的。许多原始民族的宗教认为他们的至上神对人在生前直接施行赏罚，例如赏人长寿或罚人短命；但其中的多数已把至上神的赏罚扩大到人死后的世界，即对灵魂进行审判。① 基督教上帝实行赏罚的方式，也有发展变化的过程。在《旧约》中，也就是在犹太教的经典中，上帝是正直无私和秉公赏罚的，但天堂、地狱的观念却很薄弱，既缺乏上帝居于天堂这样的明确观念，也没有地狱，只有供鬼魂暂时停留的"阴府"，而"阴府"不是死后受罚的所在。在《旧约》中，上帝的赏罚大都实现于人世。敌人、瘟疫、自然力等的打击、袭击，就是上帝对不敬神的个人或民族实行惩罚的手段；而遵从上帝者也被允诺在尘世的活动中受福。然而上帝的赏罚在世间实行的观念，往往与人生的经验相径庭，往往作恶者在世间享受荣华富贵，而遵信为善者却遭灾受苦，这就会引起对上帝公正无私的怀疑。这样，随着"灵魂不灭"说

---

① 参见［德］施密特著，萧师毅等译：《比较宗教史》，北平，辅仁书局，1948，第343—345页。

的发生,逐渐形成了上帝的赏罚不但在尘世的肉体而且更在死后的灵魂的观念。《新约》中就有了很多关于天堂、地狱的材料,并且创造了末日审判的景象。

太平天国的上帝对世人执行赏罚的方式正是双重的:既有灵魂或升天堂或入地狱,也有肉体在尘世或得福或受祸。我们且看下面这几句:

> 能正可享天堂福,不正终归地狱境。
>
> 真正作公作侯……一正福禄日加增,一正祸灾自消尽。①

这是说,做正人,生前既能做官享福,死后又能魂升天堂。邪术惑众的巫觋与拜上帝不相容,这些人的后果也是双重的:

> 自古师巫邪术辈,累世贫穷天不扶。
>
> 鬼人送鬼终惹鬼,地狱门开待逆徒。②

这些人死后要进地狱;在尘世,甚至他们的子孙,也要代代受穷苦。

但实际上,罪人在尘世很少受到惩罚。洪秀全批判秦汉以下许多帝王不信上帝、引入邪神,这本是"率人变鬼"的大罪,但他举不出这些罪人在尘世受到上帝什么惩罚,只有倒霉的宋徽宗被金人俘虏,因而只好举他为例说:

---

① 《百正歌》,见《太平天国》,第 1 册,第 90—91 页。
② 《原道救世歌》,见《太平天国》,第 1 册,第 89 页。

> 至宋徽出,又改称皇上帝为昊天金阙玉皇大帝……诚亵
> 渎皇上帝之甚者也。……宜乎宋徽身被金虏,同其子宋钦俱
> 死漠北焉。①

所以,太平天国上帝的赏罚虽有在尘世的,但主要仍需借重于
天堂、地狱:

> 自今以后,凡晓得在皇上帝面前悔罪,不拜邪神,不行邪
> 事,不犯天条者,准上天堂享福,千年万万载威风无了期;凡不
> 晓得在皇上帝面前悔罪,仍拜邪神,仍行邪事,仍犯天条者,定
> 罚地狱受苦,千年万万载哀痛无了期。②

三

为了灵魂的解脱,舍弃世俗生活和凡间乐趣被许多宗教视为
必要的条件。基督教也是以禁欲为它的基本道德原则的。社会上
多数人在尘世生活中备受痛苦,为什么会有很多人会接受这一原
则呢? 据恩格斯分析,这是出于对天堂、地狱观念的信仰。他说:

> 它(基督教)认真地对待彼岸世界里的报偿和惩罚,造出

---

① 《原道觉世训》,见《太平天国》,第 1 册,第 96 页。
② 《天条书》,见《太平天国》,第 1 册,第 73 页。

天国和地狱。……而事实上只是靠着对彼岸世界里的报偿的希望,斯多葛—斐洛学说的弃世和禁欲才得以提升为能吸引被压迫人民群众的新的世界宗教的基本道德原则之一。①

禁欲和天堂、地狱相结合,就会使上帝的赏罚更为"合理化"。死后灵魂受赏罚的情况是不可能加以验证的;至于在尘世,既然禁欲是基本的美德,善人遭受忧患困苦,也就不至于被认为上帝有何不公正了。

太平天国的宗教和道德具有某种禁欲的要求。这里不是指男女分居这一类主要是军事纪律的规定,而是指他们关于什么是人间的快乐、幸福的观点。洪秀全认为,尘世的快乐是假的,天堂的快乐才是真的;尘世的忧患痛苦是上帝的考验,应该在考验中修炼自己以求得天堂的快乐。他说:

> 黄金财宝是名头,为人修善不用愁。正人自有升天日,天堂享福万千秋。②

他又说:

> 今日之读书人不分辨真和假、正和邪。……他们徒然地追求名和利而不能摆脱。他们追求暂时的快乐,以为它是永

---

① 恩格斯:《论早期基督教的历史》,见《马克思恩格斯全集》,第1版,第22卷,第542页。
② 《天父上帝言题皇诏》其九,见《太平天国》,第1册,第4页。

久的。他们追求尘世的东西而忘了天堂的目标。但在追求快乐之时,却把魔鬼招进室内。他们想到天堂,但却去了地狱。……他们不了解,上天虽常赐荣华富贵给恶人,但善人却因重重忧患苦难而得以完善。①

这都是要求摆脱尘世的追求,不以尘世的快乐为上帝赏善的标志。

对于人欲横流、争名夺利的污浊世界,鄙弃尘世幸福快乐的观点,也许可以说包含有抗议或抵制的因素。但无论如何,它不是积极的思想,是同发动农民进行革命斗争很不适应的。事实上,拜上帝者、太平天国起义者希望上帝给他们的奖赏,并不只是天堂的永乐,也不只是尘世忧患困苦的考验,而是还要有尘世的吉利和如意。洪秀全的家庭"自拜上帝之后,彼等家计稍裕,多买田地数亩,乃以为上帝特别施恩所致"②。这表明,尘世的生活好一些、富裕一些,是他们祈求上帝赐予的恩典之一。拜上帝会和以后太平天国的祈祷文都表明,他们希望上帝对他的忠诚信徒报以有衣有食、无灾无难、万事胜意、大吉大昌。③ 这些期望于上帝赐给的奖赏,是朴实的,并不过分;它们是有实用价值的,并不是以苦为乐之类的考验或安慰。正是这方面因素的发展,才使太平天国宗教适应了农民起义的要求。

---

① 《太平天国起义记》第八节。据英文原本校改了译文。
② 《太平天国起义记》第七节。
③ 参见《天条书》《干王洪宝制》,见《太平天国》,第 1 册,第 75—77 页;第 2 册,第 667 页。

四

天堂、地狱是灵魂的去处,本在彼岸世界。但太平天国宗教却在相当程度上把天堂人间化,这是它适应了农民起义要求的重要表现。

上帝既以天堂和地狱为赏善罚恶的处所,那么,天堂有什么乐,地狱有什么苦呢? 关于地狱之苦,基督教《圣经》和神学家的描写远没有佛教"十八重地狱"那样具体,但基督教地狱之苦是永苦、永刑、永罚,即是无尽期的痛苦,不像佛教那样可以轮回转生。太平天国描写地狱的情况,有时说,罪鬼在那里受阎罗王役使,"受其淫污恶毒,变成大肿麻疯,变成难看恶鬼,永远在十八重地狱受无穷无尽苦楚";有时又说,地狱是污秽之所,罪鬼"受那些不死之虫所咬,不灭之燎(火)所烧,永远受无穷无尽之苦"①。这表明,太平天国虽有"十八重地狱"的说法,但实际上并没有接受关于"十八重地狱"的具体描写;不死虫、不灭火、无穷无尽之苦,这些都来自基督教。

关于天堂之乐,基督教强调的是永生、永福。究竟什么是永生、永福? 神学家有种种解释,譬如,可以见到上帝,生活在基督的爱之中,再也没有罪欲,享受满足的荣乐等;但这些快乐幸福很不具体,同人的世俗需要没有多少关系。太平天国很多文件说,信徒"死后魂升天堂,永远在天享福","在天享福无穷"等,也未能指出

---

① 《颁行诏书·救一切天生天养檄》《干王洪宝制》,见《太平天国》,第 1 册,第 166 页;第 2 册,第 665 页。

究竟可享什么福。只有洪秀全曾提出一种很有意义的看法,他对天堂、地狱作简单比较说:

> 天上无病地狱病,天上无苦地狱苦。
> 天上无饿地狱饿,天上无丑地狱丑。①

从这首诗中可以看到,在洪秀全的观念中,脱离了肉体的灵魂仍是要吃饭、会生病的;灵魂的需要是和肉体相同的,灵魂所享受的幸福,实际上是肉体所祈求满足的东西。基督教神学家每称他们的天堂、天国是属灵的;这里洪秀全却对属灵的天堂作了形而下的物质性理解,这是符合中国农民的务实性格和愿望的。

太平天国不但对天堂作过这样的理解,而且还径直把它挪到人间,分到人间,认为天堂有大小两种,大天堂在天上,小天堂在地面,小天堂就是太平天国。洪秀全说:

> 神国在天是上帝大天堂,天上三十三天是也;神国在地是上帝小天堂,天朝是也。天上大天堂是灵魂归荣上帝享福之天堂,凡间小天堂是肉身归荣上帝荣光之天堂。②

洪秀全宣传,太平天国的建立意味着上帝、基督已经降临,已经统治这个世界,所以他们以他们自己、以天朝为上帝的小天堂。

---

① 《天父诗》二百七十七,见《太平天国》,第 2 册,第 471 页。
② 《钦定旧前遗诏圣书批解·圣差保罗寄哥林多人上书》第十五章,见《太平天国史料》,第 83 页。

这种理论的思想资料来自《新约》的《启示录》。《启示录》是一篇神秘的预言,反映着早期基督教对迫害者的复仇反抗精神和被压迫、受奴役者的幻想。[①] 它宣告,基督将会再临,战胜魔鬼,对所有人进行审判,由基督统治世界一千年;那时就有一个新天新地和新耶路撒冷;那时,对于上帝的仆人,上帝将擦去他们的眼泪,不再有死亡,也不再有悲哀、号哭、诅咒、黑夜,圣徒们将在这里永生。这本是预言和寓言,但被洪秀全吸收来解释为他们的国家就是这样的新天新地新世界,甚至认为天京就是新耶路撒冷。

宣布天朝就是上帝的小天堂,这无疑有利于号召拜上帝者为这个新国家而斗争。但既然除了灵魂享福的大天堂还有肉体荣光的小天堂,上帝就不能只以灵魂享福来奖赏他的诚信者。即使许诺天上可以无饥无病,人们也不会满足于画饼充饥。洪秀全和太平天国关于幸福、快乐的观念是始终有矛盾的。一方面,他们说尘世的安乐不是真乐,应该追求的是天堂的快乐;另一方面,他们又说上帝将看顾他的子女在世间获得平安、饱暖和荣光。这是洪秀全宗教思想的消极面和积极面的矛盾表现之一。拜上帝会和太平天国的兴起是同积极因素的扩大发展有关的;但洪秀全和太平天国思想体系中的这一矛盾并未消失,有时它甚至表现为太平天国领导和将士之间的矛盾。例如,洪秀全曾宣传"富贵浮云""知命安贫"是上帝喜欢的美德,但太平天国起义者却认为"富贵显扬"是他们应得的奖赏。建都天京后,有些老兄弟对男女分居、家室不能团聚(或者还有其他)有所不满,太平天国领导人对此进行解释说:

---

① 参见恩格斯:《启示录》《论早期基督教的历史》,见《马克思恩格斯全集》,第1版,第21卷,第10—16页;第22卷,第523—552页。

我们兄弟当知私图一时之乐者,非真乐也;急享眼前之福者,非真福也。……乃我们弟妹动谓我等未曾享福,然试问尔等,当凡情在家之时,或农或工或商贾,营谋衣食,朝夕不遑,手足胝胼,辛苦备尝,孰如我们今日顶天扶主,立志勤王,各受天恩、主恩及东王、列王鸿恩,畀及荣光,出则服御显扬,侍从罗列,乃马者有人,打扇者有人,前呼后拥,威风排场,可谓盖世。试思尔等在凡情时有如此之荣耀者乎?①

这是一段很值得重视的话,反映了太平天国起义者多方面的思想,反映了他们对人生、对幸福以至对他们的目标的一种认识。既然他们以"未曾享福"为憾,既然他们以拉马打扇、前呼后拥为"享福"的标志,这就绝不是灵魂享福的大天堂所能满足的,它必须有肉体荣光的小天堂才能适应。

1981 年

---

① 《天情道理书》,见《太平天国》,第 1 册,第 389—390 页。

太平天国的"魔鬼"

　　基督教的"魔鬼"是罪恶的代表。上帝是善的,而世界上却有恶,这就是由于有魔鬼与上帝为敌、诱人犯罪。《旧约·创世记》说,当上帝按照自己的形象造了初人以后,一条狡猾的蛇引诱亚当、夏娃违背上帝的命令吃了禁果,从此人类就失去了乐园,引来了罪孽苦恼的世界。这条蛇就是魔鬼。《旧约·约伯记》说,魔鬼甚至煽动上帝怀疑一位忠实信徒的虔诚,上帝就派魔鬼去考验他。《旧约·马太福音》说,耶稣也受到魔鬼的几次引诱试探。所以,魔鬼有时又是上帝的工具,是上帝考验世人是否虔信忠诚的工具。

　　魔鬼的存在对基督教至关重要。上帝花了六天时间创造出一个他满意的世界以后,本来可以无所事事了,但由于魔鬼诱使亚当、夏娃犯了罪,从此世界多事,上帝也就有了永远不会终结的工作。据神学家的看法,亚当、夏娃堕落以后,其后果有四:灵命丧失,身体死亡,罪欲乘权,罪遗子孙。"上帝对此罪污忧苦悲伤病死的世界,其心灵中则永无安息的时日了,且其对于救正并护理人世之工,即由此开始了。"①所以,魔鬼的存在对基督教的上帝可以说是必不可少的。

太平天国宗教中的魔鬼,其名词和观念,都有来自外国基督教的因素,但大都是自己的创造。太平天国的"魔鬼"主要用以指异教的神,与魔鬼斗争具有鲜明的与异教斗争的色彩。太平天国的"魔鬼"又用来指异教信仰者和政治敌人,还用来指一切违背上帝教导的人和事,所以"魔鬼"一词也具有明显的政治意义和伦理意义。下面试分别作一些说明。

一

太平天国用来指魔鬼的词很多,有魔鬼、鬼、妖魔、妖、阎罗、阎罗妖、东海龙妖、老蛇妖鬼、蛇魔、邪魔、邪神等。为什么以这些词指魔鬼、称魔鬼呢? 有的学者曾搜集《圣经》的马礼逊译本(1823)、郭士立译本(1847、1855)和委办译本(1852)中关于魔鬼的中译名,与太平天国关于魔鬼的用词作比较,举出这些早期《圣经》译本中的译名有:氐亚波罗、比勒哂唏咶、巴勒洗布、别西卜,这是Beelzeboul 一词的音译,意为"鬼王";撒旦、撒咀哄,这是魔鬼名字的音译;邪鬼王、鬼王、魔、魔鬼、鬼、恶敌、邪鬼、鬼风,这是关于魔鬼的一般名称;大龙、老蛇,这是魔鬼的具体形象。这些译名同太平天国所用的词重叠者很少,只魔鬼、鬼、老蛇三词值得注意,其中太平天国以老蛇一词称魔鬼,纯系从《圣经》中借用。② 这一比较

---

① 贾玉铭:《神道学》,第 2 册,第 350—351 页。

② 参见 E. P. Boardman, *Christian Influence upon the Ideology of the Taiping Rebellion*, p. 83。

是有益的,它使我们了解太平天国用以称魔鬼的词,多数系自己的创造。当然,这一比较可能并不完整。洪秀全后来称引"亚巴顿"这个词以指魔鬼①,"亚巴顿"见于《新约·启示录》,但上述比较所搜集的几种《圣经》译本名词却没有举出这个词。这是遗漏,还是洪秀全所读的《新约》译本和所印的《新约》是另外一种? 现知的太平天国所印的《新约》都在外国,现在我们难以进行直接的比较研究。

在太平天国的用语和观念中,魔鬼、邪魔、鬼、妖魔、妖意义基本一致,都是用以泛指魔鬼的通用名称;而菩萨、邪神,特别是阎罗、东海龙王则是用来指有具体对象的魔鬼。洪秀全初信上帝时提出与上帝对立的,是菩萨、邪神,它们被斥为妖、鬼;稍后,他提出以阎罗为魔鬼,称阎罗为老蛇妖鬼,为蛇魔,又以东海龙王为阎罗之化身,而其他菩萨偶像则是它的"妖徒鬼卒"。② 这在西方基督教是全无依据的。但太平天国试图以之同基督教结合起来,说阎罗妖就是"皇上帝当初造天造地之时所造生之老蛇",就是诱惑亚当、夏娃犯罪的那条蛇。而这条老蛇,"能变得十七八变,东海龙妖亦是他"。③ 蛇、阎罗王、东海龙王,"三位一体",是主要的魔鬼。

蛇虽然是上帝造出来的,与天、地、人一样古老,但它十七八变以后的具体形象却是后起的阎罗王、东海龙王。阎罗王、东海龙王以及它们的妖徒鬼卒即各种菩萨偶像,都是当时在民间有很大势

---

① 《钦定旧前遗诏圣书批解·圣人约翰天启之传》第九、十二章,见《太平天国史料》,第 86、87 页。

② 参见《原道救世歌》《原道觉世训》,见《太平天国》,第 1 册。

③ 《颁行诏书·救一切天生天养檄》,见《太平天国》,第 1 册,第 165 页。

力的崇拜对象。太平天国的上帝是中西结合的,他们的魔鬼则主要是中国的,主要是中国民间宗教的神。他们以异教的神作为魔鬼,表明了他们的宗教是与异教不两立的。

太平天国以异教的神为魔鬼,在认识上可能受到梁发《劝世良言》的影响。《劝世良言》开篇就说"邪神变为蛇魔"引诱夏娃,接着又批判崇拜各种神仙菩萨之害,说人之所以迷信神仙菩萨而忘记了上帝,是由于受蛇魔之惑。把蛇魔和邪神联系起来,这对太平天国可能有启发。但太平天国不说"邪神变为蛇魔",而认为蛇魔变为邪神,并且直截了当把神仙菩萨指为魔鬼,这就更适合于同异教作斗争的需要。在太平天国时代的中国社会中,儒、释、道三家占了意识形态的统治地位。儒家主要是一种政治伦理学说,不是宗教,洪秀全、洪仁玕都批判它;但他们认为影响上帝统治中国的主要障碍是释、道两家,尤其是佛教在民间有巨大势力。所谓观音菩萨、财帛星君、招财童子、门官土地、井神灶神、金花夫人、送生司马等数不清的菩萨神怪,支配着当时民间的生活和思想。因而洪秀全认为,不扫除这些异教的神,上帝就不可能占领人们的心灵。在古代中国备受崇拜的上帝之所以后来被人遗忘,也正是由于这些邪神迷惑了人心。

在所有这些邪神中,洪秀全挑选阎罗作为魔鬼头子。阎罗是佛教中掌管地狱的统治者,并不是最主要最权威的神。阎罗之所以成为太平天国宗教中的魔鬼头子,可能有两方面的原因。太平天国认为,人的生死祸福和死后的永生、永死,唯一主宰是上帝,而阎罗被认为拥有决定人的生死祸福的权力,是上帝不能容忍的。阎罗在民间妇孺皆知,影响较大,所以特别需要把它作为最大的敌人以消除它的影响。另外一方面的原因是,太平天国认为魔鬼是与地狱相联系的,魔鬼就是鬼,鬼都在地狱,而阎罗是地狱之王,因而,它理所当然地也应是个鬼头头。

东海龙王何以被太平天国作为魔鬼之化身,是有些费解的。在西方神话中,龙是残忍的妖怪,是罪恶的象征①,而在中国,龙往往被看作是善良的,而且还是王权的象征。东海龙王虽然是佛教中的神,但并不是最有影响或令人生畏的神。洪秀全宣布它的罪状是冒犯上帝降雨之功为己功②,这实在是过于一般化的罪名。所以,太平天国以东海龙王为魔鬼头子,必有其他的原因,很可能是受了《新约》的影响。《新约·启示录》在描写末日审判时,出现了一条大红龙,说:"大龙就是那古蛇,名叫魔鬼,又叫撒旦,是迷惑普天下的。"又说:"一位天使从天降下,手里拿着无底坑的钥匙和一条大链子,他捉住那龙,就是古蛇,又叫魔鬼,把它捆缚一千年,扔在无底坑里。"③龙、蛇、魔鬼在《圣经》中是一体的,因而洪秀全也就把东海龙王等同于阎罗,都算作魔鬼头子,以符合教义。

但以龙为魔鬼究竟不符合中国人的习惯,也不是洪秀全本人一贯的认识。洪秀全1847年在广州罗孝全处读了《新旧约》以后写的《原道觉世训》,首次斥龙为妖,称东海龙王是阎罗之变身,但1848年因冯云山之难所写诗歌中有"云龙风虎"之句,龙虎都被作为英雄际会的象征。1851—1852年间太平天国发布的檄文,以东

---

① 参见 E. P. Boardman, *Christian Influence upon the Ideology the Taiping Rebellion*, pp. 102-103,注164。

② 参见《原道觉世训》,见《太平天国》,第1册,第93页。

③ 《新约·启示录》第十二章第九节、第二十章第一至三节。

海龙王、阎罗、老蛇为三位一体之魔鬼,但 1852 年底洪秀全在汉阳铸金玺,铸有金龙头,接着建都天京,又建有金龙殿。可见洪秀全对龙的态度存在矛盾。中国对龙的传统看法对他有很深的影响,因而建都以后不久他就把龙解放了,宣布龙是宝贝,只有东海龙王之龙名为龙而实为蛇,实为妖,被改称为"东海老蛇"①。

以阎罗妖、东海老蛇为头子的魔鬼,很有能量,十分活跃,远非基督教《圣经》中描写的撒旦可比。太平天国的魔鬼到处漫游,散布其罪恶影响,甚至在上帝的眼皮底下捣乱。《太平天日》说,一个四方头红眼睛的妖魔即阎罗妖又称东海龙妖者,腥腥臭臭,在天上迷惑天堂子女,作怪多变,所以上帝对洪秀全说:"不但凡间有妖魔,即高天三十三天亦闯有妖魔矣。"妖魔在凡间的活动,更为频繁,各种脱离上帝教导的事,都是由于它们的破坏。崇拜菩萨偶像,不认识上帝的恩德,是蛇魔阎罗妖的诡计;误以为只有君长才能拜上帝,别人不能拜,是受了魔鬼的迷惑;说拜上帝是从番,是被魔鬼迷蒙了本心,如此等等。魔鬼几乎无所不在,干扰、威胁着人们的活动,所以太平天国宗教的各种祈祷文中,都有祈求上帝,使勿被魔鬼所扰所害的字句。

太平天国宗教以异教之神为魔鬼。魔鬼活跃,正是中国异教势力强大的反映。

---

① 《天父下凡诏书二》。在这份文件中,洪秀全说,贬龙为妖是天兄耶稣下降平在山告诉他的,这似乎意味着贬龙为妖系据自《新约》。

二

太平天国的魔鬼不仅是指灵体、异教邪神,而且还指世俗的人,指不信上帝、从事邪教活动的人,指太平天国的敌人——清朝官兵和当时中国的统治民族满族。

太平天国庚申十年(1860)编撰的洪秀全丁酉年(1837)升天的故事说"爷嘱生死妖概灭"①,即上帝交付洪秀全以消灭"生死妖"的使命。丁酉年时上帝的使命不会这样明确,这样的话自然是后来增加的。但"生死妖"究竟指什么呢? 洪秀全在一份诏旨中对此有过说明:

> 土、木、石、金、纸、瓦像,死妖该杀②约(?)六样。邪教、粉色、烟、酒、戏、堪舆、卜、筮、祝、命、相、聘、佛、娼、优、尼、女巫、奸、赌生妖十九项。③

他举出"死妖"共六种,实际只是一种,即用土、木、石、金、纸、瓦六种物料做成的菩萨神仙的偶像。可见"死妖"就是邪神,就是邪神的形象、偶像。

十九种"生妖"的大部分,如邪教、堪舆、卜、筮、祝、命、相、聘、

---

① 《王长次兄亲目亲耳共证福音书》,见《太平天国》,第 2 册,第 515 页。
② 据罗尔纲同志见告,"该杀"是西江流域的方言,凡对该死的、罪有应得的,都说"该杀"。神佛偶像即被太平天国称为"该杀"。
③ 余一鳌:《见闻录·贼禁诏》,见《太平天国史料丛编简辑》,第 2 册,第 132 页。我将标点做了改动。

佛、尼、女巫，都与异教有关。他们信拜邪神，从事邪教活动，是与上帝的教导对立的；魔鬼扰害世人，使世人背离上帝真道，就是通过他们的活动而实现的。所以他们被称为妖魔，"生妖"就是活着的妖，这一部分"生妖"，实为"死妖"之代理人。

清朝统治者和官兵被太平天国称为妖魔，是尤为常见的。起义之初，他们就称地方团练为"妖团"。他们发布的檄文以"奉天诛妖"为名。在他们的各种文书告示中，妖官、妖兵、妖人、妖胡等名称屡见不鲜，而"妖魔"这一通称，则更为普遍。

清朝统治者和官兵是太平天国政治上的对手，是你死我活的敌人。但太平天国以为他们的革命义举是为了"争上帝之纲常"，是为了恢复上帝主宰世界的权力，他们为自己的革命斗争涂上了浓厚的宗教色彩，所以他们称这些政治敌人为妖魔时，也从宗教上加以说明：

> 胡虏目为妖人者何？蛇魔阎罗妖邪鬼也，鞑靼妖胡惟此敬拜，故当今以妖人目胡虏也。[1]
>
> 上帝为天下大共之父，人人是其所生所养。苟不认得生我养我之天父，而反拜邪神、行邪事，虽是天生天养之人，已变妖矣，已有罪矣，而况本出自胡地者乎？[2]

这就是说，清朝统治者和官兵之所以是妖魔，是由于他们不信上帝，信邪神，行邪事，但太平天国在清朝统治者——满族和其他

---

[1]《颁行诏书·奉天讨胡檄》，见《太平天国》，第 1 册，第 162 页。
[2]《贬妖穴为罪隶论》徐雨叔论文，见《太平天国》，第 1 册，第 288 页。

汉族官兵之间作了区别:前者是十足的妖魔,后者是走上邪路而变成了妖魔。

原来太平天国认为上帝虽是天下凡间大共之父,但它首先是中国的上帝。他们说:

> 中国名为神州者何? 天父是真神也,故以神州名中国也。①

> 从来中国所称为华夏者,谓上帝之声名在此也;又号为天朝者,为神国之京都于兹也。②

这是把神州、天朝、华夏这些名词同神、天、耶和华联系起来,认为上帝的故乡即在中国。洪秀全曾证明,中国在唐虞三代时是君民一体信仰上帝的。中国人无例外地都是天生天养的上帝子女:"公等世居中国,谁非上帝子女?"③但他们所说的中国,是指华夏:"尔等凡属华裔,悉是夏宗,皆是天堂子女,无非一脉弟昆。"④他们从未承认"妖胡"也是天父子女。他们认为,"妖胡"窃据了中国,"率人类变妖类,拜邪神逆真神",使天堂子女也变成了妖,这是他们要恢复上帝故国的神圣理由:

> 爷排天国在中华,中国原来天国家。

---

① 《颁行诏书·奉天讨胡檄》,见《太平天国》,第 1 册,第 162 页。
② 《干王洪宝制》,见《太平天国》,第 2 册,第 657 页。
③ 《颁行诏书·奉天讨胡檄》,见《太平天国》,第 1 册,第 164 页。
④ 洪仁玕:《诛妖檄文》,见《太平天国》,第 2 册,第 622 页。

故此中华名爷讳,爷未降前既属爷。

胡妖入窃爷天国,爷故命朕来诛他。

物非他有怎畀人,无天无日罪同蛇。①

"满洲妖魔"占据神州,驱使天堂子女也变为妖魔,这是太平天国的观念和语言,其中包含着狭隘的汉族民族主义偏见。根据这种立场,妖胡是必须彻底消灭的敌人:"妖胡为天父上帝所深谴、所必诛之罪人,"②"至鞑妖之拜佛重僧,崇信九流杂教……是上帝、基督、天王欲尽歼之而已"③。而其他清朝官兵,虽然也是妖魔,但太平天国并不削除他们作为上帝子女的名籍,仍给予他们以回到天父怀抱的希望:

又举(天京)城外残妖而论,那些妖魔叛逆天父,而天父不即诛灭他者,皆由天父有海底之量,暂且容他,不忍一旦尽行诛灭。且念他亦是天父生养顽子,看他果能回心向道,识得敬天父否。④

惟是尔官兵人等,虽现为妖官妖兵,亦皆是天父之子女……自宜弃暗投明,亟归正道,涤旧染之污俗,作天堂之子女。⑤

① 洪秀全:《同天同日享永活诏》,见《太平天国文书汇编》,第57页。
② 洪秀全:《贬直隶省为罪隶省诏》,见《太平天国文书汇编》,第41页。
③ 洪仁玕:《钦定英杰归真》,见《太平天国》,第2册,第572页。
④ 《天情道理书》,见《太平天国》,第1册,380页。"顽子"是上帝子女之一类,《天条书》说,君长是上帝之能子,善正是肖子,庶民是愚子,强暴是顽子。
⑤ 洪仁玕:《诛妖檄文》,见《太平天国》,第2册,第625页。

这样的区别,自然不仅根据于太平天国的宗教,而且也产生于他们的政治——他们的汉族民族主义立场和现实斗争的需要。太平天国后期规定,汉人均称"华人"或"天人",以表示与上帝的亲密关系;以"妖"专称"鞑妖鬼类";对于"从鞑妖及拜鬼者",称为"妖崽",以示区别。① 这也显示了他们的宗教、政治、民族的观点和策略。由于"鞑妖"处在这样严重的地位,我们就可以理解李秀成攻克杭州满城前要赦满人回北方是一件非常重大的事,他必须奏准天王降诏特赦才能实行。

三

在洪秀全上述诏旨规定的十九项生妖中,粉色、烟、酒、戏、娼、优、奸、赌共八项是与邪教无关的,但干了这些事的人也是妖。

上文提到十九项生妖的大部分与信拜邪神、从事邪教活动有关;满族和清朝官兵被称为妖的主要理由也在于他们拜邪神,逆天父,与天父打斗。拜邪神,是这些"妖魔"的共同特征。

粉色、烟、酒、戏等八项生妖却不同。他们并没有拜邪神,从事邪教活动,也不是与太平天国争江山的敌人。但他们也是逆天父的,他们违逆的是天父的道德禁律,所以也被称为妖魔。

太平天国的宗教和道德基本上是同一的。上帝的教导被称为天道、真道、正道,是世界和人类的规范。世界、人类和人的一切思

---

① 《钦定敬避字样》,见《太平天国》,第 2 册,第 699 页。

想、行为,都可以根据是遵守还是背逆上帝的教导而区别为邪正两类。邪正是太平天国最基本的政治、道德范畴。洪秀全后来将邪正的范畴发展为邪正、曲直、善恶、真假四项,但基本的仍是邪和正,后三者可以包括在邪正之中。洪秀全一贯认为自己的使命就是斩邪留正。

既然邪和正是这样重要、这样基本的观念,那么究竟什么是正,什么是邪呢? 洪秀全和太平天国没有作过直接的回答。十款天条被认为是上帝的圣诫,是太平天国基本的宗教、道德信条。它规定了人对上帝的宗教义务,只拜上帝,不拜邪神;也规定了人对社会的道德义务,要求孝顺父母,不杀人害人,不奸邪淫乱,不吹洋烟,不唱邪歌,不偷窃抢劫,不讲谎话,不起贪心,不贪人妻女、物产,不赌博等。这些信条被称为是"皇上帝所设",是上帝的直接教导,当然是区别邪正的重要标准。洪秀全在《原道救世歌》中列举过淫、忤父母、行杀害、为盗贼、为巫觋、赌博等六大不正,还包括食洋烟、好酒等项,它们基本上与《天条书》的道德禁律相同。洪秀全在《百正歌》中还以尧、舜、禹、稷、周文、孔丘等人能行君臣父子之道为正,以桀纣、齐襄、楚平等人的失道和淫乱为邪,这又是以中国封建社会中传统的政治、伦理标准来区别邪正。

洪秀全和太平天国对于按照他们的道德标准作出的邪正区别,给予了十分重要的意义。洪秀全说,上帝最喜欢正,最恼恨邪:"不正天所恶,能正天所亲";"天父天兄最惜正、最惜直、最惜善、最惜真","天父天兄最恼邪、最恼曲、最恼恶、最恼假"[1]。不仅如此,

---

[1] 《原道救世歌》,《天父诗》十六、十五,见《太平天国》,第 1 册,第 88 页;第 2 册,第 435 页。

邪本身就是妖魔,邪正的区分就是人鬼、人妖的区分。他说:

> 邪就是妖妖可恶,曲便是鬼鬼余辜。
>
> 恶即成魔魔落地,假即变怪怪该诛。①

又说:

> 正是人,邪是鬼。②
>
> 人妖分别在邪正,邪些是妖正是人。
>
> 人妖分别在曲直,曲些是妖直是人。
>
> 人妖分别在善恶,恶些是妖善是人。
>
> 人妖分别在真假,假些是妖真是人。③

既然邪正之分就是人妖之分,那些拜邪神、以邪术惑人者固然是妖,那些触犯太平天国道德禁律的人和事,自然也要被目为妖魔了。上述十九项生妖中的八项,粉色、娼、奸都是淫乱之行,烟、酒也都被明文示禁,戏、优则属于邪歌之类,《天条书》以唱邪歌为犯天条,太平天国的法律有"凡邪歌邪戏一概停止,如有聚人演戏者全行斩首"④的条文。因而这八项虽与邪教邪术无关,但也都被列在"生妖"之中。

---

① 《天父诗》六十五,见《太平天国》,第 2 册,第 442 页。

② 《三字经》,见《太平天国》,第 1 册,第 227 页。

③ 《天父诗》三百八十一至三百八十四,见《太平天国》,第 2 册,第 484—485 页。

④ 《贼情汇纂》卷八,《伪律》,见《太平天国》,第 3 册,第 232 页。

四

　　太平天国将"魔鬼"从灵界引申到人界,把一部分人类称为妖、魔、鬼,这是他们的创造。这种做法反映了他们对清朝统治者和许多社会恶习的极端痛恨,从中可以看出他们的政治道德勇气和政治思想观点。

　　妖魔或魔鬼作为灵界的观念,在人世间本无实体可指。基督教宣传蛇就是魔鬼,人们痛恨魔鬼,但不会把世间的蛇看作引诱原人犯罪的祸首,予以消灭。太平天国则不同,它将魔鬼落实为死妖、生妖,并赋予自己以剿灭一切生死妖的使命。剿灭死妖当然也会牵涉到人,例如拜上帝会打毁偶像,就引起了与王作新的斗争,但死妖毕竟不是人。剿灭死妖并不是直接剿灭人。而生妖则不同,生妖是世间的人。人一旦变妖,就成为太平天国剿灭的对象——虽然并不一定是肉体消灭。除"鞑妖"以外,他们总还给以"脱鬼成人"的机会。所以,把一部分人类称为妖魔,无论使用什么语言,总是一个政治问题,一个政治斗争问题。

　　然而太平天国和洪秀全处理这样的问题是不严密的。太平天国根据自己的宗教、道德、政治观点,将清朝统治者和官兵、十九类人确定为妖魔,这有明确具体的对象。但除此以外,他们还常常将妖魔的范围加以引申扩大。例如,他们曾把世界上所有不拜上帝的人都称为妖魔,甚至把世界上所有不向太平天国朝贡的国家也都称为妖魔。① 准此而论,妖魔就会遍地皆是。特别是当他们从道德标准方面来判断邪正、人妖的时候,更常常把妖的范围作过度的扩大,以至究竟什么人是妖,成了一个难以捉摸的问题。

例如,洪秀全和太平天国极为重视第七天条,即男女不准奸淫。"凡男人女人奸淫者名为变怪,最大犯天条",犯此天条者被列为十九项生妖之一。但这一天条除正文以外,又有注说,不仅男女奸淫是犯天条,即"丢邪眼、起邪心向人及吹洋烟、唱邪歌皆是犯天条",扩大了犯天条的范围。不仅如此,洪秀全还有更进一步的引申:凡母子、姐弟、兄妹等从幼年起就不得授受相亲,否则就是妖魔。他曾叫儿子写了一篇《十救诗》,其中规定,儿子到七岁就不得与母亲同床:"妈别崽,崽别妈。别上天,无别邪,天爷爹爹专斩邪。"弟四岁、妹五岁就得与姐姐、哥哥分开,不准同床,九岁就要远别,否则,"瞒天混杂是妖魔","瞒天犯条天诛死"。叔嫂、哥婶、公媳都不得相见,否则也是妖魔,要"云雪加",即要杀头。甚至祖母和孙子也不得"混杂",孙子到九岁就得和祖母分别,否则就是违反第七天条。

这种规定不近人情,完全脱离了社会生活的实际。它反映了洪秀全在男女关系问题上的道德观念,即使在那个时代来说也是过度的、变态的。

---

① 1854 年 6 月,太平天国以东王杨秀清的名义给英国人的文件质问说:"尔各国拜上帝拜耶稣咁久,天下万国有一国臣民不是上帝兵权,还是人否,抑还是妖魔也?"又说:"尔各国拜上帝拜耶稣咁久,今一齐知得上帝、耶稣现在天国作主,天上重天重天一概兵权都齐会在天国……有一国不到天国朝上主皇上帝、朝救世圣主、朝万国真主,便是妖魔,尔等知否?"(《麦华陀等 1854 年 6 月访问天京文件辑录》,见《太平天国史译丛》,第 1 辑)

洪秀全对后宫妇女的要求和防范十分严厉。妇女留指甲大概是太平天国反对的,他把这样的人也称为妖、鬼:

> 人有手指甲一些邪,人有手指甲一些曲,人有手指甲一些恶,人有手指甲一些假。还是妖,还是鬼,都不转得天也。

有些很一般的错误,也被说成是妖魔:

> 天情真道在知错,不知错过是妖魔。
> 千祈不好炼大胆,大胆是妖罪该斩。①

如此等等,不胜枚举。妖魔的观念推及于这样广泛的范围,就变成了滥用和扩大化。太平天国把妖魔落实到人,本是用来对付清朝统治者和社会恶习的,但它也被滥用来作为钳制内部的一种手段。

五

太平天国把一部分人类指为妖魔的做法,有其自己的政治、宗教理由,它在基督教教义中没有根据,因而遭到西方人士的反对,

---

① 《天父诗》十五、三百十九、三百九十一,见《太平天国》,第 2 册,第 435、477、486 页。

这是不奇怪的。①但这一做法本身同太平天国关于魔鬼同世人关系的理论存在着若干矛盾。

根据太平天国的宗教理论，魔鬼是上帝的仇敌。魔鬼的罪过何在呢？他们回答说："总无非冒天父上主皇上帝功劳，迷坏世人，行邪事，犯天条，不必敬畏天父上主皇上帝而敬畏他之意。间有不敬畏他者，他则扰害之，苦磨之。"②简言之，它的罪过就是与上帝争夺世人。世人本都是上帝之子女，由于魔鬼迷惑缠捉，脱离真道，走入鬼路，以致沉沦地狱，这是世人的堕落。但上帝对于魔鬼和被魔鬼迷捉的世人是区别对待的。魔鬼要诛灭，太平天国的祈祷文中就写着："恳求天父皇上帝大发天威，严将妖魔诛灭"③；而堕落之世人则是挽救对象："故今皇上帝哀怜世人，大伸能手，救世人脱魔鬼之手，挽世人回头，复行转当初这条大路。"④上帝为了挽救已被魔鬼迷惑的世人，甚至要洪秀全暂时不要杀魔鬼："这妖是考（'老'）蛇，能迷人食人灵魂，若即收（即斩杀之意）他，许多被他食之灵魂无救矣。"⑤可见，魔鬼自魔鬼，被魔鬼迷惑走入鬼路之世人自世人，两者不是同一的。

太平天国指一部分人类为魔鬼，使这一理论产生了混乱。这

---

① 一名英国人曾根据《圣经》指斥太平天国的这一做法，说："地球上有许多民族对真理一无所知，也不知道上帝，但上帝却爱他们大家。……所以我们人类就不应该擅自称呼我们的同类为妖或魔。"（《麦华陀等1854年6月访问天京文件辑录》，见《太平天国史译丛》，第1辑）

② 《太平天日》，见《太平天国》，第2册，第634页。

③ 《天条书》，见《太平天国》，第1册，第76页。

④ 《天条书》，见《太平天国》，第1册，第74页。

⑤ 《太平天日》，见《太平天国》，第2册，第637页。

一部分人不信上帝,拜邪神,行邪事,这本是魔鬼迷惑世人、同上帝争夺世人的表现和结果。他们是被魔鬼迷坏的,不是魔鬼,不应被称为魔鬼。但这些人是太平天国的宗教、政治敌人,首先是清朝统治者和官兵,是太平天国要打击消灭的对象;同魔鬼是上帝的敌人这一原则相应,他们又应被称为魔鬼。在这里,他们的宗教是服从于政治的。当然由此也使宗教理论产生了矛盾。

但太平天国把一部分人类称为妖魔的做法也不是始终一贯的。在多数场合,清朝统治者和官兵以及十九项"生妖"等被指为妖魔;而在有的时候,他们又将妖魔和被妖魔迷缠者加以区别。在许多太平天国文书中,与太平天国对抗的清方武装一律被称为妖魔;但在某些文件中,如《奉天讨胡檄》把团勇称为"受蛇魔之迷缠",《醒世文》称清方士兵是受妖魔诡计之害,都不直接指为妖魔。洪秀全把许多他认为违背道德禁律的人和事称为妖魔,但有时也称之为受妖魔迷缠者、"鬼边人",使之与鬼有别。[①] 但无论有何种不一贯的情况,无论他们的宗教理论有何种矛盾,他们称清朝统治者为妖魔,却是始终如一的。

六

魔鬼迷惑世人,使人拜邪神,行邪事,成为妖魔鬼怪,成为受妖魔鬼怪缠捉的罪人。那么,人究竟怎样免于成为妖魔、免于遭受妖魔的侵害呢?

[①]《天父诗》四百五十二:"邪曲恶假魔鬼路,行错鬼路任鬼怖。行错鬼路鬼边人,受鬼缠捉此缘故。"见《太平天国》,第 2 册,第 493 页。

洪秀全和太平天国特别强调"修好炼正",强调人的醒悟和自救。洪秀全说,"心醒蛇魔难害侵","心醒心正脱妖缠","脱尽凡心脱鬼缠"①。杨秀清说:"羡尔豪雄皆醒悟,笑他魔鬼枉糊涂。"②他们认为,"克己苦修"可使人免遭魔鬼侵害,免于犯罪。

这种观点与西方基督教颇有不同。基督教神学家认为,初人亚当、夏娃虽是上帝按照自己的形象造的,但他们犯了罪,使以后的人类人人生而有罪,即是原罪。人的本罪是每个人自己犯的,原罪则是与生俱生的罪根、罪性。所以人性不是善的,"人既悖神命,污原性,游于罪欲,罹于魔网,虽欲修正养性,正心克己,以自救自拔,终属徒劳无补"。只有依靠耶稣之救赎,世人才能脱离魔鬼之残害和诱惑。③ 而洪秀全的人性论主要不是得自基督教,而是得自中国哲学,他认为人性是善的,是正的,"正乃人生本性"④。他的宗教也经常提到"天兄赎罪",但耶稣基督不是上帝教的中心环节,关于耶稣基督的救赎理论极少发挥。洪秀全的"修好炼正"基本上仍是中国古圣先贤的正心诚意之类的修身之道。

洪秀全后来也谈原罪,说"私"是人之恶根,是遗传的。但既然人心如此,"心醒"是否能够抵御魔鬼就成为问题,他对此没有解释。洪仁玕则把原罪同魔鬼直接联系起来。他认为魔鬼不仅是有位格的,而且也是无位格的邪恶思想,而这种思想是人生而有之的。洪仁玕的人性论也是有矛盾的。一方面认为人之所以高于禽

---

① 《天父诗》四百五十一、四百五十四、四百七十二,见《太平天国》,第 2 册,第 493、494、496 页。

② 《天情道理书》之杨秀清《果然脱却凡情》其二,见《太平天国》,第 1 册,第 402 页。

③ 参见贾玉铭:《神道学》,第 2 册,第 400、485 页。

④ 《百正歌》,见《太平天国》,第 1 册,第 90 页。

兽万物,是因为人有上帝赐给的宝贝灵魂,其中包含有仁义礼智信。① 这是说,人性是善的、正的,与洪秀全所说的"正乃人生本性""正乃人禽攸分"相似。另一方面他又多次强调人生而有恶念,有私欲。他说:

> 夫盈天地之人皆有私心欲心,即愚人亦不肯认过,圣贤亦有好胜之心,乃是初人犯罪入世一定定的,遂成此争名争利之世、恶罪之世也。②

洪仁玕实际上认为这种私欲就是魔鬼:"良心绝灭于内,内为魔鬼之营;物欲锢结于心,心非上帝之殿。"③私欲因种类之不同而有多种名色:好胜之欲魔、财妖、色鬼、烟鬼、酒魔等。魔鬼既盘踞于心,虽处于至密之室、至严之地,也不能免于堕落,只有依靠耶稣救赎,从耶稣的苦难中得到感动,才能忘私遏欲。洪仁玕批评佛教教人寡欲,说这是做不到的;只有以理制欲,这个理就是上帝、基督之理。他说,如果人们想到最尊贵的上帝为了挽救世人派自己的爱子受苦刑而死,"问心何堪?如此思之,则恶念去而善念萌矣。人能明透此理欲二字,守而行之,不能进天上大天堂者,惟我是问"④。洪仁玕更多地强调依靠上帝、基督的力量来驱除心中的魔鬼,但他以理制欲的思想和人性论,在在都有中国程朱哲学的影

---

① 参见《钦定军次实录·崇帝黜邪说》,见《太平天国》,第 2 册,第 615 页。
② 《钦定军次实录·辟邪崇正论》,见《太平天国》,第 2 册,第 612 页。
③ 《干王洪宝制·克敌诱惑论》,见《太平天国》,第 2 册,第 660 页。
④ 《钦定军次实录·辟邪崇正论》,见《太平天国》,第 2 册,第 612 页。

响。太平天国和洪秀全以消灭邪神、消灭生死妖、消灭清朝统治者和官兵来消灭宗教、道德、政治方面的各类魔鬼；洪仁玕同他们的政治目标是一致的，但他极少以魔鬼指人，他比洪秀全更多强调消灭心中的魔鬼，因而他的宗教理论带有更多的伦理学色彩。

1981 年

圣神风、圣神电的历史和意义

以宗教称号授予领导人,是太平天国的一种独特制度。在前期,掌握大权的杨秀清被称为"圣神风""劝慰师";杨秀清被杀后,石达开在辅政时被称为"圣神电"。后来,洪秀全撤去"圣神电",恢复"圣神风",又增加"圣神雨"之类的称号。使用这些称号,表现了洪秀全宗教、政治思想的某种特色;它们的出现、消失或变化,也反映了太平天国历史,特别是它的后期历史的一个侧面。

一

"圣神风""劝慰师"作为杨秀清的称号,始于太平天国癸好三年(1853)十一月。十一月二十日,杨秀清以天父身份要杖责洪秀全。事后,二十二日,他又以东王身份登朝劝慰。洪秀全很高兴,称赞杨秀清所奏是金玉药石之论,至情至理之言,并说:

前天兄耶稣奉天父上帝命,降生犹太国,曾谕门徒曰:后日有劝慰师临世。尔兄观今日清胞所奏及观胞所行为,前天兄所说劝慰师、圣神风即是胞也。①

此后,"劝慰师""圣神风"就成为杨秀清的称号。杨秀清还特地告知外国人他就是"圣神风":"今上帝现差圣神风临世,就是东王,尔等知否?"②这件事引起了外国传教士的非议,认为杨秀清以上帝自居,是亵渎神圣的"僭窃者"。

原来在西方基督教神学中,"圣神风"即"圣灵",是"三位一体"中的第三位;"圣灵"是上帝和基督感化人、鼓舞人的精神力量,但它也是有位格的神,就是上帝。《圣经》中的"圣灵"一词,用的是希腊文 Pneuma,义为风、气、精神。《圣经》中译文初译为"风",后译为"神风",马礼逊译本译为"圣风""圣神风"。③ 太平天国文献中用"圣神风"一词,是从梁发《劝世良言》来的。《劝世良言》多次说到"仰求圣神风之恩,感动灵魂之志""幸蒙神天上帝施赐恩怜,已经赋圣神风感化数人之心""施赐圣神风感化世人恶心"之类的话。太平天国从这里理解"圣神风"是上帝施赐的一种精神感化力量,所以《天条书》所附的各种祈祷文都有恳求上帝"时赐圣神风化恶心"之句。但《劝世良言》并没有说明在基督教神学中"圣神风"就是上帝的第三位,"劝慰师"也就是"圣灵"。《新约》说,耶稣称

---

① 《天父下凡诏书二》,见《太平天国》,第 1 册,第 54 页。
② 《麦华陀等 1854 年 6 月访问天京文件辑录》之杨秀清诰谕,见《太平天国史译丛》,第 1 辑。
③ 参见 E. P. Boardman, *Christian Influence upon the Ideology of the Taiping Rebellion*, p. 72。

"圣灵"是信徒的"保惠师"。这个词在郭士立 1847 年《圣经》译本中译为"劝慰师"。"劝慰师"或"保惠师"意为"帮助者",即上帝对人随时随在的训慰帮助。当耶稣借人身与门徒同在,他就是"劝慰师";他升天后,将另赐劝慰师。耶稣曾对门徒说:"但保惠师,就是父因我的名所要差来的圣灵,他要将一切的事指教你们。"①

洪秀全不理解、不接受"三位一体"的玄妙理论。他认为,"劝慰师"就是劝慰者,"圣神风"就是圣神即上帝的风。他把当时《圣经》中的这两个名词加给杨秀清,是表示称许杨秀清能感化世人、劝慰世人(包括他自己),并不是承认杨秀清与上帝同体。洪秀全、杨秀清都不以为、不懂得"圣神风"就是上帝。洪秀全大约从罗孝全那里曾得知"圣神风"就是"圣灵"②,因而《天条书》所附的赞美诗中有"赞美圣神风为圣灵"之句。这首赞美诗的前四句是:"赞美上帝是天圣父,赞美耶稣为救世圣主,赞美圣神风为圣灵,赞美三位为合一真神。"但这几句赞美诗源出于外国传教士,洪秀全等并不了解它的神学意义。关于这一点,杨笃信(J. Griffith)牧师访问太平天国的报道是颇可参考的:

> 至关于圣灵,他们究有圣灵之神格观念否?诚为可疑。
> 不错,在他们的"三一颂"中,三位一体一同赞颂。然这"三一颂"是源出于基督教而为外国教士所制的,其意义为他们所不

---

① 《新约·约翰福音》第十四章第二十六节。前引洪秀全称赞杨秀清所引耶稣的话,大概也来自这一节。

② 参见 E. P. Boardman, *Christian Influence upon the Ideology of the Taiping Rebellion*, pp. 72-73。

能了解者也。他们虽祈求圣灵，但其意义不过是求上帝赐以神圣的及精神的感化力，如斯而已。在他们最流行的官书中，关于圣灵及其职任，从未有特别提及。惟关于天父之品格与基督之工作功能则屡言之不鲜矣。在平望及他处，我们询问及此点，但各领袖虽能畅言天父及天兄，而对于圣灵则独不能说出来。《圣经》上关于圣灵之道理，他们不了解。[1]

事实的确如此。洪秀全和太平天国虽然唱了"三位为合一真神"，但他对"位""体"的玄妙含义和"圣灵"即"圣神风"也是上帝之一"位"，是不理解的。他认为，"圣灵"即圣神之灵，"圣神风"即圣神之风，都是属于上帝的，但并不是上帝。他解释说："灵就是风风劝慰，使风之职是东王。"[2]又说："即圣神风亦是圣神上帝之风，非风是圣神也。风是东王，天上使风者也。圣神自圣神，风自风。"[3]可见，在洪秀全看来，给予杨秀清以"圣神风""劝慰师"的称号，并非承认杨秀清是上帝或与上帝一体。外国人非议杨秀清"自命为圣神风"，是"僭窃者"，这是冤枉了杨秀清，因为这一称号是洪秀全给的，不是他自命的。

"圣神风"称号引起了系列反应。杨秀清虽然并不由此而自认为是上帝，但他曾利用这一出自《圣经》的称号来进一步神化自己。他这样解释自己的"圣神风"等称号的意义和来源：

---

[1]《杨牧师通讯：太平军的宗教》，原载《北华捷报》502 号，转引自简又文：《太平天国典制通考》下册，第 1939 页。
[2] 太平天国辛酉十一年(1861)二月十八日第一道诏，英国伦敦公共档案局藏抄件。
[3]《钦定旧前遗诏圣书批解·约翰上书》第五章，见《太平天国史料》，第 85 页。

天父下凡圣旨指出，天下万国人民之病皆是东王所赎，天下万国人民蒙昧皆是圣神风化醒。今天父指出东王是圣神风，故封东王为劝慰师、圣神风、禾乃师、赎病主，使天下人民得知天父鸿恩，倚靠本军师。①

他还考问外国人，问他们是否懂得耶稣说过的话："异日劝慰师至，有大权临世，非似我今日也"；是否祈求上帝派"圣神风"去化醒他们。② 杨秀清没有提洪秀全，而说他称"圣神风"是天父指出、天父所封。他所引的耶稣对门徒的话，应出自《约翰福音》，但与原意不同，可能系当时译文不准确而产生的误解，但这样的误解自然包含了误解者的意向。③

杨秀清利用了源自《圣经》的"圣神风"称号，加强"大权"，居于天下万国精神指导者的地位。与此同时，洪秀全在给予杨秀清以外国《圣经》上的称号以后，又利用中国的天象迷信，对杨秀清等领导人普遍给以天象称号。约在太平天国癸好三年（1853）末或太平天国甲寅四年（1854）初，洪秀全下诏说，据他在丁酉年（1837）升

---

① 《麦华陀等1854年6月访问天京文件辑录》之杨秀清诰谕，见《太平天国史译丛》，第1辑。
② 《麦华陀等1854年6月访问天京文件辑录》之杨秀清诰谕，见《太平天国史译丛》，第1辑。
③ 英国人对杨秀清所提问题的回答中，引用了《约翰福音》第十五章第二十六节："但我要……差劝慰师来……他来了，就要为我作见证。"这与杨秀清的引文出入很大。杨秀清解释自己的"赎病主"称号，说《圣经》中有"尔主担世人之病"的话，实际上也有出入。参见《麦华陀等1854年6月访问天京文件辑录》之杨秀清诰谕，见《太平天国史译丛》，第1辑。

天时上帝的指示,他本人和列王都是"上应天象"的。秦日纲等遵旨宣布,"我主天王是日光之照临,万方普察(这是早已明确了的),我东王列王是风云雨雷电光之敷布,化洽群生",并特制赞美诗,赞美杨秀清为"圣神风",冯云山为"云师",萧朝贵为"雨师",韦昌辉为"雷师",石达开为"电师"。① 以风云雨雷电这些天象与人事相应,这是中国的传统文化和迷信。洪秀全在给予杨秀清以"圣神风"称号后,又申明他本人、杨秀清和其他各王都是上应天象的,这可能是因为需要有适当的平衡,同时也表明了风是与云雨雷电平等的而不是与日平列的。但杨秀清称"圣神风"而不与"云师""雨师"等相等,则显示出杨秀清位居列王之上的特殊地位。

二

以"圣神风"之例看"圣神电",可知"圣神电"的意思就是圣神之电,就是上帝在天上的使电者。石达开原称"电师",代表一种天象,也是天上的使电者。② 石达开由"电师"而称"圣神电",表明他得到了早年杨秀清所拥有的同一级称号。当然,这一称号在《圣经》中并无根据,是太平天国依"圣神风"之意杜撰的。

石达开的"圣神电"称号是"杨韦事变"后他在天京辅政期间得到的。

石达开靖难回归天京时,李秀成叙述他的爵职地位说:"合朝

---

① 参见《秦日纲等颂赞》,见《太平天国史料》,第136—137页。
② "电师""云师"这些称号是根据《周礼》的制度而推演的,《周礼》规定大宗伯的职掌包括祭祀风师、雨师,所谓风师即风神,雨师即雨神。

同举翼王提理政务,众人欢说,主有不乐之心。"又说:"义王即石达
开,本系翼王,后来大家喜其义气,推为义王,石不肯受。"①尽管洪
秀全有些不高兴,石达开也没有接受义王称号,但他确实成了仅次
于洪秀全的领导者。目击"杨韦事变"并曾在事变后隶属于石达开
部下的外国人报道说:石达开现在仅次于洪秀全,一切要求都需通
过书面提出,第二天在他的府外墙上贴出批答。② 这完全是杨秀清
在世时的体制。石达开又深得将士的拥护。所以,石达开在天京
期间,即使由于受到牵制而没有像杨秀清那样的权力,也会具有像
杨秀清那样的地位。他在辅政半年后于太平天国丁巳七年(1857)
四月被迫从天京出走时所发告示的头衔是:"真天命太平天国圣神
电通军主将翼王"。③ 这必然是他在天京期间所拥有的称号职务。
他在出走告示中以出师表真、勉报主恩为名,是绝不可能在刚刚走
出天京之时,在同一份告示中自立名号的。④ 简又文一方面认为
"圣神电"称号不是石达开的自称;另一方面又以为不是出京前天
王所封,"或系于离京后出发远征时天王特封派员赍送印信至皖北
军中"⑤,这完全是臆测,他忽略了石达开离京出走之时已经有了这

① 《忠王李秀成自述》及自述别录。
② 参见"Chinkeang and Nanking"第三部分,载 Supplement to the Overland Friend of China,
1857 年 1 月 30 日。据柯文南先生复印件。
③ 《太平天国》第 2 册转据何桂清奏稿类编所录告示和《历史档案》1981 年第 1 期据
军机处录副奏折内所附抄的告示,其头衔均作"真天命太平天国圣神电通军主将
翼王"。
④ 石达开出走后,会办江西军务的西安将军福兴曾向咸丰帝报告说:"现据探称",石
达开粘贴告示,解散金陵旧党,示尾署太平安国丁巳元年字样云云。福兴奏折曾
被作为说明新事实的新资料。其实,这只是一份"探报"。如果我们相信石达开的
出走告示是真确的,这份"探报"就只能认为是捕风捉影的无稽之谈。
⑤ 参见简又文:《太平天国典制通考》上册,第 56 页。

一头衔。

"圣神电通军主将翼王"的名衔,符合石达开在京期间的身份地位。"圣神电"是大略相当于"圣神风"的宗教性称号,也是从石达开原有的"电师"称号上升而来的。"通军主将"是新设的职位。杨秀清初以中军主将后以左辅正军师为全军统帅。石达开由左军主将而为通军主将,说明他的职务已从左路军指挥(当然这也只是一种名义而不是实职)升为全军总指挥。但官爵仍是翼王,仍居于"羽翼天朝"的地位,他没有接受"义王"的推封。从他出走直到败亡,今天所能见到的他的文书告示和部属给他的禀报中的名衔称呼,始终都是"太平天国圣神电通军主将翼王",无一字改变。

石达开接受和坚持使用"圣神电"的称号,似可说明他对太平天国的宗教并非毫无兴趣。左宗棠说他"不甚附会邪教俚说",张德坚又说他"每见杨贼诡称天父附体造言时,深信不疑",这都是圈外人的猜测,不免互相矛盾。从石达开自己留下的片断资料来看,"圣神电"之类混合了基督教和中国迷信的宗教称号,如果他讨厌,原是可以像义王称号那样"谦辞不受"的。他的出走告示说,他的行为"上可质皇天,下可对古人"。"皇天"是对"天"的称呼,也是太平天国和洪秀全用来称上帝的名词。他又说,他出走是为了"力酬上帝德,勉报主恩仁",没有忘记提到上帝的恩德。他的白龙洞题壁诗有"毁佛崇天帝,移民复古风"之句。天帝是太平天国和洪秀全称呼上帝的又一名词。这两句诗更表明了石达开信仰上帝,排斥佛老,要恢复崇拜上帝的三代盛世。这完全是洪秀全的宗教思想。

三

石达开从天京出走后,洪秀全的反应如何,态度怎样,历史记载颇不一致。清朝方面的一些探报说,洪秀全多方派员追赶挽留,并刻义王金牌一道送去,请石达开回救镇江,而石达开不应。这是他出走后两三个月内的事。① 李秀成则说,石达开出走后,他奏谏洪秀全"仍重用于翼王,不用于安、福王","当被我主降照革除我爵"。李秀成所记没有明确时间。② 其间的洪、石是非究竟如何,这里不去说它。我们可以确切判明的是,在太平天国丁巳七年(1857)十月,即石达开离开天京后五六个月,洪秀全已撤去了石达开的"圣神电"称号。太平天国戊午八年(1858)新历的献历奏所署的石达开名衔是"电师通军主将义王"③。太平天国的新历都是在前一年十月献奏的④,太平天国戊午八年(1858)的新历在丁巳七年(1857)十月献奏。献奏人列名的是杨秀清、萧朝贵、冯云山、石达开。石达开已从天京出走,而其他三人都已死去,他们四人自然都不可能在天京自己签署名衔。洪秀全在这时保留了石达开的"通军主将"和"义王",但取消了"圣神电",恢复了石达开原先的"电

---

① 参见《历史档案》1981 年第 1 期"档案史料"栏《天京事变与石达开的出走》。

② 李秀成叙此事于他任合天侯、副掌率之时,又说那时镇江被困,时间不明确而有矛盾。

③ 《太平天国》第 1 册录载的献历奏在"义王"之"义"下加"(翼)",大概以为"义"是错字。按据王重民《太平天国官书十种》(据剑桥大学图书馆所藏太平天国戊午八年新历原刻影印本),"义"字不误,原刻是繁体"義"字。

④ 洪秀全规定"每年十月献新天历盖玺",见太平天国己未九年(1859)十月初七日诏。

师"称号。

值得注意的是,在太平天国丁巳七年十月,洪秀全一方面取消了石达开的"圣神电"称号,另一方面却恢复了或者说继续给予杨秀清"圣神风"称号,并新设"圣神雨"称号给予早已死去的萧朝贵。杨、萧和冯云山在太平天国戊午八年献历奏中的头衔是:

传天父上主皇上帝真神真圣旨劝慰师圣神风禾乃师赎病主左辅正军师东王杨

传救世圣主天兄耶稣太子圣旨圣神雨右弼又正军师西王萧

云师前导副军师南王冯

这表现了洪秀全重建太平天国政治宗教体系的努力。在内讧大动乱中,死了几万名弟兄,死了"圣神风",死了"雷师","圣神电"又带走了几万名将士。这是对太平天国、对洪秀全本人的沉重打击。力量削减是最明显的后果。人心涣散则不仅由于力量削弱,而且还由于太平天国的意识形态,包括它的宗教体系受到了严重伤害。太平天国作为一次伟大的农民革命运动,其特色之一就是它使混杂着中国民间迷信的上帝教成为自己不可分割的一部分。太平天国立国本来植基于农民的利益和愿望,但在他们的意识形态中却被说成是上帝的命令。太平天国的神圣性、洪秀全本人作为上帝的第二个儿子领导这次运动的神圣性,都有赖于天父天兄的体系而得到加强;而在这个体系中,杨秀清、萧朝贵,特别是杨秀清,早已是不可缺少的重要环节。现在,由于内部现实矛盾的长期积累和爆发,杨秀清被杀了,接着韦昌辉被杀,石达开出走,这自然使太平天国在军事、政治、思想、宗教各方面都受到重大损失。

应该说,这些事变并不是洪秀全深思熟虑、精心计划、有步骤地实行的。它们是一系列矛盾激荡发展的自然结果。洪秀全只能在接踵而来的事变之后,被动地不断地估量其后果,寻找适当的解释和弥补的方法,而这需要时间,需要暂时的沉默。这也就是杨秀清被杀以后的一年多中太平天国几乎没有编写官方出版物,也没有流传下什么文书文告的原因。据在天京的目击者说,杀杨秀清以后,太平天国的宗教活动停止了几个月。[1] 的确,洪秀全这时不可能作出解释。即使杨秀清是在他的授意下被杀的,他也必须考虑宣布"圣神风"的罪孽而可能引起的使整个宗教体系陷于崩溃的危险。关于这个体系对他们的必要性,外国传教士早在"天京事变"之前就有这样的看法:"基督教在此党(天朝)之组织中根深蒂固,支配其整个机构;如其一旦废弃之,全局将必瓦解。……他们断不能放弃基督教而不至于尽反起义以来所有的文告及废除其整个的政治系统也。"[2]正是由于这样的原因,洪秀全宁愿暂时不作出解释。

石达开入京主政,功高震主。洪秀全尽管很不高兴,但他不能不接受这个事实。在这样的前提下,他曾希望局面能够得到重新收拾。"通军主将"是一个可以指挥全局的职位;"圣神电"称号的

---

[1] 参见"Chinkeang and Nanking"第三部分,载 *Supplement to the Overland Friend of China*,1857 年 1 月 30 日。

[2] 《北华捷报》1856 年 6 月 7 日 306 号所载丁韪良的通讯,转引自简又文:《太平天国典制通考》下册,第 1971 页。

授予,意味着希望以之替代"圣神风"以修补上帝和人间的关系。这似乎是在"圣神风"已经缺位但对缺位的原因不作解释的情况下,努力维持原有的宗教政治体系的尝试。但这种尝试失败了,洪秀全在进行这种努力的同时,又造成了石达开不能不出走的局面。同时,"圣神电"虽是与"圣神风"同一等级的神圣称号,但事实上它确实不能代替"圣神风",因为"圣神风"在天父天兄的体系中有着较久的渊源和特殊的关系。这就是说,石达开可以代替人间的杨秀清——如果洪秀全同意的话,但"圣神电"很难弥补已经消失的"圣神风"的空缺。现在,石达开既已出走,洪秀全在几番估量以后,决定彻底地公开地恢复杨秀清在天上地下的全部地位,以完全重建原来的天父天兄体系。可以注意的是,太平天国戊午八年(1858)新历献历奏中的杨秀清除了生前的全部名衔,还被加上了"传天父上主皇上帝真神真圣旨"十三字,萧朝贵也增加了"传救世圣主天兄耶稣太子圣旨"和"圣神雨",这表示强调杨秀清、萧朝贵作为天父天兄代言人的身份,从而使大量的有利于维持太平天国和洪秀全本人的神圣性的言行,得以继续有效。

不言而喻,既然要维持、重建原有的体系,韦昌辉的地位必须完全消失。韦昌辉在事变中的表现,已使他在政治上处于孤立,他在天父天兄的体系中也不是举足轻重的人物。冯云山是最早的元勋,洪秀全对他似乎是有感情的,但冯云山不是天父天兄体系中的必要环节,所以洪秀全在这里只维持他的原称号"云师"。对于出走的石达开,洪秀全的心情肯定是不平静的,何况天父天兄的代言人已经归位,石达开带着"圣神电"的称号而得以与"圣神风""圣神雨"并驾齐驱,无论如何是不合适的了,于是洪秀全也就撤回了这一荣宠。

几乎与取消石达开"圣神电"称号的同时,洪秀全也取消了他的"义王"封号,恢复"翼王"。近年英国柯文南博士(Dr. C. A. Curwen)发现的《天情道理书》"戊午遵改"本说明了这一点。这个修改本称石达开的官衔为"翼王"而不同于太平天国戊午八年(1858)新历献历奏称为"义王";直书韦昌辉其名而不书官衔。它在书末有"戊午遵改"的朱戳,但其实际付印时间应在太平天国丁巳七年(1857)秋冬。① "翼王"是石达开早年所受的官爵,其意为"羽翼天朝";"义王"的封号则与杀杨杀韦事件相联系,意为义气。它是群臣所推,洪秀全当然也认可了它,不然不会出现在献历奏中。石达开没有接受它,而洪秀全这时也宁愿让这个封号和与它联系着的事一起消失。

石达开"通军主将"的名义何时被取消,没有明确记载。洪仁玕自述说:太平天国戊午八年,封陈玉成、李秀成、李世贤、韦志俊、蒙得恩为新的前后左右中五军主将,"稍可自立"。这大概是太平天国戊午八年上半年的事,停止使用"通军主将"的名义似不会晚于此时。

四

石达开出走三年以后,据说曾因洪仁玕在京主政而有通好天京的表示。到苏州会见洪仁玕、李秀成后回到上海的传教士艾约

---

① 参见本书《〈天情道理书〉戊午遵改本》。

瑟（J. Edkins）等，在 1860 年 8 月 28 日的一次报告中说，翼王近派部下到天京向干王祝贺，希望由干王而建立与天王的联系。《幼赞王蒙时雍家书》说到石达开部李寿辉、谭体元等回到天京后，接着说"忠王有欲收复粤西之举"。双方通问，似乎不无可能。但这是不能证实的事，特别是考虑到洪秀全适在此时取消了石达开的"电师"称号。

现存太平天国辛酉十一年（1861）新历的献历奏有杨、萧、冯、石以及洪仁玕、陈玉成、李秀成等后起的领导人列名。石达开的名衔是"开朝公忠军师殿左军翼王"。"公忠军师"是新授的，这使他居于"精忠军师"洪仁玕之后而与洪仁玕并列。"殿左军"就是原来的左军，只是强调了直属洪秀全领导的意义。主要的是，"电师"这一"上应天象"的"神职"被取消了。这样，石达开完全成了凡人。

值得注意的是，石达开原先的"圣神电"称号这时加给了萧朝贵。萧朝贵原称"圣神雨"，在太平天国辛酉十一年献历奏中改为"圣神雨电"。萧朝贵由"雨师"而"圣神雨"而"圣神雨电"，他上应天上的雨、电两种天象，身兼上帝的雨、电使者两职。

太平天国辛酉十一年献历奏中杨秀清的称号也发展了，被称为"圣神风雷"，这就是"圣神风"加上"圣神雷"，就是把原属韦昌辉的"雷师"称号升为"圣神雷"，加之于杨秀清，使他兼司风、雷两职。

更可注意的是，几个月以后，太平天国辛酉十一年二月二十一日，洪秀全在一道诏旨中取消了冯云山在几个月前的献历奏中还保留着的"云师"称号，并将杨秀清的"圣神风雷"改为"圣神上帝

之风雷",将萧朝贵的"圣神雨电"改为"圣神上帝之雨电"。① 后面
的改动只是使字面意义精确化,以便于他反对"三位一体"论者把
"圣神风"当作上帝;而取消冯云山的"云师"称号,则表明洪秀全认
为天上的神职只能集中于同天父天兄体系最有关系的杨秀清、萧
朝贵二人。

　　从赏功罚过的观点看,韦昌辉既已被削去人间的"北王",再被
削去天上司雷之职,让杨秀清兼起来,似乎也算顺理成章。但石达
开并未被削去人间的职位,而他的天上职位却被交给了萧朝贵兼
领,这必然反映了洪秀全的未予明言的观感。然而,对个人的观感
只是问题的一面;问题的另一面,甚至更重要的一面是这时的洪秀
全对于太平天国领导体制的设想。太平天国的上帝这时同洪秀全
父子有着最密切的关系。洪秀全经常强调"父子公孙"即上帝、耶
稣、洪秀全、洪天贵福的一体性和神圣性;连同天妈、天嫂,这是一
个以上帝为家长、君临天人两界的小家庭。杨秀清、萧朝贵作为代
传天父天兄圣旨的人是这个小家庭所必需的,他们之间有着互相
证明各自的神性的意义。所以,在太平天国辛酉十一年(1861)二
月二十一日的诏旨中,洪秀全排列二十名领导人的次序印衔,必须
把他们列在第一、二位。而此下的八位则是与"父子公孙"有着血
统关系和姻亲关系的长次兄和驸马等。他们是凡人,没有天上的
职位。但他们又是"父子公孙"家庭在凡间的一部分,在权力或地
位的次序上必须排在前面。在这个序列表中,冯云山作为已死去
的元勋而屈居第十一位,因而他不可能超越长次兄和驸马等而再

―――――――――
① 原抄件藏英国伦敦公共档案局。

保留天上的职位,居于第十三位的石达开自然更不在话下了。

洪秀全后期对宗教问题极为重视,据说"对同宗教无关的大部分事务抱轻蔑态度"①。但事实上,他所关注的宗教问题在观点上和理论上往往显得怪诞、多变和前后矛盾。这不是说他缺乏"宗教天才",而是由于他把宗教同他对之抱轻蔑态度的"俗情"作了过度紧密的结合。"父子公孙"体系中既没有石达开的地位,石达开的"圣神电"称号也就只能聊以自娱,在自己的队伍中行使了。

1981 年

---

① 洪仁玕对艾约瑟等的答词,载《北华捷报》1860 年 8 月 11 日,见 P. Clarke and J. S. Gregory eds., *Western Reports on the Taiping*, p. 246。

"太平玉玺"的读法

现存太平天国玉玺中有一方"太平玉玺",其读法和其中的"八位万岁"一句作何解释,长期以来学者中有不同意见。这里只谈读法。

早年谢兴尧先生、罗尔纲先生对玺文的读法是:

太平玉玺

天父上帝　恩和辑睦

天王洪日　天兄基督

救世幼主　主王舆笃

八位万岁　真王贵福

永定乾坤　永锡天禄①

---

① 谢兴尧:《太平天国的社会政治思想》,上海,商务印书馆,1935;罗尔纲:《太平天国文物图释》,北京,生活·读书·新知三联书店,1956。

简又文先生的读法不同：

太平玉玺

天父上帝　　天兄基督

天王洪日　　主王舆笃

救世幼主　　真王贵福

八位万岁　　恩和辑睦

永定乾坤　　永锡天禄①

① 简又文：《太平天国典制通考·玺印考》。

近荣孟源先生对谢、罗的读法提出商榷，认为天父天兄天王的次序不能混乱，前四句读法应为：

天父上帝　天兄基督
天王洪日　恩和辑睦①

"救世幼主"以下六句，荣的读法与谢、罗同。

简又文和荣孟源注意到玺文的读法应按照天父天兄天王的先后次序，这是正确的。但他们四位的其他读法都还有可商榷之处。

首先是玺文上半部的"恩和辑睦"一句，谢、罗的读法是放在"天父上帝"一句之后，简、荣的读法则分别插入下半部印文各句之中。考"恩和""辑睦"词语，洪秀全在其他文书中也曾使用，如《御制千字诏》末句"臣僚辑睦"，《赐英国全权特使额尔金诏》末句："西洋番弟朝上帝，人间恩和在斯乎。""恩和辑睦"系同受上帝之恩而亲爱和睦之意，这样的用句宜出现于所叙的人和事之末。在"太平玉玺"中，"恩和辑睦"的地位是在上半部，谢、罗二先生大概是按照先读上半部再读下半部的原则，把"恩和辑睦"句连于"天父上帝"之后，但这样读法，意思就不连缀而扞格难通。简、荣二先生将"恩和辑睦"分别插入下半部玺文（荣的读法只将谢、罗读法中的"天兄基督""恩和辑睦"两句互换位置），但为什么插在那里，似乎还是没有一定的规则可寻（他们所插入的地位就各不同）。我认

① 荣孟源：《太平天国的玺文》，载《历史教学》1979 年第 6 期。

为，玺文上半部的三句，"太平玉玺"是玺文之题，"天父上帝"是玺文的首句，"恩和辑睦"应是玺文的结尾。这样，玺文的意思既可以连贯，句读的次序安排似乎也可以解释。

另一个问题是，谢、罗、荣三位都在"救世幼主"句下接以"主王舆笃"，而将"真王贵福"接在"八位万岁"句下，这也可商榷。"主王舆笃"句中的"舆笃"是什么意思，今天还不能解释，但"真王贵福"系指幼主洪天贵福，这是毫无疑问的。因此"救世幼主"句必应接以"真王贵福"。谢、罗二先生之所以那样读，分析起来，他们的读法次序有一原则，即除玺文上半部先读以外，下半部八句读法系按照从左向右、从中间向外的次序（这是指玺文在印石上的地位次序即印面的地位次序，钤印后则是从右向左）。按太平天国玺印文字的次序和读法，在印石上的确一般都是自左而右。这一方"太平玉玺"的上半部，"天父上帝"四字系直书，"太平玉玺""恩和辑睦"两句的文字次序，也是由左而右。而下半部的"天兄基督""天王洪日"两句，"天王洪日"在左，"天兄基督"在右。如照通例，照玺文上半部由左而右的次序，的确应如谢、罗二先生那样先读"天王洪日"，接着也就会把"救世幼主"和"主王舆笃"相连。这种读法虽然是经过考虑按照一定的次序原则提出的，但它把天王摆在天兄之前，有关幼主的两句又互相割离，说明这样的次序原则显然存在着问题。

太平天国的尊卑次序是尚左的，左辅正军师、右弼又正军师的职位就说明了这一点。在此玉玺的印石上，"天王洪日"却刻在"天兄基督"之左，以至于有同志认为这是一种僭越。但联系洪秀全后期的整个思想和他对宗教的态度来看,他竟在玉玺玺文中公然冒犯天兄,那是不可思议的事。

我认为,这里的玺文次序是洪秀全按照基督教教义和他自己独特的宗教理论安排的,是一种尚右和从右读的特例。

据《新约》,耶稣死后复活,向一些门徒显现,"主耶稣和他们说完了话,后来被接到天上,坐在上帝的右边"①。洪秀全读《圣经》很细致,曾用这一故事来论证他的宗教理论。他反对西方基督教的圣父圣子圣灵三位一体说,他的思想是形而下的,他坚持从人格方面来理解上帝是父,耶稣是长子(他自己是次子)。他用耶稣在上帝右边这一神话来论证上帝是上帝,耶稣是耶稣,并非一体。太平天国辛酉十一年(1861)二月十九日洪秀全的一道诏旨申述此理说:"可知有父方有兄,况哥坐爷之右手! 若是同一将谁坐? 爷乃上主哥救主! ……上帝圣讳爷火华,哥名耶稣命自爷。士提反证哥立右,父大过子总无差。"②正是根据这种理论和需要,洪秀全在这方玉玺中特将天兄的地位安排在右边。所以,除了玉玺上半部的字句,下半部八句的读法应该是右左右左,从中向外。这样,其他各种读法扞格难通的问题都可以解决。

据以上的理解,玉玺全文的读法应如下:

---

① 《马可福音》第十六章。
② 英国伦敦公共档案局藏原抄件。参见本书《英国发现的太平天国新史料及其价值》一文。

太平玉玺

天父上帝　天兄基督

天王洪日　主王舆笃

救世幼主　真王贵福

八位万岁　永锡天禄

永定乾坤　恩和辑睦

说明

　　以上这篇文章曾发表于《历史研究》1981 年第 2 期。1981 年 5 月,联邦德国汉堡大学一位先生经《历史研究》编辑部转来对该文的商榷意见。他说:"王先生的读法我以为确较前几种读法通顺易解,但对他所持的理由却不敢苟同。"他认为,如何区别左右是关键问题,印文应从钤印后的正面而不是从反面即印面来区别左右。玉玺的上半部是按照汉文的传统书写次序自右而左的,下半部的书写次序不同,其原因,"从中向外,当是为了将天兄天王安置在天父上帝膝前。自左而右,则是为了尊崇天兄,故依太平天国尚左的体制,置于天王之右"。这是说,玉玺中天兄天王的位置原已符合尚左的体制,并没有什么特殊,因而他认为《"太平玉玺"的读法》所作的解释是不必要的。

　　我很高兴我们对这方玉玺的文句有共同的读法。他提出玉玺下半部之所以"从中向外",是为了将天兄天王置于天父膝前,这也是有启发性的和令人感兴趣的见解。但他认为玺文中"天兄基督"

本来就在"天王洪日"之左,是依据太平天国尚左的通例安排的,这还值得商榷。下面几段摘自我于 1981 年 6 月给这位先生的复信,可以看作对《"太平玉玺"的读法》的进一步论证。

对于太平天国尚左,我们的看法是一致的,问题在怎样辨识他们的左右。这可以从太平天国的其他文书文物得到一些启发。

建都天京以后以杨秀清、萧朝贵名义发布的《诰谕四民各安常业》布告,是刻版印刷张贴的。萧一山所编《太平天国诏谕》影印了这份布告。布告上,杨、萧的名衔和官印并列,如从读者正面来看,杨在右而萧在左。其原式略如下:

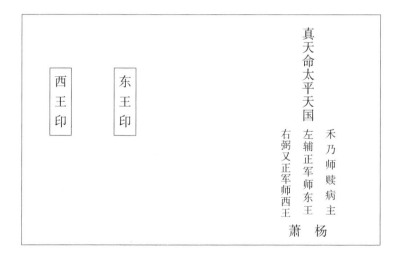

太平天国辛酉十一年(1861)洪仁玕等三人戒浮文巧言谕,也是刻版印刷的。萧一山前书也予以影印。其名衔、官印,洪仁玕居中。其余二人,如从读者正面来看,地位较高的蒙时雍在右,地位较低的李春发在左。原式略如下：

天父天兄天王太平天国

顶天扶朝纲幼赞王蒙
精忠军师顶天扶朝纲干王洪
殿前忠诚贰天将李

忠诚贰天将印	干王印	幼赞王印

太平天国辛酉十一年（1861）历书的献历奏列有十一位王的名衔。他们的尊卑次序是杨秀清、萧朝贵、冯云山、洪仁玕、石达开、陈玉成……其左右排列，从读者正面来看，却是杨右萧左，然后是冯右洪左、石右陈左……此件原刻本藏于伦敦，萧一山《太平天国丛书》第一集予以影印。十一王的位置排列略如下式：

太平天国天朝九门御林

辅王	赞王	英王	干王	西王	东王	南王	翼王	忠王	待王	章王
杨	蒙	陈	洪	萧	杨	冯	石	李	李	林

类此的事例很多。从所有这些情况来看,太平天国人物的排列,如读者正面视之,都是尊者居右,卑者居左。而太平天国尚左,这是没有疑问的,杨秀清为左辅正军师,萧朝贵为右弼又正军师就是确证。

怎样解释这种现象呢?

这似乎也可以用汉字的传统书写顺序来解释:汉字书写都是从右到左的,以上这些文书中出现的人名正是根据这种书写顺序,先写尊,后写卑,与左尊右卑的制度无关。但这样解释存在两个问题:

(1)既然按照从右到左的传统书写次序,是先写尊、后写卑;准此规则,"太平玉玺"的下半部也应该先写"天兄基督",后写"天王洪日",何以现在相反呢?

(2)我们认为这些人名是按照从右到左的汉字传统书写次序排列的,太平天国对于左右的看法同我们一致吗?

对于后一个问题,太平天国的"朝天朝主图"可以帮助我们得到解决。

太平天国的"朝天朝主图"是刻版印刷的。萧一山所编《太平天国诏谕》曾据伦敦藏件影印。"朝天朝主图"中的座位次序是这样的:

在这一座位表中,东尊于西,长兄尊于次兄,南、翼、忠尊于干、英、赞,我们似乎可以说它也是按汉字传统书写顺序先写尊后写卑的,与左尊右卑无关;如果说有左右,那是自右向左排列。但是,洪秀全的看法相反。这幅图下有洪秀全的诏旨,其中有两句:"南左干右仍旧位,挨次翼、英、忠、赞当。"这是说,南王在左边,干王在右边。这个左右,显然是从读者对面来看的。如果认为应从读者正面来区分左右,那就变成了"南右干左",与太平天国的原意正相反。

为什么太平天国的左右同我们从正面来看的左右相反?我想,这大概是因为,他们的左右是以君临于臣民之上的上帝或真圣主为主体来区分的。上帝或真圣主在所有人的对面、上面,他们面对其他人,以他们为主体来看左右,自然同其他人从正面来看左右相反了。

既然太平天国的左右是从读者对面来看的,那也就可以理解以上所举各种文书中的名衔次序,实际上仍是尊者居左、卑者居右;而不是从正面来看那样,好像变成了卑者居左、尊者居右。

而"太平玉玺"的下半部则不同。在这方玉玺中,天兄在右而天王在左,是与太平天国其他文书中名衔的尊卑次序排列原则相反的(即使不同意上述关于太平天国如何区分左右的看法,"太平玉玺"下半部文句与其他文书中名衔的排列原则相反,也是一个确定的事实。这将"太平玉玺"下半部的文句排列同上述所举出的几种文书作对照就可以知道)。不但与上述所举出的几种事例相反,而且也与太平天国其他两方金玺中天兄与天王的排列次序相反。

我们今天能看到的太平天国两方金玺钤印后的文字是这样的:

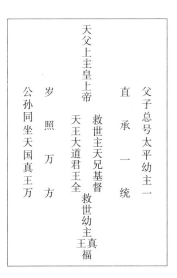
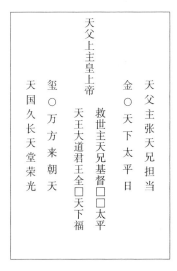

①　　　　　　　②

①印钤于天王手批艾约瑟《上帝有形为喻无形为实论》上。②印钤于太平天国辛酉十一年(1861)四、五、六月的几份天王、幼天王诏旨上。这些文献均见萧一山所编《太平天国诏谕》,据伦敦藏件影印。

在这两方金玺中,天兄、天王的左右次序是天王居右,天兄居左,与上述所举各种文书中尊卑次序的排列方法相同,但与"太平玉玺"相反。

可见,认为"太平玉玺"中的"天兄基督"四字本来就在"天王洪日"的左边,本来就符合尚左体制,那是难以说通的。因为这两方金玺就与"太平玉玺"相反。如果说"太平玉玺"下半部天兄天王的位置排列符合尚左的通例,那么,其他一切文书中的尊卑排列,包括以上两方金玺中天兄天王的位置,反而就变成反常的了;如果认为其他一切文书,包括以上两方金玺的排列是通例,那就不能不承认"太平玉玺"下半部的排列方法是与其他通例相反的特例,因而需要作出解释。由于它是特殊的,有的认为这是洪秀全僭越,有的索性认为这方玉玺是清人伪造的。这样的解释我以为缺少根据。《"太平玉玺"的读法》正是我对这一特例试作的一种解释。

"太平玉玺"和上述两方金玺中的玺文都有天兄天王,为什么两方金玺玺文中天兄天王的左右序列同"太平玉玺"不同? 对此,我的初步看法是,这可能同它们刻制的先后有关。第一方金玺是盖在批艾约瑟文上的,艾约瑟在1860年夏访问太平天国,金玺的刻制自必在此以前。这方金玺的玺文中只有天父天兄天王而没有幼主的位置,这是太平天国九到十年以前的体制,九到十年后,就是爷哥朕幼、父子公孙同坐江山了,由此可以推测增加了幼主名衔的第二方金玺大约在太平天国庚申十年（1860）刻制。至于"太平玉玺"，玺文中也是父子公孙的体制，但在太平天国辛酉十一年（1861）四、五、六月的诏旨上钤印的仍是上述第二方金玺，据此我们或者可以推测它刻制于第二方金玺之后。在刻制上述两方金玺时，洪秀全是按照太平天国左尊右卑的通例来安排天兄天王的位置的，但在刻制"太平玉玺"时，由于三位一体问题争论的需要，洪秀全按他自己的理解和特殊的思想方式回答问题，因而也就出现了天兄在右天王在左的特殊排列。

关于"天父天兄天王太平天国"

太平天国立国后,官私文件所署国号年月均作太平天国某干支某年,如太平天国甲寅四年(1854)、丙辰六年(1856)等;官员将领的印文,亦作太平天国某官,如"太平天国燕王秦日纲""太平天国天官正丞相"之类。但在后期,出现了"天父天兄天王太平天国"之称,各种文籍所署国号和官员印信的印文均以"天父天兄天王"六字冠首。《忠王李秀成自述》影印本叙此事说:

> 去年天王改政,要合内外大小军营将相,民家亦然,凡出示以及印内,具要刻天父天兄天王字样安入,□□不遵者,五马分尸。……那时人人遵称,独我与李世贤不服声称,李世贤现今亦未肯称此也。

《忠王李秀成自述》写于太平天国甲子十四年(1864),"去年"应指太平天国癸开十三年(1863)。这系《忠王李秀成自述》误记。

罗尔纲同志已以太平天国辛酉十一年(1861)洪秀全的诏旨等文书为例,指出"天王命令凡出示及印文内刻天父天兄天王字样并不是始于癸开十三年"①。但洪秀全的这项"改政"具体开始于什么时候? 实行的情况如何? 其意图和作用何在? 李秀成称对此命令独他与李世贤不服,究竟是否事实? 这些问题都还有待研究。这里试作简略的稽索和说明。

据现存原件的太平天国文籍,署写国号年份最早与"天父天兄天王"相连的,似为洪仁玕《天父天兄天王太平天国己未九年会试题》一书。但此书封面未题刊刻年份。查考太平天国己未九年(1859)发表的其他文籍,都没有"天父天兄天王"字样。可以判断,太平天国己未九年并未实行"改政",这部书虽是太平天国己未九年所写,刻印应是以后的事。

太平天国庚申十年(1860)的文书有原件传世的很多。发布、刻印较晚的是这年九月二十四日减免苏南各属钱粮诏和这年十月印行的太平天国辛酉十一年新历,但都没有"天父天兄天王"字样。《钦定士阶条例》伦敦不列颠博物院图书馆藏本,萧一山《太平天国丛书》第一集据以影印,封面题"天父天兄天王太平天国辛酉十一年新镌"。此书篇首洪仁玕、陈玉成、蒙得恩的献书奏中说,"本年十月二十一日又蒙我真圣主操劳圣心,颁降圣诏"。考蒙得恩于太平天国辛酉十一年春去世,故奏中说的"本年",不可能指太平天国辛酉十一年,而是指太平天国庚申十年,洪仁玕等作奏、序的时间,都应在太平天国庚申十年十月二十一日以后至年底之间。奏、序

---

① 罗尔纲:《忠王李秀成自传原稿笺证》(增订本),第 312 页注①。

中有"自天父天兄天王太平天国甲子科举行"和"天父天兄天王太平天国己未九年九月初九日宏开天试"之句。据此看来,在太平天国庚申十年十月以后至年底这段时间内,洪秀全似已"改政"。但实际则不然。1957年江苏常熟发现《钦定士阶条例》的另一刻本,太平天国历史博物馆编的《太平天国印书》据以影印,其版式、内容和封面所题刻印年期与伦敦本完全相同,但伦敦本洪仁玕等奏、序中"天父天兄天王太平天国"字样,常熟本都作"太平天国"。对勘之下,伦敦本显然晚于常熟本,显然是就常熟本的原版改刻了两行而重印的。由此可知,直至太平天国庚申十年年底,洪秀全并未实行"改政"。

如果我们参考利用传世的太平天国文籍抄件,那么,对于"改政"的具体时间和背景可以看得更为清楚。北京大学文科研究所和北京图书馆编的《太平天国史料》载有向达抄自伦敦不列颠博物院图书馆藏的洪秀全和他的儿子在太平天国庚申十年、辛酉十一年发的二十八份诏旨,其中提到国号的"太平天国辛酉拾壹年正月初一日天王诏旨",并没有"天父天兄天王"字样。原抄件在这份诏旨后,有天王十一年正月十三日诏,幼主正月十四日、十五日、十六日、二十日、二十六日诏,接着又有"天王诏旨",其内容是改太平天国国号为"上帝天国"。此"天王诏旨"下有"二十六日"四字而无年月,但无论从编次还是内容来判断,这份"天王诏旨"的发布年月日应为太平天国辛酉十一年正月二十六日。这份诏旨说,"改太平天国为上帝天国更合真理",并未说把"天父天兄天王太平天国"改为"上帝天国",可见这仍是"改政"以前的事。

在这以后不久,我们从太平天国辛酉十一年二月十七日的洪秀全诏书中见到了"天父天兄天王太平天国"之称①,此后就经常出现这种称谓。由此可以断定,《忠王李秀成自述》中所说的"改政",是在太平天国辛酉十一年正月二十六日到二月十七日之间发生的事。这样,我们看到,在短短的二十一天之内,洪秀全实际上有两次"改政"。第一次是把"太平天国"改为"上帝天国",规定在玺印文字和各种文书内统把"太平天国"改为"上帝天国"。但这件事可能还没有来得及实行,洪秀全就改变了主意。于是,又有第二次"改政",把"上帝天国"改称"天父天兄天王太平天国",文书、印文都要在原来的"太平天国"四字之上加"天父天兄天王"六字。

洪秀全为什么要改号改政?《忠王李秀成自述》说:"天王号为天父天兄天王之国,此是天王之计,将此来情,云天上有此之事,瞒及世人。……称天朝天军天民天官天将御林兵者,皆算渠一人之兵……恐人霸占其国。"我们且撇开这番解释,来简略地考察、分析一下历史事实。

1856年以前,太平天国在军事上虽曾受挫折,但总的来说,是蓬勃向上的。1856—1857年的"杨韦石事件",使太平天国早期反复宣传的政治信仰和宗教信仰受到严重伤害,使将士人心涣散,分散主义日益滋长。这一后果,洪仁玕在太平天国己未九年(1859)曾很坦率地指出:"即我天朝,初以天父真道,蓄万心为一心,故众弟只知有天父兄,不怕有妖魔鬼,此中奥妙无人知觉。今因人心冷淡,故锐气减半耳。"②

为挽回这种局面所作的努力,效果甚小。在体制上,杨、韦死

---

① 萧一山编:《太平天国诏谕》。
② 《资政新篇》附《兵要四则》。

后，曾经有希望重建有力的集中领导。在全军中有威望的石达开担任过"通军主将"，"提理政务"。但不久，石达开又"远征"不归。此后两年，洪秀全兼做"主"与"军师"，新封五军主将，"稍可自立"。但看来洪秀全不惯于亲自处理实际政务。太平天国己未九年以后，他把"军师"职务交给了虽然忠于太平天国但缺乏经验和威望的洪仁玕，而自己后来又声称不再亲理庶政。在太平天国后期，凡组成集中领导所必需的各种崇高职位并没有空缺，而且大多由洪秀全的兄弟子侄担任着，但这并没有增强洪秀全和天京中央政权的威望，分散主义依然存在和发展着。其所以如此，一方面是由于洪秀全的某些年幼或无知的兄弟子侄不可能起有力的实际领导作用；另一方面，也是更重要的一方面，是由于洪秀全没有在政治上、经济上提出足以重振人心、团结内部的切实可行的口号和政策。在太平天国前期，"有衣同衣，有食同食"的理想和这种理想在一定程度上的实践，是鼓舞太平天国人心的基本因素；而结合着这种理想的关于天父天兄的神学宣传，确也曾起了统一太平天国内部意志的特殊作用。宗教是人民的鸦片。但太平天国曾以特定的社会内容而使本来的鸦片暂时地变成了兴奋剂。"只知有天父兄，不怕有妖魔鬼"，就是证明。然而，1856—1857 年接踵而来的内部事件，不但使太平天国的社会理想失去了光辉，更使天父天兄差遣他们弟兄数人下凡救世这一套神话实际上彻底破产。兴奋剂的时效已失，空虚和失望导致人心的冷淡。在这种情况下，为了重振人心和加强领导，本应改弦更张，从天国回到人间，着重在人事上多做切实的努力，以有力的政治经济措施来挽回已形成的严重形势。这不是不可能的。旧式农民战争不可能有一条使农民真正得到解放和胜利的革命路线。它的领导人不可能摆脱历史的和阶级的局限性。但在这个限度内,农民战争领导人在解决所面临的各种实际问题方面,仍有很大的活动范围和施展自己政治才能的余地。然而洪秀全却终于未能有效解决这些问题。他过于脱离实际。他在"杨韦石事件"以后,继续拾起在将士心目中已经破产了的神学武器,继续并且进一步乞灵于天父天兄这一套神话。同前期宣传略有差别的是,他把重点放在自己受命于天和天父天兄天王幼主父子公孙同坐江山这一虚妄世系的神圣性上。这在太平天国后期的文献中是历历可考的,有的简直到了荒诞可笑的地步。当然,这不仅是笑剧,而且更是悲剧。我们不能要求洪秀全没有帝王思想、家天下思想。他大概认为,天父天兄既曾帮助他号召了人民,创建了天国,一定还能够帮助他维系人心,巩固领导的权威而防止"为君之权谋下夺",以为这样就可以解决"杨韦石事件"后的内部问题。殊不知,天父天兄既不能防止他自己和杨、韦、石矛盾的爆发,又何能消除矛盾爆发的严重后果呢?恰恰相反,在"人心冷淡"以后而继续高弹神的老调,继续把人的事物打上神的烙印,把人的作用归功于神的启示,将士们是不会从这里受到鼓舞激励的。

洪秀全在太平天国辛酉十一年(1861)初的改号改政就是在这样的背景下提出的,是他企图加强神学体系来解决内部问题的一系列努力中之一环。改太平天国为上帝天国的意思是,"普天一家尽归爷哥",突出这个人间的和天上的天国都是上帝即洪秀全的父亲的。而"天父天兄天王太平天国"这种称号,看来比"上帝天国"之称更能直接地表达洪秀全父子上承天父天兄来治理这个国家的神圣地位,而又能保持将士们久已习惯的太平天国之称。这大概就是洪秀全在改"太平天国"为"上帝天国"以后很快又改为"天父天兄天王太平天国"的原因。

这种改号改政,尽管洪秀全当年极为重视,但本身是一种无意义的做法,不可能产生什么积极效果。而且,刚刚下诏把太平天国改为"上帝天国",不几天又下诏把"上帝天国"改为"天父天兄天王太平天国",如此任意反复,几近儿戏,它本身就不会加强洪秀全的领导威信。

洪秀全改政以后,执行情况是颇不一律的。天京的一些将士、官员,大都遵办了。

首先是洪仁玕,他在太平天国辛酉十一年(1861)的七月初七日、八月初一日都有致"大英番译官富礼赐"的信①,八月二十三日签发了一个给外国人的通行证②,这一年他还和幼赞王蒙时雍、忠诚二天将李春发联名发布了戒浮文谕③。这些文书都把国号写作"天父天兄天王太平天国"。洪仁玕官印的印文,影印件看不清,但蒙、李的印文却可以看出已加上"天父天兄天王"六字。

忠诚伍天将任番镇总管莫仕暌在这年七月有两份文书分别给富礼赐和敛天义梁凤超,所写国号年月和官印印文都加上了"天父天兄天王"。④ 梁凤超在这年七月发的一道悬赏令,令文中的国号写上了这六个字而官印印文中则还没有加上。⑤

---

① 参见萧一山编:《太平天国书翰》六、七,北平,国立北平研究院总办事处出版课,1937。
② 参见郭若愚编:《太平天国革命文物图录补编》四八,上海,群联出版社,1955。
③ 参见萧一山编:《太平天国诏谕》。
④ 参见萧一山编:《太平天国书翰》十三、十四。
⑤ 参见萧一山编:《太平天国诏谕》。

　　留在天京的李秀成的亲弟酬天义李明成,在这一年五月至七月有四封信给富礼赐,都在"太平天国"之上加上了"天父天兄天王"。前两封信的印文没有改,第三封信的印文影印件看不清,而在发出第四封信时,官印已经更换,印文内有了这六个字。①

　　天京以外的情况却有所不同。李秀成在"改政"后当年所发的文书中,有原件影印本可考者,有五月十四日谕赖文光,十月初三日谕子侄②,十一月二十四日谕上海松江人民,十一月谕赵景贤③,国号和官印印文都没有"天父天兄天王"六字。李世贤在这一年所发的文书中,有原件可考者有劝四民归顺谕(未填月日),有十一月二十三日劝浙江子民效顺谕④,国号和官印印文也都没有这六个字。由此看来,说李秀成、李世贤不服不遵"改政"令,并非不是事实,而是实有其事。

　　然而,在太平天国辛酉十一年(1861)不遵"改政"令的,并不止于二李,还有一些较重要的将领。如殿前南破忾军主将认天义陆顺得这年十一月发给萧山县人民的门牌,讨逆主将进天义范汝增这年三月印发的门牌⑤,都不写"天父天兄天王"。特别值得提出的是,英王陈玉成在"改政"后一年,即太平天国壬戌十二年(1862)正月十四日在庐州同时发给赖文光等、马融和等及张洛行三封信,

① 参见萧一山编:《太平天国书翰》九、十、十一、十二。
② 参见萧一山编:《太平天国书翰》二、三。
③ 参见故宫博物院编:《太平天国文书》,1933。
④ 均据浙江省博物馆藏原件。
⑤ 参见太平天国起义百年纪念展览会编:《太平天国革命文物图录》八四,上海,上海出版公司,1952;郭若愚编:《太平天国革命文物图录续编》七六,上海,上海出版公司,1953。

没有一封在国号之上加写"天父天兄天王"六字。① 这说明，对洪秀全"改政"不以为然的，确实大有人在。

李秀成在太平天国辛酉十一年对"改政"不服不遵是无疑的，但从太平天国壬戌十二年起却有变化。太平天国壬戌十二年二月初六日李秀成谕忠逢朝将刘肇均，印文未变，所写国号之上则已加上了"天父天兄天王"六字。② 此后，李秀成或以李秀成名义所发的文书公据，都按此办了。例如"忠王李"在太平天国壬戌十二年发给金匮县黄祠墓祭和陈金荣的田凭③，这年九月十五日对徐少蘧的"忠王瑞批"④，所写国号以及田凭、瑞批上所盖李秀成属官印信的印文，都加上了"天父天兄天王"六字。现在能见到的他本人发出的几份最后文书，如太平天国癸开十三年（1863）九月二十九日给护王、潮王的告急信，是抄件；这年十月二十六日给吟唎的委任书，有原件的影印件，都遵行了"改政"的制度。从吟唎原书上影印的委任书看，李秀成的印信也已更换，印文上有了"天父天兄天王"六字。⑤

李世贤的态度则似不像李秀成那样有所改变。他在上述太平天国辛酉十一年两通"谆谕"以后，没有留下首尾完整的文书。天

---

① 参见故宫博物院编：《太平天国文书》。
② 参见故宫博物院编：《太平天国文书》。
③ 参见太平天国起义百年纪念展览会编：《太平天国革命文物图录》六三，郭若愚编：《太平天国革命文物图录补编》六一。
④ 据南京太平天国历史博物馆藏原件。
⑤ 据 A. F. Lindley, *Ti-Ping Tien-Kwoh: the History of Ti-Ping Revolution*（伦敦，1866）卷首影印的李秀成的委任书，书写国号上有"天父天兄天王"六字，李秀成官印的文字可辨认者有："天父天兄天王……开朝真忠军师御林兵马亲……忠义宿卫军顶天扶朝纲忠主李秀成。"

京失陷后,他在漳州有一封告人民谕和一封致英法美公使书,原件今未发现,吟唎《太平天国革命亲历记》据当时报纸的英译文收录,它们所署的国号年月,英译均无"天父天兄天王"字样。① 按吟唎此书引录的太平天国文件,如太平天国辛酉十一年十一月二十二日幼赞王蒙时雍等复英国侵略者宾汉书,其英译文在幼赞王等的衔前和书后的国号上均有"天父天兄天王"字样。② 李世贤的两份漳州文书如原有"天父天兄天王"六字,英译是不会漏夺的。由此推测,《忠王李秀成自述》说李世贤"至今"(太平天国甲子十四年,1864)对"改政"仍不服不遵,大致是可信的。

至于李秀成、李世贤的部下和江浙地区太平天国其他各级将领以及乡官的文书公据,从洪秀全"改政"以后,遵制的情况是纷纭杂出的。多数遵行了。有的彻底,书写文和印信文都加了"天父天兄天王";有的书写文改,印信文未改;有的却是印信文改了,书写文未改。但也有在李秀成已经遵制以后,其属下将领仍未遵未改的。需要提出的是,在太平天国辛酉十一年李秀成不服不遵的期间内,他的部下有些仍是遵改的。除前述他的亲弟李明成的事例外,如他的大将朗天义陈炳文属下在太平天国辛酉十一年所发易知由单和这一年十一月三十日所发营业执照,济天义黄和锦所委办的赋租总局太平天国辛酉十一年九月十四日布告③等,都是遵从了"改政"令的。看来,李秀成并未命令他的部下与他采取同一态

---

① 参见 A. F. Lindley, *Ti-Ping Tien-Kwoh*: *the History of Ti-Ping Revolution*, p. 784,787。
② 参见 A. F. Lindley, *Ti-Ping Tien-Kwoh*: *the History of Ti-Ping Revolution*, p. 418,423。
③ 参见太平天国起义百年纪念展览会编:《太平天国革命文物图录》六八、六九,郭若愚编:《太平天国革命文物图录续编》六六、五五。

度,他在太平天国辛酉十一年不服不遵,只是说明了他个人对"改政"的观感。说由于李秀成的反对而使洪秀全的"改号""改政"未能实现,那是在几个方面都不符合历史事实的。

"改政"以后太平天国的各种文书上反映出来的这些纷杂的情况,在一定程度上也说明了这种"改政"实际上缺少威信和生命力。太平天国己未九年(1859),洪秀全、洪仁玕打算加强中央集权,反对爵赏浮滥,不准各级将领对属下自行封官授印。这不失为克服分散主义的一种措施。但时隔不久,天京方面自己也实行了滥封滥赏的政策,就以现存太平天国庚申十年(1860)九月二十日至年底的十六份诏旨来看,每次一封就是十几人、几十人,有的还一封再封。这只是太平天国十年最后两三个月内的部分情况,以后的情况更为严重。数以千万计的官员将领几天几个月就升一次官,镌刻官印的任务已够繁重了,而洪秀全的改号改政,又加倍地增加了这种任务。太平天国庚申十年年底,幼主奉洪秀全之命封了四员"总典镌刻"。"改政"的结果,大概只是使这四员总典镌刻官和各地典镌刻官所属的刻字工人忙得不可开交,应接不暇。此外,还能产生什么实际作用呢?

洪秀全是伟大的历史人物。他作为太平天国反封建反侵略斗争的领导人而对历史有杰出贡献。但他不是没有自己的弱点。"相当长的时期以来,人们一直用迷信来说明历史,而我们现在是用历史来说明迷信。"①改号改政不是什么两条路线斗争的大事,对改号改政的态度不是什么评价太平天国人物的标准;相反,我们应

① 马克思:《论犹太人问题》,见《马克思恩格斯全集》,第 1 版,第 1 卷,第 425 页。

该按照历史原貌而对改号改政给予认识和评价。没有接受"改政"的陈玉成而为太平天国尽忠到底,很早就遵制遵改的陈炳文却终于向清朝呈递投降禀帖,而且在禀帖上盖上"天父天兄天王太平天国"的官印。"改政"之不能检验太平天国人物的功罪,不是很明显的吗?

1978 年 9 月

太平天国"上帝"的大家庭和小家庭

太平天国以上帝为天地人万物的创造者,由此引申出人人是上帝子女和天下一家的理论。同时,太平天国又以洪秀全为上帝的儿子,洪秀全的儿子洪天贵福为上帝的孙子,由此,上帝又有一个以他们父子公孙为主的小家庭。天下一家的大家庭和父子公孙的小家庭,互相交织和矛盾,包含着洪秀全和太平天国思想的积极方面和消极方面。这里试对太平天国两种"上帝家庭"的理论和事实作一些考证分析。

一

所有人都是上帝的子女,都是兄弟姐妹,洪秀全的这一思想早在接受梁发的宗教宣传和追索拯世救民的真理时就已提出。洪秀全相信上帝创造了天地万物,提供了人类生存的条件:开垦田亩有赖于上帝所造的地,身有所穿有赖于上帝所造的桑、麻,口有所食有赖于上帝所造的禾麦菽豆鱼虾牲畜,运用器械有赖于上帝所造的草木金铁,收成庄稼有赖于上帝出日降雨。不仅如此,人本身也是上帝造出来的,这在外国基督教《圣经》中就是上帝造出亚当、夏娃的神话,洪秀全后来把外国的亚当和中国的盘古氏相结合,称上帝所造的初人为"坦盘",这以后才有生生不已的人类。

　　上帝不仅创造了人的始祖,还给予了每个人以灵魂。基督教的一些神学家把动物分为身、魂、灵三方面,认为灵是人所独有的。太平天国宗教不区别灵和魂,统以灵魂称之,认为人的身体来自生身之父母,而人的灵魂都是上帝所赐,都是禀上帝一元之气以生以出,这就是洪秀全所说的"灵魂皆从天上来"。这样,上帝不仅创造了初人,创造了所有人的始祖,而且同一切世代的所有人都有灵魂的生育关系。为此,太平天国创造了魂父、魂爷的名词以称上帝。魂父、魂爷是比生身父母更为重要的,因为人只有有了灵魂,才得以区别万物,成为万物之灵。① 太平天国又因灵魂是人独有的,是在天上的,不能与地狱中的鬼有任何关系,所以又特创了"魝"字以代"魂"。

　　这就是洪秀全和太平天国关于"天下一家"的理论基础。洪秀全说:

---

① 洪秀全曾说"天地之中人为贵,万物之中人为灵",这曾被认为是一种"人的觉醒""人的发现"的思想。其实,洪秀全说人为贵、人为灵,是因为人是上帝之子女。对此,洪仁玕后来有更明确的解释:"若夫人为天地间一类耳,大不过于牛象,力不过于虎狮……人之贵于万物,灵于万物,能制万物,用万物,食万物,器使万物,皆天父恩赐宝贝灵魂所能然也。否则安知不为万物所服食器使乎?"见洪仁玕:《钦定军次实录》。

> 天下总一家，凡间皆兄弟，何也？自人肉身论，各有父母
> 姓氏，似有此疆彼界之分，而万姓同出一姓，一姓同出一祖，其
> 原亦未始不同；若自人灵魂论，其各灵魂从何以生？从何以
> 出？皆禀皇上帝一元之气以生以出，所谓一本散为万殊，万殊
> 总归一本。①

人的灵魂既然都是上帝以生以出，自然都是上帝的子女，都是
兄弟姐妹。但由于魔鬼的诱惑，人们久已忘记了自己和上帝的这
种父子关系，忘记了人们之间的兄弟姐妹关系。应该追寻水之源、
木之本，认识"上帝原来是老亲"，这样才能造成一个太平世界。

洪秀全在起义以前积极向人们宣传这个道理，当他们进而发
动推翻清朝统治的革命战争以后，也很明确地向人民宣传人人都
是上帝的子女。以杨秀清、萧朝贵名义发布的檄文说：

> 尔等尽是上帝子女，尔等知否？本军师实情谕尔等：尔等
> 肉身是尔凡肉父母所生，尔等灵魂是上帝所生。上帝是本军师
> 亲爷，亦是尔等亲爷，又亦是天下万国人民亲爷。此所以古语
> 云天下一家四海皆兄弟也。②

太平天国宗教中上帝和世人构成的这种家庭关系，就是他们
称上帝为"天父"的主要含义。太平天国的"天父"，同西方基督教
的"天父"意义不完全一样。西方基督教以上帝为父，据认为是由

---

① 《原道觉世训》，见《太平天国》，第 1 册，第 92—93 页。
② 《救一切天生天养及一切中国人民谕》，见《太平天国文书汇编》，第 108—109 页。

于上帝对人类的慈爱,上帝与人类各个人如父母之于子女,精神上感情上息息相通,因而称为"天父",这是一种拟人化的联系。而太平天国的天父观,如上所述,是以上帝创造人、生养人的理论为基础的,"天父"之与世人有着相当于父亲生育儿女的血统联系。所以太平天国的"天父",是有着具体意义的父,是大家庭的家长。

家长有严肃的家规,这就是上帝的圣诫,即太平天国的十大天条。家规的前四条,即"崇拜皇上帝""不好拜邪神""不好妄题皇上帝之名""七日礼拜颂赞皇上帝恩德",都是关于子女和家长的关系,要求子女绝对地尊崇他、孝敬他。第五条以下各条,即"孝顺父母""不好杀人害人""不好奸邪淫乱""不好偷窃劫抢""不好讲谎话""不好起贪心",都是对上帝子女之间相互关系的要求。上帝是一位严父,对于子女之不守家规而坚执不改的,就不认他们为子女,要罚入地狱;但上帝也是慈爱的,他看到很多子女受魔鬼之惑走入歧途,就割舍了自己的长子耶稣为他们捐命赎罪,子女按照家规办的,就可以得到他的恩爱看顾。

上帝大家庭的发现,是太平天国向往的大同世界的基础。既然普天下人,包括身为军师的东、西王都是上帝子女,都是兄弟姐妹,互相间就不应该有"此疆彼界之私",起"尔吞我并之念",而是应该有无相恤、患难相救。洪秀全说:"他人有难尔救他,尔若有难天救尔。见人灾痛(病)同己病,见人饥寒同自饥。""人有灾难同体恤,莫学愚人彼此分。"①这些都是从人人是兄弟姐妹的关系而提出的要求。太平天国很有力地发挥过上帝子女之间的伦理准则。他

—————————

① 《天父诗》一百零五、《醒世文》,见《太平天国》,第2册,第448、505页。

们说：

> 即以凡情而论，各有父母，不能无同姓异姓之分；各有室家，不能无此疆彼界之别。要知万姓同出一姓，一姓同出一祖，其原未始不同。我们蒙天父生养以来，异体同形，异地同气，所谓四海之内皆兄弟也。今者深沐天恩，共成一家，兄弟姊妹，皆是同胞，共一耾爷所生，何分尔我！何分异同！有衣同衣，有食同食；凡有灾病，必要延医调治，提理汤药；若有孤子孤女以及年岁衰迈者，更宜小心看待，与其盥浴身体，洗换衣服，斯不失休戚与共、疴痒相关之义。盖安老怜幼恤孤，皆出自东王体天父好生之心，天王胞与之量，是以恩及下民，无微不至也。①

这里谈到了上帝的子女之间要衣食与共，扶持灾病老幼。与此密切相关的是，他们从上帝大家庭的观念中推演出人无私财、田产均耕的社会经济理想。《天朝田亩制度》说：

> 盖天下皆是天父上主皇上帝一大家，天下人人不受私，物物归上主，则主有所运用，天下大家处处平匀，人人饱暖矣。此乃天父上主皇上帝特命太平真主救世旨意也。

所有的产业都应该交给大家庭的家长，由他分配运用，以使所

---

① 《天情道理书》，见《太平天国》，第 1 册，第 382—383 页。

有子女都能吃饱穿暖。1854年6月访问天京的英国人询问太平天国是否规定了共同占有土地、房屋和其他财产,他们答复说:"田产均耕一事是也。人人皆是上帝所生,人人皆当同享天福,故所谓天下一家也。"①这是更加明确地把"田产均耕"看作"天下一家"的应有之义。

田产均耕的理想反映了农民对于土地的现实要求。但在太平天国的意识形态中,它却渊源于上帝是天下凡间大共之父,人人的灵魂都是上帝所生这一宗教教条。从这里,我们可以看到"上帝大家庭"的观念在政治伦理方面的价值。

二

洪秀全和太平天国在谈论"上帝大家庭"时,常常提到"胞与"一词。这出自北宋哲学家张载。张载认为天地是人类的父母,所有人都是亲兄弟,其他万物都是人类的朋友,所以他说:"民,吾同胞;物,吾与也。"②这就是所谓"民胞物与"的思想。

这一思想与太平天国的上帝大家庭观念基本吻合。洪秀全很欣赏张载的话,他在《原道觉世训》中论证"天下总一家,凡间皆兄弟"后说:"此圣人所以天下一家,时廑民吾同胞之怀而不忍一日忘天下。"杨秀清、萧朝贵告诉人民说:"本军师体上帝好生之德,恫瘝在抱;行仁义之师,胞与为怀。"③杨秀清答复英国人的诰谕,称洪秀

---

① 《麦华陀等1854年6月访问天京文件辑录》,见《太平天国史译丛》,第1辑。
② 张载:《正蒙·乾称》。
③ 《奉天诛妖救世安民谕》,见《太平天国文书汇编》,第108页。

全"奉天行道,凡事秉乎至公,视天下一家,胞与为怀"①,如此等等。"民胞物与",的确构成了太平天国思想的一部分,也是他们常用的词。②

张载是一位有进步思想的哲学家。"民胞物与"是应予积极评价的对人民表示同情的思想。他认为,既然人们都是亲兄弟,所以应该尊高年,慈孤幼,帮助有困难的人,"凡天下疲癃残疾、茕独鳏寡,皆吾兄弟之颠连而无告者"③。他还主张实行井田,"以天下之土,棋画分布,人受一方,养民之本也"④。但张载并不认为"亲兄弟"之间的政治地位是平等的。他说:"大君者,吾父母宗子;其大臣,宗子之家相也。"⑤宗子对于庶子,当然有着优越的地位。

很相似的是,在太平天国上帝的大家庭中,子女也是分类分等的。如同张载把大君称为父母之宗子一样,太平天国上帝的大家庭中,君长被认为是家长的长子、能子,庶民被称为愚子,善正即善人、正人,是肖子,强暴是顽子。⑥ 这种分类,有的是品性之差异,有的是政治地位之不同;政治地位的高下又决定了才能的优劣,君长、庶民之被称为能子、愚子,就是这样。

这是太平天国对上帝子女的直接分类。他们还间接地表述过上帝子女的各种差别。例如,在大家庭中,"其后来归从者"即大部

① 《麦华陀等 1854 年 6 月访问天京文件辑录》,见《太平天国史译丛》,第 1 辑。
② 洪仁玕供词别录(萧一山《清代通史》引录)说:"乾吾父也,坤吾母也,故称天父。"按"乾父坤母"之说见于张载《正蒙·乾称》。
③ 张载:《正蒙·乾称》。
④ 陈伯瀛:《中国田制丛考》,上海,商务印书馆,1935,第 145 页。
⑤ 张载:《正蒙·乾称》。
⑥ 参见《天条书》,见《太平天国》,第 1 册,第 73 页。

分庶民、愚子,由"首领督之为农,耕田奉上",而另一些"功勋等臣",则"世食天禄","子子孙孙,得袭官员"。在这些"功勋等臣"中间,等差也是很严密的,连其子女也有不同的地位:王的长子是管理世间的,故称"世子",王的女儿贵如金,故称为"金";其他人的子女分称公子,将子、玉、雪等,界限很分明。①

曾国藩攻击太平天国,曾从这个"大家庭"作文章,说:"自其伪君伪相,下逮兵卒贱役,皆以兄弟称之,谓惟天可称父,此外凡民之父皆兄弟也,凡民之母皆姊妹也。"说这是"举中国数千年礼义人伦诗书典则,一旦扫地荡尽"②,这是对太平天国思想和制度的歪曲。太平天国固然以上帝为天父,人人为兄弟姐妹,但这只是在人的灵魂是上帝所生的意义上构成一个大家庭,并不否定人间的家庭人伦和君臣之道;相反,他们对这些人伦纲常极为重视。太平天国称人的父母为肉父母、肉亲、血亲,以区别于灵魂所自生的天父。洪秀全在提出上帝大家庭这一观念的同时,也突出了孝顺父母的重要,说:"父兮生我母鞠我,长育劬劳无能名。恩极昊天难答报,如何孝养竭忠诚。"③太平天国的许多文件都强调孝敬肉亲,把它列为十大天条的第五款,提到与孝敬天父等同的地位。

对于由肉亲关系而产生的其他家庭关系,太平天国也极为重视。太平天国最早刊刻的书籍之一《幼学诗》全面规定了家庭中各种人相处的规范,有家道、父道、母道、子道、媳道、兄道、弟道、姐道、妹道、夫道、妻道、嫂道、婶道、男、女道等项。它们要求"家庭

---

① 参见《天朝田亩制度》《太平救世歌》《太平礼制》。
② 《曾文正公全集·文集》卷三,《讨粤匪檄》。
③ 《原道救世歌》,见《太平天国》,第 1 册,第 88 页。

亲骨肉"之间和睦相处,以求上帝降福;和睦相处的基础是各人摆正自己的地位,即父母兄弟夫妻等按照当时中国社会的道德规范各就各位。如以夫妻之道为例,"夫道本于刚,爱妻要有方。河东狮子吼,切莫胆惊慌","妻道在三从,无违尔夫主。牝鸡若司晨,自求家道苦"。夫妻双方虽然都是上帝的子女,是兄弟姐妹,但在实际生活中的关系是并不违背"中国数千年礼义人伦"的。

根据上帝大家庭的观念,太平天国的君相兵卒都是上帝子女,所以他们的确都以弟兄姐妹相称。但另一方面,君相兵卒在实际生活中也各有自己的地位,有严格的互相关系之道。《幼学诗》中关于这方面的有三条:朝廷、君道、臣道。其中规定,"生杀由天子,诸官莫得违","王独操威柄,谗邪遁九渊","伊周堪作式,秉正辅朝纲"。就是要在一个专制而英明的君主领导下做到君明臣良。至于兵民人等,也各有不同的义务。官兵之间,"贵贱宜分上下,制度必判尊卑","上不可以贵凌贱,下不可以卑逾尊";官民之间,"为官头顶守官箴,秉公正直奉法行","为民务宜守本份……纳款当差凛遵行"①。

归结太平天国关于家庭的、朝廷的这些实际伦理关系,它们十分确切地表现于洪秀全说过的一句话中:"君不君,臣不臣,父不父,子不子,夫不夫,妇不妇;总要君君、臣臣、父父、子子、夫夫、妇妇。"②

把太平天国的一些思想、制度同他们的"上帝大家庭"联系起

① 《醒世文》,见《太平天国》,第 2 册,第 504、505 页;《佐天侯陈承瑢告官员兵士等恪遵定制晓谕》,见《太平天国文书汇编》,第 90 页。
② 《王长次兄亲目亲耳共证福音书》,见《太平天国》,第 2 册,第 515 页。

来,就可以看出,这个大家庭内部实际上没有平等的关系。家长和子女自然是不平等的。上帝和它在人间的代表的意志是无上的命令:它对于所有子女都有生死祸福的大权。子女之间也是不平等的,这在上文已有所叙述和分析。这些官官之间、官民之间的差异,包括"世食天禄"者和"耕田奉上"者的差异,并不只是职业、职务的高低,而是身份地位的不同阶梯。

但这个大家庭也有平等的一面。既然所有人,包括君王、大臣的灵魂都是上帝所生,他们的灵魂就都是平等的,都有升入天堂或沉沦地狱的平等机会,这就是所谓"原罪的平等"。恩格斯说过,基督教除了原罪的平等,至多只在开始时还承认过上帝选民的平等。[1] 太平天国宗教没有明确的"选民"观念,虽然洪秀全偶尔使用过"选民"一词。太平天国以上帝为天下凡间大共之父,所以称东、西洋人都是"同家人",但又把上帝主要看作中国人的上帝,凡属"华夏"都是上帝之子女。在这样范围的大家庭内,固然存在等差、阶梯,但在其中的大部分,即"耕田奉上"者中间,却都可得到人人饱暖的允诺,获得一份同样的财产,即"田产均耕"。如果这也是"平等",那么,这种范围内的"平等",是与全体范围内的不平等联系着的。

黑格尔认为,在中国封建社会中,一切人在皇帝面前都是平等的,也就是说,都是卑微的。[2] 其实,中国封建社会的人民没有平等,只有卑微。在太平天国上帝的大家庭中,"愚子"固然也是卑微的,但家长是仁慈的,能从上面赐予他们雨露阳光,赐予他们田产

---

① 参见恩格斯:《反杜林论》,见《马克思恩格斯选集》,第 2 版,第 3 卷,第 445 页。

② 参见[德]黑格尔:《历史哲学》,第 209 页。

均耕、同衣共食、灾病相恤、人人饱暖的"大福"。这是家长恩施于
下,对子女无微不至的关怀。太平天国所构想的这种大家庭,是封
建社会中的农民所能产生的最美好的政治伦理思想。我们要重视
这种大家庭的历史价值,但不能误以为它的成员具有平等的政治、
社会地位。

三

在太平天国的宗教观念中,除了存在一个以上帝为家长、以天
下人为兄弟姐妹的大家庭,还有一个以上帝、耶稣、洪秀全、洪天贵
福"父子公孙"为中心的小家庭。在这个小家庭中,上帝仍是家长,
耶稣是长子,洪秀全是次子,洪秀全的儿子洪天贵福还过继给伯父
耶稣,是上帝的孙子,上帝、耶稣各有原配妻室,是洪秀全的天妈、
天嫂。此外,杨秀清、冯云山、韦昌辉、石达开也一度是这个家庭的
不明确的成员,后来只留下了杨秀清而被确定为上帝的第三个
儿子。

基督教认为上帝是个"灵",是无形无体的。太平天国宗教有
时似乎接受了这一理论,但实际上,洪秀全、杨秀清等的观念与此
完全不同。上帝首先是有形有体的,洪秀全梦魂升天时所见到的
就是一位有形体的上帝,他后来还降临于人体说话,如杨秀清搞的
上帝附体传言。对这些与当时西方基督教不同的观念和做法,期
望太平天国是一次基督教运动的某些西方人士曾试图加以解释,
认为这是由于太平天国没有完备的《圣经》,是受到了"神人同形"

观的影响。①　其实,太平天国宗教中的许多特异观念,主要并不是由于对基督教经典的误解,而是他们根据自己的需要所作出的创造;其渊源和土壤则是中国民间的迷信。例如杨秀清搞天父下凡,不可能是从《圣经》中模仿的;出于当时拜上帝会内部问题的需要,杨秀清创造了天父下凡,而当时当地流行的降僮巫术,就为他进行这种创造提供了足够资料。至于太平天国以为上帝有一个有妻有子、儿孙满堂的家庭,那在《圣经》中更是全无记载,完全是洪秀全独出心裁的创造。

在神学理论上,上帝除大家庭以外还有一个小家庭,是重叠而又矛盾的。既然上帝是一切人的父亲,洪秀全当然也是上帝的儿子,天下人应该都是洪秀全的兄弟姐妹;根据太平天国关于君长是上帝的长子、能子的观点,洪秀全就是这个大家庭的长子。此外,洪秀全还有一个凡间的小家庭,有自己的生身父母。每一个人都只能分为灵魂和肉体两部分,每一个人的灵魂和肉体都有明确的来源,那么,从逻辑上说,除了上帝的大家庭和肉身的小家庭,就没有其他家庭存在的余地。但洪秀全认为还有一个以上帝—洪秀全—洪天贵福为中心的家庭,它不同于上帝的大家庭,也不同于凡间的小家庭。其所以不同于上帝的大家庭,是因为洪秀全不是上

---

① 密迪乐就是一位代表。他认为,太平天国宗教的神人同形观不足以使它不成为基督教,西方的基督徒虽然在理论上认为上帝是"灵",但也不能摆脱神人同形观的影响,天主教的教堂画就把上帝画成一个老人。他还为天父附体传言这类事寻找解释,说《圣经》中有不少关于上帝同人谈话的记载,上帝的灵有时会注入人体,使他们在圣灵激动下说话,这时的人体就成为"圣灵之庙"。他说,《圣经》虽有这些记载,但《圣经》也明确宣布,所有这些现象都已不会再有了。但太平天国的《圣经》译本不完备,所以他们不懂得上帝已不可能再通过人的嘴同人说话。见 T. T. Meadows, *The Chinese and Their Rebellions*, p. 418,436。

帝生灵魂这种意义上的上帝之子，他是上帝的原配老妈肚子里生出来的。但上帝和老妈生出的，似乎也不是洪秀全的肉体，因为他的肉体是他的君王父、君王母所生，这是确实的存在。这样，洪秀全就制造了难以圆满解释的矛盾：要建立他同上帝的特殊亲子关系，就必须超越上帝同其他子女之间的生育灵魂的关系；而要超越这种关系，扩大及于生育肉体，就会否定肉父母的存在。

洪秀全不理会这一矛盾，在上帝的大家庭之外，另建了一个小家庭。到太平天国后期，他试图解决这一矛盾，说他在"未有天地之先，既蒙天父上帝原配即是天妈肚肠生出"，后来上帝差他"作主凡间"，命他由"天上另一位亚妈肚肠而生以便入世"①。这是说，洪秀全降生过两次，一次在上帝还没有创造世界的时候，天父和原配夫人生了他；一次是嘉庆十八年（1813）十二月初十日他入"这位亚妈之胎"——这似乎指他的肉母，但又说她是天上的另一位亚妈。这样匪夷所思的解释，自然只能越说越糊涂。正是由于建立上帝小家庭在理论上与大家庭是不统一的，有矛盾的，所以，如下面将要提到的，在太平天国内部也有人对之表示过怀疑。

洪秀全为什么要离开"上帝大家庭"的理论轨道，另外提出一个小家庭呢？简单说来，这是由于政治上的需要，是为了证明太平天国运动和他本人领导这次运动的神圣性。洪秀全在接受梁发的宣传之初，就已提出"天父上帝人人共"，提出人人是上帝子女，人人应当信拜上帝。他确信自己的灵魂曾经升天，他是受上帝特派来宣传真道的使者。这样的宣传，对于促使一些拜偶像者转而信

---

① 《钦定旧前遗诏圣书批解·圣人约翰天启之传》第十二章，见《太平天国史料》，第86—87 页。

奉上帝、建立一个互助友爱的团体,也许是够用的,但要发动人民追随他起来革命造反打江山,在他看来就不能适应了。他需要进一步密切自己同主宰一切的上帝之间的关系。杨秀清、萧朝贵相继以天父天兄附体传言,也刺激他必须创造出他同上帝的密切关系。"真命天子"的故事他是熟悉的,但如果笼统地称自己为"天子",似乎不足以同"人人是上帝子女"的观念有突出的区别。所以,他需要建立与上帝的特殊亲子关系,把具有最大权威的上帝作为自己的亲父,为自己同时也为太平天国戴上神圣的光环。而要建立这样的亲子关系,天妈是不可缺少的。这样,上帝也就有了一个小家庭。

洪秀全构造上帝的小家庭不是一次完成的。大体上可以分前、后期来考察它的形成、发展过程和其中的问题,这样可以比较具体地理解它的意义和洪秀全的思想。

四

"上帝小家庭"的提出,首先是在金田起义以前的戊申年即1848 年冬天;到建都天京以后的太平天国癸好三年、甲寅四年,即1853 年、1854 年,"小家庭"有了完备的形态,得到了较广泛的宣传。

现存太平国文献中首先谈到这个小家庭的,是戊申年冬"诏明"的《太平天日》。这本书描述洪秀全丁酉年(1837)梦魂升天的情况,说天上有"天母"称洪秀全为"我子",天母引洪秀全去见"爷爷"即父亲,上帝对洪秀全称耶稣为"尔兄",耶稣称洪秀全为"胞弟",耶稣有妻,洪秀全称为"长嫂当母"之"天嫂",洪秀全在天上也有妻有子。天父、天母、天兄、天嫂、洪秀全、洪妻、洪子、洪的众小妹,组成了一个"琴箫鼓乐,快活无穷"的家庭,洪秀全接受"爷爷"的委派,下凡来诛灭妖魔,作万国之真主。

我们今天见到的《太平天日》是在太平天国壬戌十二年(1862)印行的。我们不能十分肯定洪秀全在1848年时已构成了这样完整的家庭,但其基本内容,特别是称洪秀全为上帝次子、耶稣胞弟这一点,必在当时已经"诏明"。太平天国后期,外国传教士报道李秀成、洪仁玕都说过洪秀全在1848年曾又一次升天,这必然是指这一年冬天"诏明"《太平天日》之事。洪秀全称自己是上帝之次子、耶稣之胞弟,在起义过程中曾发挥鼓动人心的作用。抛别家园、扶老携幼前去金田会集的起义弟兄,"人人相信洪秀全是上帝派来作他们的首领的"[1]。这一点,也得到了以天父身份发言的杨秀清的支持。起义时杨秀清以天父传言告诫太平军将士:"天父生全为尔主,何不尽忠妄修前。"[2]

从太平天国现存的文献来看,洪秀全的这种身份虽然早经确定,但公开地较广泛地宣传却是在建都天京以后。在建都以前的三篇著名檄文中,有两篇谈到洪秀全曾升天见上帝,上帝命他下凡为太平真主,但没有特别提出他是上帝的儿子、耶稣的胞弟;建都以后的一些文件却经常谈到这一点。《建天京于金陵论》中,黄再兴的论文说:"今我主天王,天父皇上帝次子也。"以杨秀清名义写

---

[1]《太平天国起义记》第十节。
[2]《天命诏旨书》辛开元年三月十八日晚二更在紫荆山茶地,见《太平天国》,第1册,第61页。

的《太平救世歌》说："盖天兄是天父之太子，天王是天父第二子也。"韦昌辉在同英使文翰的翻译官谈话时说："中国君主即天下之君主，他是上帝次子。"杨秀清在天父杖责洪秀全事件后对洪秀全说："二兄性格是天父生成，子肖父性。"又说："神爷教真子丝毫无隐。"这些文告、谈话都出现在建都天京以后半年多时间内。不仅如此，这一时期内的出版物《三字经》也首次公开描述了洪秀全在天上的家庭：

皇上帝	海底量	魔害人	不成样
上帝怒	遣己子	命下凡	先读史
丁酉岁	接上天	天情事	指明先
……	命同兄	是耶稣	逐妖魔
……	天母慈	最恩爱	……
天嫂贤	最思量	……	戊申岁
子烦愁	皇上帝	乃出头	率耶稣
同下凡	……	帝立子	存永远。①

这本儿童读物首次公开宣布了上帝在天上有这样一个家庭，洪秀全属于这个家庭。它基本上包含了太平天国己未九年（1859）以后出版的《太平天日》的内容。

戊申年冬"诏明"《太平天日》，大概只是口头的宣布，而建天京以后的宣传却是公开的、文字的和比较频繁的。它在太平天国内

---

① 《太平天国》，第1册，第226—227页。

部造成较深的印象，并且在内部和外部都引起了不同的理解。曾同韦昌辉、石达开会晤谈话的英国翻译官密迪乐，试图对洪秀全之称为上帝次子作出他自己能够接受的解释。他说，尽管洪秀全被称为上帝次子，但他同天父仍然是属灵的关系，是在一切人的灵魂都是上帝所生而洪秀全是这一切人中的最伟大者的意义上才有这样的称谓的——其实这不符合洪秀全的原意。但他同时也认为，太平天国的宗教正在越来越夸大洪秀全最初就具有的神人同形倾向，把上帝的"父道"从精神性质的变为肉体的和有限的。他说：

> 关于这方面，尚未有正式出版物，但他们在与外国人的正式交往中至少已表示出一种倾向，把天父描述为一个人体，有人的感情和形体，穿着如人，圣母玛利亚是他天上之妻，等同于中国众神中之天母，认为她不仅是耶稣之母，而且也是其他几个儿子之母。与此相应，他们还想从中国民间的众女神中给耶稣找一个妻子，认为耶稣有一个有子有女的家庭，其子女即上帝之孙。[1]

密迪乐认为这一套都是杨秀清干的；杨秀清及其追随者是太平天国宗教中佛、道成分的代表者，正在同代表孔教成分的洪秀全作斗争，以使自己得以在这一新宗教中获得地位。[2]

密迪乐的观察是有错误的。他访问天京时曾得到了对天妈天嫂等有所描述的《三字经》，说 1853 年尚未有这方面的出版物，这

---

[1] T. T. Meadows, *The Chinese and Their Rebellions*, p. 423, 440.

[2] 参见 T. T. Meadows, *The Chinese and Their Rebellions*。

是他的疏忽。他说这个上帝的小家庭是杨秀清搞出来的,也全无根据。从杨秀清死后洪秀全继续构造上帝小家庭的一些做法来看,洪秀全、杨秀清在这一问题上不可能有分歧,真正的构造者毋宁说是洪秀全。但密迪乐看到了太平天国上帝观念的变化,这是符合事实的。因为洪秀全早期所写的几篇著作虽然是神人同形的,但阐述上帝和世人的关系大体上还是精神的关系;上帝有一个家庭,洪秀全是这个家庭之子,是后来提出的,是洪秀全由于需要而引起的思想发展。但太平天国上帝观念的这种变化发展,在1853年建都天京以前宣传较少,所以不仅密迪乐不知道,甚至太平天国内部也有人感到茫然。

根据1853年12月访问天京的一位法国神父报道,他同一名担任丞相秘书的广西老兄弟讨论了宗教问题。法国神父问他是否真的相信洪秀全是天父的儿子、耶稣的兄弟,这位广西老兄弟居然给予了否定的回答。他认为,上帝既然是纯灵,就不会同凡人一样有妻有子。他说,"天母""天嫂"是一些新兄弟在编书时为着同"天父""天兄"对称而加上去的,这使人认为天母是天父之妻,天嫂是天兄之妻;但在他看来,真正的意思只应该是在天国里大家都是兄弟姐妹。这位老兄弟还说,他相信洪秀全是上帝派来根绝地面上的偶像崇拜的,但有人以至若干首领给予这种关系以过度的性质,当然由此也就格外增加了对事业的信心。他承认他对这个问题还有疑问,并说洪秀全还没有为自己作出一个更清楚的解释。①

法国神父能说汉语,双方交谈的障碍较小,所报道的这位老兄

---

① 参见法国传教士访问天京后的一封信,见 P. Clarke and J. S. Gregory eds, *Western Reports on Taiping*, pp. 102-104。

弟的思想可能是大体真实的。他怀疑上帝会有这样的家庭，但承认这种说法能增加对事业的信心。至于他把出版物中出现的"天母""天嫂"说成是不明教义的新兄弟偶然加上去的，这当然不是事实，而只可能是他内心的期望。事实是，在此半年以后，太平天国更进一步地肯定了天母、天嫂和上帝小家庭的存在。

1854 年 6 月，再次访问天京的英国爵士麦华陀（Sir W. H. Medhurst）等人向太平天国询问说："你们给予耶稣以天兄称号，给予天王以次兄称号，这是否推论出来的；后者实际上是上帝之子，抑或仅是取譬如此。"太平天国以杨秀清的名义回答说：

> 天王是上帝第二子，是天父圣旨真命。兼天王亲自上过高天，一一奉聆天父明命，是天父二子，为天下万国真主，凿凿有据也。①

又说：

> 我主天王是上帝亲子，天兄胞弟。②

除了正面答复，杨秀清还在提问中明确指出，"上帝原配是我们天母，即生天兄耶稣这个老妈"，"耶稣原配是我们天嫂"。同时，杨秀清询问外国人说，既然你们拜上帝、拜耶稣很久了，你们知道"上帝前既生太子耶稣，今复生子否"，"生有好多子否"，"耶稣生

---

① 《麦华陀等 1854 年 6 月访问天京文件辑录》，见《太平天国史译丛》，第 1 辑。
② 《麦华陀等 1854 年 6 月访问天京文件辑录》，见《太平天国史译丛》，第 1 辑。

有几子否","耶稣长于今年几多岁否",耶稣生有几女,长女今年几岁,上帝有多少孙男孙女,并且还问,你们是否知道上帝、耶稣有多高大,面色如何,肚子多大,胡须什么颜色、什么样,戴什么,穿什么,等等。①

这份文件是由石达开、黄玉崑起草而经杨秀清以他的名义写给英国人的。按照它的重要性和内容文字,它必经洪秀全寓目,甚至有他的手笔。

这是一份十分奇特的文件。它充分地、淋漓尽致地表达了洪秀全和太平天国关于上帝的小家庭和神人同形的观念。对于这份文件向对方提出的问题,有一些我们可以从太平天国的文献中找到答案。如他们曾描述,上帝身材高大、魁梧,满口金胡须,一直拖到肚脐,头戴高边帽,身穿黑龙袍,坐装严肃,衣袍端正,两手覆在膝上,两脚八字排开,而且他的肚子有笭那么大,所以饭量很大。② 这样一些问题和他们对问题的回答表明,他们在这里完全排除了上帝是"灵"、是无形无体的理论,尽管他们刚刚出版的一本"旨准颁行"的书《天理要论》是十分明确地宣传这一理论的。③

马克思说过,"通过分析来寻找宗教幻象的世俗核心,比反过

---

① 参见《麦华陀等1854年6月访问天京文件辑录》,见《太平天国史译丛》,第1辑。
② 参见《王长次兄亲目亲耳共证福音书》《太平天日》。这两种书是后来出版的,但都是讲洪秀全上天见到上帝的故事,其内容必已在一定程度上早已有所传布。太平天国向英国人提出这些问题,目的并非向他们"请教",而是为了向他们表明,太平天国对上帝和耶稣的了解比英国人多,尽管英国人拜上帝、拜耶稣已很长久,但现在,上帝的真传是在太平天国。所以,提出的问题必然已有自己的答案。
③ 《天理要论》是英国传教士麦都思所著,太平天国截取其前八章略加改易作为官书于太平天国甲寅四年(1854)出版。

来从当时的现实生活关系中引出它的天国形式要容易得多"。① 太平天国予以这样具体描述从而使一些外国人目瞪口呆的上帝及其家庭,不是别的,正是洪秀全的世俗生活和思想的直接投影。洪秀全在信拜上帝以后,就模仿着梦幻中依稀见到过的上帝,"态度高尚而庄严,坐时体直容庄,双手置膝,两脚分列而从不交股,辄正襟危坐不俯不仰亦不斜倚左右"②。这是一位严肃的道貌岸然的大人先生形象。他说这是天上的父亲教他这样做的,实际上,他是按照自己的形象和想象塑造了天上的父亲。其之所以描述天上父亲的胡须是金色的,可能是由于他自己的胡须就是砂红色的,也可能是模糊地反映了西方传教士在他脑海中的留影,以象征天父是中国的也是番国的大共之父。但上帝仅仅有人的形象是不够的,他还必须有人的属性。费尔巴哈认为基督教的上帝是人的本性的反映。作为太平天国的上帝,他对太平天国的社会属性有充分的反映,但这里还需要他具有世俗的人的具体属性,即七情六欲,娶妻生子。洪秀全要使上帝成为自己的父亲,超越上帝生育灵魂的意义,就需要上帝具有这种属性。洪秀全早就从《劝世良言》中知道耶稣是由圣灵所感童女所生的神话,但他后来认为需要改变耶稣的降生方式,使耶稣成为上帝和原配老妈所生的长子,以便于使洪秀全自己能够成为上帝和老妈所生的第二个儿子。这位上帝也不会只娶一个老妈。老妈是原配,即是正宫。洪秀全说他降生入世是从"天上另一位亚妈肚肠而生",可见天上的亚妈绝不止一位。

---

① 《马克思恩格斯全集》,第 1 版,第 23 卷,北京,人民出版社,1972,第 410 页注(89)。
② 《太平天国起义记》第八节。

可以看出，为了神化洪秀全，就不得不人化上帝，而人化上帝的材料就来自洪秀全本人和他所见到的世界。恩格斯说："即使是最荒谬的迷信，其根基也是反映了人类本质的永恒本性。"①太平天国上帝的小家庭，正是这样一种反映的较初级、较直接的形态。

五

在太平天国前期的上帝小家庭中，杨秀清、冯云山等人的地位是不明确的。

洪秀全成为上帝次子以后，接着引起的是冯云山成为三子，杨秀清成为四子，萧朝贵为帝婿，韦昌辉、石达开为第六、七子。这件事，在建都天京以前似乎也没有广泛宣传，但在建都以后的文献中却屡屡提到。杨秀清称洪秀全为二兄，他自己是"兄弟雁行居第四"，又说："自我兄弟五人赖蒙天恩主恩授封为王，恭承天父亲命下凡，辅定真主。"②洪秀全称他们几人为"胞"，并说，"朕同胞等皆是亲承帝命下凡"，只有他们几人可以在金龙殿设宴，其他一切人臣只能在朝厅食宴。③ 这并非他认为杨秀清等不是人臣，而是因为他们既是人臣又是兄弟（他称杨秀清为良臣良弟）。这种兄弟、同胞关系，显然不仅是指"灵魂同自天上来"，因为就灵魂而论，不得在金龙殿食宴的一切人臣也都是天父生的。

前已提到的太平天国给英国人的文件提问了上帝生有多少儿

---

① 《马克思恩格斯全集》，第1版，第1卷，第651页。
② 《太平救世歌》，见《太平天国》，第1册，第241、244页。
③ 参见《天父下凡诏书二》，见《太平天国》，第1册，第48—49页。

子,密迪乐的报道说太平天国官员认为天妈不仅是耶稣之母,而且也是其他几个儿子之母。这些都暗示或表明杨秀清等几个人也是上帝和老妈所生的儿子。但是,太平天国的出版物如《三字经》《太平天日》所描述的小家庭中,却没有他们的地位,上帝的亲生儿子,只提到耶稣和洪秀全。这是什么原因呢? 非常可能,这是由于洪秀全此时还不愿意作出明确的规定。我们需要考虑的是,尽管杨秀清掌握了巨大的权力,但宗教毕竟是洪秀全的专有领域,他对此有巨大的兴趣和权威,因为人人都承认他亲自到过天上。

在太平天国前期的上帝小家庭中没有明确地位的杨秀清,死后被宣布为上帝三名亲生子之一。洪秀全在太平天国戊午八年(1858)冬给英使额尔金的诏旨说:"朕乃上帝第二子,哥暨东王同胞连。"①稍后,他在《新约》上作的批解说得更明确:"东王是上帝爱子,与太兄暨朕同一老妈所生。"②

杨秀清在死后被吸收为小家庭的成员,是有原因的。"杨韦事变"和石达开出走,不仅极大地削弱了太平天国的实力,而且严重地损害了太平天国的思想体系,包括它的宗教体系。太平天国的意识形态是头足倒置的。一切立足于现实社会经济基础的活动,都被称为来自上帝的指示,是为了恢复上帝的荣光。但上帝指示的见证何在呢? 迄今为止,他们主要依靠两条:一是洪秀全自己,首先是他的升天幻梦,他由此而建立了上帝次子的地位和领导太平天国的使命;二是杨秀清、萧朝贵假托天父天兄附体传言,特别是杨秀清。他们由此而获得权力,同时也支持洪秀全,使其神圣性

---

① 《赐英国全权特使额尔金诏》,见《太平天国文书汇编》,第 44 页。
② 《钦定旧前遗诏圣书批解·约翰上书》第五章,见《太平天国史料》,第 85 页。

得到一种证明。因此,不管杨秀清被杀是否出于洪秀全的指示,最终恢复杨秀清的名誉地位和承认他同上帝的亲密关系,几乎是必然的。他被明确地承认为上帝的亲儿子,有助于维护洪秀全宗教的完整性。

后期的太平天国上帝小家庭一方面有杨秀清参加,另一方面则是新出现了天父天兄的继承人洪天贵福,形成了父子公孙三代人。在前期,太平天国也认为上帝有很多孙男孙女,但并未指明具体的人,并未赋予这些不知名的孙子孙女以任何重要性。太平天国戊午八年(1858),幼主洪天贵福,已是一名有四个妻子的九岁少年,被宣布为耶稣和洪秀全的共同继承人:"朕立幼主继耶稣,双承哥朕坐天都。幼主一半耶稣子,一半朕子迓天麻。代代幼主上帝子,双承哥朕一统书。"①此后,洪秀全就让洪天贵福练习政事,用他的名义发布命令。洪天贵福发的诏旨总用"奉天爷天爹暨爹命"几个字开头。"天爷"就是天上的祖父上帝("爷"字在南方既可用来称父亲,也可用以称祖父),"天爹"就是天上的过继父亲即耶稣,"爹"当然是洪秀全。

洪天贵福之明确成为上帝小家庭的第三代,构成父子公孙一系,其政治上的意义是十分清楚的,这就是洪秀全希望借此以巩固他们父子对太平天国的领导。它是洪秀全必然会有的"家天下"思想的表现。天父天兄在太平天国已有相当悠久的存在,他们是无上的权威。将士们浴血斗争,在理论上是为了争上帝之纲常。宣布洪秀全是上帝的儿子,洪天贵福是上帝的孙子,并且代代幼主都

---

① 《赐英国全权特使额尔金诏》,见《太平天国文书汇编》,第44页。

是上帝的后代，就可以使洪秀全的家天下等同于上帝的家天下。而上帝是至高无上、主宰一切、世人感恩报德唯恐不及的绝对权威，上帝的家天下当然是天经地义的了。洪秀全常说，"爷哥朕幼同御世"，"爷哥朕幼永作主"，"扶朕幼乃扶爷哥，父子公孙同显权"，并把"父子公孙，同坐天国"等字样刻入金玺，爷哥和朕幼这样密切地结合在一起，其意义是表现得再明白不过了。至于把幼主过继给耶稣，似乎也有深意。耶稣是上帝的长子，洪秀全是次子，皇上帝的嫡长子自然应是太子，"天兄成太理昭昭"，所以洪秀全后来称耶稣为"太兄"。洪秀全以次子而世世代代为万国真主，耶稣以太子而后嗣不明确，这不但是个遗憾，而且也是个漏洞。耶稣早有原配天嫂，太平天国也考问过英国人，耶稣有多少子女，长子、长女多少岁，洪秀全还明确说过耶稣有三子二女，但这一切都不如把洪天贵福过继给耶稣，让洪天贵福一半是耶稣的儿子、一半是洪秀全的儿子，能使问题得到圆满的解决。

这里可以顺便提到的是，在洪秀全构造的上帝小家庭中，耶稣、洪秀全、杨秀清虽然都是上帝和原配老妈所生，但只有耶稣、洪秀全的后代得为万国真主，杨秀清应该是洪天贵福的"天叔"，但无论生前死后，他始终只是"人臣"，并未与耶稣、洪秀全鼎足三分。

在太平天国后期，洪秀全多次亲自发表文告宣传上帝小家庭的存在；他在后期同外国传教士的矛盾，直接或间接都与此有关。双方的根本分歧在于上帝是否有形，是否上帝、耶稣、圣灵"三位一体"等问题，而对这些问题的不同回答，都涉及上帝是否有妻有子，洪秀全是否上帝的儿子。洪秀全1847年曾向之学道的美国传教士罗孝全，1860年来到天京。洪秀全给罗孝全下诏旨说："孝全，认得

尔主、尔神、尔爷、尔哥来否？西洋同家人暨众圣徒，认得尔主、尔
神、尔爷、尔妈、尔哥、尔基督、尔先师、尔太嫂来否？……醒否？信
否？"①这是要求罗孝全确认天父、天妈、天兄、天嫂的存在和他们已
下降太平天国。他在给罗孝全的信中，明确地说："天父是朕亲爸，
基督是朕胞兄，与朕同一老妈所生。"天父、天兄、洪秀全本人和他
的儿子，父子公孙三代是一个神圣的四人体。② 另一名英国传教士
艾约瑟写了一篇《上帝有形为喻无形乃实论》送给洪秀全，这涉及上
帝的小家庭能否存在的基础，被洪秀全大加批改，题目也被改为《上
帝圣颜体神不得见论》。他说，上帝的圣颜你们是见不到的，但是我
见到过："基督暨朕爷亲生，因在父怀故见上。……前朕亲见爷圣颜，
父子兄弟无惝恍。"③他正是用上帝亲子的身份来证明上帝有形。

在太平天国内部，后期的洪仁玕对洪秀全构造的上帝小家庭
抱有怀疑态度。洪仁玕虽是洪秀全最早的信徒，后期又尽忠于太
平天国，但他对洪秀全的宗教，很早就有某些保留。他向韩山文叙
述洪秀全的早期历史时，没有提到戊申年（1848）冬诏明《太平天
日》的事，这不是偶然的。④ 他到天京后提出的《资政新篇》，包含
了一些对宗教问题的见解，据说其中原有关于上帝无形的观点，审
阅时被洪秀全删去。尽管如此，留下来的一些话，如说"上帝为爷，

---

① 《赐通事官领袖接天义罗孝全诏》，见《太平天国文书汇编》，第 52—53 页。

② 参见 Joseph Edkins, "Narrative of A Visit to Nanking", in Jane Edkins, *Chinese Scenes and People*, 1863, p. 269。

③ 萧一山编：《太平天国诏谕·天王手批艾约瑟撰〈上帝有形为喻无形乃实论〉》。萧
一山跋将洪秀全所改题目误为《上帝金颜体神不得见论》，此据伦敦所藏原件辨识
校正。

④ 有将《太平天日》作为洪仁玕的作品者，这完全没有根据。

以示包含万象;基督为子,以示显身指点",实际上仍与洪秀全的看法很有差异。洪仁玕对于洪秀全之自称上帝之子、基督之弟,是有保留的,认为这表明了洪秀全对基督神性的看法不完整。他对天妈、天嫂之说也有不同看法,据说写过一篇《天妈天嫂辨正》,但没有流传下来,不知有些什么内容。[1] 洪仁玕在政治上是竭力支持洪秀全的。他相信洪秀全在 1837 年得到了上帝的启示。他也宣传天王和幼主具有作为人君的种种祥瑞征兆。以他的地位、立场和思想,他对洪秀全的上帝小家庭的观念只可能提出某些不同的理解,而不会在原则上公开提出反对的意见。

六

马克思说:"人创造了宗教,而不是宗教创造了人。"[2]恩格斯也说,宗教之所以在某一点上还有某些理由受到人的尊重,是由于它们的内容是以人为本源。[3] 太平天国宗教充分证明了他们的论断。

太平天国宗教主要是洪秀全创造的,它的本源就是洪秀全和以他为代表的人、阶级。他们千百年来在小块土地上耕作,没有分工,没有科学,也没有丰富的社会联系。他们自耕而食、自织而衣的生活,经常遭受官府、地主和自然力的打击而变得动荡不安甚至

---

[1] 参见《北华捷报》,1860 年 8 月 11 日;P. Clarke and J. S. Gregory eds., *Western Reports on Taiping*, p. 244.

[2] 马克思:《〈黑格尔法哲学批判〉导言》,见《马克思恩格斯选集》,第 2 版,第 1 卷,第 1 页。

[3] 参见恩格斯:《英国状况——评托马斯·卡莱尔的"过去和现在"》,见《马克思恩格斯全集》,第 1 版,第 1 卷,第 651 页。

沉沦到饥饿线下挣扎。他们的愿望就是获得、保住或者扩大这块土地,有衣有食,无灾无难,过太平日子。他们养活了整个社会,但并没有意识到他们是社会的主人。他们掀起过冲击封建统治的大风暴,但并没认识到自己的力量,总是希望从茫茫苍天中找到救星。因而他们并不能真正理解自己的存在,而总是把自己的存在转给彼岸之神的幻影,然后由彼岸之神大发慈悲,把一部分恩典还给他们自己。一个既主宰他们又满足他们的绝对权威,无论是世俗的还是天上的,现实的还是幻想的,正适应了他们的利益和存在。他们作为上帝的"愚子"而在大家庭中占有一席之地,是不会计较上帝的"能子"、上帝的小家庭君临在他们头上的。甚至相反,没有上帝的"能子"、上帝的小家庭,谁来使大家庭中的芸芸众生各得其所呢?所以,可以说,无论上帝的大家庭还是小家庭,都在很大程度上反映了他们的本性。

但是,大家庭和小家庭之间也会有矛盾。构造它们的理论是不统一的,这在前面已经谈到了。它们所起的政治作用,它们的利益,也可能互相冲突。怎样证明人人是上帝的子女呢?宗教告诉人们:因为你们的灵魂是上帝所生。但要让人们相信这一点,特别是在激烈的革命战争中要使人们相信这一点,它总还应该表现于人们的肉体得到了温饱。灵魂的得救应该表现为肉体的得救。怎样证明上帝小家庭的存在呢?宗教告诉人们,因为天父天妈会生孩子,洪秀全是从天妈肚子里出来的。但要使人们接受这一神话,小家庭应该关心大家庭,使芸芸众生能够各得其所。小家庭的存在是有赖于大家庭的存在的。如果上帝只顾子女的灵魂而不顾他们的肉体,如果上帝只照看自己的小家庭而忘记了大家庭,那么,上帝也就会失去自己的大家庭和小家庭。

当洪秀全开始提出"天父上帝人人共"时，他曾像基督教的古圣先贤那样，"为了拯救世人的灵魂而鞭笞自己的肉体"。他"戒尽烟花酒僻等事"，甘愿跋山涉水风餐露宿，向上帝的子女宣传天堂永生之路。自称上帝的亲儿子、造出了天父天妈的小家庭并起来革命以后，他宣告，上帝的子女不仅"在天享福无疆"，而且在世"威风无比"，人人都得享受大家庭之福，田产均耕，有衣有食。正当他在"小天堂"的金龙殿里系统地构造小家庭的时候，他也宣布了使大家庭的所有子女"共享天父上主皇上帝大福"的方案——《天朝田亩制度》。看来在那时，洪秀全谱写的小家庭和大家庭的协奏曲，音律还是协调的，和谐地代表了他自己和他所代表的群众。

但是，到了太平天国后期，情况有了变化。洪秀全的兴趣越来越集中于弹奏小家庭狂想曲，而大家庭的乐曲则几乎成了失去的乐园，再也没有在洪秀全的乐谱中占有重要的篇章。

我们试以比较简单的方法来略微说明这一点。

太平天国庚申十年（1860）苏州归入太平天国版图，而上游安徽军事日趋失利。军政外交百务丛集，但洪秀全表示对"凡情"不感兴趣，让他的儿子出面，奉天爷天爹和他的命令封赏了一批又一批勋旧功臣，自己则致力于"天情"即宗教，写了不少作品。太平天国既以宗教立国，致力于写宗教作品不算怪事——放弃了政务那是另外的问题。对我们所考察的问题来说，上帝的大小家庭也都是以宗教的形式出现的。洪秀全在这一时期所写的作品，具体来说，从1860年下半年到1861年上半年一年间所写的作品，保存下来较多，这很有利于我们考察他在这一时期的思想和志趣所在。

下面将这些作品按时间排列,并对其内容作简要说明。

太平天国庚申十年(1860)七月,命其兄洪仁发、洪仁达记录和证明洪秀全丁酉年(1837)升天的故事,刊刻《王长次兄亲目亲耳共证福音书》。其中说,洪秀全当年升天时就歌唱"皇天上帝朕亲爷""堂堂天母朕亲妈""耶稣救主朕胞兄"等句。

太平天国庚申十年某月(可能是九月)十三日,颁发《收得城池地土梦兆诏》①,其中讲了三个梦:二月初七日,他母亲(应是肉母)梦见东、西、南王奏称去打苏州,现苏州果然克复;九月初六日早五更,他梦见天兵天将进贡宝物;十三日早五更,他又梦见天将报告收复了城池。他要史官把这些梦记下来,叫大家"欢喜顶江山"。

太平天国庚申十年某月(可能是九月)十五日,颁发《打死六兽梦兆诏》,讲了该日早五更时的两个梦。一梦是见到四只虎,刚用手打而忽然惊醒。于是他重新入睡,请上帝再降梦兆,接着在梦中见到四虎已死,共打死四虎二狗。他要史官记下这些梦,以记"爷哥朕幼"的江山万万年。

太平天国庚申十年九月二十四日,发布《谕苏省及所属郡县四民诏》诏旨说,上帝、基督带领他和幼主坐江山,"照见民困发政仁",酌减应征钱漕正款,以舒民力。

太平天国庚申十年九月以后,《赐通事官领袖接天义罗孝全诏》要求罗孝全认识"父子公孙非两主","认得尔主尔神尔爷尔妈尔哥尔基督尔先师尔太嫂"来到了太平天国。

太平天国辛酉十一年(1861)正月初一日,《万象皆新诏》称,

①　本文以下诏旨标题,除注明者外,均据《太平天国文书汇编》。

"父子公孙同作主","爷妈哥嫂同下凡",万象皆新。

太平天国辛酉十一年正月十三日,《长谢爷哥福久长诏》称,"爷哥朕幼永作主",要信实爷哥,长谢爷哥。

太平天国辛酉十一年正月二十六日,《改太平天国为上帝天国诏》称,"普天一家尽爷哥",改国号为上帝天国。

太平天国辛酉十一年二月十七日,《太平天国今日是诏》称,一切均须归荣天父天兄,"爷哥在天朕真日,同创太平万万年"。

太平天国辛酉十一年二月十八日,《爷哥今来无爽约诏》①称,"哥朕由爷一体出","爷生哥朕实同胞","天王有真爷生定,父子公孙同当担"。

太平天国辛酉十一年二月十九日,《欲求永福进窄门诏》证明上帝独一,耶稣不是上帝。"生哥暨朕共老妈。爷亲教朕读神诗,凭诗认爷今无差。爷又命哥教朕读,天嫂劝哥悠然些。"

太平天国辛酉十一年二月二十一日,《永定印衔诏》规定,自东、西王至豫王二十人印中刻"顶天扶朝纲"字样。

太平天国辛酉十一年二月二十四日,《同天同日享永活诏》称,中华原是天国,上帝命洪秀全诛妖。同世皆三子爷即上帝、基督和洪秀全之人,同天同日得享永活。

太平天国辛酉十一年四月二十七日,《眼见天日主乾坤诏》称,"朕妻朕子爷妈带,麦基洗德实朕全"。

太平天国辛酉十一年五月初九日,《坚耐踊跃同顶纲常同手足诏》说:"熊万泉,进鹦鹉,能言圣旨瑞祥吉。亚父山河,永永崽坐,

---

① 以下三件原藏英国伦敦公共档案局,题目是我暂加。

永永阔阔扶崽坐。鹦鹉所讲,上帝圣旨,诏称瑞鸟爷恩锡。”

太平天国辛酉十一年五月十六日,《万国来朝及敬避字样诏》讲了三个梦:十一日五更“亲身觐父皇”;十五日四更“亲征”,“杀妖灭鬼”;十五日五更他的“又正月宫”梦中听见天上说:“尔请天王宽心胸,天下太平漫漫来。”

还要提到的是,1860—1861 年间,洪秀全在太平天国新版的《新旧约》上写了七十九条批语,有的长达四五百字,大量发挥他是上帝亲子,他和耶稣、杨秀清都是一个老妈所生的理论;还多次说《旧约·创世记》中的耶路撒冷王麦基洗德就是他;他是太阳,他的妻子是太阴,天兵天将是天星,神羔之妻就是天嫂,“呼朕为叔”,如此等等。

从这一年的情况来推测,洪秀全写作很勤,有的时候几乎每天颁布一份诏旨。① 但它们的内容,几乎完全是关于他在天上的小家庭,反复申明它的存在,同时借助于它来证明江山是久长的。至于上帝的大家庭,却完全没有谈到。当然我们不能遗漏他在 1860—1861 年间重新颁行了《天朝田亩制度》,但比之这一期间他新创作的大量“天话”“梦话”,那就显得微不足道了。

既然洪秀全和他的“爷哥”已经不关心大家庭,那么,大家庭自然也会离开洪秀全和他的“爷哥”,只留下“爷哥朕幼”的小家庭。

1981 年

---

① 据太平天国壬戌十二年(1862)四月至癸开十三年八月在天京的陈庆甲说:“每日午后放炮九声,悬伪诏于门外,所言皆天话、梦话,并无一语及人间事。”见《太平天国史料丛编简辑》,第 6 册,第 402 页。

太平天国后期铨政紊乱的原因

太平天国从金田起义之初到定都天京以后的六七年间，对于爵赏的颁赐和将士的升迁赏罚，基本上是合理而严肃的。凡有战功、能够招军筹饷或有其他功绩的，都可以得到应有的荣誉和奖励；凡是犯法或在军事上丧师失地的，则不论是谁，都要受到严厉的惩处；至于国家的官职爵位，即使是末秩微职，也要由中央最高领导方面统一掌握。太平天国这种严密的铨选制度在鼓励将士为革命事业舍身奋斗方面起了很大作用，这是连当时太平天国的敌人也认识得很清楚的。[1]

但是到了太平天国后期，这种合理的制度却遭到了破坏，出现了把封官设职当作儿戏的情形，甚至许多对革命没有什么贡献的人，都因种种关系而得到了高官显爵。以王爵来说，太平天国末年就有两千七百多个，至于王爵以下的义、安、福、燕、豫、侯六级爵

---

[1] 参见《贼情汇纂》卷三。

位,则多得不可胜数。这种爵赏浮滥的情形对革命事业起了很坏的、消极的作用,产生了"各争雄长,苦乐不均,败不相救"的恶果。李秀成在自述中对这点曾有很沉痛的批判,认为封王太多是太平天国十一误之一。

为什么合理的铨选制度遭到了破坏呢?这种紊乱的情形是从什么时候开始、是在怎样的条件下发生的呢?对此,有一种看法认为是东王死后主政不得其人而产生的,其初始于洪仁玕以无功而骤封王爵。但这样的看法并不完全正确,它没有充分注意到铨选制度的紊乱,首先是太平天国后期内部形势的产物。

我们先来考察一下事实。太平天国封爵不遵严格的制度是否发生在太平天国己未九年(1859)以后?引起这种情况的直接导火线是否由于封洪仁玕为干王,其后遂越封越众,不可收拾?这需要弄清楚这样两点:

第一,在太平天国己未九年以前有没有爵赏浮滥的情形?

第二,洪仁玕封干王后是不是就引起了王位"日封日众"的现象?

对于第一个问题,我以为首先应该明确的是,王爵只是太平天国官制中的一种,要考察太平天国后期爵赏是否浮滥,不应该只看王位是否滥封,而且还要看其他官爵的设置是否有很随便的情形。在这方面,材料虽然缺乏,但是也有一份重要的史料可以帮助我们认识这个问题,这就是洪仁玕《立法制喧谕》。我们今天所见到的这份"喧谕"没有署年月,但谕中有"金田起义于今九年矣"及"英王陈玉成"呈请议定赏罚之法等语。陈玉成封英王是太平天国己未九年六月间的事。据此可知此谕系在太平天国己未九年六月以

465

后至年底以前这段时间内所发。在这份"喧谕"中，洪仁玕指出了太平天国的铨选制度已经极不健全，许多将领"动以升迁为荣，几若一岁九迁而犹缓"，纷纷要求中央封给他们所要的职位，对于中央规定的按照功劳确定升赏的办法不耐烦，甚至"私镌印信""私给官凭""私与官职"，情况的紊乱已经到了"再一隐忍姑息，我辈并无生理"①的地步。这份"喧谕"极明白地告诉我们，太平天国爵赏之乱并不是始于太平天国己未九年以后，而是在太平天国己未九年以前就已经相当严重了。

关于第二个问题。在太平天国己未九年以后，爵赏浮滥有加无已，这的确是事实。但就王位来说，是不是由于洪仁玕封王就日封日多了呢？事实并不完全是这样。洪仁玕封干王是在太平天国己未九年四月，陈玉成封英王、李秀成封忠王分别在同年六月和稍后。但到太平天国庚申十年（1860）冬，太平天国封王的，除已出走的石达开外，只有干王、英王、忠王、赞王、侍王、辅王、章王七人。② 到太平天国辛酉十一年（1861）四月，太平天国封王的还只有十余人。③ 许多独当一面的重要将领以及曾经参加金田首义的人，在这段时间都还没有封王。从洪仁玕封王以后的两年间，太平天国只封了十几个王，而这十几个王中，多数都是对革命有重大贡献的领袖人物，似也不能说这就是一种乱政。到了太平天国癸开十三年（1863）三月，即洪仁玕封干王以后的四年，太平天国封王的已

---

① 《太平天国史料》，第147—149页。
② 参见太平天国辛酉十一年天历献历奏。
③ 郭廷以《太平天国史事日志》附录《爵职解说》部分介绍了曾访问天京的外国人关于1861年春天时太平天国共有多少王的几种报道，有十、十一、十五、十六等不同说法。

有九十余人。① 这说明了滥封王爵的情形已经发生。但从九十多个王到太平天国中央政权灭亡时的两千七百多个王,其间还是有很大的距离;而从九十余王进到两千七百多王却发生在太平天国癸开十三年三月到太平天国甲子十四年(1864)六月这一年零三个月的短时期中。从这里可以看到,太平天国封王浮滥的情形是集中地发生在太平天国辛酉十一年以后,特别是太平天国癸开十三年以后的最后一年中。根据这种实际情况,似乎不能认为太平天国己未九年洪仁玕被封为干王就是太平天国爵赏浮滥之源。

现在我们再来考察一下,太平天国己未九年以前就已经出现的铨选制度遭到破坏的情形,是由于什么原因产生的? 这首先要到太平天国后期内部形势中去找。

在金田首义之初,密谋发动革命并在实际上组成领导核心的是洪秀全、冯云山、杨秀清、萧朝贵、韦昌辉及石达开等人。虽然,反映着单纯农民战争的阴暗面,在起事之前和起事之初,领导核心的内部就曾有过斗争,杨秀清取得了凌驾于冯云山之上的地位而成为洪秀全以下的实际领导人,但总的说来,这个领导核心的内部基本上是团结而坚强的,对整个革命队伍的控制是集中而有力的。特别是杨秀清,是有才能的军事家和组织家,直接领导了革命从首义以至定都天京以后的全部过程,在全军中享有很高的威望,使中央对全军各级将领和地方官员的指挥有指臂相使之效。任何一种革命,特别是在战争的时候,集中有力的领导总是必要而有利的。

---

① 参见《曾文正公全集·奏稿》卷十八,《沿途察看贼情军势片》(同治二年二月二十七日)。

这种情况是太平天国前期政制统一、法令严明,包括铨选制度有条不紊的基础。

不幸的是正当太平天国在军事上政治上都取得了极大成就的时候,却在太平天国丙辰六年(1856)发生了杨韦之间的内讧和太平天国丁巳七年(1857)石达开出走的事件。对于这两次事件的后果和影响,人们往往只看到由于自相残杀而造成了力量的削弱,很少重视它对于太平天国中央的集中有力的领导的破坏。内讧使杨秀清、韦昌辉相继被杀,唯一在太平军全军中享有威望且足胜统帅之任的石达开又被迫出走,这样在原来的领导核心中就只剩下了洪秀全一人。洪秀全本来是太平天国革命的创始者,但他在定都天京以后,实际上反而没有直接处理政务。如果说这种不正常的状况是由于杨秀清的"挟制"所致,那么,在杨秀清死后,应该是洪秀全直接掌握军事政治的指挥权的机会。但是从现有史料看来,洪秀全似乎并未如此,主要的还是以教主自居,没有亲自担负起以前杨秀清所做的工作,如在太平天国辛酉十一年(1861)的时候,还假托天父梦中下凡,说天父要他勿再自理庶政。太平天国戊午八年(1858),太平天国以蒙得恩为正掌率,分封五军主将。太平天国己未九年(1859)以洪仁玕为军师,总理政务。于是局面稳定,"稍可自立"。但是,这次调整不但在人事上有很大的缺点(如蒙得恩,在才德方面均不足以胜正掌率之任),而且就其意义来说,主要的也只是配备了若干独当一面的重要干部。至于说到重建强有力的统一领导,这次调整只是在法律上而没有在事实上起到这样的作用。负有总理政务全责的洪仁玕是在建国的革命战争中没有什么劳绩的新来者,他虽然有学识而且忠于太平天国,但他没有能够在许多勋旧和将领中间建立起威望。① 在这种情况下,虽然大多数将士矢志忠于太平天国的信念没有动摇,并且正是依靠他们的艰苦奋斗,太平天国才得以在内讧以后维持政权至七八年之久,但是也应该承认,不顾大局、争夺个人的权力地位等农民战争所本来具有的消极因素,在许多拥有实际兵权的将领中间却有了滋长。他们认识不到维持统一政令对于事业成败的意义,因而出现了不尊重法制,要求甚至可以说是"要挟"国家按照他们自己的愿望给予种种爵位官职的情形。对于这种情形,洪仁玕在《立法制喧谕》中曾有很明确的说明。他恳切地向全国将领官员说明了统一国家法制的重要性,指出以前军事上的胜利是由于"令行禁止由东王而指臂自如",当时的穷塞则是由于"出死入生任各军而事权不一",遵守国家的法制已经成为"今兹万不容己之急务"。他不满意许多将领不尊重国家制度的行为:

> 且如弟等意见,动以升迁为荣,几若一岁九迁而犹缓,一月三迁而犹未足。夫国家机要惟在铨选,现经颁发钦定功劳部(簿)章程,而弟等犹迫不及待,设仍各如所请,自兹以往不及一年,举朝内外皆义皆安,更有何官何爵可为升迁地耶?②

他根据英王陈玉成的建议,经过天王的批准,在"喧谕"中要求按照"功劳簿章程"由中央统一掌握升赏制度,各级将领不得私自封官设职。

---

① 如洪仁玕《立法制喧谕》中有"陈平进而绛灌有言,诸葛尊而关张不悦"之语。
② 洪仁玕:《立法制喧谕》,见《太平天国史料》,第147—149页。

从这份文件中,我们可以看到,太平天国后期爵赏的浮滥,首先是事权不一,中央失去强有力的统一领导的结果。

对于这种铨选无定制的情形,洪仁玕曾经想从加强中央的领导着手,从根本上加以纠正。洪仁玕在太平天国己未九年(1859)的《资政新篇》中,首先提出了"禁朋党之弊"的政策,指出要避免违反朝廷封官设将的原意而造成结盟联党的后果。他在《立法制喧谕》中也表示必须实行"立赏查"等诸项办法。这些办法,应说是切中时弊的。但徒法不能自行,洪秀全既不亲理政务,缺乏威信的洪仁玕自然难以使这些政策产生实效,爵赏浮滥的情形并没有好转。譬如现在所见的"幼主诏旨"十六份,就几乎完全是升赏官员的命令。从太平天国庚申十年(1860)九月二十日到十二月三十日的三个多月间,从这十几份诏旨来看,就封了义爵十三人,安爵三十六人,福爵一百四十八人,燕爵一人等,其中有的人在不到一个月的时间内就从福爵升到了安爵。[1]

当时太平天国出现两种分散倾向:一是将领对天京朝廷的分散倾向,高级将领自成势力,对部下自行授官授印是表现之一;二是有些将士对太平天国的离心倾向,这是经历了"杨韦事变"后对太平天国的失望情绪引起的。《忠王李秀成自述》中称为"各有散意",只因清朝统治者对广西人"斩而不赦","是以各结为团,故未散也"。显然,后一种离心倾向对太平天国有更大的危险。洪秀全认为,要收拾人心,只有"加恩惠下",普遍加官升爵,因而也不可能认真支持洪仁玕提出的严格爵赏制度的办法。"加恩惠下"的政策

① 参见《太平天国史料》,第107—118页。

收到了暂时的效果,"自此一鼓之锐,振稳数年",但它也可能加深前一种分散倾向。在实行"加恩惠下"政策的初时,洪秀全不是不想加以控制,所以高级职位如王爵的授予在太平天国辛酉十一年(1861)以前还称不上浮滥,但这道防线是难以守住的,特别是洪秀全后来还希望以众建诸侯而少其力的办法来平衡高级将领的势力。这样,就使铨政紊乱愈演愈烈,最后出现了两千七百多个王的局面。《忠王李秀成自述》说:"主见失算,封出许多之王,言如箭发难收,又无法解,言(然)后封王俱为列王者,因此之来由也。"洪秀全知道失算了,但他找不到更好的政策来处理太平天国后期的内部问题和鼓舞士气,只好在这条失算的道路上走下去。

1956 年 8 月

壬戌十二年石达开的招兵告示和行军活动

一

1963 年,我从一家学术杂志上见到石达开太平天国壬戌十二年(1862)招募兵壮"训谕"的照片,同时读到了对这份"训谕"的考释文章。同年,我写了一篇读后,发表在同一家杂志上。这篇读后虽然是批评论难之作,但大部分内容是关于石达开在 1862 年行军活动的正面叙述。今将文字稍予改易,收入本书。

石达开这份募兵"训谕",据萧一山报道,熊志韬《勿盦笔记》曾有著录。熊书我未见,不知曾否记及它的来源。石达开在太平天国壬戌十二年发布的文告,传世的还有给"涪州城内四民人等"的"训谕",原件于 20 世纪 50 年代初期曾在故宫午门城楼"近代史陈列"展出。

将这两份"训谕"的照片加以对照,可以看出所盖的印都是双龙纹长方形,中书"太平天国圣神电通军主将翼王石达开",字体花纹似乎都相同,尺寸则无从比较。因招募兵壮"训谕"上所盖的印虽经见到原件的考释者注明印长七寸八分、宽三寸九分,但《太平天国革命文物图录补编》影印的告涪州四民"训谕",却未注明所盖印的尺寸。最近,刘世凯同志提供给我一份材料,是记录石达开在大渡河被俘后情况的残片,其中记有"印,八寸长,四寸宽,上龙头,左右二龙下水脚"等语,与这份招募兵壮"训谕"所盖印的尺寸基本一致。从照片来比较和从招募兵壮"训谕"的内容来看,似乎没有足以否定这份招募兵壮"训谕"真实性的充分理由。由于这份"训谕"未编入史料书,现据我收藏的照片著录于下,以供研究参考。

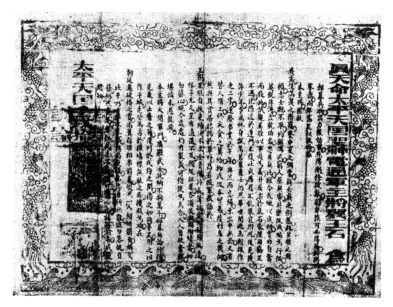

石达开招募兵壮训谕

473

真天命太平天国圣神电通军主将翼王石为招募兵壮、出力报效事:照得冲锋破敌,固力强可必得胜;斩将搴旗,而年富足以取功。缘本主将匡扶真主,诛满夷之僭窃,整中夏之纲常,解士庶之倒悬,拯英雄之困顿。志士抱不平,均愿讲武;穷人原无告,共乐从戎。编为行伍,英锐非夸,立就功名,忠勇无比。虽今教炼以成材,实由自奋而致此。试观英雄以事夷为羞,甘屈志于泉石;豪杰因勤王不遇,犹隐逸于蓬门。未获吐气扬眉,不能攀龙附凤。复见几许少年,多属终身飘荡;若辈勇士,仍然毕世闲游。为轻振作之二字,遂废事业于千年。非流而忘归,亦出乎无奈。又有替人佣工,终衣食之莫给;抑或微本贸易,获利息之几何?然与其贫居拮据于草野,曷若投军报效于王朝?果能自拔来归,决不求全责备。片长薄技,定即录用无遗;俗子凡夫,岂有遴选不及。愿从征者,各须放胆;图树绩者,切勿躐心。现今处处均有聚义,可惜徒为乌合;人人皆欲奋兴,堪怜未遇龙飞。本主将大开军门,广罗武士。收纳不拘万千,招募无论什伯。先教以止齐之节,复列于戎行之间。待之如同手足,用之以作干城。先登为勇,于疆场标无敌之名;后殿为功,在朝廷邀破格之赏。尚冀群雄,相率前来;纵然一人,何妨独至。称戈比干,乃少壮之能事;得爵受禄,亦忠勇所无难。慎勿落魄自甘,仍然裹足;当知见才不弃,尽可宽心。特此谕告,咸使闻知。

太平天国壬戌拾贰年　月　日

训谕

石达开的这份招募兵壮"训谕"是有价值的史料。从最近(1963年)发表的关于这份"训谕"的考证文章(本文以下简称《考证》)中见到了原件的照片和著录,我作为太平天国史的爱好者和业余研究者,感到非常高兴。

石达开这份募兵"训谕"的内容很明白:"招募兵壮,出力报效"。时间也很清楚,写明是太平天国壬戌十二年(1862)。它说明,在这一年,石达开曾经张贴布告,招募战士,来补充自己的军力。这对于我们研究石达开后期的战斗生涯,有一定的帮助。募兵"训谕"还反映了一个值得注意之点,就是石达开招募士兵的主要对象是穷苦人民和零散的地方起义力量。石达开在"训谕"中,一则说,"志士抱不平,均愿讲武;穷人原无告,共乐从戎";再则说,"又有替人佣工,终衣食之莫给;抑或微本贸易,获利息之几何?然与其贫居拮据于草野,曷若投军报效于王朝?"三则说,"现今处处均有聚义,可惜徒为乌合",希望群雄"相率前来;纵然一人,何妨独至",希望他们"慎勿落魄自甘,仍然裹足"。可见这份"训谕",主要是对着穷苦无告的下层人民说话,鼓励他们参军,起来反抗清政权的反动统治。石达开于太平天国壬戌十二年入川以后,和四川以及云南、贵州的地方反清起义力量有过联合的愿望和事实。从这份"训谕"中,又可以看出他劝告这些分散的力量和他会合。这些情况,对于我们研究石达开在分裂出走以后所进行斗争的性质和研究评价石达开的一生,都是有意义的。

二

　　一份历史文件被发现后，为了辨别它的真伪，笺释它的事实，说明它的意义，对它作一番考证分析，是非常必要的。我上面提到的对这份"训谕"的考释文章是"就原物作了考证"。它没有正面提出真伪问题，是在肯定原件的真实性的前提下来考证它的史事的。我没有见到原物，但从照片来看，将"训谕"内容与石达开这一年的经历来对照研究，觉得可以认为它是一份真实的文献。

　　石达开的"训谕"写明发布于太平天国壬戌十二年，但没有填注月日，没有写明张贴地点。《考证》的重要部分，就是考证它发布的具体时间和地点。《考证》分为两步。首先是，引用《石达开自述》中的这样一段："同治元年由利川入川，到石砫、涪州，有二十多万人，后来沿途裹胁，人数更多"；又引用骆秉章奏[①]中这样一段："伪翼王石达开……自上年正月间，由湖北利川突入川境，即欲径渡大江……乃（应为'迄'）不得逞……锐意渡金沙江。"文章根据这两条资料，就说："因此可知这件布告乃是石达开从利川至四川，在石砫、涪州的那段时期所发布的。"

　　这个结论是难以成立的。所引的"骆秉章奏"只大略说明了石达开入川以后的行军路线，何以能够作为这份布告系发布于"石砫、涪州的那段时期"的根据之一？这是读者不得其解的。至于《石达开自述》，如果着眼于"二十多万人"这个数目，以为这就是石

―――――――――――

① 《骆文忠公奏稿》卷六，骆秉章关于俘获石达开的奏折。

达开募兵"训谕"起了作用的结果;那么,《石达开自述》中紧接着还有"后来沿途裹胁,人数更多"这一句话,这又如何处置呢?既没有证明募兵"训谕"与"二十多万人"有关,也没有证明募兵"训谕"与"后来沿途裹胁"无关,这样,有什么根据说"训谕"发布的日期不是在"后来",而一定是在"石砫、涪州的那段时期"呢?

这一结论之所以难以使读者信服,主要还是在于事实。石达开在太平天国壬戌十二年(1862)行军作战的具体事实究竟怎样呢?

太平天国壬戌十二年,是石达开从湖北突入四川以后,为了抢渡长江和金沙江,而在石砫、涪州、綦江以及泸州、叙州以南地区等处进行苦战的一年。这一年,石达开曾在石砫同敌人小有接触,在涪州、綦江同敌人进行战斗,尤其是在叙南地区同敌人反复进行了几个月的激战。这一年,石达开所部为了避过敌人的主力以实现渡江的计划,还曾从叙州南撤,经过贵州北部的桐梓、遵义,贵州西部的黔西、大定、毕节和云南西北部的镇雄等地,绕了个几乎是三百六十度的大圈子,再进入叙州以南的川滇交界地区。

在太平天国壬戌十二年这一年的战斗中,石达开的部队屡有损失,也屡有补充。当时,川滇黔三省在反动统治下,民不聊生,起义蜂起。贵州有汉、苗人民起义,"群盗如毛";云南则"回患已入膏肓","糜烂已久";四川除了已经崛起的起义军,更有"无业游民殆近百万……或投入贼巢,或聚为游勇"[①]。石达开在这一年中,因为多次吸收了这些力量参加部队,所以在穷败之余,仍能支持达一年

---

① 刘蓉:《养晦堂文集》卷六,《复郭筠仙观察书》。

半之久。

石达开在太平天国壬戌十二年曾经多次吸收川滇黔三省群众和武装力量参军的情况,与这里所要讨论的问题,有较直接的关系,所以需要作一些具体的说明。

(一)1862年五、六月,石达开自綦江绕道贵州仁怀进入叙南时,有不少当地的反清武装力量投入石部:

> 股匪张四亡地(张四皇帝)围攻江安,意欲勾结发逆,抢渡大江……道员曾传理遂由蓝田坝急趋江安,以遏其势,张逆闻风解围先遁,迎投发逆,并力攻陷长宁县城。①
>
> 逆目何金泷等自滇南窜扰筠连、高、珙一带,众约二万人,与石逆暗相勾结。我师既集叙永,方刻期进剿,石逆遽移营,窜陷长宁,与何逆合并,众至四五万。②

叙州府及所属各邑方志,载张四皇帝等事尤详,此处不赘。

(二)石达开撤出长宁、叙永以后,所部于1862年秋转战贵州、云南。在这段时期内,沿途大量扩军,声势复振:

> (石达开)由黔西窜入云南镇雄州地方,该处既无兵团扼堵,且土匪散练,随在皆是,该逆得以裹胁,其势复张。③

---

① 《骆文忠公奏稿》卷四,《官军攻剿石逆立解綦江城围及迭获大捷现筹三路进攻长宁折》。

② 刘蓉:《养晦堂文集》卷六,《复郭意城舍人书》。

③ 《骆文忠公奏稿》卷五,《石逆由黔滇回窜川境现已飞调各军会筹攻剿折》。

滇境糜烂已久,游匪散勇附贼者日多……(石达开)附和之众,则滇黔游匪尤多。①

石逆勾结滇黔土匪窥伺川边,业已调集川楚各军驰赴叙南一带防剿。②

(石达开)前被各军追剿出境,在黔无从掳食,遂由毕节黔西窜入云南镇雄。滇省糜烂既久,伏莽甚多。石逆所过地方,不惟无人阻截,而散练游匪,随处响应,裹胁众至十余万,贼势倍于自前。③

石逆自黔滇回窜叙南,裹胁两省土匪散练,众至十余万,数倍于前。④

(三)1862 年秋冬,石达开"铺派各路官兵"分兵进取,其中中旗赖裕新一队在进军时,沿途亦屡有扩充。现举其属于太平天国壬戌十二年(1862)范围内的情况如下:

石逆复分中旗一队分窜云南东川府,沿途聚集,众复数万。⑤

东川发逆,即……中旗一股,现经东川击败,折回郡东。此股实在长发仅止千人……并裹胁亦不过七八千人。⑥

① 《骆文忠公奏稿》卷五,《石逆由黔滇回窜川境现已飞调各军会筹攻剿折》。
② 《骆文忠公奏稿》卷五,《旧疾复发恳恩俯准开缺折》。
③ 《骆文忠公奏稿》卷五,《官军会攻石逆迭次获胜折》附片。
④ 《骆文忠公奏稿》卷五,《遵旨复奏折》。
⑤ 《骆文忠公奏稿》卷五,《遵旨复奏折》。
⑥ 《佚名日记》,见《太平天国资料》,第 215 页。

根据以上资料,我们可以确切地知道,石达开在太平天国壬戌十二年的扩军,绝不止于"石砫、涪州的那段时期",而是在川滇黔三省有过多次扩军的事实。其中又以这一年秋天绕道黔滇之时吸收部队较多,影响较大。《考证》只见到《石达开自述》中说"到石砫、涪州有二十多万人",就认为募兵"训谕"发布于"石砫、涪州的那段时期",说"这和翼王所述他在这时期沿路招集到二十多万人的情况是相合的",这对石达开在太平天国壬戌十二年全年的作战扩军经历,未免疏于考察。如果说,石达开在石砫、涪州有二十多万人,就是和募兵"训谕""相合",那么,根据以上所举石达开在这一年其他各次扩军的情况,"众至四五万""裹胁众至十余万"以及说他进入云南时有"众数十万"①,不也可以认为和募兵"训谕""相合"吗?我们从《石达开自述》中,从以上所举各项资料中,可以知道石达开入川以后,在川黔滇都扩充过部队;我们从这一份募兵"训谕"中,又可以知道石达开还曾经主动张贴布告,号召参军。这两方面的事实是互有关联的。但是,如果我们不能够考定这份募兵"训谕"究竟与石达开在这一年多次扩军中的哪一次扩军有关,那么,即使把石达开在这一年扩军的所有资料都加以引用,也不能由此判明它究竟发布于太平天国壬戌十二年的何月何日何地。

---

① 民国《昭通县志》卷五《武备志·戎事》:"九月,石达开分道寇滇,数路并进。……取齐渡金沙江以犯四川,众数十万。"

三

　　《考证》在认为这份募兵"训谕"系发布于石砫、涪州时期以后，进而将这份"训谕"与石达开在太平天国壬戌十二年二月二十四日，即 1862 年 4 月 5 日发布的谕涪州城内四民人等的告示相比较，说这两份文件有两处相似，即两份文件似乎同样使用"壬戌"和"贰"三个木刻字；对"全"字和"魂""愧"字的"鬼"旁均不避讳改写。因而认为这两份文件的刻版缮写日期"极为接近"，并由此而作出进一步结论说，这份招募兵壮"训谕"是在石达开进入涪州城后所发，时间是 1862 年 5 月，即太平天国壬戌十二年三四月间。①

　　这个结论，尤其令人困惑不解。推论中的逻辑问题姑不置论，重要的还是事实。涪州究竟有没有"为翼王所得"，石达开究竟有没有可能"入城以后"出示招兵？这本来参阅今人著作就可解决，但为了更可靠地判断这个问题，我们还可以借此机会进一步查考一下较原始的记载。

　　清方四川总督骆秉章在一份奏报里，对石达开攻涪州的经过，有这样的叙述：

　　　　(石达开)连日扑渡，未能渡江，遂沿南岸由南沱一带窜至

---

① 《考证》说："我意，翼王于 4 月 2 日至涪州，4 月 5 日发训谕给涪州城内四民人等，劝其出降，也许因此涪州为翼王所得。入城以后，整顿一切，并出募兵训谕，招纳新军。涪州的人民，踊跃参军，大大增加了太平军的人数。以后就成为翼王进军入川的主要力量了。因此发布这件募兵训谕的时间，应该是 1862 年 5 月(即太平天国壬戌十二年三、四月间)内的事了。"

涪州城外小河对岸山梁屯扎。涪州知州姚宝铭……督饬绅团勇丁隔河堵御，该逆势不能逞，乃由小河上游之朱家嘴等处踩浅偷渡，于三月初四日（1862年4月2日）从望州关直扑州城，依山一带皆为贼踞。……该逆围攻不退。……（后骆秉章所派援军大至）十三日……贼遂大溃，纷纷鼠窜。我军立将仰天窝、堡子城、靖远关、龙王嘴、观音阁一带贼垒概行踏毁……城围立解……该逆已败窜蔺市镇一带。①

骆秉章的亲信、当时任四川布政使的刘蓉，在一封私人信件中谈及石达开进攻涪州的情况说：

石逆自窜涪州，围攻甚急。二唐及曾军先后踵至，刘靖臣廉访亦率所部果后全军由鄨都来会，一战破之。该逆遂窜綦江，渡赤水，趋叙永，势极飘忽。②

同治《涪州志》对这件事也说得很明白：

三月五日石达开扎浮桥自陈家嘴、夏家嘴渡涪陵江下围州城。州牧……激励民兵婴城固守。十一日翼长刘岳昭引舟师沂（沂）江来援，泊北岸，十二日候补知府唐炯、记名总兵唐友耕由重庆来援。十三日，唐镇……麾众出战，徐邦道……开西城直撼贼壁，至南门山、仰天窝，与唐兵会。斗正酣，守陴者

---

① 《骆文忠公奏稿》卷四，《官军攻剿石逆大获胜仗立解涪州城围折》。
② 刘蓉：《养晦堂文集》卷六，《复郭意城舍人书》。

发为助,声震屋瓦,刘军隔江遥应之。贼大奔,围解。①

民国《涪陵县续修涪州志》对石达开进攻涪州失利的经过,更有长达两千字的记载。②

从各种有关资料来看,石达开不曾攻克涪州,是确凿无疑的。这份招募兵壮的"训谕"当然也不可能发布于石达开入涪州城以后。

四

以上简单考察了石达开在太平天国壬戌十二年的几次战斗历程和多次扩军的事实,认为并不能确切判明这份"训谕"究与哪一次扩军有关。但石达开在这一年的行军中曾张贴各种安民、招贤告示,却可以从地方志书中得到证明。

同治《綦江县志》记载石达开于太平天国壬戌十二年春进攻綦江失利的情况说:

> 贼弃刀枪衣物米粮,沿途山积。搜获石逆伪封条数百张,内有封仓廒为久驻计、封当铺听赏、封各庙以贮男女听候赏配、拘船只赶造炮船为水陆攻渝计及安民招贤各伪示。③

---

① 同治《涪州志》卷十三,《武备志·兵燹》。
② 参见民国《涪陵县续修涪州志》卷二十五,《杂编二·兵燹》。
③ 同治《綦江县志》卷五,《兵制·武备下》。

同治《綦江县志》系补修于同治二年(1863),即石达开攻綦江后的次年,所记比较详尽。志中所说的招贤告示,不一定就是募兵"训谕"("训谕"中有"片长薄技,定即录用无遗"等语,与现在所存太平天国的一些招贤告示文句相似,但"训谕"的主要内容已说明是"招募兵壮",这又和一般的招贤榜有别)。不过至少可以说明,石达开在太平天国壬戌十二年曾经制作过安民榜、招贤榜这一类的告示。这一点,再结合本文所述石达开在这一年多次扩充部队的事实,对于考证这份募兵"训谕"的真实性问题,是一个值得注意的旁证。

五

这份"训谕"上盖的石达开印也是可注意的问题。印文作"太平天国圣神电通军主将翼王石达开",名衔与石达开从天京出走时告示所署完全相同,这是石达开始终未另立名号的又一证明。关于印的大小体制,据《考证》介绍,印长七寸八分,宽三寸九分。这是不能用《贼情汇纂》上所记太平天国的玺印制度来解释的。①

———————————

① 《考证》说:"此印长七寸八分,宽三寸九分,较《贼情汇纂》所记为大。这是《贼情汇纂》所记乃石达开封左军主将时所用之印。太平天国制度规定爵位越高的所用的印尺寸越大。石达开封左军主将是在太平天国乙荣五年,封圣神电通军主将是在太平天国丁巳七年以前。这颗印自然是由于封爵提高,因而用印的尺寸增大的。"这一解释是不通的。而且石达开封左军主将在前,以左军主将封翼王在后。《贼情汇纂》卷六《伪礼制·伪印》所说石达开的印,明明是说:"翼王印,长六寸二分,宽三寸一分。"何以能说《贼情汇纂》所记是石达开封左军主将时的印?根据《天命诏旨书》,石达开至迟在太平天国辛开元年(1851)七月十九日即称左军主将。说他"封左军主将是在太平天国乙荣五年"也全无根据。

《贼情汇纂》记事至咸丰五年(1855)止。根据它的记载,当时,太平
天国的给印制度是:自东王以下,印的尺寸随官爵大小而递减;东
王、西王印最大,长六寸六分,宽三寸三分;翼王印长为六寸二分,
宽三寸一分。而现在从募兵"训谕"中所见的石达开印,长为七寸
八分,宽为三寸九分,不但比《贼情汇纂》所记的翼王印增大很多,
而且比东王印也增大很多。如果说石达开封"圣神电通军主将"以
后,给印时仍然是根据《贼情汇纂》所记的递增递减制度行事,那
么,即使"圣神电通军主将"的地位等于东王,甚至高于东王,他的
增大了的印,也应该相等于至多稍大于东王印(据《贼情汇纂》所记
制度,封爵提高一级,递增不过一二分),而现在所见却比东王印增
大很多。这说明,石达开新印的尺寸,并不是根据《贼情汇纂》所记
太平天国前期的递增递减制度而规定的。

　　太平天国后期的官制与前期的有很多不同。从一些资料来
看,太平天国后期的印,尺寸比前期的印普遍有所增大。如童容海
于太平天国辛酉十一年(1861)封为保王,其印长七寸,宽三寸六
分。[1] 范汝增于太平天国壬戌十二年封首王,其印约长七寸二分,
约宽三寸六分。[2] 保王、首王都是后期的三等王,但他们的印却都
大于《贼情汇纂》所记前期五王之印。又如,太平天国后期的侯、丞
相、检点等,地位均低于前期同名职官,但这些职官的印的尺寸,后
期都大于前期。"圣神电通军主将"是石达开在天京辅政时得到的
职位。从这一时期开始,太平天国官制逐渐有所变化,印制自然也
必随之而有所改变。

----

[1] 参见《太平天国"伪"官执照及"伪"印清册》,载《湖南历史资料》1958 第 1 期。
[2] 参见太平天国起义百年纪念展览会编:《太平天国革命文物图录》甲,《印信类》。

石达开大渡河覆败事实

二十多年前，我写过一篇《关于石达开大渡河覆败的真相》（发表于 1960 年 3 月 17 日《光明日报》史学专刊），提出石达开在大渡河半渡撤师说不可信，石达开系中计被俘。后来，关于石达开，有很多讨论。他在大渡河的行为，是否"叛徒"，是否"变节"，是其中的主要问题。对历史人物的研究，应在马克思主义指导下按照当时具体的历史条件给以客观的分析和评价，不应单纯地变成对他们的政治鉴定。同时，任何科学的评价必须建立在可信的事实基础上，事实若不能澄清，种种结论难免成为空中楼阁。

重读二十年前的旧作，深感当时写得幼稚肤浅，但半渡撤师说不可信、石达开系中计被俘这两点基本看法，现在似乎还不需要改变。旧作在发表时，编者曾予删节，对原意稍有损碍，但我现在早已找不到原稿，加以补正。因此，索性另起炉灶，重写一次，希望比旧作稍有一些进步。

石达开于太平天国癸开十三年即 1863 年春率军进入四川，于

5月14日即天历四月初一日、夏历三月二十七日到达大渡河南岸的紫打地(旧属四川越嶲厅,今属四川石棉县)。他的目的本是越过大渡河,进图川中。但他始终未能过河,被迫困守在紫打地二十几天,受到清军和土司部队四面包围,最后竟致全军覆没。

石达开在大渡河究竟是怎样失败的?言人人殊。大抵当时清朝方面直接有关的记录,多有掩饰歪曲或在关节处含糊其辞;而绘声绘色的故事又多出自后来人之手,难免传闻失实。下面试就与石达开大渡河失败有关的几个事实问题,进行探索考证。

一

石达开覆败后,清四川总督骆秉章在给朝廷的奏疏中说,石达开进川时,他已派兵在东西南北四面层层扼守,重庆镇唐友耕、雅州府蔡步锺等早在5月12日(三月二十五日)驰抵大渡河北岸防守。① 但实际上,石达开到达紫打地大渡河边时,北岸并无清兵。薛福成《书剧寇石达开就擒事》说:"按达开初到大渡河边,北岸实尚无官兵。而骆文忠公奏疏谓唐友耕一军已驻北岸,似为将士请奖张本,不得不声明其防河得力,因稍移数日以迁就之。"② 这自然也是骆秉章为自己表功。骆秉章奏称三月三十日申刻即5月17日傍晚石达开部至河边"窥渡",被北岸清军击退,这是他报道的首次两军接触。石达开到达紫打地的时间是5月14日凌晨。薛福成说骆秉章将清兵到达大渡河北岸的时间挪前了"数日"。这样看来,

① 参见《骆文忠公奏稿》卷六,《生擒石逆疏》。本文以下引用此疏,不一一注明。
② 薛福成:《庸庵文续编》卷下。本文以下引用此文,不一一注明。

如果确有 5 月 17 日傍晚的两军接触，唐友耕等大概也刚在这时到达北岸不久，估计石达开到河边后有三天左右的时间并无清兵阻挡，大概是可以相信的。

那么，石达开为什么不在这几天中渡河以致后来清军云集遭受围困而失败呢？

薛福成对此有所说明：

> 是时大渡河北岸尚无官兵。达开使其下造船筏速渡。渡者已万余人，会日暮，忽传令撤还南岸，谓其下曰：我生平行军谨慎，今师渡未及半，倘官军卒至，此危道也，不如俟明日毕渡。迟明，遣贼探视，忽见大渡河及松林河水陆高数丈。达开谓山水暴发，一二日可平也，当少俟之。越二日，水势稍平，忽见官军已到北岸，用枪炮隔岸击贼，有死者。

薛福成说，此事是唐友耕"亲告余弟季怀者"。似乎根据确凿。后来史家也就沿用了这一说法。

但薛福成所记的这段故事实有可疑之处。石达开的队伍据骆秉章奏有三四万人，目的是要渡河。渡河最需防备的是将渡或半渡时遭受袭击；如能渡过一部分人占领对岸阵地，正可掩护后续部队渡河，这不仅不是"危道"，而且十分有利。何况渡过的已有一万多人，不是百十千人的小股。所谓石达开因谨慎而半渡撤师之说，实在不符合常识。

1959 年，我读到 1935 年红军长征途中关于大渡河的一些记述，感到薛福成所记的故事不但可以怀疑，简直可以否定。

红军长征途中经过的安顺场，就是原来的紫打地。紫打地于1902 年被大水冲没，以后在原址北一里建立新场，改称安顺场。红军就从安顺场渡过了大渡河，时间也是 5 月。当年红军有许多同志在这里搜访了石达开的遗事。一泯《从金沙江到大渡河》一文根据安顺场的形势对薛福成的半渡撤师说发表了意见。他说：

> 金沙江的水虽急，在绞车渡船还能过直角，而在大渡河农场处，并安顺场一处，船要顺水冲成斜角，才能渡过。渡一次，来回要一点钟，这是最快的速度。……安顺场这个地方，薛福成的《庸庵文续编》里的《书剧寇石达开就擒事》提到它。石达开就是在安顺场这个地方全军覆没的。时同治二年四月间事，阳历便是五月，和我们渡大渡河的时间相同，亦历史巧事。但是对于这些英雄末路的悲剧的史实，有几点是很值得怀疑的。……既然天已晚来不及渡后续部队，那么又哪能把已渡过的一万人渡回安顺场呢？这个时间哪里来的呢？有渡这一万人转来的时间，为什么不继续渡第二个一万人过去？从安顺场渡河点的水势来看，天近晚还能渡一万人，那船非有二百只不可，一只船一次渡二十五人，渡两次。但那个地方，很难摆下两百只船来。同时还得有一千六百个熟练的船夫。我们两只船把沿河两岸的船夫请完了，也只几十个，还夹了几个生手。结果还撞坏船……石达开那时，哪里得来两百只船，一千六百名船夫？既已渡过去一万，又渡转来，这简直是岂有此理

的事。要是薛福成所记是实事，那才奇怪了。①

1981 年 8 月，我到四川石棉县参加太平天国史讨论会，得机会实地参观了大渡河、松林河、安顺场等石达开当年败亡的旧地。在安顺场，河道虽不很宽，涨水时不过三百米，但颇有浩渺之势，尤其是水流急陡，水面好像成了斜坡。河道正对面是壁立数百尺的峭壁，只下游约一二里处有一平坝，斜渡到对岸大概只能在那里登陆。安顺场红军渡河处现在砌有一道堤坝，可以登堤眺览。我在堤上凭吊很久，又拾级而下，伸足入水，水流几乎冲走了我扣得很严实的塑料凉鞋。据当地同志谈，这里流速至少有每秒四米。看了安顺场的地形水势，深感从这里渡河不是易事，完全如一氓所说，薛福成所记绝不可能是事实。

石达开到紫打地以前一个多月，其部下赖裕新率众从大树堡搭浮桥过了大渡河。搭浮桥过河自然方便多了。或问是不是石达开在紫打地也搭了浮桥，一万多人是从浮桥上来回的呢？这是不可能的。薛福成明说渡河工具是船而不是浮桥。而且太平军纵然善于搭浮桥，在紫打地也没有用武之地。1935 年红军勇士从安顺场强渡大渡河后，曾尝试架桥多次，但十二根、二十四根头号铁索，都被冲断，没有成功。② 大渡河上游只富林渡水势比较平稳，赖裕新正是在那里搭浮桥过了河。但紫打地没有这种可能。石达开既要避实就虚，不走赖裕新的路而到了紫打地，就只有船渡一种办法。

---

① 《中国工农红军第一方面军长征记》，北京，北京出版社，1955，第 249—251 页。
② 参见加伦：《飞夺泸定桥》，见《中国工农红军第一方面军长征记》，第 280 页。

那么,石达开究竟是怎样失去这几天渡河时机的呢?

许亮儒的《擒石野史》提出了一种值得注意的说法:

> 当夜(5 月 14 日夜),达开妇诞一子,乃通令将卒曰:孤今
> 履险如夷,又复弄璋生香,睹此水碧山青,愿与诸卿玩景欢醉。
> 部属均稽首称贺。是以传令犒赏,休养三日,各整队登山采
> 粮,俟行囊充实,方计克小河,此其失败之主要原因也。①

许亮儒参与了对石达开的战斗,所记有很多可供参考,当然也
有不少可能属于夸张虚构,不足信据。但石妻生子庆祝三天一事,
却在当地有广泛的传说。

文彬写 1935 年红军长征途中见闻的《从西昌坝子到安顺场》
一文,记他们在紫打地南边的筲箕坳小村宿营时一位八十多岁老
人的话说:

> 只在长毛时候,石达开的队伍在这里扎了几天。听说生
> 了太子,办酒席,挂灯结彩,打锣打鼓很热闹。②

文彬又记在大渡河口时朱德总司令的谈话:

---

① 都履和:《翼王石达开泝江被困死难纪实》,载《新中华》复刊第 3 卷第 9 期(1945)。
　 都履和说,1942 年他的朋友李言三在大渡河边的大树堡(即赖裕新渡河处)得到当
　 地乡村教师李左泉抄录的故老许亮儒所写的一篇笔记。李左泉在抄本前言中说,
　 许亮儒曾为土千户王应元记室,参与对石达开之仗,写有一篇《擒石野史》,李左泉
　 于 1913 年从许亮儒之子手中得到原稿抄录,经都履和整理后以上题发表。
② 《中国工农红军第一方面军长征记》,第 265 页。

我问了这一带的群众,都说石达开入川是在这里消灭了的。因为生了太子,不能前进,大排酒席,大吹大鼓,弄了好几天。结果后面追兵一来,"倮倮"又反对他,全部消灭了。①

看来,石达开为庆祝儿子诞生而贻误了渡河时机,确有其事。当然,不会只是吃喝,这几天中的另一件主要的事,如《擒石野史》所说,是搜集、补充粮食。

石达开到达大渡河边后,还遇到了河水突然猛涨的意外情况。骆秉章奏说,石达开到大渡河的当晚,松林河、大渡河水"陡涨数丈,势难徒涉"。光绪《越嶲厅全志》和1935年安顺场一位亲自见到石达开失败的老人也都说到河水猛涨的事。大渡河即使在平水或枯水时节,也没有徒涉的可能;但河水陡涨必然给渡河增加了额外的困难。

庆祝儿子诞生和河水突然暴涨,都耽误了渡河,使清军得以在石达开尚未渡河之时赶到北岸。但这两件事,性质是不同的。对于石达开来说,河水陡涨是难以预料的,而清军将要前来堵截围困则应是意料中事。从主观方面说,在大渡河边因庆祝、休整而停留三天,不能不说是石达开的失策。

二

从5月17日傍晚起,石达开开始了大渡河的战斗。据清方报

---

① 《中国工农红军第一方面军长征记》,第271—272页。

告,大规模的渡河行动至少有三次。一次是 5 月 21 日,石达开出动四五千人以木船竹筏数十只抢渡,岸上部队也出来助势,"隔岸呼噪,声震山谷",清军排列在北岸以枪炮轰击,击中船筏火药,引起炸裂燃烧,"抢渡之贼,无一生还"。第二次在 6 月 3 日,也被清军隔岸轰击,"兼之水势湍急,登筏者悉皆沉溺"。第三次在 6 月 9 日,渡河船筏二十余只,每只七八十人。结果被水飘没五只,其余被击沉。这是石达开部最后一次强渡。

石达开屡渡大渡河不成,也曾引起这样的感叹和疑问:为什么不另找出路?"为什么不沿右岸直上,进入西康?为什么不向下走,到大树堡拐回西昌坝子?或者再向下走,弯到大凉山东的岷江沿岸?机动地区还是很大的。……计不出此,真是奇怪。"①

石达开之所以做不到这样,在于他受到了几面包围。

原来大渡河自泸定南流,在越巂、汉源之间折而向东,突破乔白马山脉入峨边县境。这个急转弯的地方,南岸有两条支流:一为松林河,紫打地就在松林河注入大渡河处;一为察罗河,经洗马姑、老鸦漩注入大渡河。两支流之间及松林河外共有七处小市镇,称为河道七场,主要是汉民居地,此外就是"夷"族、"西番"族的村落。石达开进入的,正是这两支流之间的地方,与"夷"族、"西番"族头人的领地交错。石达开在长驱入险之前,据薛福成《书剧寇石达开就擒事》记载,曾向土司送礼买路,得到应允;但土司后被骆秉章收买而变卦,以致石达开身陷绝地。石达开曾否在事先买路,虽难以肯定,但骆秉章等曾多方向土千户王应元、土司岭承恩利诱激劝,

①《中国工农红军第一方面军长征记》,第 251 页。

却是事实,因而当石达开到达大渡河南岸后,王应元、岭承恩都出死力与石达开对敌。石达开如不渡大渡河,沿右岸直上,必须过松林河,而这里是王应元的地界;如向下走,必须经过察罗河,而这里是岭承恩的地界。

石达开攻大渡河不利,又四面被围,曾几次猛攻松林河,其意图正是沿右岸直上,由泸定桥而趋天全、邛崃、成都。据许亮儒《擒石野史》记载,王应元撤去了松林河的铁索桥,石达开在 5 月 29日、30 日两次大规模进攻松林河,并于 5 月 29 日晚、6 月 3 日晚又两次设计偷袭、偷渡,但都失败了。6 月 5 日,石达开隔河射书给王应元,以良马两匹、白金千两为酬要求他罢兵让路,接着要求他允许通商以便采购粮食,也都被拒绝。

中国工农红军在长征中既胜利地渡过了大渡河,又沿右岸(即南岸)直上,攻克了泸定桥。松林河对于红军之所以不成为问题,中国共产党的民族政策和红军同当地少数民族及其头人建立的良好关系,自为重要的因素。石达开做不到这样,当地的少数民族头人反对他。他不但没有过大渡河,而且也过不去松林河。

大渡河之为天险是人们耳熟的,遭天险而失败,也情事相应。石达开多次进攻松林河不克,使人感到似乎松林河也是艰险莫测的地方。但 1981 年夏我到松林河参观凭吊,却真是闻名胜于见面,大大出乎意料。这里原来是一条小河,水流的确很急,但河面宽不过二三十米。现在在河口以南二三里处建有石桥一座,可说"天堑"已成通途。我们在河边西眺远处土岗上王应元衙门的遗迹,北望滚滚河水闪着骄阳的金光默默注入大渡河,简直难以想象这条河在一百多年前竟困死了一位叱咤风云的英雄!从这里,我猜想石达开在大渡河的军兵人数可能被清方大大夸大了；如果真有数万之众，那简直是可以"投鞭断流"的。

石达开渡不过大渡河、松林河，粮食日益枯竭，以至于杀马而食，继以桑叶充饥。6月9日最后一次强渡大渡河失败后，王应元乘势过松林河，岭承恩从马鞍山压下，紫打地因而失守。石达开率残部沿山东奔至老鸦漩。这就到了石达开的最后时刻。

6月9日紫打地失守和石达开残部东奔老鸦漩的情况，据骆秉章的报告是这样的：

> 两路齐进，直扑紫打地，将贼巢一律焚毁，毙贼数千名。山径险仄，逃窜之贼，自相拥挤，汉夷兵练两面夹击，枪炮如雨，夷兵复登山巅用木石滚击，贼众坠崖落水，浮尸蔽流而下者以万余计。石逆仅率余党七八千人奔至老鸦漩，复被夷兵所阻，辎重尽失，进退无路。其妻妾五人抱持幼子二人携手投河，其曾受伪职老贼自溺者亦复不少。

骆秉章渲染的是清方得胜的情况。随同王应元过松林河追袭石达开的许亮儒则记石达开的情况稍详。他说：

> 是日(6月9日)午刻，达开果率众东走，取道岩。应元见其车乱旗靡，即分兵上下两路，迈过铁桥追击。应元及许亮儒督兵从山顶下木石，黄君荣、汪复申等率军尾追。同时大河北岸周千总复派兵对岩埫用枪射击之。达开部面面受敌，坠岩陨水者无数。……(岩埫一径)道极险狭，仰视则峭壁参天，俯临

则河水急涌,以是屈行二十里乃渡小河村庄,点验队伍则已损失十之五六。是夜宿此。应元复整队围之,未及旦,达开统残部溃围而去,应元跟迫。……至利济堡……达开见老鸦漩水势险恶,料不能涉,亦收队盘踞其地。入夜昏黑,饥甚,觅食无所得,有相杀噬人肉者,达开莫能禁,并闻残部聚泣,乃顾而叹曰:……今误蹈险地,一蹶不振,此天绝孤,非孤不能为诸卿解危也。言讫泣下数行,左右皆泣,莫能仰视。……达开知丧败在即……乃含酸仗剑,督叱部卒将胡、潘、吴三王娘以次抱投江中。

这些记述表明,6月9日渡河失败、紫打地失守,石达开陷于极大的困境。困境当然不是这一天才形成的。石达开原来据有河道七场中的紫打地、新场、洗马姑等村镇,但在5月下旬,新场、洗马姑已被岭承恩占领,特别是5月29日,岭承恩占领紫打地背后的马鞍山,使石达开局促于紫打地,成了釜中之鱼。6月9日的战斗是死中求生的"困兽之斗"。这次战斗失败,石达开虽率残部冲突至老鸦漩,但显然已经丧失了"血战出险"的信心和力量了,所以才有他的妻子沉河的事情。

处于绝境的石达开于6月11日在老鸦漩以南十余里的洗马姑地方落入清方手中。

石达开究竟是怎样落入清营的呢?在6月9日、10日、11日的短暂时间内,究竟发生了什么事情呢?

有几种不同的说法:

为贪生而投降了;

为突围而诈降不成被浮；

为救残部而被骗入清营。

由于记载残缺而又有分歧、矛盾，要真正确立一种说法是不容易的，要澄清各种细节尤不可能——恐怕也不必要。我们要避免各执一词，在其中的细节上大加发挥、大做文章。我们需要的是把握住基本的事实，采取客观分析的态度，以认清石达开最后几天历史的轮廓。

三

有两个基本事实可以作为分析研究的基础，这就是：石达开想救全残部，清方得到石达开是"设计诱擒"的结果。这两件事的存在是有确实证明的。任何一种说法都应当同它们没有矛盾——除非能否定它们的存在。

关于石达开想救全残部，他在被俘后的供词中谈到了这一点，更具体的根据自然是石达开给骆秉章的信。关于这封信的真实性，我认为迄今并没有重要的争论。撇开收信人是骆秉章还是唐友耕的问题，它的多方面的来源表明了它不可能出于某一人的伪造。从它公之于世的先后来说，它首先见于 1908 年印行的《唐公（友耕）年谱》。1935 年四川泸定西沙河坝高姓在紫打地发现此信抄本。1941 年朱偰在大渡河等地考察时，又有当地戴姓默写出这封信。1945 年都履和整理发表的许亮儒《擒石野史》也录有这封信。有的抄本署有太平天国五月初九日的日期，与史实矛盾，这完全可能是抄写中发生的错误。至于骆秉章、唐友耕等的官私文件

497

中没有提到它,那是由于别有隐情,下文将予讨论。

这封信的主要内容,是要求清方统帅"宥我将士,赦免杀戮":

> 窃思求荣而事二主,忠臣不为;舍命以全三军,义士必作。……大丈夫生既不能开疆报国,奚爱一生;死若可以安境全军,何惜一死。达闻阁下仁德普天,信义遍地,爰此修书,特以奉闻。阁下如能依书附奏清主,宏施大度,胞与为怀,格外原情,宥我将士,赦免杀戮,禁止欺凌,按官授职,量才擢用,愿为民者,散之为民,愿为军者,聚之成军,推恩以待,布德而绥,则达愿一人而自刎,全三军以投安。然达舍身果得安全吾军,捐躯犹稍可仰对我主,虽斧钺之交加,死亦无伤,任身首之分裂,义亦无辱。惟是阁下为清大臣,肩蜀巨任,志果推诚纳众,心实以信服人,不蓄诈虞,能依请约,即冀飞缄先复,并望贲驾遥临,以便调停,庶免贻误。

此外,信中还有一些表示他系被谮出朝和"逐鹿空劳,天弗从愿""天命如此,人将奈何"[1]之类的话。

人们对这封信采取分析和批判的态度,这是正确的。

石达开在大渡河近一个月,进行了多次战斗,还多次表明过血

---

[1] 《太平天国文书汇编》,第 161 页。

战出险和宁死不降的决心。① 但在写这封信的时候,血战出险已没有可能,战斗到底的决心也已经放弃——希望"舍命以全三军",要求赦免他的残部,不言而喻是以停止抵抗为条件的。人们批判他悲观、动摇,这是确实的、有道理的。

但无论如何,我们看不出这封信是在同敌人进行"黑交易",是暗中把部下出卖给敌人。石达开的确想同敌人"交易":"舍命以全三军"。他的资本这时已只有自己的头颅。但残酷的事实是,敌人既要他的头颅,也要"三军"的头颅。我们完全能批判这是错误的幻想,但不可以说他想从这一"交易"中为自己得到什么好处。不然,怎样解释他的"王娘"事先就投河而死呢?

这里不准备着重讨论对这封信的评价,而只是从这封信来确定一个事实,即石达开在覆亡之前,曾要求清方保全残部,以此作为停止抵抗的条件。

第二个基本事实是,石达开落入清营是清方"设计诱擒"的结果。这一点,首先是骆秉章派赴大渡河处理善后事宜的四川布政使刘蓉透露的。刘蓉在事毕以后的一份详细禀报中说,他接奉骆秉章的命令,"当即驰抵富林营,接见文武员弁及各该土司,询悉前后战守及诱擒石逆情形";又说,石达开率残部东奔至老鸦漩后,"适管带南字营都司王松林到防,情愿亲赴贼巢,诱降石逆"②。

---

① 在一次强渡战斗前夕,石达开向将士表示,今"陷入绝地,重烦诸君血战出险,毋徒束手就缚,为天下笑,则诸君之赐厚矣。因泣稽颡,众皆泣稽颡"。(薛福成:《书剧寇石达开就擒事》)在最后几天,石达开题诗于壁,有"大军乏食乞谁籴,纵死洣江定不降"之句,又赞成"不胜则君臣赴水清流,断不受斧钺辱"的主张(参见都履和:《翼王石达开洣江被困死难纪实》)。
② 黄彭年:《代刘蓉致骆秉章禀稿》,见《太平天国资料》,第217、219页。

这个诱擒诱降的主意据说出于唐友耕。"石逆粮尽势穷，唐提督商令汉土各营设计诱降，遂生擒石逆。"①地方志书则称出于越嶲厅同知周岐源，说周岐源向王松林"授以密计，王松林亲践其垒，晓谕再三"②。

根据这几种官私记载，我们可以确知，石达开之落入清营（用他们的话来说是"被擒""来降"），是清朝方面"设计"的结果。

四

确定了以上两个基本事实以后，接着也就会产生这样的问题：

石达开的信，骆秉章、唐友耕或清方其他人见到或知道了吗？他们作何反应？

唐友耕、周岐源等究竟设了什么计，究竟怎样"诱擒""诱降"石达开？

关于第一个问题，尽管骆秉章、唐友耕等人的官私文件中从未提到此事，但可以相信，他们得到了这封信。一个简单的事实就可以帮助我们作出判断：如果他们没有得到这封信，它怎会在唐友耕儿子编的《唐公（友耕）年谱》中出现？

根据近年我读到的跟随刘蓉去大渡河前线的黄彭年所写的《黎雅纪行》一文③，可以推测骆秉章也收到了这封信，或者得到了关于这封信的报告。

---

① 《唐公年谱》附录，《伍肇龄等上护川督赵尔丰呈》。
② 光绪《越嶲厅全志》卷六之二。
③ 我所见到的是原手稿的再抄件，此文已编入《太平天国文献史料集》。

《黎雅纪行》开头叙述了清兵四面包围石达开的形势，接着有这样一段话：

> 既而闻贼势益蹙，将缚石达开来降。骆公虑其伪降，以缓我师，乘懈而逸；又虑诸将不能善其后也，于是檄刘公往。时家君居骆公幕府，部署已定，刘公邀予同往。

黄彭年与父黄辅辰都有文名，当时在四川依骆秉章，刘公即刘蓉。据黄彭年《代刘蓉致骆秉章禀稿》，骆秉章是同治二年（1863）四月二十八日即公历6月14日以公文通知刘蓉去大渡河的，刘蓉、黄彭年于次日即动身。从黄彭年这段话来看，骆秉章在6月14日还不知道石达开已于11日落入清军之手，但知道了"贼势益蹙，将缚石达开来降"。这是很值得注意的。据刘蓉事后的报告，石达开自紫打地奔突至老鸦漩后，部属中出现了一些投降活动，但并未有"将缚石达开来降"的报道。所谓"贼势益蹙，将缚石达开来降"，与石达开信的内容是若合符节的。石达开提出愿"舍命以全三军"，意即愿自缚听候处置以换取赦免、安置他的余众。骆秉章获知这一情况，但担心是伪降，又担心前线将领不能处理这样一件复杂的大事，才派仅次于他的大员刘蓉亲去前线。石达开信中要求迅予答复，"并望贲驾遥临，以便调停"。我们甚至可以推想，骆秉章派去刘蓉这样的大人物，是对于这一要求的事实上的回答。

骆秉章派出刘蓉，对石达开被俘并未发生作用，因为早在刘蓉启程以前，石达开已被"设计诱擒"了。在这里，只是试图从黄彭年的笔记中进一步确定清方得到了石达开的信，包括骆秉章在内，至少,他们获知了石达开"舍命全军"的要求。这是有助于我们探索唐友耕、周岐源等的"密计"内容的一个背景。

唐友耕或周岐源等究竟如何"设计诱擒"石达开,分析方志记载等材料,有可能理出一个头绪。《越巂厅全志》的《武功志》描述说:

> 贼四面受敌,又困于雨……又粮尽无所掠,进退战守俱穷,颇有降心。岐源密探其意,乃为画策,邀参将杨应刚商南字营王松林,先令达意,授以密计。王松林亲践其垒,晓谕再三,贼首肯者六七。应刚锐然自任,率丁数十至贼营,先贻书约誓,待以不死,贼未之信也。而贼之伪李宰辅、伪曾宰辅等俱欲伤应刚。应刚大呼叱之……与王松林同指天誓日。石达开信之,与之订盟。翌日并马出紫打地,至乔白马……已而石达开至洗马姑,应刚指曰,此越巂同知周公。达开长揖而坐。遂拥至海棠城内。

这段记述中的时间、地点和其他细节有不准确之处①,这里可以不多讨论,重要的是,这段记述告诉人们,石达开是相信了杨应刚、王松林的话而到洗马姑清营的。

---

① 这段记述说,王松林去石达开营中"晓谕"的次日,同石达开并马出紫打地,当天到洗马姑清营。按石达开从紫打地出奔是 6 月 9 日,王松林去石达开营中"诱降"是在石达开离开紫打地奔至老鸦漩后,刘蓉、许亮儒都对此有具体记载,所以这段记述中的日期、地点必有差误。又,它还记有"贼之卫队刀枪围绕者万众","贼众……露千刃相向"等情节,也可能有夸张的成分,其用意在突出杨应刚、王松林的"胆识"和"立功"之不易。

石达开相信了什么呢？这段记载似乎说，石达开相信了"待以不死"，所以就跟杨应刚等走了。

但事情不可能这样简单。如果只是派人去告诉战败者：归降可以不死，这不过要下说辞的人费点口舌，不需要划什么策，更谈不上什么"密计"。

或者说，所谓"密计"就是指圈套，就是指先去骗他们"待以不死"，抓到手就予以诛杀。这当然也是计，是毒计。但必须明白，这样的圈套、毒计是不可能由周岐源或唐友耕来设计、安排的。他们没有这样的权力。石达开和他的残部后来被屠杀，完全出于骆秉章的指示，刘蓉就曾声明屠杀石部系"遵照檄饬"行事。所以，周岐源所划的策、所设的计，不可能是指这样的圈套。

关于杨应刚与石达开的接触，光绪《越嶲厅全志》记载了紫打地赖进学所述的另外一些情况：

> 二十三日(6月9日)……(石达开)率妻子而逃，有七贼妇至小水溺于河。石逆前与杨参府约降，自由小水过乔白马，适杨参府早下山前往迎之，携手过凉桥至洗马姑，宿马颈子王通把宅中。明日杨参府带石逆由纳耳坝至富林，意欲径至省城报首功也。而唐军门、蔡知府邀之于路不得前，遂将石逆交二公而回越嶲云。

赖进学述杨应刚与石达开接触的时间，大概也有错误，但他证实了杨应刚有"诱降"之事。"约降"有些什么内容？后来的安顺场"士绅"赖执中对此有重要的补充：

　　（当石达开被围时），四川总督骆秉章遣越嶲营参将杨应刚劝石达开解甲归田，谓：大渡河天险，决无法飞渡，今既被围，请解兵柄，来共商善后。石达开见大势已去，不得已轻骑前往，杨乃设伏于凉桥，遂致被擒。①

　　这段话必有不准确的地方，例如骆秉章不可能直接向前线一名参将布置任务。它的意义在于报道了杨应刚"劝"石达开的一番话。它也可能不很准确，但它的大意就足以使人联想起石达开给骆秉章（或唐友耕）的信。石达开要求"舍命全军"，赦免残部或为民或为军，并要求给予答复：或飞缄先复，或贲驾遥临。杨应刚告诉石达开什么"解甲归田""来共商善后"云云，不正与石达开的要求很有关联吗？

　　前已分析，石达开的信应已被清方收到。这封信即使没有被传看，这个消息也必然会在一些头目中传播。所谓周岐源知道了石达开"颇有降心"，乃为划策、授以密计云云，表明周岐源等正是利用了石达开的要求和愿望来定计诱擒。

　　这样，我们可以推想，周岐源的"密计"就是编造出对石达开要求的某种答复，就是派杨应刚等前去表示同意石达开的要求，甚至可能诡称清方大员将要或已经到来，要他前去面商善后。这是一件"大事"。杨应刚、王松林没有什么信凭，又不是重要人物，石达开和他的部属自然不能轻信，这才有石达开的部属"俱欲伤应刚"

────────────

① 朱偰：《太平天国翼王石达开死事考》，载《东方杂志》1941 年第 38 卷第 21 号。

和杨应刚赌誓发咒的事。石达开在穷败之时,为了救全残部,终于相信了这些话,停止抵抗,犯险来到清营。杨应刚等立即把他作为俘虏前去报功。

这样的"密计"太不光彩。它是蓄意的编造,在石达开到手以后,设计者特别是骆秉章需要否认这件事的存在,因而有的记载虽然透露出"密计"和"设计诱擒"之类的话,但对其内容却不能不讳莫如深或者语焉不详了。

五

骆秉章在杀害石达开后给清廷的奏报,是清朝方面关于石达开大渡河之役的官方报告。但恰恰就是这份正式文书,充满了掩饰和伪造。

特别是关于石达开被俘的经过,他说:

> 臣前以石逆或传其死,倘能设法生擒,辨认真确,俾就显戮,庶可以释群疑。当经杨应刚等以该逆无路逃生,于洗马姑竖立"投诚免死"大旗,石逆果携其一子及伪宰辅曾仕和、伪中丞黄再忠、伪恩丞相韦普成等并余党至洗马姑乞降。

这里他完全没有提到石达开想救全残众的事,也完全没有提到他的下属深入"贼垒"设计诱擒的事——而对于这一番深入"贼垒"的功劳,刘蓉的禀报是几次提到的,并且说:"非王松林深入贼巢,则石逆毙于乱军之中,亦断不能生得。"杨应刚、王松林的活动,对清朝统治者可说立了大功。但骆秉章的奏报却无一字提到王松林，无一字提到有人深入"贼巢"活动，把这番"功劳"全部抹杀。其所以如此，一方面他要把功劳归于自己，仿佛他早已指示要"设法生擒"，这才有杨应刚在洗马姑竖立"免死"大旗；而更主要的，是他要掩盖石达开落入清营的真正情由，因为这种情由不但不光彩，而且向朝廷报告也要多费口舌。骆秉章奏报中完全略去杨应刚、王松林深入"贼巢"的事迹，可以反证杨应刚、王松林的活动必有文章。

掩盖了杨应刚、王松林的活动之后，石达开是怎样到清军之手的呢？于是相应地必须诬罔石达开：舍命全军、保全残部的信和要求一概不提，只说他见了免死旗就自动来降。

由于把石达开"乞降"说成是这样一件单纯的事，因此他也需要掩饰6月14日派刘蓉去大渡河的原意。如前所述，骆秉章是在得知石达开被俘前"虑其伪降以缓我师，乘懈而逸，又虑诸将不能善其后"才派出刘蓉的，这透露出他收到了或知道了石达开信件的消息。但后来他在奏报中却说：

> 臣前于四月二十八日(6月14日)得报后，虑其余党歼除不尽，将贻后患，札饬藩司刘蓉驰往大渡河，会同唐友耕等委办善后事宜。

同黄彭年的《黎雅纪行》对照，就可以看出这段话完全掩盖了事实和原意。

骆秉章为掩盖杨应刚、王松林的活动，不但在奏报中描写石达开为免死而自动乞降,而且也对石达开供词作了手脚。近年发现的毛祥麟《三略汇编》稿本中有石达开供词的抄本,其中关于大渡河被俘一段说:"达开原想投河,转念投诚出来,救全残众。"石达开供词原是清吏笔录,并不准确可信,但这句话大体符合事实,至少符合逻辑。然而我们过去看到的骆秉章抄呈清廷的石达开供词中,这句话却写作:"达开正欲投河自尽,因想真心投诚,或可侥幸免死,达开想救众人,俱令弃械投诚。"显然,骆秉章在这里加了半句,致使文辞意思都显得不通。

骆秉章的这份奏报是石达开贪生乞降说的根据,但是,看来这个根据是不可靠的。

六

石达开因诈降不成而被俘说,虽然不是毫无踪影,但实际上也很难确立。

黄彭年的《黎雅纪行》记述了骆秉章和黄彭年自己对石达开假投降的怀疑。前已引述,骆秉章就是因为这种担心而派刘蓉去大渡河的。刘蓉、黄彭年于 6 月 15 日离成都到新津,黄彭年记事说:

> 日暮得雅州书,谓贼穷乞降,将过河审其虚实。因检新津图经,南诏阻新穿水不得渡,乃伪请和,桥成而遁。今日贼势,正与咸通往事相类。

南诏事,据《新唐书》列传一四七载,唐懿宗咸通十一年(870)

南诏犯成都失败,退至双流县,阻于新穿水,其首领"计穷将赴水死,或止之,乃伪请和以纾其急",三日造桥成而遁。黄彭年从雅州府得到了"贼穷乞降"的确息,但仍然认为与南诏之往事相类,担心是伪降。第二天,6月16日,刘蓉、黄彭年到邛州,得到骆秉章从成都来文,知道"石逆果就擒耳"。石达开是怎样"就擒"的?是否"弄假成真"?《黎雅纪行》无所记,但我们从后来黄彭年所写《代刘蓉致骆秉章禀稿》可以得知,刘蓉到了大渡河边的富林营,询悉了"诱擒"石达开的情形。这个"诱擒"是怎么回事,已在上文作了探讨。

这样看来,骆秉章等只是担心、怀疑石达开伪降,我们并没有见到确是伪降的依据。

许亮儒《擒石野史》有一段关于石达开末路的生动记载,其中提到石达开部有过诈降的计划。它在描写6月10日晚石达开败奔到老鸦漩的情况后说:

> 曹卧虎曰:"事急矣,明旦请收合余众,妖来背水一战,幸而胜则图前进,不胜则主臣赴彼清流,断不受斧钺辱,惟王留意焉"。达开曰诺。曾仕和又进言曰:"王请勿虑。适牒报南去溯谷流而上十里即梁桥,逾桥则为洗马谷(姑)场,越嶲营参将杨应刚、土司岭承恩各率数百人阻去路。明日我军诣梁桥,宜表诈降,俟济河劫粮,斩木猝攻,声威则无不复盛者,何待毙为?"达开壮其言,即令曹卧虎引炬据石为席,援笔成表,达开怀之。

但是,这个"诈降"计划并没有来得及实行:

> 天将曙,达开甫枕石而卧,忽见西南山头炬光,分道突出……达开腹背受敌,所部仅二千余,仍被拥护,奋力夺路,望梁桥而去。……达开当此欲进不得,退则无所……将自刎。会一将自梁桥驰涉高阜,急呼王应元各军停攻,吾已奉令俯准石达开降免矣。应元视之,乃参将杨应刚也。达开闻讯,不得已率其子定忠及各官佐释兵表降。四月二十五日(6月11日),杨应刚等乃招待达开部属于洗马场,共相劝慰,以安其心。

照这一报道,石达开、曾仕和拟定的诈降计划并未实行就遭突袭,达开不得已而"释兵表降"。这似乎是说,石达开已经真的投降。但它又接着报道石达开因诈降失败,十分悔恨:

> 二十六日(6月12日),应刚复令应元等戒备,以防诈降。二十七日,唐友耕兵自北来,应刚即协释达开父子及部属到大树堡,但友耕疑达开中变,竟传令将达开父子及官佐护送渡河,部属二千余仍留堡地安置……达开见所部阻渡,诈降计绌,阴甚悔恨。

这似乎又是说,当石达开"将自刎"之时的"释兵表降"也是诈降,后来他同他的部众被隔离了,因而诈降失败。

许亮儒《擒石野史》有不少虚构夸张如小说家言的地方,但以当地人记身历目睹之事,不可能都是向壁虚构,所以诈降之说也应当重视。但许亮儒并没有为这一说法提供证据。诈降真降之不同,首先在于意图,但诈降者的意图往往是秘密的,不能广为人知,所以其意图往往只有从降后的活动和结果中才能看出。石达开等密议诈降,按理不可能被许亮儒了解。许亮儒也没有报道出石达开有什么活动,足以表明他实行的是诈降。因此,对于这个诈降说,我们难以根据这几段话就轻易相信。

更重要的是,我们需要将这个诈降说同上文已反复指出的两件基本事实作对照。诈降说者也很重视石达开给骆秉章的信。这封信承认自己已经失败,愿意一人自刎以换取残部安全。按照这封信的思想,石达开没有想到要东山再起,如果清方真的接受了这封信的要求,石达开也不可能东山再起。或者认为,石达开写这封信是缓兵计(如同骆秉章所曾顾虑的那样)。那就是说,石达开写这封信只是为了争取喘息时间,延缓清军进攻,并不打算按这封信的内容去做。这样理解石达开写这封信的意图,似乎脱离了当时石达开孤穷末路的实际。章太炎曾将大渡河边的石达开比拟为垓下别姬的项羽。项羽如果不是到了山穷水尽的地步,自然不会让虞姬自刎。石达开如果是缓兵计,心中还有卷土重来的雄心和希望,也不会让妻妾投河先死。无论如何,说石达开写这封信是缓兵计,这只是一种推测,它需要另外的事实来作证明。而从后来发生的事实来看,说石达开写这封信是真心实意的,比之说是为了延缓清军进攻的缓兵计,可能更为符合实际。

许亮儒《擒石野史》报道石达开诈降说的另一问题是他没有提到杨应刚、王松林"深入贼营"的活动,而这一活动,如上文所说,是无可怀疑地存在的,且与石达开之被俘有极大关系。以许亮儒所处的地位,他没有必要掩盖这一点。他之完全没有谈到这件事,说明他并不了解内情,只是看到了表面。这也告诉我们,他的报道不会都符合实际。

据刘蓉、骆秉章报告,石达开奔逃至老鸦漩时,残部有七八千人。石达开被诱擒以后,骆秉章说,给票遣散的有四千余人,其余两千余人系"悍贼",被安置在大树堡,于6月19日晚被清军包围剿杀。这是反动统治者所干的一次血腥屠杀,也是石达开"舍命全军"的错误幻想所造成的血的后果。

但石达开这些残部的人数,如同石达开全军人数一样,可能已被清方大大夸大。如刘蓉报告说,石达开"率众投诚"后,王松林挑选精壮收编了三千人。后来刘蓉处理此事,查明"所称留三千人,亦非确数"。清方夸大人数,于此可见一斑。

石达开于6月18日被押解去成都,20日到荣经。据《黎雅纪行》报道,刘蓉6月15日出成都,此时也到了荣经。"刘公传讯,枭杰之气,见于词色。"6月25日石达开被押解到成都,审讯后被杀害。后来刘蓉谈到审讯和杀害石达开的情况说:"比提石逆研讯,据供自金田发难之后一切悖逆情状,历历如绘。其枭杰坚强之气,溢于颜面,而词气不亢不卑,不作摇尾乞怜之语。自言南面称王十余年,所屠戮官民以千万计,今天亡我,我复何惜一死。临刑之际,神色怡然。"①这是当时当事人根据直接见闻写下的记载。近世有记载称,石达开在被押解途中曾说,倘至北京,当奖拔招待他吃饭

① 刘蓉:《养晦堂文集》卷六,《复曾沅浦中丞书》。

的清方某知州云云,似乎石达开做着到北京当大官的美梦。这种
根据道听途说或出于臆测的记载,当然是极不可信的。

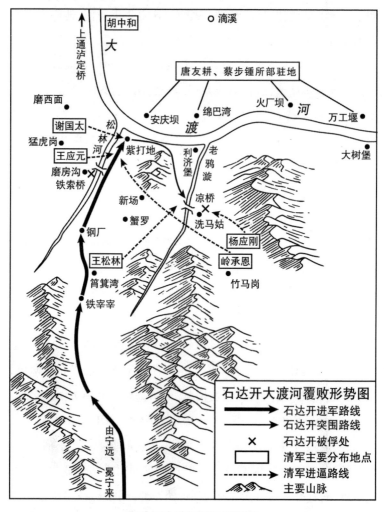

石达开大渡河覆败形势图

安顺场大渡河(此照片及以下七张照片,均系四川省石棉县文化馆张弗尘同志所赠,谨此致谢)

大渡河、松林河汇合处

从松林地看安顺场

松林河旧貌

老鸦漩,石达开自紫打地败奔至此

凉桥,石达开自老鸦漩败奔至此

洗马姑,石达开在此被俘

马颈子王通把家(最高处房屋,原貌),石达开被俘后夜宿于此

太平军和捻军关系研究中的一个问题

这原是一篇讨论文章，曾在1961年发表。现在改换了题目，在文字上和内容上也作了较多的修改补充。

在太平天国革命影响下，19世纪50年代的中国遍地爆发了各种形式的人民起义，捻军起义即其中较重要的部分。对捻军的研究，新中国成立以后受到了重视。中国史学会主编的"中国近代史资料丛刊"有《捻军》专辑，一些史学工作者作了长期的调查和研究，取得了很好的成绩。既研究太平天国，又研究同时期的捻军和其他起义，我们才会对19世纪中叶的阶级斗争历史有比较完整的认识。

由于捻军和其他起义都是在太平天国的推动下爆发的，太平天国同它们的关系总是人们感兴趣的课题。特别是捻军，他们的活动地区同太平天国相邻，双方还有过密切的、合作的关系。在对捻军的研究和对太平军同捻军关系的研究中，近来有一种重要的意见，认为"捻"不是自称，捻军不应被称为捻军，而应该在它不同的发展阶段对它冠以不同的称谓,如称为"大汉起义军""太平天国某部""太平天国新军"等,认为只有这样,才符合工人阶级的立场;如统称为捻军,则是超阶级超政治的客观主义立场。这的确是原则性的意见,不仅关乎历史事实,而且关乎理论观点。现在试对这一问题作简略的讨论。

一

在捻军大规模起义前,捻的活动早已充斥于鲁豫苏皖地区:"山东之兖、曹,河南之南、汝、光、归,江苏之徐、淮,直隶之大名,安徽之庐、凤、颖、寿,承平时在在有之。"[①]它的产生,或说始于康熙时,这可能失之太早,但至少在嘉庆时,时人记载中已经提到捻的活动了。

"捻"是什么意思?清人记载中有多种解释。据较早报道捻的活动的陶澍说:

> 成群结队,白昼横行,每一股谓之一捻子。小捻子数人数十人,大捻子一二百人不等。[②]

陶澍说,一股谓之一捻。根据实地调查资料,"捻"就是股的意思:

---

① 王定安:《湘军记》卷十六,《平捻篇》。
②《陶文毅公全集》卷二十四,《条陈缉捕皖豫等省红胡匪徒折子》。

捻，为皖豫交界一带地方的方言，与股、伙、铺同义。皖北
涡、蒙、亳一带，对一股子、一伙儿的习惯说法是一捻子或一
铺子。①

"捻"最初是由结伙贩私盐、劫富户财物这些活动而组织起来
的。起初称为捻，可能只是泛称，后来也就成为进行这些活动的人
的专称。

那么，捻究竟是他们的自称还是别人对他们的称呼？有一些
历史记载说他们自称为"捻"：

> 贼多南阳人，自名其党曰捻子。②
>
> 豫省东南接壤江皖蒙、亳、颍、寿，民俗故强悍，往往聚众
> 剽劫，多至千余人，少亦数百人，各推贼中桀黠者为之首，自号
> 为捻，不相统一。③

但其他记载中的说法似有不同：

> 子弟父兄相率为盗，私立名号，曰堂主，曰先锋，或数百人
> 为一捻，数千人为一捻，故当时号曰捻匪。④

---

① 安徽科学分院哲学社会科学研究所历史研究室近代史组编著：《关于捻军的几个
问题》，合肥，安徽人民出版社，1960，第 44 页。
② 同治《郏县志》卷十，《记捻匪事》，见《捻军》，第 3 册，"中国近代史料丛刊"本，上
海，神州国光社，1953，第 114 页。
③ 《豫军纪略》卷六，《皖匪》，见《捻军》，第 2 册，第 289 页。
④ 《山东军兴纪略》卷二，《皖匪一》，见《捻军》，第 4 册，第 28 页。

还有一种说法：

> 十夫有长，百夫为雄……于集市聚赌，排列刀矛枪铳，名为镇棚，众称为桌主，各集市皆然。每大会，则聚集首领，或数十，因曰此一捻也，彼一捻也……捻子之称盖由此起，于是改桌主之称为捻首。①

这两种记述是否表明"捻"不是自称而是他称呢？其实没有。

所谓"当时号曰捻匪"，"捻匪"一词自然是站在统治阶级方面对这伙"为盗"者的恶称，但这完全不能说明"捻"也是他称。正如清朝统治者称天地会起义者和一度称太平军为"会匪"，并不能证明"会"也是清朝统治者加于他们的称呼。

他们的首领有堂主、桌主之称，这也与他们的组织是否自称为"捻"无关。所谓"堂主"，据研究是"趟主"之讹。② "堂主"是首领的名号。首领自称堂主，并不说明他们的组织、团体不自称为"捻"，正如会党中有龙头、大爷，不说明他们的团体不自称为"会"一样。至于说"桌主"是自称，"捻首"是他称，这似乎不符合上引这段记载的原意。这里是说有了"捻子"之称后，才改首领"桌主"之称为"捻首"，并不涉及自称他称问题。这份资料接着记述了"捻"的各种活动方式和组织情况，说：

① 马杏逸：《捻逆述略》，转引自方玉润：《星烈日记》，见《捻军》，第 1 册，第 309 页。
② "趟主"意为出外贩私盐或打粮的首领，即出外走一趟之主，参见《关于捻军的几个问题》，第 46 页。

> 捻之恶者曰二捻头;稍通文义能掌计划者,谓之掌捻;凶悍斗狠者谓之领捻;小捻入大捻谓之帮捻;又有不知名姓之类聚数十人到处游行,遇隙便抢,谓之游捻,又名飞捻;更有新捻、老捻之称。①

很明显,它丝毫没有把"捻"之一词看作他称的意思。掌捻、领捻等名称只可能出于他们自己。如果他们不自称为"捻",怎能有掌捻、领捻这些名称?

其实,"捻"是自称还是他称的问题,对于本文要讨论的问题来说,只在"捻"是不是一种诬蔑性称谓的范围内有其重要意义。"捻"如果是封建统治者加之于一种群众组织或起义者的诬蔑性称呼,今天的史学工作者仍沿用这个词,那自然是不妥当的。但我们找不到"捻"是诬称的根据。统治者或者咒骂他们为"捻匪"(而不是"捻"),或者斥之为"红胡子"。有一位称"捻"有汉代游侠之风的蒋湘南有诗说"其名曰捻子,红胡乃诅咒",自注:"良民詈之曰红胡子。"②这说明,"红胡子"才是斥责他们的诬称;"捻子"则是他们的自称,至少不是诬称。

前已述及,"捻"的称谓在语义上就是股、伙的意思,可见这是一个没有褒贬是非意义的中性词。正因为这样,我们很难将自称

---

① 马杏逸:《捻逆述略》,转引自方玉润:《星烈日记》,见《捻军》,第1册,第311页。
② 《蒋子潇先生遗集》,见《捻军》,第1册,第325页。其实"红胡子"的称呼在初时也并没有攻击诬蔑的意思。陶澍在嘉庆十九年(1814)所上奏说:"查红胡原系白莲教漏网之人……人以其凶猛,故取戏剧中的好勇斗狠、面挂红胡者名之。然匪徒闻知犹以为怒也,近则居之不疑。"

他称截然分开,很难说"捻"只能是自称而不可能是他称,或者相反。"捻"这样的中性词,是可能别人先使用然后他们也这样自称的,也可能他们自己先这样自称然后别人也这样称呼他们的。既然这样,历史上已经相沿成习,今天史学工作者称他们为"捻",称他们在起义后为"捻军",也就谈不到有什么立场问题。

二

1853 年后,由于太平天国革命战争的影响和推动,捻众由零散的活动而纷纷武装起义。至 1855 年秋,乃有安徽雉河集会议,使各路捻军有了一定程度的联合。

在这次会议上,雉河集捻首张洛行被推为首领,称"盟主",并建有"大汉"称号。

张洛行为什么被称为"盟主"? 因为这是一次"拜盟起义"的会。张洛行说:

> 照得首自雉河拜盟起义,众兄弟誓同生死,共推我为盟主,协力同心,共诛妖鞑。①

捻军由分散活动而进到联合,是一个进步。但这是"拜盟",是推出"盟主",而不是建立上下相维,实行统一领导的政权。后来,张洛行曾以盟主的身份批评一些拜盟者各图苟安、自行其是的情

---

① 《张洛行檄文》,见《近代史资料》1963 年第 1 期。

况,说:

> 乃各思苟安之计,回家固守土圩,徒知抢掳。利己之私,
> 久则足以自毙。前经行文再再,承孙葵心、刘学渊……众兄弟
> 来怀,分兵东下……尔等安坐土圩,扪心自问,于心安乎不安
> 乎?檄文到日,早决定见,有志成大业者,整顿兵马,同心一
> 气,会兵北剿,共建基业;其固守土圩者,亦听其自便。①

从这里可以看出,所谓雉河集会议后"各旗统将皆归盟主调
遣",其实不是事实。也不是有"归盟主调遣"的制度而部下不服调
遣,而是本来就没有达到建立统一领导的程度。张洛行这篇檄文
的内容和文字表明了这一点。

雉河集会议上建有"大汉"称号,这是确实的。汪士铎的外甥
吴栗生于咸丰六年(1856)正月二十九日从开封写信说:"捻匪伪号
大汉。"②张洛行文告中有时自称"盟主",有时自称"大汉盟主"。
但"大汉"称号是否国号?是否意味着他们已经建立了一个新国家
政权?从雉河集之会是"拜盟起义"之会来看,恐怕还不能给予肯
定的结论,特别是张洛行不可能已被推为"大汉明命王"。如果他
已被推为"大汉明命王",他在直到咸丰十二年(1862)为止的多次
文告中是不会一次也不使用这一称号而只自称"盟主"的。

雉河集会议并没有形成统一的领导制度。"大汉"称号的存在
不决定捻军各部的实际联合程度;从张洛行或自称"盟主"或自称

---

① 《张洛行檄文》,见《近代史资料》1963 年第 1 期。
② 吴栗生:《乙丙日记》卷三。

"大汉盟主"来看,"大汉"称号即使对他来说也不是绝对不可或缺的。至于这个称号为各路捻军所重视、接受和遵奉的事实,在有关捻军的各种正反面史料中,似乎都找不到。既然这样,我们为什么一定要用"大汉军"的称谓来代替"捻军",包括未参加雉河集拜盟的捻军呢?这个称谓对于当时的捻军战士的生疏程度、不重要程度,我想是不会亚于对今天的史学工作者的。

三

1856—1857 年,张洛行等捻军与太平天国建立了联系,开始依附太平天国。这是由于斗争形势的需要而实现的。太平天国自"杨韦事变"以后,实力大受损伤。湖北和天京外围的战斗趋于紧张,太平军为在皖北进行反击,需要联络活跃在淮河两岸的捻军。由于清军的进攻,雉河集失守,张洛行等也需要依靠太平天国的力量以图再振。张洛行等依附太平天国,这对双方都有利。

招纳张洛行等,系出于太平天国主动,但张洛行等也表现了热情和积极性。据亲手经理其事的李秀成说:

> 那时已有张乐行、龚德树在三河尖造反,那时李招寿在我营中共事,李招寿与张乐行、龚德树有交,特通文报与张乐行来投。此时张乐行接得文件,当即复文已肯来投。①

------

① 《忠王李秀成自述》,影印本。

接着,李秀成、陈玉成在桐城打破清军,北上破舒城,克六安,张洛行等南下相迎,共破霍邱,即将霍邱交予张洛行为根据地。此后,张洛行等捻军首领接受了太平天国的封号,"奉太平天国正朔",即使用太平天国纪元,"遵照太平天国衣冠制度",即蓄长发,传说还去过天京向天王朝贺。在淮南、皖中及江北的皖鄂交界一带,张洛行等的部队常与太平军协同作战,捻军大将龚德树还在湖北罗田战场上牺牲。

但这些事实是否表明捻军已不复存在,捻军已成了太平天国军,因而我们必须不再称之为"捻军"而只能称之为"太平军某部"了呢? 不然。在研究捻军依附太平天国以后的双方关系时,我们必须注意到两个问题。

其一,捻军之依附太平天国,接受封号,遵奉"正朔""衣冠制度"是有条件的,这就是"听封不听调",保留了行动的自主性。

地方志书谈捻军同太平军的关系说:

> 归附发逆,受伪官木质伪印信,赴江宁朝贺,不奉发逆调遣。[1]

李秀成在谈到太平天国戊午八年(1858)他无计解救京围的艰难情况时说:

> 我自回全椒,无兵可用。主与我母被困在京。那时在全

----

[1] 《亳州志》卷八,《武备志》,见《捻军》,第2册,第111页。

邑，日夜流凄(涕)。虽招有张乐行之众，此等之人听封而不能
听调用也。那时止有部将陈坤书、吴定彩、萧招生、谭绍光、陆
顺德，各将愿力拼舍死，愿救京都。①

这时的张洛行受有太平天国"征北主将"的职位。李秀成要解
救京围，苦于兵力不足。张洛行等"听封不听调"，李秀成只调集了
他自己部将的战士"不足五千"。从这里可以看出受封为太平天国
征北主将的张洛行，同太平天国领导的统属关系，是不同于其他太
平天国将领的。

张洛行等依附太平天国后，主要在淮南进行战斗。1858 年他
们攻占怀远，接着又攻占临淮、凤阳，与太平军的地区基本上连成
一片。他们在江北淮南以至淮北多次与陈玉成、李秀成部联合作
战，并且为保卫安庆出过力。这些联合斗争，在太平天国的文献和
清方封疆大吏的奏报中有过某些记载。但这些行动并不证明他们
是受了陈玉成、李秀成的调遣。胡林翼多次奏报了他们这些联合
战斗行动。如果重视这些奏报，认为张洛行等多次同陈玉成等在
一起作战就足以否定他们"不听调"之说，那么，我们也应该重视这
些奏报中的用词:胡林翼总是称陈玉成等"勾结""勾串""嗾"张洛
行等进犯某处某地，总是称张洛行等为"捻首""捻逆"，总是将
"发、捻"或"粤、捻"并提。② 这些恰恰透露了张洛行等虽然依附了

---

① 《忠王李秀成自述》，影印本。
② 参见《胡林翼全集·奏议》卷十八，咸丰七年五月三十日奏;卷十九，咸丰八年四月
十四日奏;卷三十八，咸丰十年正月二十五日奏;卷四十二，咸丰十年十一月十六
日奏等。

太平天国,在双方毗邻的有共同利害关系的地区内配合太平军作战,但仍是有一定独立性的部队。在胡林翼看来,他们仍是与"发捻"有别的"捻逆"。

而且,我们还应该考虑到,除了张洛行等部捻军在淮南,还有众多的捻军首领经常在淮北以至河南、山东活动。他们的斗争客观上当然也与太平军互有配合作用,但主观上并不是根据太平天国的战略而行动,有的甚至并不依附太平天国,并没有接受什么封号。如果说,张洛行接受了封号(甚至还可以退一步说,接受了调遣),就应该取消捻军的称谓,那又置张洛行等以外的捻军于何地呢?

张洛行等接受太平天国的封号,太平天国在文书中用这些封号来称呼他们,这完全不能证明别的什么,只是证明了李秀成所说的"听封"。太平天国庚申十年(1860)四月初三日李秀成给张洛行的一封信,对于本文所讨论的问题而言是值得重视的,信的有关段落如下:

> 忠王李书致征北主将张洛行弟青及:缘兄与弟迢迢相隔,未克聚首一堂,共晤兵机,诚令兄有渭北江天之感。但兄客岁奉旨南征,在芜屯扎,其时韩绣峰弟由北抵芜,云称弟困凤阳,请兄分兵往救。兄因京围在急,而力难兼顾,故未统师前来。迨后骇闻江北圣营失利,即于今春兴师进剿……(下叙破江南大营事,从略)第兄与弟天各一方,未稔北路军情近来若何?虽前曾闻贵队收复菁江,军威大振,而究中心摇摇,悬念不置。是以特命平西主将吴定彩、前军主将吴如孝两弟统师前来往

援,以修旧好。惟望弟须念该主将北道生疏,祈即时赐南针,俾得有所遵循,庶不致贻阃外之羞耳。谨此布达,余不多叙。并候戎佳不一。①

同一天,李秀成还写信给一位"定天豫康玉吉",是用命令的形式。其首末作:"九门御林忠义宿卫军忠王李谆谕定天豫康玉吉弟知悉……是以特命平西主将吴定彩、前军主将吴如孝两弟统师前来凤阳往援,以修旧好。惟望弟在北凡事须听该来主将铺排,设有调遣,着即应调可也。切切此谕。"②其余内容与致张洛行信相同。

这个"定天豫康玉吉"看来是太平天国派在皖北活动的,负有同张洛行联络的责任,所以李秀成把派吴定彩等往援张洛行的事也同时通知了他。但这两封信的体制、语气迥异。李秀成在信中用太平天国的官职称张洛行而不称之为"盟主""大汉盟主",这反映了张洛行依附太平天国的事实;但张洛行的职位是"征北主将",相当于李秀成所派出的平西主将、前军主将,李秀成以统帅地位写信给征北主将,用了"贵队""以修旧好""谨此布达"等词句,这又反映出这位"征北主将"听封不听调的自主身份。③

其二,张洛行等依附太平天国,接受太平天国的封号,但并未把捻军合并于太平军,捻军雉河集拜盟形成的组织体系依然存在,张洛行对捻军依然自称"盟主",甚至对民间发布告示命令时,也自

---

① 故宫博物院编:《太平天国文书》。
② 故宫博物院编:《太平天国文书》。
③ 这不可能这样解释:张洛行不是李秀成的直属部将,所以李秀成对他这样客气。杰天义赖文光是陈玉成而不是李秀成的部将,但李秀成给他的信用"谆谕"形式,要他"禀明"情况。

称"盟主"。

1858 年夏,张洛行等部捻军攻占怀远,使之成为捻军的根据地达一年半之久。在此期间,因捻军各部步调不一,为抵抗清军进攻,张洛行发出檄文,要求各部同心一气,会兵进剿。这时他早已接受太平天国的封号,可能就是"征北主将",但他发出的檄文仍称"大汉盟主张"①。

太平天国壬戌十二年(1862)正月初四日,张洛行等协同陈玉成部马融和等进攻颍州,他会同一位"彦天安程"联名发出一份命令,要张发科等人立即来营当面谕话,格式是这样的:

> 盟主张　　尹雪成
> 　　　谕张发科弟等知悉
> 彦天安程　祁近香

同时,他们又联名刊发一份告示,实贴于河南项城县,格式是这样的:

> 大　　汉　　盟　　主　　　张　为剀切晓谕
> 天朝九门御林真忠报国开朝勋臣彦天安程　　以便安民事

告示中,"彦天安程"自称"本安",张洛行自称"本主"。

张洛行还单独发出一份命令,称"大汉盟主张谕邢万军及众兄

---

① 《张洛行檄文》。

弟知悉"①。

当时张洛行已被太平天国封为沃王,但他在这些命令、告示中仍以"盟主"或"大汉盟主"署衔;他同"彦天安程"的联名文书,尤其显示出"彦天安程"是太平天国的将领而他自己则是捻军首领的身份。

根据以上讨论的两个方面的事实,我们可以确信,张洛行等依附太平天国后,仍保持自主性和独立性,捻军仍然有自己的系统。因而,认为此后的捻军应该称为太平天国军,似乎捻军已不复存在,这在历史事实上是没有根据的。

四

既然"捻"之词并无恶意,既然历史资料多有"自号为捻"的记载,为什么"捻"在武装起义后不应称为捻军而应该称为"大汉军"呢?为什么捻军首领在接受太平天国封号后就应该称为"太平天国某部"呢?为什么不这样来称呼他们就是超阶级的客观主义立场呢?

原来,这是对客观主义的误解所引起的。这种意见认为,起义农民一旦有了自己的称号,就必须用这个称号去称呼它,才符合工人阶级的立场;否则,如不称捻军为"大汉军"或"太平天国某部",不称上海小刀会起义军为"大明军",那就是超阶级的客观主义的错误书法。

---

① 以上均见《近代史资料》1963 年第 1 期。

这的确涉及研究历史和撰写历史的一个理论问题:究竟什么是客观主义,究竟什么是历史研究中的"错误书法"或"正确书法"的问题。

什么是客观主义？我们可以从马克思和列宁的论述中得到启示。

马克思在《路易·波拿巴的雾月十八日》一书的序言中谈到雨果和蒲鲁东关于同一主题的两本书时说:

> 维克多·雨果只是对政变的负责发动人作了一些尖刻的和机智的痛骂。事变本身在他笔下被描绘成了晴天的霹雳。他认为这个事变只是一个人的暴力行为。他没有觉察到,当他说这个人表现了世界历史上空前强大的个人主动性时,他就不是把这个人写成小人而是写成巨人了。蒲鲁东呢,他想把政变描述成以往历史发展的结果。但是,在他那里关于政变的历史构想不知不觉地变成了对政变主人公所作的历史的辩护。这样,他就陷入了我们的那些所谓**客观**历史编纂学家所犯的错误。①

列宁在批评"合法马克思主义者"司徒卢威的观点时写道:

> 客观主义者谈论现有历史过程的必然性;唯物主义者则是确切地肯定现有社会经济形态和它所产生的对抗关系。客

---

① 《马克思恩格斯选集》,第 2 版,第 1 卷,第 580 页。

观主义者证明现有一系列事实的必然性时,总是有站到为这些事实辩护的立场上去的危险;唯物主义者则是揭露阶级矛盾,从而确定自己的立场。客观主义者谈论"不可克服的历史趋势";唯物主义者则是谈论那个"支配"当前经济制度、促使其他阶级进行种种反抗的阶级。……唯物主义本身包含有所谓党性,要求在对事变作任何评价时都必须直率而公开地站到一定社会集团的立场上。①

在这里,马克思和列宁并没有给客观主义下定义,但他们对这些问题的论述,却很明白地向我们指明了客观主义的特点和内容。客观主义是一种观察问题的立场和方法,它通过对社会历史现象的某种论断、估计或说明而反映出来,以表面上冷静、客观的态度,掩盖了实质上为某种事实、某种现象作辩护的真相。蒲鲁东的客观主义是通过他对拿破仑第三政变历史的解释而反映出来的。列宁在上引文章中所批判的司徒卢威虽和民粹派不同,但他只限于指出或承认当时俄国资本主义发展的必然性,而不公开直率地涉及资本主义所包含的阶级对抗问题,他在实际上是为资产阶级的剥削作辩护。司徒卢威的客观主义也是通过他对当时俄国的社会现象的估计、说明而反映出来的。根据马克思和列宁的这些分析的启示,我们还可以试举一例。譬如,关于我国历史上的农民战争,史学工作者力图站在工人阶级的立场,运用马克思主义的理论来研究它,既看到农民的弱点及其失败的必然性,同时肯定农民战

---

① 《列宁全集》,第 2 版,第 1 卷,北京,人民出版社,1984,第 362—363 页。

争的历史作用。相反，如果仅限于分析农民弱点的必然性、农民战争失败的必然性，回避或否认农民战争的历史作用问题，那就可能被认为是农民战争研究中的客观主义倾向。如果这样的批评能够成立，那么，在农民战争史研究中的这种客观主义，也是通过对历史现象的解释、说明而反映出来的。

而现在却提出了通过一种称谓来判断是否站在工人阶级立场、是否陷于客观主义错误的问题。称谓的正确与否，是不是就反映了立场、反映了客观主义，这是需要作具体分析的。我们知道，由于各个阶级的根本利益和世界观的不同，他们对于许多根本的社会历史现象有不同的甚至完全相反的看法，基于此而有不同的语言。譬如，在革命者认为是举旗起义，在反动派认为是称兵犯上；革命者认为是义军，反动派认为是逆匪；革命者认为是好得很，反动派认为是糟得很，等等。这种不同的语言，实际上是不同阶级对于社会历史现象的不同估计、不同判断，其中显然鲜明地贯串了不同阶级的立场。然而现在所说的与此类名词称谓并不相同。张洛行等起义之众应称为"捻军"，还是"大汉军"，还是"太平天国某部"，包含着某些历史事实的是非问题，值得我们加以具体研究，但这类称谓的不同，对于今天的史学工作者来说，不成为立场的问题，正如是否称秦始皇为嬴政、汉武帝为刘彻一样。是否客观主义的主要问题，不在于"捻军""大汉"之类的称谓，主要的问题是在研究分析历史事件时所反映出来的对当时的阶级矛盾的态度。在我国历史上有过大小数百次的农民起义，而很多次起义的农民都有过自己的称号或国号。陈胜号为"楚王"；张角称"天公将军"；黄巢国号"大齐"，建元"金统"；李顺国号"大蜀"，年号"应远"；张士诚国号"大周",年号"天祐";陈友谅国号"汉",年号"大义";李自成国号"大顺",年号"永昌";张献忠称"大西国王",年号"大顺",等等。我国史学界有过许多研究这些农民战争的论著,但这些论著(以至经典著作)都不一定用国号、年号来称呼他们,我们难道可以以此就提出客观主义的问题吗?

这类称谓的不同是否构成客观主义,还需要考察"书法"问题。

中国的封建史学,自孔子作《春秋》以来,就非常注意"书法"。史学家总是通过记载史事的"书法"而寓其维护封建伦理、封建正统的立场。他们通过"统系""名号""纪元""称谓"等方面的特定的用词和体例,来表达撰史者本人的立场和维护封建秩序的"微言大义"。对于晋文公召见周天子,《春秋》书为"天子狩于河阳"。陈寿《三国志》,为曹魏立本纪,蜀、吴只立传,蜀、吴新君即位,必记明魏之年号,孙权虽然称帝,《吴志》上面还是直称其名。又如《续资治通鉴纲目》,张良在秦而书为韩人,陶潜在宋而书为晋处士,扬雄在汉而书为莽大夫,武则天明明做了皇帝,改号光宅,仍以中宗嗣圣纪元,以表示唐的正统仍未坠落,所谓"统正于下,而人道定矣"。这样的例子举不胜举。在封建史学中,"名号"问题、"称谓"问题是十分重要的。对于敌国,对于"叛臣""叛民",他们的"国号""年号"等是否得到撰史者的承认,是否被载入史册,的确是表现撰史者究竟站在"哪一边"的标志,因为封建史学就是通过这样的"书法"来维护封建秩序的,这是史学为封建主义服务的一个重要方面。

大家都承认封建史学的体系应该否定,应该批判,问题是究竟怎样来否定和批判它,究竟站在什么立场,运用什么方法来否定和批判它。封建史学家在他们所撰写的史书中，不承认"叛臣""叛民"的年号、国号，我们站在工人阶级立场上撰写史书，就必须以它们的年号、国号称呼之而不允许有任何其他的称谓；或者，封建史学家以封建王朝的"合法"世系为史书的正式统系，我们站在工人阶级立场上就必须在农民战争中找一个"正统"，从"衣冠制度""称号""纪元"等方面来确定"正统"的地位。可能有人认为这就是对封建史学及其"错误书法"的否定和批判。但是，据我看来，这样不能被认为是对封建史学的真正的否定和批判，这仍然只是从"统系""名号"等方面着眼来判断撰史者的立场，可以说在方法上仍未摆脱旧的窠臼。我们否定封建史学，必须以马克思列宁主义和毛泽东思想为指导，必须站在工人阶级立场上而不是别的什么立场上。如果在陈胜、黄巢、李自成、张洛行的时代，作为他们的"史官"来写各自的斗争历史，那么，可以设想，他们必然要与封建史学家的不承认起义农民"称号"的"书法"相对立，标出"楚王""大齐""大顺""大汉"这些称号，并且对这些"史官"说来，标出这些称号与否，就是一个原则问题，就是一个立场问题。可是我们是站在工人阶级立场上的史学工作者，而不是千百年前起义农民方面的"史官"。所以，对我们来说，著作中是否标明了"楚王""大齐""大顺""大汉""大明"等称号，不能与是否站在工人阶级立场的问题简单地联系起来。李自成、洪秀全是革命的，但我们研究他们的革命，必须比他们当时所站的位置更高一些。我们肯定太平天国的伟大历史地位，但这绝不是意味着我们要为太平天国争取旧意义上的"正统"，也不是要在当时的农民革命运动中间为太平天国争"正统"。太平天国革命和其他农民起义之间的关系的确需要认真研究。包括"捻"的起源和名称，"大汉"称号的性质和"大汉"称号是否或在什么程度上统一了各部分捻军，张洛行等依附太平天国后与太平天国建立了怎样的关系等，这些问题都有意义，都值得研究。但研究这些关系，不能只着眼于考察是否建立了名号、是否奉正朔、是否遵照衣冠制度这些比较表面的联系而忽略了其中的实质问题，尤其不能因为重视这些表面联系而影响了对各种实际关系作实事求是的分析，那会使我们不能真正认识历史。例如对于张洛行等接受太平天国封号，如果认为从此就不再存在捻军而只存在太平天国军，那就会妨碍我们认识历史上的真实关系。

这里还可以附带提到太平天国纪元问题。天京失陷后，太平天国遵王赖文光联合领导了"蒙亳之众"即捻军继续进行斗争。1868年初赖文光被俘牺牲，在自述中写有"丙寅十六年秋"字样，这显然是使用太平天国纪元，说明太平天国纪元并非在太平天国甲子十四年（1864）天京失陷就随而终止。同赖文光联合并受他领导的梁王张宗禹至同治七年（1868）六月全军覆没。同治七年相当于太平天国戊辰十八年，据此而认为太平天国纪元至戊辰十八年才告结束，这也有可能。虽然我们不知道赖文光死后张宗禹是否也使用太平天国纪元，甚至也不能判明赖文光在自述中使用太平天国纪元是表示他个人对太平天国的忠贞，还是他领带的"蒙亳之众"的制度。总之，揭示在天京失陷后太平天国纪元仍在使用的事实，是有意义的。

但是，太平天国革命究竟存在多少年，同太平天国纪元究竟被使用至哪一年，毕竟不是完全相等的问题。当赖文光大书"丙寅十六年秋"的时候，他也认为"国"已经倾覆了，他的目标是要"复国":"披霜踏雪,以期复国于指日。"如果太平天国纪元被使至戊辰十八年,因而认为太平天国也存在十八年,那么,将来要是发现太平天国的某些余众使用太平天国纪元到更为久远的时间,甚或发现太平天国的某些隐居逃亡者更为久远地遵奉太平天国正朔,是否可以说太平天国存在了十九年、二十年或更多的时间呢?

这里,我不禁想起洪仁玕的一段话。

洪仁玕在一篇虚构的同一个清朝投诚官员谈话中,发挥了《续资治通鉴纲目》的"书法"。他说:

> 问弟以为作鞑子官者有罪乎?无罪乎?即能免今人之议罪,断难免子孙后人之议罪也。此即古之证见,又是人人良心证见。弟试思之,是乎?否乎?况元妖入寇中花(华),至明实有一百六十一年之久,《纲鉴》则削其前,至崖门失印,方准入元史,又削其后,至明初起义即入明代,实载八十九年之久。由此推之,御史重华之义严矣,而为鞑官之罪当何如乎?①

这就是中国旧史家基于严华夷之别的社会政治观点而修史的"书法"。根据这种方法,南宋的国祚可以延长,元朝的历史可以缩短。太平天国是农民革命建立的政权,站在工人阶级立场上修太平天国史,我想并不是要我们在"严农民地主之别"的基础上沿用这种"书法"。我们今天站在工人阶级的立场用马克思主义指导历史研究,是要把太平天国运动作为一种研究的对象,认识它的发生

---

① 洪仁玕:《钦定英杰归真》,见《太平天国》,第2册,第581—582页。

发展、起伏变化及成败的过程。天京失陷后,李世贤、赖文光等都继续进行了斗争,即使他们没有继续使用太平天国纪元,我们也要把他们看作太平天国革命的继续——当然要研究他们在政治上、经济上、思想宗教上和军事战略上同天京失陷以前的斗争究竟是否有所异同。太平天国运动的存在,是依据于具有自身特点的斗争实际的存在,而不是离开这种实际只看太平天国纪元是否继续行使。如果说工人阶级的史学也有"书法",我想实事求是应该就是这样的"书法"。

1981 年 12 月

太平天国的传说和历史

　　近几年来,有关中国近代史的史迹调查和歌谣传说的搜集整理,有了很大的进展。就流传在民间的歌谣传说的搜集整理来说,关于义和团、捻军、太平天国等,都有很大的收获。太平天国的时代距今已有百年,搜集歌谣传说当有不小的困难,而新中国成立以来,我们却能够不断看到有这方面的民间故事和歌谣发表,最近两年来我们又陆续读到了三本专书:1960年出版的《太平天国歌谣传说集》、1961年出版的《太平天国故事歌谣选》和1962年出版的《太平天国歌谣》①,这不能不说是我国民间文学工作者的一项贡献。

---

① 中国科学院江苏分院文学研究所编:《太平天国歌谣传说集》,南京,江苏文艺出版社,1960;广西民间文学研究会筹备委员会、广西师范学院中文系合编:《太平天国故事歌谣选》,南宁,广西人民出版社,1961;太平天国历史博物馆编:《太平天国歌谣》,上海,上海文艺出版社,1962。

一

这三本书的编选方法和内容都有自己的特色。《太平天国歌谣传说集》所包括的歌谣四十三首、故事四十八篇,都流传于江苏地区,所反映的绝大部分也是太平军在江苏的事迹。《太平天国故事歌谣选》所搜集的歌谣五十二首、故事二十八篇,内容都与太平天国在广西的活动有关,主要是太平天国金田起义前后、1859 年石达开回师广西和在贵县地区坚持斗争直到 1864 年的黄鼎凤的故事。《太平天国歌谣》则带有综合的性质,全书一共搜集了流传在广西、江苏、浙江、安徽、上海等地的歌谣一百二十六首。把这三本书合起来看,内容虽然小有重复,但各有自己的特点,可谓相得益彰。读了这三本书,目前已经搜集整理的关于太平天国的歌谣传说,就可以大体都浏览到了。当然,太平天国在江西、湖北等地都有过长时期的活动,在当地人民中间也一定有不少歌谣传说,但目前我们还没有见到,期望在不久的将来,这个缺陷能由当地民间文学工作者的努力而得到补足。周扬同志在谈到民间歌谣传说的搜集整理问题时曾经指出:"中国人民的胜利是经过了长期的流血的斗争得来的。各个革命历史时期,不论是第一次和第二次国内革命战争时期,抗日战争时期和解放战争时期,也不论是鸦片战争、太平天国和义和团时代,都有无数英雄故事传说和民歌在人民的口头流传,我们应当全部加以搜集和整理。"①根据这样的意见,我

---

① 周扬:《新民歌开拓了诗歌的道路》,见《论革命的现实主义和革命的浪漫主义相结合》,北京,作家出版社,1958,第 11 页。

相信,关于太平天国的歌谣传说一定还会进一步丰富充实起来。

这三本书所搜集的歌谣传说,涉及的内容相当广泛,其中包括太平天国历史人物和传说人物的英雄故事,太平天国某些战役经过的片断传说,太平天国的军民关系、官兵关系以至社会经济方面的政策措施。此外还有不少表达人民对太平天国的期望、拥护和怀念的感情以及人民揭露地主反动派的罪行和嘲笑他们无能的篇章。这些歌谣传说,就其内容来说,都是爱憎分明,气象蓬勃,充满着人民的自豪感和对敌人的蔑视和仇恨。高尔基曾经指出,民谣和悲观主义是完全绝缘的。① 这三本书的歌谣传说,就其内容的倾向来说,正是这样。同时,由于人民有丰富的口头文学才能,又由于民间文学工作者的整理加工,书中的多数歌谣和故事,形象都很生动鲜明,语言都很清新朴素,读后大都可以有较深的印象。

有关中国近代史上某些专题的歌谣传说的搜集整理工作,迄今为止绝大多数都是由民间文学工作者进行的,且他们的辛勤劳动的成果,已经引起了史学工作者的注意。吕振羽同志、吴晗同志都曾就义和团传说故事的历史真实性等问题先后写过专文。罗尔纲同志在他所选注的《太平天国文选》中编入了十七首民间歌谣,直接把它们作为太平天国文学的一部分;他最近编撰的《太平天国志》,有关的列传据说也将参考利用民间的歌谣传说资料。史学家在自己的研究工作中如此注意科学地利用歌谣传说问题,这不是偶然的,这是我国史学的优良传统。司马迁撰《史记》,取材是极为丰富的。他参考了大量的异书秘籍,这些文字记载是他撰写《史

---

① 参见高尔基:《苏联的文学》,转引自周扬编:《马克思主义与文艺》。

记》的主要资料来源。但他同时遍游名山大川，搜求遗闻轶事和民谣传说，在写作中又很注意这方面的取材，常常将他所搜集到的民间歌谣传说和亲身见闻，穿插在叙述或论赞中。如他在《赵世家》赞中，引用闻自冯王孙的话，揭露和谴责赵王诛杀良将李牧。在《魏世家》赞中评述魏之灭、秦之兴时说："吾适故大梁之墟，墟中人曰：'秦之破梁，引河沟而灌大梁，三月城坏，王请降，遂灭魏。'说者皆曰魏以不用信陵君，故国削弱至于亡，余以为不然。"在《孟尝君列传》赞中，以他亲自访问薛县的见闻，来证实世传孟尝君好客自喜的事实。在《刺客列传》赞中说，世言"荆轲伤秦王，皆非也。始公孙季功、董生与夏无且游，具知其事，为余道之如是"，以得之于当事人（夏无且）的口头资料作为叙事的根据。《樊郦滕灌列传》中叙述樊哙、郦商、夏侯婴、灌婴的战绩极为细致，这是由于他从樊哙的孙子樊他广处访问搜集了详尽的口碑资料。其他各篇引用传说和他亲身的见闻，据统计，不下一二十处。此外还有在行文中不曾注明而实际上利用了传说资料的地方。[①] 司马迁对这些遗闻轶事和亲身见闻的利用，很大地丰富了《史记》的内容和文学价值。他的做法遂为以后不少史学家所继承。

对于民间传说故事作为历史研究参考资料的价值，有的同志是有怀疑的。他们认为，只有文字记载才能算历史资料，民间的歌谣传说绝不可以登历史研究的大雅之堂。这种片面的看法，不仅

[①] 如《赵世家》中关于赵朔、赵武的故事（即"赵氏孤儿"的故事）与《春秋》及《左传》大不相同。据《左传》，赵家被罪的祸因系由于庄姬和赵婴齐通奸，而《史记·赵世家》却说是由于屠岸贾之谗，而且出现了程婴、公孙杵臼这样的人物。郭嵩焘《史记札记》认为这是司马迁"杂采当时轶闻"而写成的。

昧于我国史学的传统,而且还不理解在"史原"上,民间传说和文字记载同是保存历史事实的方式。在这方面,我们固然必须肯定文字记载起着主要的作用,但并不能因此而否认民间歌谣传说的一定地位。同时,由于歌谣传说是在民间流传的,不受反动统治阶级文网的限制,可以在很大的程度上反映人民对于历史事件的态度,也可能在一定的范围内、在一定的方面更准确地反映历史的真相,所以,它们值得史学工作者加以参考利用,应该是可以肯定的。高尔基曾经指出,不研究歌谣传说,就不可能知道劳动人民的真实的历史。他还指出,"从远古时代起,民谣就是不断地和奇特地伴随着历史的。歌谣对于路易十一与可怕的伊凡底行动,有它自己的意见,而且这种意见是与专家们所写的历史底评价断然不同的。"①高尔基的这些精辟意见,证之以中国历史的情况,是完全正确的。在历史上,中国人民长于用歌谣来表达他们的憎和爱,表达他们对历史事件的态度和评价。譬如汉末统治者腐败虚伪,乃有"举秀才,不知书。察孝廉,父别居。寒素清白,浊如泥。高第良将,怯如鸡"的民谣。又如元末遣官奉使,搜括钱财,无恶不作,民间的怨谣说:"奉使来时,惊天动地;奉使去时,乌天黑地。官吏都欢天喜地,百姓却啼天哭地。"又如明末李自成起义革命,人民对他热烈欢迎和殷切期望,有民谣说:"穿他娘,吃他娘,开了大门迎闯王,闯王来时不纳粮。""朝求升,暮求合,近来贫汉难存活。早早开门拜闯王,管教大家都欢悦。"这些歌谣都是"伴随着历史"而产生的,并且成了许多官私史籍中的有用材料。如果不利用这些材料,

---

① 高尔基:《苏联的文学》,转引自周扬编:《马克思主义与文艺》。

我们对某些历史事实的了解,是不可能像现在这样深刻的。

太平天国历史的研究,情况更是这样。由于清朝反动统治者的破坏,太平天国本身的文献,流传下来的远不能满足研究的需要。清朝的官书和地主文人的记载,尽管数量很大,但是记载太平天国情况并不多,而且充满着阶级的偏见。在这样的情况下,在研究工作中参考利用民间流传的歌谣传说,就更有必要了。前述三本专书中的某些内容(有神话色彩的歌谣传说当然除外),只要我们科学地加以利用,我以为对研究工作是有益处的。譬如,关于太平天国起义以前洪秀全等在广西进行革命活动的一些具体情况,这几年来历史工作者有了比以前多的了解,这就是参考利用了史迹调查报告和歌谣传说的结果。《太平天国故事歌谣选》中载有《冯云山写春联》《造兵器》等故事,有《号召歌》《团结歌》等歌谣,它们表现了洪秀全和冯云山等对革命的抱负和太平天国起义前夕的种种斗争活动,其具体内容有的可以和现有的文字记载相辅相成,在一定程度上具有史料的价值。又如,太平天国后期的军民关系和阶级斗争的复杂情况,是太平天国研究中的重要问题之一。这个问题,我们从大量的文字资料中可以了解它的梗概,而歌谣传说中某些内容却可以帮助我们得到形象化的理解和进一步的启发。《太平天国歌谣传说集》中有一篇《祭供恩人》的故事,是讲镇江的一个妇女因受地主阶级反动宣传的欺骗,逃难投河而死,其七岁幼儿被太平军从河中救活并交人抚养。这个七岁幼儿就是故事口述者的父亲。类此的故事还有六七篇。书中还有多篇关于地主团练和太平军激烈对抗的传说。这类故事反映了太平天国后期阶级斗争的曲折和尖锐情况,是可以和文字记载互相印证的。值得注意的是书中还有一篇《假长毛》的故事,是说宜兴地主三猢狲假冒"长毛"名号,在当地无恶不作,结果被人民杀死。《太平天国歌谣》中一首《这话说来很可疑》的歌谣说:"传言长毛把穷人欺,这话说来很可疑,长毛兵将皆穷汉,他怎会把穷人欺?"太平天国后期队伍中成分复杂,这种地主分子或坏分子摇身一变假冒或加入太平军队伍的情事,并非个别现象。上述歌谣传说中所反映的情况和人民的情绪,是值得我们以之与文字资料相参证,加以探索研究的。

这三本书中有不少关于太平天国人物的歌谣故事,其中包括洪秀全、杨秀清、萧朝贵、冯云山、石达开、胡以晃、陈玉成、李秀成、赖文光以及黄鼎凤等①,其中有一些很值得历史工作者利用参考。譬如《太平天国歌谣》载有一首流传于安徽的歌谣说:

> 一炮落下水,炸开丹阳湖。
>
> 一将登采石,攻破城当涂。
>
> 不是城豆腐,人是铁丈夫!

在太平军向南京水陆进军的过程中,传说石达开曾经单骑独登采石,攻下安徽当涂县,以上歌谣就是当时当地人民对他的英勇

---

① 唯独没有见到关于韦昌辉、秦日纲的故事(除批判韦昌辉的一首歌谣《北王北王心不正》以外),他们在首义阶段的活动很多,至少在广西桂平、贵县是应该有不少传说的。不知是否由于他们被不少人认为是"内讧"的祸首,因而有些材料未予整理发表?如果是这样,我看这种做法是不必要的。姑且不论"内讧"的原因和性质尚可进一步探讨,即使认为韦、秦是事件之祸首,但他们在前期有大功于太平天国,是不应否认的。

行为的赞扬。《太平天国歌谣传说集》中也载有一首流传于江苏的民谣说：

> 石达开，真好样，
> 夺采石，勇无当。
> 一马冲入南京城，
> 太平天国第一王。

可以互相参证。太平军从金田起义后不久到攻克南京的两年战斗中，文字记载上都说石达开负责前敌军事，一路身先士卒，打仗十分勇敢，有"石敢当"之称。我们从地主阶级的记载中，虽然能够弄清楚这个基本事实，但难以从诬蔑性的言辞里认识石达开的英雄形象。而在人民中间长期流传的歌谣，特别是《一将登采石》一首，以非常简明朴素的词句，生动地刻画了一位英勇威武的农民革命英雄的形象，历史工作者在撰写自己的科学著作时，是完全值得加以利用的。又如，胡以晃原是太平天国的主要干部之一，由于他牺牲的时间较早，事迹又不如其他重要干部那样显赫，因此并不十分被人们重视。其实，胡以晃对太平天国革命的坚定和忠贞，是应该受到称道的。《太平天国故事歌谣选》载有一篇《起义前夕》的故事，是说洪秀全、冯云山等在起义以前到胡以晃家里密谋大事，当时胡以晃拔剑而起，砍掉石桌一角，激昂慷慨地表示愿与诸兄弟生死同心，与清廷不共戴天。这篇故事的内容生动地表现了胡以晃的豪放、坚定的性格。而我们从有关的文字资料中，可以知道他的确是对革命忠贞不贰的人物。在太平军永安被围的困难日子里,他坚决拒绝了敌人通过他的弟弟三番五次的诱降阴谋。"胡以晃执迷不肯,而以其家书献之贼首,函复极为狂悖。"①我们参照这些事实,可以认为,《起义前夕》这篇传说故事,是值得史学工作者在研究胡以晃的活动时作为参考的。再如,《太平天国歌谣》中载有《好日子未过十二春》一首,是革命失败后人民因思念太平天国而作,其中有一段评论了太平天国领导集团的"内讧"事件:

> 敲过四更鼓,月亮偏了西。
>
> 东王杨秀清,不该生异心。
>
> 北王韦昌辉,不该公将私仇报,
>
> 闹得天朝江山不太平。

关于太平天国"内讧"事件的性质,史学工作者之间的看法是有分歧的。人民在这首歌谣中所朴素地表现出来的批判态度,也可供史学工作者在研究分析其他文献资料时加以参考。类此的例子还有很多,这里不能列举。总之,史学工作者如能科学地加以利用,将会发现歌谣传说对他们的研究工作是一种有用的材料。

二

当然,历史研究是科学工作,民间歌谣传说对历史研究的参考利用价值,绝不能一概而论。这首先是因为歌谣传说作为保存历

---

① 《从军日记》,见《太平天国史料丛编简辑》,第 2 册,第 300 页。

史事实的形式,有它一定的弱点。歌谣传说在被记录以前,世代保存在人民的口头中,因而流传性和变异性就是它的特征之一。"由于它广泛的长期的流传在劳动人民的口头,因此它和写定的文学不同,它常常在流传中被修改,处在一种变动不定的状态中。"①从历史工作者的角度来看,根据民间文学的这个特点,就必须考虑到,由于它是口头的辗转流传,如果年代久远,歌谣传说所反映的事实,部分失真是很有可能的,因而在参考利用以前,必须慎加研究。其次,由于民间的歌谣传说是人民表达自己的爱憎和意愿的手段,因此其内容既有人民对某一既成事实的口头记录和褒贬,又有人民对某一未成事实的寄望和期待。列宁就曾经指出过民间文学作品反映人民思潮和愿望的性质。这两种不同的内容,对历史研究工作说来尤其必须慎加区别。再次,民间歌谣传说所涉及的,大抵是一人一事或历史上某一事实的一个侧面,不可能就历史事实的古今上下前后左右有概括无遗的描述。明朝的民谣"纸糊三阁老,泥塑六尚书"反映了明代某些时期阁臣的形象,但我们绝不能以此来概括明代中央政治的全部状况。歌谣传说本身的这个特点,也必须加以注意。除了以上几方面民间歌谣传说本身的情况,历史研究工作利用歌谣传说更必须注意它们在表达、搜集、整理过程中所可能产生的问题。歌谣传说的口述者有不同的经历,有不同的知识,有不同的记忆力,特别是他们作为调查访问的对象时,调查访问者如果提出有暗示性的问题,他们的反映和回答的真实性必然会受到影响。至于就搜集、整理方面来说,应该怎样进行民

---

① 天鹰:《1958 年中国民歌运动》,上海,上海文艺出版社,1959,第 141 页。

间歌谣传说的搜集整理？应该在什么限度内对素材进行加工？这些问题，曾在《民间文学》杂志进行了长时期的讨论，有过各种不同的具体经验和意见，我们这里可以不论。但从这个讨论中，值得历史工作者注意的一点是，目前发表的歌谣传说，都在不同程度上经过了搜集者的整理加工。这种整理加工，从民间文学的角度来看，有不少可能是必要的，我们今天能够读到许多清新优美的歌谣传说，必须感谢他们的辛勤劳动。然而，从历史研究的角度来说，我们必须考虑到，尽管"忠实记录，适当加工"是民间文学工作的普遍原则，然而，每一个民间文学工作者的具体做法必有若干差异。他们整理这些歌谣传说的工作，本来就属于文学艺术的范畴而和历史工作不同。同时又由于搜集整理者的角度不同，对有关历史事件的知识修养不同，所持的客观程度不同，经过整理发表的歌谣传说，又可能和原来的素材有了若干的差异，而不仅是文字上的修饰加工。所以，历史工作者利用他们的工作成果时，必须持科学分析的态度，不能不加鉴别研究，就一概作为可以原封不动地加以利用的材料。譬如《太平天国歌谣》载有歌颂李秀成的民歌，其中有"农民领袖李忠王""忠王是个好领袖""农民领袖李秀成""领导我伲把田分"等词句，这里先不讨论这些民歌内容的历史真实性，只就词汇来说，"领导""好领袖"等名词绝不是太平天国时代所能有的，无疑已经掺入了搜集整理者（或口述者）所用的现代语言。其他在称谓上、语汇上以至内容上与太平天国本身的基本文献和基本制度有矛盾者尚多，这里不能一一列举。对于这种情况，民间文学工作者是否应该加以注意和改进，这里也可不论。但史学工作者却应该有鉴于此，在参考利用歌谣传说资料时采取更加慎重的态度。

本来,历史研究工作对于任何资料的真实性都应详加考证分析,花上一番去伪存真的功夫,而由于歌谣传说资料在保存史实方面有一些特殊情况和在搜集整理过程中所可能产生的问题,在利用时尤其必须以之与有关的文献资料互相参证,采取科学分析的态度,既不应随便引用,尤不应随便据以作出科学上的重大结论。这样做的必要性,我们从上述三本专书的某些篇章中,也可以看得很清楚。

这三本书中一共收有三十几篇内容涉及太平天国的阶级政策和社会经济措施的歌谣、传说故事。其中一部分所反映的是在太平军对清政权的打击下地主威风大杀,农民兴高采烈的情况;一部分所谈的是太平军杀富济贫、开仓济民的情况;还有相当一部分则是讲太平军如何讲求"平等"、执行"分田""分粮"以至"分房子"的政策。太平天国采取过一些怎样的社会经济政策,特别是它的统治区内的土地关系怎样?这是一个有待于深入研究的重大问题,所以就所涉及问题的性质来说,上述歌谣传说无疑是值得注意的重要材料。但是如果我们进一步考察了它们的内容本身,特别是上述关于所谓"分田""分粮"问题的歌谣传说,那么,可以看到,参考利用这些材料却大有慎重的必要。

何以见得?下面试以《太平天国歌谣传说集》中的材料为例作一简略的分析。

《太平天国歌谣传说集》共收有反映太平天国地区土地关系的歌谣三首,故事四篇。这些歌谣故事流传和涉及的地区,除一首系南京郊区以外,其余为吴江、苏州、太仓、常熟等地,也就是1860年以后太平天国新开拓的疆土。这些歌谣传说的大致内容如下。

《生活好过》一首说：

长毛一来，生活好过，撑口(原注：指土地)要分，单纸(原注：指田契)丢路。

《忠王是个好贤王》一首说：

(忠王)一到就开仓，穷人饱肚肠；又分地，去种粮，人人过得好时光。

《好日子未过十二春》一首说：

家家户户分粮又分地，好日子只过十一春。

《地主告状》一篇说：

太平军来到苏州不久，就将地主的田分给农民种了。有一天，三个地主想了一个鬼计，到忠王府去告农民，说农民把他们的田抢去了。

《忠王名字永不忘》一篇说，常熟贫农杨阿虎在太平军来到后：

分到了几亩田，又分到了一间瓦房。

《太平军没有走》一篇说，太平军离开太仓岳王镇后，二地主又下乡收租，农民装扮成太平军审问二地主说：

> 我伲太平军早有规定，勿准俫地主再收租米。

《三年好日脚》一篇说，常熟的王仁根述其父亲的话说，太平军在时：

> 租末勿要完，收也收得好。

这七篇歌谣传说中的最后两篇，是说太平军实行了不收地租或不准地主收租的政策，而其余五篇则说太平军实行了"分地""分粮"以至分房子的政策。这种说法，和我们今天所能看到的文字记载是大有出入的。反映太平天国所统治的苏南和浙江地区情况的文字资料很多，这里不能详论。从地主文人的记载来看，苏南和浙江一带土地关系的实际情况是复杂的。由于太平军的声威和战争情况，有的地主逃亡了，有的佃农自发抗租，未逃亡的地主收租，在一些地方也遇到了困难。但也有很多资料说明地主阶级仍然收取地租和太平天国当局维持收租办赋的情况。这类资料极多，研究者都可知道，这里无须列举。《庚癸纪略》记载了1860年长洲、元和、吴县及吴江的一些地区"业田者俱设局收租息米，每亩四五斗不等"；1861年"周庄伪乡官费玉存设租息局于北观……各乡佃户颇有还者"；1862年虽然记有吴江太平天国地方官颁发田凭、"领凭后，租田概作自产"之事，但这并不能说明太平天国实行了把地主的土地分给农民的政策。我们根据1863年太平天国水师天军主将冀天义程某发给吴江地主分子潘叙奎的"荡凭"及上面写明"仰该业户永远收执,取租办赋"的事实来看,发给田凭之事,即使在吴江,也是包括地主的土地在内的。"领凭后,租田概作自产",实际上是由于某些地主逃亡外地,佃农已无须向地主交租,太平天国为了征取田赋的方便而把田凭直接发给佃农的措施。潘叙奎的"荡凭"上写明,"所有各邑田亩,业经我忠王操劳瑞心,颁发田凭",现存苏浙两省的田凭格式和内容也都一致,可见颁发田凭是一项统一的措施,并非是吴江一县颁发田凭乃有"租田概作自产"的特殊意义。除了田凭,太平天国也有"业户收租票""济天义委办锡金在城赋租总局经董薛布告""忠天豫马丙兴布告"等许多文献保存下来。太平天国允许业户领凭收租、命令佃户照额完租,是很多太平天国本身的公据文献所证实了的事情。我们再看太平天国的其他文献。身任苏浙地区最高统帅的李秀成在其自述中讲到了他本人的政治主张是"择才而用,定制恤民,申严法令,肃政朝纲,明正赏罚,依古制而惠四方,求主礼而恤下,宽刑以待万方,轻世人粮税"等,也讲到了他克复苏杭以后的不少措施,如对于苏州的难民,"当即发粮发饷以救其寒,各门外百姓无本为业,亦计给其资,发去钱十万余串,难民每日施粥饭,苏州百姓应纳粮税并未收足,田亩亦是听其造纳,并不深追",在杭州亦是"难民无食,即到嘉兴载米万石,载钱二十千来杭,将此米粮发救穷人,各贫户无本资生,借其本而资其生,不要其利,六个月将本缴还,粮米发救其生,不要其还"①,丝毫没有曾经实行过"分地""分粮"政策的痕迹。洪秀全在苏南克复以后曾降旨通告"苏省及所属郡县四民",其中说到太平天国的政策是"照见民困发政仁,酌减征收舒民力,期无失所安众心",说到他根据李秀成的报告,知道清政府在苏南各县"厚敛重征",四民负担沉重。"从前天兵征剿之时,尔等四民畏惧天威,抛弃家产",现在"四民既列版图","欣然就抚,各安农业",所以太平天国"格外体恤民艰,于尔民应征钱漕正款,今(令)该地佐将酌减若干。尔庶民得薄一分赋税,即宽出无限生机"②。这里说的是"四民",说的是酌减钱漕正款,也丝毫未提到"分地""分粮"的事情,宣示了太平天国中央所实行的是传统的轻徭薄赋与民休息的政策。

太平天国革命是一场反对地主阶级的黑暗统治和残酷剥削的伟大的农民革命,它在何种程度上、何种形式下打击了地主阶级,其中又有何种错综复杂的情况,不属于本文讨论的范围。前面简略谈到太平天国地区土地关系的情况,在本文的目的也并不是要表明,作者认为太平天国究竟实行了何种土地政策,而是要说明,就太平天国统治区内土地关系的事实来说,文献资料所说的情况如此,而上述《太平天国歌谣传说集》中的歌谣传说所反映的情况又如彼,矛盾是十分显著的。在这种情况下,我以为,我们必须对这些歌谣传说采取分析的态度。如前所述,在上引七篇歌谣传说中的最后两篇,说的是太平军在太仓、常熟实行了不收租或不准地主收租的政策。我们从文献资料中尽管不能证明太平天国实行过

---

① 罗尔纲:《忠王李秀成自述原稿笺证》(增订本),第 174、243、270 页。
② 《天王诏旨》,见《太平天国资料》,第 3 页。

这样的政策,但可以看到在一些地区曾经有过农民自动不向地主交租和地主无租可收的情形。这两篇传说故事在一定程度上是有着可以和文字资料互相印证之处的。但是其他五篇所谈的却是"分地""分粮"以至"分瓦房",这不但是"文献无征",而且是与许多记载的情况相反的。我们就不能不采取存疑的态度。历史工作者利用一种口碑传说资料,可以有不同的方式。有的是利用它丰富了历史情节的叙述,并不从中作出某种结论。有的是以某种口碑资料作为一个基本上已经解决了的问题的辅助例证。有的则是以之作为一个尚未解决的,尚无公认结论或准备推翻旧说另立新说的问题的论据。这几种情况是各不相同的。历史工作者无论在何种方式下利用传说资料,如同他们利用文字资料一样,都必须对资料本身的可靠性进行审慎的研究。如果他要以传说资料为依据而作出某种科学的论断,就尤其需要对资料进行一番鉴别分析。我并不认为,只要传说资料与文字资料矛盾,就应该否定传说资料,肯定文字资料(或者反之),在这里,重要的是对互相矛盾的资料进行比较研究,择其可靠者而从之,而不应该不经过研究,只根据其可靠性还很可怀疑的资料,就轻易地作出某种结论。举例来说,太平天国遵王赖文光是后期的一位重要领袖,根据各种文献资料,他的军队没有到过瓜洲。而《太平天国歌谣》和《太平天国歌谣传说集》中都载有一篇《烧杯清茶敬遵王》的歌谣,其中有"天兵路过瓜洲塘"之句,这句话显然包含着一个错误事实。[1] 民间流传的歌谣在一个地名上发生了错误,这也是不奇怪的事。但如果有人

---

① 参见罗尔纲:《太平天国诗文选·烧杯清茶敬遵王》解题,北京,中华书局,1960。

要以这一句话来订正赖文光不曾到过瓜洲的旧说，认为凭着这句民谣就可以修正赖文光的行军路线，这种做法，岂不是过于轻易随便了吗？在以上所讲的太平天国地区的土地关系问题上，我认为应该对有关的几篇歌谣传说采取存疑的态度，不应该轻易据以作出某种结论，其情况也正与此相似。

然而，我们看到，《太平天国歌谣传说集》的《代序》似乎采取了不够科学的态度。《代序》赞扬太平天国的《天朝田亩制度》，认为它"是一个革命的、有进步意义的好主张、好办法。农民群众是以十二万分的热情来歌颂它的"。接着，《代序》列举了前引七篇歌谣传说中的四篇——《生活好过》《忠王是个好贤王》《好日子未过十二春》和《地主告状》，就得出结论说："这是说，太平天国曾在天京附近以及一些比较巩固的地区，实行过分地分粮。"并认为这些歌谣传说，"对《天朝田亩制度》影响作用的充分估价和它实施的程度如何"，是"有用的史料补充和有益的说明"。这番议论是难以令人信服的，在方法上也是大可商榷的。《天朝田亩制度》是一个伟大的历史性文献，但是关于它的传播情况和在民间的影响，由于文献阙如，应该说，我们还不很清楚。至于说到《天朝田亩制度》的实施问题，那么，如前文所述，如果我们从各种文字记载中，并不能看到它有曾经付诸实施的痕迹，相反，倒是可以认为它在实际上并不曾实施过。退一步说，我们也应该认为这是一个尚未解决、有不同意见的问题。对于一个有争议的问题，要否定一种论断，肯定另一种论断，就必须通盘研究各种资料，找出否定别种论断所依据的资料的可靠性，肯定自己的论断所赖以成立的资料的权威性。而《代序》只根据《太平天国歌谣传说集》有关的七篇歌谣传说中的四篇，既不审查这些传说资料的历史价值,也不考察批驳与这些传说资料有矛盾的文字记载,就据以作出了"这是说"的结论,无论这个结论是否正确,这种不审慎分析资料就作出结论的方法,总不能被认为符合了科学研究的要求。从另一方面说,我们即使不谈作者所依据的传说资料的真实性问题,为什么不考虑到歌谣传说可能反映人民的意愿这一个特性呢?作者所引据的歌谣传说,在行文上,有的虽然是既成事实的口吻,有的却不能排斥把它们解释为所反映的是人民的希望。这种情况,也正是历史工作者利用传说资料时应该加以分析的地方。《太平天国歌谣》一书选载的《太平军好章程》一首民歌,其中也有"田地平分"的词句,而该书编者在附注中说明,这"可能是事实,也可能反映了人民的美好愿望"。在一个复杂的问题面前,这种不轻易根据少数传说资料就作结论的态度,当然是慎重可取多了。至于太平天国"比较巩固的地区"应在安徽,而不是《代序》所指的常熟、太仓等地,这里更不用多说。

其实,如果我们对历史资料包括口碑传说资料的真实性抱着分析而不轻信的科学态度,本来还可以发现某些传说资料本身所存在的问题。譬如,上述《地主告状》这一篇故事,尽管有着太平军分田给农民耕种的字句,但就故事的基本梗概和内在逻辑来分析,就可以看出,它并不能说明太平天国曾经实行过"分地"的政策,而至多只能说明,如果存在过农民把租田当作自产而不向地主交租的情况,那也只是在太平天国的革命声势影响下所引起的农民的自发行动。因为,如果太平天国当局实行了"分地"的政策,则地主怎敢到李秀成那里去"告状",并且以"说农民把他们的田抢去了"这样一条"鬼计"为口实?只要稍加思索,这是很容易发现的问题。

另外还有一首《忠王府》的歌谣说"地主跑进忠王府，口口声声叫冤苦"，也可以作为旁证。再如，上述《忠王名字永不忘》一篇故事说，常熟贫农杨阿虎在太平军来到后"分到了一间瓦房"。我们姑且不谈太平军克复常熟后政权曾为地主分子和叛徒所把持，在这种条件下是否有可能认真实行《天朝田亩制度》的问题，也不谈太平天国本身的"常熟报恩牌坊碑"上所列举的李秀成的政策是"平租佃之额赋，准课税之重轻"（与其自述的政见相符）而没有实行《天朝田亩制度》的痕迹，更不谈佚名《庚申避难记》（早在 1956 年就经罗尔纲《太平天国文物图释》一书著录引用）详细地记载了常熟地区太平天国政权三令五申允许地主领凭收租的事实，我们就以"分瓦房"这个办法的本身来说，也根本不见于《天朝田亩制度》的规定。我们固然不凭着这一点来肯定这篇传说故事在真实性方面存在着何种问题，但我们却不无理由因此而追问这篇故事是否错乱了历史时代。我想，历史工作者如果对历史资料抱着鉴别分析的态度，恐怕是不能仅仅根据这样的传说资料，就作出科学结论的。

传说资料本身存在着的上述问题，是由于口述者方面的原因，还是由于整理者方面的原因，或者从民间文学工作的角度看来这不算什么问题，这需要民间文学工作者来考虑。民间文学工作者对歌谣传说的整理出版，主张有两种版本：作为科学研究资料出版的，必须"如实记录，不动内容，语言忠实"；作为文学读物出版的，在整理加工时也必须注意历史观点，避免违反历史的行为。[1] 这种要求是正确的。但无论怎样，他们的工作并不是历史研究工作。

---

[1] 参见贾芝：《在中国民间文学工作者大会上的工作报告》，载《民间文学》，1958 年 7—8 月号合刊。

史学工作者不能够以现成地利用他们的资料来代替自己的研究。对于史学工作者,我们只能说,历史传说故事是否对他的研究起了有益的作用,主要还是取决于他自己的治学态度和研究方法。一概鄙夷传说故事价值的偏见是不对的;根本不顾大量的文字资料,对口碑材料又不进行由表及里的分析鉴别而盲目利用,那也可能造成一些混乱,这是我读了三本太平天国的歌谣传说集以后的感想。

1960 年 11 月

关于洪秀全族谱

一

　　太平天国天王洪秀全之姓洪，今日已为妇孺皆知之事，但在几十年前却是一桩疑案。清朝的一些官书和私人记载有称洪秀全又姓朱者，有称洪秀全本姓郑而后冒姓洪者，直至20世纪30年代，仍有学者认为秀全之本姓郑为毫无疑义。他们认为秀全之所以改姓洪，是出于同会党联系之需要，是为了符合"复明"的宗旨。1936年简又文发表《游洪秀全故乡所得到的太平天国新史料》，1937年罗香林发表《太平天国洪天王家世考》，他们根据所见的洪秀全族谱介绍了洪秀全家族和世系的一些情况，改姓之说不攻自破，洪秀全本姓洪乃成铁案。此后，对洪秀全身世的研究，简、罗所介绍的材料乃成为重要的依据之一。

　　1965年，罗香林将1937年所见的洪氏族谱摘录编入《客家史料汇编》，其前言说：

花县洪氏宗谱旧钞本一册，乃余同族罗慕颐君于民国二十六年春视学花县，曾亲往官禄埗故太平天国天王洪秀全故里考察访问，由洪氏族长洪师带先生以所藏该谱赐借，并商定由慕颐携至广州，交余精钞，即以精钞本寄回彼族，以旧本赠余，为参考研究之资者。

罗香林的旧抄本所记宗支最晚辈为第十八世，又有注明"同治癸酉年（十二年）"出生者，是此本当为同光之间的抄本。

1979年，我因花县洪秀全故居纪念馆馆长欧阳国同志的帮助，得到了他们馆藏的洪秀全族谱的抄本。这本族谱（本文以下称"馆本"）封面题"万代宗枝应元祖遗存民国三十六年岁次丁亥季冬立记"。应元祖，查谱内世系，系指纬房第十七世洪应元，是洪秀全的族侄辈，生于同治元年（1862），终于1944年。"馆本"宗支排列至第二十一世，提供了较多的各支派的人名。简又文所见族谱是洪族父老"俊叔公"所藏，"馆本"中纬房第十九世辉利，注明系亚俊之子，疑"俊叔公"即亚俊。罗香林所见系洪师带所藏，查"馆本"世系，师带是经房第十七世官元之子。亚俊、师带都是洪秀全的侄孙辈。查对罗香林编印的族谱和简又文对所见族谱的介绍，与"馆本"颇有异同之处，可见并非同一抄本。

关于花县洪氏及其族谱，还有一段传奇性的经历。罗香林在1937年发表的《太平天国洪天王家世考》中提到了一名日本人自称洪秀全后裔而与官禄埗洪族后裔联系的情况，说：

近据余同族慕颐视学花县访问所得,谓天王家族,当南京陷落时,尚有逃往日本而入其国籍者,经改姓矢野氏,其孙矢野兴,尝为驻粤日领事署随员,数年前曾至花县官禄埗访问洪族,洪氏族人初不承认,矢野兴乃述天王在乡故事为证,谓其父生时,曾谓天王在乡教读之书院前,埋二石狮,为天王昔年所最爱者。族人依言掘之,石狮宛然,始承认之,矢野兴自是常往来游览,且拟自粤汉铁路花县同乐车站筑公路至天王故里,后以"九一八"东北事起,遂不果行,今矢野兴已返日去矣,云云。

罗香林认为"此当为矢野氏伪托……谨书此以待后证,且以揭他人用心焉"。

1939 年,官禄埗遭到日本侵略军的骚扰,洪氏宗祠受到破坏。这时有一名叫矢崎的日本军官从广州到官禄埗,说是奉命来访问洪氏后人,宣布不准骚扰洪秀全的家乡,付给了修复洪氏宗祠的费用,同时也取走了洪氏族谱。以后虽然归还,但人们认为,交还的已不是原谱而是复制品了。

事隔四十余年,1980 年 5 月,英国学者柯文南先生从日本来到中国,带来了这本洪氏族谱的消息。他告诉我说,东京大学教授小岛晋治的老师增井经夫有这一族谱的抄本,他见到了。接着,小岛晋治先生于 7 月 6 日写信给我说:"我的老师增井经夫先生在四十年代看过《洪氏宗谱》原本(一日本人在抗日战争中从花县得来的)而抄写了全文,他主动地借给我那个抄本,我已经复印了那个抄本。"承他好意,寄赠给我一份。后来他又来信进一步提供了这本族谱在日本的情况。因其有关史料，现将小岛先生提供的情况转录于下：

> 增井先生抄本的封面是《万派朝宗》，没有写年份。增井先生在 1943 年左右从一日本人那里借览《万派朝宗》。那人告诉增井先生："我在花县得到《万派朝宗》。"此外，已故的东京大学和田清教授在 1943 年做过题为《关于洪秀全的家谱》的讲演。和田先生说，他从南方军总司令官那里得到洪秀全家谱的抄本，封面是《万派朝宗》。我想，增井先生所见的《万派朝宗》和南方军总司令官的《万派朝宗》大概是同一件资料。

小岛先生正在寻找原本，但迄今还未发现。我们希望将来总还有发现之日。不过，增井经夫教授既已就原本作了抄录，作为一种史料，它总算很幸运地保存下来了。

增井经夫先生的抄本（本文以下称"增本"）封面字句与"馆本"不同；在内容方面，也是详略互异，可见两本并非同出一源。据罗香林介绍，他所得到的旧抄本，前半部有嘉庆十二年（1807）嘉应州洪岐（西轩）所撰《洪氏议修宗谱序》，乾隆元年（1736）嘉应州洪钟鸣（官邦）所撰《定谱序》以及《谱内条款》、《凡例》、《订正原谱序》、宋丞相文惠公撰《谱序》和《洪氏世系源流》等凡十九篇；下半部则为官禄㘵洪氏之宗支记述。今按"增本""馆本"篇目也大略相同，但"馆本"脱漏《洪氏议修宗谱序》一篇。这篇序写于嘉庆十二年即 1807 年，其中说："以我嘉应洪氏之谱言之，其谱创于康熙丁未六年……修于乾隆丙辰元年……迄今七十余年，族欲修者屡矣。……余揭家谱核之,阙略居多。及回家园,恭邀族老,酌条规,举首事,商议修之。"罗香林认为,这就是花县洪氏族谱的缘起,花县洪氏族谱就是洪岐所创修。但细读其文字,并未有一字涉及洪氏有一支自嘉应州迁至花县,而且,无论是"馆本"还是"增本"的花县洪氏世系人名中,均未见洪岐(西轩)之名,也未见序中提到的他的族弟"名英"之名。故罗香林的看法,实是误解,洪岐所修的仍是嘉应州洪氏之谱。花县的洪氏族谱前半部是从嘉应州洪氏族谱抄来的。"增本"首载洪岐所写的这篇序,其中介绍了嘉应州洪氏几次修谱的简要情况,说到了洪岐因"劝捐宗祠两至江右","丙寅初冬偕族弟名英抵宜黄峡石拜访宗老……展忠宣父子绘像瞻之",这些情况是谱牒学方面的有用材料。总的来说,"增本"较详较胜于"馆本",对"馆本"的脱漏、错简,也可以有所订正。① 但"馆本"除在 20 世纪 40 年代后增补的内容外,其他也有"增本"所无的记载,对历史研究者来说,也有稍胜于"增本"之处。将这两本族谱以及罗香林的摘录本、简又文对所见族谱的介绍结合起来,我们对洪秀全的家世家庭,可以有较多一些的了解。

---

① 如"馆本"所录宋乾道四年(1168)洪遵所写的《增文安公序》,有十几行述元末洪族迁移情况,经校勘"增本",知系清康熙五年洪敬登所撰《原谱序》错简掺入,"馆本"的《原谱序》则缺此段。又如"馆本"的《洪氏世系源流》,在第十世祖秋公(晋太康年间)之后,复有第九世祖炳公、十世祖彦暹公(均北宋),经校勘"增本",知"十世祖秋公"后脱漏第十一世至"二十九世祖古雅公",其后文脱漏"江西饶州府乐平县岩前派世系"第一世祖玉公至第八世祖士良公。

二

　　洪秀全是客家人。族谱中记有洪氏世系情况,可以使我们了解洪氏一族自宋元以来,特别是明清以来的移动踪迹。洪族的远祖,据说肇始于共工氏,至唐末有一支因避乱而迁至江西饶州。这种过远的追溯,大抵出于附会,无甚意义。洪仁玕叙述的《太平天国起义记》追叙他们的远祖到宋朝的洪皓父子,今谱中有洪皓之子洪适、洪迈、洪遵为前谱所写的几篇序,嘉庆年间嘉应州洪族还去江西拜访宗老,洪皓父子为洪族之远祖,似不无影响。洪适的孙子洪璞在南宋绍兴年间为进士,授福建泉州晋江尉,在那里落户。大约十世以后,福建的洪族有一支自宁化石壁迁往广东潮州海阳。① 又四世,有念九郎者复移居广东程乡县,即后来的嘉应州,今之梅县。念九郎迁居嘉应州的年代,谱中一说在明永乐年间,一说在明景泰帝时。大抵这时的嘉应州还是土旷人稀的地区,"民不患无田而田每以工力不给废"②。客家人南移对南方的开发有很大作用。但在封建社会,经济的开发又往往与人口逐渐稠密相连。到

① 谱中《编次世系》说:"移自宁化石壁。或自泉州移汀州自汀州移潮州,亦未可定。"按宁化县属汀州府。

② 光绪《嘉应州志》卷三十二引《石窟一征》云:"邑无北宋以前土著。或疑当日草莱未辟,今邑中旧族南宋来者亦复寥寥,当是北宋前甫启狉榛而南宋后叠遭兵燹,土著逃亡,仅存一二,而遗黎凋翘,转徙他乡。历元而明,中原衣冠世族始稍稍迁至。杨诚齐入程乡界诗:长乐昏岚着地凝,程乡毒雾喷人腥,吾诗不是南征集,只合标题作瘴经。大有深林密箐景状。"又引《谈梅》云文天祥兵败后,嘉应州"所余遗子只杨、古、卜三姓,地为之墟。闽之邻粤者相率迁移来梅,大约以宁化为最多,所有戚友,询其先世皆宁化石壁乡人。"

了清朝前期,由于封建生产关系的桎梏和生产力的低下,一方面是经济得到开发,另一方面却是人口渐多,贫苦者衣食难继,劳动者只好继续迁移。① 念九郎的第十一世后人洪泌三乃又由嘉应州迁到花县官禄㘵。

洪泌三是洪秀全父亲的高祖。他始迁到花县的具体年份未载明,但谱中说泌三长子英经生于康熙甲子二十三年(1684),估计迁移时间应在此前后。大抵始迁时同嘉应州老家还保持着不少联系,泌三本人葬于花县大水边芙蓉嶂,其妻温氏却还是葬在嘉应州石坑堡老家,长子英经也仍葬在嘉应州,直到道光二十七年(1847)才由其曾孙迁葬花县。

洪泌三迁居官禄㘵时,正值花县建县之始。据当时广东的地方大吏说:"广东花山一带地方……绵亘五百余里,历代以来,向为藏奸之薮。自逆藩尚之信僭窃以后,擅立王庄名色,分布党徒,占据田土。因有本地奸民凭依而附和之,聚为盗贼,劫掠公然,莫敢过问。当逆藩伏法时,几至交结为乱。"②清廷平乱以后,乃于康熙二十五年(1686)分南海、番禺二县境始建花县,广一百二十九里,袤一百零一里,而才五千二百二十二户,男丁七千七百四十三,女口六千七百七十五。康熙《花县志》载知县王敏《劝谋生说》:"花邑

---

① 关于这种情况,清乾隆年间由嘉应州迁往广西桂平紫荆山的曾家的族谱有一段具体的描述:"梅西公……生于广东嘉应州折洋梅子墩,见桑梓里人稠,贫苦者衣食难继,壮岁之时偕姚揭(及)家子妇徙湖广衡州府酃县七都山。居五载,谢姚终焉,晚子没焉,长媳李氏死焉,丧去三人。公凄凉落寞之甚,携子复回家折洋梅子墩。居二载,又携二子来西,三子寄著公家养。来至浔郡,囊无分文,东奔西驰,劳碌无家。后至宣市生理年余,寻到紫荆山之三江开铺,生理顺利,遂造屋宇家焉。"见桂平紫荆山《大冲曾氏族谱·曾梅西公家传·迁西源流序》。
② 光绪重刊康熙《花县志》卷四,《艺文·巡抚都御史李请立县治疏》。

新立,东西割南、番之一隅,荒陬僻壤。然土之旷者可耕,水之宽者可鱼,山之高者可以养竹树种茶梓,而下者可以艺桑麻培果蔬,即旱壤亦可以树菽粟植棉豆也。"①当时花县土旷人稀而宜农如此,洪泷三从艰于谋生的嘉应州向这里移动是很自然的事。

洪泷三始迁到花县官禄㘵后,五传而至洪秀全一辈。长久以来有一种说法:洪秀全的先人初居于福源水,秀全出生后才迁到官禄㘵。这种说法,似最初见于简又文的游记:"据父老言,秀全本不是在官禄㘵出世的,其父祖先居于芙蓉嶂附近之福源水(俗称屋檐水)山谷中,秀全在此出生后,全家始迁于官禄㘵云。"②此后有关洪秀全的传记和其他论著,都沿此说,甚至以为花县洪族老家在福源水,洪秀全出生后才迁到官禄㘵。但我们细考洪氏族谱,此说是颇可存疑的。

花县洪族是始迁官禄㘵,还是始迁福源水?据族谱记载,洪泷三一开始就迁到官禄㘵。"馆本"明确记着"始祖由嘉应州迁居到花邑官禄㘵村",泷三名下又注"公建立一祠在官禄㘵"。谱中录有宗祠的一副对联:

> 由嘉应徙杨梅,祖德宗功,经之营之,力图官禄之基础;
> 籍花峰贯花邑,光前裕后,耕也学也,恢复敦煌之遗风。③

---

① 康熙《花县志》卷四,《艺文续》。
② 《游洪秀全故乡所得到的太平天国新史料》,载《逸经》第 2 期,1936 年 3 月。
③ 杨梅,指嘉应州杨梅圳,为洪族聚居地之一。敦煌,指洪族始祖所居地。花峰,即花山,花县由此得名。

据罗香林所见，官禄㘵洪氏宗祠壁间还有昔年对联：

> 由嘉应居石坑，尊祖敬宗，长念馨香俎豆；
> 迁花峰住官禄，光前裕后，宏开礼乐冠裳。①

所有这些记录，都一致明确地表明花县洪族一开始就迁住到官禄㘵，丝毫没有先迁福源水后住官禄㘵的迹象。

官禄㘵在花县中西部，三面平原，仅村北三里有小山，极宜移民垦殖。此村全系客家户。据花县同志说，这里原无村落，最初只有两家棺材铺。康熙年间建县之始，县志中还没有提到官禄㘵的村名，它之发展成为一个村聚，应是客家移民开发的结果。② 福源水，即屋檐水，在县北花山丛中，建县前夕，为"盗匪"盘踞之地。据康熙《花县志》记载：

> 车头墩、曹洞、沙帽岭、屋檐水……等处率皆万山重叠，路径险僻，自古至今，积贼难除。③

康熙二十一年（1682）平定后，清政府还调兵"分驻平岭、高浦、石林、麻冈、石甲、蕉坑、正迳、黄竹湖、官田、大木根、车头墩、屋檐

---

① 《太平天国洪天王家世考》，载《广州学报》第 1 卷第 2 期，1937 年 4 月。石坑，指嘉应州石坑堡，洪泷三原居地。
② 有以为"㘵"即是村，官禄㘵不当称"官禄㘵村"者。按"馆本"族谱明记"始祖由嘉应州迁居到花邑官禄㘵村"。康熙《花县志》卷一所举属村，有以㘵名村者如大东㘵、曹家㘵等，也有㘵下加村字者，如洛塘㘵村。
③ 康熙《花县志》卷四，《艺文·巡抚都御史李请立县治疏》。

水、西坑、麻岭埔等处防守"①。特别是屋檐水和正迳等数处驻兵各
达一二百名之多,为负责"相机堵剿"之要地。② 建县后,地方渐渐
安定,山中的原有居民才陆续归来耕种。康熙《花县志》录有一篇
山中胜景游记,写于康熙五十年(1711)左右,提到了当时山中的一
点社会情况,说:

> 前为峒田,男妇耕馌自若,见使君至,皆不避,曰:吾侪小
> 人,耕于斯有年矣。向为崔苻薮,建邑二十五年,今始幸安堵,
> 得耕获自适。③

福源水和花山中的这些地理、社会情况,对于研究在嘉应州艰
于谋生的洪浤三是否一开始就会到福源水去定居,是可供参考的。

洪浤三固然始迁到官禄㘵,是否洪秀全的父或祖却从官禄㘵移
居福源水,秀全出生后才又迁回官禄㘵呢? 族谱可以帮助我们解
决这个问题。"馆本",尤其是"增本"对洪浤三后人的迁移情况有
较详细的记载。现录其主要者如下:

洪浤三长子英经一房
英经之子琏儒名下,注"建立祠堂菱角塘村"。
玢儒名下,注"住周陇庄一屋"。
珩儒名下,注"住嘉应州石坑杨梅圳"。

---

① 康熙《花县志》卷二,《兵防》。
② 参见李士祯:《抚粤政略》卷三,《剿抚花山》。
③ 康熙《花县志》卷四,《艺文续》之方正玉《游盘古峒记》。

璇儒名下,注"住官禄村塘面"。

玢儒长子道深名下,注"原居石坑高排上"。

次子道渊名下,注"移居陕西"。

琏儒长子国仁名下,注"原居嘉应州李坑堡大石神"。

次子国义名下,注同上。

四子国柱名下,注"未知往何处"。

洪泌三次子英纶一房(即洪秀全一房)。

英纶长孙国汉(即洪秀全之伯祖)名下,注"移居福源水"。

英纶曾孙梧扬(国清之次子)名下,注"移居清远吊筒"。

英纶曾孙枝扬(国清之三子)名下,注"移居清远吊筒"。

英纶曾孙义扬(国清之四子)名下,注"移居花城正径村"。

洪泌三幼子英纬一房

英纬玄孙仁璋名下,注"上南京江南省湖州府八字桥大桑树脚下"。

以上摘录说明,族谱对各支子孙的迁移情况,均有较详的注明。福源水确有洪族迁往的人,但谱上记的是洪秀全祖父国游之胞兄国汉,并非洪秀全的父、祖;至于洪秀全之父、祖、曾祖名下,却没有任何移居的记载。这是否可以作为对洪秀全祖居在福源水之说提出疑问的一种根据呢?①

---

① 花县洪秀全纪念馆有洪英纶夫妇之画像,其上题有洪秀全的诗、序,序说洪英纶系由嘉应州石坑迁居花县福源水。这幅画像和诗及序的真实性还有待证明。

洪秀全是洪泌三次子英纶的玄孙,属纶房第十六世。其父"十五世镜扬,国游次子。公正才能,众村公举堡尊,兼理尝事。处办乡党,甚公无私"。族谱各本所记均同。旧时称祭田所入为蒸尝,"兼理尝事",即兼管祭田之事。镜扬"妣王氏、李氏","馆本""增本"均于王氏下写"生三子:仁发、仁达、仁坤"。仁坤即秀全。罗香林摘抄本写有"侧室李氏,未生育"。李秀成自述说,洪秀全兄弟"同父各母","长次兄是其前母所生,洪秀全是后母所生"。罗尔纲同志以为李秀成的话系根据天王的诏书,应以李的自述为是。[①] 但诏书今未见,族谱记述的家族情况应较确实,洪秀全是否李氏所出,似乎还可存疑。台北"故宫博物院"所藏幼天王亲笔供词:"老天王的父亲名叫洪镜扬,有个细亚妈,在南京未出。"[②]"细亚妈"应是对洪镜扬侧室的称呼,她如果是洪秀全的生母,似不当有如此称谓。

关于洪秀全本人,简又文发表的洪氏族谱的片断照片写着:"十六世仁坤,镜扬公三子,号秀全,配赖氏,天贵。""增本"相同,罗香林摘抄本无"号秀全"三字,而"馆本"则字句略异:"十六世仁坤,镜扬三子,为天王,生于十二月初十日,终于甲子年四月廿七日。妣赖氏,生一子天贵,幼主,生于十月初九日。"并增补有以下一段:

> 天王名火秀,字仁坤,号秀全。始初在广西金田起义,到各处地方传讲演说太平天子到,题(提)醒世间人。后来得到

---

① 参见罗尔纲:《忠王李秀成自传原稿笺证》(增订本),第136页。
② 转引自萧一山:《清代通史》。

杨秀清大富翁愿出粮草，介时精兵粮足，同打江山，打到南京为京都，国号太平天国，做到十八年太平盛世，开科取士。后来天王得病沉重，甲子年四月廿七日归世去矣。后来交与仁发兄主持。东王杨秀清见天王死矣，起了不良之心，即时反奸，自己想做王帝。朝中极多事发生，幼主无力管理，江山失败，六月十六日南京失破，幼主出城，隐姓埋名，未知落在何方。查悉未明，不知详细事情矣。

这应是入民国后族人所写。从这里可以看出，几十年以后的当地洪氏后人对洪秀全的政治活动和太平天国所知极少，所据的传闻多有错误。这段话之所以还值得介绍，是因为这种情况对我们就太平天国历史进行调查时提供了一个有益的告诫。我们不能以之来印证或订正什么事情，是显而易见的。

洪仁玕属于洪淞三幼子英纬一房，系纬房第十六世，洪名扬第五子。他本名谦益，号吉甫，生于道光壬午年（1822）正月二十九日戌时。姘胡、张氏，生三子：葵秀、蓉秀、兰秀。各本所记相同，"增本"、罗香林摘抄本且注明胡氏早卒。台北"故宫博物院"藏洪仁玕被俘后在南昌府的供词："兄弟四人，长次均故。三兄仁琅，小的第四。"稍有不同。仁琅，在谱中居第四。又供称："娶妻张氏，生有三子：长子桂元，年十四；次子兰元，年九岁；三次（子）芝元，去年生的。"此供为清吏所录，字句容有错误，"桂"应即是"葵"。据简又文《太平天国洪氏遗裔访问记》，葵秀即葵元，太平天国失败后，逃回广东某村为佣,后因清吏侦缉,逃亡美洲。① 此事在"增本"和简又文、罗香林所介绍的谱中均未见记录,而"馆本"有"纬房十七世葵元,仁玕之子,出外洋"之语,疑据简又文的访问记而增补。"增本"记纶房第十五世梧扬、枝扬、光扬、辛扬、九扬(均国清之子)等俱移居清远吊简。洪秀全、冯云山曾去清远传教和洪仁玕在清远教书多年,或与此不无关系。

族谱中一些人的名下有值得注意的附注。经房第十五世槐扬名下注"卒于咸丰二年,世乱失去";第十六世仁冈、仁杞、仁侥、仁德名下均注"咸丰二年世乱失去,未详"。纬房第十六世仁琳名下注"咸丰乙卯年被害终";第十六世仁术名下注"咸丰甲寅年被害终"("馆本"误为甲午年)。关于洪氏族人因世乱失去踪迹或被害的事实,现在未能详考。太平天国起事后,清朝反动官吏曾大肆迫害洪、冯家属并挖掘洪、冯祖坟、祖山。据丁守存《从军日记》:咸丰元年(1851)十月十三日接广东咨文,"花县牟令挖掘洪秀全、冯云山祖坟,并执冯云山家属,洪秀全之父洪国游(国游为洪秀全之祖父),冯云山之子冯应戊、冯应癸"②。又据英国档案馆所藏广东省衙门档案,"洪秀全有祖山在花县清远之界石角里鸡含坑胡姓客家村左右……宜密谕花县行查,令人速速发掘"。《太平天国起义记》除了记载了咸丰元年清吏到洪秀全本乡捕人、掘坟,还记载了咸丰二年(1852)洪秀全派人回广东招集族人去永安,在谷岭起事中颇

<hr />

① 参见简又文:《太平天国杂记》,上海,商务印书馆,1946。近见卡尔·史密斯的《关于太平天国领导人的亲友》一文,据引用的巴色会教会档案,洪葵元系于1878年自香港移居当时的英属圭亚那。
② 《太平天国史料丛编简辑》,第2册,第297页。

有伤亡。《太平天国起义记》统计洪氏族人在事前事后的遇难者共约四十人，被充军至远方者约七十人。谱中注明于咸丰二年失去的人，大概就是其中的一小部分。咸丰四年(1854)五月，陈开、李文茂等起义于广东。六月，甘先攻占花县，十一月为清军收复，十二月起义军又占花县，咸丰五年(1855)二月再被清军收复。多次拉锯战中，清朝反动派曾大肆滥杀。洪仁琳、洪仁术于咸丰四、五年被害，可能与此有关。

族谱是我国封建宗法制度的产物，是一种陈旧的东西。但对于历史研究者，它又往往包含着某些有用的材料。有的学者早年曾根据族谱而研究内地移民史，就是一证。就太平天国史来说，花县洪秀全族谱、广西紫荆山曾家族谱等，都可以帮助理解一些问题。可惜的是，这类族谱我们保存、收集得太少，散失、破坏得太多了。

1981 年 3 月

访问金田、紫荆

1978年3月和1980年6月,我有机会两次访问太平天国起义的发源地广西桂平金田村和紫荆山,获得了一些有助于太平天国研究的实际见闻。

一

金田村位于桂平县北境,距县城二十四公里,汽车渡浔江,过思盘江桥,有沥青公路可以直达。它的西北面,紧挨着层峦叠嶂的紫荆山麓,东南面则是一望无际的田野平原。如果把太平天国起义比作一股洪流,那么,这股洪流就是从那古老的山岭奔腾而出,汇总于金田而泻落于这一大片开阔的平川的。太平天国的研究者来到这里,不禁产生一种神秘的感觉,希望这里的领受过这股洪流洗礼的草木、土地、村落,能够向我们诉说它们目击亲受的景象;希望能够倒转已经消逝的岁月,看一看当时当地的历史场面。当然,这只是幻想。

我两次去金田,都是循公路先到犀牛岭。犀牛岭在金田村西北不到一里,名为岭而实系一小土丘。岭上有古营盘一座,这就是举世闻名的金田起义的标志,树有"全国重点文物保护单位"的碑记。营盘只是岭上一片较平坦的土地,面积不过一亩,四周围有高约三四公尺的厚土墙。土墙以北的岭下,就是一湾深水——传说是金田起义前沉埋武器的犀牛潭。土墙南面的出入口,两旁又筑有高约三米的土墙,互相平行,形成壕堑。这一古营盘在金田起义时曾被利用,是没有疑问的,但称之为"总司令部"之所在,则并无根据。我在 1978 年的笔记中记着:"营盘中毫无房舍遗迹,称之为起义军指挥部所在,似可存疑。且金田村近在咫尺,亦无在岭上设立指挥部之必要。"关于营盘的来历,桂平县文化局局长、县历史学会负责人李玉林同志根据对文献和地理的考察,认为既非太平军所建,也非明朝侯大苟起义军所遗,而是明朝官兵为监视瑶民所建,后为太平军所沿用。他们还认为把营盘的壕堑说成是拜上帝会起义者在金田村与营盘之间交通的"暗道",是不对的。他们的看法值得重视。营盘作为金田起义的一个标志是适当的,但予以种种附会,就不足信据了。

金田是个不大的村落,现在人口三百余,据老人说,金田起义前夕全村约有六百人:谢姓最多,约三百人;黄姓、韦姓各一百余人。现在村中无韦姓,韦昌辉宅也早已荡然无存,仅宅基旁的池塘仍有痕迹,旧传韦昌辉曾在池塘养鹅,以鹅鸣声掩盖锻造武器的声响。近年来,池塘边的后院遗址常出土木炭、铁块,应就是制作武器的地方。据桂平同志说,新中国成立初期曾在韦宅旁挖出大批的瓷碗,他们认为这是团营起义时供应会众就食的遗物。可惜当时格于掘出破碗不吉利的迷信,这批遗物已全部抛于江心付诸东流了。

今天的金田是一片社会主义新农村的景象。桂平县文化局准备把村中这小块仅存的韦宅废墟,加以保护,以供研究和凭吊。这是很有意义的。多年来,韦昌辉戴着混入革命队伍的阶级异己分子的帽子,他参加太平天国的事迹或者被抹掉,或者被歪曲。这不仅关乎历史人物的评价,而且更关乎对历史事实的解释——为什么太平天国在金田起义?解决这样的问题,实地参观是有好处的,这一小片废墟和其他出土文物,会清醒人们的头脑,增加人们的历史感。我主张对历史人物要有分析,要把历史人物作为科学研究的对象,不赞成要么"歌颂"、要么"暴露"的简单化办法。对韦昌辉,不赞成要么鞭尸戮墓,要么恢复旧有的"昌辉祠"。桂平县文化局正在"昌辉祠"遗址兴工修建,准备在这里建立有关金田起义的纪念馆,这也是一个好主意。

金田以东数十里的平原沃野中,同太平天国起义最有关系的,有新墟、江口墟两镇。新墟在金田东约八里,镇上的"三界祖庙"曾为起义军驻所,庙中有碑刻多方,对了解金田起义以前这一带的社会情况颇有帮助,韦昌辉父亲韦源玠为重修三界庙而捐银四钱的碑记也在其中。新墟以东又二十里为大黄江口,地当思盘江、浔江汇合处,为一大集镇,市肆很盛。金田起义后,太平军立即东出新墟,占领江口墟,洪秀全本人即驻于江口墟北二里石头脚。所谓石头脚,即一陈姓富商兼地主用巨石砌筑的大宅,原有房屋两百多间,四周有护庄河环绕,甚为坚固巍峨。这所巨宅本来就值得作为文物保存下来，更不用说它同太平天国起义还有这样一段因缘了。可惜的是，它现在已经毁圮过半，有些人还在拆取砖石，恐不久即将成为废墟了。

金田、新墟和江口墟一带，早在1942年就有简又文、罗尔纲二先生访问过，新中国成立后又进行了两次大规模的调查，有关太平天国的许多遗闻佚事，差不多已网罗殆尽。但关于韦昌辉家的一两件事似乎仍值得一记。据金田村黄石鸣老人说，他的叔曾祖黄德生是太平天国时代的人，起义前已十几岁，在韦昌辉家的书塾附读。一天，黄德生去韦家上学时，韦昌辉对他说："阿曼（德生小名），以后不能随便到这里来。以前是书房，现在是王府了。"起义时，韦家人劝黄家同去，不然，清兵来了"铲村"，就会遭殃。黄家怕搞不成气候更不得了，没有同去，逃到亲戚家去躲避。黄石鸣老人还根据祖辈的传说讲了金田村开建的故事：金田村其地原有瑶族人民在这里开荒，并无村聚，存在着民族之间的压迫和矛盾，后来汉人来了，瑶族人只好迁入山区。经始金田村的是何姓，名官龙，浙江人，系北宋时随军征戍而留居的。何姓无子，他的随从谢某入赘何家，是为金田谢姓之始祖。村中黄姓系清代前期从广东高要迁来，韦家从何处迁来不详，年代约在明末。这一故事说明，金田村原无壮族土著人民。1954年广西太平天国文史调查团的报告根据韦昌辉说壮话的传说，认为他属于壮族。罗尔纲同志在他重写的《金田采访记》中对此提出异议，他根据1942年时见到的韦氏宗谱中所记载的韦家系从外地迁到桂平和1936年时流寓于安徽宣城的韦家后人还说着客家话这两个事实,认为韦家不属于土著民族。① 我赞同罗尔纲同志的看法,上述金田村开建的故事似乎也算一个旁证。在广西这样的民族杂居区域,单纯用是否说壮话来判断族属,是不可靠的。我多次听到在广西的外来居民能操说本地土著语言的事例。如桂平紫荆山马扁村凌姓是客家人,因曾祖母蓝姓系壮人,家里就逐渐说壮话;一年春节,有客家本族来,问他们何以不讲客家话,自此他们又不讲壮话,恢复说客家话。只凭韦昌辉能说壮话就定其为壮族,根据是不够的。

二

紫荆山在桂平县西北,周围数百里,北连平南、永安诸山,西通象州、武宣。紫荆山的南端有长十余里的峡谷,名为"风门坳",与金田村犀牛岭相对。风门坳是太平天国起义史上著名的战场,形势极为险要。据县志描写:"自风门坳达三江墟一路……其地两山绵亘,中夹一河……上则峭壁千仞,下则深崖百寻。"②当起义军自象州退回紫荆时,清军步步进逼,太平军曾在风门坳据险扼守。当时清军将领巴清德、向荣向钦差大臣赛尚阿报告山内形势说"山区内山蹊万径,危峰壁立",风门坳"两峰并峙,中一单道小径,陡险异常","中有小河两道,深可及腹"③。但这样的险狭形势,今日已不

① 参见《太平天国史迹调查集》,北京,生活·读书·新知三联书店,1958,第333—338页。
② 民国《桂平县志》卷四。
③ 中国第一历史档案馆藏《赛尚阿奏攻破风门坳并新墟接仗情形折》,见《太平天国文献史料集》。

可得见,昔日的"蜀道"今已变成通途了。一条公路自江口墟、新墟经金田以北二里的古林社,盘旋而入,直至山内的三江墟。两山之间,右边山腰有公路蜿蜒,左边蓄水而建有大水库。向荣所说深可及腹的小河,现已成为长达十余里,宽约百米,最深处达九十米的巨浸。曲折的盘山公路高悬于清澈碧绿的百丈深渊之上,从汽车内俯瞰水面,偶有小轮劈开碧波缓缓航行,仰视山峰,则到处覆盖着生机蓬勃的松杉杂木,点缀着三三两两在山巅作业、身穿白色衣服的渺远的人影。水库在风门坳口建有金田水电站,发电可供县城工业及金田等三个公社的排灌动力所需。原来陡险的山间小径,仅水电站旁一小段还有踪迹可寻,其余已淹没水底。公路尽头处原为紫荆山内的集镇三江墟,现在也已淹没无存,原有的人户迁到了公路对岸的山上,从公路渡口坐小汽轮十五分钟可达,为紫荆公社所在地。

紫荆山是太平天国真正的发祥地,金田起义的胎儿是在紫荆山中孕育的。冯云山首先在山内生根开花,太平天国官书中提到的冯云山、洪秀全在山内活动的地点就有多处。在过去的调查中,着重洪、冯、杨、萧这些人活动的本身,对他们进行活动的背景和环境却很少注意。其实,这是很重要的,甚至是更重要的问题。

据县志,紫荆山在明朝曾为瑶族起义者侯大苟等所据,"人迹罕通","平定后,招狼人守隘口"。直到"清康熙间,有匪人出入,经谭总兵(名佚)征剿始平。随于山口设紫荆汛,官兵守之。招复人民进隘内,开辟田亩,渐成村落,供赋税,当夫役,与宣里民无异。"我在山内石人村得见王作新之兄王大作写于甲申年(道光四年,1824)的一篇《紫荆山文》手稿,其中说:"紫荆山者,荒僻之地

也。……我曾祖从粤东徙居于此,于今七十年矣。家祖父尝言曰:
紫荆者,其田皆荒坝也,百尺之木,堆岭塞野,岂如今日之翟翟耶!"
熟悉当地历史和现状的紫荆公社主任凌育椿同志也告诉我们,公
社为汉、壮、瑶族杂居地区,汉族人一万一千余,壮族人四千余,瑶
族人九百余,现共一万六千六百人。山内村落大多是清代前期由
外地居民迁入而渐形成的,最初居民入山,无路可通,需要背牛上
山。有的是在外地无法谋生,身无长物,只带一把刀就进山开荒。
所有这些都说明,紫荆山内居民多非土著,这一情况对理解冯云山
等的初期活动甚有关系。

太平天国的宗教可以说是一种新宗教。它激烈地反对旧有的
宗教,但它又在实际上继承了不少旧宗教的形式和内容。了解拜
上帝会时期桂平等地的民间宗教情况是一件有意义的事。罗尔纲
同志早就指出过广西原有的"降僮"迷信,与太平天国天父天兄下
凡的做法有关。1980 年 6 月我同英国柯文南博士访问紫荆公社
时,凌育椿同志和紫荆公社革委会黄立才、中心学校曾乃泮、供销
社凌育忠、金田公社革委会曾德泽、金田公社安众大队徐先安等同
志,同我们一起座谈,他们都介绍了过去"降僮"的具体情况。凌育
椿同志少年时曾因父病亲自去请僮子"降僮",他的介绍尤为具体,
是难得的民俗资料,对我们了解太平天国宗教的背景很有帮助。
"天父下凡""降僮"这一类行为的当事人,究竟是搞自觉的欺骗还
是在精神上的确起了一种变化,学者之间有不同的看法,这需要加
以认真研究,而凌育椿同志的介绍,对于研究这一问题也是有益
的。下面就把我笔记中关于"降僮"问题的记录,作为一种资料提
供给研究者参考。

降僮是旧时的迷信,广西浔州府各属都有。降僮的人称为僮子,僮子也有汉人。凡治病、求财、求出路、求子等,都可以请僮子降僮。僮子不是祖传的,而是拜师而得传授的。僮子的神最高是如来佛,但在降僮时降附的是当地最受信仰的神,不一定是如来佛。甘王就是很受信仰的。往往一个神就有很多僮子。僮子是专业的,不务其他生业。凡请降僮者,要买鸡、肉甚或布匹送给僮子。僮子降僮时,不断在桌案上叩头,叩得很重,所以僮子额头上都有一个肿包,包越大就越灵。

1943年,凌育椿十一岁,因父亲患病去东乡找僮子,听说谭公爷爷灵,就找到了谭公爷爷庙,先跪拜,然后问庙祝,谭公爷爷有多少僮子,答说河马陆髻村有一雷姓僮子好。凌就去找雷姓,四十多岁,额头肿包很大。约定第二天早降僮。次日天亮,凌携肉、鸡和香、烛、纸钱去。雷家有一神台,挂谭公爷爷画像,有香案。凌杀了鸡。雷姓坐台前,凌点香、烛、烧纸钱,雷闭目摇头,越摇越快,后来就以头叩案,叩得很重,然后就神灵降附,雷伏案讲话。

问:你是从那边山上来的?

答:是。

问:为了治病?

答:是。

问:你父病?

答:是。

问:你的村向东?

答：对。

问：你家住村北？

答：不。

凡没有说对的，就叫再烧纸，直到说对为止。

问：你父个子不高？

答：不对。

问：你父咳嗽？

答：是。

问：咳血？

答：是。

接着僮子就开药方，药方中有七种寄生，如漆木寄生、杉木寄生、榕木寄生……

僮子又问：你起什么愿？

答：医好了，一头猪、一只鸡、一丈布、两担谷修庙。

讲完了就烧纸钱，僮子逐渐恢复正常。僮子降僮时满头大汗。

求僮的人很多，在为凌降僮时，已有十多人在外等候。僮子开的药方，药配不齐，凌父不久去世。

三

除了公社驻地，我在金田起义遗址保管所黄培奇同志导引下，访问了山区内当年冯云山、洪秀全曾活动过的一些山村，浏览了遗址遗迹，见到了一些幸存的文物和史料。

　　茶地是太平天国起义史上有名的地方。太平天国辛开元年（1851）夏，起义军自象州撤回，曾在茶地设立总部。《天命诏旨书》载有这一年七月洪秀全发的几道诏旨和杨秀清以天父名义发的命令，包括要求护持好伤病员、同心突围的著名诏令，都注明是在紫荆山茶地发的。但今日茶地已难访寻旧日的踪迹。我的笔记中只留下了简单的两行："茶地亦一小村。洪秀全住营处已茫然不可识。黄培奇同志说，村中有一陈姓宅较大，可能是当年天王驻跸处。今则仅余大门，房屋尚有两进。"

　　紫荆山内的大冲村是更为吸引人的地方。冯云山自1844年别洪秀全后，以一个富家子，独自一人辗转深入紫荆山，曾在这个村教书授徒，宣讲拜上帝的道理。我的笔记上这样写着："自石人村越山径约一小时而至大冲。此为冯云山在曾玉珍家授徒处。地处紫荆深处，四周高山环绕，峡谷狭小，甚感逼仄。所垦土田约计不过数十亩。云山至此可谓艰辛殊甚矣。自石人村至此，今已村落相邻，据黄培奇同志说，多为近数十年人丁滋蕃，始三五成村。可知过去人烟甚稀，以大冲之狭隘地势，当年不过能居十来户。村首有方形台地一块，据云系冯授徒设帐处。以大冲村落之小，恐难有多少学童得以专设学塾，此说恐不可信。"①

　　我在大冲绕村一周，凭吊移时，乃循原路而至合水村，这里有曾家的后人，故得以借阅曾家的族谱。它帮助我认识了一些历史上的问题。

① 据我后来向紫荆公社同志了解，紫荆山区内今人口为一万六千余人，金田起义前不会超过四千人。今日大冲村有水田三十余亩，十八户，据估计，百年前不到十户。

冯云山在紫荆山内授徒之事,太平天国的官书《太平天日》中有记载:"丙午年(1846)南王寓黄泥冲曾玉珍家,南王亦时常将此情教导人。曾玉珍子曾沄正颇有见识信德,一闻此情,即回心在天父上主皇上帝面前悔罪,遵守天条。"但据1942年曾玉珍一族后人曾德周的述辞,他们的祖居在大冲,不是黄泥冲。今据曾家族谱,证明曾玉珍家确在大冲。谱中有曾玉珍和他的伯父曾开文合写的序,序作于道光二十六年丙午(1846)闰五月,即冯云山在曾玉珍家教书的那一年。其中说曾开文的父亲曾纲正由紫荆山霸泽村(在三江墟附近)"迁大冲务农耕种,白手成家"。黄泥冲距大冲约三里,据说也住有曾姓,谱载曾开文的曾祖母钟氏就葬于"紫荆右水黄泥冲之高阜",《太平天日》大约由此而有误记。

曾家与冯云山、与太平天国起义很有关系,而我们对曾家诸人却了解极少。这本族谱使我们产生兴趣的原因之一是,它载有冯云山的居停主人曾玉珍写的一些序传,如前已提到的关于曾纲正迁居大冲的一段文字,就是曾玉珍参与写的。曾玉珍还写有一篇曾莲亭(开文)的墓表,说他伯父"一堂四世,寿登耋耄。皇恩旌表,倡建宗祠,合族矜式……创业成家,先劳后逸,殷勤节俭……身虽未列宫墙而文章诗词咸称练达,地理日课堪应世求。……博古通今,技艺精纯。"看来曾玉珍的伯父是有些文化、为人看风水的小地主。当我在紫荆公社的旅社里深夜阅看这本曾家后人手抄的族谱时,见到曾玉珍撰写的这些材料,不禁引起了许多浮想。冯云山在山区里辗转来到曾玉珍家安身以后,建立了同他们的密切关系。曾玉珍家族之人大多参加了拜上帝会,冯云山被王作新起团练拘捕,曾玉珍出力营救。面对着曾玉珍在1846年写的这些序传,我甚至猜想其中掺有当时他的家塾教师冯云山的笔墨,当然我找不出能证明这一点的线索。谱载曾开文生于乾隆三十八年(1773),享寿八十六岁,应终于咸丰八年(1858)。但 20 世纪 50 年代调查时,传说曾开文因家养的狗被太平军烹吃而发生争执,被战士踢死;又说是当冯云山在曾家教书时被王作新所控告,曾开文被官府捉去杀了。① 证以族谱,可知全属捕风捉影之谈。曾玉珍既为曾开文撰写墓表,其时间必应在曾开文死后,足证他并未参加太平天国并随征。金田起义后,清朝统治者追查冯云山案件,曾玉珍被看作洪、冯的"窝主"。广西巡抚邹鸣鹤奏称"饬提曾玉珍已故"。简又文《金田之游及其他》据曾氏族人曾德周述辞,说太平军起义离紫荆山后,清吏迫害曾家,"曾玉珍公则被王作新家控告,卒被捕殉难"②。以咸丰八年(1858)以后还在撰写墓表视之,所谓"已故",显然是曾家为了应付官司而假报的;所谓"被捕殉难",也是传闻失实之词。

《太平天日》多次提到曾玉珍一家兄弟父子曾玉珍、曾玉璟、曾沄正、曾观澜等人。冯云山在紫荆山安身以后去贵县赐谷村探望洪秀全的表兄王盛均,就是偕曾沄正同去的。1847 年洪秀全与冯云山在紫荆山相会后,加紧宣传拜上帝教,"曾沄正四处代传此情,大有功力"。不久,洪、冯偕同曾沄正、曾玉璟、曾观澜等"写奏章,求天父上主皇上帝选择险固处所栖身焉",这是洪、冯等酝酿反清革命的开始。洪秀全在山内住三月余,由曾玉璟陪同去赐谷村,曾玉璟返紫荆时,洪秀全赠以"迷途既返速加鞭,振起雄心赶向前"的

---

① 参见《太平天国起义调查报告》,第 90—91 页。
② 简又文:《金田之游及其他》,第 25 页。

诗句。由此可知,在洪、冯酝酿起义时期,曾沄正、曾玉璟是其中的关键人物和积极分子。可惜,我们只是对曾玉璟稍有所知,对曾沄正却没有找到什么材料。简又文在1942年访问金田时了解了曾家的一些口碑,说"玉璟为玉珍之嫡堂兄弟,生性机警,笃信教道,故深得洪、冯之倚畀",但曾玉璟在金田"起义后是否从征,则述辞人未曾提及"①。其实,关于此事,后来是有记载的。1944年曾玉璟的曾孙曾家钰修建了曾玉璟墓,撰写墓表并将其载入族谱,1954年广西太平天国文史调查团的调查报告附录有曾玉璟的墓表。1978年我在紫荆山访寻遗迹,得以亲见曾玉璟夫妇的合葬墓和墓表。我的笔记上这样写着:"在茶地浏览一周,登村东半里小山,赫然见有曾玉璟夫妇合葬墓。时细雨濛濛,凭吊良久,衣帽尽湿。返河岸,适大坪至公社之小轮船已到,遂搭乘返公社。"

据族谱和墓表,曾玉璟是曾开文的幼子,生于嘉庆二十三年(1818)十二月十三日,"少时发奋读书,好学力行,生平敦伦饬纪,勤俭孝友,一本天真。尤富于民族根性,故当洪杨起义金田,相与结为同志,进行革命,随太平天国诸王到达永安州。时奉命回乡携带家里,不幸中途被仇家截获,卒于桂平官署,骨骸未得回籍。"说明这是一位为革命而牺牲的人物。这座合葬墓是以一银牌为纪念而与其妻合葬的。其妻罗氏的墓表中说:"良人早世,矢志柏舟,篷门霜守,三子俱幼。""生活困苦,携带三儿,勤俭耐劳,刻苦成家。"曾玉璟牺牲时才三十四岁,长子曾观魁尚未成人,曾观魁后娶钟氏,谱中说她"家境虽属清贫,勤俭自矢,糟糠不厌"。看来曾玉璟

---

① 简又文:《金田之游及其他》,第25页。

死后,家境大大中落了。

关于曾玉璟之死,墓表记载含糊。但仇家之说,很容易使人联想起道光二十七年(1847)十一月会同保甲捕捉冯云山的当地秀才王作新。王作新迫害冯云山失败,到太平天国起义后,乃于咸丰元年(1851)又向署广西巡抚周天爵控告前案。曾家一些人抢夺冯云山出险,与前案有关,是王作新的仇家,故咸丰二年(1852)曾玉璟返家被害之仇人,可能就是王作新。① 关于王作新,我在紫荆山石人村王家后人的院内见到王作新的墓碑一块。以其有关史料,抄录墓碑文字如下:

> 生于嘉庆庚午年(1810)六月二十九日亥时,终于同治庚午(1870)七月廿九日。公平生侃直无私,明察义理,刚柔相济,训子成名,族戚交称。

季　　　　　锦

祀男乾元(庠生、保举训导)良元

万　　　　　鹏

皇清显考例赠文林郎谥严明讳作新字锡勋号从又邑庠生保举主簿王公墓

孙、曾孙名从略

光绪拾年(1884)岁次甲申孟夏吉日立

---

① 1980年6月我第二次访问紫荆山,参加座谈的曾德泽同志是曾玉珍一族的后人。我面询他是否听说曾玉璟被害情况。他说,据祖辈说,曾玉璟奉命回家携眷,被王谟村刘姓地主团练拿获,称之为太平军头目,解往桂平县被杀。

王作新在清朝广西巡抚邹鸣鹤的奏折中称为"武宣生员",其后郭廷以的《太平天国史事日志》和罗尔纲同志的著作均准此。但方玉润《星烈日记》据曾任桂平县知县的李孟群的《鹤唳篇》稿,详细叙述了王作新、冯云山互控的经过,虽将王作新之名误写为其堂兄王大作,此王大作的头衔却是"桂平县紫荆山生员"。新中国成立前,桂平新墟的"忠烈祠"内有"邑庠生王作新"的神位。现在王作新的墓碑也写作"邑庠生",则王作新似应称为桂平生员。王作新后人现住紫荆山石人村,与石人村相邻、中间只隔一道石狗坑的石狗村,也住王姓一族。现在石人、石狗两村都属桂平紫荆公社,而在清朝,石人属于桂平而石狗却属于武宣。清朝官文书说王作新是武宣生员,则王作新似应原住石狗,其籍贯为武宣。他之又称为桂平生员,或者是由于后来搬到了石人村,或者是中秀才后入桂平县学之故。

《星烈日记》说,太平天国起义后,"王大作一家(实是指王作新一家)八十余口,尽为云山所杀"。今人著作也有持此说者。今见王作新的墓碑,他一直到太平天国失败后才死,可知此说为不确。在石人村王大作的曾孙王朝森家,我得见王大作所遗的诗文稿一册。从封面题字,知王大作号暮楼,也是一名秀才(廪生,王作新是附生)。诗文稿绝大部分均为八股文章,唯"忧时感事抒怀十四首",注明作于壬子年(1852),以其有关时事,兹录三首于下:

连遭艰险叹非常,倔强微躯亦足当。

履困于兹惟德辨,亨屯尔日看名扬。

廓清宇宙须谁手,攘去奸凶信有方。

拨乱慨乎施大力,咸池挥洗日重光。

奸党汹汹扰四围,怦怦心动惜民依。

循环治乱今犹古,提挈纲维近则非。

三载仳离居蔑定,万家愁苦泪时挥。

从今幸得长风御,迅扫妖氛拭帝畿。

治乱循环古有言,多因执事惮其烦!

积薪厝火终为患,蝼蚁穿堤久不论。

破贼如期惟众一,争功时见只徒繁。

连年巨寇于何靖?坐使英雄手击樽。

　　王大作是王作新的同祖父堂兄弟,他们一家同拜上帝会有着深刻的对立和仇恨。据咸丰元年(1851)十一月初五日广西巡抚邹鸣鹤审讯失察冯云山案件官员折以及《星烈日记》,王作新于道光二十七年(1847)十一月二十一日捕捉冯云山,曾亚孙等将冯云山抢回,王作新赴江口司巡检衙门和桂平县呈控冯云山谋反,冯云山也呈诉王作新索诈诬控。桂平县批驳了王作新的控告:"阅呈殊属昏谬。……是否挟嫌滋累,亟应彻底根究。"差传王作新质对,"王作新先已外出,屡传不到"。在当时拜上帝会很有势力而地方官又批斥王作新的情况下,王作新屡传不到,应是已经离家躲避。王大作诗中有"三载仳离居蔑定","多因执事惮其烦"等句,实为这段公案的纪实。

四

曾家族谱记有曾家迁移的情况，这有助于我们认识太平天国起义史上的某些问题。

族谱有一篇《世系源流考》，现据我当时的笔记抄录两段如下：

> 五十世祖裕振公在元朝由福建省宁化县石壁村迁来广东程乡县。……五十八世祖宗礼公，明朝仓大吏，嘉应州折洋梅子墩开基祖。

> 七十世祖梅西公……由广东嘉应州梅子墩于大清乾隆二十五年迁来广西省浔州府桂平县紫荆山霸泽村为开基祖。

由这里可以确定，曾家并非桂平土著，而与洪秀全、冯云山等一样，都是客家。根据洪氏族谱，洪秀全一族系自福建宁化石壁洞迁广东嘉应州，于康熙年间迁花县官禄㘵。曾家也自福建宁化迁嘉应州而于乾隆年间迁桂平紫荆山，其路线、年代，均符合客家迁移运动的一般规律。

客家的迁移大多由于战乱或生计。他们每到一地，往往勤俭起家，对当地的开发起了作用；当然，不可避免地他们中间也有阶级分化。曾家族谱中一篇《曾梅西公家传·迁西源流序》正说明了这一过程："梅西公……生于广东嘉应州折洋梅子墩，见桑梓里人稠，贫苦者衣食难继，壮岁之时偕姚揭（及）家子妇徙湖广衡州府酃县七都山。居五载，谢姚终焉，晚子没焉，长媳李氏死焉，丧去三人。公凄凉落寞之甚，携子复回折洋梅子墩。居二载，又携二子来西，三子寄著公家养。来至浔郡，囊无分文，东奔西驰，劳碌无家。后至宣市生理年余，寻到紫荆山之三江开铺，生理顺利，遂造屋宇家焉。购置田产，营业读书耕种，克勤克俭，努力治生。……平生心力俱劳，谋家清廉节俭，施世修善，淡泊一生。"曾梅西有四子，其长子曾纲正又自三江附近的霸泽村迁至大冲村"务农耕种，白手成家"，生有六子。曾纲正即冯云山居停主人曾玉珍之祖父。曾纲正的二弟连正，也有六个儿子，"置田产，建屋宇，空手发家，千金裕后"。曾纲正的三弟兰正有四个儿子，"勤苦农耕……置田产，谷种三百余斤"。看来曾氏子弟都成了富裕的农民或地主。

　　紫荆山内同洪秀全、冯云山酝酿起义的活动很有关系的卢六，也是客家。卢六之名见于太平天国官书《太平天日》，他和冯云山一起被捕，死于狱中，是为太平天国事业牺牲的第一人。近来一些调查报告和著作说他是壮族人。但冯云山的呈诉书中却明确地说，卢六是他的表兄："（道光）二十四年冬，某到紫荆山探表兄卢六，次年设教高坑冲，又次年设馆曾玉珍家。"[1]广东的客家人冯云山在广西紫荆山内有一位壮族土著的表兄，是很奇怪的；即使冯云山在呈诉书中说卢六是他表兄系属假托，但卢六如是当地山区的土著，冯云山也不敢这样编造。1980 年 6 月我们在紫荆公社座谈时，问起是否听说过关于卢六的事，凌育椿等几位同志一致说：过（高）坑冲有一户卢六，是从金田那边搬进山的，讲客家话，入赘于村中，只有两代，到他儿子这一代就绝了。他们还说到，六长（音）

---

① 方玉润：《星烈日记》，见《太平天国史料丛编简辑》，第 3 册，第 83 页。

冲有一卢姓,是从平南搬来的,种蓝为生,那一户说壮话。根据这些,卢六是客家,似可肯定。

冯云山在进入紫荆山前曾在古林社曾槐英家落脚。据1954年的调查报告,曾家系从广东惠州府归善县迁来。据我访问紫荆时曾德泽同志说,古林社曾家讲客家话,与大冲曾家有来往。1980年6月,我还访问了贵县庆丰公社赐谷村。这里有洪秀全的表兄王盛均一家,是洪、冯到广西传教最初的落脚点。赐谷村现有熊、莫、刘三姓,熊姓是壮族,巫姓、曾姓是客家。王家已无后人,现在只有王盛均家的门石在一家壮族社员的门口,供人凭吊,但王家系属客家,却是众口一词的。洪秀全曾在赐谷村旁的长排村设帐授徒,其居停主人曾姓也是从广东嘉应州迁去的客家。庆丰公社党委宣传委员王海波同志说,整个庆丰公社讲客家话的现在仍占五分之一,讲壮话的五分之一,讲白话的占五分之三。

客家是汉族中一支特别的族系,有自己的语音系统和习俗,有很坚固的团结意识。在太平天国起义史上,洪秀全为什么首先去赐谷村传教?冯云山怎样进入紫荆山?他首先结识了哪些人?这些问题可以从几方面来回答,但如果回避了客家这一因素的作用,就难以得到完全而确切的解释。过去早有学者指出过客家在太平天国革命中的作用,如太平天国的主要领袖洪、冯、杨、石等是客家人,金田起义相当多的基本群众是客家人。[①] 但三十多年来这个问题没有来得及深入研究,就被排除出研究的领域了。社会的基本矛盾是阶级矛盾,所以阶级斗争的观点应是我们研究历史的基本

---

① 参见罗尔纲:《亨丁顿论客家人与太平天国事考释》,见《太平天国史丛考甲集》,北京,生活·读书·新知三联书店,1981。

观点。但这并不是说，我们只能用"地主""农民""地主与农民对立"这样的简单概念和表述来分析历史，而否认各种社会成分和社会现象的存在。我们越是具体地研究各种复杂的社会现象和社会过程，用历史唯物主义的观点去分析它们，就越能深入地认识历史，越能显示出马克思主义的指导作用。客家和太平天国起义史上客家的作用是应该研究的。当然，我不同意把太平天国说成是客家人的运动，因为这不符合事实。同时，客家人中的政治分野也是很鲜明的。如王作新一家和曾玉珍一家都是客家，都是在乾隆年间迁入紫荆山落户的，都是紫荆山区里有地位的人①，但他们的政治态度很不相同。洪秀全、冯云山虽也与王家有过接触，但王作新等始终坚持与太平天国为敌，就是明显的例子。

五

杨秀清的家乡在紫荆山区内鹏隘山一小村，称为东王冲，与大冲隔有大山，相距八里。据紫荆公社同志的介绍，东王冲现居八户五十九人，全是 20 世纪 30 年代进山定居的瑶族，既无汉族，更无杨姓。

东王冲的名称，过去有认为系纪念东王杨秀清而得名者，因而有人曾追究它过去叫什么。广西太平天国文史调查团的调查报告说，"东王冲从前叫什么地名呢？没有人知道"。这的确不会有人知道，因为它原来就是这个名称。英国伦敦公共档案局藏有一份

---

① 后来被冯云山毁掉的雷庙中的《始建三圣宫碑记》，刻着"总理"王东城，即王大作之父，助钱二千五百文；"经理"曾开文，即曾玉璟之父，助钱一千四百文。

《李进富供词》,李进富是住在鹏隘山的客家人,可以说是杨秀清的小同乡。他在道光三十年(1850)八月参加拜上帝会,咸丰元年(1851)五月在紫荆山探听清军动静时被俘。供词内说到"鹏隘内东旺冲旧日有避贼山寨一所",可知东旺冲之名早在杨秀清封东王以前就有了。只是"东旺冲"后来普遍讹写为"东王冲",不知是否有意,始于何时,我曾向紫荆公社同志请教,也未能弄清。

洪秀全、冯云山是怎样结识杨秀清的?多年来相沿袭的调查资料,有杨秀清是曾玉珍的母舅因而得以与冯云山相识之说。这一说法自简又文先生开始,并且予这一事实以重要意义。他说:"(杨秀清)虽因才智过人,究何以能够令洪、冯倾心,至尊以第二把交椅?这一问题,一向志忑于我心中,无由解答,直至此次(1942)游历采访,听得一句说话,才令我恍然大悟,自觉获得解答那问题的关键。原来杨秀清非他,实是云山的东翁和秀全的居停主人曾玉珍兄们的母舅。据曾德周老者言,秀清之姐本为玉珍等父亲开俊公之元配。职是之故,他在曾家身份尊而地位高,而洪、冯等自不能不特别尊敬。"①然而,母舅之说是大可存疑的。广西太平天国文史调查团的调查报告摘录有《大冲曾氏族谱》,其中摘有一行"开俊原配杨氏,生三子——玉珍、玉琚、玉瑢,继配徐氏生一子——玉琠"②。这个杨氏与杨秀清有何关系,毫无端倪可寻。我在紫荆山所见到的曾家族谱,是较晚的抄本,封面题"武城曾氏族谱,民国三十六年二月二十五日抄录,亲笔经抄人家钰",家钰即曾玉璟之曾孙,故谱中对曾玉璟一系叙列较详而于曾玉珍一系则甚

---

① 简又文:《金田之游及其他》,第28—29页。
② 《太平天国起义调查报告》,第90页。

略,曾玉珍之父曾开俊的配偶情况,全未提及。但我们还是可以根据谱中所列的一些事实来作推测。谱中记曾玉璟之父曾开文,即曾开俊之胞兄的生年是乾隆三十八年,即 1773 年。谱中又记曾开文、曾开俊都是曾纲正的继妻朱氏所生,朱氏生于乾隆戊辰,即 1748 年,终于乾隆己亥,即 1779 年,寿三十二。所以,曾开俊的生年不得晚于 1779 年,其原配杨氏生年也应大略相当。而杨秀清的年龄,据《金陵癸甲纪事略》,至 1854 年为三十二岁,应出生于 1823 年,与曾开俊之妻杨氏相差至四十多年,说是姐弟,实难置信。据广西太平天国文史调查团的报告,从鹏隘山到金田的一块路碑中,刻有几个杨姓人的名字,他们认为这说明鹏隘山里确有姓杨的人。《李进富供词》提到鹏隘山的杨晚及其兄弟六人都参加了拜上帝会。鹏隘山中的杨姓无疑是大有人在的。曾开俊之妻杨氏出于哪一家,并无任何踪影。或者说也许是杨秀清的疏属,是同族姐弟。事虽可能,但也无证据。而且,果然如此的话,也就谈不上杨秀清有尊高的母舅地位因而"洪、冯不能不特别尊敬"了。

广西太平天国文史调查团的报告几次提到杨秀清与大冲曾家有亲戚关系,这比简又文先生的说法自然是谨慎多了。遗憾的是,他们见到的略略作了摘引的曾家族谱(据说还是曾玉珍手抄的),据桂平同志告知,现在已不知下落,我们无法直接研究谱中的原始资料。由此我联想到与太平天国研究有关的其他一些族谱的遭遇。20 世纪 30 年代,简又文、罗香林分别见到和介绍了官禄㘵洪氏宗谱,至少解决了洪秀全的确姓洪的问题(那时以前有不少著作和资料说洪秀全姓郑)。但今天花县洪秀全故居纪念馆所存的宗谱,却并非当年简、罗所见的本子,详略互异,而且也有脱漏。日本学者增井经夫见过日本人 20 世纪 40 年代从官禄埗拿去的宗谱原本，但现在还未能查到原本的下落。我们今天见不到过去曾见到的本子，不能直接利用其中的原始资料进行研究，自然不无遗憾。那是在旧时代发生的事，不重视文献资料也不足为奇。但新中国成立以后，以 20 世纪 50 年代还存在的文献资料，现在下落不明，就格外地令人遗憾了。家谱是封建社会的产物，但对于历史学家(其实不仅是历史学家)，却往往可以化腐朽为神奇，成为有益的资料。这对于研究地方史和某些专题史，尤其如此。我想，亡羊补牢，当然是晚了，但比不补好。文物、学术机关应该就地妥为搜访、保存，其中较重要的资料还可以编辑出版。这比把注意力放在搜集某些无根据的口碑传说上，可能更有意义。

1980 年 10 月

金田村(以下照片系 1980 年、1981 年同行访问的英国学者柯文南、日本学者小岛晋治摄赠)

金田起义营盘

金田村犀牛潭

金田水电站

风门坳旧貌残迹

新墟三界庙

广西贵县赐谷村

赐谷村王盛均家(洪秀全、冯云山寓处)旧址残存门石(旁立二人为陪同
参观的当地同志)

"王四殿下"不是杨秀清

有一些著作在谈到太平天国"洪杨韦石事件"时,都举出在太平天国甲寅四年(1854)发生过的一件事情,以说明杨秀清的专权和他同洪秀全的矛盾。关于这件事情的记载,据我所知,首先见于《太平天国史事日志》,原文如下:

> 10,29(九、八)天父"恩命王四殿下(杨秀清)下凡,继治天下,佐理万国之事"(太平天历为九月二十四日)。此后大权完全属之秀清。①

新中国成立后出版的《太平天国》一书也有同样的说法:

> (洪、杨)暂时缓和的矛盾又重新激化起来,那就是在1854

---

① 郭廷以:《太平天国史事日志》上册,第349页。

年 10 月 29 日(甲寅四年九月二十四日,咸丰四年九月初八日)的又一次天父下凡,"恩命王四殿下(即杨秀清——引者)下凡,继治天下,佐理万国之事",使杨秀清的擅权进一步得到宗教上的理论根据。

近见《太平天国全史》一书,也沿用了这个说法:

> 更有一乱伦至谬之事于四年九月初八日发生。其日,天父"恩命王四殿下(即秀清,称天父四子)下凡,继治天下,佐理万国之事"。此后杨秀清大权总揽于一身。①

几种著作陈陈相因,杨秀清在太平天国甲寅四年九月假天父之命"继治天下",似乎成了一个不移的事实。然而,究其实,这件事情是子虚乌有的。

《太平天国》和《太平天国全史》两书关于这件事情的记载,都据《太平天国史事日志》。《太平天国史事日志》的这一条虽然没有注明出处,但可以查到它的来源,是《贼情汇纂》卷七所录杨秀清的一份诰谕。这件诰谕的前半段是这样的:

> 真天命太平天国劝慰师圣神风禾乃师赎病主左辅正军师东王杨,诰谕国宗韦俊、石凤魁、国相石佐邦暨各佐将等知悉:缘蒙天父天兄大开天恩,特差我真主天王降凡宰治天下,兹于

---

① 简又文:《太平天国全史》中册,第 1353 页。

> 玖月贰拾肆日又蒙天父劳心,恩命王四殿下下凡,继治天下,佐理万国之事。[①]

《太平天国史事日志》等的记载,字句与此完全一样,可见这几种著作所举的故事,出处就是杨秀清的这一份诰谕。可是,这里所说的"恩命王四殿下下凡"等,究竟是怎么一回事呢?诰谕的下文说得十分明白,它接着"佐理万国之事"一句后说:

> 真是天朝喜事,重重有加无已。……仰尔国宗……等,俱要多多备办奇珍异宝,差派妥员押解回京,以备拾月贰拾肆日王四殿下满月之期天王登朝谢天之用。

可见,所谓"恩命王四殿下下凡",是指洪秀全生了一位"四殿下";所谓"继治天下,佐理万国之事",是指天王又有了一位后嗣。根据太平天国的礼制,洪秀全每逢自己的生日,"即同杨秀清等登台礼拜天父"[②],并先期由杨秀清出示通告军民贡献礼物为天王祝寿,其他喜庆生诞也都如此。[③] 现在洪秀全生了一位"四殿下",所以也由杨秀清下令给在外将领,要他们备办礼物,以便庆贺"四殿下"的弥月之喜。

诰谕的内容是如此清楚,可以说,只要读完诰谕的全文便会确切知道,"王四殿下"不是杨秀清,它与杨秀清专权之事,是风马牛

---

① 《太平天国》,第 3 册,第 193 页。
② 《金陵杂记》,见《太平天国》,第 4 册,第 627 页。
③ 参见《贼情汇纂》卷七,见《太平天国》,第 3 册,第 218、219 页。

不相及的。

《太平天国史事日志》作者之所以有这个错误,当然是由于读这份资料时太粗糙,只看前半不看后半。但是,就以他所读所引的前半段资料来说,也并没有把这里所说的事情附会到杨秀清身上去的理由。譬如,"王四殿下"这一称呼究竟指谁?杨秀清在太平天国的宗教教义上为天父第四子,"王四殿下"是否即指杨秀清?这似乎是《太平天国史事日志》等的作者造成错误的一个具体缘由(所以《太平天国全史》的作者在沿袭《太平天国史事日志》错误的同时,又特别注明杨秀清为天父四子之事)。其实,杨秀清虽被认为是天父第四子,但在世俗的称谓上却从未称为"王四殿下"。根据太平天国壬子二年(1852)《太平礼制》,"王四殿下"实为天王第四子的专称:"(王)第四子,臣下呼称王四殿下千岁。"当时这位四殿下虽然尚未出世,但洪秀全已经预先规定了臣下对王、四子、五子、六子以至百子、千子的称呼礼节。这位"王四殿下"出世以后被封为明王,所以太平天国戊午八年(1858)续刻的《太平礼制》已规定臣下对他的称呼是"明王王四殿下永岁"①。由此可见,即使抛开杨秀清诰谕的前后内容,单从前半段"王四殿下"的称谓来说,把"王四殿下"指为"天父四子"杨秀清,也是没有理由的。

杨秀清诰谕前半段中有"恩命王四殿下下凡"之语,"下凡"二字可能是致误的另一个具体缘由。杨秀清假托天父附体,为天父传言,这被称为是天父下凡。但在太平天国,"下凡"并不是专指这种天父天兄附体之事(有的著作正是在这方面有所误会,所以把

---

① 《太平天国》,第1册,第103、111页。

"恩命王四殿下下凡"解释成为"又一次天父下凡")。根据太平天国的宗教教义,洪秀全是天父的次子,他本人就是由于天父的旨意而"下凡"君临人世的。他的儿子就是天父之孙,所以洪秀全生子,也就是天孙"下凡"。这种天凡之间的关系,不但适用于洪秀全,而且也适用于杨秀清,因为"东王是上帝爱子,与太兄(按:指耶稣)及朕同一老妈所生"①,所以杨秀清之子也是天孙"下凡"。《金陵省难纪略》载:

> 东贼生子,合城庆贺,洪宣示曰:"东王天父爱子,故使天孙下凡,为他的世子。"数日便殇,洪又慰谕曰:"此子是天父极爱之孙,不忍使离左右,所以带上天堂去了。"②

由此又可见,只因为有"下凡"二字,便与杨秀清假托的"天父下凡"混同起来,也是没有根据的。

在太平天国甲寅四年(1854)之时,杨秀清虽然早已掌握了大权,但他与洪秀全的矛盾并没有像在太平天国丙辰六年(1856)逼封万岁时那么尖锐。《贼情汇纂》所录韦昌辉、秦日纲、陈承瑢等人的文告,在提到天王与东王的关系和东王的地位时,都说是"(天父)特差真主天王降凡,宰治天下,又差东王下凡,辅佐天朝,佐理国政",许多文告语句大体相同,足以说明当时的名分是明确的。《太平天国史事日志》作者在引用杨秀清诰谕的前半段时,把它判断为杨秀清当时已公开表示要取代洪秀全而"继治天下",这也表

---

① 《钦定旧前遗诏圣书批解》,见《太平天国史料》,第 85 页。
② 《太平天国》,第 4 册,第 720 页。

明了他没有考虑到这个判断与当时"辅佐天朝"等说法的矛盾。

把"王四殿下"的降生误为杨秀清的专权,十几年来以讹传讹,至今已有几种太平天国史的著作采用了这个说法,可见影响不小。为了不致积非成是,特作以上辨正。是否仍有错误,希望大家指教。

1963 年 10 月

《天情道理书》戊午遵改本

英国伦敦大学亚非学院（SOAS）图书馆最近从教会档案中发现了两种太平天国印书，其中之一是《天情道理书》戊午（1858）遵改本。

《天情道理书》初刻于太平天国甲寅四年（1854），不列颠博物院图书馆东方部藏有该书的"己未遵改"本，即 1859 年修改本，萧一山据以影印①，我国国内流传的即此本。戊午遵改本是首次发现。英国柯文南博士赠给了封面、旨准书目和末页复印件。据他介绍，正文内容与己未遵改本完全相同。但戊午遵改本的发现仍然是有意义的：它不仅增加了太平天国印书的一种版本，而且也有史料价值。

《天情道理书》是东王杨秀清的僚属奉杨秀清之命向将士宣讲天父天王东王列王特别是东王的教导之恩，以"使人人各知感戴，

---

① 见《太平天国丛书》，第 1 集第 5 册。

咸思奋勉"的书。在太平天国丙辰六年(1856)内讧大悲剧以后,太平天国己未九年(1859)出版了这本书的修改重印本,继续宣传东王的教导,而对韦昌辉则不书爵职直称"昌辉"。现在发现戊午遵改本,可知洪秀全在太平天国戊午八年已经这样做了。

关于太平天国丙辰六年的内讧,特别是洪秀全在事件中对杨对韦的态度,由于直接史料缺乏,研究者至今言人人殊。但事件以后洪秀全的态度如何,太平天国的印书却可以提供一些线索。

太平天国印书均于封面署初刻年份,并有"旨准颁行诏书总目",大体上按着刻印年份先后,开列洪秀全批准颁行的书目。据此查核,太平天国在辛开元年(1851)至乙荣五年(1855)间,自戊午八年以后,每年都刻印不少宗教政治书籍,唯丙辰六年无印书,丁巳七年(1857)仅《天父诗》一种。这当同这两年正经历着一场大动乱有关。杨清秀被杀,接着又是韦昌辉、秦日纲等被杀。对这样的大事,洪秀全并没有在当时作出什么解释——在这两年没有关于这个问题的任何文书、印书。

从太平天国戊午八年太平天国颁行的几种书中,我们看到了洪秀全对事件的态度(他为什么采取这种态度,那是另外的问题)。太平天国戊午八年有一种修改重印书《御制千字诏》,此书也是初刻于太平天国甲寅四年,戊午八年遵改。初刻本未见,萧一山据不列颠博物院图书馆东方部藏遵改本影抄[1],国内流传的即此本。这一修改本讲到了洪秀全自己和首义几个人,有"跋涉险阻,前导南冯",有"清口托题,左辅杨东",有"贵婿娇客,右弼精忠",没有提

---

[1] 见《太平天国丛书》,第1集第6册。

韦昌辉。太平天国戊午八年还新刻印了一种《醒世文》，其中宣传了东王、西王、南王的功绩，也没有提韦昌辉。把这几种印书联系起来，特别是《天情道理书》戊午遵改本的发现，可以知道，不提韦昌辉并不是忽略，也不是由于韦昌辉没有冯、杨、萧那么重要，而是韦昌辉这时已被除爵了。

《天情道理书》戊午遵改本，一般说应在太平天国戊午八年改刻颁行。但比较奇怪的是，它的"旨准颁行诏书总目"只列有二十四部书，最末一部是太平天国乙荣五年刻的《行军总要》，而没有列入太平天国丁巳七年刻的《天父诗》。上已提到的《御制千字诏》戊午遵改本的"旨准颁行诏书总目"，和另一种印书《建天京于金陵论》戊午遵改本（中国社会科学院近代史研究所藏）的"旨准颁行诏书总目"，也都是这样。但太平天国戊午八年新刻印的《醒世文》一书，它所列的"旨准颁行诏书总目"却有二十八部，包括了太平天国丁巳七年刻的《天父诗》和《钦定制度则例汇编》等书。为什么同署太平天国戊午八年颁行的书，"旨准颁行诏书总目"相差很大，有的没有列入太平天国丁巳七年所刻书的书目呢？

考新发现的《天情道理书》戊午遵改本和《御制千字诏》《建天京于金陵论》的戊午遵改本，都是在印书末页加盖"戊午遵改"四字朱戳。由此推断，盖戳之时应在全书改刻、印刷、装订完毕以后。改刻《天情道理书》《御制千字诏》《建天京于金陵论》三书，很可能系开始于太平天国丁巳七年，其时署"丁巳柒年新刻"的《天父诗》尚未颁行（甚或尚未付刻），所以这几种"遵改本"的"旨准颁行诏书总目"没有列上《天父诗》。但这些"遵改本"印装完毕时应已在太平天国戊午八年之初，因而在末页所盖的是"戊午遵改"的朱戳。

如果这样的分析能够成立,《天情道理书》戊午遵改本开始改刻印行的时间应在太平天国丁巳七年,可能是太平天国丁巳七年的秋冬。

可以与此互相印证的有太平天国的历书和献历奏。太平天国癸好三年(1853)、甲寅四年历书系东、西、南、北、翼五王联名上奏,丙辰六年、丁巳七年献历奏未发现,戊午八年献历奏只由杨、萧、冯、石四人署名而无韦昌辉。洪秀全在太平天国己未九年十月初七日的改历诏中说,"并遵前诏,每年十月献明年新天历盖玺,十二月颁近省,十一月颁远省,永远如是。"太平天国戊午八年的新历应该也实行了这一规定,至少该年的新历至迟应在太平天国丁巳七年末颁行。将太平天国戊午八年的献历奏与《天情道理书》戊午遵改本等结合起来,洪秀全在太平天国丁巳七年秋冬对杨对韦的态度就可以看得比较清楚了。

1981 年 4 月

《天情道理书》戊午遵改本封面

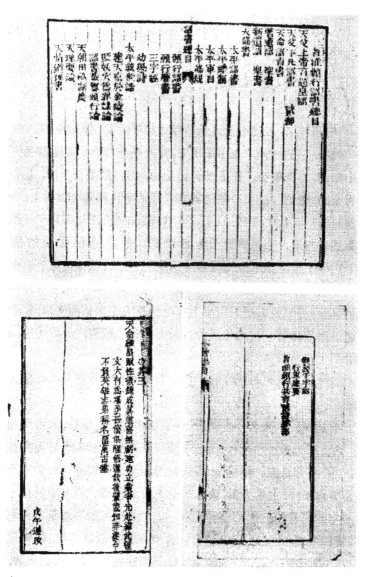

《天情道理书》戊午遵改本"旨准颁布诏书总目"、末页

辨石达开"伪造"密诏

　　"密诏",即古代帝王发给臣下的秘密诏旨,其词似始见于《三国志·蜀书·先主传》:"先主未出时,献帝舅车骑将军董承辞受帝衣带中密诏,当诛曹公。"在太平天国史中,韦昌辉杀杨秀清,是否有洪秀全的"密诏",成为一些论者感兴趣的争论问题。据香港《中国之友》1857年1月15日、21日、30日连载的《镇江与南京——原始的叙述》报道,韦昌辉曾对秦日纲说,他收到洪秀全的信件(Letters),命令他杀掉杨秀清。这些"信件"大概也就是争论中的"密诏"。由于"密诏"从未公布过,因而有的论者认为这是韦昌辉制造的谣言,并且说太平天国史上有过伪造天王密诏的实例,这个伪造者就是石达开——石达开伪造天王密诏,蒙骗广大将士追随他的分裂主义路线。

　　这里不去讨论对石达开的评价,只来辨别石达开有没有伪造天王密诏。

　　石达开同洪秀全分裂以后,转战江西、浙江、福建、湖南而入广西,到太平天国庚申十年(1860),形势局促,部下有几批人先后脱离石达开,其中有朱衣点、童容海、吉庆元等一支回到天京。吉庆元等因与童容海不睦,上奏天王,要求不受童容海管辖。奏书中解释了他们当年何以追随石达开脱离天京,说,"小臣等始则信翼王亲奉密诏,转回粤西,招纳英俊,广罗贤辅,作我陛下股肱心膂,继则观其动静行为,多滋物议",所以他们就"万里回朝"了。① 人们认为,这就说明了石达开曾伪造密诏。

吉庆元等脱离天京后几年又回到天京,向洪秀全上书有所请求,对过去的行动作一些解释是题中应有之义。但他们的解释是否都是事实,研究者自然不能盲从。

石达开脱离天京时,是否欺骗将士说他奉天王密诏到广西去招兵买马?最足以判断这件事真伪的,是石达开脱离天京时公开张贴的布告。布告有两种抄本,文字略异而内容相同。布告中有这样的话:

> 去岁遭祸乱,狼狈赶回京。
>
> 自谓此愚衷,定蒙圣鉴明。
>
> 乃事有不然,诏旨降频仍。
>
> 重重生疑忌,一笔难尽陈。
>
> 疑多将图害,百喙难分清。
>
> 惟是用奋勉,出师再表真。
>
> ……

---

① 参见《吴煦档案中的太平天国史料选辑》,北京,生活·读书·新知三联书店,1958,第5—11页。

为此行谆谕,谆谕众军民。

依然守本分,各自立功名。

或随本主将,亦一样立勋。

一统太平日,各邀天恩荣。

　　石达开的布告曾到处张贴,清方疆吏抄得后进呈清廷,至今仍保存在中国第一历史档案馆,已出版的太平天国史料书均曾收录。此外,当石达开出走时,他的礼部赞书吕姓与安徽六安州总制的掌书陈凤曹谈话,告诉他,"翼王见天王疑忌实深,故私自出京,誓不回去",陈凤曹将这番谈话写信报告六安州总制陈姓。[①] 这封保存下来并早经公布的信,也进一步证明了石达开出走时的公开表示。既然石达开在布告中和其他场合都宣布了洪秀全对他的疑忌和他要出师远征的决心,哪里还有可能去"欺骗"将士说他是奉洪秀全"密诏"出京的呢? 石达开幸而有自己的"分裂"告示流传下来,不然,洗雪"密诏伪造者"的冤案就费事多了。

1981 年 4 月

---

① 参见《太平天国资料》,第6—7页。

释"妄为推测有何益"

太平天国己未九年(1859)十月初七日、十四日,洪秀全接连发布了两道有关天历的诏旨,规定了六个重要节日。十四日的诏旨说,天历首先要着重"孝顺爷",即孝顺上帝,所以天历中要注明报爷节、爷降节;其次要着重"恭敬哥",即恭敬耶稣,所以要注明太兄升天节、太兄及天王登极节、哥降节;最后要着重"识东王",所以要注明东升节。接着,这道诏旨说:"天国代代遵三重,天情真道福无穷。妄为推测有何益,可怜叛爷成臭虫。脱尽凡情天情显,爷初立约现天虹。哥活二日升四旬,四十年斡可认踪。"①近有论者说,过去的研究者忽略了这些话,特别是其中"妄为推测"两句的意义。他们说,韦昌辉在太平天国丙辰六年(1856)杀杨秀清后,就制造了杨要"篡弑"和奉有洪秀全"密诏"杀杨等谣言,"妄为推测有何益"这几句诗,就是洪秀全对谣言的驳斥和对韦昌辉的批判。

①《太平天国》,第1册,第208页。

对于韦昌辉在 1856 年造的谣言,洪秀全等于时过境迁,三年以后才来驳斥,事情已很奇怪。不过我们在这里不去谈当年是否有什么谣言和对洪杨韦内讧应该怎么评价,只说"妄为推测"两句的本意。

太平天国的历法有很多创造。它以三百六十六日为一年,单月三十一日,双月三十日;立春、清明、芒种、立秋、寒露、大雪俱十六日,其余节气十五日。尤其是,它废除了自汉朝以来以阴阳五行吉凶祸福附会于历法的做法,坚决清除这一类迷信,这是它的一大特色。我们试以现存天历同清朝的时宪书作一简单对照。如咸丰十一年(1861)时宪书,历首就有一张"年神方位之图",有所谓吊、客、五鬼、丧门、白虎等神道的方位,说:"各神所临之地,惟奏书博士宜向之,余各有所忌。若有破坏,须修营者以天德岁德月德天德合岁德合月德合天恩天赦母仓所会之辰,或各神出游日,并工修营无妨。"此外,每日又有"宜会亲友""宜祭祀""宜嫁娶""不宜出行""不宜动土"等规定。而这一年的天历,除列出年名、月名、月建、日名(以干支纪日)、日宿(以二十八宿附入历书并以纪礼拜)和节气外,将这些黄道黑道之类的迷信一概删除。不仅 1861 年年历如此,现存其他各年年历都如此。太平天国认为,"年月日时皆是天父排定,年年是吉是良,月月是吉是良,日日时时亦总是吉是良,有何好歹?何用拣择!凡大众能真心虔敬天父上主皇上帝,有天看顾,随时行事皆大吉大昌也。"他们认为,"从前历书一切邪说歪例,皆妖魔诡计迷陷世人"[1],所以天历中统予删除。

---

[1] 见太平天国各年献新历奏。

太平天国己未九年十月洪秀全颁布的上述诏旨,主要内容之一是宣布采纳洪仁玕关于天历四十年一斡旋的意见:由于天历岁实为三百六十六日,每年多出四分之三日,因此洪仁玕建议每四十年一减,该年每月二十八日,节气俱十四日。诏旨的另一内容是规定今后历书须注明上述报爷节、爷降节等六个节日。此外,诏旨也批判了旧历书推算吉凶祸福的邪说歪例。十四日的诏旨有这样一些话:

> 凡历信邪中鬼计,妄为推算陷鬼门。叛爷惑鬼受永罚,今诏脱凡齐醒遵。谈天说地皆妄诞,认真真道永生存。

这是说,旧历书妄为推算吉凶祸福,是魔鬼的诡计,搞这一套,就是背叛上帝,为魔鬼所惑,将在地狱永远受罚,按上帝的真道才能得到永远之福。

明白了太平天国天历对旧历书的批判,就可以理解上述十四日诏旨中"妄为推测"六句诗的本来意思:不要乱推算吉凶祸福,那是毫无用处的,那样就会背叛上帝,变成臭虫("臭虫"是洪秀全对违背上帝教教义者的贬称,《天父诗》等处屡用)。把错误的世俗道理都抛弃,就能见到天情道理,上帝与人立了约,就出现天虹标志。耶稣复活后过四十日升天,这就预示着天历要四十年一斡旋。

还可以从字义和用词习惯上说明"妄为推测"与驳斥"谣言"无关。"推测"一词在这里并不解为"忖度""猜想",而是推算占验之意。洪仁玕有《天历序》一文,其中说:

故夫历纪一书,本天道之自然,以运用于不息,无如后世之人各骋私智,互斗异谈,创支干生克之论,著日时吉凶之言,甚至借以推测,用以占候,以致异议愈多,失真愈远。

又说:

历查史册,推测占验之术,起于晋之郭璞,诡言得有青囊经,葬卜休咎,荫人祸福;唐之杨松筠踵其弊而增其非,故今之言历数者以此二人为宗。曾亦思郭璞不见富贵之福,反遭灭族之凶;松筠贫苦江湖,并无安身之地。彼既不能自为趋吉避凶,岂有后人传之而能使人趋吉避凶之理?①

洪仁玕这篇序有很卓越的见解,对于读懂"推测"二字和"妄为推测"诸句也有帮助。

可见"妄为推测有何益,可怜叛爷成臭虫"之句,与驳斥"谣言"、批判韦昌辉云云,是风马牛不相及的。

1981 年 4 月

---

① 洪仁玕:《钦定英杰归真》,见《太平天国》,第 2 册,第 587—588 页。

"嗣君"及其他

据《太平礼制》，太平天国东王以下诸王世子称为嗣君。东、西、南王都在前期死，其后嗣乃袭封为幼王——幼东王、幼西王、幼南王。北王削职，无嗣君，亦无幼王。翼王、干王、英王之嗣君都不著。李秀成子容发颇有名，但却以忠二殿下称于时，当是李秀成次子，其长子也不著，未见有忠嗣君之记载。

在诸王子弟中以嗣君著的，有赞嗣君。

赞嗣君即赞王蒙得恩长子蒙时雍。蒙得恩是参加金田起义的老战士，深受洪秀全宠信，石达开出走后，任中军主将、正掌率，总理朝政。洪仁玕到京后，蒙得恩仍是朝官领袖。但因年老多病，太平天国辛酉十一年（1861）四月去世前，其职务即由他的儿子赞嗣君出面代行，故赞嗣君之名闻于中外。1861年春太平天国与英国侵略者暂时妥协，决定本年内不进攻上海，即由赞嗣君出面谈判，并由赞嗣君通令各营将士遵守。在中文文件中，还保存有一份以赞嗣君领衔给敛天安梁凤超等的信件，同意在七里洲江边借地三丈"与洋人盖屋,堆贮煤炭"①。

太平天国诸王的嗣君见于史料的,还有一位就嗣钧黄三陞。

太平天国后期避讳增多,约在太平天国壬戌十二年(1862)颁布的《钦定敬避字样》,规定除东、西王外,诸王嗣君改称"嗣钧"。就嗣钧即就王的嗣君。

就王黄盛爵,原姓王,因避讳而改姓黄,是洪秀全的表兄,洪秀全1844年首次去广西,就住在贵县赐谷村黄盛爵兄弟家。太平天国癸开十三年(1863)就嗣钧黄三陞有一封给俵天义吴习玖的信,原件在1966年被发现。② 看来这位黄三陞虽然只是嗣君身份,并未袭爵,但也参加了带兵作战。

蒙时雍以赞嗣君名义发出的公文,因影印模糊,未能辨识是否盖有"赞嗣君"印信;但据他袭爵为幼赞王后仍盖赞王蒙得恩印来推测,很可能也是盖蒙得恩印,并无赞嗣君印。这是太平天国辛酉十一年的情况。而在太平天国癸开十三年,在就嗣钧黄三陞给俵天义吴习玖的信上,却盖有"天父天兄天王太平天国顶天扶朝纲就嗣钧黄三陞"双龙纹大印,这应是末期的制度愈趋繁杂的表现。

太平天国礼制规定,诸王的次子以下,唯东、西王之子得称二殿下、三殿下,均爵千岁。其他各王,仅世子得称嗣君千岁,次子以下未见规定。李容发称忠二殿下,系在李秀成开辟苏福省后,赖冠英等保奏,由幼主奉天王命特旨加封。幼主太平天国庚申十年(1860)九月三十一日诏旨:"特诏封李容发为天朝九门御林忠义宿卫军忠二殿下,赐金牌、金项圈、雉翎、金印,以壮天威。吏部官颁

① 萧一山编:《太平天国书翰》八。
② 参见《苏州市新发现一批太平天国革命文物》,载《文物》1973年第4期。

印,俾伊收执治事也。"①为什么赐给这些东西？李容发是位少年将军,赐给金项圈,与少年身份相合;赐给雉翎,有给战将助威之意。

天王太平天国辛酉十一年二月二十一日诏旨,规定了东、西王以下二十人的印衔,诏旨最后说:"再诏。传出东印、南印各一颗,传典金官、典印官遵今诏换刻缴回。钦此。金颈钏二,一金牌内换刻云顶天扶朝纲东王,一金牌内换刻云顶天扶朝纲南王。钦此。"②据此,金项圈似是与金牌相连的,金牌上要刻爵衔。虽然这些金项圈、金牌刻上了东王、南王之衔,但受者是幼东王、幼南王这些小孩子。他们不是战将,所以未赐雉翎。

但奇怪的是,太平天国也把金项圈、雉翎赐给不是战将的老年人。幼主太平天国庚申十年十一月初十日诏旨:"并诏长伯、次伯、驸马、西王父谕升询谕,臣下奏升称申奏,均赐金牌、金项圈、雉翎、金印、天府。"③长伯、次伯均系洪秀全胞兄,西王父是萧朝贵之父,这时都是五十以上的人,从来不上战场。据此,赐给金项圈、雉翎,似乎又是一种不关乎年龄、文武的荣宠制度。

据熟悉太平天国前期情况的地主文人报道,太平天国的衣冠制度,"自首逆以次,帽前皆有伪职字样,惟纱帽、雉翎一概不用"④。但不用雉翎这一点,看来在后期有了改变。

太平天国前期的高级官员,在印章中除爵衔外,并刻本人姓名,如"太平天国燕王秦日纲""太平天国真忠报国佐天侯陈承瑢"

---

① 《太平天国史料》,第 109 页。
② 据英国伦敦公共档案局藏原抄件。
③ 《太平天国史料》,第 112 页。
④ 涤浮道人:《金陵杂记》,见《太平天国》,第 4 册,第 619 页。

之类,天官正丞相以下则只刻职衔,不书姓名。但在后期,爵职增多而紊乱,据发现的文书文物和曾国藩家藏的"伪官执照清册""伪印清册",燕、豫、侯等中低级爵位以至某些杂职的官印,都刻上了姓名。太平天国实行世袭制度,不仅嗣君是顾名思义的继承人,而且其他很多爵职也可以世袭。在印章中刻有姓名的情况下,袭封者是否另刻新印?

赞王蒙得恩是太平天国后期的高层领导人,太平天国辛酉十一年四月去世,其子蒙时雍称幼赞王袭爵。在这一年,洪仁玕与幼赞王蒙时雍、忠诚二天将李春发会衔发布戒浮文巧言训谕,幼赞王蒙时雍所盖印的印文是"天父天兄天王太平天国顶天扶朝纲赞王蒙得恩"[①],仍是他父亲的印。

1966 年苏州发现一批太平天国文书,其中有洪秀全的亲戚"袭爵保天安黄得馥"给俄天义吴习玖的一份禀帖,所钤用的是"天父天兄天王太平天国就王宗开朝勋臣保天安黄金伦"的印。[②] 禀帖中说,他的父亲黄金伦已在去年去世。禀帖系在第二年(太平天国癸开十三年,1863)四月初一日发出,用的仍是他父亲的印。

除由文物证明的实例,还可以从史料上来推测。

英国伦敦公共档案局收藏的一份太平天国辛酉十一年二月二十一日天王诏旨(原抄件),规定了东王以下二十名高级人员的印衔。其中东王、西王、南王、豫王的印衔是:

---

① 萧一山编:《太平天国诏谕·辨识》。
② 参见《苏州市新发现一批太平天国革命文物》,载《文物》1973 年第 4 期。

	传天父上主真神真圣旨圣神上帝之
天父天兄天王太平天国	风雷劝慰师后师左辅正军师顶天扶
	朝纲东王杨秀清
	传救世主天兄基督太子圣旨圣神
天父天兄天王太平天国	上帝之雨电右弼又正军师顶天扶
	朝纲西王萧朝贵
	前导副军师顶天扶
天父天兄天王太平天国	朝纲南王冯云山
	顶天扶朝纲
天父天兄天王太平天国	豫王胡以晃①

　　这四个王当时早已去世，由幼东王、幼西王、幼南王、幼豫王袭爵。洪秀全的诏旨没有给这些幼王规定印衔，而是颁刻仍有杨秀清、萧朝贵等人名字的印。可以推测，这些印就是给幼王使用的。

　　但也有不同的情况。曾国藩"伪官执照清册"中记有如下一条，"伪天官燕提掌军民加贰秩彭大顺衔官照四张"②。彭大顺即脱离石达开而"万里回朝"之为首者，太平天国辛酉十一年春牺牲。曾国藩"伪印清册"中又记有"世袭天官燕彭交得"印一颗。"天官燕"的爵衔似已有简略，但两者相同，此彭交得应是袭彭大顺职者。袭职者印的文字有所不同。刻上了自己的名字，应是另刻的印。

　　东、西、南、豫、赞诸王都是太平天国的最高级官员，就王宗保天安黄金伦也是朝中的皇亲国戚，他们的后嗣袭爵都用旧印，这似

---

① 据英国伦敦公共档案局藏原抄件。
② 《太平天国"伪"官执照和"伪"印清册》，见《湖南历史资料》1958 年第 1 期。

乎是太平天国的一项制度；彭交得另刻新印，则可能是地方上的变例。

1981 年 4 月

洪仁玕绝命诗

沈葆桢同治三年(1864)十月十三日为审讯太平天国干王洪仁玕等奏称,"将各该逆节次供词及洪仁玕亲笔供单同所作诗句并签驳李秀成口供原本咨送军机处"。洪仁玕写的这些材料,新中国成立后屡经查访,未曾发现。萧一山《清代通史》(台湾商务印务馆出版)始透露诗句和有一些供单藏在台北"故宫博物院"。

关于洪仁玕"所做诗句",简又文《太平天国全史》称,"干王就义前吟绝命诗明志。此诗之英文译本曾刊《华北先驱》(按即《北华捷报》)第七六五号,一八六五、三、二五,似为五首。可见当时仍流行于世,但后却失传。……兹将其绝命诗英文译本录出如上,以飨读者。"

为资考证,现将简又文所录的干王绝命诗英译本转录如下:

PARTING STRAINS OF THE KAN WANG

In an ancient book is drawn a line

Tween Chinese and barbarians,

But up till now there are men around

Blindly indifferent to this.

The Northern hordes deluded us

Concerning their true position,

That affairs should topsy-turvy be,

Is a thing to be much regretted.

My will, though unaccomplished, was

The barbarians to overthrow.

My mother has for seventy years

Incomparable virtue shown.

O'er hills and dales my feet have trod,

In the pathway I have taken,

The scope of my vision vast has been,

O'er creation's field have I roamed.

No distance (or) space has in the least

Tended to swerve my will.

The state of affairs now reigning round

The hero's breath at each pulsation

May be likened to rainbow glory,

The past reviewed, the present dwell on,

With anger makes one's breast to heave.

Despised to a thousand ages be

The plotters on the Chow dynasty.

Dwelling on these things by causes

Pain and lament more and more.

The Northern barbarians never

Have been reckoned of our family,

Squandered our resources have they,

And employed our nation's troops.

My brothers' round have they deluded

to warring each against the other.

And for their conduct to our people

Shall owe it to a myriad ages.

Addenda

And now in parting one word more,

One pleasurable thought outpour.

Though our kingdom's passed away,

'Twill live again another day.

萧一山书云,军机处档案所存洪仁玕供词附有其亲笔诗数首:

春秋大义别华夷,时至于今昧不知。

北狄迷伊真本性,纲常文物倒颠之。

志在攘夷愿未酬,七月苗格德难侔。

足跟踏破山云路,眼底空悬海月秋。

意马不辞天地阔,心猿常与古今愁。

世间谁是英雄辈,徒使企予叹白头。

英雄吞气吐如虹,慨古悲今怒满胸。

猃狁侵周屡代恨,五胡乱晋苦予衷。

汉唐突厥单于犯,明宋辽元鞑靼凶。

中国世仇难并立,免将流毒秽苍穹。

试将《北华捷报》所载英译文与此对照,内容大略相同,但亦颇有出入。如:

"北狄迷伊真本性"句,英译文的意思作"北狄向我们隐瞒了他们的实情";

"五胡乱晋"以下三句,英译文无此内容,而概以"谈论这些事情,徒使人痛心与伤悲"一语;

"中国世仇"两句,英译文意思较丰富:指责北狄非我族类,谴责他们朘剥人民资财,雇佣人民从军,欺骗人民同室操戈,此仇此恨永永无极。

尤其值得提出的是:"志在攘夷愿未酬"以下八句。这八句诗系洪仁玕作于太平天国辛酉十一年(1861),原题《二月下浣军次遂安城北吟于行府》，编入《钦定军次实录》一书，仅少数文字有所差异。如"志在攘夷"，原作"志在生灵"；"七月苗格德难侔"，原作"七旬苗格策难侔"；"世间谁是英雄辈"，原作"斯民官长谁堪任"。这八句诗，简又文所录《北华捷报》刊载的洪仁玕"绝命诗"英译文只有前面四句。我过去在阅读这四句英译诗时，感到其文字内容与《二月下浣军次遂安城北吟于行府》四句太相近，因而曾怀疑整个"绝命诗"是当时好事者集洪仁玕旧作，甚至掺入伪作而作为洪仁玕"绝命诗"以问世。今萧一山据台湾所存军机处档案抄出，应属可信。这八句诗抒发洪仁玕忧国忧民之志，大概是他喜爱之作，故临终之际，又稍事改易奋笔直书。《北华捷报》刊载的英译文只有四句，可能是英译者删略的，也可能是流传时已只有四句。

但萧一山抄录的诗中"七月苗格德难侔"一句是有错误的。洪仁玕编入《钦定军次实录》中的原句是"七旬苗格策难侔"。这是一个典故。《尚书·虞书·皋陶谟》记帝舜在位时，"三苗"逆命，派禹往征，以军队威胁之而不服，舜"乃诞敷文德"，以德服之，"七旬有苗格"，即过了七十天，"三苗"自服来朝。这是说主圣臣贤，御之有道。洪仁玕在诗中很称颂这件事。"七月苗格"便与典故不符。这不知是萧一山抄录时的笔误，还是台湾军机处档案原来如此？如是后者，那么，萧一山说诗句是洪仁玕亲笔所写，实大可存疑，因为洪仁玕自己写，不可能造成这样的错误。

"七旬苗格"一句在英译文中的错误尤大。英译文的意思是："我母年已七十，美德无伦"，将"七旬苗格"译为母年七十。推测致误之由，一是译者不懂"七旬苗格"这一典故，二是"苗"字形讹为"母"。但"七旬"即七十这一数字未误，可证译者所见到的中文诗句是"七旬苗格"而不是"七月苗格"。

由以上的对照比较,可知英译文与萧一山抄出的诗句虽有出入,然大体上属于误译,并非伪作。但英译文还有最后四句"补遗"。简又文译其末两句云:"我国祚虽斩,有日必复生。"现试全译四句:

> 临终有一语,言之心欣慰。
> 我国虽消逝,他日必复生。

这四句诗,从文义上说是真正的绝命诗。它为萧一山书所未录(或为台北"故宫博物院"军机处档案所未藏),但英译本的大部分诗句既已查有所本,这四句也应可信。

1981 年 1 月

李秀成评价和忠王府存废

1980 年 2 月,我曾向有关方面提了关于恢复苏州忠王府为全国重点文物保护单位的意见。最近,苏州忠王府已经恢复为全国重点文物保护单位,这份工作资料所谈的问题已成为明日黄花。但其中介绍的情况和意见,反映了史学界一些同志和我本人当时的认识,所以把它加上一个题目收入本书。

有关方面要求就李秀成的评价和他是否值得纪念的问题提供意见,作为是否恢复苏州忠王府为全国重点文物保护单位的参考。我赞成恢复苏州忠王府为全国重点文物保护单位。但在这里不拟对应该怎样评价李秀成的问题进行具体讨论,主要只介绍史学界评价李秀成的一些情况,这样也许较有参考价值。

一、1964 年大规模批判李秀成以前史学界对李秀成的评价

李秀成被俘以后曾写供词表示愿意收齐解散余部的事,并不是戚本禹的新发现,而是史学界早已了解、早有研究的。1964 年以前史学界对这件事虽有不同的解释和评价,如有的认为这是伪降,有的认为这是错误和污点,但都肯定李秀成是对太平天国革命有重要贡献的历史人物。郭沫若主编、刘大年负责的《中国史稿》第四册 1962 年版称李秀成被俘杀为"就义"。影响很大的范文澜著《中国近代史》上册 1955 年第 9 版对此有更详细的评述,说:

> 李秀成表示向曾国藩投降……是想争取曾国藩的庇护,保存数十万太平军残余革命力量,逐渐分化曾国藩与满清的关系,等待时机到来,再度进行反满反外国侵略。李秀成是太平天国后期的重要支柱……对太平革命事业无比的忠贞和高度的勇敢……可惜李秀成想错了。事实上不论李秀成究有何种想法,向敌人作软弱的表示,任何辩解都不能减轻他自己造成的污辱。

这是 1964 年以前较有代表性的见解。

苏州忠王府被定为全国重点文物保护单位是在 1961 年。我不了解文物管理部门作这样规定的具体理由,但就史学界对李秀成的评价来说,当时史学界并不认为李秀成是完美无缺的历史人物。

反过来说,史学界肯定李秀成有历史功绩而又认为他有缺点、错误,也不妨碍文物管理部门将忠王府定为全国重点文物保护单位。我觉得,这一情况是值得今天参考的。

二、戚本禹否定李秀成是极左思潮的产物,曾受到史学界和领导方面的坚决反对

撤销苏州忠王府为全国重点文物保护单位,是 1964 年戚本禹发动全面否定李秀成的批判运动的结果。这一批判,是当时称之为"文化革命"或"学术界大论战"的一部分。当时在学术文化领域同遭批判的,还有杨献珍和周谷城等。这次批判运动到 1965 年春而有所缓和、中止,其原因,据"文化大革命"期间一些材料的报道,系由于以邓小平同志为首的中央书记处的干预。但时而不久,1965 年秋冬,姚文元又发起了对吴晗《海瑞罢官》的批判,"吹响了文化大革命的号角"。回顾这一过程,并学习、体会叶剑英同志国庆三十周年讲话的精神,我认为,戚本禹批判李秀成的运动是极左思潮的产物,是应予否定的。这样,今天看来,撤销忠王府为全国重点文物保护单位,也就失去了它的依据。

戚本禹"批判"李秀成的文章,第一篇发表于 1963 年 8 月。1963 年 9 月,近代史研究所曾举行一次讨论会,到会的范文澜、翦伯赞、侯外庐、邓拓等同志都反对戚本禹的谬论。当时中央有关部门的一位负责同志在一次讲话中也谈了这个问题,说:"李秀成的功绩不能抹杀,尽管最后有错误。即使就自述中的话来看,除了自污和幻想外,突出地表现了反帝的思想。农民革命而有反帝思想

是难得的,比赖文光高明。其次是没有忘记他的部下,要求保全人民。他想到了人民,并不只想到自己。无论如何,他在最后被杀了。……我看了此文(戚本禹文章),很不舒服。李秀成最终牺牲在岗位,是革命先烈,犯了错误也是先烈。……对各地打招呼,像不要收,戏不要停,书不要改。"(据我笔记中的传达记录)

1964 年夏,戚本禹不顾普遍的反对,发表另一篇变本加厉的文章,开始了前述的"文化革命",这并不是由于他的文章有科学、有真理,战胜了史学界多数人的意见,而是当时的政治形势使然。

三、粉碎"四人帮"后史学界评价李秀成问题的情况

粉碎"四人帮"后,史学界打破戚本禹的禁锢,对李秀成进行重新评价。

1977 年 12 月,现年七十多岁的北京大学教授俞大缜提供书面材料,说她的母亲曾广珊(曾国藩孙女)早年说过"李秀成劝文正公做皇帝,文正公不敢"。这为评价李秀成写供词的动机提供了一种出自曾家后人的口碑资料。

在 1979 年 5 月举行的太平天国史学术讨论会上,评价李秀成的论文有十五篇,它们对李秀成的评价虽有差异,但都反对戚本禹全面否定李秀成的谬说。大致上,它们都肯定李秀成对太平天国革命的贡献,而又不同程度地分析批判其供词中的错误。

史学界普遍同意摘掉戚本禹强加给李秀成的"叛徒"帽子,是重新评价李秀成一年多来的收获。这就确立了一个前提:无论对李秀成的错误有若干程度不同的估计,总是一个农民革命者犯错

误的问题。

值得纪念的历史人物并不是没有错误的人物,也不是事事都值得肯定和值得效法的人物。许多杰出的历史人物,包括洪秀全,都是这样。李秀成的错误,李秀成被俘后的一些表现,自然可以认为是"不足为训"的,但这并不能否定他反对清朝封建统治和反对外国侵略者的历史功绩。

这里还可以附带介绍外国学者对李秀成评价问题的看法。1978 年 8 月,新西兰友好人士路易·艾黎经对外友协转给北京太平天国历史研究会一封信,信中说:"多年以前,在李秀成被戚本禹一伙指责为叛徒后,我曾写过一份备忘录,说明我认为这种指责是错误的。"他认为:"李秀成受到千百万老百姓的信任……败坏李的名誉,是否戚本禹及其一伙作为其阴谋的一个部分而掀起的运动的开始?这个运动先是败坏岳飞、于谦的名誉,进而败坏现代人民英雄贺龙、陈毅以至周总理的名誉而孤立毛主席。"英国研究太平天国的专家柯文南提交给太平天国史学术讨论会的一篇论文认为,李秀成是在革命已失败的情况下为了想尽一切办法解散残部以避免继续流血而写供词的,他反问:"这难道是很可耻的想法和行为吗?"日本小岛晋治教授在讨论会上介绍说,日本增井经夫的著作《太平天国》高度评价李秀成,1969 年当中国全面否定李秀成的声调最高时,增井经夫作报告,说不能否定李秀成对侵略者的勇敢斗争。

1982 年 5 月

《镇江见闻录》别本中的新史料

　　《太平天国史料<u>丛</u>编简辑》第五册有《镇江见闻录》一篇,系选自南京图书馆藏《时闻<u>丛</u>录》抄本,记太平军初克镇江后二十日情事,颇多重要史料。近见谢国桢先生藏《润州见闻录》抄本,内容与《镇江见闻录》基本一致而有详略互异处。为《太平天国史料<u>丛</u>编简辑》本所没有的,主要有以下一段:"贼众并无艺能之士,且少写字人。因送礼者(指人民向太平天国'进贡')尽索执照,便张皇无主,言:我一时那能写得许多,只好各付空白执照将所送之物并某乡某人照样自去填写吧! 草率如此,可作笑柄。"《镇江见闻录》作者"苕山外史"耻笑太平军草率,但这段资料不但说明了人民"进贡"之踊跃,而且也反映了文化程度不高的起义农民质朴可爱的情状,是有用的史料。

　　两本均记太平军于咸丰三年二月二十二日(1853年3月31日)申刻入镇江城。太平军入城后,今所见的别本有"他无所为,惟取各庙大鼓竞擂,杂以吹弹,取乐而已"一句,为《太平天国史料<u>丛</u>

640

编简辑》本所无,而这一句,说明太平军曾庆祝克复镇江的胜利。

两本均记罗大纲布告收买"虎豹熊罴鸡兔鹰鹘鸽雀以及五色杂纱绸缎布匹"事,字句小有差异。罗大纲告示称一切买卖均公平给价,这确是事实。据曾在镇江太平军中服役的人记述,太平军克镇江后三年,虽遭清军围困,但物资并不缺乏。太平军常出城购买绸缎瓜梨等物,"盖镇江小民好利,多与贼通市,故贼虽久困,物不乏也。城中有猪万头,他物称是,其富羡可知矣"①。此外,别本记人民向太平天国"进贡"的物品,"自绸缎布匹以至猪羊鸡鸭米面油烛茶叶等物,无不收纳"。又记镇江太平军的军火情况:"闻有抬枪抬炮,其火药钱粮亦俱不足,反命锡匠搜寻锡器熔化制丸,以当钱粮,而不知其不可用也。"又记太平军让新参加的人民临阵,诬之为"不杀之杀",叹息说:"愚者不知,信以为贼不杀人,良可痛也。"这些都是《太平天国史料丛编简辑》本记载简略或不载的。

《镇江见闻录》作者"苕山外史",序中自称"腐儒",是一名反对太平天国革命的地主文人,他自称写作此篇是为了"书以告乡里之不知贼情者",看来当时就有传抄。常熟海虞学钓翁的《粤氛纪事诗》四十首,写于1853年,就有六首诗和诗注取材或直接抄引自本篇。如前述罗大纲告示,《粤氛纪事诗》诗注的文字与《润州见闻录》相同。其中有一首诗的注且说明"见苕山外史《难中闻见录》",则可知这篇材料另有题为《难中闻见录》的抄本。

1979 年 9 月

---

① 《余生纪略》。

日本发现的太平天国新史料

太平天国革命运动同英、法等国关系较多，人们往往以为只在英、法、德等国的图书馆、博物馆里保存有太平天国的文献史料。不久前日本东京大学小岛晋治教授寄给我们两份在日本发现的太平天国资料，给我们开阔了搜访史料的视野。

这两份资料都是苏州贸易商王氏十二家向日本方面报道太平军情况而形成的。第一份《道光咸丰内地骚乱事实》系王氏十二家船主江星畲、杨少棠在咸丰四年（1854）冬寄往日本的。据小岛先生介绍，原件可能在长崎，东洋文库收藏的《清商书简寄集》收有老日文的译文。这份资料是民间商人对太平军起事以来四年间形势的概述。比较值得注意的是，它多次谈到了当时各地人民纷纷"树旗反叛"的形势和关于战事对商旅的影响。如它报道说，太平军占武汉时，"长江沿线盗贼蜂起，继而江南、山东、徐州等地亦出现匪徒。因各地贼徒簇聚，乘机造反，商旅往来不通，货物运送迟滞"。又说，太平军占镇江后，"长江南北入口，贼船往来自由，故贸易之书简不得交换"。又说,"六月十五日,丹阳骚动,酿成大乱,幸被征服。尔后,商货运输之路由东坝、高淳起碇,须迂回,方出江苏"。这些都是可供研究的资料。

1860年6月,太平军克复苏州,苏州商人程稼堂在一个多月后携妻子逃避至日本长崎,写了一段《避难略记》,记述他关于苏州太平军的亲身见闻。这份材料的老日文译文收藏在长崎县立图书馆里。小岛先生将它和《道光咸丰内地骚乱事实》都改写为现代日文,以便于中国学者翻译利用。

《避难略记》有一些很可注意的史料。它说:"同月(指咸丰十年四月)十六日晨,贼首忠王出安民告示云:此次平定苏州,乃欲扫除欺凌百姓之贪官污吏,使民安宁,非为杀伐而来。自即日起,军中凡有劫杀百姓、奸掳妇女者,一律斩首问罪。尔等庶民万勿惊恐,老幼妇女欲迁往他地者,准行。二三日后,城门大开。自布告张贴之日起,城内已见平稳。百姓咸以忠王仁厚,若出城避难,恐途中反遭不测,乃多有安居城内而不思出走者。"资料还报道了英王陈玉成将移兵苏州和有些人对英王的观感:"二十六日,忠王又广出告谕:本月二十八日,英王将移兵本城。尔等善良之庶民,本无罪孽,若遭荼炭,事尤可哀。故此,自今日至明日晚,应速散去。尔等迟滞,英王兵至,忠王虽爱惜苍生,恐亦不能救汝。遂大开苏州六门,放出百姓。"是否确有此事,需要慎重研究。从语气上看,这份告谕不是李秀成本人而是他的部属所发布。李秀成的部属当时如确实在人民中间贴这样的布告,它所造成的影响和太平天国将领的内部关系,都是值得研究的。

此外,《避难略记》还谈到了王氏十二家船主尽皆离散的情况,十二家中的宏丰船、吉利船、吉隆船在乍浦、吴淞口卸货受阻影响贸易的情况。当时，上海中外反动势力已开始联合抵御太平天国的进军，但这位商人对此没有信心，说："且上海之地，虽欲将银两交付法兰西人，求其庇护，以防贼乱，然食俸之官吏尚临危惜命，况专为谋利而相交之外国人，岂能与贼血战抵御哉！此非万全之策也。"大概就是这一原因，他全家从上海登船逃到了日本。（这里引用的两份资料的中译文，系据何培忠同志草译。）

1981 年 1 月

英国发现的太平天国新史料及其价值

最近,英国柯文南博士先后寄赠一批关于太平天国和天地会起义的史料,共二十七份,全部照原藏件(有原件,有抄件)复印。这是他从英国伦敦公共档案局发现的(其中关于福建小刀会等几份系关一球先生提供给柯先生)。二十七份中有太平天国文献八份,太平天国时期闽广天地会起义的文书告示九份,此外还有太平天国人员的供词等。除军机处的一份廷寄和赛尚阿等的一份奏稿在清政府的官书中曾有节录刊载外,其他二十五份全部是新的发现。

柯文南先生是我们熟悉的英国研究太平天国史的学者,1962年曾将他多方寻访获得的李秀成剑送归中国。1977年出版了三百五十多页的《太平起义者——李秀成供词》一书,将李秀成供词全部译为英文,写了长篇导论,作了详尽的注释。1979年参加北京太平天国历史研究会和南京史学会联合举办的太平天国史讨论会。他很热心地寄赠他在英国所见到的太平天国史料,对我国的太平天国史研究,对中英学术文化交流和人民之间的友谊,都作出了有益贡献。

一

    在这批新史料中,首先值得注意的是洪秀全的三道诏旨。它们都是抄件,但书写整齐,遵循太平天国的文书格式,"天"字首两画都一律上长下短,诏旨之末还注有"第一道""第二道"字样,很可能是当时太平天国人员的原抄本。三份诏旨之末分别注有二月十八日、二月十九日、二月二十一日字样,年份则未写明。它们在开头所列的名衔都是这样的:"朕诏和甥、福甥、玗胞、达胞、玉胞、秀胞、恩胞、雍侄、贤胞……",这可以帮助我们确定年份。恩胞,指赞王蒙得恩;雍侄,指蒙得恩的儿子赞嗣君蒙时雍。天王诏旨中并列蒙得恩父子名衔的,有太平天国辛酉十一年(1861)二月十七日诏、二月二十四日诏。① 这是因为此时蒙得恩在职而老病,由他的儿子代理工作。② 在此以前的诏书,只列蒙得恩而无蒙时雍③;而在此后不久,即太平天国辛西十一年四月以后,蒙得恩病逝,诏书就只列蒙时雍而无蒙得恩④。所以,这三份诏旨的发布年份可以确定在

① 参见萧一山编:《太平天国诏谕》。
② 据英国驻天京的雅龄船长(Captain Aplin)1861 年 3 月 27 日(太平天国辛酉十一年二月十六日)报告,"赞王,现系国务秘书,他已年老,其工作现由其子担任"。见 *British Parliamentary Papers*:*China*,Vols.32,p. 91.
③ 参见《太平天国史料》,太平天国辛酉十一年正月初一、十三日诏及太平天国庚申十年九月十三日诏。
④ 参见萧一山编:《太平天国诏谕》,太平天国辛酉十一年四月二十七日、五月初九日、五月十六日诏。

太平天国辛酉十一年。

新发现的这三道诏旨,使我们对洪秀全的宗教理论、政治思想和太平天国后期政治情况,增加了很多新的了解。

20世纪30年代萧一山从英国不列颠博物院图书馆发现的洪秀全五道诏旨,第一道发布于太平天国辛酉十一年二月十七日,宣传"归荣"天父上主天兄天国和"爷哥在天朕真日,同创太平万万年"。新发现的二月十八日诏旨,内容更富于宗教色彩而又寓有政治作用。它反复重申人人应该敬拜上帝、耶稣的道理,说:

> 天上真神一上帝,僭神僭帝罪难饶。
> 无天无父该洪雨,无兄无日罪难消。
> ……
> 人无上帝谁生养?坦盘惑蛇故浸亡。
> 人无基督谁赎罪?视哥如父理应当。

同时又宣传他自己和天兄耶稣均系上帝所出:

> 哥朕由爷一体出,合一作主久福音。
> 哥活三日即洪日,隐诏乘荣在于今。
> ……
> 爷生哥朕实同胞,故今哥朕同登极。
> 天王有真爷生定,父子公孙同担当。

二月十八日诏旨还说明了洪秀全对基督教和《圣经》的一些了

解。传入太平天国的《圣经》译本和太平天国刻印的《圣经》,均将"新约""旧约"译为"遗诏",意谓上帝遗留给后人的命令。实际上,"新旧约"的"约"(testament),意谓契约,是上帝与人订立协定之意。如《旧约》,即是上帝护助犹太部落而以独拜上帝为条件。太平天国是否理解这种"约"的观念?国外有的研究者认为他们不了解,西方的传教士并未将"契约"这一观念传给太平人。但太平天国辛酉十一年(1861)刻印的《钦定士阶条例》中已有"旧约""前约"之称,说"旧约"即《旧遗诏圣书》,"前约"即《前遗诏圣书》[①];洪秀全二月十八日诏旨更运用了"约"这一名词:

> 三七二十一真主,爷约天霓今显迹。
> 天霓即是日弯弯,爷初结约今无失。
> ……
> 爷哥今来无爽约,万方齐认作爷男。

天霓,即天虹,是《旧约·创世纪》第九章中的故事,是上帝与方舟中的挪亚所立的约,即以虹为记,此后凡有血肉之生物不再为洪水所灭绝。洪秀全在这里附会天虹就是他,说他之作为真主,是上帝许诺之约的实现。他在对《圣经》的"批解"中,明确地说:"爷立永约现天虹,天虹弯弯似把弓。弯弯一点是洪日,朕是日头故姓洪,爷先立此记号,预诏差洪日作主也。"[②]诏旨和"批解"都说明,洪秀全使用的"约"的观念,是预言、许诺的意思,其作用,仍是归结

---

① 《太平天国》,第 2 册,第 561 页。
② 《太平天国史料》,第 75 页。

于证明他自己是真主。①

二月十八日诏旨还宣布了"真约"的性质和地位：

> 今蒙爷哥恩下凡,旧前约外真约添。
>
> 爷哥圣旨乃真约,齐遵圣旨莫二三。

"真约"之名,另见于《钦定士阶条例》,说："真约,即天命真圣主诏旨书"。但这道天王诏旨则说"爷哥圣旨乃真约",似有不同。大致应是指洪秀全、杨秀清假上帝、耶稣之名而发布的言论命令如天父下凡诏书、天命诏旨书之类。洪秀全把这一类太平天国的书称为"真约",与"旧约""前约"鼎足而三,并为"圣经",这在当时西方传教士看来,自然是亵渎神明的事了。"前约"即"新约"。太平天国原称"新约"为"新遗诏圣书",后改为"前遗诏圣书","新"改为"前",意味着上帝给洪秀全的指示是更新更权威的。

二月十八日诏旨还有助于纠正一个误解。在太平天国的教义中,上帝是天父,耶稣是天兄。但天兄又称太兄,太平天国文献中有时径作"太兄",以至有人以为是刻印的错误。其实,太兄之称是屡见的。二月十八日诏旨对此作了解释："爷差冢子即太子,天兄成太理昭昭。"洪秀全把人间的帝王观念附丽在神的身上,太兄即太子兄的意思。

---

① 洪仁玕还论证上帝不会失约以劝世人放胆敬信。他说："故凡信之者必不失约于其人也。本军师曾留心细核,无间可乘,故直信不疑,藉有目今之荣光富桂(贵)平安也。至来世永福,吾亦信上帝非为世人之肯失约者,故敢转谕尔官民人等放胆敬信。"见《钦定军次实录》。

新发现的另一道诏旨,即二月十九日诏旨,是洪秀全系统地申说上帝和耶稣并非一体的重要文献。基督教中有所谓上帝、耶稣、圣灵"三位一体"的神学理论,即认为上帝是一种"神质",这种神质在耶稣的本体上存在,而上帝在人心中施行感化鼓舞作用者则为圣灵。所谓"三位一体",即上帝的本体(神质)唯一,而妙用(位)则分三。洪秀全并不理解或者并不同意这种形而上的神学理论。他本着中国传统的尚具体、崇人伦的观念来看待和理解基督教,认为上帝是独一真神,救世主耶稣只能是上帝的儿子,而不可能与上帝一体。他在二月十九日诏旨中系统地、集中地申述了他的观点:

> 爷曾召子出麦西,明有上帝亲生儿。
>
> 空中声云爷爱子,显有上帝可想知。
>
> 前驱证圣神临哥,圣神是父复奚疑?
>
> 圣神引哥到旷野,圣神是爷更明矣!
>
> 哥诏逆圣神无赦,圣神上帝不可欺。
>
> 哥云神父识神子,亦惟神子识神父。
>
> 可知有父方有兄,况哥坐爷之右手!
>
> 若是同一将谁坐?爷乃上主哥救主!
>
> ……
>
> 哥明说上帝独一,哥不敢僭复何讶。
>
> 哥亦明说神独一,圣神上帝即亚爸。
>
> 爷诏无别神别帝,神帝独一造天地。
>
> 现有《创世》篇可凭,爷差太兄来救世。

因坦惑想僭神①,无天无父罪难赦。

洪雨留出靠哥捐,上帝恩中兼有义。

哥前一人顶起爷,挽爷义怒哥身祭。

若是同一祭谁人? 以巳(己)祭巳(己)无此情!

哥明认爷遣入世,以巳(己)遣巳(己)怎分身?

……

哥亦祭神祭上帝,有兄无父踵恶根。

关于"三位一体"中的"圣灵",马礼逊的《圣经》译本中译为"圣神风"。洪秀全曾以"圣神风"称号加之于杨秀清,这是被外国传教士看作亵渎神明的另一件事。洪秀全的二月十九日诏旨表明他理解了圣神风即圣灵,并解释说,圣神风是指圣神之风:"人无东王谁赎病? 瘟脱归灵爷旨彰。灵就是风风劝慰,使风之职是东王。"

诏旨引经据典地对上帝和耶稣并非一体详加论证,是研究洪秀全宗教思想的重要资料。

诏旨的下半部分叙述了洪秀全丁酉年(1837)上天的故事。洪秀全升天幻梦的情节有个敷衍演化的过程。诏旨中的叙述已接近于《太平天日》,对我们研究这个过程很有意义。它说:

将绍(诏)作证胜百家,天酉上天亲见爷。

人无天父从何出,生哥暨朕共老妈。

---

① 此句脱漏一字。

爷亲教朕读神诗，凭诗认爷今无差。

爷又命哥教朕读，天嫂劝哥悠然些。

哥生三子并二女，朕有一子爷带他。

天上有三十三天，爷哥带朕战层层。

驱逐蛇魔阎罗鬼，即是撒但把人缠。

层层逐他层层落，天将天兵护两边。

朕时战倦中安睡，周围神使护后前。

老妈摘赐生命果，食饱大战嘱叮咛。

那时砍妖三分二，严将撒但打落地。

爷欢封朕为天王，纸写七字作号记。

诏旨中的这些话启示我们，洪秀全反对"三位一体"的理论而坚决把上帝同耶稣之间的关系人格化、人伦化，这是同他树立自己为天父次子的神圣地位相适应的。诏旨中有"哥生三子并二女"之句，不知何所指。洪秀全是把他的儿子——幼主过继给耶稣，兼祧天兄和他自己的①。而这道诏旨中却说耶稣有三子二女，如何解释，还有待研究。

二月二十一日诏旨的主要内容，是规定东王以下二十位高级人员的印衔。这是迄今发现的关于这一问题的唯一史料。现将诏旨中所确定的二十人的印衔列于后。

①天父天兄天王太平天国传天父上主皇上帝真神真圣旨圣神
上帝之风雷劝慰师后师左辅正军师顶天扶朝纲东王杨秀清

---

① 《赐英国特使额尔金诏》："朕立幼子继耶稣，双承哥朕坐天都。幼主一半耶稣子，一半朕子迓天麻。"见《太平天国文书汇编》。

（"天父天兄天王太平天国"以下系双行,本文下同）

②天父天兄天王太平天国传救世主天兄基督太子圣旨圣神上
帝之雨电右弼又正军师顶天扶朝纲西王萧朝贵

③天父天兄天王太平天国顶天扶朝纲王长兄洪仁发

④天父天兄天王太平天国顶天扶朝纲巨王洪和元

⑤天父天兄天王太平天国顶天扶朝纲长王洪瑞元

⑥天父天兄天王太平天国顶天扶朝纲王次兄洪仁达

⑦天父天兄天王太平天国顶天扶朝纲次王洪锦元

⑧天父天兄天王太平天国顶天扶朝纲天四驸马黄栋梁

⑨天父天兄天王太平天国顶天扶朝纲天西驸马黄○○

⑩天父天兄天王太平天国顶天扶朝纲西王父蒋万兴

⑪天父天兄天王太平天国前导副军师顶天扶朝纲南王冯云山

⑫天父天兄天王太平天国精忠军师顶天扶朝纲干王洪仁玕

⑬天父天兄天王太平天国公忠军师顶天扶朝纲翼王石达开

⑭天父天兄天王太平天国顶天扶朝纲英王陈玉成

⑮天父天兄天王太平天国顶天扶朝纲忠王李秀成

⑯天父天兄天王太平天国顶天扶朝纲赞王蒙得恩

⑰天父天兄天王太平天国顶天扶朝纲侍王李世贤

⑱天父天兄天王太平天国顶天扶朝纲辅王杨辅清

⑲天父天兄天王太平天国顶天扶朝纲章王林绍璋

⑳天父天兄天王太平天国顶天扶朝纲豫王胡以晄

这道诏旨开头有一段话,说明洪秀全以前所定诸王印衔的情
况和此次改定的理由,说:

> 前诏自东至豫印,俱刻某军属某王。
>
> 朕今深襃甥胞功,顶天扶朝慰父皇。
>
> 但统某军似卑小,今诏交权管万邦。
>
> 自今东西至豫印,通刻顶天扶朝纲。
>
> 某军等字俱除去,换刻五字世袭长。

　　这说明,洪秀全在此以前曾有诏规定自东王至豫王官印中都刻上某军字样。从现在得见的太平天国辛酉十一年颁行历书(印行于太平天国庚申十年十月)看,列衔的自杨秀清以下十一人,统称"太平天国天朝九门御林"某军某王,除殿中、殿前、殿后、殿右、殿左的老五军外,有忠勇羽林军英王、忠义宿卫军忠王等。这是否就是洪秀全前诏所定的"某军属某王"的制度?似乎如此。现在洪秀全要他们在印衔中除去某军字样,写上"顶天扶朝纲"五字,据说是为了扩大他们的权力,使之能"管万邦",实际上则是想以此来密切与这些将领同他的关系,要他们扶保父子公孙的江山。当然只凭这五个字不会有什么效果。在洪秀全这份改印诏以前,太平天国庚申十年干王洪仁玕福字碑所盖印的文字为"太平天国开朝精忠军师殿右军干王洪仁玕"[1],而在改印诏以后,太平天国辛酉十一年八月初一日洪仁玕复英国翻译官富礼赐书所盖印的文字已改为"太平天国开朝精忠军师顶天扶朝纲干王洪仁玕"[2],与改印诏规定的印衔一致。陈玉成、李秀成情况似乎不同。陈玉成在太平天国壬戌十二年(1862)正月给陈德才、张洛行、马融和等三封文书,

---

[1] 简又文:《太平天国福字碑记》,见《太平天国杂记》。

[2] 萧一山编:《太平天国书翰》。

印衔均为"太平天国九门御林忠勇羽林军英王陈玉成"①,李秀成在太平天国辛酉十一年五月十五日给赖文光的信直到太平天国壬戌十二年二月六日给刘肇均的信等多份文书,印衔都为"太平天国九门御林忠义宿卫军忠王李秀成"②,都与二月二十一日诏旨以前相同,但到太平天国癸开十三年(1863)十月二十六日给呤唎的委任书上的印文,已经有了"顶天扶朝纲"五字。③

这张名单和印衔,还有很多地方值得注意。例如,关于杨秀清,与颁行太平天国辛酉十一年新历时之衔名比较,去掉了"禾乃师赎病主"的头衔。"禾乃师赎病主"从太平军初起时就是杨秀清的称号,此时何以删去,似乎值得研究。颁太平天国辛酉十一年新历时杨秀清、萧朝贵的"圣神风雷""圣神雨电"的称号,这时改为"圣神上帝之风雷""圣神上帝之雨电"。杨秀清称为"圣神风",引起了很多误解,洪秀全曾多次解释,"圣神风"不是"圣神",不是上帝之一位,是"圣神之风",这里明确地改称"圣神上帝之风雷""圣神上帝之雨电",使杨秀清的地位无可误解。在这个名单中,兄弟子侄驸马之类地位很高,都排在实际做事的干王、英王等之前。但当时封王还不很滥,名单中只有十五个王,长次兄未封王,似乎也不理事。④ 1861年春,一些外国传教士、军官曾到天京,他们的报告中有关于太平天国当时封王的情况,成为研究太平天国政制演

---

① 故宫博物院编:《太平天国文书》。

② 《太平天国书翰》《太平天国文书》。

③ 参见 A. F. Lindley, *Ti-Ping Tien-Kwoh*: *the History of Ti-Ping Revolution* 卷首影印李秀成给呤唎的委任书。

④ 太平天国庚申十年十一月初十日幼主诏:"特诏加封长伯次伯同驸马,爵同西王。……长次伯西王父恩免理事,以昭优宠。"见《太平天国史料》。

变的资料。他们的说法，有的不甚具体，有的间有错误或互不一致。郭廷以对此曾有考证。今得此二月二十一日诏旨，问题可以得到明确的解决。

二月二十一日诏旨最后说：

> 交权甥胞管万邦，见军听令听朕样。
> 灭妖凯回襄朝政，子孙世袭报父皇。
> 替朕调拨交玉胞，业颁诏旗印八方。
> 疆土广开胞回福，另命节钺征边疆。
> 执六合印率征剿，各军听令扶山江。
> 掌率六部统众将，同听甥胞实力襄。
> 天将居胞下官尚，协同掌部辅朝纲。
> 随队事毕归原任，万权合一听东王。
> 官印十字仿甥胞，中西一体福天堂。

其中可资考证的历史和官制者不少。所谓"交权甥胞管万邦"，应是指洪秀全在二月初下诏称天父要他不再亲理庶政一事。太平天国辛酉十一年春，陈玉成、李秀成等正沿长江两岸分攻上游，"灭妖凯回襄朝政""疆土广开胞回福"，就是指这次大规模行动。从上下文来看，"另命节钺征边疆"，"征"似应作"镇"。"替朕调拨交玉胞，业颁诏旗印八方"之句，似乎说明陈玉成曾有全军总司令的职任，更值得注意。其具体情况如何，现在还难考证，但证以洪仁玕在太平天国己未九年（1859）封王时，洪秀全就曾对众饬谕:"京内不决之事问于干王,京外不决之事问于英王。"①此事或有可能。但当时大军系分路行动,而且分散主义已很严重,即或有此名义,事实上也难统一了。

天京事变以后,在太平天国后期,洪秀全为了维系人心、巩固内部和他自己的地位,大大加强了对天父天兄的宣传,并在天父天兄的名义下实行了一些"改革",如改政、改国号等。这是一个悲剧,当然没有多少积极效果。② 这三道新发现的天王诏旨,不但使我们了解了过去不了解或不充分了解的某些具体事实,还有助于认识和研究洪秀全的这一悲剧。

二

在柯文南先生寄赠的这批资料中,冯云山胞弟冯戊科即冯亚戊被清朝官吏拘捕后的供词,是关于冯云山的家庭情况和冯云山起义前活动情况的史料。对于冯云山,我们所知较少,供词所提供的情况是值得重视的;当然,它的真实性需要分析考证。

冯亚戊的供词未著年月。据到花县去进行密查的人写的一份《密查冯云山踪迹并拘讯其弟冯亚戊呈》③和丁守存《从军日记》,

---

① 洪仁玕供词别录,萧一山《清代通史》第3册据台北"故宫博物院"藏件引录。
② 参见本书《关于天父天兄天王太平天国》。
③ 这些资料的标题是作者暂加的。属于清朝方面的资料或由清方记录的资料如供词等,每有对革命者的污蔑之词。引用时均仍其旧,以见统治者的反动面目。

可知冯亚戊被拘、作供是在咸丰元年（1851）。① 供词说，冯家住县属禾乐地庄，父已故，母胡氏。冯云山又名冯乙龙，年三十余岁，妻练氏，有子三人：长癸方，年十二岁，已出继；次癸茂，年九岁；幼癸华，七岁。这是关于冯云山家庭的最明确的史料。赛尚阿幕僚丁守存记广东的咨文，说花县牟令挖掘了洪秀全、冯云山的祖坟，拘执了"洪秀全之父洪国游""冯云山之子冯应戊、冯应癸"②。"洪秀全之父洪国游"句全错③，现在见到这份供词，说明"冯云山之子"云云，也有错误④。丁守存大概不是根据咨文当日摘录记载的。

供词谈到冯云山自道光二十四年（1844）后的情况说：

> 哥子冯乙龙先于道光二十四、五、六年在本省往来，抄写蓝本。二十七年二月回家闲住，到五月间前往广西地方。二十九年十月内带有尖笋二三斤玉桂四五斤回家，说伊在紫金山曾姓家教读，每年束脩钱十余千。是年十一月，哥子复往西省。

① 呈文说："卑职到花县后，业将先见张令、次见牟令彼此熟商访查情形禀请两首县代禀。"又说："理合缮具节略，并将牟令现今拘到冯云山之弟冯戊科讯问口供抄录。"据1924年重修《花县志》卷七《官师志》，张崇恪，道光十九年、二十一年、三十年任花县知县，因"卓异"，候升直隶州知州；牟洪龄，咸丰元年任；王景瀛，咸丰二年任。呈文中提到牟令、张令并由牟令拘捕冯戊科，可知事在咸丰元年。又丁守存《从军日记》于咸丰元年十月十三日记广东咨复已拘执冯云山家属事，但未提及供词。

② 丁守存：《从军日记》，见《太平天国史料丛编简辑》，第2册，第297页。

③ 洪秀全之祖父名国游，父名镜扬。据《太平天国起义记》，镜扬于1848年去世，寿七十三岁。国游寿八十岁，应早已去世。

④ 冯应戊大概就是冯亚戊。冯应癸大概就是"冯亚癸"之意，癸方、癸茂、癸华都可以称"亚癸"。

这与太平天国其他史料所载多有不符,很可能是冯亚戊为了掩饰冯云山的革命活动而有所编造。但编造的事或者也有依托,说冯云山常去广州,抄写蓝本,也许确实有过。

供词叙说了冯云山在金田起义后搬取家属的事:"至本年正月初七日,有八沥坼村袁亚二自西省回来,到家称说:尔哥子向在广西临桂县大墟地方开张酒米店生理,寄有口信说,该西省地方贼乱平靖,田地无人耕种,招示徕民承耕,叫小的与伯叔子侄前往垦耕。"冯亚戊遂于二月初六日起行。供词说,袁亚二在途中告知冯亚戊:"现在广西紫金山尉元解在金田地方为大哥,聚有千余人,常往抢劫,小的哥子冯乙龙也同往抢劫的。"冯亚戊听闻后害怕,因而折回。这当是冯亚戊被捕后的饰词。据《太平天国起义记》,洪秀全在起义前道光三十年(1850)五月,曾派人到花县接其眷属和家族,此次未记冯云山家属同来。金田起义后太平军占领江口墟期间,即道光三十年十二月中至咸丰元年(1851)二月初期间,洪秀全又派人去广东,接洪、冯二姓的其他亲族,但他们到达浔州时,太平军已弃营他往,便只好折回。① 供词所说与此暗合。关于冯云山家属后来的情况,清政府《为冯亚养潜归原籍等事密谕叶名琛、柏贵》说,咸丰三年(1853)春"冯云山之子冯亚养在外逃回",但冯云山儿子的名字与冯亚戊供词所说不同;又据《处置冯云山家属呈文》,直至咸丰五年(1855),尚被清朝广东方面官署拘押的有冯亚养、冯癸茂、冯胡氏、冯练氏。这些都是可供进一步研究的有益史料。

---

① 参见《太平天国起义记》第十、十一节。

　　李进富的供词对研究金田起义的初期情况有一定价值。李进富，桂平县鹏隘山人，原籍广东嘉应州。道光三十年（1850）八月与其兄及同山居住的杨姓等十七八人一起参加拜上帝会。供词记入会的仪式是："头子当天用水一盆，拜毕，将水挠（浇）心胸膛，蓄长头发。每日食饭，口念感谢上帝有衣有食二句。""说拜了尚弟，可消灾难，登天堂。"去毁打偶像时，"口念咒语，恳祈天父上帝念将妖魔诛灭大发天威三句"。起义时，"大约男妇二万多人，起首能打仗的约有三千人"，"博白有三百多人，吴、杨、李姓最多"，"花洲有三百多人，王、卢、曾姓最多"。"博白花洲来的伙党，每人带磺二三斤来造火药，并每人布袋一个，以装衣服。""打仗之时，后有解粮送食头子，每馆分派五六人，以免肚饿力乏。""至东乡，米谷眼下并不缺少，惟缺少盐食。在东乡死有百余人。"李进富没盐食十几日，"精神甚觉疲乏"。这些都是有关金田起义时期历史的重要参考史料。供词还说："大头子系冯云山，二头系洪秀全，三头杨秀清，四头子萧朝贵，五头子韦正，六头子胡以洗（晃）。"关于头领，前述冯亚戊供词中有尉元解在金田地方为大哥的话，尉元解应即是韦元玠，即韦昌辉之父。大抵起义初期，领导人位次不像后来那样分明地为下属所确知，以上两说都是可供参考研究的。供词也涉及太平军领导人的多妻制，说这些头子"俱着黄衣，每人妻妾三十六口，出门打黄伞执事，夜间设有更役巡查"。太平天国领导人的多妻制是历史事实。《天父诗》记载太平军初起在江口墟时，天父、天兄几次下凡，要"众小媳"或"众小婶"顺从尊敬洪秀全；据外国人报道，当时洪秀全有十五位娘娘。李进富供词说每人有妻妾三十六口，可能有些夸大。但初起时就有多妻制和其他封建礼制，这却是很可注意的。

还可以附带注意的是,过去有些著作称杨秀清为紫荆山内东王冲人,或说是紫荆山内平隘山新村人,新村后名东王冲,东王冲乃纪念杨秀清之地名。今据李进富供词,"朋隘(平隘)内东旺冲旧日有避贼山寨一所",可知"东王冲"应作"东旺冲",这个地名是早就有的,与"东王"了无干系。

李进富供词还提到初期太平天国领导集团的一个重要战略动向,这是其他史籍所未见的。它说,太平军在武宣、象州"都打不过去,打算要从后路双髻、黄坡两界头窜回,便抢船只,一路抢掠到广东花县去安身。因大头子、二头子都系花县人,暗中也有人在广东传教。他们原说东省做东京,此处为西京,到去兴旺,大家享福不用说的,万一打败,也好投到唤咭唎国去"。但"广东花县,我们会内愿去者少,不愿去者多"。因此并未实现。

太平军初起时并没有一个固定不变的进取路线,对此,我曾作过论证。[①] 但供词中洪、冯等打算进取广州为东京之说,目前似尚无其他资料可资参证。"投唤咭唎国",应为取得英国援助之意,这种想法是洪、冯所可能产生的,当然这是错误的幻想。

1852年夏在湘南和湘粤边境一带被俘的太平军黄非隆等二十九人的供词,对太平天国占领道州以后的活动、动向和同当地天地会起义群众互相配合的情况等,都提供了具体而重要的史料。如太平军从道州占领江华是在当地起义者配合下实现的,黄非隆供词说:

---

① 参见本书《太平军内部对建都问题的论争及其影响》。

（六月）初七日，伪太平王叫罗亚旺带道州土匪一千余人，又叫百总朱红，广东人，带旧贼四百人，同到江华县攻城。初八日早到江华县。罗亚旺、朱红喝令伙贼把县官、捕厅及家属都杀了。……从听得道州有信来，叫罗亚旺于十二日带一千人去攻永明县城，又派三百人到白马营劫当铺，并叫朱红带伙贼在江华守城。

巫法贵的供词说明了天地会起义群众方面的情况：

本年五月十三日，在马头铺讨食，遇着土匪叫小的入伙，那大哥周法贵共约有土匪四百多人，在路上打抢过往人的银物。大哥随把小的发辫割去一截为记号。实因本年四月二十三日在赖头山商量起会，有三百多人，随后出来又纠得百余人，共四百余土匪。系周法贵起意劫江华县城，听广西大帮匪下来同劫。后来大哥周法贵写的文书，投约道州匪徒来在石岩地方会齐，离江华二里地，打扮开胸，青帕包头为号，不动声色，六月初八日早齐进江华。

这些供词还报道了太平军同附义的天地会群众攻入江华后的活动，特别是他们处理所获财物的情况，这是极少见于其他记载的。上述那位巫法贵说：

进江华衙内，杀伤县官。……小的在江华县搜得长衫一件,裤一条,铜钱四百文。大头子周法贵们共劫得花银二千两余,系衙内搜出的。头子周法贵得银一千两。二哥何运昌得银八百,系广东星子人,移住广西。那廖裕才得银八百,江西人。当日在城门外,周法贵大哥分小的花银二十元。

又有一位叫邓亚隆的,广东连州星子人,出外佣工而在湖南道州参加太平军。他说:

> 小的在道州随同打仗,杀过穿号衣老将一人,百姓三人。黄亚四分小的银三十两,银手镯一对。六月初,头目黄亚四去劫江华县。分为三队。第一队头人朱亚三,年约二十余岁,客家声音,管带千余人。二队头人陈亚章,亦客家声音,带管一千余人。三队头人黄亚四,年二十七八岁,嘉应州人,带管二百余人。小的系黄亚四管下的。……黄亚四打扮老将,先进(江华县)城入衙内,适值县官坐堂审案,黄亚四下手砍死县官,并家眷都杀了。尚有年轻女人,系黄亚四带去。……共劫得江华县署连铺行共银二万余。小的分银五十两。随后俱退回道州。

我们知道,太平军内部对于所获财物的处理,曾是一个矛盾。从太平天国的文献来看,起义之初萧朝贵就以天兄名义告诫将士"有银钱须要认得破,不可分尔我";刚进入永安城,洪秀全下令:"凡一切杀妖取城,所得金宝绸帛宝物等项,不得私藏,尽缴归天朝圣库,逆者议罪。"在长沙城外时,洪秀全又下令:"通军大小兵将,自今不得再私藏私带金宝,尽缴归天朝圣库,倘再私藏私带,一经察出,斩首示众。"①命令越来越严,反映出这一矛盾的存在和严重。以上供词可以帮助我们具体地理解这些问题。

这些供词中值得注意的还有太平军在湘南时的进取动向。蒋光明等的供词说:"(六月)十八日,贼首洪秀全要着人往(广东)连州一带探听路径,并有无官兵防守。"令蒋光明等扮成客商,"赶紧打听回去报知"。

郑光今等供词说,六月十六日,刘军师(帅?)令郑光今扮做买卖商贩,往连州一带打听路径,"多少官兵防堵,是否可以去得"。

刘新发供词说,六月二十一日,邓旗头(罗亚旺手下)因他是连州星子人,熟悉路径,派他和卢亚遗自道州出发打听"蓝山、临武、连州各处有无官兵防堵"。

巫法贵供词说,六月十七日,头子周法贵命他与曾荣受等五人"到广东禾洞连山直抵三江连州星子"探听官兵消息。

邓亚隆供词说,六月十七日,头子黄亚四命他与谢五姊"到连山禾洞三江连州一路打听官兵多少,欲由东陂观下攻连州"。

所有这些都说明,太平军在湘南曾有入粤之意。《盾鼻随闻录》对太平天国极多污蔑之词,但其记太平军在由桂入湘前后,洪秀全有欲到广东或回广西之意,似不可谓全无价值。这批供词的发现为我们研究这段历史提供了新的资料。

这些供词还谈到太平天国领导层的一些情况。黄非隆说:"那贼人有七个大王,是太平王、东王、西王、南王、北王、天王、地王,小

---

① 《天命诏旨书》,见《太平天国》,第 1 册,第 60、65、69 页。

的投在西王罗亚旺旗内。"蔡学伴供称,"派在伪西王罗亚旺旗内"。邓亚隆供称:"伪军师冯云山年二十七八岁,左边颈上有一疤痕,广府人。"还有供词谈到天德王问题。巫法贵说:"旗号系写天德王字样。"邓亚隆说,他于五月二十八日到道州入伙,"见天德王,姓朱,年约十七八岁,身材高大";又说:"那伪称天德王系穿黄龙袍,大袖的,带黑纱长翅帽。"这些记录涉及的事情固然重要,但考虑到这些作供者参加太平军都不到一个月就被俘,不大可能真正了解上层情况,所谈自不能轻信。所谓七个大王之说固然不准确,因为冯云山其时已经牺牲,邓亚隆当然也不可能见到。天德王云云,恐也需作如是观。

这批供词还说明了太平军的某些政策,如据蒋光明、郑光今供,太平军到道州田骨洞村、郑家村,都是"向富户讹索谷米银钱,并叫各村的人仍做生意"。蒋光明还说,他们被派出探听清兵消息,"恐怕路上盘问,又发出银一百零五两并买货草单一纸,上有太平天国圣库图记,装扮客人前来"。这是关于太平天国圣库活动的史料。

二十九名述供者都谈了自己的简况。除其中四人自称系被胁入伙,其他都是自行投入太平军的。他们的职业成分,多称"耕种为生",兼做小商贩,有些说得较具体:佣工、乞讨、割草度日等。这也是这批供词的重要价值之一。现将述供者的简况列表如下,以供研究利用。

姓名	年龄	籍贯	家庭情况	职业	参加太平军原因和情况
黄非隆	39	江华城外	有父母兄弟	开香铺	"有贼人来胁逼入伙"
蔡学伴	25	零陵县	有父母兄弟	佣工	"贼人胁逼入伙"
蒋光明	20	道州	有母有兄	*	兄蒋福恩先投入，蒋光明也就"投充入伙"
高义胜	54	永明县	无父母兄弟妻子	耕种度活	与蒋光明一起"投入贼伙"
蒋天益	30	道州	有父母无兄弟妻子		同上
胡苟	32	同上	有母无父兄弟妻子		同上
李松茂	27	同上	有祖母弟妻		同上
何正东	40	永明县	有母无父兄弟妻子		同上
陈人仔	28	道州	有父母弟妻		同上
陈元寿	36	同上	有母兄弟妻子		同上
曾永胜	26	同上	有母弟妻		同上
义忠甫	24	同上	有父母兄弟妻		同上
陈天仕	36	道州	有父弟妻		同上
陈永泰	45	永明县	有母兄妻子		同上

姓名	年龄	籍贯	家庭情况	职业	参加太平军原因和情况
陈方桂	28	同上	有母妻子		同上
郑光今	42	道州	有母兄弟妻子	耕种并做买卖	"贼人胁逼入伙"
郑元柏	42	同上	有妻子	＊＊	"投入贼人伙内"
郑元支	52	同上	有父弟妻子		同上
郑元财	52	同上	有父兄弟,妻故		同儿子郑光族一起"投入贼人伙内"
郑光族	20	同上	有父叔		同生父郑元财一起"投入贼人伙内"
郑光相	22	同上	有父母弟妻		同族人郑元如等一起"投入贼人伙内"
郑元如	36	同上	有父母妻子		同郑光相等一起"投入贼人伙内"
郑光祐	28	同上	有母兄妻女		同上
唐文富	38	永州	有兄	帮郑光族佣工	同上
郑元和	25	道州	有父母妻子	耕种并做买卖	称并未"入伙",系代已入伙的二兄郑元吉外出探听清军消息
刘新发	28	连州	有兄弟,无妻子	割茅草度日	"胁逼入伙"

续表

姓名	年龄	籍贯	家庭情况	职业	参加太平军原因和情况
巫法贵	50	福建	有母兄弟	佣工耕山、乞食	先参加"土匪"在赖头山起会,投入太平军
邓亚隆	28	连州	有弟	佣工	"黄亚四纠小的入伙"
谢五姊	35	嘉应州	有母兄弟		同上

＊以下十一人至陈方桂止,供词未写明职业,但称"余与蒋光明供同"。

＊＊以下七人至郑光祐止,供词未写明职业,但称"余与郑光今供同"。

其他还有曾水源等为萧朝贵进攻长沙受重伤给杨秀清等的禀报。《历史研究》1977年第4期曾据伦敦大学亚非学院学报的著录转载此件,此次复印件可以校正原著录中的错字。从复印件可以看出,这份"禀报"首行原有"湘潭县拿获奸细身上搜出书信"字样,可知是清军的抄件。《莱天福兼浙省文将帅何致英国兵总照会》一份,系太平天国辛酉十一年(1861)末进军上海之役中的文书。郭廷以《太平天国史事日志》1862年1月12日条:"太平军将领何某(Ho)自嘉定致书上海英军统领,即进取上海,劝勿干与,仍可照常买卖。"所云即指此照会,"何某(Ho)",即莱天福何,太平军克复苏州时投诚的何信义。① 这照会说:"现在忠王瑞驾统兵五路攻取尚海。……查沿海一带皆外国通商之地,发兵征剿谅必有伤和气。再四思维,先行谕知:所有妖地,毋容滥理。至于各国贸易之行,断无加害。……倘不听妖言,洗心归顺,不但通商而贸易茶丝益广,两全其美。"对外国的态度,可谓仁至义尽。《讨逆主将范照复英、美、法驻宁波领事等》是范汝增在攻取宁波前夕发出的文书。英、美、法领事及军官千方百计劝他不要进军宁波,范汝增勉强同意推迟一星期进军。这复照说,"至于面云日期,务勿失(食)言,总期以信为本",便是指此。这复照过去有英译文的回译②,现在可见到中文的原貌。

三

新发现的关于广东、福建天地会起义的文书资料中,一份以太平天国名义复"佛岭市统兵大元帅李、甘"的牒文,是很少见的文献。这是牒文的原件,发文者为"太平天国春官正丞相功勋加一等钧命权理大埔坪军民郡兼理粮饷正副师帅黄、刘",发文日期署"太平天国甲寅年又七月廿日",盖有正书"广东大埔坪军民郡正师帅之关防"长方印。牒文首末并有长方形印记,周边作锯齿形,中书

---

① 据幼主诏旨,何信义官衔为"天朝九门御林策天福"(见《太平天国史料》)。又据《近代史资料》1955 年第 3 期所刊《何培英禀帖》的编者说明,何信义官印的印衔为"荣天福兼浙江省文将帅"。沈梓《避寇日记》则作"莱天福何"、"莱天燕何",与此件照会相同。

② 复照的英译文见 *British Parliamentary Papers*:*China*,Vols. 32,p. 195。《太平天国革命亲历记》下册第 319 页据英文回译。

"太平天国"四字。牒文说：

> 本月十五日，接准贵营移知，收到红粉十二坛。拜颂华牒，即稔贵营统兵大元帅李、甘有德素著，正堪本受。……第蒙另柬，着敝营再备红粉一节，惟查营中除陆续发给各路攻取外，尚存二三百斤，仅敷本营守城之用。目下沽料督造，俟有成数之日，意欲亲赴贵营领教，随带呈献，共图大业。

"红粉"即火药。统兵大元帅李、甘，应是指李文茂、甘先。这份文书说明了"大埔坪军民郡"师帅与李文茂、甘先所部起义军的合作关系。但从文书格式、称谓、职衔和当时的实际情况看，这个正副师帅不会直接来自太平天国，大概是当地起义军遥奉太平天国领导或已由太平天国加委的。

自1854年6月起，广东天地会大起义，广州受到各路起义军的包围。起义者称为"洪兵"，但他们号令不一，互无统属，致少成效。《军机文房司事萧秋湄上大元帅策》建议定名分、行军法、立乡正、征粮饷诸项，是研究当时洪兵起义情况的一种很珍贵的史料。该策说：

> 豪杰并起之秋，人心各有所属。树党纷争，当今之时，势所不免。我佛岭诸将，披荆斩棘，自应为各路豪杰主。惟恩泽未施，仁声未普，又何能总摄群英？且自大自尊，青史留传，贻讥后世。有志创垂者不可不慎。

策文作者建议以太平天国为法：

> 南京豪杰，所以先设天德王虚位为主。盖王位既立，而后各乡税亩钱粮，始无割据之患，军粮可以永赖，苛刻可以悉除。

说太平天国"设天德王虚位为主"，是当时的传闻。他的具体建议是，虚设王位，在王位之下立五祖牌位。"盖五祖固为洪兵素所尊仰，而明王又为五祖之所当尊。"但实际征调兵马粮饷，仍由元帅用事。这样可以"名实两全而后名分可定"。在地方上，主张依靠社学，在各社学中选择几位公正廉明绅老充作乡正，使其处理民事，筹办粮饷，"如是而内乱无虞，而进攻之策可讲矣。"

洪兵起义事权不一、粮饷支绌的情况，在一份《张光、邝槐禀复甘大元帅》的文书中也有反映。张光、邝槐系奉甘大元帅差遣到华平小榄催粮，给有大印，印文曰："奉大营命，督催粮务，管理打单，不得乱发。"该禀复中说："因庙头有营盘屯扎，各乡单口俱要往伊处问明方肯交出。目今所收单银，仅可作日中支费，是以未能有饷解回。""但刻下已蒙庙头营主通传各乡，咸知弟等是确奉大营之命。观此情景，日间尽可收单。如若收得多少，定必着人陆续解到。"但该禀复最后附笔说："倘收华平之单或有留难处，回来请兵亦不定也。"可见情况之艰难。

洪兵起义围攻广州省城数月不下，至甲寅年（1854）十月与清军在佛山激战。"安东将军统领水陆各路兵马管理粮饷招讨都元帅陈、镇东将军统领水陆各路兵马管理粮饷招讨副都元帅梁"于"太平甲寅年十月初十日"一份告示中（原件复印）宣布政策说：

兹者各营申命大帅会集战船,严饬陆路分途并进,直指省城。所有水陆村场,耕市不惊,秋毫无扰。……城内官员倘能开门待命,随才拔擢,一体恩宽。若绝意功名,亦不相强,愿留者赐宅城外,愿去者送出岭南。即如炮台兵丁及旗满人等,各事其主,倘能投戈迎附,有志者录用,无志者归农。其余居民,情关桑梓,一经听命,恩遇有加。凡尔官吏绅民,静验天时,默观事势,寥寥白匪,难敌洪门,早审从违,足称明哲,即置身事外,尚可图存,如或负嵎称兵抗拒,定行洗荡,无俾孑遗。

但这一战役洪兵失利。此后他们的起义渐趋低落。

关于福建的,主要是小刀会起义的一些告示。太平天国建都天京后不久,即 1853 年 5 月,福建小刀会黄位等即在海澄、漳州等地起义,占领了通商口岸厦门,历时半年,取得很大成功。他们的一些告示文件,英国当时驻厦门领事曾予翻译,向港英当局报告。现在发现的这些告示原文,实为珍贵的文献史料。小刀会会众占领厦门后,纪律很严明。据英国领事馆报道,"这支叛军的行为始终非常规矩,而且极遵守纪律,对私人的房屋和财产秋毫无犯"。这次发现的一份"汉大明统兵大元帅洪"的安民告示,发布于天德癸丑年(1853)四月十日,即小刀会起义者占领厦门的前一天,它谴责清朝反动统治:"清朝至今二百余年,贪官污吏,酷害生民,是真气运将绝之候。"申明自己的宗旨和纪律:"今本帅奉仁义之师,救民伐暴。军旅到日,不许抢劫商民,奸淫妇女。……尔商民俱各安守本业,毋容惊恐。"可见他们是做到了的。告示抄件的年月日间画有正方形印记,其中文字为"大汉天德义兴公司信记",并有手写英文"义兴之印"等字样(可能是抄录告示的人在摹写印文时所加的英文说明)。郭廷以《太平天国史事日志》称此告示下署"天德五十年癸丑四月初十日",想是根据错误的英译文而致误。

清朝军队不甘心失败,据英国领事馆在小刀会占领厦门后不几天所得到的消息,清朝官员正用各种方法在起义军中制造不满和混乱,并谣传他们正在调集军队准备反攻。一份发布于癸丑年四月二十日的"汉大明统兵大元帅黄"的赏格告示说,访得清朝文武官员"现时到厦招军买马",要求军民缉拿,赏格是"大人至游击赏银五百元","守备至把总赏银叁百元","外委并额外赏银一百元"。一份发布于癸丑年四月二十五日的"汉大明统兵征厦大元帅黄"所发布的《约禁五条》规定:不许街衢隘门日夜关闭,以阻行路,以塞战道;不许行商铺户日夜放枪,以惊街众,以误军号;不许人民日间在山头结党积堆,大声疾呼,以乱军心,以虚市心;不许街众乱言清兵到厦交战,以摇民心,以启谍心;不许街众在衙内卖茶果饭食,以生觊觎,以便侦伺。凡此都证明了当时的紧张形势。五月十二日的对同安开放米禁告示称,同安人民云集蚁附,为此恩准粮米出口,不许遏籴禁港。五月十三日的严禁赌博告示,主要查禁起义军士赌博,以免贻误时机或自相戕贼。

《厦门士商反对拐卖华工告白》是一份不同性质的史料。19世纪中叶,外国侵略者勾结国内头人拐骗华工出国,数量很大,华工被称为"猪仔",境遇极为悲惨。厦门是当时拐骗华工的地点之一。这份告白是厦门人民的血泪控诉:

> 慨自夷人通商厦岛以来,买人贩卖,罗虐无辜,勾引内地
> 奸匪,拐骗良民……始则以微利媒引孤独穷民,继则以饵术拐
> 带人家子弟。甚至奸计百出,操术弥工。或借以佣工取利,驱
> 之陷阱。或导以析单便宜,坠诸术中。或诱以散步玩游,罩陷
> 良善。

告白揭露了被拐卖者的悲惨处境:

> 人被拐到夷行甲板,公然指卖。一入其中,鸠舌难通,酷甚
> 囹圄,呼天泣地,任诉莫何。迫至载至番邦,日夜疲劳,不遑假
> 寐,进退无门,毙而后已。而且音信不通,生死未卜,致父母家
> 人肝肠碎裂!

告白写于咸丰二年(1852)十月。"署泉州厦防分府王"在十月
十六日的告示中声称"厦地民番和睦",上述士商告白是奸匪借端
滋事。但这位官员在十月十四日的另一份告示中承认有"客头林
还"拐骗略卖之事,曾引起民愤罢市。

四

柯文南先生寄赠的这批史料,将由近代史研究所资料编辑室
连同其他太平天国资料一起编成专集出版。这必将对我国太平天
国研究的工作起到有益作用。

回顾我国太平天国研究的发展史,可看出,是否具有正确的历

史观点和方法,是这种研究能否取得科学成就的关键因素。但同时,发现和掌握史料的情况也起着重要作用。太平天国本身的文献资料,在革命失败时被清统治者毁灭殆尽。直到 20 世纪 20 年代后,除故宫博物院文献馆的少量发现外,才由一些学者陆续从海外传回太平天国的部分文献史料。在太平天国时期,有不少外国传教士、外交官、军官,包括侵略者和同情者,到过太平天国地区,带走很多太平天国的印书、文书。刘复、程演生、萧一山、王重民、向达等人从海外博物馆、图书馆中把这些长期沉睡的珍贵史料传回一部分,使当时太平天国的研究耳目为之一新,这是有积极作用的。

但这些学者的工作是在旧中国的时代进行的,受到很多条件的限制,所传回的仅仅是太平天国史料的一部分。我们确知还有不少重要史料迄未传回。柯文南先生为我们丰富了太平天国的史料库,但他寄赠的这些史料仅仅是他查阅英国伦敦公共档案局一部分中文档案时的发现,未查阅的还很多。他最近还报道说,他所执教的伦敦大学亚非学院图书馆保管的基督教卫理会档案中,就有两本太平天国的官书,即《天情道理书》和《钦定军次实录》,其中《天情道理书》末叶有朱戳"戊午遵改"四字,与四十多年前从不列颠博物院图书馆传回中国的"己未遵改"本不同。这些事例也说明,海外蕴存着丰富的太平天国史料。在新中国成立三十多年以后,在我国奔向社会主义现代化的伟大时期里,我们对太平天国的研究和史料的发掘需要有相应的新成就。我们应该努力。

1980 年 7 月

对太平天国革命的一点认识

　　1956 年，我写过一篇书评，发表于《光明日报》史学 97 号，但其中主要谈到我自己对太平天国革命的一些认识。现在略去所评读物的书名，改变题目，收入本书，以作为我自己对太平天国认识过程中的一个资料。

　　太平天国革命是我国历史上规模最大的一次农民革命。这次革命的基本过程怎样？它的意义怎样？它的成功和失败的原因是什么？这些都是作为一本论述太平天国历史的读物应该告诉读者的。最近见到的一本这方面的书，从它的体例来看，大体上是想满足读者的这些要求的，但在具体论述上还存在一些可以商讨的地方。

　　首先是太平天国革命的性质和意义问题。太平天国的反封建反侵略性质和它在我国历史上的伟大意义，这是大家都承认的。但太平天国革命究竟是单纯的农民革命，它的政策和措施不可能不反映旧式农民这一个阶级所具有的局限性和矛盾性。我们在分析太平天国的政策时，必须对它们作出历史主义的估计，从它的全

676

部内容中把握住它的基本性质;可惜,作者在这方面的分析是有缺点的。作者在全书特别是在《太平天国的主张和政策》这一章中,夸大了太平天国政策的进步性,在估计它的意义的时候,似乎有些简单化。譬如作者说"太平天国最进步的主张和政策是男女平等思想,具体表现在伟大的妇女解放运动上"。作者列举了太平天国男女平等的一些事例,认为"这样彻底的妇女解放运动",在当时的世界历史上也是没有过的。这里我们先不去说男女平等是不是太平天国政策中最进步的一项,单就男女平等政策的本身来说,我以为作者的论述也有片面的地方。太平天国关于妇女地位的政策,的确有它的伟大之处,但由于农民阶级的局限性,太平天国在这个问题上的主张是不能被认为彻底的。例如在太平天国的官书《幼学诗》里,就说妇女生活的准则应该是:"妻道在三从,无违尔夫主。牝鸡若司晨,自求家道苦。""女道总宜贞,男人近不应。幽闲端位内,从此兆祥祯。"这同太平天国其他一些"男女平等"的主张是何等的不调和!但这正是单纯农民革命的局限性的表现,农民本身不可能制定彻底而科学的政策。同样,在太平天国的其他政策方面,我们也应该作全面估计。譬如太平天国在政治制度和政治思想方面,的确有许多富于进步色彩的主张,但也存在着繁文缛礼和等级制度的阴暗面,乡官制度也并不像作者所说的那样尽善尽美,实际上并不能按民意公举或撤换。所有这些,我们都应该给以恰如其分的说明和估计,不必故作粉饰,使人看起来好像一个单纯的农民革命所能做的同无产阶级革命没有多大区别。实事求是地评价太平天国的政策,这不会使太平天国的伟大意义减色。

由于没有具体而全面地分析太平天国的政策和措施的矛盾性,因而也影响到作者对太平天国失败原因的理解。作者在说明太平天国失败的内部原因时，基本上沿用了有些同志的说法，认为宗派思想、战略错误、单纯军事行动和安乐思想等四条是太平天国失败的主要原因。这样的分析固然可以一般地揭示单纯农民革命的本质弱点，但仍有一定的表面性。首先，作者对于这些弱点的理解过于狭窄，譬如安乐思想这一点，作者认为它的表现只是在于领导集团个别人物耽于声色货利，而没有更深刻地去理解它对太平天国的全部军事、政治和内部关系的影响，如果像作者所说的那样，安乐思想只影响于洪、杨、韦等个别人物身上，而石达开等其他领袖及革命军队并未受到影响，"保有坚强的战斗力"，人们就不能理解几个人的"腐化享受"，何以"仍不能挽回太平天国的失败"。其次，作者对于农民革命的这些本质弱点的分析、比较还停留在抽象概念的阶段。作者没有能够分析这些弱点如何体现在太平天国的政策中，如何影响了太平天国政策的不彻底性和它的群众关系。而不研究太平天国的政策和群众关系问题，我以为是不可能真正理解太平天国失败的原因的。只要提出这样的问题：宗派思想、安乐思想等农民的阶级弱点，难道在太平天国的初期就没有吗？然而在那个时候为什么能够取得重大胜利呢？可见研究太平天国失败的原因是应该比这看得更远一些，更具体一些的。

在这方面，我们可能由于过分"爱护"太平天国，不但比较偏于片面阐扬太平天国的进步面，即使对太平天国后期若干错误措施，如末期有较多的地区允许地主收租，不少军队扰民害民等也不愿有所触及。其实，就革命的主观方面来说，我们本来是可以从这里嗅到太平天国由于脱离群众而要陷于失败的气息的。

1982 年 6 月

怎样认识太平天国的反封建性质

——驳梁效、罗思鼎对太平天国历史的歪曲

在现在的题目下收辑的是两篇文章。第一篇是 1976 年 12 月为《文物》编辑部写的一段笔谈，发表在《文物》1976 年第 12 期"清算'四人帮'利用历史进行反党的罪行"笔谈专栏中。第二篇原题《太平天国的反封建性质不容否定——驳梁效、罗思鼎对太平天国历史的歪曲》，1977 年 2 月初稿，4 月、8 月修改，发表于《历史研究》1977 年第 6 期。它们主要批判了梁效、罗思鼎，同时也反映了当时我自己对太平天国、对历史研究的理论和方法的某些认识。现在把它们合并，"一"即第一篇，"二"即第二篇。

一

祸国殃民的"四人帮"反党集团，为了篡党夺权，肆意践踏马克思主义的历史科学，由来已久。早在"无产阶级文化大革命"初，他

们就把他们自称的所谓"无产阶级的金棍子"打向了历史领域。他们背叛马列主义和毛主席著作中关于批判地继承历史文化遗产的一贯教导,摆出比革命还革命的架势,声称必须"彻底批判"历史上的一切文化遗产,否定历史,妄图从根本上取消历史研究工作。他们这样干,是出于篡党夺权的需要。在"无产阶级文化大革命"中,他们挑起"全面内战",煽动"打倒一切",以便于他们这伙篡党窃国。否定历史,有利于他们愚弄群众;否定历史,正是他们在现实阶级斗争中"打倒一切"这一反革命路线的延长!

从"批林批孔"以后,仍然出于篡窃权力的反革命需要,这帮否定一切、否定历史的家伙,忽然一变而为"历史癖"。反党集团中的头面人物江青装腔作势,大讲历史,声称要"总结儒法斗争经验","学历史就是要搞点历史经验,古为今用"。他们授意炮制的"历史"文章,连篇累牍,塞满了某些报章杂志。但是,他们根本不是在研究历史,而只是打着"批孔批儒"的幌子,一方面用种种卑鄙的手法影射攻击全国人民衷心爱戴的周恩来总理和其他革命领导同志,另一方面又竭力求助于历史幽灵为他们上台夺权制造舆论。这就是他们的"古为今用"。他们背叛历史唯物主义,无视各个不同的历史阶段有不同的政治经济条件和不同的阶级关系因而有不同的历史面貌,把生动的、复杂的历史现象简单化、线条化、公式化、脸谱化,囊括在他们所说的古往今来无所不包的所谓儒法两条路线的斗争之中。这类"历史"文章越多,历史就越被歪曲,真正的历史研究工作就越被窒息。

"四人帮"的所谓"古为今用"对历史科学造成的祸害,中国古代史的研究首当其冲,中国近代史也不例外。以太平天国的历史为例,他们胡说"农民起义队伍内部也出现了儒法斗争",把太平天国反封建的农民革命运动纳入儒法斗争的体系,同时又根据他们的需要随心所欲地歪曲太平天国历史上的一些重大问题。如在太平天国前期,太平军克复了安徽的几十个州县,在那里实行"薄赋税,均贫富",得到了广大群众的拥护,照清朝方面高级官员的说法是安徽人民"迷溺尤深"。但"四人帮"的写作班子为了构筑太平天国内部的所谓儒法斗争、路线斗争,却把太平天国将领在安徽让四民"各安其业"等措施,说成是"屁股坐到地主阶级一边",而实际上,"士农工商各安其业"的话,同样屡见于太平天国其他领导人的文告。又如,太平天国早期在新克复的地区普遍地实行"照旧交粮纳税"的政策,以解决紧急的军事和财政需要,受到太平天国革命鼓舞的有的地区的农民,"交长毛钱粮不复交田主粮",革命斗争继续向前发展。他们却不顾历史情况,不加具体分析,硬说凡是"照旧交粮纳税"就是"复辟",这样,实际上就全盘否定了太平天国革命的反封建性质。尤为恶劣的是,实行这种政策在文献资料上明明写着是几个主要领导人的共同意见,他们却肆意篡改,今天说这种"复辟"政策是其中某人的罪过,明天又说是其中另一个人的事。他们这样任意地对历史事实上下其手,来虚构他们在现实的反革命政治活动中所需要的"历史"依据,这样,哪里还有什么历史研究可言!

马列主义从来告诉我们,人类的历史有它的客观实在性,不是可以任意梳妆打扮的。无产阶级靠真理吃饭。无产阶级必然取得全世界胜利,是历史发展的规律,是依据于马列主义的指导和它自身的社会经济条件。因此,无产阶级从来反对从"肤浅的历史对比"中去寻找实现自己伟大使命的依据,并且认为这是反科学的。正如马克思所指出的:"由于古代阶级斗争同现代阶级斗争在物质经济条件方面有这样的根本区别,由这种斗争所产生的政治怪物之间的共同点也就不可能比坎特伯雷大主教与最高祭司撒母耳之间的共同点更多。"①对于反动没落的阶级,真理不在他们手中,时代反对着他们,因此,他们总是要根据自己的政治需要来歪曲历史,寻找同无产阶级较量的手段。"历史为政治提供了任何一种目的所需要的一切论证",这就是他们的信条。"四人帮"是一伙反动没落阶级的典型代表,有着狂热的篡党夺权野心,而"野心就是一切虚伪和谎话的根源"②。所以他们以反动的实用主义态度伪造历史,也就更为丑恶。

二

近两年来,王张江姚"四人帮"的写作班子梁效、罗思鼎先后发表了一些关于太平天国历史的文章。但他们对太平天国英雄们如何反对阶级压迫、民族压迫的伟大斗争丝毫不感兴趣,而是热衷于谈论和利用他们笔下的太平天国内部的种种路线斗争来影射现实,为"四人帮"篡党夺权的政治需要服务。他们利用历史反党,必然要歪曲历史,因而一部太平天国历史也被他们糟蹋得面目全非。

---

① 马克思:《路易·波拿巴的雾月十八日》,见《马克思恩格斯选集》,第 1 版,第 1 卷,北京,人民出版社,1972,第 600 页。

② 恩格斯:《英国状况——评托马斯·卡莱尔的"过去和现在"》,见《马克思恩格斯全集》,第 1 版,第 1 卷,第 649 页。

我们首先要揭露他们名为谈历史实为反革命的面目,同时还必须进一步批判他们对历史的歪曲,批判他们的反动历史观点和方法。

(一)

借用历史题材炮制"有鲜明现实感"的文章,这是"四人帮"惯用的手法。自从 1974 年他们借"批林批孔"大搞三箭齐发的阴谋以来,他们的御用写作班子炮制文章,利用太平天国的历史掀起疯狂攻击周总理的浪潮,至少有两次。

1975 年初,四届人大胜利召开,敬爱的周总理继续被任命为中华人民共和国的政府总理。"四人帮"妄图组阁的阴谋未能得逞,他们气急败坏,便由梁效抛出一篇《革命的专政,还是儒家的仁政——试论太平天国在政权问题上的两条路线斗争》。这篇文章以批判太平天国有人"大肆鼓吹仁政,极力破坏对地主阶级的革命专政"为名,影射攻击周总理主持的无产阶级政府实行"儒家的仁政",声称"必须在理论上和实践上同儒家的仁政作坚决的斗争",发泄他们继续反对周总理、决心同无产阶级干到底的疯狂性。梁效阴险地把太平天国实行的"士农工商各安其业"的政策作为儒家的仁政来批,还大讲什么有人"篡改了经济政策",什么有人"打着求贤的旗号,到处网罗孔孟之徒",以这种含沙射影的手段,对周总理为落实毛主席的各项无产阶级政策和关于安定团结的指示所作的艰巨努力,转弯抹角地表示刻骨的仇视,进行无耻的诽谤。梁效说:"当反动阶级掌握政权时,仁政是他们欺骗人民,维护腐朽统治的工具,而当被压迫阶级掌握政权时,仁政又成为反动阶级瓦解革命政权的武器。"然而,人们知道,对于仁政,必须进行具体的阶级分析。毛主席说，对于人民，"我们是要施仁政的"①。"我们仅仅施仁政于人民内部，而不施于人民外部的反动派和反动阶级的反动行为。"②劳动人民的政权不能施仁政于敌人，但必然要施仁政于内部。对于劳动人民的政权，为什么一说仁政，就不分青红皂白，就这样破口大骂深恶痛绝呢？这道出了"四人帮"这伙残民以逞的反革命分子的心声，他们是只想对人民实行封建法西斯专政，是绝对反对向人民施仁政的。敬爱的周总理是伟大的无产阶级革命家，对敌斗争英勇坚定，对人民群众深情爱护。"四人帮"用什么施仁政的武器来攻击周总理，恰恰暴露了他们对周总理与人民心连心的极端恐惧、极端仇视。

"四人帮"利用太平天国历史掀起恶毒攻击周总理的又一次恶浪，是在 1976 年春。这时，周总理已经逝世。"四人帮"按照"批周公"的反革命既定方针，恶狠狠地叫嚣"烧成灰也要批"，公然污蔑周总理是什么"走资派"，杀气腾腾地向无产阶级和革命人民猛扑过来。"四人帮"的帮刊《学习与批判》在 1976 年 4 月抛出的一篇《论太平天国内部尊孔和反孔的斗争》，就是罗思鼎以批判杨秀清等人为名射向周总理的一支暗箭。罗思鼎按照"老干部是'民主派'，'民主派'就是'走资派'"的反革命政治纲领，借着谈论杨秀清，大讲什么"前期有功劳"，"当他开始尊孔倒退的时候，就背叛了自己的革命历史"，用这些胡言乱语，影射攻击伟大的马克思主义者和毕生献身革命的光辉典范——我们敬爱的周总理。罗思鼎

---

① 毛泽东：《抗美援朝的伟大胜利和今后的任务》。

② 毛泽东：《论人民民主专政》，见《毛泽东选集》，第 4 卷，人民出版社，1960，第 365 页。

说,石达开是"洪秀全教育他,帮助他,纠正他的错误"而"仍一意孤行"的人物,他受到杨秀清的"信用","奉杨秀清之命出巡安庆",他的"倒退措施,不仅没有遭到杨秀清的反对,反而得到他的赞赏"。这哪里是在评论历史,分明是假借几个历史人物的名字,按照当时被他们掌握的宣传工具已公开喊出的"走资派把不肯改悔的走资派扶上台"的反革命口号,对周总理和邓小平等中央领导同志进行影射和诽谤。他们叫嚣什么"杨秀清死后两条路线斗争在继续进行",只有"任命坚持革命理想、富有朝气"者"掌管朝政","大胆提拔青年将领",才能使革命"重新发展"。这些话说明了他们篡党夺权之心是何等的猴急!果然,在这以后,"四人帮"利用毛主席病重和唐山大地震的严重困难,进一步加紧了夺权的步伐。他们称引和利用洪秀全的"地震诏",发表《地转实为新地兆》一文,声称地震就是他们的"进军号",他们要用"更迅速的步伐向前迈进"了!

但是,正当"四人帮"兴高采烈做着黄袍加身的美梦的时候,党和人民一举粉碎了万恶的"四人帮"。"四人帮"连同他们利用历史反党的反动文章,终于被押上了历史的审判台。

(二)

梁效、罗思鼎如此猖狂地利用太平天国历史反党,必然要歪曲太平天国历史的本身。同老牌的封建文人和资产阶级反动学者赤裸裸地歪曲、攻击太平天国革命不同,这伙打着马克思主义旗号的骗子,用漂亮的词句把自己伪装起来,制作了一个貌似革命的研究太平天国历史的"体系"。他们高谈太平天国内部的路线斗争,以批判太平天国内部的复辟倒退逆流为名,行歪曲、攻击太平天国革命之实,全盘否定太平天国革命的反封建性质。他们这一套欺世惑人的把戏的反动性和对历史研究造成的危害,比之老牌地主资产阶级那一套是有过之而无不及的。

历史上的农民战争是当时的农民阶级和地主阶级的生死搏斗。这种搏斗怎样反映到了太平天国起义军的内部,是否构成了或者怎样表现为领导核心中的两条路线斗争,它们的内容是什么,太平天国的某些人物和事件究竟该怎样评价,这类问题,学术界有不同的理解和看法是正常的现象,完全可以按照百家争鸣的方针进行研究和讨论,坚持真理,修正错误,以逐步求得正确的解决。梁效、罗思鼎那一套是与此根本不同的。他们根据"四人帮"的政治需要而随心所欲地伪造历史,并且用假革命的词句吓唬人,是史学界的共同敌人。下面就以梁效、罗思鼎津津乐道的几个问题为例,进行剖析,看他们是如何歪曲太平天国历史的。

1.关于"复辟倒退"和太平天国的革命性

太平天国在存在的十几年中,始终同清朝反动派进行坚决斗争。这种斗争不可避免地要在太平天国内部有所反映,形成坚持革命的力量同妥协投降者之间的尖锐矛盾。我们看到,在太平天国后期,代表清朝反动派的力量对太平天国,特别是在苏浙两省的某些地区,渗透日益严重,这是造成革命失败的重要原因,是一个值得研究的问题。但是,梁效、罗思鼎谈论太平天国内部"革命和复辟"的斗争却别具一副心肠。他们说,洪秀全颁布《天朝田亩制度》,否定封建土地所有制,而太平天国其他人却实行"照旧交粮纳税"的政策,继续保存原有的生产关系,"屁股坐到了地主阶级一边"。他们说,这就是太平天国内部"两条路线的斗争"。

梁效等的这些谬论是极为阴险、极为错误的。谁都知道,太平天国建都南京以后颁布的《天朝田亩制度》是一个否定地主土地所有制的重要革命纲领,但它关于平分土地的方案从来没有实行过,而"照旧交粮纳税"却是太平天国长期实行着的政策。把这项政策斥之为什么"逆流""背叛""维护地主利益",这不是全盘否定太平天国的革命性质又是什么?!

太平天国关于土地关系和社会经济政策的设想,有过曲折的发展过程。在 1853 年建都天京以前,太平军所到之处,"布散流言,谓将来概免租赋三年,乡民德之"①,并有"薄赋税,均贫富"的口号。太平军以减免租赋相号召,说明那时还没有提出根本改变社会结构的主张。在稍后的《天朝田亩制度》中,太平天国制定了按人口平均分配土地的纲领,同时规定,"凡当收成时,两司马督伍长,除足其二十五家每人所食可接新谷外,余则归国库,凡麦豆苧麻布帛鸡犬各物及银钱亦然。"太平天国十分重视这一规定,说:"天下人人不受私,物物归上主,则主有所运用,天下大家处处平匀,人人饱暖矣。此乃天父上主皇上帝特命太平真主救世旨意也。"根据这种社会图景,除个人食用所需者外,一切剩余生产物归公运用,"租赋""赋税"当然也就不再存在。约在建都天京后颁布的《百姓条例》说:"不要钱漕,但百姓之田,皆系天王之田,收取子

---

① 张德坚:《贼情汇纂》卷十,《虏劫》,见《太平天国》,第 3 册,第 271 页。按:地主阶级诬蔑太平军为"贼""匪"等,这里在引用这些资料时悉仍其旧,以存他们本来的反动面目。

粒,全归天王,每年大口给米一石,小口减半,以作养生。"①人民留
粮的数目可能已被地主阶级的记载缩小,但国家同人民的这种关
系,显然是和《天朝田亩制度》的原则一致的。

太平天国革命者关于平分土地和把一切剩余生产物归公运用
的社会理想,是他们摆脱被剥削被压迫地位的强烈愿望的产物,实
际上是不可能实现的。绝对平均主义"只是农民小资产者的一种
幻想"②。他们不了解,社会关系从私有制到公有制这样一种巨大
改变,必须以生产力的相应发展为前提。正如马克思深刻指出的:
"在农业民族那里共同的家庭经济也和共同的耕作一样是不可能
的。……在过去任何时代,消灭单个经济(这是与消灭私有制分不
开的)是不可能的,因为根本还没有具备这样做的物质条件。……
它将建立在纯粹的理论上面,就是说,将纯粹是一种怪想。"③因此,
许多研究者在充分评价《天朝田亩制度》的反封建意义的同时,从
来都根据马克思主义的原理指出了它的空想性和它违背社会发展
规律的反动性。而且,在革命战争正在激烈进行的环境中,没有掌
握科学的战略策略的旧式农民战争领导人,也不可能实行像平分
土地那样的复杂方案。《百姓条例》可能正是由于这个原因而根本
没有提到平分土地,而只是笼统地宣布财产归公,征集一切剩余的
生产物。这种粗放的规定既脱离了平分土地的方案,也就削弱了

① 佚名:《金陵被难记》,见《太平天国》,第 4 册,第 750 页。《贼情汇纂》《金陵述略》
  等所记略同。
② 《关于纠正党内的错误思想》,见《毛泽东选集》,第 1 卷,北京,人民出版社,1951,
  第 89 页。
③ 马克思、恩格斯:《德意志意识形态》,见《马克思恩格斯全集》,第 1 版,第 3 卷,北
  京,人民出版社,1960,第 33 页注(1)。

对群众的号召力,它之不能贯彻是更为显而易见的。据清朝反动派方面的记载说,"此令(按:指《百姓条例》)已无人理,究不能行,遂下科派之令",其办法是:"稽查所设乡官,一军之地共有田亩若干,以种一石终岁交钱一千文,米三石六斗核算,注于册籍。"①这就是"照旧交粮纳税"的政策。下面是太平天国决定实行这一政策的文件:

> 小弟杨秀清立在陛下暨小弟韦昌辉、石达开跪在陛下,奏为征办米粮以裕国课事:缘蒙天父天兄大开天恩,差我主二兄建都天京,兵士日众,宜广积米粮,以充军储而裕国课。弟等细思安徽、江西米粮广有,宜令镇守佐将在彼晓谕良民,照旧交粮纳税。如蒙恩准,弟等即颁行诰谕,令该等遵办,解回天京圣仓堆积。如此缘由,理合肃具本章启奏我主万岁万岁万万岁御照施行。
>
> 御照:胞等所议是也,即遣佐将施行。钦此。②

这一文件未著录年月。从它提到安徽、江西而没有提湖北这一情况来看,应在 1853 年 9 月太平军克复九江③以后至 1854 年 6 月克复武昌以前。在这段时间内,太平天国的人数有很大发展,粮食的需要量急剧增加,《百姓条例》不能贯彻,因而天京城内的粮食

---

① 《贼情汇纂》卷十,《科派》,见《太平天国》,第 3 册,第 275 页。
② 《贼情汇纂》卷七,《伪本章》,见《太平天国》,第 3 册,第 203—204 页。
③ 太平天国以九江为江西首府,见《备志纪年》(见《近代史资料》总 34 号)。

供应曾极度紧张,对革命战争的进行产生了严重影响。① 提出"照旧交粮纳税"的政策,正是"以充军储而裕国课"为着眼点的。它没有提到生产关系、阶级关系方面的问题。从实践看,它是在大体上不触动原有的地权关系的情况下向土地持有者征收钱粮。这样,取消了"租赋"关系的"不要钱漕"的政策,只是昙花一现,很快又因支持革命战争的实际需要而被承认"租赋"关系的"照旧交粮纳税"政策取代了。

这一曲折的历史过程,说明太平天国实行"照旧交粮纳税"的政策有着比个人的动机更为深刻的原因。提出这项建议的杨秀清以及韦昌辉和石达开各有自己的错误和问题,是完全可以和应该用历史唯物主义的观点各就他们的不同情况进行切实的分析评价的,但就实行"照旧交粮纳税"政策这件事来说,上引文书明白无误地告诉我们,它是太平天国领导人的共同决策,根本不存在梁效等所捏造的有人要实行《天朝田亩制度》而有人要实行"照旧交粮纳税"这样一种路线斗争。

列宁说过:"批判应该是这样的:不是把一定的事实和观念比较对照,而是把它和另一种事实比较对照。"② 如果要把"照旧交粮纳税"作为错误路线来否定,那就应该告诉人们,太平天国在实践中的与之相对立的正确路线是什么。"照旧交粮纳税"的现实同

① 天京因缺粮而曾全城吃粥,有人或发怨言,洪秀全亲自做诗告全城军民,中有"神爷试草桥水深,如何吃粥就变心"之句。张汝南:《金陵省难纪略》,见《太平天国》,第 4 册,第 711 页。
② 《什么是"人民之友"》,见《列宁全集》,第 1 版,第 1 卷,北京,人民出版社,1955,第 146 页。

《天朝田亩制度》的理想确实有矛盾,但它们并不是实践中的对立,不允许任意构筑矛盾双方的体现者来进行无根据的比较对照。如果要说这种矛盾双方的体现者,那么,历史事实倒是告诉我们,它曾在同一个农民战争领导人身上体现。杨秀清在提出"照旧交粮纳税"政策的同时,又在一项文书中申明了"田产均耕"的原则。① 洪秀全批准了"照旧交粮纳税"政策。1860 年后他再次印行《天朝田亩制度》,重申否定地主所有制、平分土地和剩余生产物归公的理想,但他在同一年颁布减征钱粮的诏旨,其中有"尔等四民抛弃家产""遗弃家产朕怜悯"②之句,显然又承认原有的财产关系。如果说实行不废除原有财产关系的政策就是什么"背叛""逆流",那么,洪秀全和整个太平天国革命岂不是也应因此而被全盘否定吗?

在漫长的中国封建社会中,被剥削被压迫的农民举行了无数次的起义,他们并没有解决土地问题,但他们进行的无疑是反封建的斗争。不同时期的反封建斗争各有具体的形态,并不是以提出和解决封建土地关系与否为唯一的标志。关于近代中国革命,毛主席说过,鸦片战争后一百十年,就搞了个革命,推翻了旧政权,生产关系没有改,改变生产关系只是无产阶级革命取得胜利以后的

---

① 参见《1854 年 6 月太平天国东王答复英国人三十条并责问五十条诰谕》,见《文史》第 1 辑。《金陵癸甲纪事略》关于这份文书的记载说:"五月洋人至……书问东城……数十条。……东贼使翼贼与黄玉崑闭户三日,作伪谕答之。"见《太平天国》,第 4 册,第 664 页。
② 《太平天国庚申十年九月二十四日洪秀全诏苏省及所属郡县四民》,见《太平天国资料》,第 3—4 页。

事。① 太平天国"照旧交粮纳税"的政策,虽然没有触及土地关系,但它破除清朝反动政权浮收勒索的黑暗局面,并且减低税率,"善取之,轻取之",在江西,减税至半额,这本身就有打击清朝反动统治的意义。"照旧交粮纳税"并不束缚革命者的手脚去剥夺他们的政治敌人,如一部分官僚地主和豪绅恶霸以及寺观庵庙的田产。"照旧交粮纳税"并不影响太平军对富户课以重捐和减轻人民的负担,加惠于人民。太平军剥夺官僚豪绅的财物,以一部分散发给人民,在南京向人民"发粮无数,来取者即与之"②,在南昌附近,向地主"计亩征粮","分与无田者食,于是有田者多受累"③,这些都没有改变地权,但却正是深受人民欢迎的反封建的革命行动。特别是,当太平天国的革命斗争首先打击了地主阶级权力的基层政权时,地主阶级的威风大减,农民阶级的志气伸张,实行"照旧交粮纳税"可能让佃农实际占有佃种的土地,使他们直接向太平天国的政权交粮而不再向地主交租。如太平天国前期,南京附近农民就"交长毛钱粮,不复交田主粮"④。安徽、湖北也多有佃户拒不交租而地主无可奈何的情况。历史说明,"照旧交粮纳税"政策绝不是太平天国反封建斗争的对立面,相反,太平天国对封建势力的打击,有的就是结合着这一政策而实现的。

梁效污蔑"照旧交粮纳税"是"复辟逆流",以否定太平天国此

---

① 参见 1957 年 2 月 14 日接见全国学联会议代表的谈话,载《中国青年报》,1957 年 2 月 16 日。

② 谢介鹤:《金陵癸甲纪事略》,见《太平天国》,第 4 册,第 656 页。

③ 邹树荣:《蔼青诗草》,见《太平天国资料》,第 72 页。

④ 汪士铎:《乙丙日记》卷二叶十九上。

后十年的革命斗争,首先是从安徽地区的太平天国政权开刀的。事实上,安徽是太平天国较稳固的根据地,从1853年夏太平军回师西征以后,这里的太平天国政权既源源不断地解运粮食进京,又打击了封建势力,减轻了人民的负担,深受人民的拥护。1854年清方反动官员在一份报告中说:"江苏百姓困于钱漕久矣,杨逆上年下九江时,到处遍张伪示,首以'薄赋税,均贫富'二语煽惑愚民,是以赍粮供贼者,沿江皆是。兹闻又以此术行之安徽矣。"①所以,清朝反动派多次叫嚷安徽人民对太平天国"迷溺尤深"。请看,太平天国实行了为封建统治者胆战心惊而切齿痛恨的政策,一百多年后的梁效、罗思鼎也同样咬牙切齿,破口大骂,斥之为复辟、倒退甚至反革命,他们的面孔似乎"左"得出奇,但他们的感情却同清朝反动派如此相近,难道不正说明屁股真正坐在地主阶级一边的,就是梁效、罗思鼎自己吗?

2.关于"仁政"和太平天国对封建势力的打击

梁效说,"太平天国革命领袖洪秀全坚持彻底扫荡地主阶级反动势力。他十分鲜明地号召起义军'斩邪留正'、'杀尽残妖'、'不留余孽'","采取了对地主阶级专政的一系列措施"。而太平天国其他人却让一些地主分子做官,让士农工商"各安其业","结人心,求人才"以"迎合地主阶级",都是实行儒家的仁政,都是对"斩邪留正"路线的背叛。罗思鼎还说,"移民复古风"就是他们施仁政、搞倒退的"基本纲领"。

---

① 《吉尔杭阿禀稿》,南京太平天国历史博物馆藏吴煦档案。

这种对太平天国历史的篡改和歪曲是尤令人愤慨的。

太平天国的起义农民在革命烽火中建立了自己的政权达十余年之久,始终坚持同清朝反动统治进行斗争,这在中国历史上是仅见的。但是由于阶级的和历史的限制,他们对于自己的历史使命,对于地主阶级,不可能有如同在马克思主义指导下的无产阶级那样的科学认识。"斩邪留正"的口号在太平天国历史上起过战斗作用。但"邪"和"正"的概念在洪秀全和太平天国的用语中意义是很宽泛的。在宗教方面,大凡皇上帝系统外的别种神怪,在道德方面,大凡淫、忤父母、自戕同类、聚党横行、为巫觋、赌博、吸鸦片等行为,统称为"邪";而在政治方面,主要是指清朝反动统治者及其爪牙,又常称为"妖"。十分明显,"斩邪留正"这一口号代表了起义农民坚决打倒清朝封建统治的决心和改造当时污浊的社会风气的道德要求,是一个战斗的口号,但它并不是科学的阶级概念,邪和正并不是科学的阶级划分。在太平天国的历史上,"遇妖必诛,不留余孽"之类的话,在许多将领的告示文书中,触目皆是,但他们却又无例外地实行"士农工商各安其业",无例外地在不同程度上对一些地主分子加以礼遇任用。社会划分为阶级的事实和阶级与阶级之间的斗争存在于几千年的人类文明史中,但只有马克思主义才在历史上第一次科学地阐明了这种现象,给予无产阶级以认识历史、改造现实的强大思想武器。封建社会中的起义农民,包括他们的杰出领导人,同他们直接体验到了和朴素地认识到了的统治者、压迫者、剥削者进行英勇不屈的斗争,这毫无疑问是农民阶级同地主阶级的阶级斗争。但是,历史上的农民起义队伍不但在初起时往往包含了一些地主分子,而且由于起义农民不可能用科学的观点来认识地主阶级，也必然使他们的营垒在发展过程中有一些地主阶级中的人得以参加、渗透进来。这些人并不一定都是内奸分子。但是，他们带来的、社会上普遍存在的、为起义农民不可能加以改造的封建政治思想和世界观，却必然对农民的革命事业造成巨大的影响。这是只有马克思主义指导下的无产阶级才能加以解决而为旧式农民战争不可克服的问题。因此，对于旧式农民战争中包容、任用地主阶级一些人的现象，必须进行具体分析，绝不应把这种由于历史的局限造成的结果，同起义农民中的背叛分子勾结敌人在内部进行破坏捣乱混为一谈。不加分析地把起义农民的这种局限性斥为对地主阶级施仁政，这就从根本上否认了任何旧式农民战争的反封建性质。

梁效等正是用这种荒谬的观点和手法来否定太平天国的反封建性质的。他们把"斩邪留正"这一口号加以歪曲，把它说成仿佛是一条马克思主义的阶级路线，然后把这一口号的真正含义所具有的局限性作为错误路线、政治逆流来批，这样就不仅否定了整个太平天国，也否定了提出这一口号的洪秀全。他们对太平天国任用一些地主分子为乡官，不加区别地统统一概骂倒，并且暗中施展阴险的手法，把太平军"择本地助虐者为乡官"这一条记载中的"助虐者"篡改为"有声望者"，以抹杀太平军对地主分子的政治态度有所权衡的事实。他们攻击"结人心，求人才"的政策，说这就是奉行孔孟之道，迎合地主阶级。试问，农民革命难道不要"结人心，求人才"吗？他们不问这个人才是否地主阶级中的人，即使是地主阶级中的人，也不问这个人的政治态度如何，一见"结人心，求人才"就深恶痛绝、破口大骂，这倒是"四人帮"反动面目的写照。至于罗思鼎说"移民复古风"是一条"施仁政,搞倒退"的基本纲领,这不仅驴唇不对马嘴,而且竭尽罗织、陷害之能事。"毁佛崇天帝,移民复古风",这是石达开白龙洞题壁诗中的两句。诗作者明确交代,这是为了"斥佛息邪""为世迷仙佛者警"而作。这两句诗本身完全符合洪秀全的基本观点,完全符合"斩邪留正"的精神。[1] 罗思鼎有意抽取"移民复古风"一句,在一个"古"字上作文章,把它打成"施仁政,搞倒退"的纲领,这是何等的可笑,何等的阴险! 按照他们的这种逻辑,岂不是洪秀全等组织拜上帝会一开始就是一个反动的运动?!

3.关于太平天国的反孔

毛主席指出:"帝国主义和中华民族的矛盾,封建主义和人民大众的矛盾,这些就是近代中国社会的主要的矛盾。"[2]基于这种矛盾而发生的中国近代的革命斗争和政治运动,由于各自的具体情况的差异,并不是每一次都具有在意识形态上同时反孔的鲜明特点。这些运动和斗争及其参加者,有的还难以在思想上摆脱孔学的影响,但它们无疑都是近代反帝反封建斗争的一部分。另外,在阶级斗争十分尖锐的时刻,反动阵营内部一些人感到当时统治阶级腐朽无力,对他们所理解的以怀柔欺骗为主的孔学,提出某些反对意见,强调利用封建意识形态中关于镇压人民的思想,企图以此

---

[1] 洪秀全认为:"上古之世,居民一体,皆敬拜皇上帝……中国番国俱是同行这条大路。"到"秦政时怪人诳言东海有三神山,秦政遂遣入海求之,此后代神仙邪说所由起也"。所以他要"救世人脱魔鬼之手,挽世人回头,复行转当初这条大路"。《天条书》《原道觉世训》,见《太平天国》,第1册,第73、74、96页。

[2]《中国革命和中国共产党》,见《毛泽东选集》,第2卷,第594页。

挽救日益严重的统治危机,这也丝毫不改变他们作为反动分子的政治立场。由于这种错综复杂的情况,我们必须紧紧把握住毛主席指出的近代中国社会的主要矛盾,以此为基准来区别历史人物和事件的进步或反动,正确或错误。我们充分评价太平天国的反孔斗争,是因为它是反帝反封建斗争的一部分。如果离开了毛主席所昭示的基本观点,单纯地从形式上寻找人们对孔学的片断议论,以此作为划线的标准,那就会走入歧途,造成阶级关系的根本颠倒。

梁效、罗思鼎正是作了这样的颠倒。他们大谈太平天国的反孔斗争,却抹杀近代中国革命的基本问题,把太平天国的反孔斗争纳入"儒法斗争"的轨道,从字面上把人们对孔学的态度作为阶级分野的唯一标志。梁效、罗思鼎都说在太平军管辖区内,"为政之道,不用孔孟,不用鬼神,不用道学",说"这是太平天国反孔斗争的最大特点"。但是,太平天国革命者从来没有用这样几句话来概括自己的反孔斗争,也从来没有任何历史资料用这样几句话来概括太平天国的反孔斗争。"不用孔孟,不用鬼神,不用道学"这几句话,是当时一个反对太平天国革命的地主阶级知识分子汪士铎的政治主张。他极为推崇商鞅、韩非,曾言"孔子之弊过仁过文",力主严刑峻法,以多杀为贵,按"四人帮"的标准,称得上一个够格的"法家"。他在逃出天京后,因多次献策如何镇压太平天国而深受胡林翼、曾国藩的重视。他在《乙丙日记》中写下的"不用则例,不用孔孟,不祀鬼神,不信术数,不崇翰詹,不言道学"一段话,正是他自己关于如何对付人民、挽救清朝统治的一套"救时良策"。梁效、罗思鼎居然把汪士铎的主张作为太平天国的政策和实践来称引,把所谓法家人物的反孔同太平天国的反孔合二而一,名为推崇太平天国的反孔斗争,暗中却吹捧太平天国的对立面,其用心和手法是十分不光明的!

另外,梁效等对太平天国实际上的反孔斗争,却千方百计加以歪曲和否定。洪秀全和太平天国公开向孔丘和孔学的权威挑战,这是历史的创举。但是,太平天国革命兴起时,中国并没有产生新的阶级力量。由于起义农民的历史的和阶级的局限性,由于得不到科学的世界观的指导,由于基督教教义的消极影响,他们对孔学的认识和批判不可能深入它的本质,从而使他们的反孔斗争必然带有很大的不彻底性。大量的文献资料说明了这一点。洪秀全在《太平天日》中编撰的一个神话故事更形象地、集中地反映了这一点。洪秀全说:"推勘妖魔作怪之由,总追究孔丘教人之书多错。"但神话中的孔丘被鞭打以后,却被安排了这样的结局:"天父上主皇上帝乃念他(孔丘)功可补过,准他在天享福,永不准他下凡。"在洪秀全看来,孔丘有什么功可以补过?这里不去深论,仅从这些话的本身就可以知道,故事的作者虽然否定了孔学的权威,但并没有真正把孔丘打翻在地。作者对孔丘的批判是不彻底的,态度是有矛盾的。这丝毫也不影响太平天国反孔斗争的历史功绩,因为带有这样一种不彻底性的反孔斗争,是历史所允许的太平天国英雄们能够达到的高度。

梁效等奢谈什么太平天国内部反孔与尊孔的斗争,却根本不顾太平天国反孔斗争的真正事实,窜改史料伪造了一个"彻底揭露了孔孟之道反动本质"的假典型,然后以此为大棒,凡一切不符合这个标准的人和事,只要他们认为需要,就可随时格杀。例如他们

定杨秀清为尊孔派头子,就是采用这种手法。他们说,杨秀清主张
"天命之谓性,率性之谓道,以及事父能竭其力,事君能致其身,此
等尚非妖话,未便一概全废",认为这就是杨秀清"推翻了不得诵读
四书五经的严令,要恢复读经",任何客观的研究者都可以看出,上
述这个主张在字面上和精神上都没有要恢复读经的意思,它只是
说孔孟的书中并不都是"妖话",其前提是不承认孔孟的书为"经
典",这是不言而喻的。当然,杨秀清这一主张,同太平天国此前实
行焚禁孔孟诸书的办法是有差异的,但这种差异并不是尊孔和反
孔的对立,因为太平天国在此以后对孔孟诸书实行删改后准予读
习的办法,即"凡一切妖书如有敢念诵教习者,一概皆斩。尔等静
候删改镌刻颁行之后,始准读习"①,并没有恢复孔孟诸书的"经
典"地位。洪秀全规定的删改原则,是将"其中一切鬼话、怪话、妖
话、邪话一概删除净尽,只留真话、正话"②,指出有"妖话""真话"
之分,这同"未便一概全废"的主张,原则上也并不对立。否定孔学
的权威,批判它的某些错误,但又承认或沿用它的某些思想观点,
这正是太平天国反孔斗争的具体形态。历史工作者要看到太平天
国某些人在对待孔学态度上的差异,但必须切合实际地分析这种
差异的性质。关于太平天国对孔孟诸书从焚禁到删改的变化,必
须区别它究竟是从反孔到尊孔的转变,还是太平天国反孔斗争不
彻底性范围内的程度的不同或表现形式的不同。从思想上来说,
删改固然不可能摧毁孔学,焚禁又何尝能肃清孔学的影响?这原
是旧式农民起义不可能完成的历史任务。杨秀清上述主张中所肯

---

① 《贼情汇纂》卷八,《伪律》,见《太平天国》,第 3 册,第 232 页。
② 《贼情汇纂》卷七,《伪诏旨》,见《太平天国》,第 3 册,第 190 页。

定的性理观点和关于父子君臣关系的观点,在洪秀全以及洪仁玕的著作中也都存在着,这是任何尊重事实的研究者都看得清楚的。洪秀全以及洪仁玕始终坚持反对清朝封建统治,反对外国侵略,他们对孔学的认识和批判虽有不同程度的缺陷,但毫无疑问,他们是值得称道的革命者。按照梁效、罗思鼎的逻辑和方法,作为历史人物的洪秀全岂不是也要列入"尊孔派"的名单吗?

（三）

马克思说过:"混淆事实也许是热情狂发时干的事,但篡改事实似乎只有冷静的头脑才能做到。"①像梁效等那样出于影射史学的需要而对太平天国的系统攻击和对历史的大规模篡改,是新中国成立以来仅见的。这当然只能有"冷静的头脑"才能做到。

"四人帮"的头脑充满了篡党夺权的狂热,说他们"冷静",那是指他们对历史的歪曲出于有意。1974年以来"四人帮"这伙仇视人民、仇视历史、大搞虚无主义的家伙,忽然有了"历史癖",连那个对历史一窍不通的野心家江青也狂叫什么"学历史就是要搞点历史经验,古为今用"。这就是他们要把历史当作反党的工具,通过歪曲历史,炮制有"鲜明现实感"的文章为他们上台夺权造舆论。他们在现实的反革命活动中搞什么阴谋,他们的"冷静头脑"就可以既从古代又从近代找到相应的图式来作为武器。以太平天国历史来说,他们为了污蔑攻击敬爱的周总理,为了篡权上台,什么"专政与仁政"的斗争,什么"反孔与尊孔"的斗争,什么"革命与复辟"的

———————————

① 马克思:《新的对华战争》,见《马克思恩格斯选集》,第1版,第2卷,第50页。

斗争等,都可以因他们不同阶段的具体需要而活灵活现地炮制出来。他们对杨秀清这个历史人物,本来是要突出他的"搞政变"而予以否定的,1976年他们根据当时的反革命需要,就按照"前半生革命后半生不革命"的反动观点加以改铸,将其塑造成一个"史前型"的"民主派—走资派"。真是得心应手,要什么有什么。这哪里是在研究历史? 分明是任意歪曲,借历史来说反革命黑话。

"四人帮"的这种伎俩,不禁使我们想起罗曼·罗兰的一句话,"历史为政治提供了任何一种目的所需要的一切论证"。这成了当代某些"实用"主义历史学家的写照。他们否认历史的客观实在性,而把历史当作一堆可以任意摆弄的大钱,一个可以任人打扮的女孩。这样的主观唯心主义是各种敌对势力同无产阶级较量的手段。无产阶级是唯物主义者,"唯物主义者的任务是正确地和准确地描绘真实的历史过程"①,"在于发现这个过程的运动规律"②。无产阶级必须揭露敌对势力歪曲历史来为他们的反动政治需要服务,无产阶级也从来反对从肤浅的历史比拟中去寻找实现自己伟大使命的依据。借用历史故事作为一种譬喻、暗示,这是生活中常有的事,但这绝不能用来代替对历史的科学研究。正如马克思所告诫的,把肤浅的历史比作历史研究,是忘记了古代阶级斗争和现代阶级斗争在物质经济条件方面的根本不同,而忘记了这种不同,就是忘记了历史唯物主义的主要之点。

梁效等的文章也在那里奢谈太平天国内部矛盾的这种规律、那种规律,但恰恰就是背叛了历史唯物主义的这个主要之点。在

① 列宁:《什么是"人民之友"》,见《列宁全集》,第1版,第1卷,第143—144页。
② 恩格斯:《反杜林论》,《马克思恩格斯选集》,第2版,第3卷,第364页。

梁效等的笔下,太平天国只有一些脱离了物质社会关系的个人的活动和他们之间的"路线斗争",这些个人的优点、缺点、错误或变节,成了革命成功或失败的原因,这正是不折不扣的历史唯心主义。我们只有以阶级和阶级斗争的观点,具体地分析太平天国时期的物质社会关系,才可能正确估计在这种条件下农民起义的伟大作用和它所能达到的高度,才能弄清这次起义必然爆发而又必然失败的原因。也只有在这样的基础上去看待当时的人物和事件,才能正确评价它们的功过是非。太平天国革命和它的内部矛盾所由产生的物质社会关系,同现代的是根本不同的。它们同无产阶级革命和无产阶级国家内的阶级斗争,在原因、内容、性质、表现形式等各方面都是完全不同、不能类比的。正如马克思辛辣地指出过的那样,由于罗马帝国的阶级斗争同近代社会的阶级斗争在物质经济条件方面有着根本的区别,"由这种斗争所产生的政治怪物之间的共同点也就不可能比坎特伯雷大主教与最高祭司撒母耳之间的共同点更多"①。如果硬要用牵强附会、荒唐可笑的比拟来代替研究,那么,除了把最高祭司撒母耳歪曲成坎特伯雷大主教,不可能有其他的结果。这对于历史科学来说,只能造成祸害和灾难。

"卓绝地坚持哲学史中严格的历史性,反对把我们所了解的而古人事实上还没有的一种思想的'发展'硬挂到他们名下。"②违背

---

① 马克思:《路易·波拿巴的雾月十八日》,见《马克思恩格斯选集》,第1版,第1卷,第600页。

② 《黑格尔〈哲学史讲演录〉一书摘要》,见《列宁全集》,第1版,第38卷,北京,人民出版社,1955,第272页。

了伟大的列宁对历史科学工作者的这一告诫，那就既没有了历史，也没有了科学。太平天国革命和它的领导人洪秀全在历史上有着重要的地位，但这是一场发生在19世纪50年代中国的农民革命，他们不可能具有像无产阶级和无产阶级领袖所可能具有的正确路线、科学思想和革命品质，因而也不可能始终正确地认识和处理各种内外矛盾斗争。他们的斗争有着自己的特点、自己的规律。他们的革命风暴曾把当时的封建统治者打得落花流水，但最后又不可避免地陷于失败，昭示了农民阶级只有在共产党领导之下才能得到解放的伟大真理。起义农民内部的确存在许多矛盾。封建社会中的个体农民不同于无产阶级，他们既是劳动者，但同时又是小私有者，他们本身就是一个"活生生的矛盾"。起义农民营垒中的内部矛盾，又同他们对封建统治者的斗争互相联系着，因而使得这些矛盾有的带有农民阶级同地主阶级斗争的性质。太平天国革命在同封建统治者的斗争中和在自身的矛盾中发展，如同一切社会运动一样，是一个"服从于一定规律的自然历史过程"。对于这个自然历史过程，历史工作者只有站在无产阶级的立场上，在马克思主义的指导下加以研究、说明和总结的责任，而绝没有加以改铸、曲解或者夸大、缩小其某一方面的权利。梁效等任意伪造历史，按照反动的政治需要，把一部生动丰富具体而发展变化着的历史篡改成异常简单化、线条化、脸谱化而不可理解，这就根本取消了历史研究的可能和必要。

"四人帮"早已垮台了。他们利用历史反党的罪行也正在被揭露。但是，他们歪曲历史，包括太平天国历史所造成的混乱，他们用以歪曲历史的那一套唯心主义的谬论，仍有待于深入的批判，以肃清他们的流毒。让我们共同在这场伟大的斗争中锄草肥田,为发展马克思主义的历史科学作出努力。

1982 年 4 月

太平天国研究中的新问题

近年来,太平天国研究取得了新的进展。特别是1979年5月,北京太平天国历史研究会和南京史学会联合举办了全国规模的、有外国学者参加的太平天国史学术讨论会,对有关太平天国的许多问题展开了讨论,推动了研究工作的进一步开展。

对洪秀全早期思想的不同评价是1979年提出的重要问题。多年来的传统观点是,洪秀全在1837年就萌发了反清革命思想,1843年应试落第后,创立拜上帝会,就是他走上革命道路的起点。他的《原道救世歌》《原道醒世训》等著作宣传了政治平等、经济平等、民族平等、男女平等的民主思想,奠定了太平天国革命的理论基础。新的一种见解与旧说的不同,主要有两方面。第一,认为洪秀全的思想发展过程是:青年时代追求功名;1843年后功名失败,信从《劝世良言》,希望通过拜上帝以改造世道人心、拯救社会;1847年后在现实阶级斗争推动下走向革命道路。第二,认为洪秀全的著作中并没有政治平等、经济平等思想,它们不是太平天国的理论基础;

相反,洪秀全决心反清后,修正了早期著作中宣传的不杀、忍让、安贫乐命等思想,转而采取了某些适合于农民战争利益和需要的观念,其纲领是平均主义的,也是专制主义的。

这种对洪秀全早期思想的不同见解,不仅是对太平天国革命兴起过程的不同认识,而且还涉及太平天国的性质、面貌等问题。它值得继续深入研究,而且需要把这些不同见解同太平天国整个过程联系起来考察。

太平天国政权的性质,近年来引起了研究者的注意。有的论者认为在南京建立的太平天国政权,已经是一个新的封建政权;有的认为它还是农民的革命政权,但是处在封建化的过程中,或者说,几乎已经完成了封建化。这些不同的看法,大都是从太平天国的思想意识、政治制度、土地政策等方面来立论,都注意到了太平天国在这些方面的封建性因素。太平天国革命是在刚刚走向半封建半殖民地的社会中发生的,它的各个方面从开始就带有封建性,是不言而喻的。研究者抛弃了过去某些不切实际的看法,注意到它的封建性表现,这是很必要的。当然,除了这些封建因素,它是否还有与旧的封建政权不同的因素,仍然是有待研究的课题。

关于太平天国的政权问题,还有同志从政体方面提出新的看法,认为太平天国的政体是虚君制,以天王为国家元首,以军师为政府首脑。后来杨秀清逼封万岁,企图把军师和君主权位集中于一人;杨、韦死后,洪秀全把军师职权抓到自己手中,成为专制君主,这样就先后破坏了农民民主主义性质的虚君制,导致农民政权逐步向封建主义转化。这一新的研究对太平天国政治制度方面许多具体情况的考证和阐述,是富有学术价值的。当然,对太平天国政体及其性质的概括是否恰当,还有待于进一步的商榷,事实上也已引起了不同的意见。

联系到太平天国政权性质问题的认识,对太平天国在1856—1857年发生的内讧分裂事件也提出了新的解释,认为当时发生内讧是由于政权的逐步封建化和领导集团的思想蜕化,热衷于追求个人权力和生活享受引起的。它是争权夺利的斗争,而不是什么路线斗争。这种新的看法,同长期以来流行的"反革命政变"说、"人民内部矛盾"被"敌对分子"利用说等都有不同,受到了研究者的注意和重视。

近年来,评价太平天国领导人是一些史学工作者感兴趣的问题。大家对前几年那种神化洪秀全和对杨秀清、石达开、李秀成等有意丑化罗织罪名的做法,坚决反对;要按照历史人物的实际情况和当时的具体历史条件来评价是非功过的正确学风,得到了重新提倡。很多人认为不应该由于石达开、韦昌辉的阶级出身而先验地判断他们是混入太平天国队伍的。对于石达开,人们争论他在大渡河的失败是否属于"变节"。对于杨秀清的评价,争论的问题似乎仍在于他的行为是否可以称为"逼封""篡权"。相当长的一段时期以来,对于历史人物的研究,尤其是对于太平天国人物的研究,作出某种政治鉴定,例如是否"叛徒"、是否"野心家"、是"变节分子"还是"变节行为"等,似乎被当作了这种研究的目的和内容。戚本禹所传布的这种恶劣影响,往往使历史人物的评价纠缠于这些政治概念的争论,从而降低了科学研究的性质。近年来,这种情况已经有所改变。如对于李秀成的评价,一些研究者不去争执他应该定为"变节"还是定为"动摇",而是对他的行为作出分析和解释。一种意见认为，李秀成是在天王已死、事业已经失败的情况下，为了避免继续流血才要求敌人允许他解散残部，这是由于农民阶级的局限性所致。另一种意见认为，农民阶级和秘密结社的美德是忠心、义气、"不事二主"，而李秀成突出的思想是"各为其主"，所以他在主死国亡的情况下就另事新主，这不能用农民阶级的局限性来解释。

对太平天国经济政策的研究，近年来稍嫌冷落，当然也有一些新的讨论。其主要点仍与评价太平天国政权的性质有关。如有的意见认为，1860年以后在征收田赋上对地主阶级妥协退让，强制佃农交租，使太平天国与地主阶级政权没有根本区别。有的论者认为后期的土地政策是前期的继续，仍然是革命的。另有一种新的见解，认为《天朝田亩制度》是农民平等平均思想的具体化，但它阻碍了城乡商品经济的发展，不但受到工商业主和手工业工人的激烈反对，而且也不受农民，特别是自耕农和富农的拥护。从1853年冬开始，太平天国改变了政策，放弃了土地公有，承认土地私有，恢复和保护城市工商业，这样，促进了城乡商品经济和资本主义萌芽的发展。这里提出的问题，不仅涉及对《天朝田亩制度》等的评价，而且也涉及太平天国革命和政权的性质及其转变。

对太平天国宗教观念的研究，是近年来的又一进展。在过去的长时期中，对太平天国的研究基本上回避了宗教问题，或者忽视宗教对运动的影响，或者对宗教在运动中的作用仅仅进行简单的斥责。近年来，这一无形的禁区已开始有所突破。有的研究者对"太平天国的基督教"同正统基督教作了比较，认为洪秀全创立了一种新宗教，以作为发动农民起义的工具。有的认为外国宗教之所以能与中国的农民革命发生联系,是由于拜上帝会的上帝不仅保留了中国宗教的传统成分,而且允诺农民可以无灾无难,有衣有食。对太平天国宗教的研究,还有待深入。

太平天国历史中还有许多未被认识的问题。太平天国革命运动的过程和因素是多方面的。马克思主义的阶级分析是我们进行研究的基本方法,但这不应该是将农民起义简单化,简单地使用地主和农民这两个概念,而是应该研究当时各种社会成分、社会现象及各种矛盾的复杂情况,这样才能加深对历史的认识。克服了思想僵化,扩大了视野,丰富的课题就在眼前,等待着研究者努力探索,作出贡献。

1980 年 3 月

太平天国研究的历史和方法

　　太平天国运动是我国历史上的重大事件。由于它的历史地位,由于它在思想、政治、宗教等方面有许多独特的问题,因而吸引了国内外数以百计的研究者、爱好者。实际上,对太平天国的研究成了一种专门的太平天国学。

　　我国对太平天国的研究有深厚的基础。粉碎"四人帮"文化专制主义统治的三年多以来,太平天国研究从被窒息的状态恢复生机,取得了许多新的成绩。曲折的道路有助于我们思考太平天国学本身建设方面的经验教训。本文不是从文献学方面叙述太平天国的研究史,而是在学习太平天国研究史的过程中主要着眼于研究方法的得失所写的一些笔记,对研究成果的介绍大体上只是在这个限度内有所涉及,自然不免挂一漏万。错误之处,尤盼识者指正。

一

　　太平天国失败后,清朝统治者毁灭了它的文书文献,而仅仅在他们的官方记录和私人文集中,片断地、歪曲地留存了这次运动的形象。20 世纪初叶,我国民主革命运动蓬勃发展。为推翻清朝统治而激烈悲壮地斗争了十几年的太平天国运动,在那时的革命志士心目中获得了新的意义。他们按照自己的理解和需要,宣传这次革命运动。如石达开就是他们用来进行这种宣传的人物之一。1902 年出版的《饮冰室诗话》内有石达开《答曾国藩五首》,1906 年"残山剩水楼主人"印行《太平天国翼王石达开遗诗》一册,共二十五首,包括了上述五首。诗作抒发石达开曾中秀才举人而毁家起义以救国救民的抱负。实际上,这些遗诗都是为了"激发民气"而假托的,寄寓的是假托者自己的思想感情。① 与此同时的汉公的《太平天国战史》,是当时有影响的著作。② 孙中山倡议写这本书并为该书写序称:"汉公是编可谓扬皇汉之武功,举从前秽史一澄

---

① 柳亚子《题残山剩水楼刊本石达开遗诗后》(1939):"残山剩水楼刊本《石达开遗诗》共二十五首,自《答曾国藩五首》见于梁任公《饮冰室诗话》外,余二十首悉出亡友高天梅手笔。时在民国纪元前六年,同讲授沪上健行公学,天梅为余言,将撰翼王诗赝鼎,供激发民气之用。遂以一夕之力成之……当时醵金印千册,流布四方,读者咸为感动。"又,柳亚子《题卢冀野辑〈石达开诗钞〉后》说:"《饮冰室》所载五首赫然首列,颇有人疑出任公伪造,与天梅不谋而合。"(均见罗尔纲《太平天国史料辨伪集》,北京,生活·读书·新知三联书店,1955)这些石达开的"遗诗"流传甚广,影响深远,直至近年仍有人"征集"到这些诗,认为是石达开所作。

② 祖国杂志社出版的《太平天国战史》前编,有孙中山序,未著出版年份。按《民报》第拾号有《太平天国战史》上卷三版、中卷初版的广告,称上卷系于甲辰年(1904)初版。

清其奸，俾读者识太平朝之所以异于朱明，汉家谋恢复者不可谓无人。"显然，编写这本书的目的在于借太平天国以鼓吹反满革命。编著者说，本书多采译西人从军日记诸书及日本人著作、中国写本，列了英、法、日各种参考书和"中国逸书"，但实际上，书中所记颇多出于虚构。① 如书中说，太平军初占武昌，行乡会试，兴国刘某为状元，登台演说驱满兴汉意，民有泣下者。洪秀全在南京谒明陵，祝词称："不肖孙子洪秀全得光复我大明先帝南部疆土，登极南京，规模一遵洪武初年祖制。"如此等等虚构之事，是当时汉族民族主义思想之反映。书中又说，洪秀全建国后，其制度律令半效西法，日登高殿集众演说，日用食事，一宗法制。与人民自由权为主，解妇人拘束，交际之风一变。又说，美国领事以洪秀全为人民争自由，乃东方之大革命，请遣使通好。洪仁玕乃赍国书使美，国书称：朕闻贵国重人民，事皆平等，以自由为主，男女交际无所轩轾，实与我天朝立国相合。更属子虚乌有，应为当时革命者头脑中民主主义理想的投影。

　　辛亥革命以后，谈论太平天国已不成为禁事，因而二十年间出现了多种关于太平天国的著作。其中有一些主要是叙事性的，如凌善清的《太平天国野史》(1923)。作者对太平天国有自己的看法，认为它实行了许多新政，有许多新思想，清末民初许多改革都渊源于它，其意义较之民国之墟清为尤重且要。但这本书的主要根据是《洪杨纪事》抄本，即张德坚的《贼情汇纂》，还有一些则据自传闻或伪托的书。随着太平天国史料的日益发现，这些著作已逐

① 郭廷以《太平天国史事日志》附录《引用书目》对此书采用的书目有简略考订。

渐失去了价值。

另一些主要是理论性的,是试图从阶级关系和社会经济内容等方面对太平天国运动进行分析的史书。这类书有李一尘的《太平天国革命运动史》(1930)、张霄鸣的《太平天国革命史》(1931)等。它们认为太平天国是一次资产阶级性的革命,或称为资产阶级性的农民革命,或称为市民性的农民革命、农民性的市民革命。它们的观点似乎都渊源于拉狄克的著作《中国革命运动史》。拉狄克说:

> 中国当时需要资产阶级革命已经成熟了。所以太平天国暴动有着资产阶级民主革命的成份……它是中国资产阶级革命暴风雷雨般的先声,有力的开端。[①]

根据这种观点,李一尘、张霄鸣等都认为,太平天国以前的中国已经具备了发展资本主义工业的客观基础,太平天国建立共产农村公社的企图,很快就被高度发展的商业货币经济推翻,他们破坏了地主土地占有制,解放贫苦农民,同时又开始建立"派力门"("议会")政治,建立进步的司法审判制度,为资本主义制度打出道路。同时认为,太平天国1856年内讧,是阶级矛盾的表现:洪秀全是小资产阶级,即破产的下层知识分子的代表,接触商业资本后趋于腐化;杨秀清是代表工人意识的急进派;韦昌辉是被迫加入革命的地主富商的代表。内讧就是三个阶级的冲突。拉狄克说:"工人

---

① 卡尔·别隆加尔道维奇·拉狄克,第三国际活动家。他的《中国革命运动史》我未见到,此处据张霄鸣《太平天国革命史》(上海,商务印书馆,1931)转引。

的意见是欲推进革命向前发展,小资产阶级就动摇了,而地主就手舞足蹈地屠杀工人。1927年的历史更重演了这出悲剧(指蒋介石、汪精卫叛变革命)。太平天国的历史,即是1927年北伐中阶级利益冲突的开场白。"①

我们不能说这些书在理论上学术上没有可取之处,但它们主要的论点并没有坚实的事实基础。中国当时进行资产阶级革命的条件是否成熟,姑不具论,但拉狄克等对问题的推理过程是不能成立的。以杨秀清为工人的代表,说只有他希望把革命推进到北方,更是毫无根据。所以这些看法也就不可能有说服力。

二

20世纪30年代以后,太平天国学在史料和研究两个方面的情况都发生了变化。

从20世纪20年代后半特别是30年代起,国内久已湮没的太平天国本身的文献,如它的印书、文书等,当年曾被一些传教士、商人、外交官、侵略军带往国外而收藏在博物馆、图书馆里,这时陆续被一些中国学人发现而传回中国。最早传回和出版的有刘复《太平天国有趣文件十六种》和程演生《太平天国史料》(第一集)(都在1926年出版)。刘复的十六种抄自伦敦不列颠博物院图书馆藏件,其中十四种系太平天国文书,但大多被割裂,量较少。程演生的史料集系据法国国立东方语言学院图书馆藏本抄摄,有太平天

① 据张霄鸣《太平天国革命史》转引。

国的重要印书十篇,其中包括《天朝田亩制度》初刻本和《原道救世歌》《原道醒世训》《原道觉世训》等洪秀全的早期著作以及《天父下凡诏书》等。30年代中,萧一山、王重民等先后到英国、德国、法国搜访,抄摄了很多太平天国的印书和文书,先后出版了《太平天国丛书》第一集、《太平天国书翰》《太平天国诏谕》《太平天国官书》等,提供了《天朝田亩制度》重刻本、《资政新篇》《钦定英杰归真》等多种文献。在国内,故宫博物院文献馆也于1933年影印出版《太平天国文书》一册,其中有李秀成、陈玉成等的一些重要书信、告示。30年代,简又文、谢兴尧还经常在《逸经》等杂志发表关于太平天国的中外史料、掌故。所有这些关于太平天国的真实记录的出版,打开了研究工作的新世界,促进了太平天国研究在30年代的繁荣。

20世纪30年代以后,太平天国史事的考订研究方面也有较多的进展。罗尔纲的《太平天国史纲》《太平天国史丛考》,郭廷以的《太平天国史事日志》和其他一些学者的著作,对太平天国的一些重要历史过程和政策措施,进行了一定的研究,取得了积极的成果,澄清了前一阶段许多以讹传讹的误解。例如关于朱九涛同洪秀全的关系,自同治年间出版《平定粤匪纪略》以来,王定安《湘军记》、汉公《太平天国战史》、凌善清《太平天国野史》等几十年的旧说,都认为朱九涛创上帝会而洪秀全曾师事之。罗尔纲稽考史料,证明朱九涛为湖南天地会一名首领,同上帝会和洪秀全了无关系,对了解太平天国的兴起过程起了积极作用。又如关于太平天国的历法,过去日本学者所撰天历与阴阳历对照简表,认为天历干支即阴历干支,太平日曜即西历日曜;郭廷以、罗尔纲根据原始资料推算出天历干支较阴历提早一天,太平日曜较西历提早一天,这对研究史事有很大作用。再如关于太平天国的社会经济政策和思想,在此以前或未予重视,或虽重视而多陷于臆测。① 而这一时期的学者,都重视对《天朝田亩制度》的分析以研究太平天国的思想和制度,同时还注意利用方志和笔记资料,提出和研究《天朝田亩制度》的实施问题,如此等等,使人们对于太平天国的认识有了不少进展。

这一时期的研究者对太平天国运动的性质有不同的看法。如简又文等认为这是一次民族革命运动,目的在于推倒清政权而恢复汉族河山。郭廷以认为"论其性质,初不限于政治、种族,实兼有宗教、经济、社会诸原因"。罗尔纲认为太平天国是贫农的革命,但"含有民主主义的要求并且参入了社会主义的主张"。这些看法各个不同。简又文强调太平天国的汉满民族斗争的性质而反对马克思主义的阶级斗争理论,显然是突出的资产阶级偏见。尽管他们有这些不同,在方法上却大都重视考据,重视用逻辑的实证的方法研究历史事实和过程。不能不认为,这种研究方法对于前一阶段著作中的某种主观主义倾向,不失为一种有益的纠正。但是,他们

---

① 如李一尘《太平天国革命运动史》(上海,光华书局,1930)极重视太平天国的土地政策,说太平天国"消灭地主私有的土地,焚毁借约与田契,将土地分给农民","推翻了中国经济上的封建制度"。他举出的证据,就是1888年英国亚洲通讯社中国分部以哲米逊为指导员调查中国农村关系的两份通讯。其一说,"镇江府自从太平天国以后没有大地主,只有小土地私有者——农民"。又一份说,"太平天国在镇江一带屠杀或驱逐了居民,焚毁衙门及土地册簿,而在江苏北部,则几乎秋毫未犯,旧日世家,还握有自己的土地。扬子江以南,自从1856年以后,占有土地者皆为捷足先登握有田主的文契而又多年耕种过土地的人"。认为这些通讯所说的情况系由于太平天国实行了分田政策。这自然是缺乏根据的。

重视的是个别的、部分的史事考订研究，其根本缺陷是不能用马克思主义的科学方法解释和驾驭全部过程，这必然要限制他们的视野和成就，甚至造成种种错误的见解。

三

新中国成立后，太平天国研究进入了一个新阶段。国家的重视，成果的丰富，队伍的扩大等方面，与以前都不可同日而语。新中国成立初期，在金田起义一百周年的时候，《人民日报》发表社论纪念这一次伟大的革命运动，全国许多地方举办了太平天国展览会、座谈会。在群众和专业工作者配合下，文物、文献不断发现，史料的编纂和出版大规模地开展。1950年，北京大学文科研究所和北京图书馆编辑《太平天国史料》一册，收入了向达等从英国抄录的许多重要史料。其后，中国史学会主编《太平天国》（"中国近代史资料丛刊"第二种），包括了新中国成立以前零散发表的太平天国文献和清方记载。在罗尔纲的指导和南京太平天国历史博物馆等单位的努力下，《太平天国印书》《太平天国艺术》《太平天国史料丛编简辑》先后出版。此外还出版有《太平天国资料》《太平天国史料译丛》《吴煦档案中的太平天国史料》等。其中，在搜集太平天国各种文书告示和当时人的有关记载等方面，取得的成就与新中国成立以前相比不可以道里计。这就为新中国的研究者科学地认识太平天国历史提供了较有利的条件。还需要指出的是，由于新中国成立后科学文化事业欣欣向荣，这些史料书大都发行较普及，这也便利了太平天国研究队伍，包括业余研究队伍的成长。

在研究工作方面,范文澜的《太平天国革命运动》产生了巨大的影响。这本书初版于 1945 年,新中国成立以后它作为《中国近代史》的一部分而得到广泛的传播。它认为,太平天国革命是中国历史上划时代的大事件,是中国历史上第一次提出政治平等、经济平等、民族平等、男女平等的革命运动,它揭开了中国资产阶级民主革命的序幕。这种看法代表了我国太平天国研究的整整一个时期。罗尔纲在新中国成立初期先后出版了《太平天国史稿》《忠王李秀成自传原稿笺证》和《太平天国史事考》等七种论文集,重在总结他考订研究史事的成果,这对于新中国成立以后新的研究力量的成长也起了有益的作用。广大的史学工作者以马克思主义为指导思想从事太平天国研究,写出了多种关于太平天国的专书和大批论文,其数量在中国近代史领域中首屈一指。很多研究者根据历史唯物主义的理论和方法,批驳了把太平天国曲解为宗教革命或种族革命的偏见,而认为这是一次反对阶级压迫和民族压迫的伟大革命斗争。同时,对太平天国史的许多重要问题,也进行了积极的研究和讨论。

20 世纪 50 年代进行的关于这次革命的性质,包括它的原因、动力、任务和目标的讨论,是我国太平天国研究史上一次最热烈的争论。一种意见认为太平天国革命仍然是一次旧式农民战争,是在当时中国社会的主要矛盾——地主阶级和农民阶级矛盾的基础上爆发的,《天朝田亩制度》正是农民渴望得到土地的反映。另一种意见认为,这次革命具有资产阶级的性质,是资产阶级性的农民革命。有的还认为它是一次市民革命,《天朝田亩制度》反映了资本主义的要求。太平天国运动是否具有近代的性质,或在什么意义上具有近代的性质,是十分重要但并非轻易就能认清的问题。研究这样的问题,需要对太平天国本身的思想、政策的性质、作用、后果作实事求是的分析,同时还应对当时中国整个社会的性质有切合实际的认识。列宁说:"在整个社会经济都是资本主义性质的条件下,任何反对中世纪制度的农民革命都是资产阶级革命。"①根据列宁的这一意见,如果认为太平天国是一次农民革命而具有资产阶级革命的性质,似乎需要切实地研究当时中国的全部社会经济是否带有资本主义的性质,或在什么程度上带有这种性质。这是一个很大的科学问题,当然不是从名词、概念方面所能解决的。

太平天国的经济政治措施是新中国成立以来的重要研究课题。太平天国不曾实行《天朝田亩制度》中的平分土地方案,但它是否实行过类似"耕者有其田"的政策? 对这一问题的不同见解,引导了对太平天国地区的土地关系和阶级关系的深入研究。由于研究者的努力,由于江浙等地大量笔记史料的发现,现在人们对于太平天国地区土地关系有了比以前较为具体、较为深入的了解,这是新中国成立以来太平天国研究取得的重要成绩之一。较多的人认为,太平天国并未实行耕者有其田的政策,农民在革命运动中得到过某些实际利益,但革命并未改变整个所有制。此外,关于太平天国的农村政权、乡官成分、思想渊源和文化教育制度,关于反对外国侵略者的斗争,打击清朝统治者的战绩,同各地各民族反清起义的关系等,都有很多论著。这样,新中国成立以后太平天国的研究在广度上、深度上都远远超过了以前的阶段。

---

① 《社会民主党在1905—1907年俄国第一次革命中的土地纲领》,见《列宁全集》,第2版,第16卷,第315页。

四

新中国成立以来的太平天国研究经历了曲折和倒退，这就是20世纪60年代中期批判李秀成的政治运动和70年代中期在太平天国史领域中搞"批儒评法"。

1964年对历史人物李秀成的批判，如同当时对杨献珍"合二而一"论和综合经济基础论的批判，对周谷城"时代精神汇合"论的批判，以及对吴晗、邓拓进行大规模的批判一样，都是极左路线的产物，都是十年浩劫的先导。戚本禹发起对李秀成的批判和后来在太平天国史领域中搞"批儒评法"，都包含着明显的政治阴谋，并且由于他们利用了历史来搞阴谋，因而对太平天国研究造成了极大的伤害。

李秀成被俘以后的表现，出于什么动机？造成什么后果？为什么会有这些表现？这本是历史学家应该探讨的问题，应该成为研究李秀成其人其事的一部分。但60年代的李秀成批判运动却把这样一个具体的历史问题变成了政治问题，不允许讨论，用恶劣手法围剿不同意见。它在研究方法上还助长了一种非科学的倾向，这就是用对历史人物作政治鉴定来代替对历史人物进行科学研究。历史过程总是由人物、事件、环境等主客观因素构成的。人物怎样和为什么参加了某一历史过程，他对此过程起了什么作用，为什么起这样的作用等，对此给以马克思主义的分析和评价，将使我们对整个历史过程有更深刻的了解。但戚本禹批判李秀成的方法，却引向只关心对人物作出某种脱离历史条件、不作历史分析的政治结论,例如,是否叛徒,是否野心家,是变节分子还是变节行为,是人民内部矛盾还是敌我矛盾,等等。历史人物研究中的争论如果只在这些政治结论的类别上或程度上纠缠不休,那就会失去科学的性质,而无助于对历史过程的认识。

"批儒评法"是继之而来的对太平天国研究的严重伤害。梁效、罗思鼎根据"四人帮"的政治需要,随心所欲地曲解历史事实,用"路线斗争"论来塑造太平天国历史,把历史糟蹋得面目全非。他们说,洪秀全坚持《天朝田亩制度》,是反封建的,太平天国其他领导人主张"照旧交粮纳税",是封建复辟代表;洪秀全要"斩邪留正",别人要"士农工商各安其业";洪秀全要"反孔",别人要"尊孔",等等。这些浅薄的、别有用心的捏造,竟成了太平天国研究的模式。生动、丰富的历史现象,变得极度地贫乏、脸谱化、简单化、公式化;有规律可循的自然历史过程,变成了一些不受物质条件制约的自由意志的表演。

在戚本禹、梁效、罗思鼎猖狂时期,太平天国研究经历了虚假的繁荣和真正的窒息。他们所铸造的模式不允许、不需要人们去研究历史,而只需要人们去"塑造"某些指定的英雄,去揪出一个个的"叛徒""阶级异己分子""分裂主义者"。

太平天国研究只是在粉碎"四人帮"以后才逐渐恢复生机。1976年底,史学工作者就提出了批判"四人帮"对太平天国研究造成的祸害问题,后来又提出了纠正"神化"洪秀全、"鬼化"李秀成等人的问题。经过几年的努力,这样的批判和纠正取得了很大的成功,戚本禹和梁效、罗思鼎那些荒诞浅薄的论断,已为广大史学工作者所鄙弃。但拨乱反正并不是简单地回到十几年前的老地方。

这几年来太平天国研究取得的成就,更表现在经过史学工作者新的研究,提出了不少新的问题。

如关于洪秀全的早期思想和太平天国运动的兴起过程,有些同志认为,在洪秀全的科场绝望和走上反清道路之间,有一个信从宗教、希望通过改造世道人心以救世的阶段,《原道救世歌》等早期作品没有直接的反抗意识,也没有包含近代的政治经济平等的内容,而只是反映了这种救世的愿望。洪秀全在1847年以后受阶级斗争形势的影响和推动,决心发动起义,基本上仍是中国传统的农民战争,在此以后,他的著作中才包含了利用宗教和其他适合于农民战争需要的思想。

又如,太平天国政权的性质问题,这是中国古代农民战争中的政权问题讨论的延伸。有的认为,太平天国在天京建立的政权,是一个新的封建政权;有的认为天京政权还是农民革命政权,但处在封建化的过程中。与这一问题有联系的,还有对太平天国内讧和政体问题的新见解。如关于内讧,认为这是政权逐步封建化,领导集团思想逐步蜕化的结果。关于政体,认为太平天国的政体制度是虚君制:天王为国家元首,临朝而不理政;军师为政府首脑,掌握实际权力。这种制度具有农民民主主义的性质。这种制度后被杨秀清、洪秀全自己破坏,洪秀全成为专制君主,使农民政权逐渐向封建政权转化。此外,关于《天朝田亩制度》的性质,关于太平天国后期的土地政策、经济政策及其变化,以及太平天国革命对促进社会经济发展方面的作用等,都有新的研究成果,进行了新的讨论。可以说,这几年来的太平天国研究,继承了新中国成立以来的优秀成果,但并不是简单地沿着旧轨辙前进,而是在重新学习马克思主义的基础上,开始认真地验视过去的成果,开拓新的领域,进行新的探索。它有希望成为太平天国学发展史上一个新的阶段的开始。

所有这些新提出的看法,当然并不都是对历史的更正确的认识。它们都还存在着不同意见的争论,并且有的争论也没有展现使意见逐步一致的前景。例如关于太平天国是"农民政权"还是"封建政权"的争论似乎就是如此。"农民政权"与"封建政权"是否是一对互相排斥的概念?封建社会中的农民,是与地主对立的阶级,但与"封建"似乎并不矛盾。封建社会中的农民不可能出淤泥而不染,不带有封建性。所以,封建社会中农民起义所建立的政权,必然一开始就有封建性,并不是起始阶段没有封建性,到后来才有封建性。农民和地主这两个阶级共同生存在封建社会的经济基础之上,起义农民起来造反,打击地主阶级的统治,并不需要有另一个经济基础。起义农民的政权不可能在有没有封建性的问题上,在是否消灭地主土地所有制的问题上与封建的地主政权相区别。我们应该着重注意这种农民政权是否仍在打击当时的地主政权和地主阶级(当然只能是其中的一部人),细致地考察它与当时的地主政权是否还存在着区别。也许,这可以帮助我们找到太平天国政权性质问题的前进之路。

这种情况启发人们不仅要关心争论中的不同意见,而且更要关心研究的方法。在庆幸我们的工作从"四人帮"的窒息下解脱出来而重新取得了成就的时候,我们感觉到了存在着怎样才能使太平天国研究进一步深入开展的问题。太平天国研究的历史给我们以什么启示?几十年来,特别是新中国成立以来的太平天国研究在理论上方法上有什么经验教训？三十年来,关于太平天国,已经有很多书很多文章,但是我们不能说太平天国研究已经走到了尽头;对历史的研究和认识是个无穷尽的过程,而且太平天国研究中的确还有不少我们未涉足的问题。既然这样,我们怎样才能开阔视野,向着太平天国研究的广度和深度进军？无疑,我们需要对这些问题进行集思广益的讨论和研究。

五

回顾三十年来太平天国研究的历史,可以看到,正确地处理科学与政治的关系,对太平天国研究中的成绩和失误是十分重要的问题。我们在马克思主义指导下对太平天国历史作科学的研究,加深了对这一历史过程的认识,丰富了只有工人阶级领导的革命斗争才能引导农民走向解放的真理。这样,史学工作者就以自己的研究从各个侧面解释了我国近代社会发展的规律,直接或间接地为无产阶级的政治斗争提供了科学的基础。但是,在这个问题上,我们固然有做得正确因而取得成绩的经验,但也有造成失误的教训。主要的问题在于对历史研究如何为政治服务,如何为无产阶级利益服务的理解,常常陷于片面化和简单化,常常把历史研究当作为眼前政治需要作注解的工作,而不重视历史研究应有自己独立的对象、任务和要求。

这方面的问题当然不仅存在于太平天国研究。如在中国近代史领域中,由于新中国成立以后的革命以资产阶级为对象因而对历史上资产阶级的进步活动也认为要"立足于批",由于批判当代改良主义因而按照这种需要去描述和评价戊戌变法,如此等等,以为这样就是为无产阶级政治服务。同样,在太平天国研究中,为了当时某种理论政策宣传的需要,从太平天国史取材进行"配合"。例如,讲教育改革,就写太平天国的教育制度;讲妇女问题,就写太平天国男女平等;讲法律,就写太平天国的法律,如此等等。

由于在研究中早就存在着这样的倾向,因而,在 20 世纪 60 年代,为了配合当时的政治需要而去搜索李秀成的叛徒罪状,在太平天国中大抓叛徒;在 70 年代,为了配合开展所谓路线斗争的需要而去构筑太平天国内部种种莫须有的矛盾,就不是突发的事。相反,倒可以说是有原因的。当然,我们队伍中的这类缺点,同戚本禹和梁效、罗思鼎别有用心的捏造,是不同性质的问题。

我们在这种倾向引导下写作文章的时候,主观上可能认为这是历史研究为无产阶级服务的良好途径。但是,经过多年的实践,很多人都已看清楚,这样做,不能为无产阶级的利益服务,甚至还可能造成危害,特别是当文章所服务的政治口号是错误的时候。这是我们大家都容易体会的。不仅如此,我们还需要进一步认识这种"服务"可能造成对学术的危害。

由于目的主要在于"配合"而不在于探讨历史本身,因此对历史的认识往往不能深入;不但不能加深对历史的认识,甚至可能导致对历史的歪曲。历史和现实是复杂的,在注意到它们的连续性时,不能忽略它们之间往往有本质的不同,或形质俱异,或形似质异。太平天国的内部矛盾不同于现代社会的阶级斗争,用比附来"配合",只会把历史描绘得面目全非。太平天国同外国侵略者的关系和斗争有其具体的历史过程和特征,我们有不少关于太平天国反侵略斗争的论文,但太平天国对外国的认识和同外国的关系,我们却依然知道得很少、很浅、很不具体。原因在于有些论文是为了突出某一普遍性的观念,是为了纪念或"配合"而写的。这样的文章是需要的,但如以之代替太平天国同外国关系问题的科学研究,就不能不使研究陷于一般化。太平天国对妇女婚姻问题的看法、太平天国实施法律教育的情况,都有其时代的、阶级的特点,需要进行具体的研究,但如果为了"配合"而去谈论这些问题,就不会帮助我们正确深入地认识当时的历史和社会。

这种形式的研究实际上不是研究,实际上只是为了某种眼前的需要到历史中摘取例证。它使我们的视野狭窄,题目单调,许多科学上应予探讨的问题,由于同"为政治服务"挂不上钩而受到忽视。久而久之,这种研究方式就成了无形的禁锢,使我们即使不是有意地为了"配合",也习惯于从几个现成的政治理论结论出发去观察历史,而不习惯于从历史本身的广泛内容着手。马克思主义是我们的指导思想,但一些从当代社会生活中概括出来的某种具体结论,即使它是正确的,也未必能适用于与当代社会生活不同的历史时代。历史研究者的思想范围如果只限于为这些结论作注解,那么,历史即使不是受到曲解,也必然会变得相当单调而肤浅。

新中国成立以来,我们在太平天国史方面有很大的研究队伍,发表的文章数以千计,这自然是巨大的成绩。但以之与我们对历史认识的深度相比,应该说,我们并未得到相应的收获。我们有相当一部分时间和精力花在诸如此类的"配合"上,它们对获得深入的历史认识并没有多少帮助,更不用说其中有一些"配合"不仅破坏历史科学而且也破坏社会主义政治了。我们应当从曲折的发展道路中吸取这样的经验教训。

这在任何意义上都不是说我们的研究可以脱离政治，可以不为无产阶级利益服务；恰恰相反，我们要强调的是完成历史研究本身的任务和为无产阶级利益服务的统一。

历史学是有党性的学科。它有不同的指导思想，它的研究成果，归根结底总是为不同的阶级利益服务。在社会主义的中国，历史研究，包括太平天国研究，无疑应该有利于无产阶级事业，为无产阶级服务。但是，实现这种"服务"或"有利"，并不是要我们撇开历史的整体，只去摘取某些形似的部分作为论证某种现实问题的工具，并不是要把历史研究变成编写某种伦理学的教科书。这种"有利"或"服务"，是要在马克思主义的指导下，通过对历史现象进行独立的科学的探索而实现的。历史的发展像自然的发展一样，有它自己的内在规律。无产阶级的史学工作者是唯物主义者，"唯物主义者的任务是正确地和准确地描绘现实的历史过程"[1]，"在于发现这个过程的运动规律"[2]，用具体的历史知识来说明这种规律，以丰富人们的思想，提高人们的认识。只要坚持以马克思主义的历史唯物主义作为指导，越是独立地研究历史，就越能丰富对历史发展规律的认识，越能提高我们为社会主义和共产主义而斗争的信心，正是在这种根本的意义上，它越是有利于无产阶级的事业。所以恩格斯说："科学越是毫无顾忌和大公无私，它就越符合

---

① 《什么是"人民之友"》，见《列宁全集》，第 1 版，第 1 卷，第 143 页。
② 恩格斯：《反杜林论》，见《马克思恩格斯选集》，第 2 版，第 3 卷，第 364 页。

工人的利益和愿望。"①

妨碍在马克思主义指导下独立研究历史的,有一种似是而非的口号。戚本禹提出过"为革命而研究历史"的漂亮口号。我们不去说口号的提出者隐藏着什么政治目的,单就这一口号本身来说,它就起了取消历史研究的科学性和抹杀历史现象的整体性的作用。按照这种口号行事的代表作就是戚本禹自己对李秀成的全盘否定。如果"为革命而研究历史"意味着要效法他,人人去"揪叛徒",表彰"气节",难道马克思主义曾告诉我们,历史书就是由"贰臣传""节烈传"构成的吗?历史有广泛的社会经济文化内容,马克思主义要求我们对之进行科学的研究,借以丰富人们对历史发展规律的认识,而戚本禹的口号和实践却要求在丰富的历史过程中割取"革命"所需要的一部分,这显然是以唯心主义和实用主义冒充马克思主义。

在关于史学方法的研究讨论中,对"古为今用"口号的理解是一个有争议的问题。口号是一种过于概括的东西,其意义可以有不同的解释。关于它的作用,重要的是要看这个口号指导下的实践。而实践告诉我们,它往往引向拿古代的东西来比附今天的需要。这是不可取的。政治家和我们自己在日常生活中用古代的人和事来作一种比喻或暗示,是常有的事。比喻或暗示是可以不顾不同的历史条件的,而历史学家研究历史却绝不应该这样。不能随便用古代的东西来比附现代,对于马克思主义的历史学家来说

---

① 恩格斯:《路德维希·费尔巴哈和德国古典哲学的终结》,见《马克思恩格斯选集》,第 2 版,第 4 卷,第 258 页。

是特别重要的,因为历史唯物主义的一个原则,就是确认不同的物质经济条件产生不同性质的事件和人物。这是与唯心主义的历史哲学的基本区别。唯心主义的历史哲学总是认为历史进程是周而复始的循环,是永远表演于世界舞台的同一出悲喜剧。在他们看来,现在就是过去的重演,因此,他们常常依照现在的模式去描写过去,例如在太平天国研究中,把杨韦事变看做蒋介石或其他什么叛变革命的先例,把石达开看做张国焘的先例,如此等等,对太平天国研究绝不可能有客观性和科学性。而在唯物主义看来,各个时代的政治斗争可能在形式上相似,但它们各有不同的物质经济条件,本质是不一致的。马克思曾辛辣地讽刺那种不分古今的肤浅历史比拟,指出:"由于古代阶级斗争同现代阶级斗争在物质经济条件方面有这样的根本区别,由这种斗争所产生的政治怪物之间的共同点也就不可能有比坎特伯雷大主教与最高祭司撒母耳之间的共同点更多。"①这是历史研究者所应记取的座右铭。

后来变成修正主义者的考茨基在 20 世纪初曾研究基督教的历史,他曾说,从事政治活动的人研究历史往往有根据现实需要而改铸历史的危险,而防止这种危险的可靠方法就是历史唯物主义,就是确认不同的物质经济条件有不同的人和事。他说,他研究原始基督教的起源,"并没有赞扬基督教或蔑视它的立意,我所想的只是了解它。我知道,无论我得到什么样的结果,我所奋斗以拥护的使命并不会因此蒙受损害。……无论古代的无产者有什么伟大成绩和胜利,有什么欠缺和失败,我们都断不能根据他们来推测近

---

① 马克思:《路易·波拿巴的雾月十八日》,见《马克思恩格斯选集》,第 2 版,第 1 卷,第 581 页。

代的无产者的性质和前途"①。当然,了解历史有不同的立场和出发点。无产阶级以历史唯物主义为指导,科学地客观地认识历史的发展过程,并不是为了兴趣,而是为了有助于较深刻地认清现在的社会,有助于我们在现实斗争中成为有觉悟的和目光远大的战士。

近年来,史学界思想很活跃,当然意见也很分歧。对太平天国研究中的某些看法,例如认为太平天国搞平均主义比封建剥削还坏,《天朝田亩制度》是维护封建剥削的纲领等看法,不少同志有不同意见。这些看法当然是难以赞同的,尽管我们应该鼓励不同见解的自由讨论。但为什么会对历史产生这些看法?有的认为这是历史研究不为政治服务的结果,是"为历史而历史"所造成的。其实不然。"为历史而历史"的提法是不正确的。我们需要的是以历史唯物主义为指导,按照历史的本来面貌去认识历史,按照当时的条件去说明历史。而历史研究为政治服务的提法,如前所述,长期以来易于被理解为按照一时的现实需要去"认识"历史,并以这样的"认识"来说明现实。实际上,这的确是历史研究中两种根本不同的方法,甚至是两种根本不同的历史观。太平天国研究的历史已经说明了这后一种方法和观点对科学事业所造成的有害影响,而现在上述那些人们难以赞同的看法进一步表明了这种方法和观点的影响是多么深远。稍稍分析一下就可以看出,上述看法并不是独立地客观地研究历史的结果,而恰恰是把某种观感附着于历

---

① [德]考茨基著,汤治、叶启芳译:《基督教之基础·引论》,北京,生活·读书·新知三联书店,1955。

史所造成的,尽管可能是无意识的。任何人都不可能脱离现实,都会对生活有种种观感。历史学家在研究历史的时候,需要的是严格地遵循历史唯物主义,警觉某些观感在无意中影响我们对历史的观察和认识而脱离了当时的历史条件。这是我们应该具备的一种"职业训练"。如果不去警觉它,甚至反而利用它,如根据对"史无前例"的"红卫兵运动"的观感而去描述义和团运动,根据对今天生活中封建残余的观感而去看待历史上的封建主义,那就不会有对历史的真正认识和恰当评价。由此看来,加强历史唯物主义的学习,强调独立地客观地研究历史,的确是非常必要的。我们只有努力克服那种根据"现实感"来铸造历史的影响,太平天国学作为一门学科,才能真正地深入地前进。

六

从几十年太平天国研究的经验来看,正确理解和运用马克思主义的阶级观点是非常重要的问题。恩格斯说过,"一切历史上的斗争,无论是在政治、宗教、哲学的领域中进行的,还是在任何其他意识形态领域中进行的,实际上只是各社会阶级的斗争或多或少明显的表现"[①]。这种对历史现象进行阶级分析的方法,应该是我们研究太平天国的基本方法。新中国的历史学家正是在它的指导下才得以认识这次运动的阶级斗争性质,澄清了它是一场民族革命、宗教革命等错误观点的。

---

① 恩格斯:《卡·马克思"路易·波拿巴的雾月十八日"一书德文第三版序言》,见《马克思恩格斯全集》,第 1 版,第 21 卷,北京,人民出版社,1965,第 291 页。

但在太平天国研究中运用阶级斗争观点，也存在着简单化的错误的理解。

有一种表现是，把在历史研究中运用阶级观点同历史研究者的阶级立场问题混而为一，似乎用阶级观点研究太平天国，就是要站在太平天国的立场、洪秀全的立场，以他们的是非为是非。这是一种误解。马克思、恩格斯告诉我们，有文字可考的全部历史都是阶级斗争的历史，都是压迫者和被压迫者斗争的历史。但他们的著作也昭示我们，研究这些历史并不是要站在被压迫者的立场，站在奴隶、农民的立场，而是只应该站在无产阶级的立场。无产阶级比历史上的一切人高明，所以总是要以批判的眼光去看待历史上的一切，而不能采取对它们顶礼膜拜的态度，以至失去了分析认识的能力。这种批判既不是简单的否定，更不是谩骂，而是一种科学的分析。历史唯物主义告诉我们，历史是有规律地发展的，没有昨天也就没有今天，因而对有利于这个发展的人和事要肯定它的积极进步作用，指出不利于这个发展的人和事是历史的消极反动因素。这是只有站在历史之上之外才能做到的，作为当时被压迫者的代言人不可能有这样的认识能力。所以，尽管我们承认太平天国运动是一次伟大的革命斗争，也不能以他们的是非为是非，以他们的立场为立场。在太平天国研究中，我们都认识到应该站在无产阶级的立场，但实际上仍然不自觉地站在太平天国的或洪秀全的立场以观察问题，并非绝无仅有。如关于杨秀清的评价，有的认为杨秀清应该肯定，因为洪秀全后来也肯定了他。杨秀清确是应予积极评价的，但上述的论断似乎太简单了，尤其是洪秀全的是非不能成为我们的是非。洪秀全的是非不是评价太平天国人物乃至当时其他人物的标准;对无产阶级的历史学家来说,毋宁说,他也是需要评价的对象。

同这种做法相类似的,是把歌颂和暴露的公式简单地搬用于历史研究,对历史上的"正面人物"要歌颂,"反面人物"要暴露,两者必须泾渭分明。然而,研究历史的方法同在现实题材的文艺创作中对人民、对敌人的政治态度,是不同性质的问题。对历史,对历史人物和事件,只应也只能作出分析,作出评价。也有对历史上的进步事件和人物要歌颂的提法,实际上,这里所指的是在科学分析的基础上给予积极肯定的评价。历史上的剥削阶级、帝王将相,按照他们自己的私利所做的某些事甚至某些暴行,在历史发展中可能具有进步意义,我们能够用或者歌颂或者暴露的公式去处理吗?《共产党宣言》指出了资产阶级对工人的无耻的、残酷的剥削,同时又说它在历史上起过非常革命的作用。这既不是简单的"歌颂",也不是简单的"暴露",这是对复杂的历史所作的唯物辩证法的分析,依靠这样的分析,我们才能有对历史上的资产阶级的正确认识。历史上的农民是劳动者,不是剥削阶级。但作为历史研究的对象,对农民战争的研究也只有依靠唯物辩证法的分析,才能认识它的兴败规律和历史作用。在太平天国研究中,有时太平天国被整个地看作歌颂对象,认为应该少说少写它的"缺点"或"阴暗面";有时太平天国的某些人和事被视为歌颂对象而另一些人和事则是暴露对象。对歌颂对象如洪秀全不能讲"阴暗面",对暴露对象如韦昌辉就要掩盖他在金田起义中的作用;一旦讲拨乱反正,就误以为只是把原来的歌颂和暴露加以颠倒。这种方法当然不能如马克思主义所要求我们的那样,科学地认识历史。事实上,太平天国以及它的人和事的"进步面"和"落后面"都不可分地包含在它们自身之中，都是它们自己。我们不能像马克思所批判的蒲鲁东那样，"保存好的方面，消除坏的方面"，我们必须如实地把它们作为一个整体来进行客观的研究。

客观地研究历史，与阶级观点绝不是矛盾的，也绝不是客观主义。列宁多次提到马克思的客观分析方法，并在"客观"二字上加着重点。列宁批评俄国的"合法马克思主义者"只谈不可克服的历史趋势是客观主义者的语言，他说，唯物主义者运用的是比客观主义者更彻底的客观主义，他不仅指出过程的必然性，并且阐明什么样的社会经济形态提供这一过程的内容，什么阶级决定这种必然性。① 可见，只要站在无产阶级的立场上，以历史唯物主义为指导，越是客观地研究历史，就越能更深刻地认识历史。马克思在谈到他怎样研究路易·波拿巴的政变时说："我则是证明，法国阶级斗争怎样造成了一种局势和条件，使得一个平庸而可笑的人物有可能扮演了英雄的角色。"②马克思说过林肯是个平庸的人，他研究了美国的制度怎样使这个平庸的人成为英雄豪杰。③ 恩格斯分析了马丁·路德怎样从表现得非常勇敢的人民的一分子，变成投向人民的压迫者方面而使自己的名字带上了污点。④ 这些运用阶级斗

① 参见《民粹主义的经济内容及其在司徒卢威先生的书中受到的批评》，见《列宁全集》，第2版，第1卷，第363页。
② 马克思：《路易·波拿巴的雾月十八日》，见《马克思恩格斯选集》，第2版，第1卷，第580页。
③ 参见马克思：《北美事件》，见《马克思恩格斯全集》，第1版，第15卷，北京，人民出版社，1963，第587页。
④ 参见恩格斯：《大陆上社会改革运动的进展》，见《马克思恩格斯全集》，第1版，第1卷，第585页。

争理论客观地分析历史人物的科学论述,是我们学习的典范,是治疗简单化弊病的良药。

简单搬用歌颂和暴露的公式在前些年更等而下之发展成为"倒"和"保"的对立,即对某个历史人物的评价或者是"保",或者是"倒",如对杨秀清的评价,有所谓打倒派和保派的矛盾。这是"文化大革命"的政治动乱侵入历史领域的直接反映,它使评价历史人物的科学工作蜕变成为儿戏。在这方面的拨乱反正,绝不是"保"和"倒"的颠倒问题,而是要根本废弃这种与科学背道而驰的方法。

在运用阶级斗争的理论和方法方面的另一种问题,是把复杂的社会现象和社会过程简单化,看不到多种社会因素的存在和作用。我们用马克思主义的阶级观点肯定太平天国运动是农民反对封建统治的阶级斗争,这是抓住了事物的本质。但现象要比本质复杂得多、丰富得多。马克思主义的阶级观点提供了认识这些复杂现象的本质的武器,而不是要我们回避和否认这些复杂现象的存在。列宁要求我们的是,"就必须牢牢把握住社会划分为阶级的事实,阶级统治形式改变的事实,把它作为基本的指导线索,并用这个观点去分析一切社会问题,即经济、政治、精神和宗教等等问题。"①所以,当我们根据社会划分为阶级的事实而确认太平天国运动的阶级斗争性质时,我们不能只限于承认"农民"与"地主"这两种社会范畴的存在,否认民族、宗教、文化等其他社会因素的存在和作用。研究这些现象同确认这次运动的阶级斗争性质是不矛盾

① 《论国家》,见《列宁全集》,第 2 版,第 37 卷,北京,人民出版社,1986,第 65 页。

的,相反,它只会使我们对本质的认识更深刻、更丰富。

例如太平天国运动中的宗教问题。在我们正确地批判了太平天国运动是一场宗教革命的错误观点以后,长期以来回避或否认宗教现象在这次运动中的存在,即使提到它,也只是简单地予以斥责。这无疑是研究工作中的幼稚病,其结果只能限制我们对太平天国认识的深入。

宗教在太平天国运动中的存在是客观事实。不仅洪秀全、洪仁玕等领导人的著作中有很多宗教的语言和思想,而且宗教活动遍及于整个太平天国。我们应该研究太平天国宗教的内容,它与中国民间传统宗教、西方基督教的异同和关系,它对运动起着什么作用,等等。但事实上,我们往往拿"宗教外衣"来代替对这些宗教现象的具体分析。其实,对恩格斯关于"宗教外衣"的论述,长期以来存在着误解。恩格斯是说在中世纪的欧洲,意识形态的一切形式都被合并到神学中,因此当时的社会运动和政治运动都必然采取神学的形式,对于受宗教影响的群众的感情来说,要掀起巨大的风暴就必须让群众的利益披上宗教外衣。或者说,当时反对封建制度的斗争都必然要披上宗教外衣。恩格斯所论说的情况与中国完全不同。太平天国时期的中国根本不存在基督教神学的统治,怎么谈得上洪秀全为了发动革命就注定要披上基督教的外衣呢?至于说"宗教外衣"就是人们在政治斗争中有意利用宗教为工具,那也是过于简单的理解。恩格斯并不否认宗教中有着充满虔诚狂热的一面。[1] 退一步说,就算太平天国的宗教是洪秀全给它披上的

---

[1] 参见恩格斯:《布鲁诺·鲍威尔和早期基督教》,见《马克思恩格斯全集》,第 1 版,第 19 卷,北京,人民出版社,1963,第 327 页。

一件"外衣"吧,那也是一种存在,同样需要对它进行研究:它的形态、性能、对被它所覆盖的机体的作用等。不能因为它是"外衣"就弃置不顾。

马克思说过"宗教是人民的鸦片",但这只是说它的作用,并不是否认它的存在。就它的作用而言,马克思在谈到"宗教是人民的鸦片"的同时,指出了宗教是"对这种现实的苦难的抗议",是"被压迫生灵的叹息"①。宗教与被压迫者显然不是没有关系的。太平天国宗教在酝酿金田起义的过程中起过一定的作用,例如它的教义中包含着祈求上帝解除信徒的苦难、保佑他们"有衣有食,无灾无难",这正是被压迫人民对现实苦难的抗议和叹息。当然,仅仅限于这样的抗议并不能真正帮助他们解脱苦难,而只会麻醉自己的斗争意志,所以马克思又说它是人民的鸦片。但麻醉剂在一定条件下、在一段时期内也可能是兴奋剂。错误的意识形态在历史上并不总是起反动消极的作用,宗教世界观有时甚至可以激励人们勇往直前。"在十七世纪的英国,清教徒比其他一切党派都表现过更大的毅力"。克伦威尔自认为是上帝的工具,称自己的行动为上帝意旨的产物,使他具有了不可遏止的力量。② 太平天国初起时的胜利,原因很多,上帝佑助的信念无疑是其中之一。所以洪仁玕总结前期形势时说:"我天朝初以天父真道,蓄万心如一心,故众弟只知有天父兄,不怕有妖魔鬼。"③当然,宗教信念的这种作用,不可能

---

① 马克思:《〈黑格尔法哲学批判〉导言》,见《马克思恩格斯选集》,第 2 版,第 1 卷,第 2 页。
② 参见[俄]普列汉诺夫:《个人在历史上的作用》,济南,山东新华书店,1949。
③ 《资政新篇》附《兵要四则》。

长期维持,太平天国内讧的悲剧使这种信念近于崩溃。在这种情况下,洪秀全仍然想用宗教来挽回局面,愈益脱离了当时实际斗争中的问题,他自己对于宗教越信越用,越用越信,不能自拔,以至太平天国陷于失败。可以说,宗教对于太平天国的兴亡是始终有关的。不回避它而用马克思主义去研究它,才会加深我们对这一历史过程的认识。

又如太平天国运动中的民族问题,反对满族统治问题。新中国成立以后,我们批判了把太平天国运动归结为一场汉族民族主义斗争的错误观点,这无疑是正确的。但这并不是说这场运动中不存在民族斗争的因素,不存在反满的口号。列宁所要求的是运用社会划分为阶级的观点去分析客观上存在的民族问题。对太平天国研究来说,我们应该以这次运动是农民反对封建统治者的阶级斗争这一观点为基本指导线索,去分析太平天国的反满思想的性质和作用,而不是要我们去否认农民阶级的阶级斗争中民族思想的存在。反满不是独立的运动,它在不同时期服从于不同阶级的利益,这种看法是正确的,但不能由此而认为太平天国没有反满的色彩。太平天国的反满思想不仅表现在《奉天讨胡檄》等几篇檄文中,而且还表现在其他许多文书文告中。认为民族思想、民族情绪只可能与地主阶级有关,因而在太平天国内部划分农民反封建派和地主反满派,这是缺乏根据的。在有思想资料可供研究的太平天国领导人中,有谁没有表现出反满民族思想?如果说程度上有区别,那倒反而是出身地主阶级的韦昌辉、石达开比较淡薄。所以这样的划分既不符合用阶级观点分析民族问题的要求,也不符合事实。

阶级斗争是社会的上层建筑现象,是在一定的基础和结构上产生的。太平天国时期的反侵略斗争,为近代的和现代的反帝国主义斗争所继承,但它们之间仍因时代之不同而有差异。如太平天国斗争的出发点中仍然包含有天朝蛮夷之见,这是不容讳言的事实,而在这一点上,太平天国与清朝统治者并不是没有某些共同的地方。马克思曾根据所报道的太平天国的某些现象,说这是中国停滞的社会生活的产物。所以,要具体地理解太平天国及其斗争,就不能只限于研究这些斗争本身,而必须同时研究这些斗争所由产生的整个社会和社会生活。两个过程、三个高潮、八大事件的中国近代史体例,突出了中国一百多年来反帝反封建斗争的重大事件,但如果只重视这些事件本身而忽略了产生这些事件的土壤,忽略了当时社会的结构和大多数人的生活和思想,那么,对大事件的性质和面貌的认识也难以把握其具体的历史特点。今天的中国继承了历史上一次又一次的重大斗争,也继承了那时以来停滞的或发展着的社会生活。我们只有既研究大事件,又研究整个的社会和生活,才能真正了解历史是我们的昨天和前天。所以,对太平天国研究来说,凡是太平天国所由产生的和对它的斗争有影响的当时各种社会因素,如经济、地理、文化、民族、民俗、心理、宗教、法律、人口等,都应该在我们的视野之内,我们应用历史唯物主义的理论加以研究。只有这样,我们才易于克服思想的枯竭或僵化,才能丰富研究的内容,使太平天国学走向更为深入的新阶段。

关于怎样才能使太平天国研究发扬成绩、克服缺点和进一步深入的问题,人们可以从各种不同的角度作出回答。例如,应该充分、正确地利用史料,加强专题研究,不满足于粗枝大叶的了解,等等,这些无疑是正确的。但是,根本的问题在于提高马克思主义的理论水平。马克思主义并不能代替具体的历史研究,给予现成的答案。但马克思主义是历史研究的向导,不仅给予我们认识历史的犀利武器,而且也是我们克服研究工作中的缺点的根本方法。研究历史怎样为现实服务的问题,怎样运用阶级分析方法的问题等,在马克思主义的经典著作中不仅有许多精辟的论述,而且还有许多著作作我们的典范。这些著作具有巨大的说服力和高度的科学性,而又无一不有利于无产阶级的革命事业;它们深刻地把握住了历史是阶级斗争史的本质而又把分歧复杂的历史现象有血有肉地展现在我们面前。马克思主义是一门十分重要而又不易掌握的基本功;而我们在研究中的缺点,就其理论和方法方面的问题来说,包括我在以上的学习心得中所可能存在的错误看法,最主要的也在于没有掌握好这门基本功。因此,为了推进太平天国研究,认真学习马克思主义是我们不容忽视的共同任务。

1980 年

《天父下凡诏书》（第二部）及其澳藏原刻本

　　《天父下凡诏书》(第二部)是太平天国文献中一本很值得研究的书,记太平天国癸好三年(1853)十一月东王杨秀清假借天父下凡教导并要杖责天王洪秀全的经过。这本书当年由太平天国出版,但似不为当时的对手——清朝将帅所见所知。奉曾国藩檄搜集"贼情"而编成的《贼情汇纂》一书,只在"首逆伪天王洪秀全事实"中记:"秀清自恃功高,朝见立而不跪,每诈称天父下凡附体,令秀全跪其前,甚至数其罪而杖责之,造言既毕,其为君臣如初。"这是《贼情汇纂》的主要撰稿人、曾与太平天国中人多有交往而从南京逃出的程奉璜述说的,事实基本无误。但所记"伪书"书目中并没有列这本书,更没有其内容的著录。太平天国失败后,文籍被毁殆尽,它更不为时人和后人所知。直到七十年后的 20 世纪 20 年代,中国学者程演生从法国东方语言学院图书馆发现这本书,把它抄录传回国内,编入他在海外搜辑而成的《太平天国史料》,这本书才首次为学人所知晓。

程演生在法国的发现,是中国学者从海外搜访太平天国文献首次较重要的发现。中国人知道海外保存有太平天国文献,似始于光绪三年(1877)清政府驻英副使刘锡鸿参观"播犁地士毋席庵"(即不列颠博物院的音译)所记:"粤逆伪诏伪示,亦珍藏焉。"1926年北京大学教授刘复(半农)出版《太平天国有趣文件十六种》,录伦敦不列颠博物院图书馆所藏太平天国文献,但大多是些"琐碎小品",没有录入重要文献。此前,1925年,北京大学教授程演生游学法国,因法国东方语言学院图书馆马古烈馆长的提示,而在该馆发现太平天国重要文献多种,其中之一即《天父下凡诏书》(第二部),并于1926年出版《太平天国史料》(第一集)一书。程书自序称该史料集编入了太平天国文献十种。实际是,他将太平天国的《太平诏书》一书所包括的三篇,误以为是三种书,故该史料集编入的实是八种书。但这八种书,都是研究太平天国较重要的文献。《太平天国史料》(第一集),如同稍后萧一山、王重民等所搜访、出版的《太平天国丛书》《太平天国官书》等一样,对太平天国的文献搜访和史事研究,都有重要的价值和贡献。但如以稀见程度言,程演生《太平天国史料》(第一集)中的《天父下凡诏书》(第二部)可说是独一无二的。萧一山、王重民和俞大维等搜访印行及摄影的太平天国文献,以及我见过的英、德、法、荷、俄、美等国多个图书馆、博物馆收藏的太平天国文献,不少种有重出的复本,而《天父下凡诏书》(第二部)则只有程演生《太平天国史料》(第一集)所提供的一册。这是程演生的一个特别贡献。

但太平天国文献作为一种文物而言,以及从文献利用的准确性要求而言,过去我们从程演生编的《太平天国史料》(第一集)见到的《天父下凡诏书》(第二部),尚不能使学者得到完全的满足。因为程编《太平天国史料》(第一集)中的十种(如上所说实应是八种)文献,影印者只《天父下凡诏书》(第一部)、《天命诏旨书》、《颁行诏书》三种,《天父下凡诏书》(第二部)等七种只是抄录排印,而抄录排印文献,很可能难以完全符合原件。20世纪20年代俞大维从德国发现九种太平天国印书,摄照回国,但未影印,由人传写后编入《太平天国诗文钞》第二版。后来王重民在柏林据原书校核,发现错讹很多,他因而感慨说,这些太平天国文献,当影印,不宜排印!40年代有人专程去湖南曾国藩家抄录李秀成供原稿,在曾国藩刻印的《李秀成供》的基础上出版《李秀成供校补本》;60年代台北、北京先后出版了李秀成供原稿的影印本,才发现"校补本"有很多重要的错漏。类似事例很多。萧一山、王重民和罗尔纲先生等搜访所及的太平天国文献都重视予以影印,实是保存文物、准确利用史料的必要。

近二十年来我在海外搜访太平天国文献,颇有新的收获,唯寻找《天父下凡诏书》(第二部)原刻本则未有所得。在法国,可能由于第二次世界大战而收藏有所损失。美国梅谷(Franz Michael)教授在张仲礼协助下主编的《太平天国:历史与文献》(*The Taiping Rebellion: History and Documents*)一书中介绍纽约公共图书馆收藏有该书一册,但我多次联系寻找,都不得要领而无结果。直到2001年,我将多年搜访的太平天国文献予以编辑影印之际,终于得知澳大利亚国家图书馆收藏的"伦敦会"藏书中有多种太平天国文献,其中有《天父下凡诏书》(第二部)一册。这可能是这一文献仅有的存世孤本,我非常高兴能购得它的缩微卷并得到该馆同意将其编入由中华书局出版的《影印太平天国文献十二种》中,供文史学界同行利用研究。

《天父下凡诏书》(第二部)原刻本封面署"太平天国癸好三年新镌",卷首"旨准颁行诏书总目"共二十部,最后一部是《天朝田亩制度》,而《天父下凡诏书》之第一部和第二部并未分列,只有《天父下凡诏书》这一总的书名。《贼情汇纂》编者记所见的太平天国印书书目亦止于《天朝田亩制度》,其前有《天父下凡诏书》一目,但只有对《天父下凡诏书》第一部的内容介绍。由此可推知,当《天朝田亩制度》一书已见于"诏书总目"时,《天父下凡诏书》之第二部尚未出版。"第二部"所记的天父下凡,事在太平天国癸好三年十一月二十日,记载此事的《天父下凡诏书》(第二部)既署"癸好三年新镌",其付刻当已在这年之末。

以程编《太平天国史料》(第一集)中抄录排印的《天父下凡诏书》(第二部)与澳藏原刻本对照,可以发现这一抄录排印本,以及1952年由神州国光社出版的"中国近代史资料丛刊"之一的《太平天国》八册中的据程本的抄录排印本,均有若干错误。以下依事件的发展顺序,将核对后的正误情况略示于后,以供了解和研究。

十一月二十日杨秀清在东王府内,假托天父下凡,命女官传北王韦昌辉来府听旨。程抄录本为女官传"男承官,男承宣官遵命即往北府禀报"。而原刻本作女官传"男承宣官,男承宣遵命即往北府禀报"。承宣亦称承宣官,抄录本作"男承官",脱"宣"字。接着,"北王到东府听天父下凡圣旨","天父下凡"另行顶格,抄录本不误;"东府"原刻本空一格,抄录本不空,误。

在北王到达东王府之前,作为下凡的天父杨秀清对随侍女官杨水娇、胡九妹说了几件事,要她们把天父所说的这些圣旨"禀奏尔东王杨秀清知道,命尔东王登朝启奏尔主天王"。东王所启奏的是:一是"凡事皆要从宽",如对女官不可过严。二是对"幼主"即洪秀全之子要及时教导,不可任其率性而为。三是女官杨长妹、石汀兰及朱九妹两"大小"(姐妹)应免服役,让她们到东王府享福。在这大段文字中,"幼主",原刻本提行空三格,程演生抄录本不误,而神州国光社抄录排印本,误作空两格。

北王陪同东王杨秀清去向天王洪秀全面奏天父圣旨的途中,命北殿承宣官迎东王的金舆,请示东王"先到朝厅,或直入朝门"。抄录本写:"(北殿)承宣领命,飞迎金舆,传东殿仆射,曰:东王在舆内安福,不敢惊驾。"这一段原刻本作:"(北殿)承宣领命,飞迎金舆,传东殿仆射,遵东王金意。仆射曰:'东王在舆内安福,不敢惊驾。"抄录本因有脱漏,致较难索解。

北王得知东王在"安福"中又天父下凡,遵天父指示将金舆直接抬到金龙殿前。天父怒问来迎的天王洪秀全:尔知尔有过错么?即杖四十。北王等众臣请以身代,天父不准,洪秀全乃俯伏受杖。天父说,"尔已遵旨,我便不杖尔。"接着降谕:上述石、杨、大小两朱四女官,无用理事,准居东王府享福,"余皆尔清胞奏尔也"。然后,"天父回天"。东王遂奏知天父要他启奏诸事:善待女官,教导幼主。洪秀全听毕,表示:"兄要遵天父圣旨杖责,方合道理。"杨秀清问:天父有何圣旨? 众人乃告以刚才附体于杨秀清的天父要杖责天王四十之事。于是东王请天王宽心。两日后,十一月二十二日,东王为天父要杖责天王之事,登朝慰问,君臣乃在金龙殿设宴欢叙而散。在这些段落中,与原刻本对照,抄录本错讹不少。

东王登朝慰问天王事，抄录本有"乃谕朝仪官曰黄期陛曰：'尔朝为仪，谅熟天情道理'"句，"朝仪官曰"中"曰"字衍，"尔朝为仪"为"尔为朝仪"之误。

抄录本朝仪官黄期陛对曰"卑职尊令"，"尊令"为"遵令"之误。

东王登朝后启奏有句："天父欲教导二兄，以为天下弟妹法则也。""教导"，抄录本脱"导"字。

天王、北王、东王三人对话，天王称："尔二兄果然有差处，始操劳天父劳心下凡教导也。"北王对曰："二兄无差，总是我们为弟之错。""差处""无差"，"差"原刻本均作"错"。东王乃接着说，"二兄亦有些错"，"盖天兄开如此大恩"，差二兄为万国真主，"二兄行为有些未合，固是二兄有过"，也是小弟们未能匡正之过。"盖天兄开如此大恩"语，"天兄"为"天父天兄"之误。"固是二兄有过"语，"有过"为"之过"之误。三人对话中，东王又有句："至若为君者有不明之处，君则诏臣参议"，原刻本"诏臣"下有"登朝"二字。

东王向天王提出要教导幼主，以行"父教其子""臣谏其君"，以使"君臣同德，上下一心"。"上下一心"原刻本避"上"字，作"尚下一心"。

洪杨及顶天侯秦日纲君臣食宴金龙殿时，东王启奏为君者应体恤臣下之道，有句："二兄诏得极是，必如此，方可为万世永远仪则也"，"必如此"，抄录本误作"必须如此"。接着东王又奏应体恤女官，有句："即是令天朝及弟等府之女官理天事者甚苦"，"即是令天朝"，据原刻本，系"即是今天朝"之误。又云女官"不是功臣忠臣之妻，即是功臣忠臣之母；或则有稚子，或则有立功之丈夫……国尔而忘家,公而忘私"。"或则有稚子"之下,抄录本脱漏"或则有衰姑"五字;"公而忘私"系"公尔而忘私"之误。

东王又奏"如今娘娘甚多",女官如不得意于娘娘,应准女官有申诉机会;女官如从事"修整宫殿,挖地筑城,或打扫禁苑",天王不可"御目常注,督其操";又奏"推之待女官如此,待男官亦然。设使出师者,必要怜其在外辛苦"。抄录本"或打扫禁苑"句,"打"下缺"扫"字;"待男官亦然"句,"男"下缺"官"字;"必要怜其","其"误为"主"。

东王在筵席上启奏待"娘娘"和"天金"(按:天王之女称天金)之道,称,如有是非,不可偏听偏信,娘娘如触怒天王,"不可用靴头击踢,若用靴头击踢,恐娘娘身有喜事,致误天父好生"。"靴头击踢",据原刻本,"头"字衍。东王又奏,如娘娘有小过,加以教导"使勿再犯。使得即或忤旨大罪,亦必待其分娩生后乃可治罪也"。"使勿再犯。使得即或",系"使忽再犯便得。即或"之误。

东王又奏,龙有妖或宝贝龙之别,"故金龙殿用之,服归器件用之"。"服归"系"服饰"之误。

天王问,胞等(东王、北王等)"袍服足用否",如不足,宫中袍服很多,可"发出些与胞等共穿也"。东王奏:"小弟等既蒙天父及二兄鸿恩,赐得亦有,不用发出也。""既蒙天父",原刻本作"既蒙天恩"。接着北王奏,二兄"富有四海,袍服虽足,亦要时时缝来"。东王不同意,奏云:"袍是不足方要多,若云既足……正又弟何启奏要时时缝也!"此处,"袍是不足方要多",原刻本作"袍裳若是不足,方要多缝";"正又弟何启奏",原刻本作"正弟又何启奏"。接着,天王称赞"清胞"(杨秀清)是"骨鲠之臣","自后在尔幼主之世,凡为

747

臣者当如清胞今日之直言"。"当如清胞","当"前脱"皆"字。天
王又称赞杨秀清,说:"尔兄观今日清胞所奏及观胞所行为,前天兄
所言劝慰师圣神风,即是胞也。""尔兄",误,原刻本作"尔二兄"。
于是东王再奏,希望以后幼主也能如天王"纳谏如流","千万世年
受天之祐矣",原刻本作"于万斯年受天之祐矣"。

从这一故事的原委,我们可以看到字面之外的许多意义。

据现在所知,杨秀清假托天父下凡所降的"圣旨",今日能见到
的记录,除两部《天父下凡诏书》外,主要还有《天命诏旨书》《天父
诗》中的一小部分和《天父圣旨》残存的第三卷。这些文献的内容,
绝大部分是处理太平天国的内部事务;其中涉及高层关系特别是
与洪秀全关系的,以《天父下凡诏书》(第二部)和《天父圣旨》第三
卷中"乙荣五年七月十九日夜三更"进入天朝内宫教导后宫事务一
篇最为突出。

太平天国在正式起义以前确立了杨秀清、萧朝贵得以天父上
帝、天兄基督附体传言为最高指示这样一种落后愚昧的体制。虽
然它在肃清内奸和对敌斗争中起过一些作用,但以之处理许多内
部事务,其决断就失去了理性讨论的可能,因而会造成失误。以这
部《天父下凡诏书》而言,天父关注的是四名女官应免除服役,要让
她们到东王府去享福,以及时仅五岁的幼主洪天贵福"任意游玩"、
缺少教导两事。这些都难说是军国大事。而杨秀清以东王身份的
启奏中,还要求天王对众后妃与众天金之间的矛盾要秉公处理,对
众娘娘不可用靴击,娘娘怀孕应准其休息,雨天不可让幼主外出游
玩,等等。杨秀清的意见可能有理,但借"天父下凡"来教训处理这
些事务,最高权力之被滥用可想而知。

　　天父如何下凡?《天父下凡诏书》(第二部)有些描写:在杨秀清"安福"中下凡。书中记称,东王杨秀清与北王韦昌辉等前往天朝途中,北王差人去请示东王先到朝厅,还是直入朝门。而东王侍从官员称:"东王在舆内安福,不敢惊驾。"北王听说"东王安福",连忙徒步赶来"跪下问曰:天父劳心下凡?""天父诏曰:是也。尔速将金舆抬至金龙殿前。"从这一段描述,可想见"天父下凡"与杨秀清"安福"是常常联系在一起的。所以韦昌辉一听说东王"安福"就赶来跪下询问是否天父下凡。"安福"是太平天国的常用语,意为"休息""安睡"。台北收藏的幼天王洪天贵福亲书"请安本章"中有请洪秀全"安福坐""安福睡"之语。《天父圣旨》卷三载,太平天国乙荣五年八月二十六日午时,"东王于内殿安福。寤寐之间,仰蒙天父大开天恩,劳心下凡,恩降梦诏,教导众小。东王醒时,即……传……到府,敬将天父圣旨录出"。这是得到"梦诏"而在醒后向众官传达,与在"安福"中下凡说话的方式稍异,但"安福"是指"安睡""安息",从"寤寐""梦诏"等词语中可以得到证明。

　　天父下凡,十分频繁。如《天父圣旨》卷三载,太平天国甲寅四年正月二十七日下凡,申刻、一更、一更后"少刻"、三更,从傍晚到半夜,下凡共四次。《天父下凡诏书》(第二部)所记的这一次下凡,实际上也包括两次:十一月二十日礼拜之辰,北王等众官到东王府请安议事后各回本府,"不一时,天父下凡",传北王来听天父圣旨,但不等北王来到,天父向女官们传旨后就"回天"了。北王等来到后,东王命他们同他一起登朝启奏天王,而中途又在金舆中下凡,抬到朝门,要杖责天王,随即天父"回天",由东王与天王对话。

　　天父要杖责天王,为太平天国历史上所仅有。当时虽北王等在场官员伏地哭求,愿代天王受杖,而天父不准。直到天王"遵旨俯伏受杖",天父才说:"尔已遵旨,我便不杖尔。"这一骇人听闻的事以后两天,杨秀清可能自己觉得过分,说"天王之心虽未尝不欢怀",但为弟为臣者应登朝劝慰。登朝后双方谈话表现出君臣契合无间,实际上却暗藏机锋。洪秀全向在场的臣工说了一句意味深长的话:"尔为官者,须知尔东王所言,即是天父所言也。尔等皆当欣遵。"天父附体于东王发言,才是天父之圣旨,这里却径直说东王所言即是天父所言。又说:"自今以后,兄每事必与胞商酌而后行。"则是不但每事必须听从附体于东王的天父圣旨,而且每事须与东王商量决定。而杨秀清在大段大段向洪秀全进谏后说,二兄(洪秀全)海底之量,能受臣直谏;但"自古以来,为君者常多恃其气性,不纳臣谏,往往以得力之忠臣,一旦误而杀之,致使国政多乖,悔之晚矣"。杨秀清登朝慰问时的长篇对话和宴会,看起来很融洽,实际上已埋伏着祸根。

这次天父下凡的时机也值得注意。洪杨之间第一次重大的意见分歧,产生于太平天国二、三年之际究竟取河南还是下南京建都立业,洪是主张进取河南建都的,而杨以天父下凡的方式否决洪的主张,确定建都南京。[①] 建都南京后不久又发生洪下令毁弃孔孟一切古人古书,而杨则以天父下凡指示古人古书不可毁弃。[②] 杨秀清此次天父下凡正值洪秀全对他本人以前所写的著作中所称引的古人古书的语句大加删除而修订重版之时,而杨秀清与洪秀全的对

---

① 参见本书《太平天国内部对建都问题的论争及其影响》。
② 参见拙著《太平天国的文献和历史——海外新文献刊布和文献史事研究》,北京,社会科学文献出版社,1993,第379—398页。

谈,却多处引用古书中的警句——只是不提古书的书名。如说,"语云:君使臣以礼,臣事君以忠。"此句见《论语·八佾》:"定公问:'君使臣,臣事君,如之何?'孔子对曰:'君使臣以礼,臣事君以忠。'"杨又说,"昔人云:忠焉能勿诲乎?"此句见《论语·宪问》:"子曰:'爱之,能勿劳乎?忠焉,能勿诲乎?'"杨又有语:"成语云:节用而爱民……为慈父教其子,忠臣谏其君之法则也。""节用而爱民",本《论语·学而》"节用而爱人"。杨还说:"谚云:木从绳而得直,君从谏而得正,是故君有未明,良臣启奏,君则当从。""木从绳而得直,君从谏而得正",语本《尚书·说命》"木从绳则正,后从谏则圣"。这些,都是同洪秀全要推行的政策相反的。洪、杨在以上两大问题意见对立之际,杨何以以善待女官和教育五岁小儿等小事而掀波浪,以至欲杖责洪秀全?这似乎可认为是一种借故立威的行动。

2002 年 3 月

洪仁玕等亲书自述诗文中的史事

——原题自述诗句随记

　　太平天国干王洪仁玕在天京失陷后,走江西而最后被俘。清朝江西巡抚沈葆桢曾上奏朝廷,请示"应如何办理之处",随奏呈送了"各该逆节次供词暨洪仁玕亲笔供单同所作诗句并签驳李秀成口供原本"给军机处备核。

　　"各该逆"指太平天国干王洪仁玕、恤王洪仁政、昭王黄文英。沈葆桢同日又另折奏称俘获幼天王洪天贵福,审讯后,随奏"将臣及南昌府许本塘所讯供词并护解委员沿途收其自写笔迹咨送军机处备核"。可知洪仁玕留下的有"节次供词"、"亲笔供单"、诗句和对李秀成供词的签驳。20 世纪 50 年代初,中国史学会主编出版"中国近代史资料丛刊"之二《太平天国》八册,其中第二册"诸王自述"一章有《洪仁玕自述》一篇,注称据《逸经》第 20 期刊出;它最初的源头是一册南昌胡氏旧藏的清刻本,该清刻本收有洪仁玕、洪天贵福、洪仁政、黄文英四人供词各一份。这一洪仁玕供词,是他

752

殉节后以迄 20 世纪中近百年间人们仅见的一份供词。

至 20 世纪 60 年代，萧一山先生出版其新著《清代通史》，于卷下第一编中引录了洪仁玕、洪天贵福的一些供词而为《太平天国》八册所不载者，云据台北"故宫博物院"所藏原件。萧先生的著作使我们对洪仁玕、对太平天国增加了不少了解，但读者并未能从书中得见文献之全豹。1999 年 1 月，我应台北"中研院"近代史所之邀，在台访问研究一月，得有机会获见沈葆桢奏中提到的洪仁玕、洪天贵福等人的各种材料。

台北"故宫博物院"文献部收藏的洪仁玕供词实有七份。他被俘后，先在清军席宝田军营有一份"问供"，一份"亲供"；被解送到江西首府南昌以后，在南昌府有三份"问供"；随后由沈葆桢提讯，有一份供词。这六份供词中，在席营的一份"亲供"，原题签作"抄呈伪干王洪仁玕王亲书供词"，可知原系洪仁玕亲笔所写。在南昌府的"问供"，都是清吏笔录，其中洪仁玕等的自称都被改易为"小的"。而沈葆桢提讯的一份供词，原题签作"本部院提讯逆酋供"，而该份供词多次提称"老天王""小天王"，对他们颇有称美之词，叙事用语、口气，都似原系亲笔自述而后经清吏抄录者。它是一份原系洪仁玕自己书写而后经清吏抄呈的供词。除以上六份外，还有一份洪仁玕亲笔书写的供词，即常见的《太平天国》八册中所载《洪仁玕自述》的原本。原件上未注明写于何地，文末则有"廿七日亲供"五字。这些供词作于不同的日期和地点，所述之事有重复，但合起来看，它们提供了关于太平天国、洪秀全的许多珍贵史料。尤重要者，所叙说的许多事情足以使我们了解太平天国朝内政治的不少重要情况。如记他到天京后备受洪秀全重视重用的情况：三月十三日到京,封干天福,继封干天义护京主将;四月初一日,封九门御林开朝精忠军师干王,但武将不服,经洪仁玕的实际表现,包括提出多种谋略和对朝政的处理,他才得以树立了在太平天国后期的重要地位。他自述说:予自少读书,粗知春秋大义。至太平天国己未九年(1859),老母逝世,乃入太平天国天京。洪秀全称之为"志同南王,历久弥坚,诚为板荡忠臣家军师,可为万世法",封为干王,子孙世袭。洪仁玕与忠王李秀成定策,破江南大营,进取苏常杭嘉,但不久太平天国失败。

洪仁玕在失败被俘后除留下几份供词,还有诗句。1865 在华出版的英文《北华捷报》发表了诗的英译,称之为他的绝命诗。原件现藏台北,实共六行二十四句,全文是:

> 春秋大义别华夷,时至于今昧不知。
> 北狄迷伊真本性,纲常文物倒颠之。
>
> 志在攘夷愿未酬,七旬苗格德难侔。
> 足跟踏破山云路,眼底空悬海月秋。
>
> 意马不辞天地阔,心猿常与古今愁。
> 世间谁是英雄辈,徒使企予叹白头。
>
> 英雄吞吐气如虹,慨古悲今怒满胸。
> 猃狁侵周屡代恨,五胡乱晋苦予衷。

> 汉唐突厥单于犯,明宋辽元鞑靼凶。
> 中国世仇难并立,免教流毒秽苍穹。
>
> 北狄原非我一家,钱粮兵勇尽中华。
> 诳吾兄弟相残杀,豪士常兴万古嗟。

这些诗句①充满了华夷有别的攘夷思想,而这是忠于太平天国的原则的。太平天国在意识形态和政治要求上具有浓厚的宗教色彩和强烈的汉民族意识。诗句抒发他自己的志趣抱负,包括为实现"攘夷"的志愿而在六合之间求索,但英雄之辈难求,徒使他有白头之叹。诗中"七旬苗格"之语,是一典故。《尚书·皋陶谟》记帝尧在位时,因苗民逆命,派舜往征,以军力威胁之而不服,舜乃"诞敷文德",以德服之。"七旬有苗格",即过了七十天,三苗自服来朝。这是说以德服人,御之有道。这些感想从何而发,很难确定,但与当时太平天国的时事应不无关系。太平军攻取苏州后,洪仁玕主张同外国"和酌妥议通商和好章程",而李秀成"自恃兵强将广,取上海如掌中之物,不依所议",导致洋人助清,造成太平天国的最大祸患。这是他在几次供词中都谈到的一种认识。

沈葆桢咨送军机处的,还有"签驳李秀成口供原本"。李秀成早于洪仁玕被俘,留有供词。曾国藩迅速刊有《李秀成供》一册,呈送军机处并分送各疆吏。沈葆桢将所得之一册给洪仁玕阅看后,洪仁玕写下了驳《李秀成供》的文件。后世研究家对此多有注意,

---

① 原件影印见拙撰《稀见清世史料并考释》,武汉,武汉出版社,1998,第497页。

但该驳供本身迄无下落。1999 年 1 月我在台北"故宫博物院"文献部发现了这一迷失百余年的重要文献。台北收藏的沈葆桢案卷中，有一份在文献部目录中标题为"论忠品性之毛病及坐守苏常嘉等郡情形"的文书。此件原无题。文中有自称"本军师"之词，又有"辛亥冬革予军师王衔及正总裁之职"等字句，显然可判定是洪仁玕所写的文书。该文书述及太平天国晚期军中朝中不少事情，对忠王李秀成颇有批评。此份文书的首句以"第十七页三行"短句始，接着以"○"符号隔断，然后叙事。"第十七页三行"，应是指某书的第十七页第三行；从内容的联系来看，我判断，所指很可能是洪仁玕被俘前两个多月已被曾国藩杀害的李秀成的供词刻本的页码行次。当年沈葆桢呈送军机处的是洪仁玕"签驳李秀成口供原本一本"。"签驳"，即就《李秀成供》有关段落签附反驳意见；"原本一本"，必是将洪仁玕的签驳文书粘附于《李秀成供》刻本进呈。但这一被粘附的洪仁玕的"签驳文书"，后来与《李秀成供》的原本脱落，以致后来的文献整理者不明其性质，而径以脱落了的文书中的内容作标题，标为"论忠品性之毛病及坐守苏常嘉等郡情形"。

前文指出，洪仁玕此份文献的首句以"第十七页三行"几个字起，所谓"第十七页三行"，究是何指呢？我认为即是指曾国藩杀害李秀成后而将其供词删改刊刻为《李秀成供》一书的"第十七页三行"。曾国藩删改刊刻的《李秀成供》，原本今已罕能见到。幸 1936 年时任北京大学校长的蒋梦麟将曾国藩的这一刻本影印，才得以流传稍广。我取此种影印本与上述台北所藏的洪仁玕文献校核，该藏件首行首句以"第十七页三行"始，以后为"将滁州交李昭寿镇守一段原是"句，接着叙述滁州守将交替原委及李昭寿与忠王关系等事;而《李秀成供》影印本第十七页第三行的文字正是"我军失利退守来安,仍回滁州,后将滁州交与李昭寿镇守",完全相符。由此可以肯定,上述台北藏件就是洪仁玕签驳《李秀成供》的文件。

这份文件对李秀成的批评主要有如下数端:

一、批评李秀成因与李昭寿有亲谊及八拜之交,徇私以李昭寿镇守滁州。

二、批评苏常守将用人不当,军民不服苏州守将谭绍光。

三、批评坐守苏杭常嘉等郡,将该地钱粮招兵自固。

四、壬戌年(1862)春曾国荃进逼天京,批评李秀成赴援迟缓。

五、不认王长次兄为忠正之人、洪仁玕为才学之士。

六、得胜时细述己功,败绩即委过于天王等。

还连带批评章王林绍璋等,又批评洪秀全不能公平处理内部问题。关于失败的责任,针对李秀成委咎于天王、幼西王及王长次兄等,洪仁玕不以为然,并提出"兵粮之权归谁掌握?"认为这些是非难以细论。这些矛盾的存在,暴露出太平天国领导层的无力和内部的不团结。

太平天国幼天王洪天贵福等亲书自述诗文

　　太平天国幼天王洪天贵福被俘后亲书自述诗句等，共十份。其中他亲书的"十救诗"等诗句，与太平天国的已刊本的字句相同，等于就已刊的字句再抄了一次，无甚史料意义，现予略去；其余的，以类相从，姑归纳为十份。十份中的八份是洪天贵福亲笔书写；非亲笔的两份，即在南昌府和巡抚衙门的供词，从每份有两种以上笔迹和文字的语气来看，它们似也是洪天贵福自己所写而经书吏分别抄录者。

　　洪天贵福自述中有许多独特的史料。对洪秀全家庭的情况、洪秀全逝世原因和晚期情况，对李秀成等冲出天京和途中的战斗，对随同出天京和诸王的名单，都提供了较可信的依据。如洪秀全去世日期，有四月十九日、二十日、二十一日诸说。洪天贵福说是十九日，又具体说是十九日夜四更。这就解决了分歧：十九日、二十日都不错，二十一日之说错了一天。尤重要的是具体明确了洪秀全对古书的态度。洪天贵福记，洪秀全称古书为妖书，不准别人读,而他自己,曾下令从杭州调来大量古书,看完一本,就烧一本。这是洪秀全建都南京后实行排斥古人古书政策的证明。尤其出乎意外的是,洪天贵福供词提到朝中有一名不僧不道名叫沈桂的"沈真人",根据他的建议,洪天贵福继位后封了"六主帅":李秀成为大主帅,记王黄金爱为副主帅,顾王吴如孝为东方主帅……此事未见于其他记载,其重要性在于示人以太平天国朝内居然有这样一位能起重要作用的"沈真人"。

洪天贵福记洪秀全和他自己在宫中的生活,虽琐碎,但重要。他一天要四次向洪秀全写本章请安,每次食饭要感谢上帝,九岁就有四个妻子,就不准与母亲和姐妹见面,只许读"天主教的书,不准看古书"。特别可笑的是,他父子在朝中有一只鹦鹉,据说能歌颂他父子永坐江山,唱:"亚父江山,永永崽坐。"洪天贵福在供词和诗句中,都吹捧清朝皇帝,表示不乐于当长毛,愿去读书考秀才,说,我先是幼天王,今是跟老爷的人,望大人老爷怜我年幼,莫怪我;希望读书,以后考进秀才。这样的话写了两次,写完第二次就被处死了。

洪仁政、黄文英供词七份,亦台北"故宫博物院"藏。洪仁政,洪秀全之堂兄,太平天国壬戌十二年(1862),封为恤王,但未理事。天京被破后随护幼天王洪天贵福入江西被俘,留下三份供词。在南昌府的一份较有史料价值,称他帮同北王韦昌辉之韦十二、韦十四攻破武昌,三年后退安徽,洪秀全罪其退守,责令收监,石达开保奏始释放。黄文英是太平天国大将堵王黄文金之堂弟,晚期封为昭王,也不理事。黄文英供词的价值之一,在于它叙及黄文金的一些事迹。黄文金死后不用棺木只用棉絮包卷,史家曾以为是破除旧礼仪之一证。但今所见黄文英在南昌府供词，却说"因行走之际无处措办棺木"，故只用棉絮包卷。黄文英还述及浙江湖州府系太平天国苏州守将谭绍光攻破，故湖州的钱粮归谭绍光征收而不归后守湖州的黄文金。这对研究太平天国后期的制度很有意义。又记，天朝的王有五等：东西南北四王、翼王、干王，执掌朝纲，为一等王；英王、忠王、侍王，执掌兵权，是二等王；康王、听王、堵王，会打仗，是三等王；如黄文英等，为四等王；五等王均称列王。黄文英说，起初是有大功才封王，后来就乱了，由广西出来的都封王，本家亲戚也封王，捐钱粮也封王，竟有两千七百多个王了。

以上两文于 2006 年 7 月 8 日偶然从电脑中发现，

作于何时已不能记忆

海外所藏太平天国文献叙录

发生在 19 世纪中叶的太平天国运动,曾编著、刻印至少数十种书籍,发布大量的文书。这些文献大多体现了他们的思想、政策和制度,是研究太平天国最重要的原始材料。但太平天国失败后,这些文献被毁殆尽,以至从 20 世纪初起,虽然开始有人尝试研究太平天国,却缺少真实的史料。这种情况直到 20 世纪二三十年代以后,才逐渐有所改观,程演生、萧一山、王重民、向达等学者从法、英、德等国图书馆陆续发现了一批流传在外国的太平天国文献,并且编印出版。其著者有程演生编 1926 年出版的《太平天国史料》(第一集);萧一山编 1935 年出版的《太平天国诏谕》,1936 年出版的《太平天国丛书》(第一集),1937 年出版的《太平天国书翰》;1950 年出版的王重民编和王重民、向达合编的《太平天国官书十种》《太平天国史料》。从 20 世纪 30 年代起,国内从清朝军机处档案中陆续发现一些太平天国的文献,以及大量的清政府镇压太平天国的资料,数量颇巨,也陆续出版。中华人民共和国成立后,中国史学会主编的"中国近代史资料丛刊"之一《太平天国》八册,以及罗尔纲、王庆成主编的"中国近代史资料丛刊续编"中的《太平天国》十册,这些文献都为太平天国研究的深入和发展,起了重要的作用。

一、太平天国编印的书籍

太平天国立国十余年,与英、美、法等国的官方代表、传教士、商人多有往来。每逢外国人来访,他们必赠与所编印的书籍,也常有致对方的书信、照会等文书。因此,太平天国的文献在国内虽十不存一,在国外却不断有所发现。笔者治太平天国史有年,自 1983 年起得有机会踵步前贤,历在英、美、德、俄等国诸图书馆并有友人协助在法、荷两国图书馆搜访太平天国文献,多年间目验太平天国编印的书籍(本文以下省称"印书")原刻本二百余册,又原刻本的复印本、缩微卷本二十余册,原抄本十余册,合计有二百四十余册(卷);又目验各种文书多份。七十余年前诸前辈所见,因时过境迁,有我未见者,但我所见的也多有前人未见者。如我在牛津大学包德利图书馆(Bodleian Library)获见印书十五种五十五册,在伦敦大学亚非学院获见两种两册,在美国国会图书馆获见十种十册,在俄罗斯科学院汉学图书馆获见十种十册,以及因英国柯文南和法国巴斯蒂(M. Bastid)两教授之助,得到法国昂古莱姆(Angoulême)图书馆所藏十五种十七册的缩微卷,因荷兰多伍(L. Douw)博士之助,获得莱顿大学图书馆八种八册的复印本。《天父圣旨》《天兄圣旨》两种都是很重要的新发现。太平天国以宗教立国,代天父上帝和代天兄基督传言的东王杨秀清、西王萧朝贵所降"圣旨",是太平天国的"最高指示"。这两种书汇录天父、天兄一百数十次"圣旨",对史事研究极具重要性。已经由前人传回国内的各印书,大多只一种版本。我在搜访中发现不少异本,其内容、文字多有修改,足以发现太平天国某种思想、政策或史事的变化。

太平天国编印的书籍,大都在封面上署明刊刻年份,如"太平天国壬子二年新刻""太平天国甲寅四年新刻"等字样;并在首叶刻印"旨准颁行诏书总目",即洪秀全批准颁行的书目。这些书在此后的重刻重印本,少数会在封面上改署重刻重印的年份,大多数的重刻重印本则封面仍署初刻年份。对于后一种情况,存在着如何辨识该书的哪一册是初刻、哪一册是重刻的问题;辨识正确与否,有时会影响对太平天国面貌和历史的认识。如萧一山先生在 20 世纪 30 年代从不列颠博物院图书馆东方部获见两册洪秀全所著的印书《太平诏书》,封面都刻署"太平天国壬子二年新刻";其中一册的内容有征引孔孟儒学的字句,另一册没有这些字句。他认为后一册是初刻本,前一册是修改重刻本;认为太平天国初起时排斥孔孟,后来为适应社会心理,翻然变计,改为尊重儒学。郭廷以、罗尔纲二先生的看法则相反,他们的论证方法之一就是利用卷首的"旨准颁行诏书总目"(本文以下省称"书目")。没有征引孔孟儒学字句的那一册《太平诏书》,卷首列有"书目"十五部,即表明太平天国已出版的书有十五部,排列在最后的一部书是《太平救世歌》,而这一部《太平救世歌》,其封面上署"太平天国癸好三年新刻"(癸好,即癸丑,太平天国讳"丑"改"好"),可见没有孔孟字句的那一册《太平诏书》,封面虽署"二年新刻",而其实际刻印年份是在

《太平救世歌》出版之后，即"太平天国癸好三年"或之后，说明它是后出的修改本。这一研究结论十分重要，说明了洪秀全思想和政策，有从承认孔孟儒学到否定孔孟儒学的转变。

但后之学者利用"书目"来推断某些问题，有时会引起难以解释的矛盾。如太平天国印有一种《幼学诗》，封面有署"太平天国辛开元年新刻"者，有署"太平天国壬子二年新刻"者；太平天国辛开元年（1851）新刻的《幼学诗》两册，一册卷首有"书目"十三部，另一册卷首无"书目"。又有署太平天国癸好三年（1853）新刻的一册，卷首亦无"书目"。太平天国辛开元年新刻的一册卷首"书目"中的一部是《旧遗诏圣书》，即《旧约》，因而有人认为太平天国在辛开元年就已经刻印《旧遗诏圣书》了。然而存世的《旧遗诏圣书》封面却署"太平天国癸好三年新刻"，而且有其他可信的史料证明到太平天国癸好三年三月，《旧遗诏圣书》的第一卷《创世传》才出版了前半部。这一《旧遗诏圣书》的书名何以出现于太平天国辛开元年、壬子二年（1852）即早一二年刻印的书的"书目"中？这是由于利用"书目"来推断问题，不是无条件的。我们首先应对"书目"进行研究。我在目验二百余册印书的基础上，探讨了太平天国出版书籍的制度，发现在"辛开元年"即太平天国起义立国的当年，即辛亥元年（太平天国讳"亥"作"开"），亦即1851年和太平天国壬子二年及太平天国癸好三年中期以前，所编辑印行的书，其卷首是不列"书目"的，其时各书的封面均用红色纸；在太平天国癸好三年中期以后出版的书，卷首列有已出版各书的"书目"，封面则用黄纸，同时，太平天国癸好三年中期后对已出版过的书的重刻重印本，会将重刻重印之时已经出版的各书的"书目"，列在卷首，封面则用黄纸,仍署初刻年份。虽有个别例外,但绝大多数情况如此。据此,后世所见太平天国的印书,其封面署"太平天国辛开元年新刻""太平天国壬子二年新刻"而该书的卷首有"旨准颁行诏书总目"者,必系该书在太平天国癸好三年中期改变出版制度以后重刻重印时所加,而不能据以判断"书目"中所列出的各书,在太平天国辛开、壬子时期就已存在。说具见拙撰《关于"旨准颁行诏书总目"和太平天国印书诸问题》①,此不详论。

黄色是帝王色,卷首开列"书目",是昭示唯"书目"中的书准读。这是洪秀全在太平天国癸好三年发起焚禁孔孟经籍以加强思想统治运动的一部分,对此,我在下文将详作讨论。这里所以先提到它,是为了使读者了解本文对印书的研究,何以重视各书的封面纸色和卷首的"书目"。

太平天国癸好三年,太平天国实行新的出版制度,除列出"书目"外,还规定各书必须盖"釜",才准阅读。"釜",是太平天国的自造字,意为金质的"玺"。这大概就是今日所见的一部分太平天国印书钤有"旨准"印的由来。但钤印制度似只实行了一个短时期,可能没有实际作用。

二、对太平天国书籍的所见所知

我在国内外图书馆获见的太平天国编印的书籍二百余册,在国外分藏于英国国家图书馆、剑桥大学图书馆、牛津大学包德利图

---

① 王庆成:《关于"旨准颁行诏书总目"和太平天国印书诸问题》,载《太平天国学刊》第5辑,北京,中华书局,1987。

书馆、伦敦大学亚非学院图书馆、美国国会图书馆、柏林国家图书馆(前西柏林联邦德国国家图书馆)、法国昂古莱姆图书馆、荷兰莱顿大学图书馆、俄罗斯科学院汉学图书馆。据所知,藏有或曾藏有"印书"者,尚有法国国家图书馆,20世纪30年代王重民先生报道该馆藏"印书"十三部(册),又报道德馆藏有十一册。但1984年我往访德馆时,已只六册。约略同时,程演生先生从法国东方语言学院图书馆影抄回八部(册)。美国纽约市图书馆藏"印书"约十九册。美国梅谷教授主编《太平天国:历史与文献》,将太平天国的文献英译,在有关篇的题注中述及纽约所藏各书,但大抵只提及书名,未述及封面纸色及"书目"各项。我在美时曾往专访,不巧该馆正将原件制作缩微卷,不能借阅,是以缘悭一面。澳大利亚有藏,久有所闻。曾据美国国会图书馆居密博士示知王省吾先生《澳大利亚国家图书馆所藏太平天国印书》(见《当代图书馆事业论集》,台北,正中书局,1994)一文,介绍该馆所藏"印书"二十三部二十七册(卷),其中述及了各书的封面纸色和"书目"情况。本文所述,以我亲见的二百余册为主,兼及王先生介绍的澳藏各册。

以下以各该书的首刻年份为先后,依次研介,以助研究太平天国出书的情况和意图。但太平天国印书,有初刻后重印者,亦有初刻后再刻印行者。本文均予述及,但不以再刻年份为先后。

(一)太平天国元、二、三年初版的印书

太平天国自立国之始就依据自己的思想、理论和需要编印书籍,并多次重刻重印,数量很大。其最初编刻的两本书《太平礼制》《幼学诗》都在太平天国辛开元年(1851)出版,其时太平军尚在广西境。太平天国壬子二年(1852)出版的有《太平军目》《太平诏书》等关于政治军事制度和思想的书籍。在太平天国元、二、三年(1851—1853)期间,太平天国出版书籍的种数,除历书外,已达十八种,即《太平礼制》、《幼学诗》、《天父下凡诏书》(第一部)、《天命诏旨书》、《太平诏书》、《天条书》、《颁行诏书》、《太平条规》、《太平军目》、《天父上帝言题皇诏》、《建天京于金陵论》、《贬妖穴为罪隶论》、《诏书盖玺颁行论》、《三字经》、《太平救世歌》、《天朝田亩制度》,又《旧遗诏圣书》卷一、二,《新遗诏圣书》卷一。除后期洪仁玕的著作均署其本人之名者外,该三年的出版书目,约占太平天国全部出版书目的三分之二。以下是太平天国最初三年间初版的"印书"及其重印情况。

1.《太平礼制》

本书内容是一份"天王诏令",可以说作者就是洪秀全。其中详细规定了天王、东西南北翼诸王和各级职官以及他们的亲属的尊卑称谓。这是今日所见太平天国刻印的最早的书,由此可略见洪的思想中对此之重视。

其书封面署"元年新刻"的,有牛津大学包德利图书馆藏本一册,其封面纸红色,有龙凤纹饰。后来太平天国出版的书常在卷首列出"旨准颁行诏书总目",意即天王准许出版的书的目录。本书出版时尚无此制度。本书除"元年新刻"本外,有"二年新刻"本、"八年新刻"本。其收藏情况及版本异同略如下述。

(1)牛津大学包德利图书馆　藏三册

A.署"太平天国辛开元年新刻"(本文以下均省称"元年新刻"

或"三年新刻"等）。封面红纸（本文以下省称"封红"），有龙凤纹饰（本文以下省称"有纹饰"）。无"书目"。

B.署"二年新刻"。封红，有纹饰，纹饰和字体与"元年新刻"本异。无"书目"。

C.署"二年新刻"。封黄，有纹饰。"书目"有十四部。

（2）英国国家图书馆　藏三册

A.编号 15298.B.23（6），署"二年新刻"。封红，有纹饰。无"书目"。书中有当时读者墨书批注多条，但我失记。

B.编号 15298.B.28，署"二年新刻"。封红，有纹饰。"书目"情况当时记录不清晰。

C.抄本，编号 OR8207（H）。无"书目"。

（3）剑桥大学图书馆　藏两册

A.编号 FC171/10，署"二年新刻"。封黄，有纹饰。"书目"有十四部。

B.编号 FC171/11，署"八年新刻"。封黄，有纹饰。"书目"有二十八部。此册已有后期所封干、英、忠、侍、章王的称谓，故实际印制时间已在太平天国十一二年。

（4）美国国会图书馆　藏一册

署"二年新刻"。封黄，有纹饰。"书目"有十四部。

（5）柏林国家图书馆　藏一册

编号 NS609（2），署"二年新刻"。封黄，有纹饰。无"书目"。

（6）法国昂古莱姆图书馆　藏一册

署"二年新刻"。封面色不详，有纹饰。"书目"有十四部。

（7）荷兰莱顿大学图书馆　藏一册

抄本,封面写"二年新刻",有 NO.222 和 2875/44 字样。无"书目"。

(8)俄罗斯科学院汉学图书馆　藏一册

编号 Sin1140(与他书合装于一纸盒内,该盒编号 H2Kn&3),该册署"辛开元年新刻"。封红,有纹饰。有"书目",部数失记。

(9)澳大利亚国家图书馆　藏一册

署"二年新刻"。封黄,有纹饰。"书目"有十四部。

《太平礼制》初刻于"辛开元年",其重刻本有署初刻年份者,有不署初刻年份者,颇不一致。署"元年新刻"又无"书目"的,应是初刻本。署"二年新刻"而无"书目"的,虽内容文字较元年本无更改,但纹饰、字体有异,应是重刻本。署"二年新刻"而"书目"有十四部者,系由于"书目"制度的实行在太平天国癸好三年(1853)中期以后,而实行此制度时,太平天国已出版有书籍十三部(说详见拙撰《关于"旨准颁行诏书总目"和太平天国印书诸问题》),故该部《太平礼制》实际之刻或印的时间,应在此稍后,应在太平天国的第十四部书出版之后。

"书目"十四部《太平礼制》本,较之初刻本有一些文字改动,即将天王及诸王之女,原称"长天金""次天金""长东金"等改为"天长金""天二金""东长金"等。

剑桥藏本 B 署"八年新刻"。八年,已在太平天国丙辰六年(1856)"杨韦事变"之后,洪秀全大规模地修改"印书",此册已删去了北王韦昌辉之名,又出现干、英、忠、侍、章等王之名,而干、英、忠诸王等,封于太平天国己未九年(1859)及以后,故该本应是太平天国戊午八年(1858)本的增补本,而封面不署增补之年份,仍署"戊午八年"。

《太平礼制》的基本精神是上下尊卑有序。英国国家图书馆本A,有当年读者墨书批注多条,其中评该书烦琐无谓之处,颇为中肯。其批语之一曰:"东王显与太平敌体,古时偶国犹能为乱,况大事未集之时乎? 决然不能成事。"在《太平礼制》中,天王及其子幼主均称万岁,东王称九千岁,西王八千岁……稍有等差。而该读者能见及东王与天王敌体,作出"偶国犹能为乱"的预言,可谓不幸而言中。

2.《幼学诗》

本书共五言诗三十四首,分述敬上帝、敬耶稣、敬肉亲和朝廷、君道、臣道、家道及父、母、子、媳、兄、弟、姐、妹、夫、妻、嫂、婶、男、女诸道。

(1)牛津大学包德利图书馆　藏四册

A.署"元年新刻"。封黄,微绿,四周回纹。无"书目"。

B.署"元年新刻"。封黄,四周回纹。"书目"有十三部。

C.署"二年新刻"。封黄,四周回纹。"书目"有十三部。

D.同上

(2)剑桥大学图书馆　藏两册

A.编号 FC171/11,署"元年新刻"。封黄,四周回纹。"书目"有十三部。

B.抄本,编号 FC171/13,封面写"元年新刻"。无"书目"。

(3)美国国会图书馆　藏一册

署"元年新刻"。封黄,四周回纹。"书目"有十三部。

(4)法国昂古莱姆图书馆　藏一册

署"元年新刻"。封色未记,四周回纹。"书目"有十三部。

(5)俄罗斯科学院汉学图书馆　藏一册

编号 Sin1152,署"元年新刻"。封面黄,微绿,四周回纹。无"书目"。

(6)澳大利亚国家图书馆　藏一册

署"元年新刻"。封黄。"书目"有十三部。

(7)英国国家图书馆　藏三册

A.编号 15298.B.23(2),署"三年新刻"。封红,四周回纹。无"书目"。

B.编号同上,署"二年新刻"。封红,四周回纹。"书目"有十三部。

C.抄本,编号 OR8207(J1),封面写"辛开元年新刻"。无"书目"。

《幼学诗》和《太平礼制》二书,均有"辛开元年"本,这是太平天国初起之当年就编书刻书的实物证据。据我对"印书"的研究,"辛开元年"的新刻本,应红纸封面,无"书目"。但(2)A 和(3)、(4)、(6)四册,均署"元年新刻"而"书目"有十三部,其原因应在于,它们实际上是刻印于太平天国癸好三年(1853)中期实行"书目"制度之初。(7)A 封面署"三年新刻"而无"书目",则应刻于太平天国癸好三年中期实行"书目"制度稍前。

《幼学诗》将拜上帝与中国传统的伦常道德结合起来。当年英国传教士麦都思曾加评论,认为是一部"很优秀的读物"。此书在太平天国元、二、三年都曾镌刻,似说明其需要量之大。往年在山西曾发现《幼学诗》"元年新刻"的封面木版,应是太平天国癸好三年北伐军行经山西所遗,由此似可见《幼学诗》太平天国元、二、三年的刻版在早年曾同时使用。

3.《太平军目》

此书说明太平天国军队的组织方式。全书以一军为例,规定军、师、旅、卒、两、伍各级的人数、旗帜和统帅关系,同时也规定了军帅以上各级职官的旗帜体制。

(1)英国国家图书馆　藏一册

编号15298.B28,署"二年新刻"。封黄,有纹饰。"书目"有十三部。

(2)剑桥大学图书馆　藏二册

A.编号FC17/10,署"二年新刻"。封黄,有纹饰。"书目"有十五部。

B.编号同上,署"二年新刻"。封黄,有纹饰。"书目"有二十八部。末叶钤"戊午遵改"朱戳。"戊午遵改",意谓在太平天国戊午八年(1858)遵天王旨意对该书作了修改。此册修改了翼王石达开的职衔。

(3)牛津大学包德利图书馆　藏三册

A.署"二年新刻"。封红,有纹饰。无"书目"。

B.封黄。余同上。

C.缺封面。"书目"有十三部。

(4)法国昂古莱姆图书馆　藏一册

署"二年新刻"。封面色失记,有纹饰。"书目"有十五部。

(5)荷兰莱顿大学图书馆　藏一册

署"二年新刻"。封面色失记,有纹饰,有8684字样。"书目"

有十三部。

（6）俄罗斯科学院汉学图书馆 藏一册

编号 Sin1138，署"二年新刻"。封红，有纹饰。无"书目"。

（7）澳大利亚国家图书馆 藏一册

署"二年新刻"。封黄，有纹饰。"书目"有十三部。

在以上十册《太平军目》中，（3）A 和（6）两册，均红纸封面，无"书目"，应是刊刻较早者，可能是名副其实的壬子二年的刻本。上文已提到，太平天国对编印的官书在卷首编列已出版的书的"书目"事，（1）、（3）C、（5）、（7），各在册首"书目"有十三部，当印行于太平天国癸好三年中期实行"书目"制度之初。（2）A 和（4），"书目"有十五部，当印行于上述时间稍后。以上各书，仅少数文字有改动（但实际改动哪些字，失记）。（2）B 则是太平天国戊午八年的修改本，其主要的修改是将此前石达开的职衔"太平左军主将翼王石"一行铲改为"太平开国军师左军翼王石"。这一修改富有史料价值。自金田起义，石达开的职衔一直是"左军主将翼王"，太平天国丙辰六年内乱后入京辅政，丁巳七年夏自京出走，并无担任"军师"的记载。戊午八年将石的职衔铲改为"开国军师"，说明了当时领导集团内部关系之调整，似乎是洪秀全争取石达开回归的一种姿态。

"戊午遵改"本中"书目"有二十四部者。第二十四部书是太平天国乙荣（即乙卯，太平天国讳"卯"为"荣"）五年（1855）新刻的《行军总要》；"戊午遵改"本，即太平天国戊午八年遵旨作了修改的版本，"书目"有二十四部者，意即戊午八年的修改本，在第二十四部书出版时印行。由此似可见太平天国六、七年即洪杨韦石事件的年份刻印书籍的停滞。

太平天国军制创始较早。太平天国辛开元年即起义当年春在广西武宣与太平军相持的清方主帅周天爵曾俘获一册叙述一军编制的"逆书",进呈清廷,应即是太平天国辛开元年本《太平军目》。清方在太平天国早期还得到过又一种《太平军目》,据报道,该本中的"两司马"不冠东西南北方位,伍长伍卒都无名号,与今存各本异。这两种更早的《太平军目》,现未发现。

4.《天条书》

本书记在各种场合向上帝的祈祷文,同时记载关于敬上帝、孝父母、不杀人、不奸淫、不偷抢、不说谎、不贪心等十条戒条。

(1)英国国家图书馆　藏四册

A.编号 15298.B.23(4),署"二年新刻"。封红,四周回纹。无"书目"。序文中征引儒学经籍。

B.编号 15298.B.49,署"二年新刻"。封红,四周有回纹。有"书目"(部数失记)。序文征引儒学经籍。此册封面上有手写英文:Thomas Taylor Meadows,其后有小字,似注年月,已不可辨认。英文即密迪乐之全名,他在 1853 年 4 月作为英国公使文翰(S. G. Bonham)的译员访问南京,曾会见韦昌辉、石达开,此书当是他得自南京之物。

C.编号 15298.B.31,署"二年新刻"。封红,四周线框,无纹。"书目"有十四部。序文无征引儒学经籍语。

D.抄本,编号 OR8207(A)。封面写"二年新刻"。无"书目"。序文无征引儒学经籍语。

（2）剑桥大学图书馆　藏一册

编号 FC171/9，署"二年新刻"。封黄，四周线框，无纹。"书目"有十四部。序文无征引儒学经籍语。

（3）牛津大学包德利图书馆　藏五册

A.B.C.署"二年新刻"。封红，四周回纹。无"书目"。序文征引儒学经籍语。

D.E.署"二年新刻"。封黄，四周线框，无纹。"书目"有十四部。序文无征引儒学经籍语。

（4）美国国会图书馆　藏一册

署"二年新刻"。封黄，四周线框，无纹。"书目"有十四部。序文无征引儒学经籍语。

（5）柏林国家图书馆　藏一册

编号 NS609（5），署"二年新刻"。封红，四周回纹。无"书目"。序文无征引儒学经籍语。

（6）法国昂古莱姆图书馆　藏一册

署"二年新刻"。封面，色未记，四周线框，无纹。"书目"有十四部。序文无征引儒学经籍语。

（7）荷兰莱顿大学图书馆　藏一册

抄本。封面写"二年新刻"，上端有 NO.244 和 2875/44 字样。无"书目"。序文无征引儒学经籍语。

（8）澳大利亚国家图书馆　藏一册

署"三年新刻"。封黄，西人报道云较初刻本有较重大修改。

以上各册《天条书》，除（8）以外，分属两种版本：署"二年新刻"、红纸封面、无"书目"而序文征引儒学经籍语者较早，或即是太平天国壬子二年的初刻本。虽署"二年新刻"但黄纸封面、"书目"
有十四部,序文无征引儒学经籍语者,则是太平天国癸好三年中期
实行"书目"制度后的重刻修改本。其时洪秀全正发动焚禁儒学经
籍的运动,故将书中原引的儒学语句删去。澳藏本(8)署"三年新
刻","书目"亦有十四部,则该本刻印时间与"二年新刻"的"书目"
有十四部的本子相同,但是是另一刻本,封面亦改署当年。报道云
此本有"重大修改",估计其修改与"二年新刻"的"书目"有十四部
的本子相同。

5.《太平诏书》

本书为洪秀全早年所作《原道救世歌》《原道醒世训》《原道觉
世训》和《百正歌》几篇诗文的合编,阐述其有关政治、经济和社会、
道德的理想。

(1)英国国家图书馆　藏四册

A.编号 15928.B.23(1),署"二年新刻"。封红,有纹饰。无"书
目"。各篇有征引儒学经籍语。书中有一则当时读者的墨书评论:
"太平诏书,文理亦为清顺。所有议论皆根据史鉴,未为臆说,若再
加以词藻,当更妙矣。"

B.编号 15298.B.23(2),署"二年新刻"。封黄,有纹饰。"书
目"有十五部。各篇无征引儒学经籍语。无《百正歌》,三篇"原
道"的"歌""训"字,均改为"诏"。又此册封面有手写英文:Tract of
the Nanking Rebels sent by Yang, Eastern King 1854, Nanking, June
1854, L. Bowring.意为。"此系 1854 年 6 月杨东王送给的南京叛党
的宗教小册,L.包令。"按该 L.包令是当时英国的香港总督兼驻华

公使 J.包令之子,1854 年 6 月奉派与领事官员爵士麦华陀到太平天国访问,与东王杨秀清互有答问文书往来,并携回多种太平天国的赠书。

C.编号 15298.B.21,同上。但封面无上述手写英文。

D.抄本。编号 OR8207(A)。封面写"二年新刻"。无"书目"。有征引儒学经籍语。

(2)剑桥大学图书馆　藏一册

编号 FC171/9,署"二年新刻"。封红,有纹饰。无"书目"。有征引儒学经籍语。

(3)牛津大学包德利图书馆　藏四册

A.B.署"二年新刻"。封红,有纹饰。无"书目"。有征引儒学经籍语。

C.D.署"二年新刻"。封黄,有纹饰。"书目"有十五部。无征引儒学经籍语。无《百正歌》,三篇"原道"中的"歌""训"字样,均改为"诏"。

(4)美国国会图书馆　藏一册

署"二年新刻"。封黄,有纹饰。"书目"有十五部。无征引儒学经籍语。无《百正歌》一篇。"歌"等改"诏"同上。

(5)法国昂古莱姆图书馆　藏一册

署"二年新刻"。封色失记,有纹饰。有"书目"十四部,无征引儒学经籍语。无《百正歌》等均同上。

(6)荷兰莱顿大学图书馆　藏一册

抄本。封面写"二年新刻",有 2875/47 字样。无"书目"。有征引儒学经籍语。

（7）俄罗斯科学院汉学图书馆　藏一册

编号 Sin1142，署"二年新刻"。封红，有纹饰。无"书目"。有征引儒学经籍语。

（8）澳大利亚国家图书馆　藏一册

署"二年新刻"。封黄，有纹饰。无"书目"。

在以上各书中，署"二年新刻"又封面红纸、无"书目"、有征引儒学经籍语者，为早年本，或即是初刻本。署"二年新刻"，封面黄色，"书目"有十四部、十五部者，都是太平天国癸好三年中期稍后的重刻修改本。其时洪秀全正焚禁孔孟诸书，故原引孔孟语句均被删去；又将三篇"原道"中的"歌""训"改为"诏"，以符合其帝王身份。洪秀全排斥孔孟，兼及诸子百家和一切历史人物。《百正歌》一篇在《太平诏书》的修改本中，全篇被删；由于称述的内容是列举历史上多位"正人"的事迹以批判不正之人，故洪无法如其他篇那样可以删去古人古书之名而仍保留说理部分。

6.《天父下凡诏书》（第一部）

本书记录太平天国辛开元年（1851）在广西永安州期间杨秀清假天父下凡揭露内奸周锡能图谋叛降、接应清军的经过。

（1）英国国家图书馆　藏三册

A.编号 15298.B.23（7），署"二年新刻"。封红，有纹饰。无"书目"。此册提到洪秀全在场时，称"秀全"。

B.编号 15298.B.13，署"二年新刻"。封黄，有纹饰。"书目"有十四部。此册之"秀全"，作"朕"。

C.抄本，编号失记。封面写"二年新刻"。无"书目"。称"秀全"。

（2）剑桥大学图书馆　藏一册

编号 FC171/8，署"二年新刻"。封红，有纹饰。无"书目"。称"秀全"。

（3）牛津大学包德利图书馆　藏四册

A.B.署"二年新刻"。封红，有纹饰。无"书目"。称"秀全"。

C.D.署同上。封黄，有纹饰。"书目"有十四部。"秀全"作"朕"。

（4）柏林国家图书馆　藏一册

编号 NS609（1），署"二年新刻"。封红，有纹饰。有"书目"，部数失记。称"秀全"。

（5）法国昂古莱姆图书馆　藏一册

署"二年新刻"。封面有龙凤纹饰。"书目"有十四部。"秀全"作"朕"。

（6）荷兰莱顿大学图书馆　藏一册

抄本。封面写"二年新刻"。上端有 NO.158 和 2875/50 字样。无"书目"。称"秀全"。

（7）俄罗斯科学院汉学图书馆　藏一册

编号 Sin1146，署"二年新刻"。封红，有纹饰。无"书目"。称"秀全"。

（8）澳大利亚国家图书馆　藏一册

署"二年新刻"。封黄，有纹饰。"书目"有十四部。"秀全"作"朕"。

上述各册中，无"书目"、红纸封面者为早期本，应是太平天国壬子二年(1852)的初刻本。"书目"有十四部者,应刻于太平天国癸好三年中期实行"书目"制度稍后,为修改本,改原称"秀全"处为"朕"。此《天父下凡诏书》(第一部),是天父下凡揭露内奸的记录体,除天父与对话人内奸外,其他在场人包括洪秀全都是第三者。而"书目"有十四部的本子改"秀全"为"朕",作第一人称,语意就不通了。

7.《颁行诏书》

东王杨秀清、西王萧朝贵在起义初始的辛开元年(1851)、壬子二年两年之间会衔发布了三篇檄文,声讨清政权,阐明太平天国的政治、宗教主张。本书是三篇檄文的合编。

(1)英国国家图书馆　藏三册

A.编号 15298.B23.(5),署"二年新刻"。封红,有纹饰。无"书目"。

B.编号 15298.B.26,署"二年新刻"。封黄,有纹饰。"书目"有十四部。

C.编号 15297.D.24,署"三年新刻"。封黄。有纹饰。"书目"有二十九部。

(2)剑桥大学图书馆　藏一册

编号 FC171/10,署"二年新刻"。封黄,有纹饰。"书目"有十四部。

(3)牛津大学包德利图书馆　藏三册

A.署"二年新刻"。封红,有纹饰。

B.C.署"二年新刻"。封黄,有纹饰。"书目"有十四部。

（4）美国国会图书馆　藏一册

署"二年新刻"。封黄,有纹饰。"书目"有十四部。

（5）法国昂古莱姆图书馆　藏一册

署"二年新刻"。封面有纹饰（色失记）。"书目"有十四部。

（6）荷兰莱顿大学图书馆　藏一册

署"二年新刻"。封面有 NO. 221 字样（色失记）。无"书目"。

（7）俄罗斯科学院汉学图书馆　藏一册

编号 Sin1148,署"二年新刻"。封红,有纹饰。无"书目"。

（8）澳大利亚国家图书馆　藏一册

署"二年新刻"。封黄,有纹饰。"书目"有十四部。

以上多册《颁行诏书》,从"书目"、封面色来看,有红纸封面的无"书目"本、黄纸封面的"书目"十四部本和黄纸封面的"书目"二十九部本三类。

《颁行诏书》是太平天国"印书"中唯一提到"三合会"与"明朝"的文献。其版本的修改主要与此有关。

牛津藏本 A 中的《奉天诛妖救世安民谕》有如下一段:"况查尔们壮丁,多是三合会党,盍思洪门歃血,实为同心同力以灭清,未闻结义拜盟而反北面于仇敌者也。"该本中的《奉天讨胡檄》中又有如下语句:"慨自有明失政,满洲乘衅,混乱中国,盗中国之天下。"

英国国家图书馆藏本 A 和俄藏本,均为红封面的无"书目"本,但该本中的上述"三合会党"一段,作:"况尔四民人等,原是中国人民,须知天生真主,亟宜同心同力以灭妖,孰料良心尽泯而反北面于仇敌者也。""有明失政"句,则无差异。以上两种不同词语的版本,孰先孰后? 考 1853 年 4 月英国公使文翰访问南京,获赠"印书",即交英国传教士麦都思译为英文,麦译的《颁行诏书》这一段作"三合会党";而同年6月美国传教士戴勒(C. Taylor)访问镇江,得到一册《颁行诏书》,报道说此册已将"天地会"字样删去。由此可知,牛津本A是初刻本,英国国家图书馆藏本A及俄藏本则是修改本,其印行当在4月至6月之间。这两种版本都是红纸封面,但均无"书目",应是因为当时尚未实行"书目"制度。

《颁行诏书》的其他有"书目"本,多为"书目"十四部而以黄纸为封面者,这种版本应印行于太平天国癸好三年中期实行"书目"制度稍后。它们除了关于"三合会"的修改,又将"慨自有明失政"句改为"慨自满洲肆毒",其他字句也略有调整,但主要是删去"有明失政"。

英国国家图书馆收藏的C册,署"三年新刻"而"书目"有二十九部,意味着此册书的印行是在太平天国的第二十九部书之后。太平天国的第二十九部书是《王长次兄亲目亲耳共证福音书》,而该第二十九部书刻印于太平天国庚申十年(1860)。此册对初本另有不少文字修改,如将外国的"国"改为"郭","臣仆"改为"卑仆","中国有复兴之理"改为"中国有永兴之兆"等。这一册的发现,不仅使我们知道有《颁行诏书》的又一次修改本,而且也可推知,《颁行诏书》曾有封面署"三年新刻"的版本。"三年新刻"的初本,应在"二年新刻""书目"有十四部的各本之后;太平天国癸好三年出版书至第十九部,故该种《颁行诏书》的初刊本的卷首"书目",应在十四部至十九部之间。

8.《天命诏旨书》

本书系太平天国壬子二年(1852)秋洪秀全命文臣选录自戊申年(1848)以来天父天兄所降圣旨及天王所降圣旨的一部分,颁发全军,以使将士知法识法,不误天命天令。

(1)英国国家图书馆　藏四册

A.编号15298.B.23(8),署"二年新刻"。封红,有纹饰。无"书目"。有读者墨书批注:"天德乃太平王之弟,死后刻一木主,(太平王)奉事唯谨,颇有灵响。"这是时人较普遍的讹传。另有对一些字句作英译的小注。

B.编号15298.B.19,署"二年新刻"。封黄,有纹饰。"书目"有十五部。

C.抄本。编号OR82071(1)。封面写"二年新刻"。无"书目"。

D.抄本。编号OR82071(2)。封面、"书目"同上。有多处朱笔圈点及铅笔写的词语英译。

(2)剑桥大学图书馆　藏一册

编号FC/10,署"二年新刻"。封黄,有纹饰。"书目"有十五部。

(3)牛津大学包德利图书馆　藏六册

A.B.C.署"二年新刻"。封红,有纹饰。无"书目"。

D.E.F.署"二年新刻"。封黄,有纹饰。"书目"有十五部。

(4)美国国会图书馆　藏一册

署"二年新刻"。封黄,有纹饰。"书目"有十四部。

(5)柏林国家图书馆　藏一册

编号 NS609（6），署"二年新刻"。封红，有纹饰。无"书目"。

（6）法国昂古莱姆图书馆　藏一册

署"二年新刻"。封色失记，有纹饰。"书目"有十五部。

（7）俄罗斯科学院汉学图书馆　藏一册

编号 Sin1144，署"二年新刻"。封红，有纹饰。无"书目"。

（8）澳大利亚国家图书馆　藏一册

署"二年新刻"。封黄，有纹饰。"书目"有十五部。

上述《天命诏旨书》，无"书目"的各册为早年本；"书目"有十四部、十五部者，均印行于太平天国癸好三年中期实行"书目"制度稍后。但各本内容文字无修改。早年本中，纪干支的"辛亥"二字，多处已避讳铲改为"辛开"，但有两处遗漏未改。"书目"有十四部、十五部本，亦均有一处遗漏未改；又将无"书目"本中原来不误的"他出一言是天命"句中"他"字误为"地"，"后宫姓名位次"句中"名"误为"各"，"朕实情诏尔等"句中"情"误为"精"。

各本《天命诏旨书》的最后一篇是天王洪秀全太平天国癸好三年的诏旨。署"壬子二年新刻"的书而有"癸好三年"的"诏"，当是后来增补。从现存的早年本中的"辛亥"二字系将"亥"字铲改为"开"，亦可推知它们并非初刻本。

9.《太平条规》

本书是关于部队行军、住营的规矩各十条。

（1）英国国家图书馆　藏三册

A.编号 15298.B.23（3），署"二年新刻"。封红，四周回纹。无"书目"。书中"行营规矩"标题，缺"行"字。

B.编号 15298.B.24,署"二年新刻"。封红,四周回纹。无"书目"。"行"字不缺。

C.抄本。编号 OR8207A,封面写"二年新刻"。无"书目"。"行"字不缺。

(2)剑桥大学图书馆　藏一册

编号 FC171/8,署"二年新刻"。封红,四周回纹。无"书目"。缺"行"字。

(3)牛津大学包德利图书馆　藏五册

A.B.C.署"二年新刻"。封红,四周回纹。无"书目"。缺"行"字。

D.E.署"二年新刻"。封红,四周回纹。无"书目"。"行"字不缺。

(4)柏林国家图书馆　藏一册

编号 NS609(3),署"二年新刻"。封红,四周回纹。无"书目"。缺"行"字。

(5)法国昂古莱姆图书馆　藏一册

署"二年新刻"。封面色失记,四周回纹。无"书目"。"行"字不缺。

(6)荷兰莱顿大学图书馆　藏一册

抄本。封面写"二年新刻"。上端有 223 和 2875/45 字样。无"书目"。"行"字不缺。

(7)俄罗斯科学院汉学图书馆　藏一册

编号 Sin1136,署"二年新刻"。封红,四周回纹。无"书目"。"行"字不缺。

(8)澳大利亚国家图书馆　藏一册

署"二年新刻"。封红。无"书目"。

以上各册《太平条规》，均无"书目"，应都是实行"书目"制度之前的早年本，但有缺"行"字本与不缺"行"字本之不同。

10.《太平天国癸好三年新历》

太平天国自壬子二年(1852)起实行自己的历法，称为"天历"。《太平天国癸好三年新历》是存世最早的太平天国历书。

(1)英国国家图书馆　藏三册

A.编号 15298.B.23(10)。封红，有纹饰。无"书目"。此册封底内叶粘有灰白色纸，手写英文两行。第一行，"Presented by Lewin Bowring, 11, Feb. 1856"；第二行，"These tracts were sent by the Eastern King himself to Sir John L. B."。第一行意为："1856 年 2 月 11 日 L.包令赠。"此句应是包令将书赠与图书馆之语。第二行"这些小册是东王本人送给约翰·包令爵士的。"L. B.应就是 L.包令姓名的缩写。L.包令曾奉其父 J.包令之命往访太平天国，携回一些赠书。已见《太平诏书》条。但他们并未见到东王，所谓东王亲送书，当是误解或夸大。

B.编号 15298.B.35。封黄，有纹饰。"书目"有十四部。

C.抄本。编号 OR8270J(2)，但封面在 OR8270K。无"书目"。

(2)剑桥大学图书馆　藏一册

编号 FC171/12。封黄，有纹饰。"书目"有十四部。

(3)牛津大学包德利图书馆　藏六册

A.封红，有纹饰。无"书目"。

B.同上。封面"曆"作"歷"。

C.封黄,有纹饰。无"书目"。此册书名作"太平天国癸丑三年新历","國""丑"俱未遵改为"国""好"。又,此册封黄而无"书目",亦为例外。

D.E.F.封黄,有纹饰。"书目"有十四部。

(4)美国国会图书馆　藏一册

已残破。

(5)柏林国家图书馆　藏一册

编号 NS609(4)。封红,有纹饰。无"书目"。

(6)法国昂古莱姆图书馆　藏一册

封面有纹饰。"书目"有十四部。

(7)俄罗斯科学院汉学图书馆　藏一册

编号 Sin1134,封红,有纹饰。无"书目"。

(8)澳大利亚国家图书馆　藏一册

封黄,有纹饰。"书目"有十四部。

洪秀全在后期曾降诏,每年应在十、十一、十二这三个月依远近颁发次年新历书。早年是否如此规定不可知,但当年历书应在前一年年底前印就,自是定例,故每年历书都不需署刊刻年份。太平天国癸好三年新历应印行于太平天国壬子二年冬,是年十二月已有太平军在武昌颁发太平天国癸好三年历书之记载。存世的太平天国癸好三年历中,一部分是黄纸封面,"书目"有十四部。这些历书印行时,当已在太平天国癸好三年中期实行"书目"制度以后。这应是在建都南京后,北伐西征,疆域扩大,虽然已到下半年,仍有重刻或重印当年历书以供应军民之需。

11.《三字经》

以三字句形式讲述上帝之权能和天王奉天父上帝旨意下凡救世之使命。

(1)英国国家图书馆　藏三册

A.编号15298.B.23(9),署"三年镌刻"。封红,四周回纹。无"书目"。

B.编号15298.B.15,署"三年镌刻"。封黄,四周回纹。"书目"有十三部。

C.抄本。编号OR8207M,封面写"三年镌刻"。无"书目"。书眉多有英文小注。

(2)剑桥大学图书馆　藏两册

A.编号FC171/11,署"三年镌刻"。封黄,四周回纹。"书目"有二十四部。末叶有"己未遵改"朱戳,字句多有修改。

B.抄本。编号FC171/13。封面写"三年镌刻"。红格簿纸,不依式抄。

(3)牛津大学包德利图书馆　藏四册

A.B.署"三年镌刻"。封黄,四周回纹。"书目"有十三部。

C.D.署"三年镌刻"。封红,四周回纹。无"书目"。

(4)美国国会图书馆　藏一册

署"三年镌刻"。封黄,四周回纹。"书目"有十三部。

(5)法国昂古莱姆图书馆　藏一册

署"三年镌刻"。封面四周回纹。有"书目"十三部。

(6)荷兰莱顿大学图书馆　藏一册

抄本。封面写"三年镌刻"。上端有 NO.62 和 2875/49 字样。无"书目"。

（7）俄罗斯科学院汉学图书馆　藏一册

编号 Sin1150，署"三年镌刻"。封红，四周回纹。无"书目"。

（8）澳大利亚国家图书馆　藏一册

署"三年镌刻"。封黄，四周回纹。"书目"有十三部。

前已述及，太平天国实行"书目"制度，系始于太平天国癸好三年中期，其时已刻印书籍十三部。故以上各册《三字经》，除（2）A外，无"书目"者，应都是太平天国癸好三年中期实行"书目"制度以前的初刻本和实行"书目"制度之初的重刻重印本（"书目"有十三部者）。此两本文字无异。（2）A 则不同。这是我于 1984 年在剑桥大学发现的异本。此本"书目"有二十四部，第二十四部书是太平天国乙荣五年（1855）新刻的《行军总要》一书。但此本末叶有"己未遵改"字样，故并非太平天国乙荣五年本，而是己未本即太平天国己未九年（1859）时遵天王旨作了修改的修改本。它的底本，即"书目"有二十四部本的初本，今未发现。如以此"己未遵改"本，与无"书目"本、"书目"有十三部本对照，修改甚多。其要者如：原句"说当初，讲番国，敬上帝，以色列"改为"爷生哥，犹太郭，考族谱，色列作"，"麦西国"改为"麦西辇"，"甚扶持"改为"甚恩#施#"（#意为墨书小方块纸粘贴于原字之上），"造碑石"改为"神#缮#石"，"曰耶稣"改为"曰基#督#"，"盘古下"改为"坦盘下"，"丁酉岁"改为"天#酉岁"，"神使扶"改为"砍#落#狱#"，"天嫂贤"改为"天嫂圣#"。

太平天国后期印书常有以墨书小方块字挖补、粘贴个别原字的情况,但如此册之多之草,则为仅见。

12.《天父上帝言题皇诏》

托为上帝昭示的诗句十首,含洪秀全奉上帝之命下凡救世、众人须真心信实之意。以其多有隐语或不通词语,今尚不能尽解。

(1)英国国家图书馆　藏一册

编号 15297.B.37,署"三年新刻"。封黄,有纹饰。"书目"有十五部。

(2)剑桥大学图书馆　藏两册

A.编号 FC171/10,署"三年新刻"。封黄,有纹饰。"书目"有十四部。

B.编号 FC171/11,署"四年新刻"。封黄,有纹饰。"书目"有二十四部。

(3)牛津大学包德利图书馆　藏三册

A.B.C.署"三年新刻"。封黄,有纹饰。"书目"有十四部。

(4)美国国会图书馆　藏一册

署"三年新刻"。封黄,有纹饰。"书目"有十四部。

(5)法国昂古莱姆图书馆　藏一册

署"三年新刻"。有纹饰。"书目"有十四部。

(6)澳大利亚国家图书馆　藏一册

署"三年新刻"。封黄,有纹饰。"书目"有十四部。

本书各册内容文字无区别。(2)B 署"四年新刻","书目"有二十四部,第二十四部书是太平天国乙荣五年(1855)新刻的《行军总要》,故此册并非"四年新刻"的初刻本,而是太平天国乙荣五年或以后的重刻重印本。

13.《旧遗诏圣书》

即《旧约》。太平天国于癸好三年(1853)春起陆续分卷出版，所据可能是郭士立译本而稍有文字更改。

(1)英国国家图书馆　藏二卷

所见系《创世传》《出麦西国传》两卷,今被合订为一册,编号15116.B.8。《创世传》有两封面,外封红纸,内封黄纸,外封署"三年新刻",有纹饰,书名《旧遗诏圣书》,正文首叶首行刻"创世传卷一","书目"有十四部。《出麦西国传》封面黄纸,左上粘贴长方纸条,印龙凤纹图案,无字,正文首叶首行刻"出麦西国传卷二","书目"有十四部,末叶书口刻"出麦西国传卷上","卷上"应系"卷二"之误。此两卷版刻、纸张均较精好。

(2)牛津大学包德利图书馆　藏《创世传》半卷一册

该册有两封面。第一封面黄纸双折,内外无字。第二封面浅红色图案纸双折,封外空白,封内有龙凤纹饰,署"三年新刻"和书名《旧遗诏圣书》。正文首叶首行刻"创世传卷一",至第二十八章止,故本书实际上只《创世传》半卷。无"书目"。全书版刻、纸张甚精。

太平天国癸好三年三月英公使文翰访南京,获赠太平天国印书十二册,其中之一即《创世传》前二十八章本一册。他报告说:"此书所异于其他各册者,则以其封面系黄色也。"牛津所藏的这一册,应即太平天国赠与文翰之版本,可能为世上所仅存者。

(3)法国昂古莱姆图书馆　藏三卷三册

《创世传卷一》《出麦西国传卷二》封面文、式均同(1)。《出麦西国传卷二》末叶书口刻"卷上"之误亦同。"书目"各有十四部。又有《户口册纪卷四》一册,无封面,"书目"有十四部。

(4)澳大利亚国家图书馆 藏四卷四册

四卷四册为:《创世传卷一》《出麦西国传卷二》《利未书卷三》《户口册纪卷四》。"书目"各有十四部。据曾访问太平天国的西方人士报道,从1853年4月太平天国开始出版《旧遗诏圣书》以来,至同年6月已出版《创世传》《出麦西国传》《利未书》《户口册纪》《复传律例书》《约书亚书记》六卷。今所存者唯前四卷。以上各图书馆所存各册,除牛津藏半卷一册外,"书目"均有十四部,是此四册均刻印于太平天国癸好三年中期实行"书目"制度稍后之证明。

14.《新遗诏圣书》

即《新约》,太平天国于癸好三年中期开始出版,所据亦可能是郭士立译本而稍有文字改动。

(1)英国国家图书馆 藏一卷一册

《马太传福音书卷一》一册,编号15116.C.23。封黄,封外无字,封内署"三年新刻",题书名《新遗诏圣书》,有纹饰。"书目"有十四部。

(2)法国昂古莱姆图书馆 藏一卷一册

《马太传福音书卷一》一册。封面署"三年新刻",有纹饰。"书目"有十五部。

(3)澳大利亚国家图书馆 藏一卷一册

《马太传福音书卷一》一册。署"三年新刻"。封黄,有纹饰。

“书目”有十五部。

《新遗诏圣书》在“书目”次序上为第十四部。《马太传福音书卷一》“书目”有十四部者,当为初刻本;(2)、(3)“书目”各有十五部,应是稍后续出。

15.《钦定旧遗诏圣书》

即洪秀全在太平天国后期将《旧遗诏圣书》据己意加以修改、批注者。仍署《旧遗诏圣书》始刻年份,在“书目”中不另立目。

英国国家图书馆　藏六卷

《创世传卷一》《出麦西国传卷二》《利未书卷三》《户口册纪卷四》《复传律例书卷五》《约书亚书记卷六》被合订为一厚册,编号15117.E.20,封面有二,均黄纸双折。封外左上贴长方红纸,刻印龙凤纹饰及“钦定旧遗诏圣书卷之”,“之”下墨书“一”。封内刻“……三年新刻”及龙凤纹饰,中直刻书名“钦定旧遗诏圣书”。由此可推知,六卷都应各有封面,各册单行。《钦定旧遗诏圣书》刻有洪秀全批注多处,其中,洪自以为是《圣经》中的人物,发挥了很多怪想,还有很多修改。除了改“国”为“郭”、“王”为“侯”、“王宫”为“侯衙”等由于对前代、外国的贬抑而改动的字句,还改动了内容,如《创世传》,“遂接其妇在王宫内也,且缘其妇厚待亚伯兰”中“厚待”改为“欲杀”、“缘何不称云乃吾妻,为何称之为妹哉,致我娶之为妻”改为“缘何我娶尔妻为吾妻,无何而皇上帝降重灾与我也”,等等。

此部《钦定旧遗诏圣书》“书目”有二十九部,是太平天国庚申十年(1860)以后的印本。

16.《钦定前遗诏圣书》

即洪秀全将《新遗诏圣书》据己意加以修改、批注者。太平天国原称《新约》为《新遗诏圣书》,后期改称《前遗诏圣书》。这可能是洪秀全以为他本人得到的上帝启示才是最新的。《钦定前遗诏圣书》仍署《新遗诏圣书》的始刻年份,并不另列"书目"。

英国国家图书馆　藏二十六卷

《钦定前遗诏圣书》应包括全部《新约》二十七卷,今本缺第三卷,被合订为一厚册,编号 15117.E.19,封面黄纸双折,封外左上贴长方红纸,刻印龙凤纹饰及"钦定前遗诏圣书卷之","之"下墨书"一"字。封内刻"⋯⋯三年新刻"及龙凤纹饰和书名《钦定前遗诏圣书》。封面右下贴白纸条,墨书"前遗诏八本缺第三"字样,所缺系《约翰传福音书》一卷。《钦定前遗诏圣书》书眉刻有洪秀全批注多处。文中内容文字,与现在《新遗诏圣书》比较,也颇有改易,如"耶稣"改"基督"、"吾"改"朕"、"天使托梦"改"上主托梦"等。其他各卷,虽无可对照,但它们多有铲版修改的痕迹。由此可推知,现存的《钦定前遗诏圣书》之前,必有旧版。今本"书目"有二十九部,应是太平天国庚申十年以后的印本。

17.《建天京于金陵论》

此乃太平天国癸好三年诸文臣所撰论建都于金陵的必要和优势的短论汇编。

(1)英国国家图书馆　藏一册

编号 15297.D.31,署"三年新镌"。封黄,有纹饰。"书目"有二十九部。本册纸质、印刷极差。

（2）剑桥大学图书馆　藏一册

编号 FC171/12，署"三年新镌"。封黄，有纹饰。"书目"有二十一部。

（3）澳大利亚国家图书馆　藏一册

署"三年新镌"。封黄，有纹饰。"书目"有二十八部。

上述"书目"二十一部本《建天京于金陵论》，虽署"三年新镌"，实际印行于太平天国甲寅四年（1854）第二十一部书《天理要论》出版之后；"书目"二十八部本更在第二十八部书即太平天国戊午八年（1858）新刻的《醒世文》之后、第二十九部书即太平天国庚申十年（1860）新刻的《王长次兄亲目亲耳共证福音书》之前。两本对照，后者多有文字修改，主要是或删或改文中的"王者"一词，"王者"一词多见于儒家经籍，太平天国又禁称前代君主为王，删改殆由于此。

18.《诏书盖玺颁行论》

此乃太平天国癸好三年诸文臣所撰短论之汇编，主要是阐明唯太平天国出版的"诏书"，经编入"书目"并钤有金印者，方得留传阅读，此外各书均予禁绝。

（1）英国国家图书馆　藏一册

编号 15297.D.26，署"三年新镌"。封黄，有纹饰。"书目"有二十八部。

（2）剑桥大学图书馆　藏一册

编号 FC171/11，署"三年新镌"。封黄，有纹饰。"书目"有二十八部。

(3)澳大利亚国家图书馆　藏一册

抄本。封面写"三年新镌"。"书目"有二十一部。

澳藏"书目"二十一部抄本,我未目验。(1)、(2)"书目"有二十八部,应均晚出,印行当在太平天国戊午八年至庚申十年之间。该两本"真主御极""天赐金玺"等字句,均有铲版修改之迹,疑是对二十一部本的修改。

19.《贬妖穴为罪隶论》

太平天国癸好三年,洪秀全诏旨贬直隶省为"罪隶",诸文臣各撰短论,阐释其意。本书为各短论之汇编,冠以洪秀全诏旨。

(1)英国国家图书馆　藏一册

编号15297.D.23,署"三年新镌"。封黄,有纹饰。"书目"有二十九部。

(2)剑桥大学图书馆　藏一册

编号FC171/11,署"三年新镌"。封黄,有纹饰。"书目"有二十四部。末叶有"己未遵改"朱戳。

(3)澳大利亚国家图书馆　藏一册

署"三年新镌"。封黄,有纹饰。"书目"有二十一部。

澳藏我未目验。早年程演生在法国东方语言学院获见本书的"书目"二十一部本,抄录回国,排印发表。以该种"书目"二十一部的抄排本,与"书目"二十四部的"己未遵改"本,以及"书目"二十九部本比较,可见后两种颇有文字修改。卷首"天王诏旨"中"天下万国朕无二"句中"国"改为"郭","朕"改为"帝",又"耶稣"改为

"基督","王者"一词或删或改。"己未遵改"本与"书目"二十九部
本则无差异。

20.《太平救世歌》

以东王杨秀清名义写的诗文,阐释上帝之权能、东王本人的使
命和君臣兄弟之道。

(1)英国国家图书馆 藏两册

A.编号15298.D.29,署"三年新刻"。封黄,有纹饰。"书目"有
十五部。此册封面有手写英文:Tract of the Nanking Rebels sent by
Yang,Eastern King 1854,Nanking,June 1854,L. Bowring,意为:"此
系1854年6月杨东王送给的南京叛党的宗教小册,L.包令"。参见
《太平诏书》条。

B.编号15298.D.29,署"三年新刻"。封黄,有纹饰。"书目"有
十五部。

(2)剑桥大学图书馆 藏两册

A.编号FC171/7,署"三年新刻"。封黄,有纹饰。"书目"有十
五部。

B.编号同上,署、封、纹均同上。"书目"有二十一部。《太平救
世歌》作《太平救世诰》。

(3)牛津大学包德利图书馆 藏三册

A.B.C.三册均署"三年新刻"。封黄,有纹饰。"书目"有十
五部。

(4)美国国会图书馆 藏一册

署"三年新刻"。封黄,有纹饰。"书目"有十五部。

（5）法国昂古莱姆图书馆　藏一册

署"三年新刻"。封面有纹饰。"书目"有十五部。

（6）澳大利亚国家图书馆　藏一册

署"三年新刻"。封黄，有纹饰。"书目"有十五部。

上述各册《太平救世歌》，除（2）B外，均署"三年新刻"而"书目"有十五部。"书目"的第十五部，即《太平救世歌》，可知"书目"十五部本即该书的初刻本。"书目"二十一部本晚出。与洪秀全《太平诏书》中的"原道"三篇的篇名原作"歌""训"而升格称"诏"相似，《太平救世歌》的晚出本（2）B升格为《太平救世诰》。

21.《天父下凡诏书》（第二部）

太平天国癸好三年十一月，杨秀清假借天父下凡，指斥洪秀全教子不严、待宫中女官太苛，要加以杖责，洪伏地受责，杨才予宽恕。此书记事件经过及杨、洪的对话。

澳大利亚国家图书馆　藏一册

署"三年新刻"。封黄，有纹饰。"书目"有二十部。澳藏此册我未目验。今国内流传利用者，为程演生抄录传回的法国东方语言学院藏的"书目"二十部本。

22.《天朝田亩制度》

本书规定田产均耕的原则和办法，社会的组织和政治、经济、宗教的制度，为洪秀全的理想国。

（1）英国国家图书馆　藏一册

编号15297.D.25，署"三年新镌"。封黄，四周回纹。"书目"有二十九部。

（2）澳大利亚国家图书馆　藏一册

署"三年新镌"。封黄。"书目"有二十一部。

澳本我未目验。早年程演生从法国传回"书目"二十一部本，抄排行世。"书目"二十九部本晚出，时在太平天国庚申十年（1860）之后，较二十一部本有一些文句增改，但无思想政策的修改。但我未就英藏本作校勘笔记，是为一憾。

(二)太平天国四至六年初版的新书

1.《太平天国甲寅四年新历》

（1）剑桥大学图书馆　藏一册

编号 FC171/11。封黄，有纹饰。"书目"有十五部。此册封面上端有墨书"木一将军衙"字样（似应是"本"，误写为"木一"），右侧又有墨书"木一将军衙应用"，当是太平军中之原物。

（2）澳大利亚国家图书馆　藏一册

封黄，有纹饰。"书目"有二十部。

"书目"第十五部是《太平救世歌》,(1)应刻印于太平天国癸好三年秋冬;(2)应印行于太平天国癸好三年冬、甲寅四年春。癸甲之间太平天国领土扩展,故有续印历书之需要。

2.《天理要论》

此书论上帝之性质和权能,系截取英国传教士麦都思著《天理要论》前八章稍加改易而成。

（1）剑桥大学图书馆　藏一册

编号 FC171/9,署"四年新刻"。封黄,有纹饰。"书目"有二十一部。

(2)澳大利亚国家图书馆 藏两册

A.B.两册,均署"四年新刻"。有纹饰,"书目"有二十一部。

以上均至《天理要论》止,说明(1)与(2)A、(2)B 三册均系初刻本。

3.《御制千字诏》

洪秀全撰四言句共二百七十六句,叙上帝创造万物,耶稣救世赎罪,洪秀全受命下凡起义、建都天京诸事。

(1)英国国家图书馆 藏一册

编号 15297.D.21,署"四年新刻"。封黄,有纹饰。"书目"有二十四部,末叶有"戊午遵改"朱戳。

(2)剑桥大学图书馆 藏两册

A.编号 FC171/12,同(1)。

B.编号同上,署"四年新刻"。封黄,有纹饰。"书目"有二十三部。

(2)B 至《御制千字诏》止,故本册应为初刻本。可遗憾者,我在剑桥时未将此册细读而交付摄影时匆促间将(2)A 影印,因而未能校核今日国内流传的"戊午遵改"本究竟修改了哪些文句。

4.《天情道理书》

叙自金田起义以来的若干事件,以证明天父天兄之权能、天王东王之教导,并录东王诗多首,以激励、告诫军中弟兄。

（1）英国国家图书馆　藏一册

编号15297.D.32，署"四年新刻"。封黄，四周回纹。"书目"有二十八部。末叶有"己未遵改"朱戳。

（2）剑桥大学图书馆　藏一册

编号FC171/12。署"四年新刻"。封、周同上。"书目"有二十四部。

（3）伦敦大学亚非学院图书馆　藏一册

署"四年新刻"。封、周同上。"书目"有二十四部。末叶有"戊午遵改"朱戳。

按《天情道理书》初刻于太平天国甲寅四年（1854），今存上述三册，均为晚出修改本，其修改主要是对北王韦昌辉的态度。本书有一段历述东、西、南、北、翼王的出身和艰难事迹，而今本（2）对诸王俱称某王，唯北王称"背土"，显为贬斥词。今本（2）"书目"有二十四部，至太平天国乙荣五年新刻的《行军总要》止，可知该本刻印于太平天国乙荣五年之后、第二十五部书即太平天国丁巳七年冬出版的《天父诗》以前。在太平天国乙荣五年、丁巳七年之间，发生了内讧，杨秀清、韦昌辉先后被杀。事后，洪秀全为维持宗教体系的一贯性，采取尊杨抑韦的政策。《天情道理书》的修改本中，北王被贬称为"背土"。其确切意义虽不明，属贬斥之意则无疑。（3）及（1）是太平天国戊午八年和己未九年的修改本，对韦已不称"背土"，只直称其名"昌辉"，且提行与诸王同，是削爵而称名之意，较称"背土"，已有所缓和。（1）与（3）内容无异，只版式不同。

5.《行军总要》

录东王杨秀清制定的陆路号令、水路号令、点兵号令等九种号令,有不署名者所作序文一篇。

英国国家图书馆　藏一册

编号 15297.D.30,署"乙荣五年新刻"。封黄,有纹饰。"书目"有二十四部。末叶有"戊午遵改"朱戳,应是太平天国戊午八年所作的修改本。《行军总要》存世的似只此本,无早年本可比较其修改处。细按此册各叶各行,未发现明显铲版改字之迹,独序文两叶,称颂东王规条号令之美,其文作"所设规条号令尽善尽美,诚为亘古未见未闻者也。□□□等综录平素神化谋猷,恭辑成书"云云。其中三个字的空白,原版应该有字,我猜想可能是"本侯相"。东王属员每自称"本侯相",即有"侯""丞相"职位的高级给事人员,这些"侯相"在"杨韦事变"中被牵连,事后被处置,须删去。如这一推测不错,则序文末"谨序"二字后的半叶空白,可能还曾署有侯、相的姓名,也连同"本侯相"三字一起被铲去。

(三)太平天国后期出版的新书

1.《天父诗》

共五百首。少数录自天父天兄下凡所作诗句,绝大多数为天王自作,大多用以告诫其后宫后妃,其中不少阐明了天王关于家庭和伦理、社会的观点。

(1)英国国家图书馆　藏全五卷

编号 15297.D.34,署"丁巳七年新刻"。封面黄纸双折。封外左上贴长方红纸题签,刻"天父诗卷","卷"下墨书"一";无纹饰,四周线框。封内有纹饰,署刊刻年份、书名。全书五百首,应分五卷五册,但今已被合订为一厚册,而无卷二至卷五的封面,只在一〇一首、二〇一首等叶有铅笔字 2、3、4、5 字样。

(2)剑桥大学图书馆　藏一卷一册

编号 FC171/7,署"丁巳七年新刻"。封面黄纸双折。封外左上贴长方红纸。文、纹、式同(1),唯"卷"字下无墨书"一"字。封内文、纹、式,亦如(1)。本册共一至一〇〇诗一百首。

《天父诗》卷首无"书目",但其他书的"书目"中有《天父诗》。《天父诗》今流传利用者为抄排本,错字很多,其中一些错误对原意颇有影响,如一六八首,"天父小媳总要好"中"小媳"误为"子媳";一八七首,"亮未救起莫起身"中"莫起身"误为"真起身";三五〇首,"因何不晓畏爷哥"中"畏"误为"是";四一二首,"爷哥不恤陋容人"中"不恤"误为"不怕";等等。

2.《太平天国戊午八年新历》

剑桥大学图书馆　藏一册

编号 FC171/9。封黄,有纹饰。"书目"有二十四部。

太平天国戊午八年新历应颁于丁巳七年冬。此册"书目"有二十四部,至太平天国乙荣五年的《行军总要》,署"七年新刻"的《天父诗》尚未列入。可知此太平天国戊午八年新历付刻时,《天父诗》尚未出版;《天父诗》的印行当在太平天国丁巳七年冬或年末。新历卷首例有诸王的"献历奏",此册献历奏已删去北王韦昌辉。又石达开之衔作"电师通军主将义王"。李秀成被俘后的供词云"杨韦事件"后,石达开回京辅政,众文武喜其义气,共推为"义王",石辞不受。制八年历时,石已出走,天京方面正式署其衔为"义王",此为仅见之一次。

3.《幼主诏书》

共诗十首,讲述母子、婆孙、兄妹、叔嫂等男女有别之道。

(1)英国国家图书馆　藏一册

编号 15297.D.27,不署刊刻年份。封黄。封外左上印双线长方形框,内有双龙(无凤)纹饰,中刻书名;封内刻双龙双凤及书名。首叶为"天王诏旨",深朱色印。正文墨印。第一叶书口题"十救诗"三字,手写朱书,其他叶书口无字。第三叶"媳一进来别无差"句中"来"字空,系朱笔手写。本书无"书目",本书书名亦不见于它书的"书目"。

(2)剑桥大学图书馆　藏一册

编号 FC171/11,无刊刻年份,封黄。封外左上印双线长方形框及双龙纹饰、书名,如(1),并钤方印。印高 9.2 厘米,宽 9.4 厘米,直书印文"上帝圣旨天生真主坐山河"。封内有双龙双凤纹饰及书名。首叶无"天王诏旨"。无"书目"。

据幼天王被俘后自述,洪秀全在他九岁时就给他娶了四个妻子,自此不准他与母亲、姐妹见面,"老天王做有十救诗给我读,都是说这男女别开不准见面的道理"。可知《幼主诏书》实是洪秀全所作,其写作时间当在幼主九岁时即太平天国丁巳七年(1857),刻印年未能考定。

4.《武略》

经洪秀全加以删改的《孙子》《吴子》《司马法》三部兵书的合编。

英国国家图书馆　藏一册

编号15298.D.22,未署刊刻年份。封黄,内外俱空白无字。首叶首行刻"武略全书总目",其下列举《孙子》《吴子》《司马法》及其各篇名。《武略》本书无"书目",在其他书的"书目"中作《武略书》,列为第二十七部,在太平天国戊午八年新刻的《醒世文》之前,大约亦刻印于太平天国戊午八年。

太平天国辛酉十一年(1861)刻印的《钦定士阶条例》中说,武士子应攻习"真圣主钦定《武略》"等书,可知此书经洪秀全"钦定"。以《武略》与《孙子》等三种原书对照,洪对原书的删改甚多,原书中凡征引古圣先贤及历代君臣用兵行政事迹者,均被删去,这是洪秀全否定儒学和古人的明显事例。又删《孙子》"九变"为"八变",删去"君命有所不受",反映了洪的君权至上思想。

5.《醒世文》

对官、兵、民以及对清军的告诫,阐述太平天国的历史和政策。

(1)英国国家图书馆　藏一册

编号15297.D.35,署"八年新刻"。封黄(微绿),有纹饰。封外空白,封内印刊刻年份及纹饰、书名。"书目"有二十八部。

(2)剑桥大学图书馆　藏一册

编号FC171/9,署"八年新刻"。封黄(微绿),有纹饰。封外空白,与(1)相似。"书目"有二十八部。

"书目"有二十八部本至《醒世文》止,是以两册均为初刻本。

6.《资政新篇》

干王洪仁玕提出的治国方略,其内容包括革新政治、外交、宗教,兴技艺,舟车,开矿藏,办银行以及各社会文化事业。

(1)剑桥大学图书馆　藏一册

编号 FC171/7。封黄,封外空白,封内署"九年新镌"。无纹饰,中题书名,右一行刻"钦命文衡正总裁开朝精忠军师干王洪宝制",左一行刻"旨准颁行"。无"书目",也不见于其他书所列的"书目"。

(2)牛津大学包德利图书馆　藏一册

封黄。封内署"九年新镌"。文、式俱同(1),亦无"书目"。

现存《资政新篇》,封面都署"九年新镌"。但太平天国庚申十年(1860)夏,洪仁玕到苏州会见传教士艾约瑟等,送给他们的《资政新篇》是手写本;艾约瑟报道,洪仁玕说忠王李秀成答应在苏州刻印。又当时人赵烈文日记,说见到《资政新篇》,"此书庚申刊"。《资政新篇》太平天国庚申十年刊本为今所不见。

7.《开朝精忠军师干王洪宝制》

干王洪仁玕颁新政等文告与短文的合编。

剑桥大学图书馆　藏一册

编号 FC171/10。封黄,左上长方形双线框内印书名,无纹饰。无"书目",也不见于其他书的"书目"。本书未署刊刻年份。从文告内容看,可能刊于太平天国庚申十年。

8.《王长次兄亲目亲耳共证福音书》

天王洪秀全之长兄次兄在太平天国庚申十年追记洪秀全丁酉年病中魂梦升天所言所行。

英国国家图书馆　藏一册

编号 15297.D.27。封黄,封外左上粘贴长方形纸,印书名和双龙双凤纹饰;封内印双龙双凤纹饰并书名。书口刻“福音敬录”。“书目”有二十九部,第二十九部即本书。本书不署刊刻年份,但卷首有长兄洪仁发、次兄洪仁达为记录洪秀全“升天预诏”所呈本章,署“庚申十年七月三十一日”,洪秀全批即将此书刻颁,故知应刻于太平天国庚申十年。本册“越有二日下凡说与君王父……得知”句中“说”字原刻“诏”,右半以朱笔修改成“说”。又“天王预诏说与君父愚兄等得知”句中“与君父愚兄等”六字,在五字空的地位挤刻,似是后来铲改,则此册或非初本。

9.《太平天国辛酉拾壹年新历》

(1)英国国家图书馆　藏一册

编号 15297.D.33。封黄,有纹饰,题“太平天国辛酉拾壹年新历”。“书目”有二十九部。“书目”以下为天王关于历法的两份诏旨,均朱印,正文末有太平天国庚申十年各月萌芽月令。

(2)剑桥大学图书馆　藏一册

编号 171/10。“书目”有二十八部。其他同(1)。

太平天国历书,应于年前十月起陆续颁行。剑桥本“书目”有二十八部,可知此册付刻时,第二十九部《王长次兄亲目亲耳共证福音书》尚未问世;至上述英国国家图书馆本付印时,则该书已出版或正在出版,故卷首"书目"有二十九部。由此似可推测,王长次兄追记洪秀全"升天预诏"虽在太平天国庚申十年七月三十一日进呈,但付刻已在是年冬。

10.《天兄圣旨》

两卷两册。记自金田起义前的戊申年九月至太平天国壬子二年三月十五日间萧朝贵假天兄基督下凡一百二十余次所降圣旨和活动。

英国国家图书馆　藏卷一、二各一册

编号 15293.E.29。卷一、二均封面黄纸,封内封外均空白无字。卷一之卷首"书目"有二十九部,首叶首行刻"天兄圣旨卷之一"。卷二首叶首行刻"天兄下凡圣旨卷之二",书口仍作"天兄圣旨卷之二"。

11.《天父圣旨》

《天父圣旨》今存一册卷三。记自太平天国甲寅四年正月二十七日至太平天国丙辰六年七月初九日(杨秀清被杀前十八天),杨秀清假天父上帝下凡三十余次所降圣旨和活动。

英国国家图书馆　藏一册,卷三

编号 15293.E.29(在英国国家图书馆与《天兄圣旨》共为一函)。封面黄纸,内外空白无字。首叶首行作"天父圣旨卷之三"。卷一、二今未发现,不知卷一之卷首是否有"书目"。

《天父圣旨》《天兄圣旨》均未署刊刻年份。现存的上述《天兄圣旨》"书目"有二十九部,则该《天兄圣旨》两册当印行于太平天国庚申十年以后。但该两册《天兄圣旨》有多处铲刻痕迹,应不是初刻本。又此两册铲改处虽多,而该刻涉及的字数甚少,似可推知并未改动初刻本的基本内容。《天兄圣旨》卷一之封底有数行字迹陈旧的手写英文:"Chinese Book Written by So Called Heavenly King Leader of the Taiping Rebellion 1860 T. H. S. Escort." 意为:"太平叛乱首领所谓天王者 1860 年所写中文书。"Escort 不知何人,其说不甚确。太平天国所谓天父天兄下凡所说的话,当时有人在场记录,然后由文臣润色,奏呈天王、东王、西王披阅审定。故天父天兄圣旨不能简单说是天王所写。说 1860 年所写,如谓该册印于 1860 年,或者得之。

《天兄圣旨》卷首虽有"书目",但别种书的"书目"却从未列有《天兄圣旨》之名,太平天国的其他文献和清人记载也从未提到此书,因而以往不知有此书存在。《天父圣旨》在赵烈文日记中曾提到,他的《能静居士日记》咸丰十一年(太平天国辛酉十一年,1861)三月二十二日记,说在夷行中见到"贼书目《天父圣旨》一本",举其中的纪事有杨秀清托天父下凡欲杖责洪秀全事,又称起事前一本已失去。赵所记已失去的一册应是卷一,今未发现;他获见的一本,应即今已不存的卷二。

《天父圣旨》书名也偶然见于"书目"。太平天国后期有几种书的卷首"书目"有二十九部,两种书的"书目"二十九部中有《天父圣旨》,而无《天父诗》;另两种书的"书目"二十九部则有《天父诗》而无《天父圣旨》。《天父诗》早经抄排流传,故学者每以为《天父圣旨》即《天父诗》,直至发现《天父圣旨》,始知两者是完全不同的书。

太平天国起义前史料甚少。《天兄圣旨》记天兄自戊申年(1848)九月以后的活动颇多,可补其缺。如拜上帝会内杨秀清、萧朝贵地位逐渐凌驾于冯云山之上的过程,石达开与天兄争执所表现的独立性格,金田起义的酝酿,以及天兄能使洪秀全亡妻下凡与洪秀全对话的奇异事迹,在书中都有所述。天父天兄下凡所指示者,多属拜上帝会和太平天国的内部事务,尤以天父下凡,处分诸事多任意、严厉,功臣宿将每因细故而遭囚禁、杀戮,又插手洪秀全的家庭事务,往往使当事人难堪,由此亦可知太平天国丙辰六年(1856)的内部流血斗争,实为由来有自。

天父下凡圣旨涉及思想、政策者,主要有太平天国甲寅四年正月指示不要否定“四书”“十三经”以及史书和历代忠良人物,这迫使洪秀全缓和了当时正在进行的全面排斥儒学的行动。又有太平天国甲寅四年七月天父下凡指示,称为避免“泥执约书,轻视圣旨”,暂停出版《旧遗诏圣书》《新遗诏圣书》。这些书,到杨秀清被杀后才恢复出版。可知《新旧约》的出版,与洪杨的内部矛盾亦有关系。

12.《太平天国己未九年会试题》

太平天国己未九年(1859)洪仁玕奉旨典试,“见猎心喜”,自行根据试题,写出文章,刻印成书。

剑桥大学图书馆　藏一册

编号 FC171/7。封黄,无纹饰。右行题“天父天兄天王太平天国己未九年会试题",中行题"钦命文衡正总裁精忠军师干王",左行题"宝制"。无"书目",也不见于其他书的"书目"。无刊刻年份。太平天国后期于国号前加"天父天兄天王"六字,据我研究,始于太平天国辛酉十一年(1861)一二月间,故本书付刻时间应在此后。

13.《钦定士阶条例》

太平天国后期在洪仁玕主持下制定的取士制度。

英国国家图书馆　藏一册

编号15297.D.23。封黄。封外左上方双线长框内刻书名。封内横刻"天父天兄天王太平天国辛酉年新镌",中刻书名,右书"钦命文衡正总裁干王洪、副总裁英王陈、又副总裁赞王蒙制献"。干王洪即洪仁玕,英王陈即陈玉成,赞王蒙即蒙得恩。左书"旨准颁行"。无"书目",亦不见于其他书的"书目"。此册可异者,卷首干王等的献书奏章中"天父天兄天王太平天国甲子科举行,以为万方遵守万年成"一行,系用小字条粘贴,而原来的一行已被割去。又第九叶"天父天兄天王太平天国己未九年九月九日宏开"一行,也是字条粘贴。由此似可推想,《钦定士阶条例》可能在太平天国庚申十年(1860)末付刻,刻竣时洪秀全改国号,封面来得及刻上"天父天兄天王太平天国",而正文中的"太平天国"只好另刻字条粘补以符合规定了。

14.《钦定军次实录》

洪仁玕于太平天国辛酉十一年奉旨出师徽浙途中所撰诗文的

合编。

（1）剑桥大学图书馆　藏一册

编号 FC171/8。封黄。封外左上方长方形线框内印书名，无纹饰。封内横刻"天父天兄天王太平天国辛酉年新镌"，中有大字书名。无"书目"，亦不见于其他书的"书目"。

（2）伦敦大学亚非学院图书馆　藏一册

封面色、式和"书目"，同（1）。缺第三十二叶，第三十三叶右上书眉有朱书"漏一篇"字样。原书多有朱笔圈点。

剑桥本第二叶第一行"众天兵天将"五字和第五行"因吟以劝慰之"六字，都以小纸条刻上述五字及六字粘贴。伦敦大学本无粘贴，"众天兵天将"五字作"主将杨雄清"，"因吟以劝慰之"六字作"足见该员斯文主将大有慧眼在焉因吟以劝慰之"。两册对照，可推知"主将杨雄清"后来发生了不宜宣扬其人的事，因而粘贴修改。杨雄清事迹不显。据曾国藩奏稿，清同治元年（太平天国壬戌十二年，1862）夏，时已封卫王的杨雄清在皖南宁国府一带与清兵对敌，宁国府城被清军攻陷，降人颇多。杨雄清如何表现，未见记载。

15.《钦定英杰归真》

托为洪仁玕同一名仕清而归降太平天国的汉人张某之问答，解释太平天国的理论和政策。

剑桥大学图书馆　藏一册

编号 FC171/8。封黄。封外左上长方形双线框内印"钦定英杰归真上卷"，无纹饰。封内刻"天父天兄天王太平天国辛酉年新镌"，中刻书名，右行"钦命文衡正总裁开朝精忠军师干王洪制"，左行"旨准颁行"。无"书目"。亦不见于其他书的"书目"。本书封面有"卷上"字样，但今所见太平天国印书未见有该书之"卷下"。

16.《诛妖檄文》

洪仁玕撰拟出师北伐和劝清兵弃暗投明的两篇檄文的合编。

剑桥大学图书馆　藏一册

编号 FC171/8。封黄。封外左上长方形双线框内刻印书名，无纹饰。封内横刻"天父天兄天王太平天国辛酉十一年新镌"。右一行"钦命文衡正总裁开朝精忠又副军师顶天扶朝纲干王洪制"，中两行大字："诛妖檄文"，"旨准颁行"。无"书目"，亦不见于其他书的"书目"。本册洪仁玕衔为"精忠又副军师"，较上列同年出版的《钦定英杰归真》的署衔"精忠军师"为降职。据台北收藏的洪仁玕被俘后的手书述辞，太平天国辛酉十一年（1861）冬，洪仁玕因与宿将林绍璋等意见矛盾，天王"革余军师王衔及正总裁之职"，降为"又副军师"，或即因此。

17.《太平天日》

记洪秀全早年魂梦升天，读《劝世良言》，去罗孝全教堂学道，入广西紫荆山后的活动等事迹，至戊申年（1848）止。

剑桥大学图书馆　藏一册

编号 FC171/7。封黄。封外左上长方形双线框内印书名"太平天日"，并有双龙纹饰。封内印双龙双凤纹饰及书名"太平天日"，左两行为"此书诏明于戊申年冬今于天父天兄天王太平天国壬戌十二年钦遵"，右一行"旨准刷印铜版发行"。无"书目"，亦不见于他书"书目"。本册封面书名"太平天日"之"太"作"大",首叶首行书名作"太",不误,但此"太平天日"四字,系小纸条粘贴,因粘贴不紧,可以看出原为"天启履历"四字,各叶书口"太平天日"四字,也都是另刻字剪贴粘补。由此可知,此书原名"天启履历",印刷完成后改换书名。

此书封面有"此书诏明于戊申年冬"字样。戊申年九月,萧朝贵首次托为"天兄下凡"。据《天兄圣旨》载,"是年冬",天兄又一次下凡,向洪秀全谈洪秀全"从前登高天"的情况,即洪秀全1837年魂梦升天的情况,将洪秀全"忘记"了的天上情景,向他一一"提醒",又转告了天父对于洪秀全的一些指示和要求。天兄此次说的话,见于《太平天日》一书。所谓"此书诏明于戊申冬",应即指此,并非此书的全部内容在戊申年已宣示或已出版。

《太平天日》是现知的太平天国编印的最后一部书。"旨准颁行诏书总目"所列共二十九部;但后期显然有一些书未被列入"书目",不仅是洪仁玕的著作,即使如《天父圣旨》《天兄圣旨》《太平天日》,都未被列入"书目"。"书目"制度自太平天国癸好三年起实行后,曾有变异,或尚有一些我们今日还不了解的规定。以二十九部书目来对照,今未发现的尚有《钦定制度则例集编》一部。此书在"书目"中列在太平天国丁巳七年(1857)新刻的《天父诗》之后、约太平天国戊午八年(1858)新刻的《武略》之前,或亦编印于太平天国戊午八年。有些在"书目"中所列的书,似已发现,实际上仍有缺失。如各年新历,在"书目"中只列《颁行历书》一部,而今虽已发现太平天国三、四、八、十一等年历书,但多数年份仍缺。《旧遗诏圣书》《前(新)遗诏圣书》无论前期本、钦定本,都还有缺佚。

《天兄圣旨》缺卷一、二。至于各书异本,其缺失更不能尽知。此外还有其书名为"书目"所不载的佚书。较确定的有《钦定功劳簿章程》等数种。洪仁玕太平天国己未九年(1859)所颁《立法制喧谕》称,已蒙旨准将《钦定功劳簿章程》刻书颁行,而今未见。《钦命记题记》一书,赵烈文曾亲见,在咸丰十一年(1861)三月二十二日日记中记其概略,称其内容是以太平天国的节日如"太兄升天节""太兄暨朕登极节""东王升天节"等为题所作之范文。《会议辑略》一书,据曾国藩等记,同治元年(1862)太平天国忠王李秀成为解天京之围,集议征战方略,刊刻成书,李亲为之序。以上这些佚书及其他至今未知的佚书,仍有待于学者和海内外图书馆留意搜访发掘。

幼天王、干王等未刊供词中的新史料并辨证

太平天国失败后，一些被俘的重要将领多留有详略不等的供词，它们是研究太平天国的重要史料，亦为史学界所普遍重视。如李秀成供词即为其中之尤著者。干王洪仁玕、幼天王洪天贵福及恤王洪仁政、昭王黄文英被俘后的供词各一份，中国史学会主编的《太平天国》第2册据《逸经》胡氏旧藏清刻本编入，亦为学者所广泛利用。20世纪60年代萧一山先生出版新著《清代通史》，曾部分引录台北收藏的洪仁玕、洪天贵福的其他一些供词、诗句。受萧先生此书的指引，1994年初我受张玉法、陈三井先生之邀去台北，因林满红、魏秀梅、庄吉发等先生之助，得以在台北"故宫博物院"文献部获见萧先生所引述诸件之全豹，又有其他若干新的发现，所见计有洪仁玕供词7份、绝命诗1份、驳《李秀成供》述词1份；洪天贵福供词、诗句10份（段）；洪仁政供词3份；黄文英供词4份；此外还有尊王刘庆汉、誉王李瑞生供词各1份（刘庆汉、李瑞生供词及洪天贵福供词1份系日本小岛晋治先生获见并赠给复印本）。

这 28 份供词和材料中,4 份为上述 1952 年出版的《太平天国》所已刊,24 份除萧先生书曾部分引述外,为学界所未见,较现在已知的史事,有很丰富的新内容,既可大大增进对太平天国的了解,也可校正现今通行著作中的一些错误。其中,洪仁玕和洪天贵福亲笔书写者达一万余字,亦为有文物价值的文献。28 份中的一份,是《太平天国》已刊的洪仁玕供词的亲笔原稿,其已刊本较之原稿有大小错讹 50 余处。故该次获见这些材料,对我本人和对太平天国研究,都是幸事。现综合这 28 份,主要是其中的 24 份较重要的新史料,分为七类酌作介绍;有些并稍作辨析。另附对已刊的洪仁玕供词中较重要错误之校正。希望这些新史料和我的辨析能为历史研究所利用。

为便于读者选择利用,今将本文之小题先列于下:

一、金田起义前后

二、洪仁玕在香港和去天京

三、洪仁玕同李秀成的关系

四、天王之死和幼天王等被俘

五、何以未能会合侍王、康王

六、被俘以后

七、洪秀全父子的家庭和生活

八、人事和制度

九、已刊洪仁玕供词之校正

洪仁玕供词中 1 份是亲笔,1 份注明是"抄呈亲书供词",绝命诗和驳《李秀成供》2 份均亲笔;洪天贵福 10 份中 8 份是亲笔。其他各份,中有自称"小的"者,称太平天国为"伪"者,应是书吏笔录。

洪仁玕、洪天贵福、洪仁政、黄文英等有几份供词并非亲书,但其中自称"我",称洪秀全为"老天王"。这几份的原标题只有"在南昌府供"或"在巡抚衙门供"字样,但同一份供词中有不同的笔迹,应是分别由几个人按着字数拼抄的,看来也似是亲供之抄件。

洪仁玕于太平天国甲子十四年八月二十七日即夏历清同治三年九月初九日深夜(实已是初十日)、公历1864年10月9日在江西石城古岭杨家牌兵败被俘;太平天国天历十月十一日、夏历十月二十五日、公历11月23日就义。与洪仁玕同被俘或稍后被俘并同时就义的,有昭王黄文英、恤王洪仁政。尊王刘庆汉稍后于洪仁玕数日被俘,因已重伤,在石城县留供词后即被处死。誉王李瑞生早于洪仁玕十余日在铅山之湖坊战败被俘;据沈葆桢奏片,俘李者是赣军统领道员王德榜部,现存供词是王德榜录供抄送沈葆桢者,应是未解送南昌即被处死。洪天贵福于兵败与洪仁玕失散后,太平天国甲子十四年九月十三日即夏历九月二十五日、公历1864年10月25日在江西石城荒谷被俘;天历十月初六日、夏历十月二十日、公历11月18日被处死。除李瑞生、刘庆汉外,其他几人都从被俘地被解送至南昌,经该府和巡抚审讯。他们留下的供词和其他材料之未注明日期者,都应作于以上时期内。

28份中,有些是清方审讯时的答词,通常称为供词;有些是被俘后在囚禁中自行写出的材料,或可称为自述。这里的供词、自述,性质无甚区别,而且都是中性词,故在本文中一般统称为供词。为以下行文省便,将28份名称编号列后,本文称引时仅指明编号,其已刊者加 * 符号。

一、洪仁玕供词

1.在席宝田军营之一——原题"席营提讯逆酋供"。

2.在席宝田军营之二——原题"抄呈伪干王洪仁玕亲书供词"。

3.在南昌府之一——亲书供词,即《太平天国》已刊一篇的原稿。该已刊篇文字有错讹。原篇末有另笔迹的"廿七日亲供"字样。

4.在南昌府之二——原题"南昌府提讯逆酋供",末署"(夏历)九月廿七日"。

5.在南昌府之三——原题同上,末署"(夏历)九月廿八日"。

6.在南昌府之四——原题同上,末署"(夏历)九月廿八日"。

7.在江西巡抚衙门——原题"本部院提讯逆酋供"。

8.绝命诗——末自署"廿七日　仁玕"。

9.亲书签驳《李秀成供》——原档无题,馆方编目标题为"论忠品性之毛病及坐守苏常嘉等郡情形"。

二、洪天贵福供词

10.亲书供词之一——原无标题,自署"甲子年九月廿七日"。

11.亲书供词之二——原无标题,下缺。

12.亲书供词之三——原无标题,上缺。

13.亲书供词之四——原无标题。

14.亲书南京出来之人名单。

15.亲书太平天国诸王名单。

16.亲书请安本章格式和赞美诗。

17.亲书送唐家桐诗。

18.在南昌府供词——原题"南昌府讯洪天贵福供一本"。

19.在江西巡抚衙门——原题"本部院亲讯洪天贵福供一本"。＊

三、洪仁政供词

20.在席宝田军营——原题"席营提讯逆酋供"。

21.在南昌府——原题"南昌府提讯逆酋供"。

22.在江西巡抚衙门——原题"本部院提讯逆酋供"。*

四、黄文英供词

23.在席宝田军营——原题"席营提讯逆酋供"。

24.在南昌府之一——原题"南昌府提讯逆酋供",末署"（夏历）九月二十七日"。

25.在南昌府又供——末署"（夏历）九月二十七日"。

26.在江西巡抚衙门——原题"本部院提讯逆酋供"。*

五、27.尊王刘庆汉供词——原无标题。

六、28.誉王李瑞生供词——原无标题。

一、金田起义前后

关于金田起义前后的事迹,已刊的洪仁玕供词颇多涉及,今新发现的洪仁玕及洪仁政、李瑞生供词,均有新材料。

洪秀全青年时期屡试不售,尝在乡村为塾师。究竟曾在哪些地方设教？据太平天国官书《太平天日》及洪仁玕述、韩山文著、简又文译《太平天国起义记》,有官禄埠本村,有其表兄李敬芳所在村莲花塘。《太平天日》记洪秀全曾向五马岭彭姓三人讲道,而据彭姓后人口传,该时洪秀全在五马岭田心庄教馆。又据洪氏后人述,洪秀全曾在其妻赖氏之本村授徒,据简又文《太平天国全史》(香港,简氏猛进书屋,1962)第36页,村名"九关"或称"九间"。今誉王李瑞生供词28,称他曾从洪秀全读书四年,并说洪"先前在九间庄杨家村教学"。"九间庄杨家村",不知是一个村抑或两个村,是否即其妻赖氏之本村,尚待熟悉当地地志者辨别。李瑞生供词28称其系广东惠州人,其父在广州西门外开店,他本人从洪秀全读书四年后,回店经营,洪秀全起义占永安州,李瑞生前往参加,娶妻,封职,以后一路参加各次军事行动,又随石达开出走到江西、湖南、广西,后来回天京,"在洪秀全身边为军机,管办公文"。有的著作记他的籍贯是广东花县,有的著作称他是李秀成宗弟,据供词28,均不确。他的供词中另一值得注意的是,他随石达开回广西后,"会着亲人,云母亲亡故,停在山上。小的当时求石达开奏请赏假回籍安葬母亲后,遂由广东搭洋船至南京"。求石"奏请赏假",从文字来看,似应是请石奏请天王赏假,这说明石达开出走后与洪仍有直接联系。但从事实看,既随石远到广西,赏假葬母何以尚须南京批准?或文句原意,"求"即"奏请",意思是向石达开奏请给假,但书写欠准确。书此两解以供研究。

恤王洪仁政是洪秀全的堂兄弟。他的供词21谈到了洪氏族人参加起义的片断情况,他本人"种田营生","有亲戚王尔观在广西的贵县下六十里大圩地方做酒米生理,小的前往投奔帮工",洪秀全在金田起义,"寄信到贵县之大圩,邀小的前往同打江山,并说拜上帝好,小的就前往金田,有本家洪秀年、洪阿斌、洪赐福一共四人同馆。那三人后来均已身故了"。他提到,因参加拜上帝会,自己的房屋被人烧毁了,又说,他前往金田时,那里已有一万多人。按大圩在贵县赐谷村南,而赐谷村为洪秀全表亲王盛均家所在村,洪秀全曾往传教、活动。据《太平天日》,洪秀全初至赐谷村王盛均家时,在那里遇见过洪仁政,其时洪仁政已跟从洪秀全信拜上帝。

王盛均家有多人参加起义。洪仁政前往大圩亲戚王尔观家帮工，又去过赐谷村王盛均家见洪秀全，可见王尔观与王盛均或是一族。由此可知洪家与贵县王家有不一般的历史因缘。洪族参加起义的另三人，虽事迹不详，但也使我们增加了对洪族与起义关系的了解。洪仁政早年参加起义，但只是为洪秀全管厨房、衣服等事，建都南京后，曾随韦志俊出征并镇守武昌，但无实权。

黄文英虽较年幼，其供词却涉及起义及其兄之事迹。黄文英系随兄黄文金参加起义，供词 24 称，他"十三岁时随堂兄黄文金即贼营内的伪堵王，同表叔叶开方在广西平南县师纲墟地方投入贼内……那时贼匪共有一万余人"。历来认为黄文金系广西博白县拜上帝会一方起义之首领，而此供则明确说是在平南参加起义，并有表叔叶开方一起参加，这是新的事实。黄文金初任"承宣"之职，黄文英因年少只在其兄馆内当"小把戏"；东王杨秀清曾要他去东王府当差，后来说他不能干，又送他回黄文金处。他记述，黄文金曾随杨秀清出兵打扬州和湖口，由江西转回南京，被封为永忠侯。杨秀清出征和黄文金封侯，都是较重要的史实。太平天国前期封侯者寥寥无几，现得知黄文金是其中之一，足补今之传志之缺。

洪仁玕几次供词都谈到他和洪秀全的早年情况。供词 7 说他"八岁读书，二十二岁以后训蒙，考过四五届，未曾进学"。《太平天国》已刊的洪仁玕供词说，他自幼读书至二十八九岁，经考五科不售。洪仁玕被俘时四十三岁，二十八九岁当道光末年，知他在金田起义前夕尚曾赴考。供词 7 又说，"老天王是我堂兄，长我九岁。他从前也是读书讲究文章，我少时从他受学一年，当时只是为人忠信，未见奇异也，考到三十四五岁也没进学"。

供词7还谈了洪秀全信上帝和上帝教的教义：

> 后来得了九本书，名《劝世良言》，书内说这拜上帝的道理，他天生聪明，从此大彻大悟。那道理就是《书经》内说的，惟皇上帝降衷于民，若有恒生之意。乾吾父也，坤吾母也，故称天父。人都是天生的，耶苏头一个发明天理，故称天兄。虽敬奉耶苏，却与外洋的天主教、辨真教微有不同，究与孔孟敬天畏天一样道理。

梁发所著《劝世良言》有九卷本、四卷本，由上可知，洪秀全得到的是九卷本。所言洪秀全对《劝世良言》和上帝的理解，值得重视。从后来洪仁玕到天京后的著作和言论来看，他对上帝教的信仰，与洪秀全是有差异的。上述关于上帝与敬天畏天关系的看法，是否代表了洪秀全抑或是他本人的理解，似需审慎区别。

洪仁玕随洪秀全拜上帝，但没有赶上起义。供词7述其原因和情况说：

> 我从此也学拜上帝。老天王云游湖南各处，我舍不得老母，未能随他。老天王金田起义时，有知县下乡查访，因无实在形迹，就瞒过去了。我怕家里坐不稳，到广西寻他，他望（往）湖南去了。

洪仁玕供词2谈到一个值得重视的情况，说洪秀全在三十一岁时就已和他筹划了打江山的大计：

予自少读书，粗知春秋大义。前者吾天王于三十一岁即留须发，游幸天下，与予筹划大计，欲先定南京为开基根本，倚长江之势，握镇江之咽喉，控安庆之上游，先取南七省，次征川陕而东，则大事成矣。殊于癸丑定鼎后，并守镇江、安庆，未定南方即行扫北，似失机宜。

对于"似失机宜"的事后批评是可能和合理的，但称洪秀全在三十一岁时就和他商议了造反开国的大计和战略，是否确是当时发生之事？供词7说，"老天王是我堂兄……考到三十四五岁也没进学"。既三十一岁就已留发，如何在几年后还能再去应考？这是矛盾。洪秀全在1847年3月去广州罗孝全教堂学道。据罗孝全在该月27日写给友人巴克（W. Buck）的信，洪秀全和洪仁玕前去问道，态度诚挚。去教堂短期学道，与密谋起义也许不矛盾，但洪秀全接着就申请受洗入教会工作，在当面考核接近通过时因要求薪金为罗孝全所不喜，因而未能实现，然后离广州去广西会合了冯云山。他去广州教堂学道、考核未通过等情，罗孝全事后在 *Putnam* 月刊发表的文章，有具体的叙述，不可能是向壁虚构。这与三十一岁即1843年时就筹及夺天下的具体计划，是很难一致的。洪秀全在病中梦魂升天后，产生了朦胧的救世主意识。但他何时起意武力反清，是一个需要具体研究的问题。洪秀全在起义前一年曾从广西回到广东花县，与洪仁玕相处颇久，这时洪秀全确已有起事的计划。洪仁玕以上一段记述，可能在时间上有所混淆。

二、洪仁玕在香港和去天京

洪仁玕未赶上金田起义,其后在香港数年。他在供词5中对在香港的情况有所陈述:"小的……因地方官严拿,不能家居,带家小于癸丑年到外洋香港地方。那香港系英吉利所属,有两个夷长理雅各、詹马士二人在那里,名为叫人学好,其实为他国中办事。小的在夷馆中教中华小孩,系读唐书,那夷人小孩,则听夷长教读番书。在香港共有七年,中间到过广东东莞县医卜一年,并到上海教读二年。"

此处所述,微有疏漏。洪仁玕在香港不只是教读,还受雇于伦敦会,任布道师和传教士助理。1854年5月,他去上海,拟到南京参加太平天国而不成,"乃在夷馆学习天文历数",是年冬返回香港,在上海看来只半年多。所述"夷长"二人事则重要。理雅各,即伦敦会牧师James Legge,后来为著名汉学家。詹马士,大概是伦敦会另一牧师John Chalmers,通常中译名为湛约翰。供词7说,"到香港洋人馆内教书,学天文地理历数医道,尽皆通晓。洋人知道是老天王之弟,另眼相看。住香港四年,故与各头目多半相识,其国中体制情伪,我亦尽知"。洪仁玕后在《资政新篇》提到理雅各、湛约翰和其他多名外国人,认为他们是与他相善的人。他在香港的这几年,是他经历中的重要部分。

洪仁玕在香港数年,何以又离港去南京参加太平天国?《太平天国》已刊的供词中有这样的语句,"己未年,洋人助路费百金……于三月十三日到天京","予原意只欲到京奏明家中苦难,聊托恩荫,以终天年"。这似是说,为了谋生而去。

但他在供词5中则说,在香港数年,"嗣闻堂兄伪天王洪仁坤即洪秀全已在南京建都。他既创业于前,我何妨续之于后,就要前往南京寻找伪天王"。供词7并说是有意去香港学本事以备将来辅佐洪秀全。

供词2则说,"及至己未九年,予因七旬又二老母逝世,为子道终,始进天京,以尽臣道弟道"。

这几种说法,似以第一种说法最不能表达原意且与以后的事实不符。其他几种说法综合起来,说明洪仁玕是在母亲逝世后去南京欲效忠于洪秀全和太平天国。对于这件事,四十多年前和近年都有论著以为洪仁玕离香港去南京有外国侵略者的指使或背景,以为是英国侵略者由于需要,由英国传教士出面,提供路费,使其前往天京,企望他把当时资本主义国家用来统治殖民地的基督教带到天京去,改变太平天国的宗教,以成为奴役中国的工具。这类看法是没有根据的。事实上,理雅各曾要求洪仁玕不要为太平天国做任何事。据理雅各的女儿 Helen Edith Legge 所写的理雅各传记 *James Legge, Missiononary and Scholar*(伦敦,1905),1858 年理雅各因事回英国,行前严命洪仁玕留在香港,不要去参加叛军,洪仁玕却未遵命,在理雅各不在时离港去南京。他的供词5说,湛约翰也劝他不要去南京,"小的不听","詹马士想到南京等处开礼拜堂,就结交小的,送给盘川"。理雅各的传记说,洪仁玕离开香港前曾表示他去南京有两个目的:纠正宗教上的错误,与外国人和好。这两个目的并不是一项秘密使命。洪仁玕到南京后向洪秀全进呈的《资政新篇》,就有这些内容。他提出了上帝无形的观点,企图改变神人合一的做法，但洪秀全对他的观点作了修改，因而《资政新篇》出版时有所折中。他提出"柔远人之法"，不以"蛮夷鬼子"之类以口角取胜，"许其通商，但不得擅入旱地"，"准其为国献策，不得毁谤国法"。这些自然都是从太平天国的立场出发的，完全谈不上受外国侵略者的指使。后来，外国人把他的家眷送到南京，他给予谢金两千两。

洪仁玕 1858 年离香港去南京，费了一番周折。供词 5 述途中经历说：

> 小的从香港动身，走南雄州、梅岭、赣、吉到江西省，至饶州府，遇一不知姓名勇丁，他说想做生意没有本钱，小的带有金叶，就叫他往湖北龙坪等处贩货，夥同前往南京售卖。那勇与黄梅县覃汉元同乡，带小的往见，那覃汉元与小的长谈，知是读书人，要把小的荐去办笔墨，小的含糊答应，就独自往南京。

供词 7 则情节稍有不同，并说在饶州遇见的是清军水师哨官郑姓，广东同乡。此事甚有关系，现引录该段如下：

> 至饶州，有水师哨官郑姓是我同乡，请我办文案兼教读，住了几个月，郑哨官回广东去了。我到湖北黄梅县为覃知县的侄儿医好了病，得了许多谢金，那知县看我做的诗，说我才学好，荐我到罗田县办书启。罗田县也是广东人，因他尚未赴任，我听见张家祥围天京甚紧，放心不下，遂将所得谢金假办

货物,搭船到天京。

这是两段关于洪仁玕途中经历的新资料,有助于解释一个疑问。供词 3 亦即《太平天国》已刊的那份供词述其至京经过说:

> 由广东省到南雄,过梅岭,到饶州蔡康业营,八月内与天朝辅王在景德镇打仗败,弃行李一空,由饶到湖北黄梅县,知县覃瀚元请予医其侄头风之症,得有谢金。

该份已刊供词的话有不易解释处,与天朝辅王打仗败而丢失行李一句是什么意思?据已故郦纯先生查考,蔡康业是清军副将,当时为饶州防营军官,被太平天国辅王杨辅清打败。这样,就产生了洪仁玕何以在去南京途中在清军副将营里、被太平军打败而致丢弃行李的疑问,学者对此多有不解。现在发现以上供词 5—7,就可以推想,他到饶州,认识的勇丁、哨官或为同一人,或分别为二人,而他去投靠的那位郑姓哨官是蔡康业属下,他在郑姓处知道甚或见过蔡,故在其中的一份供词中提到"到蔡康业营",后来蔡被太平天国杨辅清打败,波及洪仁玕丢弃了行李。我想,这是对以上问题的合理解答。在战乱时期从陆路长途跋涉是不易的,途中求助于乡邻是常有的事。

洪仁玕进入太平天国境去见洪秀全之事,有一些具体的叙述。供词 5 说:

> 行至安徽辰塘河地方,有堂兄伪天王派了伪赐福侯黄玉

成在那里驻守。小的向他通了姓名及投奔伪天王的来意,并在衣襟夹缝中取出自己履历交给。那伪赐福侯带小的于己未年叁月入南京,见了伪天王,悲喜交集。

时值太平天国内乱以后,人员损失巨大。洪秀全意外地有洪仁玕到来,乃连连封给高官。对此,《太平天国》已刊的供词已大略述及,而在新见供词中则有较详较有趣的陈述。供词2说:

> (己未年)三月十三日到京,封干天福,继封干天义、护京主将。四月初一日,改封九门御林开朝精忠军师干王,赐福千岁同八千岁,登朝出入八炮。妻封王娘,子封嗣君,府称天府,称殿,另赐龙凤章诏一道曰……

天王封他为干王后所赐"龙凤章诏",洪仁玕在两年后即太平天国辛酉十一年(1861)所撰《钦定英杰归真》一书中曾经移录。这道诏旨称许他"志同南王,历久弥坚,诚为板荡忠臣家军师,可为万世法"。三年后他被俘,首次作亲笔供词,依然述及这道诏书,一百余字,回忆笔录,基本不差,可见洪仁玕对这一诏旨的满意和印象之深。供词2说四月初一日封他为"精忠军师干王"。而《太平天国》已刊的供词以及今所见的供词5,都作封他为"精忠军师顶天扶朝纲干王"。事实上,初封时称"精忠军师干王"是对的,加"顶天扶朝纲"五字是两年后洪秀全为加强(实际只是从纸面上加强)对诸王的领导而采取的措施——要他们在王衔上加这五个字。这里,洪仁玕的回忆在时间上稍有混淆。

洪仁玕骤封王爵,并为军师,诸宿将的态度、洪秀全的处置以及洪仁玕本人的反应,是颇有戏剧性的。供词5说:

那时南京自伪东王死后,翼王出京,一切军务系五个主将(按:中前后左右五军主将蒙得恩、陈玉成、李秀成、李世贤、韦志俊)做主。那五主将看见伪天王未及一月,封了小的王爵,均有不服之色。伪天王就传令到教堂齐集众臣,令小的登台受印。伪天王对众吩谕,京内不决之事问于干王,京外不决之事问于英王(陈玉成)。小的见众人不服,原不肯受,伪天王称说,风浪暂腾久自息,于是小的登台受印,对众说了些道理,并把东王的制度从新议论了一回,又把从前的案件批详榜示。众人见小的万人之前谈论无错,就称小的为文曲星。

称有文才的能干人为"文曲星",的是一般下层人民的口吻。供词2所述另有一些重要内容:

□□□□□□自恃扶主之功,不服爵居其上。及圣诏诏明,又见予登堂论道,侃侃而谈,一切文臣,珍重者无不叹服,乃悉言曰:孔明进而关张不服,韩信将而樊哙有言,此等不足以阻殿下也。予恐军心散乱,具本屡辞,蒙诏:风浪暂腾久自息。予作有《履历》及《天文理势》《资政新篇》,各皆心服。毕竟武官众口沸腾,予见众将中唯陈玉成忠勇超群,乃保奏王爵,旨准封为英王,诏明内事不决问干王,外事不决问英王,内外不决问天王。众心歙然凛遵,俱服节制,于天王万寿前,封李秀成为忠王,李世贤为侍王。

这段话,除了具体叙述洪仁玕本人封王过程中与众文武官的关系,可注意的还有陈玉成、李秀成等封王的时间和洪仁玕的著作。洪仁玕封王是在他到京不满一月之时,应在四月上旬。因众将不服,天王命他登台受印,并吩谕内外事不决问于干、英王。但又说,因武官不服,他乃保举陈玉成为英王。这些语句,应可说明洪仁玕登台受印之时陈玉成已封为英王,只比他封干王略后。天王封洪仁玕为干王后所赐的"龙凤章诏"中有"朕意玕胞、达胞、玉胞知之"之语,据今所得见的天王诏旨,天王对前期五王称"胞"。"胞",义为同胞。后期,至太平天国辛酉十一年(1861)称"胞"者凡八人;不在这少数王之内者,则不称"胞"。该"龙凤章诏"中"玕胞"指洪仁玕,"达胞"指石达开,"玉胞"必应指陈玉成,由此也可知在颁给洪仁玕"龙凤章诏"时陈玉成已经封王。这样联系起来,陈玉成封英王似也应在四月或略后。至于李秀成封忠王,据李于同年十月写给捻军将领韩碧峰等的函件称,他悬王印月余未敢启用,则李秀成封王应在八月或九月。李世贤封王时间,据该年十月初七日的天王诏旨,称"胞"的,在李秀成之下,已列有蒙得恩、李世贤等四人,故李世贤封侍王应在十月初七日前。洪仁玕供词2云在天王万寿前(十二月初十日前)封忠王、侍王,不误,只稍欠准确。

供词2中有"予作有《履历》及《天文理势》《资政新篇》"之句。《资政新篇》为众所周知,但《天文理势》则不见于今之太平天国书目,我想很可能就是指洪仁玕到天京后对改进历法的建议。太平天国历法单月31日,双月30日,行之日久,将与农事相违愈甚,故原定每 40 年一加,为每月 33 日。洪仁玕提出改为每 40 年一斡,斡之年每月 28 日。上述洪秀全于太平天国己未九年(1859)十月初七日所颁诏旨,就是宣布根据洪仁玕的建议修正历法。他的建议必已形成一份文件或一本书,被称为《天文理势》。《履历》也不见于太平天国书目,但很偶然地,我 1984 年在英国获见一册《太平天日》,发现该册首叶首行所印的书名"太平天日"四字竟是另纸粘贴的,在所贴小字条之下原印"履历"二字。由此可知《太平天日》编写付印时原名《履历》,书印出后才改名《太平天日》(当然只有洪秀全才能作此决定)。《太平天日》所叙为洪秀全信拜上帝及以后赴各处传教的活动,叙事止于戊申年即 1848 年。书之封面印有"此书诏明于戊申年冬,今于天父天兄天王太平天国壬戌十二年钦遵旨准刷印铜版发行"之语,其作者则未具署名。20 世纪 30 年代王重民先生从英国抄回此书,于《逸经》发表时加"洪仁玕著"字样,但未有考证。该书作者是谁,学者多以为是洪秀全本人,今由供词 2 之发现及我在英国所见《太平天日》一书原刻本的首叶书名原为《履历》,则可确知该书作者实系洪仁玕。当然,书中的事必经洪秀全自己提供材料或审阅。

三、洪仁玕同李秀成的关系

太平天国后期开辟苏浙,李秀成是主要将领,与洪仁玕联系较多。李、洪被俘后的供词中提到对方也都不少。清方问官记李秀成答词:"伪干王所编各书,李酋皆不屑看也。"联系其亲笔供词中的言辞,李秀成对洪仁玕显然有轻视和不满之意。洪仁玕供词在述及较早时期李秀成同他的关系时,情况却不同。

太平天国己未九年(1859),清江南大营张国梁正以"长城"围困天京。《太平天国》已刊的洪仁玕供词有"己未冬,与忠王议解围攻取之策,悉载前帙"语,此"悉载前帙"四字,过去阅读,不知所谓,今获见上述台北收藏的各材料,知"前帙"即是供词2,其中有长篇述词,说明了李秀成封王后与洪仁玕关系的若干情形:

> (李)具禀求示以行征之策,予以《兵要四则》答之,末言目今定策,不能形诸笔墨,祈为细心推行可也。旋即由江浦回京,踵府三次求教当攻取之策。予见其求教心切,乃答曰:本军师前在粤东时,知天京四面被围,乃不避艰险生死,直造天京,欲有以救之耳,岂贪禄位而来乎!今京都被围,止有江北一线之路运粮回京,何能与敌争短长?为今之计,可潜师远出,攻击其背之虚处,彼外无余兵相救,必请围京之兵以救之,度其离京既远,即行撤攻潜回,约定英、忠、侍王合解京围,此必有建瓴之势也。忠王曰:果如此,足见殿下妙算矣;倘解围后,又将何以进取乎?予曰:有策,一指点间可知矣。请弟思之,我天京南距云贵两粤,西距川陕,北至长城,俱约六七千里之遥,惟东至苏杭大海,不及千里,乘胜而下,一鼓可成,那时地广库丰,吾得□□□□买用火轮船二十个,往来长江,上通荆楚,下通闽粤,发兵一支由江西进两湖,发兵一支由江北进荆襄,武昌得,则长江既为我天京之保障,南方可传檄而定矣。然后操练兵马,安抚良民,自川陕而东,则无粮以应北京,其势必危,吾事济矣,弟其留心忽忘可也。

这段叙述的内容亦略见于供词5，但上述供词2所载更为详尽具体。其中述及的《兵要四则》是洪对李的回答，更为前所未知。《兵要四则》最初附刊于《资政新篇》之后，其首句称，"前有为将者具禀求教用兵之法，小弟姑举《兵要四则》以答所求"云，其四则为"为将有为将之学问""为将有为将之道德""为将有为将之法律"及"为将要知蓄锐之方"，末云"师克在和，不和则人心不一，不一则涣，何蓄锐之有？故廉、蔺相和，而秦有十五年不敢出函谷关者，此也"。今知此四则为答李秀成而作，读来当可有更多的领会。洪仁玕在答语中指出他来天京并非为了禄位，此语犹是针对封王时武将不服因而心有不怿的表现。

供词2续谈李秀成为求教而与洪仁玕的往来：

> 忠王即回府具禀谢指教之恩，次晚又来禀求将浦口、江浦二处兵马撤去，予曰……若如弟高见撤兵，未审京内粮饷足支几久也？谅弟必筹之熟矣。忠王曰：吾必遵殿下长策，远击虚处，求兄宽心，求主勿虑，吾誓报我主知遇之恩也。若虑粮乏，可问赞王，可支三年也。回府后，又具禀求宽心勿疑。吾批之曰：言如是，行如是，事事有济。伊又着人面谢，懔遵十字而行也。

太平军此次解天京之围的计谋出于何人，李秀成供词不提洪仁玕，而洪仁玕供词则说是李向他求教，言之凿凿，且记了一些问答的话，似乎不可能是向壁虚构。据李秀成供词中对洪的藐视，洪仁玕所述的李对洪的谦恭之态,似不可解。但当时李新封王爵,与洪仁玕的关系未必与后来相同。太平天国庚申十年(1860)太平军得苏州后,洪仁玕到苏州,赠来访的传教士艾约瑟等以所著《资政新篇》,但只是手写本。他对艾说,忠王李秀成答应在苏州刻印。按今所见的《资政新篇》封面署"己未九年刻",何以到太平天国庚申十年送给传教士的还只是手写本?但艾约瑟的记述详尽具体,应不致错讹。且据曾国藩幕僚赵烈文的日记,赵的确见到过《资政新篇》太平天国庚申十年的刊本。从这里看,李秀成于太平天国庚申十年在苏州刻印《资政新篇》,并非子虚,可见当时洪李的关系还是好的。所谓的"己未九年刻",或者只是说著于该年也。

洪仁玕同李秀成在对外关系方面政见似不同。太平天国庚申十年太平军席卷苏南,逼近上海。洪仁玕供词2详述因上海而引出的对外关系事说:

> 遂大破丹阳、常州、苏省各郡县。唯上海县未下,碍有洋行,恐伤和好。我天王知予在外洋四载,熟悉各邦洋人情性习俗,而洋人亦知予识其举动礼仪及天文地舆历数物理,必能妥议通商和好章程,乃降诏令余往苏邀洋人来会,颇能如议。而忠王自恃兵强将广,取上海如掌中之物,不依所议,云我天王江山可以打得来,不能讲得来也。众洋人知不能和乃去,仍多有保护洋行者。而忠王遂发师进取,见是空城,遂掠取洋楼物件,被洋人伏兵杀起,出其不意,败回苏城,此刻始信吾议,然究不肯认错也。

此事在洪仁玕的其他供词中被一再提及。供词5说：

> 那上海本有洋人，伪忠王带了二千人想破上海，被夷人空城计败回。伪忠王于庚申年五月破苏州，小的想与夷人和好，亲到苏州，夷人因闻伪忠王有洋人只好打不好和的话，以致不能得上海。至那年八月小的转回南京。

供词7又说：

> 那李秀成偏要与洋人为难，我将洋官都请到苏州讲和，被他闹散了。

洪仁玕提供的这些证词的内容，包括洪、李对上海事的意见矛盾，是我们过去所不知或不详知的。我曾对太平天国克苏州后引起的上海问题作过考证研究，可以确定并没有"洋官"到苏州来"讲和"，来的只是几批传教士。其时英、法两国已据《天津条约》从清政府手中获得巨大利益。为换约而引起的冲突以及与清政府谈判造成的纠缠无结果的局面，曾使英国特使额尔金伯爵发牢骚：与其这样不死不活拖下去，还不如让南京获胜算了。但这只是一时泄愤的话，绝非英国的政策。他的弟弟驻华公使卜鲁斯就多次宣布不许太平军进入上海，否则武力相见，还命令驻沪领事不准收受太平天国的官私函件。洪仁玕写给英国以及美、法两国公使和驻上海领事的信，都因此而被置之不理。传教士们到苏州，有与洪仁玕旧识者，见面谈话气氛较融洽，但绝无可能"妥议"通商和好章程或和平进入上海之协议。当时太平天国中许多人在对外观念上都有两个误解：一是把外国人来访看作"来降"，二是把传教士看作政府的"文官"。洪仁玕在港数年，似乎应不至如此。但事实是，并无"洋官"而只有传教士访苏州，并无"通商和好章程"及"颇能如议"之事，而洪仁玕之说如此，岂洪仁玕之见识亦未能脱出一般人之误区欤！总之，供词关于这件事的具体经过，研究者需要慎重用之。李秀成出师上海，据李的供词和其他文献，是有某些外国人邀请他前去，并有"汉兵内应"，但终于败归。中空城计云云，似乎简单化、戏剧化了。

洪仁玕对李秀成的批评，集中见于上述材料供词9，即签驳《李秀成供》的述词。李秀成于南京城破被俘遭曾国藩杀害后，其所写供词即被曾删改付刻，不旬日就印成《李秀成供》一册，分送军机处及各有关地方大吏。洪仁玕被俘解送南昌后，大概沈葆桢给予阅看，甚或命其写读后材料。洪仁玕说，"予原存厚道，不肯自毁，诚恐阅者不揣其本而齐其末，致纲目之倒置"，才写了这篇"签驳"。签驳的内容主要是，指斥李秀成"于得胜时细述己功，毫不及他人之策力，败绩时即诿咎于天王、幼西王及王长次兄、驸马等"，"不认王长次兄为忠正人，不信本军师为才学之士"等。李秀成在供词中说洪秀全并不重用他，第一重用幼西王，第二重用长次兄，第三重用干王，第四重用驸马，然后才是陈玉成和他。洪仁玕在签驳中对此提出不同的看法："兵粮之权归谁总握？"他说："西王长次兄之尊，天王不过荣亲亲功臣之后而已，岂尺寸疆土粮饷得归亲臣及功臣后乎？"洪仁玕提出的问题值得研究者注意。当然，亲臣、功臣之后人也不只是安富尊荣而已。幼天王供词11称，在南京时，保王封官出自次兄洪仁达、洪仁玕、吏部天官朱兆英三人;幼天王即位,洪仁玕已在京外,是长兄、次兄和幼西王等执掌朝政。尽管太平天国后期渐形尾大不掉,但"保王封官"这样的大事大体上还是要有朝命的。所以,对于太平天国朝中用人轻重的评判,似乎李、洪所说的两方面情况都应考虑。

洪仁玕的签驳对李秀成的又一种批评是指责他用人不当,品性变迁不一。如"滁州原守将甚妥善,忠王念李昭寿同姓,且有八拜之交及亲谊内戚之情,调换镇守,众议沸腾。忠王坚原将出征而任李昭寿"。李昭寿后来叛变,李秀成曾后悔自责。他与李昭寿"八拜之交及亲谊内戚之情"则为研究者前所未知。洪又批评太平天国壬戌十二年(1862)春湘军困南京,诏谕屡催不动,迟不援京。这是事实,李秀成供词中亦未回避,他以为应多解粮回京固守两年再战为是。这似乎是战略见解之不同。洪仁玕又责李秀成回援天京时贪功心切、开挖地垅反而自伤多人,渡江北征不及援救雨花台等,则是小事,或非事实,批评似乎过当。

签驳中更重要的内容,是指出将领"拓兵自固"和透露天王如何处置朝中党争诸事。这自不只是对李秀成的批评。签驳说:"忠王之坐守苏、杭、常、嘉等郡县,与侍王之坐守句、溧、荆、宜、广德,辅王之坐守宁郭、池州等处,章王之暗守芜湖、繁昌、南陵、秣陵、丹阳等处,各将该地钱粮拓兵自固,任朝内诏谕催征,毫未见各省郡县多进粮饷以固根本"。太平天国自"杨韦事变"以后,前期那样的集中统一领导始终未能完全恢复。各地将领在军政、财政、人事方面自作主张的情况日益严重,以至清方亦有太平军将领以所占地为"分地"之看法。洪仁玕这里指出的上述情况,说明了太平天国当大业远未成就之时，各将领已据地自雄，对朝廷不很尊重了。洪仁玕供词之已在《太平天国》中刊出的那一份，有"各守疆土，招兵固宠，不肯将国库以固根本"之语，而在该供的原稿中还有"私议苏、杭归忠王"字样，虽被勾去但显然可以看清。可见有过这样的议论而为洪仁玕所知。还有类似的事。黄文英供词 25 说，慕王谭绍光先在苏州，由于浙江湖州府是由他攻破的，因此湖州的钱粮都要归他，后来堵王黄文金镇守湖州，也不敢用他的钱粮。从这一情况亦可看出各地将领各霸一方的形迹，甚至先着手者就常保利权。史料记载，李秀成克苏州后曾向天京输送金银财宝和物资，得到天王嘉奖，其后也颇有向天京输粮银的记载，但这是否能说明太平天国中央与地方之间有经常性的分定额的财政关系？洪仁玕供词中上述说法，普遍严重到何种程度？的确值得深入研究。

太平天国后期朝中有"洪党"与"非洪党"之分，看来是事实。前述签驳中指出李秀成屡屡归罪于洪姓长兄、次兄、洪仁玕、驸马等，而洪仁玕在供词和签驳中也对李秀成等多所责备，他说，"忠、侍王在外，专靠章王（林绍璋）柔猾之言为之耳目"，认为李秀成、李世贤兄弟与林绍璋，甚或包括陈玉成，是一党。但陈牺牲早，在洪仁玕到京之初，陈曾是洪仁玕表扬联络的对象，故批评中较少提及。当安庆被曾国荃军围困时，天王曾命洪仁玕、林绍璋等带兵参加解救，但为时不久洪仁玕因朝中有外交事项需处理而被召回。后安庆失守，洪秀全查究责任，洪、陈、林都受处分，洪仁玕驳叙此事时认为陈玉成也是不愿他"认真直奏"的：

　　　　迨至安庆失陷，英王升天。章王畏罪，弃江北不守不战，

私自回京,哀饶性命,又求英王阮(原)其不力之愆。那时英、
忠、章王等俱忌予认真直奏,殊知圣鉴不爽,屡知章王之奸,内
则蒙蔽不奏,外则阴结私行,故于辛酉冬革予军师王衔及正总
裁之职,并革英王、章王等之不力也。旋复章王林绍璋之爵,
不准王长次兄及予干与朝政。内则专任章、顺王掌政,外则专
任忠、侍、辅王掌兵。

从现存英王陈玉成致章王林绍璋的一封信可知,在安庆之战
中林绍璋原议与安庆城外陈玉成会合,以会击挂车河之敌,而林临
期以军粮不继为由自动退却,遭陈玉成严词批评。林如何"不守不
战"如洪之签驳所云,现不可详知,即以上述陈玉成信中所述之事
而论,林亦有重大责任。洪仁玕曾在前线,应知情况。洪仁玕供词
2 中说,太平天国辛酉十一年(1861)冬月,他的关于"安省失守
(的)本章"触怒了天王,被革去军师、总裁、王爵;忌他"认真直奏"
的陈玉成、林绍璋也以"不力"之罪革职,双方各被打五十板。但不
久,恢复了林绍璋等的权力,而对洪仁玕及长兄、次兄,则不准干预
朝政。在这里,洪仁玕虽称颂"圣鉴不爽",而批评洪秀全之意却跃
然纸外。数月后,到次年春,情况又有变化。洪仁玕供词 2 说:"壬
戌春,因章王奸猾把持内外,凡事瞒上自专,致外省郡县粮饷少入,
天王贬章王出苏浙催粮援京,罢其掌朝政之权,仍复予军师之职,
总掌朝政。"洪仁玕、林绍璋又互相换了位置。洪秀全的处置似乎
任意反复,而实际上却透露了朝中党争的尖锐,洪秀全可能有不得
已的苦衷,但看来他仍倾向于信任洪仁玕和洪族。

章王出京催粮的情况,据洪仁玕的供词 2,"章王前以柔猾和

众,及至此时,众不以伊为重,闭城不纳,粒饷不得"。但昭王黄文英供词24却说,太平天国癸开十三年(1863)时,各王家眷都在湖州,由他照料,其时湖州缺粮,适章王林绍璋"由杭州催粮转回南京,小的就向他借了粮五百石供给各王家眷"。可见林绍璋催粮并非全无收获,洪仁玕与林多有积怨,不免语意过当。

四、天王之死和幼天王等被俘

太平天国十二三年时,虽在苏浙战场仍有一定声势,而南京被湘军围困,未能解围,京内外粮食不足,也严重影响军事。李秀成于十三年十一月起在京守城,其供词称京内粮食严重不足,并指责洪姓长兄、次兄等有搜括穷民银米等害民之事。如前所述,洪仁玕于十二年春复任军师,至十三年十一月,受命出京催粮催兵。供词2中称,他在京时期,城内粮食充足,安宁平静,只是京外无粮,援兵不到:

> 余即令京内各府楼第耕种禾豆,捐金采买,分派五大军各守城头,众兄弟各爵日夜勤劳,战守耕读,倚天王如泰山,毫无自危自惧。其中粮食勤耕自俭,尽足自养自固。无如各处援兵苦京外无粮,按兵不动。

是否太平天国癸开十三年十一月前后即洪仁玕、李秀成分别负责京城防守前后的粮食供应情况,有如此巨大的差异呢?或者洪、李二人的描述都有或其中之一有所夸大呢?录此以待更细致的客观研究。

李秀成于太平天国癸开十三年十一月初八日入京守城，洪仁
玕于同月十六日奉诏出京催兵，在他出京前，洪秀全曾向他面授遗
诏，此事已略见于《太平天国》已刊之供词，而供词2叙述尤详，云：

> 前岁面受老天王遗诏，赞襄内外，云：朕爱弟文才，博览各
> 邦，通达天文风土，弟当注述六部则例及各事有益者，后当尽
> 心辅助幼主，无忘朕命，钦此。予即跪谢圣恩，奏云：弟果有
> 用，固当扶我主，亦当扶幼主，况弟今年四十有余，倘得天佑遐
> 龄，必鞠躬尽瘁，求主宽心，勿令弟心如焚也。

两处供词都称"遗诏"，其意或因此后洪仁玕未再见到洪秀全，
但洪秀全以幼主相托，则可能是洪秀全其时已病。以幼主相托自
是极郑重的事，而命他注述六部则例，则是要洪仁玕为国家建立具
体的行政制度。这并非急务，而嘱托及此，可见洪秀全当时并不以
为国家败亡在即。授遗诏后，命他"偕恤王洪仁政、赖王赖桂芳、誉
王李安邦四人出京，催兵解围"。这四人中，两人是洪秀全的兄弟，
一人是妻舅，一人是学生(誉王名李瑞生，此作誉王李安邦，应是同
一人)，都是亲信。命他们出去催兵，自必竭尽心力。但任务艰巨，
此行并无结果。供词2述他们的行程和方略云：

> 到无锡、常州，与护王陈坤书、然王陈时永会议，并文催金
> 坛、句、溧、宜兴、广德、湖州等处，令侍王、堵王等除守土外，由
> 太平关下攻头关，而丹阳、句容，即由石埠桥取下关，先得水路

以通运漕,京粮有资,彼曾九(曾国荃)虽守雨花台等处,谅亦
无妨。

这一计划未能实现。具体原因是溧阳、宜兴、乌镇这些应出兵
援京的地方发生了叛变,自顾之不暇,不可能应援。丹阳的太平军
不曾直接援京,但以奇袭得到过一些胜利:"下攻江阴、无锡,取足
兵粮,乘胜援京,虽杀死洋鬼头子□顿、鬼兵千余,得洋炮无数,究
得失均半,终无济援京之举。"常州在清军和"常胜军"协攻下失守
后,洪仁玕等到达浙江湖州。这时侍王、听王、荣王、康王等已退入
江西就食,李秀成要求他们秋后回援。洪仁玕乃与湖州"堵王(黄
文金)誓师郊外,俱愿援京,每恨京外无粮,欲待八月新谷之兴"。
待秋收再援天京的计划,看来过于迟缓。李秀成、洪仁玕等对形
势似乎都估计不足,没有计及曾国荃为争功而不惜代价连连猛攻。
至于洪仁政的供词21说,他到湖州催兵救南京,其时黄文金镇守
湖州,"因道路不通,不能颁兵往援",洪仁政也"就在湖州住下"。
所谓因"道路不通"而不能往援,如确是实情,则是对援救南京不负
责任的表现了。

太平天国甲子十四年(1864)四月洪秀全在围城中去世,他的
儿子洪天贵福记述了一些洪秀全去世的情况。供词11说:

> 四月初十日,老子起病。是天,他出来坐殿,我乃看见,后
> 我总未见了。十九日老子死毕,是遣女官来葬的,葬在新天门
> 外御林苑东山边上。

供词 18 又说：

> 父亲……于今年自四月初十日起病，四月十九日病死。
> 因何病症，我亦不知。尸身未用棺，以随身黄服葬于宫内御林
> 苑山上。宫内有前后两个御林苑，父亲葬处系在前御林苑，距
> 父亲生前住的前殿隔有两个殿。

洪秀全去世的日期和原因，由于记载之不同，为学者所瞩目。
幼天王供词之已刊于《太平天国》者，也作洪秀全死于四月十九日，
与上述供词 11、供词 18 同，而李秀成供词则作四月二十一日，曾国
藩及其幕僚赵烈文根据讯问宫人和情报，作四月二十日。今见幼
天王供词 13，这一问题乃有直接证据。供词 13 云："本年四月十九
日夜四更，老子病死。"夜四更，实已是四月二十日，自亦可作四月
二十日。李秀成称四月二十一日，则是记误。有说李秀成在二十
一日才知道消息因而记洪的死日是二十一日，这是不合理的。

幼天王三次供词都说洪秀全系病死。《李秀成供》并称是病重
又不服药而死。洪仁玕供词 3，也说是"卧病二旬升天"。曾国藩删
改《李秀成供》付刻印时，改为洪秀全是"服毒身亡"，并在奏报中称
服毒一事系据宫人之说。在李秀成供词原稿影印出版后，曾国藩
对《李秀成供》的删改已大白于世。至于洪仁玕供词，如下文要提
到的，迄有一部分未曾面世。当年《北华捷报》刊载的英译文有一
部分为中文原供所缺，经简又文先生从英文回译的中文中，有"天
王之自杀，更令全局混乱"及天王之结局"并非丧于妖军之手，却在
自己之手"之语，与上述供词 3 中"卧病升天"之说不同。或者两者

并不矛盾:重病后自杀。今所见之黄文英供词25则另有一种说法:"那伪天王洪秀全系今年四月十九日在南京死的,传说因发肿病死的,有的说因调兵不动自己寻死的。"黄文英所记的后一种说法,虽只是传说,但却是出于太平天国高层人士之口,或者也是事出有因。

幼天王洪天贵福于四月二十四日继位。一个多月后湘军攻破南京,于是有了李秀成救幼天王出京而李本人在出城时被俘的一幕。李秀成救幼天王出京,李本人供词中已有叙述,而幼天王供词则另有不少新的情节。供词18云:

> 六月初六日五更时,我梦见官兵把城墙轰塌,拥进城内,醒来告知二弟。不料是日午后,我在楼上望见官兵果然把那里城墙轰塌,拥进城内。忠王李秀成及尊王刘庆汉们带了一千多兵、马六七百匹,于初更时保我从太平门缺口处冲出,官兵在城墙上看见,追来至山边,李秀成转身拦截官兵,同洪仁达均被擒获。

供词12分别说明洪、李被擒地点:次兄洪仁达是出奔时在垅口被擒,"忠王李秀成带有壹百多人,从石牛石马处被官兵拿了"。

供词11和供词12述说城破时和李秀成入朝带领幼天王出奔时的情景:

> 六月十六日(按:太平天国天历应是六月初六日),官兵攻破城池,我在楼望见。我乃下楼出到荣光殿,忠王乃入朝带我

出,他从坥口到芳山被擒了。

六月时,我闻得坥口响,我就上楼看,却见官兵入城……我乃下楼,同光王、明王到荣光殿。我要出朝,守朝门之女官不畀我出,后忠王同黄享乾侍卫两人入朝,忠王言能救我出城,我乃同忠王出朝。忠王畀白马,我坐骑到忠王府,忠王乃齐兵欲去太平门交战,临到太平门时,忠王又率众回,欲出大南门,后又细思南门外有雨花台,正是多营盘之处,乃回头上西门城上,却看见西门外尽是水,又不曾出。东门、南门官兵总上了城,我们乃去清凉珊(按:"珊"在太平天国是"山"的避讳字),各王议俟头更时冲太平门坥口出。后从坥口出,从淳化镇去直至广德州。

供词 19 则说幼天王跑去了忠王府:

六月初六日……午后,我同四个幼娘娘在楼上望见官兵入城来了,我就往下跑,幼娘娘拉住不放,我说下去一看就来,便一直跑往忠王府去了。忠王带我走了几门,都冲不出来,到初更时候乃假装官兵从缺口出来,才出来千多人就被官兵知觉,尾后都被截断了。

以供词 12、19 来比较,供词 12 较详,说了忠王入朝,也说了他骑李秀成的白马到忠王府;供词 19 则是简略言之,说他一直去了忠王府。两者并不矛盾。还可注意的是,守朝门的女官不让幼天王出去,这些女官必是坚守岗位和尽保卫之责到底的忠心者。

出城后幼天王失去了李秀成。保护和跟随他出奔到广德的，据供词10，是尊王刘庆汉、藩王黄万兴、李秀成之弟扬王李明成、式王萧三发、助王黄期陞、养王吉庆元，共一千几百人出京；途中过一河，曾遇清军，刘庆汉、吉庆元等率众交战获胜，等到广德，余众只数百人。昭王黄文英供词24所说人数稍不同，说幼天王带了两三千人到广德。幼天王说"出城是忠王、尊王、养王救我出的"；途中他紧跟尊王刘庆汉的指引："出南京是尊王带我出来的，时尊王用长枪系长白带，我骑马跟紧这白带走。"

广德在安徽，为该省与浙江、江苏相交之地，有太平天国堵王黄文金之弟昭王黄文英镇守此地及邻近的四安镇，与洪仁玕、黄文金所在的湖州府城相距不过百里。幼天王供词11述到广德后的情况：

> 昭王在四安，是日昭王即上来见我。后几天，干王、恤王从湖州来见我，干王、堵王他们会议，来江西会合李世贤大队。

洪仁玕去见了幼天王，并送去了贡物和粮食。据洪仁玕供词6：

> 小的接到伪幼天王文书，知伪幼天王带了数千人弃了南京，于六月十八日到广德州。小的知伪幼天王到广德州，各物均未随带，就连日办了绸缎等各样贡物并米几万石，于是月二十八九亲身解到广德州，见了伪幼天王。

几万石米不是小数目,足可供几万人食用两三月。此数似可疑。如确有此数,何能说无粮不能回救天京?

关于今后之计划,洪仁玕供词2说:

> 忠王入朝迎接我幼天王□垅口飞奔而出,直到广德州。众臣朝觐,悲喜交集,鱼水情浓,共议战守良策,会合各省大队,欲再兴大业。

对"再兴大业"事,曾在洪秀全身边管办公文亦于城破时出京的誉王李瑞生供词28,所述有较重要的情节:

> (幼天王)往湖州阅黄文金之兵,商量立足之地。黄文金云,浙江乃无粮之所,非成王业之地。遂与李远继等商窜江西。伪幼主饬李世贤、汪海洋、陈炳文等力取抚州、建昌为立足根本,李远继窜闽之昭武、汀州,黄文金以饶、广一带为己任,相为犄角,然后相机而图。计议后,幼主回广德,依次拔队窜江。

这样看来,他们的计划相当具体,而且幼天王还曾行文李世贤等。这是他们拟在江西立足的第一步。所谓"相机而图",应即供词3所说,到抚州、建昌会合李世贤、汪海洋后,再往湖北会翼王、扶王的大队。这是他们重振大业的蓝图。

湖州自1862年5月入太平天国版图,是天京、苏、杭失陷后太平天国在东南的重要据点。黄文金镇守期间,购新武器以加强防

848

守。其弟黄文英供词 25 说："黄文金在湖州时，有夷人三十余人来投，售卖洋炮、洋刀、洋布、洋粉等物，后动身时那夷人仍回他国去了。"苏浙战事逆转，清军攻湖州、广德甚急，于是太平天国甲子十四年(1864)七月十六七日放弃湖州、广德州，即晚干王、堵王等护幼天王入皖南宁国，实行在湖州议定的计划。据幼天王供词 18，此时还有七八万兵，洪仁玕供词 7 则说有十二三万人。

但人数虽众，大局究属不利。幼天王供词 18 述他们从广德州起身的情况：列王黄宗保等在前开路，"养王吉庆元、堵王黄文金、昭王黄文英各带兵分三路走，我只穿了蓝白单夹长褂，头扎绉纱巾，脚穿鞋子，沿途骑马经过的地方，俱不知名。到宁国墩地方遇见官兵打仗，堵王被炮子打死了"。

堵王黄文金是此时军中最重要的大将，他的去世对全军有很大的影响。洪仁玕供词 2 说，出广德，"殊军无斗志，逐远士疲，在宁国墩堵王受伤升天，人心寒惧"。黄文英供词 26 说，"湖州出来时势头尚好，自我王兄(黄文金)病死宁国墩，军心就都散了"。

黄文金的死因，上述已有不同的说法：被炮子打死，受伤而死，病死，地点都说在宁国。誉王李瑞生供词 28 则说是在昌化被炮打死。大抵是因伤而死。黄文英供词 24 说，动身时，他与幼天王同行，黄文金是后队；供词 25 说，他和幼天王走昌化、玉山来江西，听说黄文金病故，他"闻信当即转回至宁国看视"，所说具体明确，黄文金去世处应在宁国。去世日期在七月下旬，距从广德出发不过十日左右。黄文金的安葬后事，是学者所关注的，曾被用来说明太平天国的葬礼不用棺木。黄文英供词与此有关的段落有数处。其在《太平天国》已刊的供词说："我王兄抚养之恩未报，他生前轰轰烈烈,病死时干王怕官兵知道来挖了尸,不用棺木,只用破棉絮包他,埋在水沟里头,口中衔些金叶,手上有个玉镯而已。"供词24说,黄文金于七月下旬在宁国县病故,那地方"因没人烟,并因行走之际无处措办棺木,把堂兄尸身用棉絮包卷,埋在那路旁水沟内"。黄文金死后未用棺木,但从黄文英所述的文辞,看不出是为了遵从太平天国礼制。

此后一个多月,在清军追袭下,幼天王一行在皖南、浙江、江西及江西、福建边界迂回曲折南下,丧亡败降相继,以至洪仁玕等及稍后幼天王洪天贵福均被俘。关于洪天贵福等一行的行军路线地理以及战事,需要另作考证,本文只把洪天贵福等供词中有关行军之事稍作介绍。幼天王供词18说:

> 堵王黄文金被炮子打死了。三路兵合到一处,走黟县到威坪与官兵战败。到一处有大河离徽州不远,与官兵打仗获胜。我们过了河,有首王范汝增带了一万多人未及过河,官兵炮船来了,都被打散。又一处离屯溪不远,遇见官兵,我骑马先走,尊王刘庆汉在后打仗,官兵退去。到一大山,又遇官兵打仗,我们马匹丢弃不少,官兵追了七八里才转去的。到第二日又遇官兵,我跑上山没有路,险被擒获,幸干王的队伍回马枪把官兵打走。到开化县又遇官兵,我的花旗兵战胜……到唐坊又遇官兵打仗,官兵大胜,追到杨家牌。

杨家牌在江西东南部的石城县境,是他们末路之所在。

洪仁玕供词6记途中失利情况:

原想从徽州所属威坪地方过河,不料将到威坪,伪偕王谭体元手下几千人投降官兵,因此小的们打了败仗,不能过河,就湾走威坪上廿里□□渡地方渡河,被官兵半途截杀,贼中死了一万余人。……重阳日,贼之八月二十九(按:"九"应作"七")日到石城。

供词7述兵力情况说:"出湖州时有十二三万人,到石城时不过万人,广老二三千,三江两湖七八千,都打得零星四散了。"另据统带一路兵马的昭王黄文英供词23说:"我兄(黄文金)身故,我就统兵与干王同保幼主上江西。走到湖坊,我分兵走光泽杉关出新城,手下只剩七八千人,合干王统下共一万多人。"兵数与上述干王供词7一致。

无论在湖坊或在石城尚有万人,此时已是败丧之余,战斗力、军纪、信心已低落之至了。李瑞生供词28称:"昨湖坊又败,去降不少,现存不过二三千。伪幼主心怯,欲自尽,为佑王、干王等所救。"在石城败亡前十一天而形势险恶已如此。昭王黄文英供词24说:"嗣行至威坪地方,小的骡马均拐了脚,不能骑坐,即与贼众步行,小的因行走落后,管带的六七百人均各在途陆续逃散,前到石城,小的手下只有三人。"在石城时,"因广东佬夺两湖兄弟的马,我(黄文英)劝给还他,被广东佬戳一矛子,我告诉干王,伊也没法"。当时黄文英因脚痛已落后幼天王等七八里,无法行走,"当叫那三人逃去,小的实不欲生……意欲寻死"。队伍已零落不堪。

石城是他们的败亡处。洪仁玕供词3即《太平天国》已刊的那份供词说:"叹予在石城,隶也实不力,黑夜惊营,君臣失散,此诚予之大罪,致此成擒也。"如何惊营、失散? 新发现的那些供词对当时的情景有具体的描述,这实在是太平天国一幕悲惨的结局。

洪仁玕供词6述他们拟往瑞金会合康王汪海洋大队而奔至石城后的情况:

> 席(按:清江西枭司席宝田)营在后,以为小的们业已去远,派了一百余人到小的旧营,其实小的们只走了十里,当即转回把那些勇赶走。小的让伪幼天王先走,自己回马杀转。有伪堵王黄老虎的侄子黄十四绰号小老虎,素来打仗奋勇,当日因人困马乏,不愿打仗,小的向他跪求,于是黄十四带了贼众赴山林埋伏,官兵杀至,被他杀死了十余人。离伪康王只有六七十里。黄十四在前开路,伪佑王李远继保护伪幼天王行走,小的断后。行至高田地方,人困马乏。小的原想连夜由小路行走,因无百姓向导,想等到四更再行起身。不料至三更时分,无人守卡,官兵猝至,人不及甲,马不及鞍,小的逃走,至山夹处不能行走,至被捉获。

洪仁玕供词2说:

> 连日疲劳,及至石岭杨家牌等处驻跸时,三更月落,忽闻鼓角齐鸣,人不及甲,马不及鞍,各自奔前。予寸步保护我幼天王前行,只因人马拥挤,声声叫人让主先行,又声声叫人回头拒敌,殊乱。军无战志,徒唤奈何。及至玉山口,路窄逢桥,

前阻后追,我独在后桥上横倒下马,众由桥上而过,被余(按:似应是"余被")伤头流血,遂由桥上跃马而过,落荒独行,实欲追上幼主,越山而逃。因人众路窄,至晓被获。

幼天王供词19说:

> 沿途节节打仗,不计次数。到那日到杨家牌,我就说,官兵今夜会来打仗,干王们都说官兵追不到了,三更时候四面围住,把我们都打散了。官兵追得紧,我过桥吊下马来,他们把我扶过岭。官兵追到,我与身边十几个人都挤下坑去。官兵下坑来,把他们全数都拿去了,不知何故单瞧不见我。

洪仁玕奉遗诏保护幼主,当日未听幼天王的预言,又未多设警卫哨,故对此败亡有特别的自责,称"此诚予之大罪"。洪仁玕供词7称,洪天贵福"也是绝顶聪明,我看一行书,他看三行了"。很可能,他在某些方面确有过人处,预想到清兵会追杀前来。此时幼天王等的失败已不可避免,但那一晚的末路却使人感到军中无大将、堵王黄文金在宁国过早死去的可惜。

洪仁玕被俘后,过了十六天,幼天王又在石城荒谷被俘。《太平天国》已刊的幼天王供词述他在山上躲避后下山走到广昌、瑞金境又回到石城地界被获,及表示愿跟唐老爷到湖南读书做秀才等情节。他在另供中更较具体。供词18云:

> 那日三更时分,官兵猝至,把我冲散。……我跌下坑去。官兵

过去，我就上山，在山上饿了四天，遇见一个白衣无须老人给我一个茶碗大的面饼。我接饼在手，那人忽不见，我把饼吃了，又在山上过了两天。到第六日下山，央人剃了头，到唐姓家，那唐姓就叫我帮他割禾，有人盘问，我捏说瑞金人。在唐家住了几天，出来到白水镇，至高田地方遇见官兵，问我要金银，没有，把衣服剥去，并要我挑担，致被盘出拿获的。

另几次供词也都叙及白须老人送面饼给他而其人又忽然不见之事，似乎有些神奇。这不免使人联想起早年洪秀全梦幻中所见的金发老人命他下凡救世的神话。那个金发老人引发了洪秀全的救世意识。洪天贵福被俘后有种种幻想，管押他的"唐老爷"对他很好，使他放了心，以为他以后能去考秀才，心情与在湖坊兵败时要自尽看来大不相同，这个"白须老人"恐怕也正是他的精神之支柱。

除李瑞生早已被俘外，黄文英、洪仁政、刘庆汉均与洪仁玕同日或先后落入清军之手。

五、何以未能会合侍王、康王

洪仁玕等出京本来是为了催取救兵。他们在苏南毫无成效地盘桓四五个月后，到了浙江湖州。供词2称："……于四月十八日到湖州大会同僚，始知侍王、听王、荣王、康王等退守杭嘉等上游江西。"据李秀成被俘后对问官的答词，侍王李世贤等从苏浙退江西，"乃李酋（秀成）所使。八月以前，则就江西之粮，八月以后，仍复回

窜……其意仍在回顾南京之粮"。湖州会议定策命李世贤与康王
汪海洋等取江西抚州、建昌为立足地,然后重振大业的计划,因南
京已失,与李秀成的原意不同:入江西并非就粮回救,而是会合侍
王、康王,要他们在江西抚、建立足。如前已述,幼天王为此曾饬知
李世贤等。但这时,李世贤已从江西进入广东,正进攻南雄州,而
汪海洋则仍在江西。他们曾进军抚、建一带,但不久即退。看来取
抚、建为立足地的战略并未实行。

　　幼天王、洪仁玕一行入江西后,首在铅山湖坊大失利,那时他
们讨论过最后的应变办法。誉王李瑞生供词 28 对此有一些重要
透露,虽然不很具体。他说,在湖坊败后,幼天王拟自尽,被干王、
佑王等所救,计议幼天王"即剃头装作难民而逃,若遁至汪海洋、李
世贤,再作计较,如其不能,欲逃至广东九头山隘口等语"。洪仁玕
等的第一选择仍是力图会合侍王李世贤、康王汪海洋。如做不到,
则去"广东九头山"。广东九头山在何处?为何去那里?我的初步
看法是,九头山不是地名,而是天地会的山堂名称,逃至九头山隘
口,意味着去投奔、联合天地会中人。这使我联想起半个多世纪前
史学界曾热烈争论的朱九涛问题,所谓洪秀全曾师事粤东狗头山
朱九涛之说。前辈学者已辨明洪秀全并未师事朱九涛,但粤东狗
头山确是天地会的代称。粤音"狗""九"同音,九头山即是狗头山。
两代天王的出处和归结都和狗头山的传说有关,实一趣事。论者
谓,在太平天国早期,许多广东天地会起义者在广东失利后,至江
西投入太平军为"花旗",破坏了太平军的传统和纪律,对太平天国
多有不利,其实并不尽然。这次洪仁玕、洪天贵福从广德出奔南
下,"花旗"起了重要作用。幼天王供词 10 云:"出广德是养王带

路,后偕王带路,偕王变了百姓后,是花旗开路,我们总是跟花旗走。"供词 18 也说,从广德起身来江西,"列王黄宗保带了花旗军在前开路",到开化县,"又遇官兵,我的花旗兵战胜"。供词 11 称,幼天王进了开化城,来了官兵,"花旗同尔们战胜乃回"。黄文英供词25 也说,"贼一路来分三路行走,贼头黄忠保及姓魏的带了花旗贼先行,伪幼天王及伪干王在中,小的们在后"。花旗在紧急关头如此出力,由于他们的关系,以去广东会合天地会众作为计议中的最后一条路,是合情合理的。

洪仁玕等一路而行,常有李世贤、汪海洋他们的消息。太平天国天京虽失陷,但朝中军中的某些机构仍在继续工作。供词 6 说,幼天王从南京出奔到广德,在湖州的洪仁玕就"接到伪天王文书,小的知伪天王带数千人弃了南京,于六月十八日到了广德州"。在湖州,会议决定了会合侍王、康王及以后之大计,会后由幼天王行文饬侍、康、听诸王;其饬首王范汝增的幼天王诏旨被左宗棠截获,正可确证幼天王发出文书一事已见施行。可见,即在危难时期,太平天国内部仍然发行文书。洪仁玕供词 6 云:"及至到了抚、建,那伪康王、伪侍王已往瑞金去了。伪幼天王闻伪扶王在陕西,就想追到康、侍二伪王,同往陕西,就同小的前往瑞金。"幼天王供词 18说,"那侍王听说往广东去了。那康王汪海洋尚在瑞金,要往福建去。我没有赶到"。从这些叙述,可以看出,他们知道侍王、康王之所在,幼天王一行与侍王、康王之间,可能是通消息的;至少,幼天王他们知道侍、康二王的行踪,被俘前不久知道汪海洋尚在瑞金,并且竭力想去瑞金,赶上他们,与他们会合。当幼天王、洪仁玕等被俘、失散的前一天,汪海洋的大军从瑞金北上,正进攻宁都州城,与幼天王一行相距只数十里。昭王黄文英兵败被俘后解送到南昌府，他在供词 25 中说："至幼天王行至石城所属，小的落后七八里，就到官兵营盘，不知伪幼天王的去向。听说伪康王把幼天王接走了，未知确否。"这样的传闻或猜测，本来是合理并可能发生的。但事实是，近在咫尺，而幼天王一行竟孤立无援而败亡被俘。

原因不大可能是汪海洋不知道幼天王之所在——败散的残军尚能得知与汪相距只六七十里，只要愿意，汪岂能探听不到数十里外蒙难的幼天王之所在？岂能做不到亲身或派出精兵去主动迎护？其所以没有，我以为主要是对幼天王一行不重视，心目中没有幼天王一行的地位。洪天贵福等与汪相距不远，洪尽力想赶上汪，而汪则是"要往福建去"，其无意于幼天王可知。

李世贤是汪的主帅，其力量、威望远高于汪海洋，而李世贤早已对洪秀全、洪族不满，对洪秀全的战略及某些政策不满。这方面，李秀成供词透露出若干消息。如对洪秀全改太平天国国号为"天父天兄上帝天国"这一可怜无补的精神措施，李世贤就一直不买账，始终抵制。苏、锡失守后，李世贤起兵逼迫李秀成，不让他回南京去守城。幼天王等入江西之前曾行文李世贤等以今后之恢复大计，但人们看不到他们对此有响应的具体事实。李世贤在幼天王一行进入江西之际却到了广东，当幼天王等在杨家牌失散被俘之日，他在福建占领了漳州，正以漳州为根据地，打算改变太平天国原先的跳跃式前进的方式，准备先巩固福建，再逐省推进，最后恢复全中国。英国驻厦门领事曾往访长谈，对李的才干和在军中的威信，极为推重。据该领事报告称，李极不满洪秀全，认为洪昏庸无道，只是因不愿意造成分裂才没有公开反对，今则可以自行其志云云(据 F. O.17/425)。处于这样的思想状态下,李世贤摆脱洪秀全还来不及,又怎会去迎接洪天贵福一行?

李秀成在供词中对洪秀全的微词和批评,李世贤对洪秀全的不满,可能反映了相当一部分太平天国人,尤其是武将的态度。洪仁玕被俘后在供词 2 中责备自己:"上负老天王之托,又致幼天王存亡未卜,下不能节制各王,有何颜面偷生片刻乎?""下不能节制各王"一语,意思深长,说明各王对他和对幼天王的态度。据李秀成供词,洪秀全难得接见外臣,一切战功,归之于上帝,所下诏旨,多是"天话"。从现存的天王诏旨来看,诏旨多是"天话"一句,符合事实。创业之主对手下的文武帮手不能充分地以恩义结之,自不能做到君臣有鱼水之情,何况其少未更事的年幼嗣君! 洪天贵福出奔至广德,当时的主要大将堵王黄文金虽然部署、定策今后大计,但据幼天王供词 10 说,黄文金一直没有去见他,这就不寻常。从以上所说的各供词和其他资料来看,在高级文武官员中,洪秀全和幼天王的真正"纯臣",恐怕只有洪仁玕,李秀成或可算半个,其他一些人,对反清的事业还有共同立场,而对洪秀全父子,看不出有多少感情。我推测,李世贤、汪海洋对"迎驾""护驾"至少是不积极的。这应是当时洪仁玕、幼天王等总"赶不上"他们的一个重要原因。江西巡抚沈葆桢在俘杀幼天王后的奏报中,把李世贤、汪海洋等的若干行动都解释为是为了得到幼天王、"妄冀死灰复燃"云云,这是为了衬托他擒得洪天贵福的功劳之大,是虚夸不实的空洞分析,以沈的奏报中的话来看待这件事,那就不免太简单了。

六、被俘以后

由于清方关注幼天王的下落和今后的动向,洪仁玕等被俘以后,成为审讯的重点。今后的动向,其实清方早已知道。据《沈文肃公(葆桢)政书》卷三《席军生擒首逆折》,洪仁玕在答复沈葆桢提问时也明言他们原拟合康王、侍王出湖北会石达开、陈玉成余众,据荆襄以窥长安之计。至于幼天王的下落,他们是在军败时失散,的确都无所知。在这方面,清方一无所获。

洪仁玕最初被席宝田军营的一名陈姓营官所俘,清方起先并不知他的身份。供词2称:

> 适有降卒二名证予是干王,并在途次多有被掳男妇老少亦一见而知我是干王,但不敢称呼,暗自垂泪而已。间有低言劝予改装,又有失言称我为千岁者。予心忖之,谅难隐讳,转念一经直认,必不能生存保主,何以仰副老天王重托幼主圣意?辗转之间,不胜悲泪,况此刻又有证之者,乃直言不讳。

洪仁玕承认自己的身份后,陈营官就把他加以捆缚,"绐言捉出(幼)天王,即行释放,且赏银一千两,保以红顶"。供词2云:"予泣曰:劝主投诚,非人臣事主之道,况言提乎?……事到如今,要杀便杀,毋能辱也。"

洪仁玕从承认自己的身份后即抱必死之心。他在首次问供即供词1中简单明了地说:"行至古岭杨家牌地方,大兵追到,我军失利被擒,求速杀。"被解到席宝田大营后,席以礼待之,洪"亦以礼相待",并向席表示:"至幼天王之驻跸,自有皇天安排,我若能知必与俱矣。"并说,他受遗诏扶保幼主,今"失幼主所在,不能追随保护,抚心自问,无以对我老天王,实为罪耳,何敢卖主求荣乎? 即解我到北京,或杀我以全臣节,无遗憾也"。后在南昌府的供词 3 又称"予亦只法文丞相已",最后在巡抚衙门供词 7 称:"我鞠躬尽瘁,只求速死。"他被俘后即以死自誓,其间所写的寄托抱负和遗憾的诗句,亦可称为绝命诗。

沈葆桢奏称,他咨送军机处的材料中有洪仁玕所作诗句。这些诗句,1865 年英文《北华捷报》曾发表英译文,而中文原本则一百年未曾面世,直到 1968 年萧一山先生新著《清代通史》始有引录,后我在台北获见原件,今据原件录诗句全文如下:

春秋大义别华夷,时至于今昧不知。
北狄迷伊真本性,纲常文物倒颠之。

志在攘夷愿未酬,七旬苗格德难侔。
足跟踏破山云路,眼底空悬海月秋。

意马不辞天地阔,心猿常与古今愁。
世间谁是英雄辈,徒使企予叹白头。

英雄吞吐气如虹,慨古悲今怒满胸。
猃狁侵周屡代恨,五胡乱晋苦予衷。

汉唐突厥单于犯，明宋辽元鞑靼凶。

中国世仇难并立，免教流毒秽苍穹。

北狄原非我一家，钱粮兵勇尽中华。

诳吾兄弟相残杀，豪士常兴万古嗟。

廿七日　仁玕

"廿七日　仁玕"，应是太平天国历的廿七日洪仁玕书写的意思。照太平天国历，他在囚禁中只有两个廿七日，即被俘的八月廿七日当天或九月廿七日，但写作必应在九月廿七日，如前已述，他被俘在八月廿七日四更，实际已是廿八日。

他所写的以上这些绝命诗，充满了华夷有别的攘夷思想，强烈的汉民族意识。这里不谈怎样评析历史上的这种思想，至少在洪仁玕的时代，由于统治民族满族的无能和对外敌丧权辱国，这种思想在当时仍有其合理性。在太平天国诸领导人中，洪仁玕是此种意识表现最为强烈者。他感叹"北狄""诳吾兄弟相残杀"之句，实际是对陈营官、席宝田、沈葆桢、曾国藩辈的谴责。他受过基督教的训练，是较纯正的教徒，但临终绝命诗却无一字谈及宗教，而只是对未能实现推翻清朝统治的大业，抱无穷的遗憾。这对我们认识其人其世，很有意义。

诗句的第二、三首八句，主要抒发自己的志趣抱负。他为要实现"攘夷"而在六合之间到处求索，包括他不辞千万里之遥来到南京，但英雄之辈难求，徒使他有白头之叹。这两首八句，与他自己

861

在三年前所作《二月下浣军次遂安城北吟于行府》基本相同，仅少数文字有异，如"志在攘夷愿未酬"原作"志在生灵愿未酬"，"世间谁是英雄辈"原作"斯民长官谁堪任"。三年前到遂安，是洪秀全命他带兵出征。他在途中，注意的是救民，考察民之"长官"是否胜任。现在"攘夷"的根本大业失败了，他将几年前写的八句诗稍加改易，作为绝命诗的一部分。这似乎蕴涵着对太平天国的一点失望。他在被俘后所写的各种材料中，对李秀成、陈玉成、林绍璋、洪秀全，都有程度不同的批评，都谈到了他的思想或策略不被理解和执行的情况，这可能是他感叹"世间谁是英雄辈"的由来。他自誓鞠躬尽瘁，尽孝尽忠，并以文天祥自况，可以看出中国的历史文化传统在这位基督徒身上影响之深。

上述八行有"七旬苗格德难侔"句，在他三年前遂安行府的诗中"德"作"策"。"七旬苗格"典出《尚书·皋陶谟》篇，记帝舜在位时，三苗逆命，以军力胁之而不服，舜"乃诞敷文德"，以德服之。"七旬有苗格"，即过了七十天，三苗自服来朝。他肯定认为"七旬苗格"是最好的治国方略，只可惜实行此道的"德"或"策"难与古圣人相比。"七旬苗格"这句诗之所指，不可能是清朝，而有可能是外国。看来他最后仍以为"七旬苗格"是对待外国的恰当之道。他认为太平天国祸害之源是"洋人助妖"，与"七旬苗格"之说似乎不同，但实际并不矛盾。

《北华捷报》译载洪仁玕诗句时还有"补遗"四句，这四句为台北之收藏所无。简又文先生亦译其中的后两句为中文。现参考简译，全译四句附下：

> 临终有一语,言之心欣慰。
>
> 我国虽消逝,他日必复生。

看来,他是抱着希望而就义的。

黄文英十三岁从兄黄文金参加起义,原做后勤事务,不预军政。黄文金死后,他就带兵保驾为大将,但实在缺少阅历,早就悲观失望。供词24说,他"因堂兄身故,身无依靠,本欲寻死,被手下人劝止"。到手下只剩下三个人时,他叫三人逃去,"小的实不欲生","意欲寻死,就下山来见那官兵"而被擒。他在南昌巡抚衙门供词26说,他记挂的只有两件事,一是"我王兄(黄文金)抚养之恩未报",二是"儿子六岁,不知死活",说"那天朝我是不愿跟他了。我是无用之人,投诚也无用处,放我回去也无家可归,只愿死了"。

幼天王洪天贵福在江西巡抚衙门的供词有他"愿跟唐老爷到湖南读书,想进秀才"等语。沈葆桢《席军生擒首逆折》中说,"席宝田以幼逆之尚无踪迹也,十六日移驻石城,派谢兰阶、唐家桐……四山搜捕",《讯明首逆供情折》说,席宝田"派训导唐家桐等将洪福瑱护解到省"。幼天王愿跟的"唐老爷"即是此唐家桐。洪天贵福其他供词中数次提到他,还有写明送给他的诗。洪天贵福供词10这样说,他被俘后,"有一人带我到老爷(唐家桐)这里。我先是幼天王,今是跟老爷的人。我做唐老爷弟弟,我年轻,到这里,道理我有些不晓,望大人老爷怜我年幼,莫怪我。今蒙唐老爷待我甚好,我就放心了"。又说,"我今来到大人老爷这里,万望大人老爷带我到老,我感大人老爷恩于世世靡暨"。又做诗:"老爷见识高,世世辅清朝。文臣兼武将,英雄盖世豪。"并题"右颂唐家桐老爷"。洪天贵福被解送到南昌,经南昌知府、江西巡抚审讯,先于洪仁玕等被处死。到南昌后自是另行关押而与护解人唐家桐分离,但他在被处死前夕还想通过唐家桐而寄存幻想。供词17"甲子年十月初四日夜五更",他写了诗句,称"右送唐家桐哥哥诗三首",诗云:"跟到长毛心难开,东飞西跑多险危。如今跟哥归家日,回去读书考秀才。如今我不做长毛,一心一德辅清朝。清朝皇帝万万岁,乱臣贼子总难跑。如今跟到唐哥哥,惟有尽弟道恭和。多感哥哥厚恩德,喜谢哥恩再三多。"所谓诗三首,就是这些吹捧清朝、痛骂长毛的不大通顺的顺口溜十二句。初六日,又写"右颂唐家桐哥哥诗三首",文句全同,只是"送""颂"混写。这天,他就被凌迟处死了。他的遗留文献,特别是这些诗句,其文体似乎有父风而陋;从行止来看,洪秀全是否可算"虎父",或有不同意见,但如称洪天贵福是"犬子",大概可以"众论咸同"。

七、洪秀全父子的家庭和生活

关于洪秀全父子的家庭、生活,资料很少,所幸这些新发现能增加一些前所不知的情况。

洪仁政供词21称,他和洪秀全、洪仁玕都是堂兄弟,"祖居广东嘉应州,迁居花县石坑地方"。洪族是客家,康熙年间自嘉应州迁花县,此供词明确说明了洪家的祖籍。但花县石坑之说微误。洪氏自嘉应州迁至花县官禄埗,石坑堡在嘉应州,是洪氏老家所居之地。此或系书吏误录。

洪天贵福供词12:"老天王的父亲名叫洪镜扬。有个细亚妈未出。"考洪氏族谱,洪镜扬娶王氏、李氏,李氏或云为侧室,或云为继室,非洪秀全之生母。细亚妈,似应指李氏。

洪秀全之小名为火秀,系据洪氏后人之说,见简又文《游洪秀全故乡所得到的太平天国新史料》。今洪天贵福供词 10:"老天王名叫洪秀全,此名是天安的,本名叫洪火秀。"这是最可靠的根据。所谓"秀全"之名"是天安的",意谓洪秀全魂梦升天时上帝对他的称呼,洪仁玕供词 7 也说"梦上帝叫他作秀全"。此事并见《太平天日》记载。

洪秀全有八十八妻,已刊于《太平天国》之供词 19 及今之供词 18 均同。洪秀全多妻,似始于起义前或起义之始。据简又文研究,起义之始,洪秀全驻跸江口墟石头脚陈公馆时已有十五妻;至永安州时,可能有三十六妻;建都南京后,官书称"娘娘甚众",盖八十八妻之制实行已久。但实际或是八十七妻,其"正月宫"即"正宫"或称"正东宫",似指其在天上之妻;在人间的"又正月宫"赖氏,即实际的正宫,在洪天贵福供词中称为"第二房""第二个",是洪天贵福之生母。供词 18 云:"我系第二房赖氏名莲英所出,现年四十多岁。"从这里我们确切知道赖氏之名。以洪秀全终年五十二岁而赖氏四十余岁推测,赖氏可能是继配,如是,则所谓的天上之妻或非子虚,而是指洪秀全已死之原配。

中国帝王后妃嫔成群,洪秀全的八十八位分为几级,有哪些称谓,今不甚了了。他对后宫管束要求甚严,《天父诗》五百首多是教导后宫之训条,亡友吴良祚先生早年考释这些诗句甚详。虽条禁森严,但内部纠纷仍时有发生。幼天王供词 18 云:"我称母为妈,我妈与第四母余氏不和,父亲因将俩母均锁闭了好些时。那时我年纪小,不见母常行啼哭。"

供词18谈了一些洪秀全的生活习惯:"平日常食生冷,自到南京后以蜈蚣为美味,用油煎食。""我父亲不吃猪肉的,并不准众人吃酒。"洪天贵福说:"所以从前我只吃牛肉,不吃猪肉。如今也吃猪肉并常吃酒。那洪仁玕是好吃酒的。"

洪天贵福出生于清道光二十九年(1849),被俘时十六岁。洪仁玕供词4:"伪天王的儿子名贵福,诞生时有群鸟集于屋上飞鸣数日,众人皆知。伪天王因要把儿子取名,小的就预写纸条多张于筒内,用筷钳起,得天贵二字,伪天王不知何意,改取贵福二字。"幼天王供词18亦称"我名贵福",但供词19则说:"自少名洪天贵,数年前老天王叫我加个福字,就名洪天贵福。"

供词18又称:"父亲先封我为真王,外人误传真王二字为瑱。"按封为"真王"事,据郭若愚编《太平天国文物图录》,现存一方玉玺的玺文中有"救世幼主""真王贵福"句,此"真王"常被理解为"真正的王"之意。但供词18称"封我为真王",则"真王"应是王号。但上述玉玺中的"真王"二字直写,人们不可能将"真王"二字合认为"瑱"字。供词19则称:"登极后,玉玺于名字下横刻真主二字,致外人错叫洪福瑱"。太平天国原有一方玉玺,玺文作"皇上帝基督带真主幼主作主",其中"基督""真主"二字横刻。该玺是"父子公孙"三代之玺,该处"真主"是指洪秀全,应不可能引起是"洪福瑱"之误会。洪天贵福供词10摹写了这一玉玺的玺文,但将"真主""幼主"均直写,与原玺文格式不同,更不会误认"真主"作"瑱"。上述玉玺早在幼天王登极前就存在了;如是幼天王登极后所刻的玉玺引起的误解,则为时很短,与上述"真王""真主"引起之说不同。因玺文而对他的名字引起误解云云,所说似欠明晰。

幼天王有二弟、二姊、三妹,都不同母。供词18说:"我有两个兄弟,均系十一岁,一名天光,封为光王,系第十二母所生;一名天明,封为明王,系第十九母吴氏所生。"姊妹数人,只述及姊天姣,说:"我自五岁随父到南京,六岁时读书,同一个姊子名天姣系长我十岁的,教我读书,并无先生。""我的姊子天姣许与广东人金王钟义信为妻,尚未成婚。"钟义信,其他载籍作钟万信,称"天二驸马",似天姣在姊妹中行二。天姣长幼主十岁,至二十六岁尚未成婚,在当时似是少见之事。

洪秀全在洪天贵福九岁时就给他四个妻子,就不准他同母亲姐妹见面,作了"十救诗"给他读,解说男女隔别不准见面,包括老祖母不能与小孙子见面的道理。此"十救诗"太平天国有刻本,他是熟读的,在被俘囚禁中还默写这些诗句(今不录,不计入供词)。他说,九岁后想着母亲姐妹,都是乘洪秀全上朝时偷着去见。幼天王供词13、18说,四个妻子年纪均与他相仿,一侯氏,安庆人;一张氏,湖北人;两个黄氏,广西人,均未生子。"我在南京夫妻五人住在宫内左殿,父亲住在前殿,生母住在右殿,天明弟住在我之下首,天光弟住在金龙殿,宫内共有七八个殿。"

洪天贵福原称幼主,洪秀全死后继位,"以后我就叫幼天王,我四个妻子都叫幼娘娘"。南京被湘军攻破时,幼天王往外跑,"幼娘娘拉住不放",幼天王由忠王保护出城,家庭中其他人都陷于城内。供词18说,"我的两个兄弟天光、天明及母、妻均在南京城内,并未携带一个妇女出来。一切各物亦未随带。城内还有七八万人。我的姊子天姣……亦在城内未出"。誉王李瑞生供词28则说天光、天明"本年六月身故",应是指城破后被杀。简又文先生推断赖后、光王、明王都逃出,并以为这些逃亡者后来到了南洋,似都无根据。

供词谈到了洪秀全规定的礼节和礼仪教育。据洪天贵福供词18,"各王见我须跪礼,母磕头礼我的"。此处"母"字不知是否包括生母,如是,可说是独尊帝王的超常表现。洪天贵福供词16写了四种"请安本章"格式。其"早朝请安本章"的文字格式是:

> 小子天贵福跪请
> 爹爹宽心安福坐,
> 爹爹万岁万岁万万岁。跪请
> 爹爹圣体安否,求
> 爹爹放宽圣怀,永坐天国万万年。

其"早饭请安"云:"小子天贵福跪请爹爹宽心食宴。""午时请安"云:"小子天贵福跪请爹爹宽心安福坐。跪请爹爹身安否,请爹宽心。""夜饭请安"云:"小子天贵福跪请爹爹宽心食宴,食毕宴放宽圣怀安福睡。"

从这些材料来看,洪天贵福每天至少三次向其父请安,如洪有早朝,还加一次"早朝请安"。既云"请安本章",大概不是亲身去,而是送去本章请安。供词11,洪天贵福在四月十日天王坐殿时见到洪秀全,以后未见到他,直到十九日天王死,可见父子见面并不经常。另外,从请安的文字和有"午时请安"而不是"午饭请安"来看,洪秀全似乎只有早晚食而不进午饭。

洪秀全不准洪天贵福"看古书,把那古书都叫妖书",只叫他

"读天主教的书"。这是由于从建都南京以后洪秀全即实行禁儒书等一切古书的政策。洪天贵福说,他偷看过三十多本古书。供词13说:

> 读过《十全大吉书》《三字经》《幼学书》《千字诏》《醒世文》《太平救世诏》《太平救世诰》《颁行诏书》。前几年,老子写票令要古书,干王乃在杭州献有古书万余卷。老子不准我看,老子自己看毕,总用火焚。我见书这多,老子不知,我拿有三十余本,《艺海珠尘》书四五本,《续宏简录》卷四十二卷四十三共二本,《史记》两本,《帝王庙谥年讳谱》一本,《定香亭笔谈》一本,又洋人之《博物新编》一本,还有十余本书。自我登基之后,写票要有四箱古书,放在楼上。老子总不准宫内人看古书,且叫古书为妖书。

从这段话看,洪天贵福被允许读的"天主教的书"即是太平天国自己编印的书。他举出的八九种,大多是宣传太平天国的宗教和伦理概念的小册子,它们虽有历史价值,但缺乏知识内容。他自己取得的书,《艺海珠尘》是内容庞杂的杂纂类书;《续宏简录》是一部杂史;《定香亭笔谈》是阮元谈诗文的笔记;《博物新编》是当时来华的英国传教士合信(Benjamin Hobson)所著,以谈自然哲学为主,出版于1855年,算是一种新书。洪天贵福凌乱地取这些书,有的只有片断残本,可知他从书中所能得到的知识是很有限的。

洪秀全在世时于太平天国辛酉十一年(1861)五月初九日颁刻过一道诏旨,内有不少世人难懂的"天话",其中有句"熊万泉,进鹦鹉,能言圣旨瑞祥吉。亚父山河,永永崽坐,永永阔阔扶崽坐。鹦鹉所讲,上帝圣旨,诏称瑞鸟爷恩锡"。熊万泉,是归降太平天国的清朝官员,后又叛归清朝。他进献的这只鹦鹉能说上帝的圣旨,说上帝的江山永远归"崽"即归洪秀全父子坐。洪秀全特别把这件事写进诏旨,颁布于天下,让大家知道。而那时十三岁的洪天贵福对此印象深刻,铭记于心,故被俘后在供词 12、13 中两次写道:"天朝内有一青鹦鹉,所住是银笼,他会讲话。鹦鹉唱云:亚父山河,永永崽坐,永永阔阔扶崽坐。"写这些话,不大可能是此时他还不忘江山归"崽"坐,他只是希望能活着去考秀才。为何重复写这一细事呢?我想除他对此印象深刻外,似乎也说明他头脑中可供回忆的东西之少。

洪天贵福几乎全无生活经验。供词 19 云:"从来没有出过城门。"供词 10 说:"我不晓我是那县人。干王是那县人,我就是那县人。"他即位后,"所下诏旨都是他们做现成了叫我写的",但也懂得在可行的范围内自行其是,如父亲死后就开戒吃猪肉,喝酒,写条子要古书。从湖州、广德南奔,对于形势,他似是有所知,有所估计,故在湖坊军败时想自尽,但被俘后,求生欲强烈,头脑也似十分不清。供词 10、19 都说要跟唐老爷去读书做秀才,供词 10 还说,"我有四个老婆。现在我不要妻,二十岁再要",无异痴人说梦。

八、人事和制度

28 份材料透露出某些过去不知或不详知的关乎太平天国历史的某些人事及制度。首先是洪秀全晚期重用了一位过去全不了解的人物:沈真人。幼天王供词 18 说,他即位后,"一切朝政系信王洪仁发、勇王洪仁达、幼西王萧有和及安徽歙县人沈桂四人执掌"。又说,"那沈桂,人称他为沈真人"。供词 12 又说:"我登大宝后,沈桂议封六主帅。""真人",道教、道家对"修真得道"者的称呼。拜上帝教以反对释、道著称,而朝中竟出现"真人",并且掌权,真是奇事。不知何故,李秀成和洪仁玕供词都未提到他。此真人在南京城陷时随幼天王等出城,"亦于那时被炮子打死"。

沈真人议封六主帅,看来是实行了。供词 12:"沈桂议封六主帅,忠王李秀成为大主帅,记王黄金爱为副主帅,顾王吴如孝为东方主帅,刘逢亮为南方主帅,吉庆元为北方主帅,西方主帅记不清是谁人。"但在幼天王另一份亲书材料供词 15 中写"戴(王)黄呈忠西方主帅"。这样,我们知道了太平天国末期封有六主帅及其人选。封六主帅时李秀成在京内守城,他被任为大主帅而在被俘后的供词中完全未提及此事,也许他以为这无实际意义,不值一顾。

幼天王出奔,军中有北方主帅养王吉庆元。幼天王供词 11:"尊王带我从淳化镇到广德,总是养王吉庆元带路。"供词 12:"未到州时,在半路遇一河,有炮船抵住。尊王、养王、巨王及各王亲率人交战。"但幼天王这些材料称吉为养王,未称为北方主帅。关于吉庆元,今人著作以为到广德州后事迹无考。但据供词 18,从广德州去江西,兵分三路,吉庆元为一路之首领:"养王吉庆元、堵王黄文金、昭王黄文英各带兵分三路走。"至宁国,黄文金伤病死,吉庆元的名字此后也未再出现。吉庆元虽封为一方主帅,但看来在行军中并不负总责任,论封王的前后和统下的兵力,他也都不及堵王黄文金。"南方主帅"在幼天王一行中有显赫地位。沈桂议封的南方主帅是刘逢亮,其名为前所未知,事迹不详。供词12称刘在南京未出,幼天王一行中乃另有南方主帅。洪仁玕供词7:"南方主帅的印是小老虎黄十四的,我们极重此帅印。若未给帅印,虽封王爵,亦无多兵。"幼天王供词15称"奉(王)古隆贤后黄朋厚即小老虎十四"。小老虎黄十四是堵王黄文金之侄,打仗勇敢,封奉王。他做了南方主帅,但此人后来降敌。何以极重南方主帅之印?是否由于军行南方之故?不能确知。据江西巡抚沈葆桢《沈文肃公政书》卷三《广信地面一律肃清折》,在广丰、玉山间交战时清兵得胜,获"黄缎绣龙靴风帽全套并伪印二颗,一刊御赐统领南方主帅,一刊昭王黄文英各字样",并说"提验袍靴风帽,绣金盘龙,备极精致,而统领南方主帅伪印非寻常伪酋所有"。黄十四、黄文英在该处失落印信,为清方所得,沈葆桢曾以为其人已死,故提审时有所讯问,上引供词7洪仁玕之言系答其所问。黄文英供词26说:"若我及恤王的印只有双龙,并无双凤。我的印在徽州丢了,这广丰解来印双龙双凤,是刻好未发与我的。"他说,三等以上的王即带兵打仗、掌兵权、掌朝纲的王,其印有双龙双凤纹饰;他本是四等王,原只双龙纹饰,此次奔江西,他成了带兵一路的大将,故王印的体制升了格。可注意的是,在败亡相继的行军中,他们还随时可以刻印,必应有"镌刻衙"随行。据供词25,黄文英封昭王,时在太平天国癸开十三年(1863)七月三十日,颁到王印已是次年正月十八日。而此次换双龙双凤印则不过一两个月,快速多了。这应是以前升封的人多、刻印繁忙之故。

太平天国后期滥封王爵,许多论著都引用已刊黄文英的供词,即供词26,其中提到太平天国的王有五等,共有两千七百多王,这是他在巡抚衙门的供词所言。他在南昌府的供词 25 则说法有些不同,说:"贼中王有四等,这伪干王系一等王;那伪翼王、伪忠王、伪英王及伪恤王均系二等王;小的堂兄黄文金系三等王;小的是四等王。这干王洪仁玕系王宗,总理朝纲,所以职比伪翼王还大。"供词 24 所说的王爵数亦与供词 26 异:"贼营内的王职,现在约计有千余,多是有职无权的。"究竟有多少王呢?幼天王供词 12 称:"南京有千多王未出。"可见京内聚集诸王众多,但由此似也可推知,王爵总数一千余人之说可能不确。但供词 24 说是一千多王,未包括无王号的"列王",因而也许两说都不误。无论何说,王爵之滥是无疑的。据幼天王供词 12 及供词 15,天王的侍卫黄享乾也封作有名号的视王,可见一斑。

幼天王写了两份诸王名单,一份是随他从南京出走的王,一份是诸王,总数只写有百余人,但可资考鉴之处不少。罗尔纲先生的大作《太平天国史》以表、志、传为主,广泛根据太平天国和清方文献记载,编制了太平天国前后期的王爵职官各表和各种人物传记,十分详尽,仅各种爵职表就有四百余页。但其时未能利用本文所述 20 余份新材料,故今可供补充或纠正者亦复不少。据幼天王上述两名单,王爵中颇有《太平天国史》"后期王爵人物表"所不载者,举数例如下:

著王许茂才(在《太平天国史》中列于"主将人物表",作"陛卫主将"。《太平天国史》本文以下简称《史》)。

藩王黄万兴(《史》列于"安爵人物表",作"□天安")。

拥王陈赞明(《史》"前期百官人物表"有陈赞明,为"副典圣库")。

为王侯裕宽(《史》列于"前期百官人物表·王殿同职官人物表",作"东殿户部二尚书")。

有王黄盛乾(《史》列于"前期百官人物表·百工衙同职官人物表",作"天朝又正典铅码")。

愉王宾福寿(《史》有传,于其履历称太平天国庚申十年封为工部正冬官,后不详)。

虔王姚克刚(《史》列于"后期六等爵人物表二",作"见天安")。

幼天王写出的有名姓有王号诸王共95人,此外还有名单未载但在其他供词中述及者数人。《史》表列前后期有姓名有王号者137人,又在叛徒表、奸凶表中列有王号者25人,虽幼天王在囚禁中回忆,数量较少,但他写出的人,有不少是今之研究者所不知的。除上列数人外,还有式王萧三发、浓王李秀辉、开王赖文扬、模王萧朝兴、依王张兆安、祝王卢文从、颂王张善超、播王练顺孙等,都不见于今之传志,限于篇幅,不一一详列。

另有一些王,幼天王所记与《史》表有差异。如幼天王供词15,卫王为洪仁闻,而《史》作杨雄清。我在1986年发表的《关于"旨准颁行诏书总目"和太平天国印书诸问题》一文曾指出,洪仁玕著《钦定军次实录》一书的国内常熟本、英国伦敦大学本有在太平天国辛酉十一年(1861)称赞"主将杨雄清"的话,而剑桥大学藏本则已删去这些字句和杨雄清之名,杨雄清后来可能发生了叛降之类的问题,故《钦定军次实录》后出本内的文字作了删改。杨雄清曾封卫王,而幼天王记卫王为洪仁闻,应即由此。洪仁闻其人无闻,或是洪氏之兄弟辈。又如幼天王记"勤王林始发",《史》无此人,但有太平天国辛酉十一年封的"□天义"林世发，而称勤王是对原九江守将林启容的追封。幼天王记"念王"为方营宗，而《史》记"念王"只有"方"姓无名。幼天王记"奏苗沛霖后封赖世就"，《史》作"奏王赖世就"，又"奸宄表"记"奏王苗沛霖"。对于奏王，幼天王所记，首尾似较清楚：先封苗沛霖，苗叛后改以奏王封赖世就。据供词2，有赖王赖桂芳，而《史》记赖桂芳作莱王。供词15，有从王陈得隆，《史》有陈得隆、陈德隆两说而从后说。供词15，有享王刘蔚鸠，《史》作刘裕鸠。供词15记启王为蓝成春，祐王的姓名空；《史》记启王作梁成富，祐王为蓝成春。供词15觐王黄秉忠，《史》作黄为正。以上有关启、祐、觐三王的记载，幼天王可能有误记，似应以《史》为是。供词15写出服、事、恭、学、欣、虔、歌、讴、捧、喜、如、是、云、劝诸王，但有王号，未有人名，《史》表没有这些王。另外，恤王洪仁政供词21称曾帮韦十二即韦志俊出征湖北，并与其弟韦十四同攻武昌，并记陈玉成带领萧照山、杜日兴分兵攻德安。韦志俊、陈玉成手下的韦十四及萧、杜等留名人物，事迹均待查考。

较重要的有追封罗大纲等的问题。李秀成被俘后，曾国藩写条询问诸问题，中有"曾天养、罗大纲何以未追封王爵"一问。曾的幕僚庞际云记录李的答词："其事甚乱，无可说处。"李的答词似肯定了曾、罗未追封王爵这一前提。但幼天王亲书诸王名单有"肺罗大纲死九江"，"腑朱锡坤"。罗大纲，前期战功最著，只因非拜上帝会老兄弟，不得封侯，曾国藩等还以为死后也未追封为王。幼天王记北伐主将林凤祥、李开芳追封为请王、求王，王号均与其他记载一致，其所记罗大纲和另一北伐大将朱锡坤的追封王号，自值得重视。由此，似应重新考虑庞际云记李秀成答词的含义——应该不是肯定曾、罗未追封，而只是说其事几句话说不清楚。太平天国所封王号的字义似都有联系，如李开芳、林凤祥、卢文从、卢六的王号为请、求、祝、暇四字；陈荣、陈志书、罗大纲、朱锡坤的王号为感、志、肺、腑四字。这种字义上的联系，特别是肺、腑二字本身具有的联系，增加了罗大纲等曾被追封为王的这一记载的可信性。罗大纲战死于何处，记载纷纭，有江宁、江北、芜湖等各说。幼天王明确记其死于九江，有助于澄清清方的上述各种含混不清的报道。

在人名事迹方面，较重要的还有佑王李远继的结局问题。佑王，幼天王有时写作"祐王"，是幼天王等奔江西途中的大将，在洪仁玕和幼天王的供词中多次被提到。其时任广西布政使的刘坤一在当年十月有致友人函，谓席宝田给他去信提及有李远继等来投之事，所述颇具体。但幼天王等的供词所说却不同。洪仁玕供词6说，他和幼天王等被俘的前夜，"黄十四在前开路，伪佑王李远继保护伪幼天王行走，小的断后"。知李远继是同幼天王在一起的。幼天王供词12："佑王李远继在杨家牌被官兵杀了。"供词18又称："我在杨家牌冲散之时，佑王被官兵杀了。"幼天王的供词对李远继之死是说得明确的。沈葆桢《席军剪除湖逆搜获伪酋折》称："席宝田提讯群酋，咸称佑逆已殒于阵。"又洪仁玕供词2记席宝田对他说："今捉一人，不肯认为佑王，予既杀之。"这是说，他杀了一名他认为是佑王的人。这些材料，特别是幼天王的供词，似应肯定李远继已死。而刘坤一记席宝田之言如此不同，则李远继的结局似以暂时存疑为宜。

还有一些著名人物的事迹，据这些新发现供词可以澄清一些被清方记载欺瞒而造成的重要错误。如幼西王萧有和，被李秀成称为后期朝中的第一当权人物者,城陷时随同幼天王出南京。根据清方资料而写的传记,他"突围至湖熟镇牺牲"。但带同他一起出奔的幼天王供词12说,到广德后,"到有几天,幼西王萧有和亦病死"。供词18亦同。可知并无在湖熟牺牲之事。长兄信王洪仁发,据供词12,是在出南京时"在西门跳水死",其长子巨王洪和元到广德州后,"自己愁他父亲,乃吞烟死"。这与今之传记说洪和元在湖熟镇牺牲之说完全不同。顺王李春发,是后期朝中的显要人物,据称他也是"在湖熟镇力拒追兵牺牲"。而据幼天王供词10,实际是,"顺王李春发是自己一人在南京逃出来,一路做喑哑到广德州的"。到广德以后的事迹则未见记载。曾国荃军攻破南京后,湘军将领忙于抢劫烧杀,李秀成等乘间脱出城外,其时经幕下赵烈文力劝,曾国荃才派出一支队伍追袭,追袭将领回报说,出逃者已全部斩杀。这种材料明明不可深信,今由以上的供词可确知纯属子虚。养王吉庆元之子吉连旺,今之史传未见记其爵职,如上文已述及,他倒是在从南京去广德途中阵亡的。

　　另一些人的事迹也可据这些新材料有所补充。如吴如孝,是参与首义者,后期封顾王。《史》传叙其事至太平天国癸开十三年(1863)三月,称其后事迹不详。今据幼天王供词12、11,吴如孝在末期被封为东方主帅,湘军攻入南京城时,幼天王在楼上看见"顾王吴如孝统兵来敌打不利",故吴如孝至少是在城陷时仍作战斗者。关于偕王谭体元,洪仁玕供词2、6等都说谭部数千人在威坪兵变投敌,不能渡河,因而只好转至上游而渡,半渡被截,损伤很大。又据幼天王供词10,"偕王谭体元因埋银二万两,后变了百姓,想挖银子"。《史》传称谭"剃发潜藏",投入汪海洋军中,后失败就义于嘉应州。埋银变百姓之说正是"剃发潜藏"的说明。

关于剃发，太平天国以"长毛"著称，是蓄发的，但在特殊情况下也剃发以免被敌识破。前述李瑞生供词28称，湖坊战败后，幼天王"即剃头装作难民"，即为在失败时装成难民做准备。他被俘后，沈葆桢"察看该逆顶发翦断，仅留数寸"。这应该是李瑞生供说的原因所致。但幼天王供词18却称："我的头发是我父老天王在日叫我剪去，只剩了这些。凡我父面前的人都要一样剪去，不剪要打，究系什么意思，我也不知。"似所说也是实情，尤其是"不剪要打"之句，很符合洪秀全行文说话的习惯。今两录之以供研究。

太平天国有自己的历法，称为"天历"。据沈葆桢在《讯明首逆供情折》中说，洪天贵福"所供尚沿伪朔"。洪天贵福亲书供词中的日期，经核对，都是太平天国天历历法的日期不误。幼天王在供词18中说："我所说的日期是我们那边的日子，较之大清的日子要迟十天。"天历迟十天之说，则不确切。此份在南昌府的供词，作于他被俘的日期天历九月十三日至被处死日期十月六日之间，而此间，天历和清历相差十二天至十四天。黄文英供词25："贼中的甲子与清朝不同，贼中的今年二月二十二日，大清的三月初二三。"实际上，太平天国甲子十四年(1864)二月二十二日，应是清历二月二十八日。从黄文英"三月初二三"这一不确定的说法，和他推算的差误，可了解太平天国中人虽知道两种历法的大致差距，实则不知其详。

洪仁玕供词诗句，自书的日期都是天历。供词4、5、6，自称小的，自是清吏录供，供词末分署九月二十七日、九月二十八日，应都是清历。供词2称"甲子年重阳日在豫(应作赣)省广昌邑南失利，被……擒获受鞠"。他在清历九月初九日夜四更遭突袭失利被擒，故有重阳日被俘之说。重阳日是中国传统节日，与历法无关，但太平天国定天历的九月初九日为"哥降节"，看来并没有重阳节。洪仁玕供词及于重阳日被俘表明，似乎他在记得天历日期的同时，也知道清历的日期。供词4说"本月十三日，小的被官兵擒获"，此十三日则不确，与亲书供词抄件说的重阳日不同，亦与其他清方资料不同。又供词6"重阳日，贼之八月二十九日到石城"，此二十九日应作二十七日。此等处必系书吏误录。

太平天国有不少避讳字或特定用字。供词之亲书者大多仍用这些字。如洪仁玕亲书供词3，"统兵尚游"，"尚"为"上"之避改字；"保荃无事"，"荃"为"全"之避改字。洪天贵福亲书供词11，"宁郭"，"郭"为"国"之避改字；供词16，"訜得升天"，"訜"为"魂"之自造字。又，数目字多用大写，如"三"作"叁"之类。但亦有不大写者，或遗忘避改者。如洪仁玕供词2，"癸丑"，"丑"本应避改"好"；供词3，"乙卯年"，"卯"本应避改"荣"。这些文件中，还有一个过去不常见的"别字"。洪仁玕亲笔驳《李秀成供》，述及林绍璋不守不战、私自回京，"又求英王阮其不力"，"阮"似应是"原"的别写。按李秀成供词的影印本有"秉直心阮""我心自院"等语，曾国藩改"阮""院"为"愿"。从文义看，曾的改动是对的。"原"即是"愿"。李秀成之外，有洪仁玕亦用"阮"表示"原"，可见并非李秀成写错别字，"阮"可能是太平天国避改字，其原因则不明。

九、已刊洪仁玕供词之校正

前文已述,《太平天国》所刊的《洪仁玕自述》的原稿,就是本文所列出的供词3,刊本较原稿有大小错讹五十余处。今就其较重大之处作一校正,以便利用。

供词3开始,自称"本藩",首两句为:"本藩洪仁玕承列位鞫问起义至今一切情由,姑举大略洪仁玕复问。恭维本藩,自幼读书,至廿八九岁,经考五科不售。""自幼读书"前之语句,刊本无;而刊本之首句"现年四十三岁,广东花县人"句,亦为供词3所无。刊本首句的事实,见于供词1:"身是广东花县人,年四十三岁。"

刊本"遍游诸洋避祸,实因我主天王庚戌金田起义,各宪严查,不能家居也"句,供词3原稿,"我主"二字,"主"前空格。供词3原稿中,以下凡"主""天朝""蒙恩"等均空格或提行。

"辛亥年游广西,到浔州圩,寓古城侯姓之家"句,"浔州圩"原稿作"浔州蒙圩"。

洪仁玕到天京后,天王加封,刊本"念予苦志求名,故不避朝贵,特加殊封"句,"苦志"前原稿有"自少"二字,"朝贵"原稿作"亲贵"。

刊本"章王林绍璋内外阴结而务财用私设,各守疆土"句,原稿作"章王林绍璋内外阴结而务财用,私议苏杭归忠王各守疆土",虽"苏杭归忠王"五字被勾删,但仍可以看清。不论删去之字是否刊出,断句应在"而务财用"下,"私设"则为"私议"之误。

"本藩与老天王原是五服宗港"句,原稿为另起段,"宗港"原稿作"宗潢"不误。

述洪秀全因科场失利吟"龙潜"诗末句"飞腾六合定乾坤"，"乾坤"原稿作"坤乾"。

述洪秀全病中魂游天堂，"一位金发黑袍高大老人，赐一剑"句，原稿"一剑"下尚有"一印"二字。

述洪秀全病后，"此时匍匐起来卧室"句，原稿作另起段，"卧室"前有"出"字。

述洪秀全在龙母庙题诗有"愚顽何作真"句，原稿作"愚顽假作真"。

述洪秀全"题日诗"，原稿作"梦日诗"，诗中"蛮契"字样原作"蛮夷"。

述金田起义，"天王劳心，即将博白、贵县、象州、金田、花州如来扶主等队，俱立首领，偏以军帅、师帅……等爵"句，"如来扶主"原稿作"各来扶主"，"偏以……等爵"原稿作"编以……等爵"。

"壬子春，弃永安到新回（圩）一路艰险"，原稿"新回"应不误，括改为"新圩"则误。

"攻全州下之"及以下"幸得保全无事"，"全"原稿均避讳作"荃"。

"甲寅、乙卯大破何钦差"句，原稿于"甲寅、乙卯"侧写"不记真"三字。

述为解天京之围，"忠王三次面□画策"，缺字处原稿有"求"字。

述为忠王所画之策，"必向湖杭虚处力围其背"，"围"原稿作"攻"。

"攻入杭城，惟□□城未破"，所缺两字原稿作"鞑子"，末句"此后□妖买通洋鬼"所缺一字原稿作"鞑"。

"及取苏杭等郡县后"，原稿作"及取苏常等郡县后"。

洪仁玕晓谕忠王之文有句"谅殿下高才大志"，原稿"志"作"智"，"前数年京内所恃以恐者"中"恐"前原有"无"字。

末句"无非力所强为之谋耳"，"无"原稿作"亦"。

除校正主要错误如上外，这里还附带说明这份供词下半的缺佚问题。《太平天国》已刊的这份供词，至"此后鞑妖买通洋鬼，交为中国患，无(亦)非力所强为谋之耳"止，编注称"下佚"，并以简又文译自《北华捷报》的干王供词英译文的回译，作为补录刊出。这个"下佚"的供词原文，是否已包括在以上的 28 份的洪仁玕各供词中？我的回答是否定的。基本的理由是简又文的回译文，与台北收藏的各篇内容都不相当。关于这份洪仁玕亲笔供词之英译文，简又文《太平天国全史》第 2286 页有说明，他从《北华捷报》1865 年 7 月 8 日以后各期连载之供词英译文回译在《逸经》发表，但该英译文缺供词之末段，后来得到南昌胡氏录寄的该供词原文，该原文缺下半，"余之回译文可补充一部分，而末段仍付阙如，迄今未发现也"。这说明，胡氏旧藏"缺下半"，《北华捷报》所译载者可补胡氏所缺的一部分，但仍缺末段。

现存的亲笔供词原稿，至"亦非力所强为谋之耳"止，末有另笔迹"廿七日亲供"字样。"廿七日亲供"五字，从笔迹、文义都应是清吏所写。此"廿七日"亦应是清方历法之廿七日，即九月廿七日，其时洪仁玕正在南昌府受审。洪仁玕在南昌府今留有亲书供词一份，即上述末署"廿七日亲供"者，此外还有《南昌府提讯逆酋供》三份，一份末有清吏写"九月二十七日"，两份末有"九月二十八日"字样。这 3 份即本文篇首所列的供词 4、5、6。廿七日提讯后，他写了一份亲书供词，二十八日两次提讯后，很可能也写有亲书供词，或者文后也有"廿八日亲供"字样，但这一天写的亲书供词却由于我们不知道的原因不知在什么时候佚失了。简先生见到并回译的英译文，应是二十八日亲供的一部分。台北的收藏现既没有这"下半"，也没有这二十八日亲供，其佚失大概已无可挽回。幸而这一"下半"的一部分已有英译之回译文，这是简先生的贡献。但该《北华捷报》何以缺末段，是否当时已经佚失？是否能从刊出英译时的说明看出一些端倪？继简先生之后是否还有必要再在西文报刊上作继续的努力？我想，《北华捷报》等当时上海、香港的英文报纸是值得认真仔细地搜检的。我没有做这件事，现在衰病侵寻，恐怕只有寄望于后来的有心人了。

1999 年 5—7 月初草，9—11 月修订

我和太平天国研究

我 1928 年出生，1947 年入上海复旦大学社会系学习，1951 年毕业于南京大学。以后在北京的理论宣传岗位和人文社科单位工作；1977 年到"学部"即后来的中国社会科学院，在近代史研究所从事研究工作，曾任所长；1993—2002 年两任全国政协委员，至 2003 年退休。

我对太平天国发生兴趣，始于 1951 年从南京大学毕业前夕在校旁一书摊上获见罗尔纲先生所著《忠王李秀成自传原稿笺证》，记得是开明书店出版。我自己稍有一些认真的研究，则在 20 世纪六七十年代后，尤其是在 70 年代以后。我出版的第一本书，是 1951 我大学毕业以前由群众书店出版的《苏联的妇女和家庭》，是一本只几万字的小册子。50 年代初我还译了一本英文书——《英雄的列宁格勒》，是记述苏德战争时德国围困和苏联固守列宁格勒的史实，约 1954 年由上海出版公司出版。

我写的关于太平天国的第一本书是《石达开》，约八九万字。

这本小书写于 1963 年,因受当时批判太平天国李秀成的影响,迟至 1978 年由三联书店出版。

我写的关于太平天国的文章,大部分发表于《历史研究》和《近代史研究》。从 1977 年第 6 期起,至 2007 年第 2 期,我在《历史研究》共发表 16 篇文章,其中有关太平天国的 13 篇。在《近代史研究》发表 19 篇,除纪念性文章外,学术文章 13 篇,有关太平天国的 8 篇。这些文章中,较早在《历史研究》发表的《论洪秀全的早期思想及其发展》(上、下),对于认识洪秀全,发前人所未发,当时在国内外均有影响,有英、美学者或在专刊中作了介绍,或译为英文在 *Randitions* 发表。1985 年,中华书局出版我的《太平天国的历史和思想》一书,罗尔纲先生为该书写了序,称我以业余研究而取得较好成就,特别提到说:"本书《圣神风、圣神电的历史和意义》一篇,他抓着了'圣神风''圣神电'这些别人忽视的微细地方,然而也正是反映太平天国历史事实的重大地方,进行分析,进行有关的联系,丝丝入扣地道出太平天国的重大历史,特别是后期历史,这是其中最精密的一篇。"罗先生所称赞的该文,未在刊物发表过,故他的评说是在通读该书书稿后的见解,老辈人的认真负责的态度,使我感动,值得后辈学习。我在《太平天国的历史和思想》一书中的文章,大都是既发掘史事,又注意诠释。《太平天国"上帝"的大家庭和小家庭》一文,分析洪秀全以上帝为天地人万物的创造者,由此引申出人人是上帝子女和天下一家的理论。同时,太平天国又以洪秀全为上帝的儿子,洪之儿子洪天贵福为上帝的孙子,由此又有以他们父子公孙为主的小家庭。大小家庭互相交织和矛盾,包含着洪秀全思想的积极方面和消极方面。《关于"天父天兄天王太平天国"》一篇,着重考证后期"太平天国"之名称改为"天父天兄天王太平天国"的具体时间以及原因、意义。太平天国自杨、韦、石内部矛盾事件后,政治和宗教信仰受到严重伤害,迫切需要更张,而洪秀全以"改号"作为"改政",意欲加强自己的权威。《太平天国研究的历史和方法》一文回顾了 30 年来太平天国研究的历史,认为正确地处理科学与政治的关系,对太平天国研究中的成绩和失误都十分重要;主要的问题在于对于历史研究如何为政治服务有错误的理解,而不重视历史研究应有自己独立的对象、任务和要求;指出,对阶级立场、观点的简单化,对歌颂、暴露公式的错误搬用,都是太平天国研究发生错误的根源。

1983 年我作为 Luce 基金访问学者在美国一年,其后直接到英国伦敦大学亚非学院研究 8 周。这期间,我在英国国家图书馆东方部发现了《天父圣旨》《天兄圣旨》两种前所未知未见的书,还有"天王御照"等珍贵文献。发现《天父圣旨》和《天兄圣旨》,对太平天国研究有较重要的意义。我在 1984 年 4 月 5 日的日记上有这样的记录:

> 今日在(英国)图书馆得一重要发现,找到了《天兄圣旨》一函三册,披览之下,竟是萧朝贵假天兄名义所降"圣旨"卷一卷二两册,杨秀清假天父名义所降"圣旨"卷三一册,惊喜万分。此两书出版已百余年,在英国尘埋恐亦百余年,为前此治太平史者所未知未闻,今日所见殆海内外仅有之孤本。萧(一山)、向(达)等前辈半世纪前在英国搜访史料,贡献极大,仍遗此巨珠,今假手于余得以公诸于世,实为大幸。

这两种重要文献,我加以编注后于 1986 年由辽宁人民出版社出版《天父天兄圣旨》一书,附有我所写长文《〈天父圣旨〉〈天兄圣旨〉和太平天国历史》,该文曾先在《近代史研究》发表。

在《天父天兄圣旨》一书出版以后,1993 年社会科学文献出版社出版了我的关于太平天国的又一本书《太平天国的文献和史事》,胡绳同志题写书名。本书按专书的形式分为七章。绪论分太平天国文献的形成和湮没、太平天国文献的早期搜辑和发现、太平天国文献的汇编出版和新发现三节,对太平天国文献作了总论。其后就印书(即太平天国刊印的书籍)和文书,分别作介绍、校读、史事考释等,该部分除刊布了新发现的太平天国文献外,还把文献和史事结合研究,阐释文献所包含的历史内容。本书的《前言》中说:在英国国家图书馆、剑桥大学图书馆,我目验了太平天国众多的印书、文书原件,多种刊刻于不同年份的同一书籍,每在细微处隐藏着重要的修改。如《太平军目》一书,原是千篇一律的,而在剑桥大学图书馆一册有"戊午遵改"朱戳的书中,对石达开的职衔作了修改;还有一些书如《三字经》《太平天日》等的剑桥藏本,有贴纸修改、挖补修改等意想不到的修改,这些都与太平天国的史事有关。还介绍了英国牛津大学包德利图书馆(收藏有太平天国印书达 15 种 55 册之多,其中 1853 年春即太平天国建都南京之始所印《旧遗诏圣书》即《旧约》卷一《创世传》半卷本一册,这是太平天国送给英国公使的那种较精美的版本,在世的可能仅此一册)。牛津收藏 15 种中的 13 种,每种都有多册,形制各异,启发我思考太平天国印书制度的演变问题。这些,在本书中都有所论述。这是本书内容较重要的方面。本书共附有文献的图片 108 页,其中彩色图片 8 页。

此后,我的《稀见清世史料并考释》一书于 1998 年由武汉出版社出版。本书是我在 20 世纪八九十年代从英、美、俄、日及中国台湾搜访所得的有关清代中国的稀见史料,并对它们进行整理、分类,分篇或分题进行考释、研究。全书将我所见的 50 册(件)稀见文献史料,分为经济、宗教、行政、中外关系、军事、造反者文书、社会七类进行介绍、研究。这些文件是我于 80 年代在境外搜访太平天国文献时同时发现的,它们在国外多未被认真保管,被我发现很有偶然性。如经济类的《康熙朝威略将军福建水师提督吴英招徕外商令牌》,是清前期中国对外贸易的罕见文献,原藏剑桥大学图书馆,被我在该馆的未编号箱中发现。耆英等关于善待教徒的 3 份文书,亦藏于同馆而未编号。梁发等自述在华传教文书等 6 份,藏英国国家图书馆东方部,在编号 OR12593 的"文件和通讯"册内。这些情况,说明发现这些文献的偶然性和所需要的经验。

1999 年 1 月,我应台北"中研院"近代史研究所之邀,在台访问研究一月。前后两位所长张玉法、陈三井给予了诸多便利,使我在太平天国研究上获得了意料之外的收获:从台北"故宫博物院"文献部收藏的沈葆桢奏章中,获见太平天国干王洪仁玕等的文献资料多份。其中,洪仁玕亲笔书写的绝命诗,共六行二十四句,有很重要的历史文献价值,而洪的这些诗句此前仅有英译文存世。洪仁玕被俘后的供词达七份,其中除在清军军营的"录供"外,有一份题签为《抄呈伪干王洪仁玕亲书供词》,原应是洪仁玕亲笔书写;又一亲书文件是常见的《太平天国》八册中所载《洪仁玕自述》的原本。还有洪仁玕签驳《李秀成供词》的文书，其中说李秀成"于得胜时细述己功，毫不及他人之策力，败绩时即诿咎于天王、幼西王"等，极富研究价值。这些文书，我均已刊布，以供共同利用。

除以上所著述，我还编了几种书。其中之一是《太平天国文献史料集》，1982年由中国社会科学出版社出版，我未署名，但写了序。书的内容有英国柯文南提供的"英国发现的太平天国新史料"26份；日本小岛晋治提供的2份以及中国第一历史档案馆提供的金田起义前后的清方史料等。从1983年起，我主编《太平天国学刊》共5辑，第一辑出版于1983年，第五辑出版于1987年，基本上每年一辑，每辑40万字左右，均由中华书局出版。该刊有编委会7人，但工作基本上以我为主。又编《太平天国史译丛》共3辑，亦由中华书局出版。第一辑出版于1981年，第三辑出版于1985年，各辑编后记均由我署名撰写。

《太平天国学刊》第一辑首篇是胡绳《关于如何进行太平天国历史研究的一些想法——致友人书》，是对我去信的回信。胡绳在信中提出，除写出比较系统的著作外，他更重视太平天国研究者提高理论思维能力，在立足于丰富资料的基础上，写出有思想性、有创见的并有自己写作风格的著作。我十分赞成他的见解。我在《太平天国学刊》第一辑发表《金田起义的准备、事实和日期诸问题试说》，对金田起义日期和事实作了分析研究。本文提出，冯云山被捕事件后，拜上帝会的危机主要来自内部一些人各搞神灵附体传言而引起的矛盾，杨秀清在这一斗争中获胜，是拜上帝会内部各种力量消长的转折；又认为金田起义包括了洪秀全通知各地会众会集金田以后所进行的一系列活动和斗争，是指发生于一段时期内的事,而不是指发生于某一天的事,因而不可能确定某一天是金田起义日。但这与洪秀全等确定某一天为起义的纪念日或胜利日是不同的问题。

在《太平天国学刊》第四辑(1987)我发表了《太平天国文书校读——海外太平天国史料笔记之一》一文。该文对萧一山先生等在 20 世纪 30 年代自英国传回的许多重要文献作出一些重要的订正。主要是关于《天王手批艾约瑟上帝有形为喻无形乃实论》这一份有关太平天国和西方传教士之间宗教分歧的重要史料,也是少有的洪秀全存世文件之一。此件早年经萧一山发表于其所编的《太平天国诏谕》(1935)中,其"考释"云:"原件共两叶:横长十六吋又四分之一,纵长十二吋又四分之三;横长十四吋,纵长二十二吋,因后叶盖有天王玉玺,故篇幅较大也。"但我所见原件却与萧说大不同。原件共两叶,均浅蓝色洋纸,每叶自左至右十六又四分之一英寸,自上至下十二又八分之七英寸,两叶大小完全相同。我在此文说,这使我在看到原件的形制后,十分惊异,不了解萧一山何以作这样不符合实际状况的描述。原来洪秀全的御玺是盖在第二叶的背面的,萧出版的影印本是把钤有御玺的背面半叶与真正的第二叶相连缀,因而它的影印本看起来就比第一叶长了许多。由此可推定,萧是根据第二叶和有御玺的背面连接起来的影印件而不是根据原件写"考释"的。他写的"考释"如此违背实际,实使人对他是否看过原件发生疑问(如看过原件,必对御玺钤于背面有深刻印象)。

《太平天国学刊》第五辑(1987)为庆祝罗尔纲先生从事学术活动 60 周年专辑。我请胡绳、刘大年、黎澍三位大家写了祝贺文章。

胡绳对罗先生长期实实在在在下功夫做研究表示钦佩，称赞他为后来学者的研究作出了极其有益的贡献。刘大年称赞罗一生保持书生、学者本色。黎澍祝贺罗最近完成百余万言的《太平天国史》巨著，把太平天国研究提高到一个新水平。我还请美国邓嗣禹先生写了《太平天国研究之过去、现在与前瞻》，英国柯文南写了《关于太平天国的西文资料》，日本小岛晋治写了《太平天国对外观念的演变》，德国施泰格写了《民族主义者对太平天国的看法》，都在祝贺罗先生的名义下刊出。我本人在本辑发表了《关于"旨准颁行诏书总目"和太平天国印书诸问题》一文。本文的"前记"写了我知道、认识罗先生的过程和他对我的帮助、指教。其中有一段小故事值得回忆。1964年，我写了一篇讨论太平军起义后内部对进军路线有分歧的文章，请他指教，稍后又面谈一次。当时怀疑影射之风很盛，对于文中洪杨矛盾的问题是否要写，我有些担心，拿不定主意。罗先生稍一思索，给我讲了《汉书·儒林传》中辕固、黄生关于汤武革命的是非争执和"食肉不食马肝不为愚"的故事。他的智慧立即帮助我解决了疑难，决定暂不发表。我所写的该篇关于太平天国印书的文章，首先研究太平天国印书中开列"旨准颁行诏书总目"的制度的由来，以及在实行此制度前后对孔孟儒学态度的差异，考证了从太平天国癸好三年（1853）起洪秀全排斥孔孟，而杨秀清则以天父下凡方式予以反对的事实，同时研究了太平天国前中后期所出版书籍的思想变化。

对我的论文和书籍的学术评价，自有待同行研判。我自信所坚持的一条是，不炒剩饭，必须是对新的问题的研究。同时也不参加那些"树在庙前，庙在树后"式的争论。我写的文章大多是研究前人未涉及的问题,也有一些是对已提出的问题而自问确有新见解者。

我在创办《太平天国学刊》的同时,也主持编辑《太平天国史译丛》,第一辑于 1981 年出版。我在"编辑说明"中说,译丛的内容"以外国人所写的有关太平天国的史料性作品为主,同时也包括一些有参考价值的研究性作品。"本辑内容主要是《麦华陀等 1854 年 6 月访问天京文件辑录》。麦华陀受英国香港总督兼驻华全权代表包令派遣访问天京,此次访问所留下的最主要文件是东王杨秀清对英国人"禀函"的问答。杨秀清告诉英国人他是"劝慰师、圣神风、禾乃师、赎病主、左辅正军师、东王","我主天王是上帝亲子,天兄胞弟";同时答复他们所提的 30 个问题,并问了 50 个问题。此外还有《上帝来到广西》《关于李秀成自述》《对洪秀全基督教信仰的几点看法》等西方学者的论文中译。最后一篇是当时联邦德国驻华大使魏克德所作,他是太平天国史的爱好者和研究者。第二辑于 1983 年出版,内容亦颇充实。有据《北华捷报》译出的太平天国文件 7 份,有法国、美国公使分别访问太平天国地区的纪事,有西人关于太平天国内讧的报道,有关于上海小刀会起义的报告和信件、日记等。第三辑于 1985 年出版,内容都是有关"常胜军"的,主要是华尔和戈登的传记,但传记中有不少原始资料。

我参加编辑的,还有大型资料书"中国近代史资料丛刊续编"中的《太平天国》十册。在 20 世纪 80 年代初期,国务院古籍整理规划领导小组组长李一氓提出,50 年代编纂出版的各种"中国近代史资料丛刊"很有价值。时过三十年,他倡议"续编"。小组的办事机构中华书局总编李侃同志约我主编《太平天国》一种。我建议请罗尔纲先生任主编,我任副主编;罗先生则主张我们两人都为主编。罗先生确定,资料仍照"前编"分为太平天国本身资料、清方资料和西方资料三部分,他和我分别负责一、三部分,第二部分共同负责。事实上他把第一、二部分都做了,但最后整合为一部书,是我做的。此书在二十年后才有条件完成,并由广西师大出版社于2004年出版,共10册。

《影印太平天国文献十二种》一书出版于2004年。这是我结束太平天国研究之时多年来搜集到的十二种文献的影印汇编集,由中华书局出版,大开本,515页。我在自序中说,我从20世纪80年代起即留意继续从海外搜访太平天国文献,历从英、美、法、德等国图书馆获见太平天国文献数百册份,其中多有前人未知未见者,还有过去仅有抄录本流传而今得原刻本者,现选择前人编辑的太平天国文献影印集中所缺的十二种较重要的文献编辑影印。这十二种文献是:《天父圣旨》、《天兄圣旨》、《天父诗》、《天父下凡诏书》(第二部)、《建天京于金陵论》、《贬妖穴为罪隶论》、《新遗诏圣书》(第一卷马太传福音书)、《武略》、《天王御诏》、《军中档册》、《干王洪仁玕亲笔文书》、《幼天王洪天贵福亲书自述》。除后两种手写文书系我从台北发现并传回外,其他都是英国国家图书馆所藏;《新旧遗诏圣书》,是《新旧约》在太平天国的称谓,因其篇幅浩巨,故只选刊一卷。英国国家图书馆中国收藏部主任吴芳思博士(Dr. Francis Wood)为本书写了前言,她在前言中说,她代表英国国家图书馆说几句话:在英国国家图书馆,敦煌文书、《永乐大典》散存本均为中西学者所重视,而太平天国文献则被低估,如果没有王庆成教授的学术经验,其中有些文献,特别是残缺的《天父圣旨》,

或许永远不为人所知。她之所以这样说，是因为在英国国家图书馆的收藏中，《天兄圣旨》卷一、二两册和《天父圣旨》卷三一册装在一个封套内，加上了《天兄圣旨》的书名，所以盒装封面上没有《天父圣旨》的踪迹。编印成书时，我对每一种文献都写了"题注"，对其形制、收藏处所以及作为史料利用所应说明者，都作了介绍；手写文书之间有行草或勾画者，亦酌加说明，以便利用。但因编辑过程有欠缺，我又未能看到最后的校样，印出后发现有一些不应有的技术错误，这令我感到遗憾。

我对太平天国研究还做了一些组织工作。1978 年 7 月北京成立了太平天国历史研究会，常务理事 7 人，戴逸为召集人，后任会长，至 1981 年我任会长。研究会的经常工作是组织讨论、交流，如报道和组织当年对李秀成评价的讨论。另一经常工作是编《太平天国研究通讯》(打印出版)，报道各地太平天国研究的情况，出版约四五十期，基本上都是我编写。

2008 年 3 月 28 日改定

后　记

　　1951年春,我大学毕业前夕,偶然读到了罗尔纲同志《忠王李秀成自传原稿笺证》一书,自此产生了对太平天国历史的兴趣。学习了一些马克思主义的理论知识和一些历史著作以后,对太平天国史的兴趣变成了研究太平天国历史的愿望。三十年来,我始终是太平天国史的爱好者。现在这一本《太平天国的历史和思想》,就是我从20世纪50年代中期起断断续续写出的一些论文的结集。这些文章,大部分是近年写的,一部分曾发表过,收入本书时,有的作了修改补充。现在把它们编集为一本书,期望会有更多的机会得到批评和指教。

　　这些研究心得,同我薄弱的基础和主要是从事业余研究的条件比较,似乎可以说,我付出了努力和心血;但同二十多年漫长的时间比较,我的工作实在做得太少,感到惭愧。当然,"文化大革命"使我们大家都至少失去了十年的时间。但粉碎"四人帮"以后,我们迎来了学术文化的春天,我们有条件去追回已经失去的光阴。

我在书中的每一篇后面都注上了写作的时间或原发表的时间,一方面用来记录自己认识发展的轨迹,另一方面也是为了便于检查自己是否蹉跎了大好而已经有限的时光,鞭策自己要加倍努力工作,追上时代前进的步伐。

罗尔纲同志和李侃同志、龚书铎同志,中华书局编辑部的同志,对这本书的出版给予了鼓励和帮助。对于他们,对于我在学习、研究中切磋问难的许多同志,我表示衷心的感谢。

1982 年 7 月

后记之后

正当这部书稿在中华书局审阅排版的时候，1983年3月至1984年5月，我去美国、英国和联邦德国作了一年多的访问、研究。这些国家都同太平天国有较多的关系，利用这一机会搜集在海外的太平天国史料，很自然地成了我的目的之一。

在这方面的收获是差堪告慰的。我有幸发现了两种非常重要但迄为我们所不知的太平天国印书：《天父圣旨》和《天兄圣旨》。它们记录了历次天父天兄下凡的活动，涉及金田起义准备时期直至太平天国丙辰六年（1856）杨秀清被杀以前的许多重要史事。此外我还见到了太平天国的若干文书告示以及其他中英文史料。它们极大地丰富了我们对太平天国历史的认识。

但这部书稿已来不及利用这些新史料进行补充修订。我一直以为，人们对历史的认识是无止境的，它将随着新史料的发现和人们认识能力包括利用史料能力的提高而不断深入。这样的过程是依靠着众多的同行来共同推进的，因而我并不以为这部书稿未能首先利用这些史料是一个遗憾。它们将以各种形式发表以作为太平天国史学界的共同财富。

我在国外期间，中华书局编辑于世明同志非常重视这部书稿的排印工作，老友龚书铎同志代为审读了它的二校样。这部书稿得以预计在 1985 年春与读者见面，我要深深感谢他们两位以及中华书局校对、出版方面同志的帮助。

1984 年 8 月

再版后记

　　本书初版于1985年,时承罗尔纲先生作序。时至今日,已二十余年,我自己手边亦无一册。现承中国人民大学出版社予以再版,十分感谢和钦佩他们重视学术的精神。

　　此次再版,除修改了少许文字外,并收入了其他一些相关论著,如《〈天父下凡诏书〉(第二部)及其澳藏原刻本》《洪仁玕等亲书自述诗文中的史事——原题自述诗句随记》《太平天国幼天王洪天贵福等亲书自述诗文》《幼天王、干王等未刊供词中的新史料并辨证》,以及《我和太平天国研究》。我近年已转移于近代华北乡村的研究,期待得到更多的指教。

2010 年 3 月